Dieter Leipold

BGB I: Einführung und Allgemeiner Teil

Ein Lehrbuch mit Fällen und Kontrollfragen

2., neubearbeitete Auflage

2002

Mohr Siebeck

Dieter Leipold, Dr. jur., Dr. h.c. (Städtische Universität Osaka), o. Professor für Bürgerliches Recht und Zivilprozessrecht an der Universität Freiburg, Direktor des Instituts für Deutsches und Ausländisches Zivilprozessrecht.

Die Deutsche Bibliothek – CIP-Einheitsaufnahme

Leipold, Dieter:
BGB I: Einführung und Allgemeiner Teil : ein Lehrbuch mit Fällen und Kontrollfragen / Dieter Leipold. – 2., neubearbeitete Auflage
Tübingen : Mohr Siebeck, 2002
(Mohr-Lehrbücher)
 ISBN 3-16-147882-7

© 2002 J.C.B. Mohr (Paul Siebeck) Tübingen.

Das Werk einschließlich aller seiner Teile ist urheberrechtlich geschützt. Jede Verwertung außerhalb der engen Grenzen des Urheberrechtsgesetzes ist ohne Zustimmung des Verlags unzulässig und strafbar. Das gilt insbesondere für Vervielfältigungen, Übersetzungen, Mikroverfilmungen und die Einspeicherung und Verarbeitung in elektronischen Systemen.

Das Buch wurde von Gulde-Druck in Tübingen aus der Rotation gesetzt, auf säurefreies Werkdruckpapier gedruckt und von der Großbuchbinderei Heinr. Koch in Tübingen gebunden.

Vorwort

Bei der Neubearbeitung für die 2. Auflage dieses Lehrbuchs gab es vieles zu ändern. Nie zuvor wurde das BGB so tiefgreifend verändert wie in den Jahren 2001 und 2002. Natürlich steht die große Schuldrechtsreform im Vordergrund, die sich auch auf den Stoff dieses Buches an vielen Stellen auswirkte, von den Leistungsstörungen bis zur Verjährung. Aber auch zahlreiche andere gesetzliche Reformen waren zu berücksichtigen, z.B. die Einführung der elektronischen Form und der Textform, zuletzt die Neuregelungen auf dem Gebiet des Schadensersatzrechts, des Stiftungsrechts und des Widerrufsrechts bei Verbraucherverträgen. Dass daneben die Entwicklung der Rechtsprechung nicht still stand, versteht sich von selbst. Das Buch ist nun auf dem Stand vom 1. August 2002.

Weiterhin ist dieses Lehr- und Arbeitsbuch vor allem für Studentinnen und Studenten rechtswissenschaftlicher Studiengänge an Universitäten oder Fachhochschulen bestimmt. Es will den Einstieg in das Bürgerliche Recht ermöglichen, aber auch der Examensvorbereitung auf dem Gebiet des Allgemeinen Teils dienen.

Im einführenden Teil werden – eine Besonderheit dieses Lehrbuchs – auch die Grundbegriffe des Schuldrechts und des Sachenrechts dargestellt. Diese Kenntnisse sind erforderlich, um die Wirkungsweise der Vorschriften des Allgemeinen Teils zu verstehen und zivilrechtliche Fälle korrekt lösen zu können. Auch für die Teilnahme an zivilrechtlichen Übungen oder Grundkursen wird auf diese Weise das nötige Rüstzeug vermittelt.

Die anschließende Darstellung des Allgemeinen Teils legt den Schwerpunkt auf die Rechtsgeschäftslehre, erörtert aber den Gesamtbereich des Ersten Buches des BGB mit dem Ziel, den examensrelevanten Stoff voll abzudecken. Zu den vorangestellten Fällen sind am Ende des zugehörigen Abschnittes ausformulierte Lösungen zu finden. Den meisten Abschnitten wurden, wie bereits in meinem Lehrbuch des Erbrechts erprobt, Fälle und Kontrollfragen angefügt. Sie sollen dem Leser ermöglichen, den Stoff zu wiederholen und die Umsetzung des gewonnenen Wissens in die Lösung konkreter Fälle zu üben. Da die eigene Darstellung den Studierenden verständlicherweise oft Schwierigkeiten bereitet, sind auch hier die Lösungen verhältnismäßig ausführlich formuliert. Der erwünschte didaktische Erfolg wird sich freilich nur einstellen, wenn die Leserinnen und Leser sich zunächst selbst um die Lösung bemühen, diese skizzieren und sie erst dann mit den im Buch enthaltenen Lösungen vergleichen. Einige etwas schwierigere Fälle wurden mit einem * gekennzeichnet – wer mit diesen Sternchen-Fällen vielleicht nicht auf Anhieb zurecht kommt, sollte sich nicht entmutigen lassen.

Vorwort

Einige methodische und praktische Hinweise zur Lösung privatrechtlicher Fälle bilden aus systematischen Gründen den Schluss des Buches; man sollte sie aber ruhig schon vorher lesen. Eine Zusammenstellung wichtiger Begriffsbestimmungen habe ich in der zweiten Auflage angefügt. Auch wurde durch Verwendung von Fettdruck und die eine oder andere Übersicht die Transparenz der Darstellung gesteigert.

Bei der Neubearbeitung hat mir das Lehrstuhl-Team in vielfältiger Weise geholfen. Besonders zu danken habe ich meinen wissenschaftlichen Mitarbeitern Ulrich Lienhard, Sebastian Otto, Jakob Reinhard und Andreas Richert sowie meiner Sekretärin, Frau Hannelore Isele.

Freiburg, im August 2002   Dieter Leipold

Inhalt

	Seite	Rdnr.
Abkürzungsverzeichnis	XIII	
Literatur	XVII	

Erster Teil
Einführung in das Bürgerliche Recht

1. Abschnitt: Grundlagen

		Seite	Rdnr.
§ 1	**Das Bürgerliche Recht im Rahmen der gesamten Rechtsordnung**	1	1
	I. Recht und Rechtsquellen – nationales und europäisches Recht	1	1
	II. Grundgesetz und Bürgerliches Recht	3	4
	III. Öffentliches Recht und Privatrecht	4	7
	IV. Das Bürgerliche Recht als Teilgebiet des Privatrechts	7	17
	V. Bürgerliches Recht und Strafrecht	9	20
	VI. Bürgerliches Recht und Verfahrensrecht	10	23
	Kontrollfragen und Fälle zu § 1	11	
	Lösungen	12	25
§ 2	**Die geschichtlichen Wurzeln des deutschen Bürgerlichen Rechts**	13	32
	I. Das römische Recht	13	32
	II. Das deutsche (germanische) Recht	14	40
	III. Die Rezeption des römischen Rechts	15	45
	IV. Das Naturrecht (Vernunftrecht)	16	52
	V. Die Kodifikationen in Preußen, Frankreich und Österreich	17	53
	VI. Historische Rechtsschule und Pandektenwissenschaft	18	56
§ 3	**Unmittelbare Vorgeschichte und Entstehung des BGB**	18	58
	I. Die Rechtslage vor Erlaß des BGB	18	58
	II. Der Ruf nach einem einheitlichen Bürgerlichen Recht	19	63
	III. Die Gesetzgebung des Deutschen Bundes	19	65
	IV. Die Gesetzgebungskompetenz im Deutschen Reich	20	67
	V. Die Schaffung des BGB	20	68
§ 4	**System und rechtspolitische Grundlagen des BGB**	22	76
	I. Aufbau und Regelungsbereich	22	76
	II. Das Verhältnis des BGB zum Landesrecht	25	86

Inhalt

	Seite	Rdnr.
III. Gesetzesstil und rechtspolitische Grundlagen des BGB	26	88
Kontrollfragen zu §§ 2 bis 4	31	
Lösungen	32	97
§ 5 Die Entwicklung des bürgerlichen Rechts seit Erlass des BGB	33	106
I. Gesetzliche Änderungen des BGB	33	106
II. Gesetze außerhalb des BGB und Rückführung in das BGB	33	107
III. Neuschöpfungen der Rechtspraxis	34	109
IV. Ein Rückblick: das Zivilrecht in der ehemaligen DDR	35	111
V. Der zunehmende Einfluß des Europäischen Rechts – das Europäische Privatrecht	35	113
VI. Die große Schuldrechtsreform 2001	37	116
VII. Neueste Reformen	39	118

2. Abschnitt: Grundbegriffe des Bürgerlichen Rechts

§ 6 Der schuldrechtliche Vertrag	41	119
I. Die Vertragsfreiheit im Schuldrecht	41	119
II. Wesensmerkmale am Beispiel eines Kaufvertrags	43	126
III. Die reguläre Erfüllung des Kaufvertrags	44	132
IV. Leistungsstörungen	45	133
Kontrollfragen und Fälle zu § 6	55	
Lösungen	56	149
§ 7 Besitz und Eigentum	58	152
I. Der Unterschied zwischen Besitz und Eigentum	58	152
II. Der Inhalt des Eigentums	58	156
III. Die wichtigsten Ansprüche aus dem Eigentum	60	163
IV. Der Erwerb des Eigentums an beweglichen Sachen	62	170
V. Der Erwerb des Eigentums an Grundstücken	66	187
VI. Begriff und Arten der subjektiven Rechte	67	195
VII. Die Rechte des Besitzers	69	204
Kontrollfragen und Fälle zu § 7	72	
Lösungen	74	211
§ 8 Das Abstraktionsprinzip und der Ausgleich nach den Regeln über die ungerechtfertigte Bereicherung	75	220
I. Die Trennung zwischen Verpflichtungs- und Verfügungsgeschäft (Trennungsprinzip)	75	220
II. Die Unabhängigkeit des Verfügungsgeschäfts vom Verpflichtungsgeschäft – der Inhalt des Abstraktionsprinzips	76	228
III. Der bereicherungsrechtliche Ausgleich	77	233
IV. Zur Bewertung des Abstraktionsprinzips	79	243
Kontrollfragen und Fälle zu § 8	81	
Lösungen	82	245
§ 9 Unerlaubte Handlungen	83	252
I. Allgemeines	83	252

Inhalt

	Seite	Rdnr.
II. Ansprüche aus § 823 Abs. 1 BGB	83	255
III. Weitere Anspruchsgrundlagen	86	266
Kontrollfragen und Fälle zu § 9	93	
Lösungen	94	292

Zweiter Teil

Der Allgemeine Teil des BGB

1. Abschnitt: Das Rechtsgeschäft

§ 1	Rechtsgeschäft und Willenserklärung; Privatautonomie und Verbraucherschutz	95	298
	I. Das Rechtsgeschäft als Mittel zur Verwirklichung der Privatautonomie	95	298
	II. Der Begriff des Rechtsgeschäfts und sein Verhältnis zur Willenserklärung	96	302
	III. Die Willenserklärung	98	306
	IV. Geschäftsähnliche Handlungen	101	319
	V. Realakte	102	322
	VI. Sozialtypisches Verhalten	102	324
	VII. Verbraucher und Unternehmer – die persönliche Reichweite des Verbraucherschutzes bei Rechtsgeschäften	103	325
	Kontrollfragen und Fälle zu § 1	107	
	Lösungen	108	330a
§ 2	Die Geschäftsfähigkeit	109	331
	I. Allgemeines	109	331
	II. Die Geschäftsunfähigkeit	112	341
	III. Die beschränkte Geschäftsfähigkeit	115	350
	IV. Die Haftungsbeschränkung des Minderjährigen	124	385
	V. Rechtliche Betreuung und Geschäftsfähigkeit	125	388
	VI. Die Einwilligungsfähigkeit im Rahmen des Deliktsrechts	126	389
	Kontrollfragen und Fälle zu § 2	127	
	Lösungen	128	391
§ 3	Das Wirksamwerden von Willenserklärungen	130	398
	I. Arten der Willenserklärungen	130	398
	II. Nicht empfangsbedürftige Willenserklärungen	130	400
	III. Empfangsbedürftige Willenserklärungen unter Abwesenden	131	401
	IV. Empfangsbedürftige Willenserklärungen unter Anwesenden	137	421
	V. Empfangsbedürftige Willenserklärungen gegenüber nicht voll geschäftsfähigen Personen	138	423
	Kontrollfragen und Fälle zu § 3	141	
	Lösungen	142	429

Inhalt

		Seite	Rdnr.
§ 4	**Der Widerruf von Willenserklärungen**	144	436
	I. Die Regelung im Allgemeinen Teil des BGB	144	436
	II. Die neueren Widerrufsrechte zugunsten des Verbrauchers	145	441
	Kontrollfragen und Fälle zu § 4	151	
	Lösungen	152	454
§ 5	**Das Zustandekommen eines Vertrages**	153	458
	I. Die Unterscheidung von Antrag und Annahme	153	458
	II. Der Antrag	153	459
	III. Die Annahme	159	476
	IV. Der Dissens	164	486
	V. Vertragsschluss und Allgemeine Geschäftsbedingungen	167	495
	Kontrollfragen und Fälle zu § 5	171	
	Lösungen	172	503
§ 6	**Die Auslegung von Willenserklärungen und Verträgen**	174	509
	I. Das Ziel der Auslegung	174	509
	II. Auslegungsgesichtspunkte	176	518
	III. Die ergänzende Vertragsauslegung	179	531
	IV. Übereinstimmende Falschbezeichnung	181	537
	Kontrollfragen und Fälle zu § 6	185	
	Lösungen	186	542
§ 7	**Formerfordernisse**	187	546
	I. Grundsatz der Formfreiheit	187	546
	II. Gesetzliche Formvorschriften	187	549
	III. Vereinbarte Form	194	564
	IV. Überwindung des Formmangels nach Treu und Glauben	195	568
	Kontrollfragen und Fälle zu § 7	199	
	Lösungen	200	570
§ 8	**Willensvorbehalte und Fehlen des Erklärungsbewusstseins**	201	574
	I. Der geheime Vorbehalt	201	574
	II. Das Scheingeschäft	202	578
	III. Die nicht ernstlich gemeinte Willenserklärung	204	587
	IV. Das Fehlen des Erklärungsbewusstseins	205	589
	Kontrollfragen und Fälle zu § 8	209	
	Lösungen	210	595
§ 9	**Die Anfechtung wegen Irrtums und unrichtiger Übermittlung**	211	599
	I. Die Anfechtbarkeit im Unterschied zur Nichtigkeit	211	599
	II. Grundsätzliche Unbeachtlichkeit des Motivirrtums	212	602
	III. Irrtum in der Erklärungshandlung und Inhaltsirrtum	213	604
	IV. Der Eigenschaftsirrtum	219	627
	V. Die unrichtige Übermittlung einer Willenserklärung	224	643
	VI. Die Durchführung der Anfechtung	225	647

Inhalt

| | Seite | Rdnr. |

VII. Die Wirkungen der Anfechtung 226 654
    Kontrollfragen und Fälle zu § 9 231
    Lösungen 232 668

§ 10 Die Anfechtung wegen arglistiger Täuschung und Drohung 234 676
    I. Die arglistige Täuschung als Anfechtungsgrund 234 676
    II. Die Drohung als Anfechtungsgrund 239 691
    III. Durchführung und Rechtsfolgen der Anfechtung 241 696
    IV. Konkurrenzfragen, insbesondere Verhältnis zur culpa in contrahendo 242 700
    Kontrollfragen und Fälle zu § 10 245
    Lösungen 246 704

§ 11 Gesetzlich verbotene, sittenwidrige und wucherische Rechtsgeschäfte ... 248 710
    I. Gesetzlich verbotene Rechtsgeschäfte 248 710
    II. Veräußerungsverbote 248 713
    III. Sittenwidrige Rechtsgeschäfte 250 717
    IV. Wucherische und wucherähnliche Rechtsgeschäfte 256 727
    Kontrollfragen und Fälle zu § 11 261
    Lösungen 262 736

§ 12 Die Aufrechterhaltung fehlerhafter Rechtsgeschäfte 263 739
    I. Die Teilnichtigkeit 263 739
    II. Die Umdeutung (Konversion) 266 750
    III. Die Bestätigung 267 754
    Kontrollfragen und Fälle zu § 12 271
    Lösungen 272 760

§ 13 Bedeutung und Voraussetzungen der Stellvertretung 274 765
    I. Begriff der Stellvertretung 274 765
    II. Die Voraussetzungen wirksamer Stellvertretung 279 785
    Kontrollfragen und Fälle zu § 13 285
    Lösungen 286 795

§ 14 Gesetzliche Vertretungsmacht 288 805
    I. Begriff 288 805
    II. Fälle der gesetzlichen Vertretungsmacht 288 806
    III. Verpflichtungsmacht der Ehegatten und Lebenspartner 289 811

§ 15 Die rechtsgeschäftliche Vertretungsmacht (Vollmacht) 290 812
    I. Erteilung der Vollmacht 290 812
    II. Form der Vollmacht 291 815
    III. Arten der Vollmacht 293 821
    IV. Vollmacht und Grundgeschäft 294 826
    V. Erlöschen der Vollmacht 295 831
    VI. Vollmacht kraft Rechtsscheins (gesetzliche Bestimmungen) 297 836

Inhalt

	Seite	Rdnr.
VII. Duldungs- und Anscheinsvollmacht	298	840
VIII. Vollmacht und Anfechtung	300	844
Kontrollfragen und Fälle zu § 15	303	
Lösungen	304	850

§ 16 Wirkungen der Stellvertretung ... 306 / 856

	Seite	Rdnr.
I. Wirkungen des vom Vertreter abgeschlossenen Rechtsgeschäfts	306	856
II. Willensmängel und Kenntnis von Umständen bei der Vertretung	307	859
Kontrollfragen und Fälle zu § 16	311	
Lösungen	312	867

§ 17 Das Handeln eines Vertreters ohne Vertretungsmacht ... 313 / 871

	Seite	Rdnr.
I. Das ohne Vertretungsmacht abgeschlossene Rechtsgeschäft	313	871
II. Haftung des Vertreters ohne Vertretungsmacht	314	877
III. Haftung bei mehrstufiger Vertretung	317	892
Kontrollfragen und Fälle zu § 17	319	
Lösungen	320	898

§ 18 Das Insichgeschäft ... 322 / 904

	Seite	Rdnr.
I. Begriff des Insichgeschäfts	322	904
II. Grundsätzliche Unwirksamkeit von Insichgeschäften	322	905
III. Gesetzliche Ausnahmen vom Verbot des Insichgeschäfts	323	908
IV. Ungeschriebene Ausnahme für lediglich rechtlich vorteilhafte Geschäfte	324	912
V. Ausdehnende Anwendung des § 181 bei Unterbevollmächtigten	325	914
Kontrollfragen und Fälle zu § 18	327	
Lösungen	328	918

§ 19 Verfügungen eines Nichtberechtigten ... 329 / 924

	Seite	Rdnr.
I. Begriffsmerkmale der Verfügung eines Nichtberechtigten	329	924
II. Wirksamkeitsvoraussetzungen	330	927
III. Einziehungsermächtigung und Prozessführungsermächtigung	332	935
IV. Unzulässigkeit einer Verpflichtungsermächtigung	333	938
Kontrollfragen und Fälle zu § 19	335	
Lösungen	336	941

§ 20 Bedingte und befristete Rechtsgeschäfte ... 337 / 947

	Seite	Rdnr.
I. Begriff der Bedingung	337	947
II. Arten und Wirkungen der Bedingung	338	951
III. Zulässigkeit der Bedingung	339	957
IV. Schutzvorschriften für die Schwebezeit	340	961
V. Befristete Rechtsgeschäfte	342	966
Kontrollfragen und Fälle zu § 20	345	
Lösungen	346	973

Inhalt

Seite Rdnr.

2. Abschnitt: Die Rechtssubjekte

§ 21 Die Rechtsfähigkeit des Menschen 347 977
    I. Begriff der Rechtsfähigkeit 347 977
    II. Arten der Rechtssubjekte 347 980
    III. Der Beginn der Rechtsfähigkeit des Menschen 349 983
    IV. Vorgeburtliche Schädigung 351 989
    V. Das Ende der Rechtsfähigkeit des Menschen 351 990
    Kontrollfragen und Fälle zu § 21 355
    Lösungen 356 995

§ 22 Juristische Personen, insbesondere der rechtsfähige (eingetragene) Verein 357 999
    I. Funktion, Begriff und Arten der juristischen Person 357 999
    II. Der rechtsfähige Verein 360 1009
    III. Organe des Vereins und Haftung 365 1032
    IV. Mitgliedschaft und Vereinsautonomie 370 1052
    V. Die Beendigung des Vereins 373 1061
    VI. Die rechtsfähige Stiftung 373 1063
    VII. Haftung juristischer Personen des öffentlichen Rechts 374 1066
    Kontrollfragen und Fälle zu § 22 375
    Lösungen 376 1068

§ 23 Der nichtrechtsfähige (nicht eingetragene) Verein 378 1078
    I. Regelung im BGB und weitere Entwicklung 378 1078
    II. Haftung des für den nichtrechtsfähigen Verein Handelnden 380 1082
    III. Die Haftung der Vereinsmitglieder 380 1084
    IV. Die Haftung für Vereinsorgane 381 1087
    V. Sonstige Regeln 381 1088
    VI. Prozessuale Stellung 382 1092
    Kontrollfragen und Fälle zu § 23 385
    Lösungen 386 1096

§ 24 Namensrecht und Persönlichkeitsrecht 387 1101
    I. Das Namensrecht 387 1101
    II. Das allgemeine Persönlichkeitsrecht 392 1116
    Kontrollfragen und Fälle zu § 24 397
    Lösungen 398 1124

3. Abschnitt: Sonstige Materien des Allgemeinen Teils

§ 25 Der Wohnsitz 401 1130
    I. Bedeutung 401 1130
    II. Begründung und Aufhebung des Wohnsitzes 402 1132
    III. Gesetzlicher Wohnsitz 403 1138

Inhalt

	Seite	Rdnr.

§ 26 Die Verjährung 403 1141
    I. Allgemeines 403 1141
    II. Die Verjährungsfristen 405 1146
    III. Die Wirkung der Verjährung 408 1157
    IV. Hemmung, Ablaufhemmung und Neubeginn der Verjährung 410 1159
    V. Die Verwirkung 413 1169
    Kontrollfragen und Fälle zu § 26 415
    Lösungen 416 1170a

§ 27 Regeln der Rechtsausübung: Schikaneverbot, Notwehr, Notstand und Selbsthilfe 417 1171
    I. Unzulässige Rechtsausübung 417 1171
    II. Notwehr 419 1175
    III. Defensiv- und Aggressivnotstand 421 1185
    IV. Selbsthilfe 421 1188
    Kontrollfragen und Fälle zu § 27 423
    Lösungen 424 1191

§ 28 Sachen, Bestandteile, Zubehör und Nutzungen 425 1195
    I. Bedeutung des Gesetzesabschnitts 425 1195
    II. Begriff und Arten der Sachen 425 1196
    III. Sachbestandteile 427 1207
    IV. Zubehör 431 1222
    V. Nutzungen 432 1226
    Kontrollfragen und Fälle zu § 28 435
    Lösungen 436 1232

§ 29 Berechnung von Fristen und Terminen 437 1236
    I. Geltungsbereich 437 1236
    II. Berechnung 437 1239
    III. Weitere Auslegungsregeln 438 1246
    IV. Wiedereinsetzung in den vorigen Stand (Hinweis) 438 1247

§ 30 Hinweise zur schriftlichen Bearbeitung zivilrechtlicher Fälle 439 1248
    I. Vorbemerkung 439 1248
    II. Schritte der Bearbeitung 439 1249
    III. Bedeutung des Sachverhalts 441 1258
    IV. Ansprüche und Anspruchsgrundlagen 441 1260
    V. Aufbau (Gliederung) und Überschriften 443 1266
    VI. Gutachtenstil und Sprache 444 1271

§ 31 Definitionen, die man sich einprägen sollte 446 1274

Paragraphenregister 448

Sachregister 454

Abkürzungsverzeichnis

a.M.	anderer Meinung
aaO	am angegebenen Ort
abl.	ablehnend
Abs.	Absatz
AbzG	Abzahlungsgesetz
AcP	Archiv für die civilistische Praxis
a.E.	am Ende
AG	Aktiengesellschaft, Amtsgericht
AGB	Allgemeine Geschäftsbedingungen
AGBG	Gesetz zur Regelung des Rechts der Allgemeinen Geschäftsbedingungen
AktG	Aktiengesetz
allg.	allgemein
allg. M.	allgemeine Meinung
Alt.	Alternative
AnfG	Anfechtungsgesetz
Anm.	Anmerkung
AnwBl	Anwaltsblatt
AP	Arbeitsrechtliche Praxis, Nachschlagewerk des Bundesarbeitsgerichts
ArbGG	Arbeitsgerichtsgesetz
Aufl.	Auflage
BAG	Bundesarbeitsgericht
BAGE	Entscheidungen des Bundesarbeitsgerichts
BauGB	Baugesetzbuch
BayObLG	Bayerisches Oberstes Landesgericht
BayObLGZ	Entscheidungen des Bayerischen Obersten Landesgerichts in Zivilsachen
BB	Betriebs-Berater
Bd.	Band
Begr.	Begründung
bestr.	bestritten
BetrVG	Betriebsverfassungsgesetz
BeurkG	Beurkundungsgesetz
BFH	Bundesfinanzhof
BGB	Bürgerliches Gesetzbuch
BGBl.	Bundesgesetzblatt
BGH	Bundesgerichtshof
BGHZ	Entscheidungen des Bundesgerichtshofs in Zivilsachen
BImSchG	Bundesimmissionsschutzgesetz
BRAO	Bundesrechtsanwaltsordnung
BVerfG	Bundesverfassungsgericht
BVerfGE	Entscheidungen des Bundesverfassungsgerichts
BVerwG	Bundesverwaltungsgericht

Abkürzungsverzeichnis

c.i.c.	culpa in contrahendo
CR	Computer und Recht
DB	Der Betrieb
DDR	Deutsche Demokratische Republik
DJZ	Deutsche Juristenzeitung
DNotZ	Deutsche Notar-Zeitschrift
DRiZ	Deutsche Richterzeitung
DStR	Deutsches Steuerrecht
EG	Einführungsgesetz, Europäische Gemeinschaft
EGBGB	Einführungsgesetz zum Bürgerlichen Gesetzbuch
EGV	Vertrag zur Gründung der Europäischen Gemeinschaft
EheG	Ehegesetz
ErbbauVO	Verordnung über das Erbbaurecht
EU	Europäische Union
EuGH	Europäischer Gerichtshof
EWG	Europäische Wirtschaftsgemeinschaft
EWIV	Europäische wirtschaftliche Interessenvereinigung
e.V.	eingetragener Verein
f., ff.	folgende
FamRZ	Zeitschrift für das gesamte Familienrecht
Festschr.	Festschrift
FGG	Gesetz über die Angelegenheit der freiwilligen Gerichtsbarkeit
Fn.	Fußnote
GBO	Grundbuchordnung
GenG	Genossenschaftsgesetz
GewO	Gewerbeordnung
GG	Grundgesetz für die Bundesrepublik Deutschland
GmbH	Gesellschaft mit beschränkter Haftung
GmbHG	Gesetz betreffend die Gesellschaften mit beschränkter Haftung
GVG	Gerichtsverfassungsgesetz
GWB	Gesetz gegen Wettbewerbsbeschränkungen
HGB	Handelsgesetzbuch
h.M.	herrschende Meinung
HausTWG	Gesetz über den Widerruf von Haustürgeschäften und ähnlichen Geschäften
idF	in der Fassung
InsO	Insolvenzordnung
IPR	Internationales Privatrecht
i.S.	im Sinne
i.S.v.	im Sinne von
i.V.m.	in Verbindung mit
JA	Juristische Arbeitsblätter
JR	Juristische Rundschau
Jura	Juristische Ausbildung
JuS	Juristische Schulung
JW	Juristische Wochenschrift
JZ	Juristenzeitung

Abkürzungsverzeichnis

KG	Kammergericht, Kommanditgesellschaft
KO	Konkursordnung
krit.	kritisch
KunstUrhG	Gesetz betreffend das Urheberrecht an Werken der bildenden Künste und der Photographie
lat.	lateinisch
LG	Landgericht
LM	Lindenmaier-Möhring, Nachschlagewerk des Bundesgerichtshofs
LPartG	Lebenspartnerschaftsgesetz
LS	Leitsatz
MDR	Monatsschrift für deutsches Recht
m.E.	meines Erachtens
Mot.	Motive zum Entwurf eines BGB
mwN	mit weiteren Nachweisen
Nachw.	Nachweise
NJW	Neue Juristische Wochenschrift
NJW-RR	Neue Juristische Wochenschrift, Rechtsprechungsreport
NZA	Neue Zeitschrift für Arbeitsrecht
NZG	Neue Zeitschrift für Gesellschaftsrecht
OGHZ	Entscheidungen des Obersten Gerichtshofs für die britische Zone in Zivilsachen
OHG	Offene Handelsgesellschaft
OLG	Oberlandesgericht
OLGZ	Entscheidungen der Oberlandesgerichte in Zivilsachen
OWiG	Ordnungswidrigkeitengesetz
ParteienG	Parteiengesetz
PatG	Patentgesetz
PBefG	Personenbeförderungsgesetz
PflVersG	Pflichtversicherungsgesetz
PostG	Postgesetz
ProdHaftG	Gesetz über die Haftung für fehlerhafte Produkte (Produkthaftungsgesetz)
Prot.	Protokolle der 2. Kommission zum Entwurf des BGB
PStG	Personenstandsgesetz
pVV	positive Vertragsverletzung
RabelsZ	Zeitschrift für ausländisches und internationales Privatrecht
Rdnr.	Randnummer
RG	Reichsgericht
RGBl.	Reichsgesetzblatt
RGZ	Entscheidungen des Reichsgerichts in Zivilsachen
S.	Seite
ScheckG	Scheckgesetz
Slg.	Sammlung der Rechtsprechung des Gerichtshofes und des Gerichts erster Instanz der Europäischen Gemeinschaften
sog.	sogenannt
StGB	Strafgesetzbuch
StPO	Strafprozeßordnung

Abkürzungsverzeichnis

str.	streitig
StVG	Straßenverkehrsgesetz
u.a.	unter anderem
ü.M.	überwiegende Meinung
u.U.	unter Umständen
UrhG	Gesetz über Urheberrecht und verwandte Schutzrechte (Urheberrechtsgesetz)
UWG	Gesetz über den unlauteren Wettbewerb
VerbrKrG	Verbraucherkreditgesetz
VerglO	Vergleichsordnung
VerschG	Verschollenheitsgesetz
VersR	Versicherungsrecht
vgl.	vergleiche
VO	Verordnung
VVG	Versicherungsvertragsgesetz
VwGO	Verwaltungsgerichtsordnung
VwVfG	Verwaltungsverfahrensgesetz
WiStG	Wirtschaftsstrafgesetz
WG	Wechselgesetz
WM	Wertpapiermitteilungen
ZEuP	Zeitschrift für Europäisches Privatrecht
ZEV	Zeitschrift für Erbrecht und Vermögensnachfolge
ZGB (DDR)	Zivilgesetzbuch der Deutschen Demokratischen Republik
ZGR	Zeitschrift für Unternehmens- und Gesellschaftsrecht
ZHR	Zeitschrift für das gesamte Handelsrecht und Wirtschaftsrecht
ZIP	Zeitschrift für Wirtschaftsrecht
ZNR	Zeitschrift für neuere Rechtsgeschichte
ZPO	Zivilprozeßordnung
ZRP	Zeitschrift für Rechtspolitik
zust.	zustimmend
zutr.	zutreffend
ZVG	Gesetz über die Zwangsversteigerung und die Zwangsverwaltung
ZZP	Zeitschrift für Zivilprozeß

Literatur

Lehrbücher zum Allgemeinen Teil des BGB

Brehm, Allgemeiner Teil des BGB, 4. Aufl., 2000.
Bork, Allgemeiner Teil des BGB, 2001.
Brox, Allgemeiner Teil des BGB, 25. Aufl., 2001.
Diederichsen, Der Allgemeine Teil des Bürgerlichen Gesetzbuches für Studienanfänger, 5. Aufl., 1984.
Eisenhardt, Allgemeiner Teil des BGB, 4. Aufl., 1997.
Flume, Allgemeiner Teil des Bürgerlichen Rechts, 1. Bd., 1. Teil: Die Personengesellschaft, 1977; 1. Bd., 2. Teil: Die Juristische Person, 1983; 2. Bd.: Das Rechtsgeschäft, 4. Aufl., 1992 (dieser Bd. zitiert: Flume).
Giesen, BGB Allgemeiner Teil: Rechtsgeschäftslehre, 2. Aufl., 1995.
Hirsch, Der Allgemeine Teil des BGB, 4. Aufl., 2001.
Hübner, Allgemeiner Teil des Bürgerlichen Gesetzbuches, 2. Aufl., 1996.
Köhler, BGB Allgemeiner Teil, 26. Aufl., 2002.
Larenz/Wolf, Allgemeiner Teil des Bürgerlichen Rechts, 8. Aufl., 1997.
Löwisch, Allgemeiner Teil des BGB, Einführung und Rechtsgeschäftslehre, 6. Aufl., 1997.
Medicus, Allgemeiner Teil des BGB, 7. Aufl., 1997.
Pawlowski, Allgemeiner Teil des Bürgerlichen Rechts, 6. Aufl., 2000.
Peters, BGB Allgemeiner Teil, 3. Aufl., 1997.
Rüthers/Stadler, Allgemeiner Teil des BGB, 11. Aufl., 2001.
Schack, BGB – Allgemeiner Teil, 9. Aufl., 2002.

Einführungen und Grundkurse zum Bürgerlichen Recht

Hattenhauer, Grundbegriffe des Bürgerlichen Rechts, Historisch-dogmatische Einführung, 2. Aufl., 2000.
Klunzinger, Einführung in das Bürgerliche Recht, 10. Aufl., 2001.
Köbler, Deutsches Privatrecht der Gegenwart, 1991.
Musielak, Grundkurs BGB, 7. Aufl., 2002.
Schapp, Grundlagen des Bürgerlichen Rechts, 2. Aufl., 1996.
Schmidt/Brüggemeier, Zivilrechtlicher Grundkurs, 5. Aufl., 1998.
Schulte, Grundkurs im BGB, Bd. 1, 5. Aufl., 1996; Bd. 2, 3. Aufl., 1992; Bd. 3, Fälle mit Lösungen, 3. Aufl., 1999.
Schwab, Einführung in das Zivilrecht, Einschließlich BGB – Allgemeiner Teil, 14. Aufl., 2000.
Westermann, Grundbegriffe des BGB, Eine Einführung an Hand von Fällen, 15. Aufl., 1999.

Fall- und Entscheidungssammlungen

Brehm, Fälle und Lösungen zum Allgemeinen Teil des BGB, 1996.
Fezer, BGB Allgemeiner Teil (WuV-Kurs Bd. 1), 5. Aufl., 1995.
Köhler, Prüfe dein Wissen, BGB, Allgemeiner Teil, 22. Aufl., 2002.
Lindacher, Fälle zum Allgemeinen Teil des BGB, 3. Aufl., 2000.

Marburger, Fälle und Lösungen nach höchstrichterlichen Entscheidungen, BGB – Allgemeiner Teil, 7. Aufl., 1997.
Martinek, Grundlagen-Fälle zum BGB – Die Wilhelm-Busch-Fälle, 2000.
Peters, BGB – Allgemeiner Teil, 88 Fälle mit Lösungen, 2. Aufl., 1998.
Schack/Ackmann, Höchstrichterliche Rechtsprechung zum Bürgerlichen Recht, 4. Aufl., 1997.
Werner, Fälle mit Lösungen für Anfänger im Bürgerlichen Recht, 10. Aufl., 2000.
Werner, 20 Probleme aus dem BGB Allgemeiner Teil, 6. Aufl., 1998.
Werner/Saenger, Fälle mit Lösungen für Fortgeschrittene im Bürgerlichen Recht, 2001.

Weitere Studienliteratur

Braun, Der Zivilrechtsfall, 2000.
Däubler, BGB kompakt, Die systematische Darstellung des Zivilrechts, 2002.
Diederichsen/Wagner, Die Anfängerübung im Bürgerlichen Recht, 3. Aufl., 1996.
Diederichsen/Wagner, Die BGB-Klausur, 9. Aufl., 1998.
Grunewald, Bürgerliches Recht, 5. Aufl., 2002.
Medicus, Bürgerliches Recht, 18. Aufl., 1999.
Medicus, Grundwissen zum Bürgerlichen Recht, 5. Aufl., 2002.
Olzen/Wank, Zivilrechtliche Klausurenlehre mit Fallrepetitorium, 3. Aufl., 2001.

Kommentare zum BGB

Dörner u.a., BGB, Handkommentar, 2. Aufl., 2002.
Erman (und Bearbeiter), Handkommentar zum BGB, 10. Aufl., 2000.
Jauernig (und Bearbeiter), BGB mit Erläuterungen, 9. Aufl., 1999.
Kropholler, Studienkommentar BGB, 5. Aufl., 2002.
Münchener Kommentar zum BGB (und Bearbeiter), 3. Aufl., 1992 ff.; zum Teil 4. Aufl., 2000 ff.
Palandt (und Bearbeiter), BGB, 61. Aufl., 2002; Ergänzungsband: Gesetz zur Modernisierung des Schuldrechts, 2002.
RGRK (und Bearbeiter), BGB, 12. Aufl., 1975 ff.
Soergel (und Bearbeiter), BGB, 12. Aufl., 1987 ff.; zum Teil 13. Auf., 1999 ff.
Staudinger (und Bearbeiter), BGB, 13. Bearbeitung, 1993 ff.; zum Teil spätere Neubearbeitung.

Erläuterung der Zitierweise

Die Zitate beziehen sich auf die hier angegebenen Auflagen. Lehrbücher zum Allgemeinen Teil und Kommentare zum BGB sind nur mit den Namen der Verfasser zitiert.

Paragraphen ohne Angabe des Gesetzes sind Bestimmungen des BGB.

Erster Teil

Einführung in das Bürgerliche Recht

1. Abschnitt: Grundlagen

§ 1 Das Bürgerliche Recht im Rahmen der gesamten Rechtsordnung

I. Recht und Rechtsquellen – nationales und europäisches Recht

Was das **Recht** seinem Wesen nach ist, wie man Recht und Unrecht unterscheidet und wie man die Wirkungsweise des Rechts zu verstehen hat – auf diese und ähnliche Grundfragen gibt es keine kurzen, einfachen Antworten. Rechtsphilosophie, Rechtstheorie und Rechtssoziologie bieten hierzu vielfältige, freilich niemals abschließende Erkenntnisse; Rechtsgeschichte und Rechtsvergleichung zeigen uns das Recht in mannigfachen Erscheinungsformen und als Gegenstand eines ständigen Entwicklungsprozesses. Der junge Jurist tut gut daran, den Grundlagen des Rechts besonderes Augenmerk zu widmen und seine natürliche Neugier, seine kritische Fragelust nicht vorschnell durch eine Beschränkung auf den Umgang mit dem positiven (also dem hier und jetzt geltenden) Recht verkümmern zu lassen. Für die Zwecke dieser Einführung in das deutsche bürgerliche Recht muss und kann gleichwohl von einer recht groben Begriffsbestimmung ausgegangen werden. Danach ist das Recht die für alle verbindliche **Ordnung des menschlichen Zusammenlebens** in einem konkreten Gemeinwesen unter dem Leitstern der **Gerechtigkeit**.

Das angesprochene Gemeinwesen ist dabei in erster Linie der (nationale) **Staat**, so dass bei der Beschäftigung mit dem geltenden Recht sehr schnell der Blick auf die in einem Staat – hier in der Bundesrepublik Deutschland – geltende Rechtsordnung gelenkt wird. Sie wird durch geschriebenes Recht (vor allem staatliche Gesetze und Verordnungen), aber auch durch die Rechtsprechung und zum Teil auch durch Gewohnheitsrecht bestimmt. Diese Erscheinungsformen des geltenden Rechts werden als **Rechtsquellen** bezeichnet. Bei näherem Zusehen erweist sich heute das System der geschriebenen (gesetzten) Rechtsquellen (man bezeichnet sie auch als **positives Recht**) als vielschichtiges Gebilde. In der Bundesrepublik Deutschland als einem Bundesstaat ist neben dem **Bundesrecht** auch das Recht der einzelnen Bundesstaaten, also das **Landesrecht**, von erheblicher Bedeutung. Auf dem Gebiet des Bürgerlichen Rechts können die Länder jedoch nur insoweit eigenes Recht erlassen, als das

1. Abschnitt: Grundlagen

Bundesrecht einen Vorbehalt zugunsten des Landesgesetzgebers enthält, näher s. Rdnr. 86f.

3 Anders sieht es am anderen Ende der Skala – sozusagen oberhalb des Bundesrechts – aus. Erhebliche und ständig zunehmende Bedeutung besitzt nämlich auch das – supranationale – Recht der **Europäischen Gemeinschaft** (EG). Schon das sog. **Primärrecht** der Europäischen Gemeinschaften[1], d.h. die Gründungsverträge, enthalten wichtige Rechtssätze, die auch auf das Bürgerliche Recht ausstrahlen. Dies gilt insbesondere für die im EG-Vertrag enthaltenen Grundfreiheiten. Vor allem aber besitzt die EG weitreichende Rechtssetzungskompetenzen, die auch Bereiche

---

[1] Der Plural bedarf der Erläuterung: Nachdem die Europäische Gemeinschaft für Kohle und Stahl im Jahre 2002 beendet wurde, existieren noch die Europäische Gemeinschaft (EG) und die Euratom. In unserem Zusammenhang besitzt die EG überragende Bedeutung, so dass sich die Darstellung hierauf konzentriert.

[2] Der oben nicht aufgeführte Vertrag über die Europäische Union (EU-Vertrag) bildet den Rahmen für die Zusammenarbeit der Mitgliedstaaten, doch besitzt die EU selbst keine Rechtspersönlichkeit. Das unmittelbar in den Mitgliedstaaten geltende Recht – hier als Europäisches Gemeinschaftsrecht bezeichnet – ist der EG zuzuordnen. Dementsprechend gibt es EG-Verordnungen, keine EU-Verordnungen!

[3] Der Begriff Europäisches Recht wird vielfach im selben Sinne verwendet, kann aber auch in einem weiteren Sinne verstanden werden, so dass er z.B. auch die Satzung des Europarats und die Europäische Menschenrechtskonvention (beides sind völkerrechtliche Verträge) umfasst. Eine Kompetenz zur Setzung unmittelbar geltenden Rechts hat der Europarat nicht.

des Bürgerlichen Rechts einschließen. Bei den von der EG gesetzten Rechtsnormen, dem **sekundären Gemeinschaftsrecht**, ist zwischen Verordnungen und Richtlinien zu unterscheiden. Europäische Verordnungen gelten unmittelbar in allen Mitgliedstaaten; man könnte sie, was die Wirkungsweise angeht, ohne weiteres als Europäische Gesetze bezeichnen. Europäische Richtlinien verpflichten dagegen die Mitgliedstaaten, die darin enthaltenen Vorgaben in das innerstaatliche Recht zu übernehmen. In der Regel geschieht diese Umsetzung durch einen Akt der nationalen Gesetzgebung, in Deutschland also durch Erlass eines Bundesgesetzes. Näher hierzu s. Rdnr. 113 ff.

II. Grundgesetz und Bürgerliches Recht

Das bürgerliche Recht als Teilgebiet der gesamten Rechtsordnung bedarf der genaueren Verortung, zunächst im Verhältnis zur deutschen Verfassung, dem Grundgesetz. Auf den ersten Blick erscheint alles klar: Das **Grundgesetz** ist **höherrangig** als das bürgerliche Recht, das zum sog. einfachen Gesetzesrecht gehört (zur konkurrierenden Gesetzgebungskompetenz und zum Verhältnis des BGB zum Landesrecht s. Rdnr. 86 f.). Sowohl der Gesetzgeber als auch der Rechtsanwender haben die Vorgaben der Verfassung zu beachten. Wenn dem Verfassungsrecht heute größte Bedeutung für die Fortentwicklung des bürgerlichen Rechts zukommt, so hat dies zweierlei Gründe. Der eine liegt in der modernen Interpretation der **Grundrechte**, die nicht mehr bloß als Abwehrrechte des Bürgers gegen den Staat, sondern als Ausdruck einer **objektiven Wertordnung** verstanden werden[4]. Die privatrechtlichen Vorschriften erhalten auf diese Weise die Funktion, den Rechtsgehalt der Grundrechte zu entfalten. Der zweite Grund ist in den weitreichenden verfahrensrechtlichen **Kompetenzen des BVerfG** zu sehen, das nicht nur dazu berufen ist, Gesetze und Verordnungen auf ihre Verfassungsmäßigkeit zu kontrollieren, sondern das aufgrund von Verfassungsbeschwerden auch die Akte der konkreten Rechtsanwendung, insbesondere rechtskräftige Urteile, auf Verletzungen von Grundrechten zu überprüfen hat.

4

Mit beidem hängt es zusammen, dass heute das bürgerliche Recht weithin bereits als Umsetzung und Konkretisierung der verfassungsrechtlichen, vor allem im Grundrechtskatalog enthaltenen Vorgaben verstanden wird. Geschichtlich betrachtet trifft dies freilich nicht zu: das bürgerliche Recht und seine zentralen Institute sind weit älter als die neuzeitlichen Verfassungen und die Grundrechte. Sicher ist es heute richtig, die Privatautonomie bei der Gestaltung der privatrechtlichen Beziehungen als Teilstück der durch Art. 2 Abs. 1 GG garantierten **freien Entfaltung der Persönlichkeit** zu sehen, doch sollte nicht vergessen werden, dass die Privatautono-

5

---

[4] Grundlegend BVerfGE 7, 198 (Lüth-Urteil). – Näher zur Bedeutung der Grundrechte als Elemente objektiver Ordnung: Hesse, Grundzüge des Verfassungsrechts der Bundesrepublik Deutschland, 21. Aufl. (1999), Rdnr. 290 ff.; Maunz/Zippelius, Deutsches Staatsrecht, 30. Aufl. (1998), § 18 II (S. 138 ff.); Pieroth/Schlink, Grundrechte Staatsrecht II, 17. Aufl. (2001) Rdnr. 73 ff.

mie das bürgerliche Recht längst vor dem Grundgesetz prägte. Bei der Entwicklung des bürgerlichen Rechts seit Inkrafttreten des Grundgesetzes im Jahre 1949 spielten aber die Aussagen der Verfassung eine wesentliche Rolle. So hat etwa der BGH die epochemachende Anerkennung des allgemeinen Persönlichkeitsrechts nicht zuletzt durch den Hinweis auf Art. 1 und 2 GG gerechtfertigt[5].

6   Ob und in welchem Umfang das bürgerliche Recht geradezu in Abhängigkeit vom Verfassungsrecht gerät, wird vor allem von der Spruchpraxis des BVerfG bestimmt. Gerade in den letzten Jahren hat sich das BVerfG wiederholt auch in Bereiche eingeschaltet, die bislang eher als Domäne des bürgerlichen Rechts und der Zivilgerichte betrachtet wurden. Die **Entscheidungen des BVerfG** können zur **Weiterentwicklung des bürgerlichen Rechts** bedeutende Beiträge leisten, zuweilen durchaus auch, indem sie eingefahrenen, um nicht zu sagen verkrusteten, Denkweisen der Zivilgerichte neue Impulse entgegensetzen. Als Beispiel sei etwa die Rechtsprechung des BVerfG zur Bürgschaftsübernahme durch vermögenslose Angehörige des Schuldners erwähnt (näher s. Rdnr. 723 ff.). Doch sollte auch die Eigenständigkeit des bürgerlichen Rechts beachtet und insofern das Verhältnis zwischen Grundgesetz und BGB nicht als Einbahnstraße, sondern als Wechselwirkung verstanden werden.

III. Öffentliches Recht und Privatrecht

1. Gleichordnung und Unterordnung

7   Kauft jemand einen Anzug, mietet er eine Wohnung oder nimmt er eine Stelle in einem Unternehmen an, so begegnet er seinem Partner – dem Verkäufer, Vermieter, Arbeitgeber – auf der Ebene der **Gleichordnung.** Das gilt jedenfalls rechtlich gesehen; ob von den wirtschaftlichen Gegebenheiten her und damit in tatsächlicher Hinsicht von einer Gleichrangigkeit gesprochen werden kann, steht auf einem anderen Blatt. Erst durch den Vertragsschluss werden gegenseitige Rechte und Pflichten begründet, der Anspruch auf Lieferung der gekauften Sache etwa und die Pflicht zur Zahlung des Kaufpreises, um beim Kaufvertrag als dem einfachsten Beispiel zu bleiben. Solche Rechtsbeziehungen zwischen den Bürgern regelt das Privatrecht, und dessen typische Erscheinungsform ist der **Vertrag,** also z.B. der Kaufvertrag, Mietvertrag oder Arbeitsvertrag.

8   Der Staat dagegen tritt dem Bürger oft als Fordernder gegenüber, ohne auf dessen Zustimmung angewiesen zu sein. Der Bürger muss Steuern zahlen, Wehrdienst leisten, vielleicht auch die Enteignung eines Grundstücks über sich ergehen lassen, auch wenn er damit nicht einverstanden ist. Er ist der **hoheitlichen Gewalt** unterworfen, die dem Staat und seinen Organen (vor allem den Verwaltungsbehörden) nach den einschlägigen Gesetzen etwa des Steuerrechts, des Wehrpflichtrechts oder des Enteignungsrechts usw. zukommt. Hier geht es um öffentliches Recht. Die typische Handlungsform des Staates zur Regelung des Einzelfalles ist dabei der

---

[5] So bereits BGHZ 13, 334, 338 = NJW 1954, 1404. Näher s. Rdnr. 1117 ff.

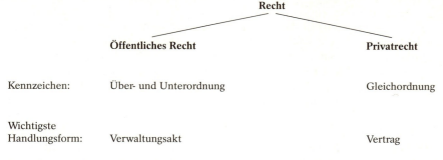

	Öffentliches Recht	Privatrecht
Kennzeichen:	Über- und Unterordnung	Gleichordnung
Wichtigste Handlungsform:	Verwaltungsakt	Vertrag

Verwaltungsakt[6]. Auch das Strafrecht gehört in diesen Bereich – kaum irgendwo wird die Unterordnung deutlicher als wenn der Bürger mit einer Geld- oder gar Freiheitsstrafe belegt wird – wobei freilich im Regelfall erst das gerichtliche Urteil im Rahmen eines Strafprozesses die konkrete Strafe auszusprechen vermag. Auch das Prozessrecht selbst – sei es das Straf- oder das Zivilprozessrecht – ist dem öffentlichen Recht zuzuordnen, regelt es doch das Verhältnis der Prozessbeteiligten zum Gericht als hoheitlich tätigem Organ des Staates.

2. Abgrenzung von Öffentlichem Recht und Privatrecht

a) Bedeutung

Wie man öffentliches Recht und Privatrecht im einzelnen voneinander abgrenzt, darüber gehen die Meinungen auseinander. Die Frage ist keineswegs nur von theoretischer Bedeutung. In der Bundesrepublik Deutschland ist sie für die Wahl des richtigen **Zweiges der Gerichtsbarkeit** (des **Rechtsweges**) wesentlich. Während die ordentlichen Gerichte nach § 13 GVG grundsätzlich für „alle bürgerlichen Rechtsstreitigkeiten" zuständig sind, ist bei öffentlich-rechtlichen Streitigkeiten in der Regel der Weg zu den Verwaltungsgerichten (§ 40 Abs. 1 Satz 1 VwGO) bzw. den Finanz- oder Sozialgerichten gegeben. Hier gewinnt die Abgrenzung große praktische Bedeutung, und es hat sich denn auch gerade im Zusammenhang mit der Zuständigkeitsfrage eine sehr umfangreiche Kasuistik entwickelt.

Auch bei der **Haftung des Staates** für rechtswidriges Handeln seiner Organe spielt es eine wesentliche Rolle, ob im Bereich des öffentlichen Rechts oder des Privatrechts gehandelt wurde. Während nämlich bei hoheitlichem Handeln die Haftung des Staates nach § 839 BGB i.V.m. Art. 34 GG (Haftung für Amtspflichtverletzungen) zu beurteilen ist, bleibt es bei privatrechtlichen Tätigkeiten bei der Anwendung der allgemeinen delikts- und vertragsrechtlichen Bestimmungen des BGB, wie sie für jedermann gelten, also außerhalb von Verträgen vor allem bei der Haftung nach § 823 Abs. 1 und 2, § 831 BGB.

---

[6] Gleichwohl gibt es auch öffentlich-rechtliche Verträge, auch im Verhältnis zwischen Staat und Bürger, s. §§ 54 ff. VwVfG.

b) Abgrenzungskriterien

11 Wie sich gerade an der Haftungsfrage zeigt, kann die Beurteilung, ob öffentliches Recht oder Privatrecht vorliegt, nicht einfach danach vorgenommen werden, ob der Staat oder eine Privatperson tätig geworden ist. Einer solchen Abgrenzung (man mag sie als „**ältere Subjektstheorie**" bezeichnen) steht entgegen, dass der Staat (also Bund und Länder), aber auch die anderen Rechtssubjekte des öffentlichen Rechts (also z.B. Gemeinden, Universitäten) auch privatrechtlich tätig werden können, indem sie etwa Kauf-, Miet- oder Arbeitsverträge abschließen, Kredite aufnehmen, Wertpapiere ausgeben und dergleichen mehr. Man sieht hieran sogleich, dass die Abgrenzung auch nicht danach erfolgen kann, ob ein Handeln in öffentlichem oder privatem Interesse vorliegt (sog. **Interessentheorie**); denn im öffentlichen Interesse liegt es gewiss, wenn der Staat ein Grundstück kauft, um darauf ein Museum zu errichten, aber gleichwohl tritt der Staat bei diesem Geschäft nicht anders in Erscheinung, als wenn eine Privatperson das Grundstück erwirbt, um für sich ein Wohngebäude zu erstellen.

12 Anders wird es erst, wenn der Staat ein Grundstück enteignet, weil dies zur Erfüllung öffentlicher Aufgaben unabweisbar notwendig ist und eine gütliche Einigung mit dem bisherigen Eigentümer nicht gelingt (die Einzelheiten sind in den Enteignungsgesetzen zu finden). Solche Möglichkeiten stehen einem privaten Interessenten nicht zur Verfügung, vielmehr setzt hier der Staat seine spezifische Macht – wir nennen sie **hoheitliche Gewalt** – ein, die ihm im Verhältnis zu den Bürgern zukommt. So lässt sich das Wesen des öffentlichen Rechts weitgehend dadurch kennzeichnen, dass das Über- und Unterordnungsverhältnis zwischen dem Staat und seinen Bürgern in Erscheinung tritt. Allein hierauf abzustellen (so die „**Subordinationstheorie**"), erweist sich allerdings insofern als zu eng, als damit Rechtsverhältnisse nicht erfasst werden, bei denen mehrere Hoheitsträger miteinander in gleichrangige rechtliche Beziehungen treten. Das gilt etwa für den großen Bereich der völkerrechtlichen Verträge, die (bi- oder multilateral) von den Staaten untereinander abgeschlossen werden. Aber auch zwischen den Ländern eines Bundesstaates oder zwischen einzelnen Gemeinden sind solche Vereinbarungen auf Feldern anzutreffen, bei denen es um die Ausübung hoheitlicher Gewalt geht, etwa Vereinbarungen der Länder über die gegenseitige Anerkennung von Abiturzeugnissen oder Zweckverbände von Gemeinden, um die Wasserversorgung gemeinsam sicherzustellen.

13 Die Unterscheidung muss also danach erfolgen, ob **in Ausübung hoheitlicher Gewalt** (dann öffentliches Recht) oder mit den jedem Bürger zustehenden Mitteln (dann Privatrecht) gehandelt wurde. Als Abgrenzungsformel lässt sich folgender **Merksatz**[7] *verwenden:*

14 Öffentliches Recht liegt dann vor, wenn an einem Rechtsverhältnis ein Träger hoheitlicher Gewalt als solcher beteiligt ist.

15 Man kann dies als „**modifizierte Subjektstheorie**" (oder auch als Kombination von Subjekts- und Subordinationstheorie) bezeichnen.

---

[7] Ein (banaler) Hinweis an Erstsemester: ganz ohne Auswendiglernen kommt man auch im Studium der Rechtswissenschaft nicht aus. Die Kunst besteht in der richtigen Auswahl.

Mit den Worten des Gemeinsamen Senats der Obersten Gerichtshöfe des Bundes[8] **16** kommt es regelmäßig darauf an, ob die am Rechtsverhältnis Beteiligten zueinander in einem Verhältnis der Über- und Unterordnung stehen und ob sich der Träger der hoheitlichen Gewalt der besonderen, ihm zugeordneten Rechtssätze des öffentlichen Rechts bedient, oder ob er sich den für jedermann geltenden zivilrechtlichen Regeln unterstellt. Insoweit kann man auch von einer **Sonderrechtstheorie** sprechen. Sie ist zur Abgrenzung im konkreten Fall nützlich (vor allem in den Bereichen, in denen dem Staat usw. eine Wahlmöglichkeit zwischen öffentlich-rechtlichem und privatrechtlichem Handeln zur Verfügung steht), setzt aber voraus, dass die in Betracht kommenden Rechtssätze bereits als öffentlich-rechtlich oder privatrechtlich qualifiziert sind.

IV. Das Bürgerliche Recht als Teilgebiet des Privatrechts

Dem aufmerksamen Leser mag es schon aufgefallen sein: es war bislang von der **17** Abgrenzung zwischen öffentlichem Recht und Privatrecht die Rede, aber bei der Zuständigkeitsfrage wurde dann von den bürgerlichen Rechtsstreitigkeiten gesprochen. Ist also Privatrecht und bürgerliches Recht ein und dasselbe? Die Antwort fällt kompliziert aus, da die Begriffe – leider – nicht immer im selben Sinn verwendet werden. Die bürgerlichen Rechtsstreitigkeiten im Sinne des § 13 GVG sind in der Tat mit den Streitigkeiten auf dem Gebiet des Privatrechts zu identifizieren, und auch sonst wird heute nicht selten der Begriff bürgerliches Recht (seinerseits wiederum mit Zivilrecht gleichzusetzen) im selben Sinn wie derjenige des Privatrechts gebraucht. Andererseits verwendet man aber den Begriff bürgerliches Recht auch dann, wenn es darum geht, innerhalb des großen Bereichs des Privatrechts einzelne Rechtsgebiete voneinander zu unterscheiden. In diesem – engeren – Sinn ist das **bürgerliche Recht** der **Kernbereich des Privatrechts**, der die Grundlagen für alle privatrechtlichen Verhältnisse regelt. Man kann daher den Begriff des bürgerlichen Rechts im engeren Sinn weitgehend mit dem Regelungsbereich des BGB gleichsetzen, zu dem freilich im Laufe der Zeit eine Reihe von Nebengesetzen hinzugetreten ist. Dies gilt z.B. weiterhin für das Produkthaftungsgesetz. Bis zur Schuldrechtsreform 2001 (näher s. Rdnr. 116 f.) waren als besonders wichtige Nebengesetze auch das Gesetz über die Allgemeinen Geschäftsbedingungen und das Verbraucherkreditgesetz zu nennen; diese sind aber im Zuge der genannten Reform in das BGB integriert worden.

Vom bürgerlichen Recht als dem Kernbereich des Privatrechts sind **andere Gebie- 18 te des Privatrechts** zu unterscheiden, die für bestimmte Personengruppen gelten, so vor allem das **Handelsrecht** als Recht der Kaufleute (oder der kaufmännischen Unternehmen), oder die besondere Sachgebiete in einer gewissen Eigenständigkeit regeln, wie etwa das **Gesellschaftsrecht**, das **Patent- und Urheberrecht**, das **Wettbe-**

---

[8] BGHZ 102, 280 = NJW 1988, 2295. Zur Erklärung: Der Gemeinsame Senat der Obersten Gerichtshöfe des Bundes wird tätig, um die Einheitlichkeit der Rechtsanwendung zu wahren. Im konkreten Fall waren Divergenzen zwischen dem BGH und dem Bundessozialgericht aufgetreten.

werbsrecht oder das **Privatversicherungsrecht**. Sonderlich griffig ist die Unterscheidung zwischen dem bürgerlichen Recht (im engeren Sinn) und den anderen Teilen des Privatrechts (man spricht auch von Sonderprivatrecht) zugegebenermaßen nicht; sie ist zu einem guten Teil auch historisch bedingt. Die Unterscheidung ist im übrigen nicht so zu verstehen, als ob auf ein bestimmtes Rechtsverhältnis entweder das bürgerliche Recht oder das Handelsrecht, Wertpapierrecht usw. anzuwenden wäre. Vielmehr enthalten die Sondergebiete ergänzende und teils auch abweichende Regeln, doch bleibt im übrigen das bürgerliche Recht anwendbar, so dass beispielsweise Kaufverträge zwischen Kaufleuten nach dem BGB und dem HGB zu beurteilen sind.

19 Besondere Schwierigkeiten macht die Zuordnung des **Arbeitsrechts**[9]. Diejenigen Regeln, die das einzelne Arbeitsverhältnis betreffen (das Individualarbeitsrecht), sind dem Privatrecht zuzurechnen. Das Arbeitsrecht umfasst aber auch Vorschriften, die eine behördliche Tätigkeit, z.B. die staatliche Überwachung der Einhaltung des Arbeitsschutzrechts, regeln und daher dem öffentlichen Recht zuzuordnen sind. Einer eindeutigen Zuordnung entziehen sich dagegen das Betriebsverfassungsrecht und das Tarifvertragsrecht sowie das Arbeitskampfrecht (diese Gebiete werden unter dem Begriff **kollektives Arbeitsrecht** zusammengefasst), da sie weithin andere Wesensmerkmale aufweisen als das Privatrecht, sich aber mangels Einsatzes hoheitlicher (staatlicher) Gewalt auch nicht dem öffentlichen Recht im oben erläuterten Sinn zurechnen lassen. So wird man wohl insoweit eine Sondernatur des Arbeits-

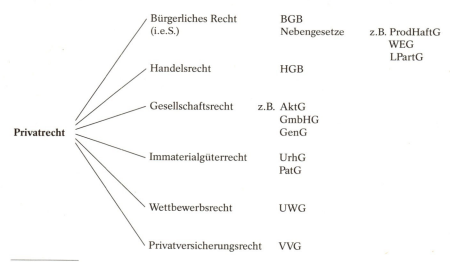

---

[9] Für grundsätzliche Zuordnung zum Privatrecht z.B. Löwisch Rdnr. 12. Pawlowski Rdnr. 17 setzt dagegen neben das öffentliche Recht und das Privatrecht eine dritte Kategorie, die er Sozialrecht nennt und zu der er auch das Arbeitsrecht zählt. Der Begriff Sozialrecht ist aber, auch in der Gesetzessprache, bereits für die öffentlich-rechtlichen Gebiete des Sozialversicherungsrechts und des Sozialhilferechts u. ä. belegt. Ablehnend auch Medicus Rdnr. 6. Larenz/Wolf § 1 Rdnr. 37 ff. folgt dem Ansatz Pawlowskis, empfiehlt aber, von Kollektivrecht zu sprechen.

rechts anerkennen müssen. Da juristische Begriffe Zweckcharakter haben, also keine Naturgesetze wiedergeben, ist dies erträglich, zumal etwa die Abgrenzung im Bereich der Gerichtsbarkeit durch die Zuweisung der individual- und kollektivrechtlichen Streitigkeiten an die Arbeitsgerichte in den Grundlinien klar geregelt ist.

V. Bürgerliches Recht und Strafrecht

Beispiel: Gerissen hat dem Billig seinen alten Pkw verkauft und dabei behauptet, der Wagen habe gerade erst einen neuen Austauschmotor erhalten. Billig macht eine erste Reise, doch bleibt das Auto mitten auf der Strecke stehen. So muss Billig den Wagen abschleppen lassen. In der Werkstätte stellt sich heraus, dass das Auto immer noch den alten Motor hat. Welche Rechtsfolgen ergeben sich?

Auch ohne besondere Rechtskenntnisse wird man das Verhalten des Gerissen rasch als Schwindel, als Betrug qualifizieren. In der Tat hat Gerissen in recht eindeutiger Weise den Tatbestand eines Betrugs nach § 263 StGB verwirklicht. Er kann daher angeklagt und schließlich vom Strafgericht etwa zu einer **Geldstrafe** verurteilt werden. Damit sind aber die auftretenden Fragen noch keineswegs umfassend geregelt. Von einer gewissen Genugtuung einmal abgesehen, nützt das Strafurteil dem Billig wenig. Ihm geht es um den Ersatz der Abschlepp- und Reparaturkosten, vielleicht auch darum, den an Gerissen bezahlten Kaufpreis wieder zurückzubekommen. Als konkrete Rechtsfolgen kommen etwa das Recht zum Rücktritt vom Kaufvertrag (§ 437 Nr. 2 BGB) und das Recht in Betracht, von Gerissen Schadensersatz zu verlangen (§ 437 Nr. 3 BGB). Beides sind Rechtsfolgen des Kaufvertrags. Was Billig auf diese Weise bekommt, ist im Fall des Rücktritts zunächst ein **Gestaltungsrecht**, im Fall des Schadensersatzes ein **Anspruch** gegen Gerisssen auf Zahlung einer bestimmten Geldsumme. Der Anspruch ist nicht die einzige, aber gewiss die wichtigste Rechtsfolge, die das bürgerliche Recht kennt. Eine **Legaldefinition**, also eine gesetzliche Begriffsbestimmung, des Anspruchs findet sich in § 194 Abs. 1 BGB. Es handelt sich danach um das **Recht, von einem anderen ein Tun oder Unterlassen zu verlangen**.

Das einfache Fallbeispiel zeigt, wie ein und derselbe Sachverhalt sowohl vom Strafrecht als auch vom bürgerlichen Recht erfasst wird. Das **Strafrecht** betrifft das **Verhältnis zwischen dem Staat und dem Täter**. Es ist hier nicht der Ort, auf die ausgedehnten wissenschaftlichen Auseinandersetzungen über den Sinn und Zweck der Strafe einzugehen. Jedenfalls kommt in der Bestrafung die Missbilligung durch die Gemeinschaft zum Ausdruck, womit zugleich die Absicht verknüpft ist, den bestraften Täter in Zukunft von derartigen Taten abzuhalten. Die Aufgabe des Privatrechts liegt dagegen auf einer gänzlich anderen Ebene. Es geht darum, den Eingriff in die Güterordnung wieder auszugleichen, also durch die Gewährung von Ansprüchen dem Billig zu dem Vermögensstand zu verhelfen, wie er ihn ohne das betrügerische Vorgehen des Gerissen gehabt hätte. Der Begriff des **Schadensersatzes**, wie man ihn zunächst in § 249 Abs. 1 BGB findet, zielt auf den Ausgleich der Vermögensbeeinträchtigung ab, hat dagegen nicht den Zweck, den Täter durch Auferlegung eines Übels zu bestrafen.

22 Dass Strafrecht und Privatrecht auf verschiedenen Ebenen liegen, wirkt sich in den meisten Fällen auch in der verfahrensrechtlichen Bewältigung aus. **Strafprozess** und **Zivilprozess** finden nacheinander oder nebeneinander statt. Allerdings erlaubt die Strafprozessordnung in Form des Adhäsionsprozesses auch im Strafprozess bereits eine Verurteilung zum Schadensersatz nach Maßgabe der §§ 403ff. StPO. Das ändert aber nichts an der Trennung der materiellen Rechtsgebiete; insoweit hat eben dann der Strafrichter das Privatrecht anzuwenden.

VI. Bürgerliches Recht und Verfahrensrecht

23 Es mag sein, dass Gerissen rechtskräftig zu einer Geldstrafe verurteilt wurde, sich aber gleichwohl nicht bereit findet, den Kaufpreis an Billig zurückzuerstatten oder den Schaden zu ersetzen. Dann bleibt dem Billig nur übrig, das zuständige Zivilgericht (je nach Höhe der Forderung wäre dies das Amts- oder das Landgericht) anzurufen. Wie dies geschieht und nach welchen Regeln dann das **gerichtliche Verfahren** abläuft, ist nicht im BGB, sondern in der **Zivilprozessordnung** (ZPO) geregelt. Hier finden sich Bestimmungen über die Erhebung der Klage, über ein schriftliches Vorverfahren und über die mündliche Verhandlung vor dem Gericht, auch Bestimmungen über die Beweisaufnahme, die Beweiswürdigung und schließlich über den Erlass des Urteils sowie über die dagegen möglichen Rechtsmittel (Berufung, Revision). Selbst an das rechtskräftige Urteil kann sich noch ein weiteres Verfahren anschließen, nämlich die Zwangsvollstreckung, sofern der verurteilte Beklagte nicht bereit ist, seine Verpflichtung freiwillig zu erfüllen. Auch dieser Bereich ist in der ZPO geregelt. Die Zivilprozessordnung umfasst also sowohl das **Erkenntnisverfahren** als auch den Bereich des **Vollstreckungsverfahrens**.

24 Das Verfahrensrecht wird auch als **formelles Recht**, im Unterschied zum bürgerlichen Recht (bzw. allgemeiner dem Privatrecht) als dem **materiellen Recht** bezeichnet. Damit ist gemeint, dass das Verfahrensrecht die Art und Weise der Rechtsdurchsetzung (in diesem Sinne die Form) betrifft, während der Inhalt der zu treffenden Entscheidung (die Materie) vom Privatrecht bestimmt wird. Unser Rechtssystem ist von einer scharfen Trennung zwischen dem materiellen Recht und dem formellen Recht geprägt. Das BGB geht regelmäßig vom Vorliegen eines bestimmten Sachverhalts aus und knüpft daran Ansprüche, ohne sich etwa um die gerichtliche Durchsetzung, einschließlich der praktisch so wichtigen Frage des **Beweises**, groß zu kümmern. Effektiv wird die Rechtsordnung jedoch erst, wenn neben die Sätze des materiellen Rechts auch ein gerichtliches Verfahren tritt, das dazu geeignet ist, das Recht zu erkennen und gegebenenfalls durchzusetzen. Die Trennung im System unserer Rechtsordnung und damit auch in den einzelnen Gesetzbüchern darf also nicht darüber hinwegtäuschen, dass zwischen dem materiellen Recht und dem Verfahrensrecht ein enger Sinnzusammenhang besteht. Beide Rechtsgebiete müssen zusammenwirken, um bei der Bewältigung von Konflikten zu einem möglichst gerechten Ergebnis zu gelangen.

§ 1 Das Bürgerliche Recht im Rahmen der gesamten Rechtsordnung

Kontrollfragen und Fälle zu § 1

1) Welche beiden großen Teilgebiete werden in unserer Rechtsordnung unterschieden?

2) Nennen Sie einige Bereiche, die das Privatrecht zu regeln hat!

3) Nennen Sie einige Materien des öffentlichen Rechts!

4) Gehört § 242 StGB – Strafbarkeit des Diebstahls – zum privaten oder zum öffentlichen Recht?

5) In einem vom Norddeutschen Rundfunk, einer Anstalt des öffentlichen Rechts, ausgestrahlten Filmbericht wurde über Auseinandersetzungen des Kling mit einem Bundesland über bestimmte Abgaben berichtet. Dabei wurde die Meinung geäußert, aufgrund persönlicher Beziehungen sei Vermögen der öffentlichen Hand zu Unrecht an Kling verschenkt worden; auch seien ihm Grunderwerb- sowie Schenkungsteuer rechtswidrig erlassen worden. Kling sieht sich durch diesen Bericht in seiner Ehre und seinem Persönlichkeitsrecht verletzt und will den Norddeutschen Rundfunk auf Unterlassung und Widerruf der nach seiner Ansicht unwahren Äußerungen verklagen. Sind für eine solche Klage die ordentlichen Gerichte oder die Verwaltungsgerichte zuständig?

6) Was versteht man unter einem Anspruch? Bilden Sie ein Beispiel!

Lösungen

25 1) Privatrecht und öffentliches Recht.

26 2) Kauf, Miete, Ehe, Verhältnis zwischen Eltern und Kindern, Erbrecht, Gesellschaftsrecht, Handelsrecht.

27 3) Staatsrecht (Verfassungsrecht), Verwaltungsrecht, Steuerrecht, Strafrecht, Prozessrecht.

28 4) § 242 StGB schützt zwar das private Eigentum, doch besteht die Rechtsfolge in einer Strafsanktion des Staates gegen den Täter, wobei der Staat als Träger hoheitlicher Gewalt in Erscheinung tritt. Daher ist § 242 StGB systematisch dem öffentlichen Recht zuzuordnen.

29 5) Die ordentlichen Gerichte sind nach § 13 GVG zuständig, wenn es sich um eine bürgerliche Rechtsstreitigkeit handelt. Dagegen sind die Verwaltungsgerichte gemäß § 40 Abs. 1 VwGO für alle öffentlich-rechtlichen Streitigkeiten nichtverfassungsrechtlicher Art zuständig, soweit nicht eine andere gesetzliche Zuweisung vorliegt. Es kommt daher darauf an, ob das streitige Rechtsverhältnis zwischen Kling und dem Norddeutschen Rundfunk dem Privatrecht oder dem öffentlichen Recht zuzuordnen ist. Um eine dem öffentlichen Recht zugehörige Angelegenheit handelt es sich, wenn an dem Rechtsverhältnis ein Träger hoheitlicher Gewalt als solcher beteiligt ist. Als Anstalt des öffentlichen Rechts ist der Norddeutsche Rundfunk zu hoheitlichen Akten ermächtigt und auch das Nutzungsverhältnis zwischen der Rundfunkanstalt und dem Rundfunkhörer bzw. Fernsehzuschauer ist öffentlich-rechtlich ausgestaltet. Hier geht es jedoch um den Schutz der Ehre und des Persönlichkeitsrechts des Kling. In diesem Bereich besteht kein Verhältnis der Über- und Unterordnung; vielmehr treten sich der Betroffene und die Rundfunkanstalt als gleichberechtigt auf der Ebene des Privatrechts gegenüber. Es besteht insoweit auch kein öffentliches Sonderrecht, vielmehr gelten dieselben Rechtsnormen, wie sie auch zwischen einem Betroffenen und einem privaten Sender oder einem privaten Presseorgan gelten würden. Daher ist das Rechtsverhältnis dem Privatrecht zuzuordnen, so dass die Zuständigkeit der ordentlichen Gerichte, nicht der Verwaltungsgerichte, gegeben ist[1].

30 6) Ein Anspruch ist das Recht, von einem anderen ein Tun oder Unterlassen zu verlangen (Legaldefinition in § 194 Abs. 1).

31 Beispiele: Anspruch des Verkäufers gegen den Käufer auf Kaufpreiszahlung, Anspruch der Bank gegen den Kreditnehmer auf Rückzahlung eines Darlehens, Anspruch des Vermieters gegen den Mieter auf Räumung (Herausgabe) der Wohnung nach Beendigung der Mietzeit, Anspruch eines Unternehmens gegen ein anderes auf Unterlassung einer Patentverletzung usw.

---

[1] Ebenso BGHZ 66, 182; BVerwG NJW 1994, 2500.

§ 2 Die geschichtlichen Wurzeln des deutschen Bürgerlichen Rechts

I. Das römische Recht

1. Bedeutung

Noch heute sind in unserer Rechtssprache viele lateinische Ausdrücke gebräuchlich. Bereits dies lässt erkennen, welch große Bedeutung das römische Recht für die Entwicklung des gegenwärtigen bürgerlichen Rechts gehabt hat. Schon das Wort bürgerliches Recht ist nichts anderes als eine Übersetzung des römischen „ius civile". Dabei stand das ius civile zunächst als Recht für die römischen Bürger im Gegensatz zum ius gentium, dem Recht, das für römische Bürger und für Angehörige anderer Völker galt. Später gewann ius civile die Bedeutung von ius privatum und trat damit in Gegensatz zum ius publicum, dem öffentlichen Recht. Aber nicht nur Ausdrücke wie Privatrecht, Zivilrecht, Zivilprozess lassen den lateinischen Ursprung erkennen, sondern auch viele Wendungen wie etwa doloses Handeln, exceptio doli (Einrede der Arglist), Zession (Abtretung), Zedent (Abtretender), legal usw.

Die Besonderheit des römischen Rechts und zugleich die Quelle seiner über Jahrtausende hinweg wirkenden Kraft war, dass es sich um ein **wissenschaftliches Recht** handelte, um ein Recht also, das vom Bemühen um klare begriffliche Durchdringung getragen war.

Im einzelnen sind verschiedene Epochen des römischen Rechts zu unterscheiden, die von den Zwölf Tafeln (etwa 450 v. Chr.) über das klassische römische Recht (im 1. und 2. Jahrhundert n. Chr.) bis hin zum Recht *Iustinians* im 6. Jahrhundert reichen.

2. Das corpus iuris civilis[1]

Den Schlusspunkt der Entwicklung bildete die zusammenfassende Gesetzgebung des **Kaisers Iustinian** aus den Jahren 529 bis 534. Ursprünglich handelte es sich dabei um selbständige Teile; die zusammenfassende Bezeichnung als corpus iuris civilis stammt erst aus dem 16. Jahrhundert, als die Gesamtausgabe des *Gothofredus* von 1583 diesen Titel erhielt. Im einzelnen geht es um vier Bestandteile:

a) **Institutionen**[2]: ein vor allem für den Rechtsunterricht bestimmtes einführendes Lehrbuch, das inhaltlich an ein entsprechendes Werk von *Gaius* im 2. Jahrhundert n. Chr. und vergleichbare jüngere Schriften anknüpft.

b) **Digesten**, auch als **Pandekten** bezeichnet: diese Gutachtensammlung ist der in seiner Wirkung bedeutendste Teil des corpus iuris iustiniani. Er umfasst Auszüge

---

[1] Dazu näher Kunkel/Schermaier, Römische Rechtsgeschichte, 13. Aufl. (2001), § 11; Liebs, Römisches Recht, 5. Aufl. (1999), S. 92 ff.; Schlosser, Grundzüge der Neueren Privatrechtsgeschichte, 9. Aufl. (2001), S. 26 ff.

[2] Dazu Meincke, Die Institutionen Iustinians aus heutiger Sicht, JZ 1997, 689.

(Exzerpte) aus den Schriften zahlreicher hervorragender römischer Juristen aus verschiedenen geschichtlichen Epochen. Am umfangreichsten sind die von *Ulpian* und *Paulus* stammenden Texte. Diese Auszüge wurden nun durch Kaiser *Iustinian* mit Gesetzeskraft versehen.

38   c) **Codex:** hierbei handelt es sich um eine Sammlung kaiserlicher Reskripte und Gesetze bis zu Iustinian.

39   d) **Novellen:** in diesem Teil wurden die späteren Gesetze Iustinians zusammengefasst; dieser Teil wurde also erst nach Vollendung des eigentlichen Gesetzbuchs erlassen.

II. Das deutsche (germanische) Recht

1. Volksrechte

40   Die Volksrechte der einzelnen germanischen Stämme umfassten ursprünglich vor allem das bäuerliche Recht. Es handelte sich zunächst um Gewohnheitsrecht, später (im 5. bis 9. Jh.) um aufgezeichnete Gesetze der einzelnen Stämme. Zusammen mit dem Aufschwung des fränkischen Reichs gewann die **lex Salica,** d.h. das Recht der Franken, besondere Bedeutung. Als weitere Beispiele sind etwa die **lex Saxonum**, also das Recht der Sachsen, oder die **lex Baiuvariorum,** das Recht der Bayern, zu nennen. Wie weit diese Stammesrechte spezifisch germanisches Recht enthielten, ist durch neuere Forschungen zweifelhaft geworden; es ist wohl auch das weiterwirkende römische Recht (in Gestalt des sog. römischen Vulgarrechts) in vielfältiger Hinsicht mit eingeflossen[3].

2. Lehensrecht und Recht der Städte

41   Das Lehensrecht war das Recht der **Lehensmänner,** die Besitz und Amt (also Herrschaften, Burgen, Gerichtsrechte usw.) zu Lehen hatten. Oberster Lehensherr war der König; es folgten die geistlichen Fürsten, die weltlichen Fürsten, die freien Herren usw[4]. Man kann das Lehensrecht als ältere Form eines öffentlichen Dienstrechts bezeichnen.

42   Die Städte erließen weitgehend ihre eigenen Rechte, von denen z.B. das **Magdeburger Stadtrecht** und das **Lübecker Stadtrecht** große Bedeutung gewannen. Andere Städte, auch Neugründungen, übernahmen (bzw. erhielten vom Stadtherrn) bereits bewährte Stadtrechte, so dass sich geradezu Stadtrechtsfamilien bildeten[5].

---

[3] Vgl. Kroeschell, Deutsche Rechtsgeschichte 1 (bis 1250), 10. Aufl. (1992), S. 32, 53f.: Schlosser (Fn. 1), S. 5ff.
[4] Vgl. Kroeschell (Fn. 3), S. 268ff.
[5] Dazu Kroeschell (Fn. 3), S. 253ff.

§ 2 Die geschichtlichen Wurzeln des deutschen Bürgerlichen Rechts   43 – 47

Insgesamt trugen Lehensrechte wie Stadtrechte zu einer **starken regionalen Zer-**   43
splitterung des Rechts bei.

3. Rechtssammlungen

Im 13. Jahrhundert entstanden einige bedeutsame private Rechtssammlungen.   44
Hier ist neben dem Schwabenspiegel (1275), dem Deutschenspiegel und dem Frankenspiegel vor allem der **Sachsenspiegel** des *Eike von Repgow* zu nennen, der zwischen 1220 und 1235 entstand. In diesen „Spiegeln", insbesondere im Sachsenspiegel, sind das Landrecht (also ohne das Recht der Städte) und das Lehensrecht aufgezeichnet. Von diesen Rechtsaufzeichnungen ging eine vereinheitlichende Wirkung aus. Der Sachsenspiegel umfasst das Staatsrecht, Strafrecht, Privatrecht und Prozessrecht. Er ist in deutscher Sprache verfasst und erlangte große Verbreitung. Zum Teil blieb der Sachsenspiegel bis ins 19. Jahrhundert hinein in Geltung.

III. Die Rezeption des römischen Rechts

1. Wiederentdeckung des corpus iuris in Oberitalien

Im 11. Jahrhundert wurde eine vollständige Handschrift des corpus iuris, die sog.   45
Florentina (auch littera Pisana genannt) in Oberitalien wiederentdeckt. Rasch gelangten, vor allem an der Universität von Bologna, Rechtswissenschaft und Rechtsunterricht zu neuer Blüte. Das **wissenschaftliche Rechtsstudium** begründeten zunächst die sogenannten **Glossatoren** im 12. und 13. Jahrhundert. Sie befaßten sich vor allem mit einer Einzelexegese der wiedergefundenen Texte; herausragende Namen sind etwa *Irnerius* und *Accursius*.

Dem folgte die Schule der **Postglossatoren** (= Kommentatoren) im 13. und 14.   46
Jahrhundert, vor allem an den Universitäten Bologna, Perugia und Pisa. Die Juristen bemühten sich in dieser Zeit besonders um die praktische Anwendbarkeit und damit um die Fortentwicklung des römischen Rechts; als bedeutendste Vertreter sind *Bartolus (de Saxoferrato)* und *Baldus (de Ubaldis)* zu nennen.

2. Rezeption in Deutschland

Im 15. und 16. Jahrhundert wurde das in Italien wiederentdeckte und fortentwik-   47
kelte römische Recht in Deutschland allgemein verbreitet. Die Ende des 16. Jahrhunderts vollendete **Rezeption** (Übernahme) umfasste vor allem das Privatrecht, aber auch das Straf- und Prozessrecht, weniger dagegen das Staatsrecht, da insoweit schon eigene Ordnungen in den deutschen Territorien verankert waren. Die Rezeption des römischen Rechts stimmte überein mit den allgemeinen geistigen Strömungen der Zeit, die sich mit den Stichworten Humanismus und Renaissance kennzeichnen lassen. Sie erfolgte nicht durch einen Akt der Gesetzgebung. Vielmehr sorgten

die gelehrten Juristen, die ihre Ausbildung in Italien erhalten hatten, durch ihre Tätigkeit für die Ausbreitung des römischen Rechts in Deutschland.

48 Eine rechtliche Begründung ließ sich geben, indem man die Geltung des corpus iuris als **Kaisergesetz** bejahte, da sich die Kaiser des Mittelalters als Nachfolger der römischen Kaiser verstanden, wie dies in der Bezeichnung „Heiliges Römisches Reich Deutscher Nation" zum Ausdruck kam. Dabei dürfte es sich allerdings mehr um eine nachträgliche Legitimation als um eine Ursache der praktischen Rezeption gehandelt haben[6]. Das erneuerte römische Recht kam aufgrund seiner wissenschaftlichen Durchbildung den Bedürfnissen der beginnenden Neuzeit in besonderem Maße entgegen und war dem überdies stark zersplitterten deutschen Recht überlegen[7].

49 Auch in Deutschland kam es nun zur Entstehung von **Universitäten** mit juristischen Fakultäten. Das Rechtsstudium und der Erwerb des „doctor utriusque iuris" (Doktor beider Rechte, d.h. des Doktorgrades im römischen und im kanonischen Recht) wurde zum Kennzeichen des gelehrten Juristen. Das **kanonische Recht,** also das Recht der katholischen Kirche in Gestalt des corpus iuris canonici (Gesetzbuch des kanonischen Rechts), war ebenfalls Gegenstand der Rezeption. Es enthielt nämlich keineswegs nur Kirchenrecht, sondern auch Straf- und Prozessrecht und hatte erhebliche Bedeutung, zumal sich die kirchliche Gerichtsbarkeit auch auf Laien erstreckte.

50 An die Rezeption knüpft auch der Begriff des **gemeinen Rechts** an, d.h. des allgemeinen Rechts im Gegensatz zu den partikularen Gesetzgebungen. Jedoch behielten die partikularen Gesetze stets den Vorrang. Das gemeine Recht galt subsidiär, also soweit in den partikularen Rechten keine Regeln enthalten waren.

51 Die Rechtslage war damit gerade umgekehrt, als wir dies heute nach dem Grundsatz „Bundesrecht bricht Landesrecht" (Art. 31 GG) gewohnt sind.

IV. Das Naturrecht (Vernunftrecht)

52 Die Grundvorstellung aller Naturrechtslehren[8] ist die Existenz eines Rechts, das **von positiver Setzung unabhängig** ist. Die Herleitung solcher über dem positiven Recht stehender Rechtssätze erfolgte freilich in den verschiedenen Spielarten der Naturrechtsidee auf recht unterschiedliche Weise. Die Natur der Sache, vor allem die Natur des Menschen (d.h. die menschliche Vernunft), waren die Quelle des Naturrechts als Vernunftrecht, wie es im 17. und 18. Jahrhundert anzutreffen ist. Davon zu unterscheiden (und hier nicht näher zu behandeln) sind die Naturrechtsvorstellungen der Antike (*Aristoteles*) und des christlichen Naturrechts (Thomas von Aquin). Das Vernunftrecht im Zeitalter der Aufklärung – es geht im wesentlichen

---

[6] Vgl. Wieacker, Privatrechtsgeschichte der Neuzeit, 2. Aufl. (1967), S. 140, 144.
[7] Vgl. Wieacker (Fn. 6), S. 151.
[8] Dazu näher Schlosser (Fn. 1), S. 85 ff.

um die zwei Jahrhunderte von 1600 bis 1800[9] – ist verknüpft etwa mit den Namen von Grotius, Pufendorf, Leibniz, Thomasius und Wolff. In der französischen Revolution und der Erklärung der Menschen- und Bürgerrechte (1789) fanden die auf das Naturrecht gestützten Ideen einen besonders spektakulären und einflussreichen Niederschlag.

V. Die Kodifikationen in Preußen, Frankreich und Österreich

1. Das Preußische Allgemeine Landrecht (ALR)

Das **Preußische Allgemeine Landrecht**[10] wurde im Jahre 1794 erlassen. Der Auftrag stammt bereits aus dem Jahre 1746. *Friedrich der Große* hatte zunächst verlangt, ein bloß auf Vernunft und Landesverfassung begründetes Recht zu erarbeiten. Später wurde das Ziel dahingehend modifiziert, auf der Grundlage des corpus iuris und der besonderen Rechte der einzelnen Provinzen unter Ausscheidung des Veralteten oder mit dem Naturrecht nicht Vereinbaren ein neues Gesetzeswerk herzustellen. Führender Kopf bei der Schaffung des ALR war *Karl Gottlieb Suarez*. Das Preußische ALR übernahm neben den römisch-rechtlichen auch deutsch-rechtliche Gedanken, war aber besonders durch vernunftrechtliche Lehren geprägt[11]. Es umfasste sowohl das Privatrecht als auch das öffentliche Recht und hob in seinem Geltungsbereich das gemeine Recht auf. In den altpreußischen Landesteilen blieb es bis zur Ablösung durch das BGB am 1.1.1900 in Kraft[12].

53

2. Der Code civil

In Frankreich wurde – unter maßgeblichem persönlichem Einfluss *Napoleons* – im Jahre 1804 der **Code civil**[13] erlassen, der im Jahre 1807 als Code Napoleon neu publiziert wurde. Der Code civil ist noch heute (mit zahlreichen Änderungen) in Frankreich in Geltung. Der Code civil fand weltweit große Anerkennung und beeinflusste die Gesetzgebung zahlreicher anderer Staaten.

54

3. Das Österreichische Allgemeine Bürgerliche Gesetzbuch (ABGB)

Das **Österreichische ABGB** stammt aus dem Jahre 1811. Es enthält nur Privatrecht, wobei die römisch-rechtliche Grundlage im Vordergrund steht, ohne dass deswegen deutsch-rechtliche Gedanken fehlen würden. Das ABGB – als Hauptverfas-

55

---

[9] Näher zu diesem Zeitalter des Vernunftrechts Wieacker (Fn. 6), S. 249 ff.; Schlosser (Fn. 1), S. 96 ff.
[10] Dazu Wieacker (Fn. 6), S. 327 ff.; Schlosser (Fn. 1), S. 116 ff.
[11] Wieacker (Fn. 6), S. 331 ff.
[12] Wieacker (Fn. 6), S. 331.
[13] Dazu Wieacker (Fn. 6), S. 339 ff.

ser ist *Franz von Zeiller* zu nennen – ist (freilich mit vielfältigen Änderungen) noch heute geltendes Recht in Österreich.

VI. Historische Rechtsschule und Pandektenwissenschaft

56 Im 19. Jahrhundert erlebte die wissenschaftliche Beschäftigung mit dem **römischen Recht** in Gestalt der **historischen Rechtsschule**[14] eine neue Blüte in Deutschland. Zwar war seit Anfang des 19. Jahrhunderts der Ruf nach einem einheitlichen bürgerlichen Gesetzbuch laut geworden (näher dazu s. Rdnr. 63), doch vermochte sich diese Forderung nicht durchzusetzen. Unter der Führung von *Friedrich Karl von Savigny* (1779 bis 1861) wandte man sich dem „ursprünglichen" römischen Recht zu und suchte durch dessen wissenschaftliche Durchdringung die Grundlagen für ein der Neuzeit gemäßes Recht zu schaffen. Hauptwerke *Savignys* sind die Geschichte des römischen Rechts im Mittelalter und das System des heutigen römischen Rechts. Weitere große Figuren der Pandektenwissenschaft waren *Puchta, Windscheid und Dernburg*.

57 Als Gegenbewegung zur Naturrechtsepoche, vom deutschen Klassizismus ausgehend[15], schließlich aber auch mit den romantischen Geistesströmungen des 19. Jahrhunderts übereinstimmend, gewann die Pandektenwissenschaft Ende des Jahrhunderts entscheidenden Einfluss bei der Schaffung des neuen bürgerlichen Gesetzbuchs.

§ 3 Unmittelbare Vorgeschichte und Entstehung des BGB

I. Die Rechtslage vor Erlass des BGB

58 Bis zum Ende des 19. Jahrhunderts war das Recht und insbesondere auch das Privatrecht in den deutschen Ländern durch **starke Zersplitterung** gekennzeichnet[1]. In verschiedenen Territorien galten in erster Linie landesrechtliche Kodifikationen. Das gemeine Recht, also das rezipierte römische Recht, war in den Territorien anwendbar, in denen keine besonderen Gesetze vorhanden waren. Hinzu trat eine Fülle von **Partikularrechten** mit oft sehr begrenztem Anwendungsbereich.

59 Insgesamt ließen sich vor allem folgende **Hauptgebiete** unterscheiden:
In **Preußen** war das **Allgemeine Landrecht** in Geltung.

60 **Links des Rheins** galt seit der napoleonischen Zeit der **Code civil**. Auch in **Baden** war der Code civil in der Form des **badischen Landrechts** (1809) in Geltung geblieben, das im wesentlichen eine Übersetzung des Code civil darstellte.

---

[14] Dazu Schlosser (Fn. 1), S. 144 ff.
[15] Zur (wechselnden) Zuordnung der historischen Rechtsschule zur Romantik oder zur Klassik Wieacker (Fn. 6), S. 359 ff.
[1] Einen Eindruck vom Ausmaß dieser Rechtszersplitterung vermittelt die Zusammenstellung bei MünchKomm/Säcker, Bd. I, Einl. Rdnr. 9.

In **Sachsen** galt seit 1865 das **Bürgerliche Gesetzbuch für das Königreich Sachsen**, in **Bayern** schon seit 1756 der **Codex Maximilianeus Bavaricus Civilis**. 61

Im übrigen gab es große Gebiete, in denen das **gemeine Recht** nach wie vor in Geltung war. 62

II. Der Ruf nach einem einheitlichen Bürgerlichen Recht

Thibaut (1772 bis 1840) forderte schon 1814, unmittelbar nach der Befreiung Deutschlands von der napoleonischen Herrschaft, in seiner programmatischen Abhandlung „Über die Notwendigkeit eines allgemeinen bürgerlichen Rechts für Deutschland" die Schaffung eines einheitlichen bürgerlichen Rechts. Doch trat ihm **Friedrich Carl von Savigny** mit der Schrift „Vom Beruf unserer Zeit für Gesetzgebung und Rechtswissenschaft" noch im gleichen Jahr entgegen. In dieser berühmt gewordenen literarischen Kontroverse behielt zunächst *Savigny* die Oberhand. Nach seiner Auffassung war die Zeit noch nicht reif für ein Gesetzbuch, vielmehr sollte es zunächst Aufgabe der Wissenschaft (verstanden als historische Rechtswissenschaft) sein, die richtigen Rechtsinhalte zu erarbeiten. Gleichwohl blieb die Forderung nach einem einheitlichen bürgerlichen Recht für Deutschland im ganzen **19. Jahrhundert** aktuell. Sie ging Hand in Hand mit dem Vordringen des nationalen Gedankens und der trotz vieler Rückschläge ungebrochenen Sehnsucht vieler (nicht zuletzt auch der akademischen Jugend) nach einem einheitlichen Deutschland. Mit der Forderung nach einem einheitlichen Recht verknüpfte sich der Wunsch, ein dem deutschen Volk verständliches Recht zu schaffen, galten doch sowohl das römische (gemeine) Recht als auch der Code civil als volksfremd. Auch die von der Nationalversammlung in der Frankfurter Paulskirche 1849 verkündete Verfassung forderte ein Gesetzbuch für das bürgerliche Recht. Doch ist diese Verfassung nicht in Kraft getreten. 63

Neben dem geistesgeschichtlich-politischen Umfeld waren es aber vor allem Sachgründe, die die Forderung nach einer Rechtsvereinheitlichung mehr und mehr unterstützten. Die starke Rechtszersplitterung erschwerte den **Handelsverkehr** über die Grenzen der damaligen Teilstaaten hinweg. Die Intensivierung des großräumigen Handels führte zum Abbau der Zollschranken im deutschen Zollverein, der 1833/34 gegründet wurde und einen zollpolitischen Zusammenschluss der meisten Länder unter der Führung Preußens, jedoch ohne Österreich, darstellte. 64

III. Die Gesetzgebung des Deutschen Bundes

Der **Deutsche Bund**, der von 1815 bis 1866 bestand, war lediglich ein Staatenbund, dagegen kein Bundesstaat. Die Gesamtheit der darin zusammengeschlossenen Staaten hatte also ihrerseits keine Staatsqualität. Es gab demnach keine Zentralgewalt, keine Möglichkeit, durch einen einheitlichen Gesetzgebungsakt Recht für den gesamten Deutschen Bund zu schaffen. Dennoch wurden einige einheitliche Gesetze zustande gebracht und zwar in der Form, dass sie vom Bundestag beschlos- 65 sen und dann in den einzelnen Staaten durch jeweils gesonderten Gesetzgebungsakt in Kraft gesetzt wurden. Es ist kennzeichnend, dass diese Entwicklung auf dem Gebiet des Handelsrechts einsetzte; denn hier war das bereits erwähnte praktische Bedürfnis nach einheitlichem Recht am stärksten. So wurde 1848 die **Allgemeine Deutsche Wechselordnung** geschaffen und 1861 folgte das **Allgemeine Deutsche Handelsgesetzbuch**.

66 Noch zu Zeiten des Deutschen Bundes wurde auch die Erstellung eines allgemeinen **Obligationenrechts** (also des Schuldrechts) beschlossen. Die dazu eingesetzte Kommission veröffentlichte den sog. **Dresdener Entwurf**, und zwar im Jahre 1866, unmittelbar vor der Auflösung des Deutschen Bundes. Dieser Entwurf ist daher nicht mehr zum Gesetz geworden.

IV. Die Gesetzgebungskompetenz im Deutschen Reich

67 Die Verfassung des Bismarck'schen Deutschen Reiches von 1871 beschränkte die Gesetzgebungskompetenz des Reichs zunächst auf Teilgebiete des Privatrechts, bei denen die Rechtseinheit besonders vordringlich erschien, nämlich auf das Obligationen-, Handels- und Wechselrecht. So bedurfte es eines mehrfach wiederholten Antrags der damaligen nationalliberalen Partei, bis 1873 schließlich durch eine Verfassungsänderung[2] dem Reich die Gesetzgebungskompetenz für das gesamte bürgerliche Recht zugewiesen wurde. Erst jetzt war die Rechtseinheit auf dem Gebiet des bürgerlichen Rechts möglich geworden. Art. 2 der Reichsverfassung sicherte zudem den Reichsgesetzen den Vorrang vor den Landesgesetzen zu, so dass auch keine nachträgliche Zersplitterung mehr zu befürchten war.

V. Die Schaffung des BGB[3]

1. Der erste Entwurf

68 1874 wurde zunächst eine Vorkommission, dann die sogenannte erste Kommission durch den Bundesrat eingesetzt, und zwar mit dem Auftrag, die geltenden Rechte auf Zweckmäßigkeit und innere Wahrheit zu untersuchen und einen Entwurf eines bürgerlichen Gesetzbuchs zu erstellen. Diese erste Kommission war nur aus Juristen zusammengesetzt, wobei sowohl Praktiker (Richter und Beamte) als auch Wissenschaftler vertreten waren. Der Kommission gehörte auch *Bernhard Windscheid*, Verfasser eines bedeutenden Lehrbuchs des Pandektenrechts an, dessen Mitwirkung dazu beitrug, der gemeinrechtlichen Wissenschaft großen Einfluss

---

[2] Nach den federführenden Abgeordneten *Miquel* und *Lasker* wird diese Kompetenzänderung als *lex Miquel-Lasker* bezeichnet.
[3] Dazu Wieacker, Privatrechtsgeschichte der Neuzeit, 2. Aufl. (1967), S. 468ff.; Schlosser, Grundzüge der Neueren Privatrechtsgeschichte, 9. Aufl. (2001), S. 183ff.

auf das neue BGB zu sichern⁴. Weitere bekannte Mitglieder der ersten Kommission waren *Gottlieb Planck* sowie – als Vorsitzender – der Präsident des Reichsoberhandelsgerichts, *Heinrich Eduard Pape*.

Der erste Entwurf (für den sich die Abkürzung **E I** eingebürgert hat) wurde 1888 zusammen mit den sogenannten **Motiven**, der Begründung des Entwurfs, veröffentlicht. 69

2. Der zweite Entwurf

Der erste Entwurf zum BGB rief eine **Fülle kritischer Äußerungen** hervor. Es fehlte nicht an Vorwürfen, etwa in der Richtung, der Entwurf sei zu romanistisch, doktrinär, undeutsch, unsozial. Auch wurde die schwerfällige und unverständliche Ausdrucksweise gerügt. Zu den Kritikern gehörten u. a. *Otto von Gierke*, der die einseitige romanistische Prägung in seiner Schrift „Der Entwurf eines Bürgerlichen Gesetzbuchs und das deutsche Recht" (1889) rügte. Aus sozialistischer Sicht meldete sich *Anton Menger* mit der Schrift „Das bürgerliche Recht und die besitzlosen Volksklassen" (1890) kritisch zu Wort. 70

Im Jahre 1890 wurde eine **zweite Kommission** eingesetzt, die aus Juristen und aus Vertretern des Wirtschaftslebens zusammengesetzt war. Bestimmenden Einfluss in dieser Kommission hatte *Gottlieb Planck*. Die Umarbeitung des ersten Entwurfs verfolgte vor allem das Ziel, den gegenwärtigen Erfordernissen besser gerecht zu werden. 1895 wurde der **zweite Entwurf** (übliche Bezeichnung E II) vorgelegt. In den **Protokollen** der zweiten Kommission, die ebenfalls veröffentlicht wurden, sind die für die vorgenommenen Änderungen maßgeblichen Erwägungen zusammengestellt. 71

3. Reichstagsvorlage und Annahme im Reichstag

Im Bundesrat wurde der Entwurf 1896 mit geringen Änderungen angenommen. Die Gestalt, die der Entwurf nun aufwies und in der er dem Reichstag präsentiert wurde, pflegt man als **Reichstagsvorlage** zu bezeichnen. 72

Der Entwurf wurde im Reichstag beraten, wozu eine **Reichstagskommission** eingesetzt wurde. Deren Überlegungen sind in den Kommissionsberichten veröffentlicht. Es kam allerdings nicht mehr zu grundlegenden Änderungen. 1896 wurde der Entwurf im Reichstag angenommen. Der Bundesrat stimmte ebenfalls zu, und der Kaiser unterschrieb am 18. August 1896⁵ das neue Gesetz. 73

Als Tag des Inkrafttretens bestimmte man den **1. Januar 1900** – das neue Jahrhundert sollte mit dem neuen Recht eröffnet werden. Freilich wollte man durch das Hin- 74

---

⁴ Relativierend zur Rolle Windscheids Schröder/Thiessen JZ 2002, 325, 326.
⁵ Dieses Datum ist bei der Verkündung des BGB im Reichsgesetzblatt 1896, S. 195 angegeben. Zum 100. Geburtstag des BGB Stürner JZ 1996, 741; Schmoeckel NJW 1996, 1697; Schulte-Nölke NJW 1996, 1705.

ausscheiben des Inkrafttretens den Juristen auch genügend Zeit geben, sich mit dem neuen Gesetz vertraut zu machen. Die Bestimmungen über das Inkrafttreten und die zeitlichen Übergangsregeln (intertemporales Recht) finden sich im **Einführungsgesetz zum BGB** (EGBGB), das zugleich mit dem BGB erlassen wurde. Das EGBGB enthält auch die Regeln über das Verhältnis zum Landesrecht (s. Rdnr. 86f.) und über den Geltungsbereich des BGB im Verhältnis zu ausländischen Rechtsordnungen, also das **Internationale Privatrecht**. Seit 1990 sind im EGBGB ferner die Übergangsregeln aus Anlass der Wiederherstellung der deutschen Einheit enthalten (s. Rdnr. 112).

4. Die Gesetzgebungsmaterialien

75   Für das Verständnis eines Gesetzes und insbesondere des BGB sind die Entwürfe und Begründungen (E I mit Motiven; E II mit Protokollen usw.) von großer Bedeutung. Man pflegt diese Begleittexte aus der Entstehung eines Gesetzes als **Gesetzgebungsmaterialien** zu bezeichnen. Für das BGB wurden sie frühzeitig in dem Werk Mugdan, Die gesamten Materialien zum BGB (5 Bände) veröffentlicht. In neuerer Zeit wurden weitere Materialien (Vorentwürfe usw.) publiziert[6].

§ 4 System und rechtspolitische Grundlagen des BGB

I. Aufbau und Regelungsbereich

76   Eine kursorische Betrachtung der fünf Bücher des BGB soll den Inhalt veranschaulichen und zugleich das System des BGB aufzeigen.

1. Allgemeiner Teil

77   Die Idee des Allgemeinen Teils ist es, solche Regeln vorweg zu formulieren, die **für alle Bereiche des BGB gelten,** so dass eine Wiederholung erspart wird. Ein gutes Beispiel für einen in dieser Weise **vor die Klammer gezogenen Rechtssatz** bietet schon § 1, wonach die Rechtsfähigkeit des Menschen mit der Vollendung der Geburt beginnt. Die Rechtsfähigkeit ist im Schuldrecht, im Sachenrecht, im Familien- und Erbrecht gleichermaßen Voraussetzung dafür, Rechte und Pflichten haben zu können.

78   Seiner Funktion entsprechend regelt der Allgemeine Teil nicht abschließend bestimmte Rechtsverhältnisse, sondern erlaubt es erst **zusammen mit Rechtssätzen aus anderen Teilen des BGB** (etwa aus dem Schuldrecht oder dem Sachenrecht), ei-

---

[6] Jakobs/Schubert (Hrsg.), Die Beratung des Bürgerlichen Gesetzbuchs in systematischer Zusammenstellung der unveröffentlichten Quellen (1978ff. – zahlreiche Bände); Schubert (Hrsg.), Die Vorlagen der Redaktoren für die erste Kommission zur Ausarbeitung des Entwurfs eines Bürgerlichen Gesetzbuchs (1980ff. – zahlreiche Bände).

nen Rechtsfall zu beurteilen. Darauf beruht es auch, dass das Verständnis des Allgemeinen Teils dem Studienanfänger nicht selten Schwierigkeiten bereitet. Die in diesem Buch folgende Einführung in die Grundbegriffe des BGB soll dem entgegenwirken.

Allerdings ist es dem Gesetzgeber nur bedingt gelungen, die Zielsetzung des Allgemeinen Teils zu verwirklichen. Der Abschnitt über Vereine und Stiftungen (§§ 21 bis 89) enthält eine **geschlossene Regelung** dieser Rechtsinstitute, nicht bloß allgemeine, vor die Klammer gezogene Normen. Die Vorschriften über Sachen (§§ 90 bis 103) sind ihrem Inhalt nach fast ausschließlich dem Sachenrecht zuzuordnen, also nicht als allgemeine Bestimmungen im Sinne einer Geltung für alle Bücher des BGB zu kennzeichnen. Ob die Methode, dem Gesetz einen Allgemeinen Teil voranzustellen, hinreichende Vorteile bietet, durch die der Nachteil der erschwerten Verständlichkeit des Gesetzes ausgeglichen wird, kann man bezweifeln[1].

2. Schuldrecht

Das zweite Buch des BGB ist dem Recht der Schuldverhältnisse gewidmet. Ein **Schuldverhältnis** ist ein Rechtsverhältnis, kraft dessen der Gläubiger berechtigt ist, vom Schuldner eine Leistung zu fordern, § 241 Abs. 1 Satz 1. Die Leistung kann in einem Tun (z.B. Zahlung, Warenlieferung, Arbeitsleistung) oder auch Unterlassen (z.B. der Verwendung einer Marke) bestehen, § 241 Abs. 1 Satz 2. **Leistungspflichten** und damit Schuldverhältnisse können durch **Vertrag** (Verpflichtungsvertrag) oder **kraft Gesetzes** entstehen. Das Schuldrecht behandelt in den ersten sieben Abschnitten (§§ 241 bis 432) allgemeine Fragen, sodann im umfangreichen achten Abschnitt (§§ 433 bis 853) die besonderen Schuldverhältnisse. Daher hat sich die Unterteilung in **Allgemeines Schuldrecht** und **Besonderes Schuldrecht** eingebürgert. Bei den besonderen Schuldverhältnissen regelt das Gesetz zunächst die verschiedenen Typen der Verpflichtungsverträge, beginnend mit dem Kaufvertrag (§§ 433 ff.). Nach den Schuldverhältnissen aus Verträgen folgen – als gesetzliche Schuldverhältnisse – die ungerechtfertigte Bereicherung (§§ 812 ff.) und das Recht der unerlaubten Handlungen (§§ 823 ff.). Die Erfüllung der schuldrechtlichen Verpflichtungen muss zumeist durch sachenrechtliche Geschäfte (Verfügungen) erfolgen, z.B. durch Übereignung der gekauften Sache vom Verkäufer an den Käufer. Das Schuldverhältnis stellt die rechtliche Grundlage für die sachenrechtliche Verfügung dar.

3. Sachenrecht

Das Sachenrecht beginnt mit Vorschriften über den **Besitz** als der tatsächlichen Herrschaft über eine Sache, §§ 854 ff. Es folgen die Regeln über den Inhalt des Ei-

---

[1] Vgl. Wieacker, Privatrechtsgeschichte der Neuzeit, 2. Aufl. (1967), S. 486 ff., der sowohl das mit dem Allgemeinen Teil angestrebte Ziel als auch seine konkrete Verwirklichung kritisch beurteilt.

gentums** als umfassender rechtlicher Herrschaftsmacht über eine Sache (§§ 903 ff.) sowie über den rechtsgeschäftlichen Erwerb des Eigentums an unbeweglichen und beweglichen Sachen (§§ 925 ff. bzw. §§ 929 ff.).

82   Neben dem Eigentum als dem vollen Herrschaftsrecht an einer Sache kennt das Sachenrecht **sonstige dingliche Rechte**, die einen beschränkten Inhalt haben. Hierzu gehören etwa die Grunddienstbarkeiten (§§ 1018 ff.), das **Pfandrecht** an beweglichen Sachen und Forderungen (§§ 1204 ff.) sowie die **Hypothek** (§§ 1113 ff.) und die **Grundschuld** (§§ 1191 ff.) als Grundpfandrechte.

4. Familienrecht

83   Während die Einteilung der ersten drei Bücher auf systematischen Gesichtspunkten beruht, fassen das Familienrecht und das Erbrecht die für bestimmte **Lebenssachverhalte** geltenden Regeln zusammen. Die Gesamteinteilung des BGB in fünf Bücher ist also insgesamt nicht nach einem einheitlichen Kriterium erfolgt. Man spricht mit *Zitelmann* insoweit von einer „**Kreuzeinteilung**".[2]

84   Das Familienrecht regelt die rechtlichen Beziehungen im Rahmen von Ehe und Familie. Hierzu gehören die **Eheschließung** (§§ 1303 ff.) und die Eheauflösung, vor allem die **Scheidung der Ehe** samt den Scheidungsfolgen, §§ 1564 ff. Das eheliche **Güterrecht** (§§ 1363 ff.) ist im Familienrecht ebenso geregelt wie die Beziehungen zwischen **Eltern und Kindern** (Abstammung, §§ 1591 ff.; Unterhaltspflichten, §§ 1601 ff.; elterliche Sorge samt Vertretung des Kindes, §§ 1626 ff.). Zum Familienrecht gehören auch das Namensrecht (§ 1355 sowie §§ 1616 ff.), das Adoptionsrecht (§§ 1741 ff.) und das Recht der Betreuung (§§ 1896 ff.). Das 2001 neu geschaffene Institut der **Eingetragenen Lebenspartnerschaft**, das zwei Personen gleichen Geschlechts die Eingehung einer rechtlich geregelten Lebensgemeinschaft ermöglicht, wurde nicht in das BGB eingefügt, sondern im Lebenspartnerschaftsgesetz (LPartG)[2a] geregelt.

5. Erbrecht

85   Das fünfte Buch Erbrecht enthält die Rechtsfolgen des Todes auf dem Gebiet des privaten Vermögensrechts. Es regelt z.B. die **gesetzliche Erbfolge** (§§ 1924 ff.), aber auch Zulässigkeit und Form der Verfügungen von Todes wegen (**Testamente**, §§ 2064 ff., und **Erbverträge**, §§ 2274 ff.). Der Testierfreiheit des Erblassers stehen eine ganze Reihe von Gestaltungsformen zur Verfügung, also nicht nur die Erbeinsetzung (§§ 2087 ff.), sondern auch die Anordnung von Vermächtnissen (§§ 2147 ff.), Auflagen (§§ 2192 ff.) und Teilungsanordnungen (§ 2048), ferner die Einsetzung eines Testamentsvollstreckers (§§ 2197 ff.) oder die Anordnung von Vor-

---

[2] Vgl. Staudinger/Boehmer, BGB, 11. Aufl. (1954), Band V, Einleitung, § 1 Rdnr. 14 f.
[2a] Die sehr umstrittene Verfassungsmäßigkeit des LPartG wurde soeben durch das BVerfG bestätigt (Urteil vom 17. Juli 2002, 1 BvF 1/01, 1 BvF 2/01, NJW 2002, 2543).

und Nacherbfolge (§§ 2100ff.). Im **Pflichtteilsrecht** (§§ 2303ff.) ist festgelegt, welchen Personen eine Mindestbeteiligung am Nachlass des Erblassers zukommt. Die Abwicklung des Erbfalls (Annahme und Ausschlagung, §§ 1942ff.; Erbscheinserteilung, §§ 2353ff.) sowie das Recht der Erbengemeinschaft (§§ 2032ff.) bilden weitere wichtige Materien.

II. Das Verhältnis des BGB zum Landesrecht

Das BGB, das ursprünglich ein Reichsgesetz war, gilt seit der Gründung der Bundesrepublik (1949) als **Bundesrecht** fort. Die Gesetzgebungskompetenz für das bürgerliche Recht steht heute nach Art. 74 Abs. 1 Nr. 1 GG in Form der konkurrierenden Zuständigkeit (dazu s. Art. 72 Abs. 1 und 2 GG) dem Bund zu. Das Bundesrecht hat nach Art. 31 GG Vorrang vor dem Landesrecht. Da das BGB eine **Kodifikation** darstellt, d.h. eine grundsätzlich abschließende Regelung der behandelten Materie, sind mit seinem Erlass alle Landesgesetze auf dem Gebiet des bürgerlichen Rechts außer Kraft getreten, Art. 55 EGBGB, soweit nicht besondere Vorbehalte zugunsten des Landesgesetzgebers geschaffen wurden. Abgesehen von diesen Vorbehaltsbereichen kann der Landesgesetzgeber auch heute keine vom BGB abweichenden oder es ergänzenden gesetzlichen Vorschriften schaffen. Es können z.B. nicht etwa durch den Landesgesetzgeber weitere Vorschriften über den Kaufvertrag geschaffen werden, um Lücken im BGB zu füllen; vielmehr wäre dazu allein der Bundesgesetzgeber in der Lage.

Vorbehalte zugunsten des Landesgesetzgebers finden sich z.B. für den Bereich des Höferechts, d.h. des Rechts der Vererbung landwirtschaftlicher Betriebe (Art. 64 EGBGB), des Wasserrechts (Art. 65 EGBGB) und des Fischereirechts (Art. 69 EGBGB), teilweise auch des Nachbarrechts (Art. 124 EGBGB, z.B. Grenzabstände von Bäumen und Sträuchern). Auf diesen Gebieten blieben bei Inkrafttreten des BGB die alten Landesgesetze in Geltung und es konnten bzw. können neue Landesgesetze erlassen werden. Dies gilt aber nur, soweit nicht Bundesrecht entgegensteht. Der „Vorbehalt" bedeutet also nicht etwa, dass auf diesen Gebieten generell nur Landesrecht möglich ist, sondern bringt lediglich zum Ausdruck, dass trotz des BGB Landesgesetze zulässig blieben. Soweit aber die Materie unter Art. 74 GG fällt (z.B. als bürgerliches Recht oder Wirtschaftsrecht), hat der Bund die konkurrierende Gesetzgebungskompetenz und kann davon unter den Voraussetzungen des Art. 72 Abs. 2 GG Gebrauch machen. So ist denn auch z.B. seit 1980 das Bergrecht (Recht des Bergbaus) durch das Bundesberggesetz geregelt, während zuvor auch nach Erlass des BGB das Landesrecht in Geltung geblieben war (Art. 67 EGBGB).

III. Gesetzesstil und rechtspolitische Grundlagen des BGB

1. Gesetzestechnik und Sprache

a) Abstrahierend-generalisierender Gesetzesstil

88 Während ein kasuistischer Stil dadurch geprägt ist, dass der Gesetzgeber möglichst alle im Leben vorkommenden Geschehnisse zusammenzustellen und ausdrücklich zu regeln versucht, bevorzugt das BGB abstrakt-generelle Tatbestände. Durch möglichst scharf umrissene Begriffe (oft auch in Form von im Gesetz selbst enthaltenen Begriffsbestimmungen, sog. **Legaldefinitionen**) soll die Subsumtion erleichtert werden. Als Beispiel sei auf den Begriff des Zubehörs verwiesen, den § 97 Abs. 1 Satz 1 durch Aufstellung allgemeiner, abstrakter Merkmale regelt: die Sache muss dem wirtschaftlichen Zweck der Hauptsache dienen und zu ihr in einem entsprechenden räumlichen Verhältnisse stehen (näher s. Rdnr. 1223 ff.). Eine kasuistisch formulierte Bestimmung nennt dagegen die einzelnen Dinge beim Namen. So spricht etwa § 98 (eine Vorschrift, die erläuternd zu § 97 hinzutritt) ganz konkret von einer Mühle, einer Schmiede, einem Brauhaus als den bei Erlass des BGB gängigen gewerblichen Betrieben. Kasuistische Bestimmungen erweisen sich später oft als lückenhaft, da der Gesetzgeber die lebensmäßige Entwicklung nie voll übersehen kann. Die abstrakte Methode vermeidet dies und erlaubt es zudem, das Gesetz wesentlich kürzer und übersichtlicher zu fassen. Auf der anderen Seite können unter einen abstrakt formulierten Begriff Vorgänge fallen, an die man eigentlich nicht gedacht hatte und für die die vorgesehene Rechtsfolge unangemessen ist. Wird die Abstrahierung zu weit getrieben, so kann die für eine sachgerechte Lösung notwendige Differenzierung auf der Strecke bleiben. Auch verliert das Gesetz durch Abstrahierung an Lebensnähe und damit an Verständlichkeit für den Nichtjuristen.

b) Generalklauseln

89 Zwar vermitteln scharf umrissene abstrakte Begriffe Rechtssicherheit, doch verhindern sie die Berücksichtigung der Umstände des Einzelfalles. Dem dienen aber im BGB eine Reihe von wichtigen **Generalklauseln**, bei denen der Rechtsprechung ein erheblicher Spielraum zusteht. Generalklauseln sind Vorschriften, die mit **unbestimmten, wertausfüllungsbedürftigen Begriffen** arbeiten. Wichtige Beispiele sind die §§ 138, 826 mit ihrer Verweisung auf die **guten Sitten** sowie §§ 157, 242, die auf **Treu und Glauben** Bezug nehmen. Obwohl zuweilen kritisch von einer Flucht des Gesetzgebers in die Generalklauseln die Rede war, hat sich insgesamt das Nebeneinander von Bestimmungen mit exakt definierten Begriffen auf der einen und Generalklauseln auf der anderen Seite durchaus bewährt. Im Grunde ist dadurch in das BGB selbst die Möglichkeit zu seiner Fortentwicklung durch die Rechtspraxis (**Rechtsfortbildung**) eingebaut worden. Gerade im Rahmen der Generalklauseln (wie etwa der vorhin genannten §§ 138, 826 oder 242), hat die Rechtsprechung eine

Fülle von neuen Rechtsaussagen geschaffen, die heute zum Teil längst wie Rechtsnormen angewendet werden. Auf diese Weise bildet sich, legitimiert durch eine Generalklausel, neues Recht heraus, das schließlich in vergleichbarer Weise wie konkrete gesetzliche Bestimmungen angewendet wird.

c) Fachsprache

Weitestgehend bedienten sich die Verfasser des BGB einer juristisch geprägten Fachsprache, die exakt, sorgfältig durchdacht und präzise ist. Das Zusammenwirken der einzelnen Normen ist technisch gut durchgearbeitet, insbesondere was das Verhältnis zwischen allgemeinen Normen (im Allgemeinen Teil etwa) und den spezielleren Bestimmungen angeht. Auf die zahlreichen *Legaldefinitionen* (Beispiel etwa: unverzüglich bedeutet ohne schuldhaftes Zögern, § 121 Abs. 1 Satz 1 – dies gilt überall, wo das BGB von „unverzüglich" spricht) sei besonders hingewiesen.

Das Streben nach begrifflicher Schärfe führte freilich zu einer recht **trockenen und unanschaulichen** Sprache. Nicht zuletzt sind hier auch der Einfluss der gemeinrechtlichen Wissenschaft und die Auswirkung des lateinischen Sprachstils spürbar. Es handelt sich zu einem guten Teil um Übersetzungen aus dem römischen Recht. Insgesamt ist die Sprache zuweilen schwerfällig und gekünstelt. Sie war von der Lebens- und Umgangssprache wohl schon bei Erlass des BGB recht weit entfernt, und diese Distanz ist durch die Sprachentwicklung seit 1900 noch größer geworden. Dass trotz scharfer Begriffsbildung mehr an Verständlichkeit erreichbar ist, zeigt das wesentlich lebensnähere Schweizer Zivilgesetzbuch (ZGB), das 1937 unter dem entscheidenden Einfluss *Eugen Hubers* entstanden ist.

2. Rechtspolitische Grundlagen des ursprünglichen BGB

a) Bürgerlich-liberale Grundhaltung

Gewerbefreiheit und industrielle Revolution im 19. Jahrhundert fanden schließlich ihren Niederschlag in einem adäquaten bürgerlichen Recht. Das BGB misst dem **Eigentum** und der **Privatautonomie** zentrale Bedeutung bei. Die Freiheit zur wirtschaftlichen Betätigung, zum Abschluss von Verträgen und zum Erwerb von Eigentum, steht jedermann gleichermaßen zu. Der Liberalismus vertraut auf die selbstverantwortliche Persönlichkeit und beschränkt staatliche Eingriffe so weit wie möglich. Der Vorstellung von der Selbstverantwortung des einzelnen entspricht es, den **Vertrag** zum zentralen Instrument des Privatrechts zu machen. Dabei geht das BGB davon aus, dass der Vertrag selbst eine Richtigkeitsgarantie enthält – wäre er nicht nach Meinung beider Parteien interessengerecht, so käme die vertragliche Einigung nicht zustande. Dementsprechend ist das BGB in den Teilen, in denen es um die Austauschverträge geht, weitgehend **dispositives (nachgiebiges) Recht**. Durch Vertrag können nicht nur andere Vertragstypen geschaffen werden, als sie im BGB enthalten sind (die schuldrechtlichen Vertragstypen des BGB sind also nicht zwingend), sondern es kann auch innerhalb der einzelnen Vertragstypen grundsätzlich von den Regeln des BGB durch Vereinbarung abgewichen werden. Ursprünglich waren nur wenige Normen des BGB **zwingend**, also der Parteiherrschaft entzogen.

93 Kaum berücksichtigt wurde dagegen von den Schöpfern des BGB, dass die formale Freiheit, die jedem Bürger gleichermaßen zusteht, aufgrund wirtschaftlichen und intellektuellen Ungleichgewichts der Beteiligten nur auf dem Papier stehen kann. Der Gedanke, die eine (schwächere) Seite in besonderem Maße zu schützen, hatte im BGB in seiner ursprünglichen Fassung nur wenig Niederschlag gefunden[3].

b) Konservative Vorstellungen

94 Während die bürgerlich-liberale Grundhaltung vor allem das Schuld- und Sachenrecht kennzeichnete, traten in anderen Teilen des BGB – es ist hier immer von der ursprünglichen, im Jahr 1900 in Kraft getretenen Fassung die Rede – konservative Vorstellungen stärker hervor. Das gilt vor allem für die **patriarchalische Gestalt des damaligen Ehe- und Familienrechts**. Die Vorstellung vom Mann als Haupt der Familie spiegelte sich z.B. im ehelichen Güterrecht wider: es galt der gesetzliche Güterstand der Verwaltung und Nutznießung des Mannes am Vermögen der Frau. Auch stand dem Mann das Entscheidungsrecht in gemeinschaftlichen ehelichen Angelegenheiten zu, soweit keine Einigung erzielt wurde. Die elterliche Gewalt über die Kinder besaß ursprünglich allein der Mann. Auch die Diskriminierung des unehelichen Kindes und seiner Mutter entsprach ganz den konservativen Wertungen.

c) Kein Gesetz der sozialen Reform

95 Bei der Schaffung des BGB ging es in erster Linie darum, das **Recht zu vereinheitlichen**. Man konzentrierte sich bei der Gesetzgebung darauf, zunächst das geltende Recht zu sammeln und zu sichten, die vorhandenen Lösungen abzuwägen, und – im allgemeinen – eine der bereits geltenden Regelungen zu übernehmen. Eigentliche Neuschöpfungen enthielt das BGB dagegen kaum. Es war nicht die Absicht der Gesetzesverfasser, grundlegende Änderungen innerhalb der Gesellschaft, etwa eine Verbesserung der Stellung der Arbeiter, durchzusetzen. Diese Grundhaltung hat dem BGB von Anfang an herbe Kritik eingetragen. Es muss allerdings beachtet werden, dass die Verfasser des Gesetzes nicht etwa Reformbestrebungen von vornherein eine Absage erteilen wollten. Vielmehr ging man davon aus, dass, soweit erforderlich, entsprechende neue Regelungen außerhalb des BGB geschaffen werden sollten. Dies ist vor allem im Arbeitsrecht, wenn auch erst im Zuge einer langen Entwicklung, in einer ganzen Reihe von Einzelgesetzen geschehen. Ein wichtiges verbraucherschützendes Gesetz, das Abzahlungsgesetz aus dem Jahre 1894[4], gab es be-

---

[3] Gleichwohl fehlte die soziale Komponente keineswegs völlig, vgl. bereits Planck DJZ 1899, 181, 184 („Schutz des wirtschaftlich Schwachen"). In der heutigen Lit. betonen dies u.a. Schwab ZNR 2000, 325, 350f.; Repgen ZNR 2000, 406, 412ff.; Schröder/Thiessen JZ 2002, 325, 328f.

[4] Es wurde im Jahre 1990 durch das Verbraucherkreditgesetz abgelöst, dessen Regelungen 2001 in das BGB eingegliedert wurden, s. Rdnr. 116f.

reits vor Erlass des BGB. Dass es nicht in das BGB integriert wurde, zeigt, wie man damals die Aufgabenverteilung verstanden hat: das bürgerliche Recht sollte den Kernbestand des Rechts zwischen Privatpersonen vereinheitlichen und präzise darstellen, ohne Reformgesetzen für bestimmte Sonderbereiche entgegenzustehen.

Die **juristisch-technische Leistung** der Verfasser des BGB ist keineswegs gering zu schätzen. Zahlreiche neuere Gesetze, auch Änderungsgesetze zum BGB, haben dieses Niveau an begrifflicher Klarheit und geschlossener Systematik nicht mehr erreicht. Freilich hatte man sich damals auch die nötige Zeit für das Gesetzgebungswerk genommen!

§ 4 System und rechtspolitische Grundlagen des BGB

Kontrollfragen zu §§ 2 bis 4

1) Man kann von zwei geschichtlichen Wurzeln des deutschen bürgerlichen Rechts sprechen. Von welchen?

2) Aus welchen Teilen besteht das corpus iuris civilis?

3) Welche bürgerliche Rechtsordnung galt in Deutschland vor Inkrafttreten des BGB?

4) Was war der Hauptvorteil, den der Erlass des BGB mit sich brachte?

5) Was versteht man unter dispositivem Recht? Wie lautet der Gegenbegriff?

6) Was versteht man unter einer Generalklausel? Nennen Sie Beispiele!

7) Kennzeichen Sie mit einigen Stichworten die rechtspolitische Grundeinstellung des (ursprünglichen) BGB!

Lösungen

97 1) Römisches Recht und germanisches Recht.

98 2) 1. Institutionen. 2. Digesten (Pandekten). 3. Codex. 4. Novellen.

99 3) Vor Inkrafttreten des BGB galt in Deutschland kein einheitliches bürgerliches Recht (Rechtszersplitterung). In Preußen galt das ALR, links des Rheins der Code civil, in Baden das Badische Landrecht (Übersetzung des Code civil), in Bayern der Codex Maximilianeus Bavaricus Civilis, in Sachsen das Sächsische Bürgerliche Gesetzbuch. In weiten Teilen, in denen kein besonderes Gesetz in Geltung war, kam das gemeine Recht, d.h. das rezipierte und weiterentwickelte römische Recht, zur Anwendung.

100 4) Der Hauptvorteil war die Rechtseinheit für das Deutsche Reich. Die Kodifikation brachte zugleich ein erhebliches Maß an Rechtsklarheit mit sich.

101 5) Dispositives Recht (ius dispositivum) bedeutet abdingbares, nachgiebiges Recht. Gemeint sind Rechtssätze, deren Anwendung durch Parteivereinbarung ausgeschlossen werden kann. Den Gegenbegriff bildet das zwingende Recht (ius cogens), bei dem eine Abbedingung ausgeschlossen ist.

102 6) Eine Generalklausel ist durch allgemeine, wertausfüllungsbedürftige Begriffe gekennzeichnet. Beispiele bilden die §§ 138, 157, 242, 826 mit den darin enthaltenen Begriffen von Treu und Glauben und Sittenwidrigkeit.

103 7) Kennzeichnend für das BGB ist zum einen die bürgerlich-liberale Grundhaltung. Sie zeigt sich in der zentralen Stellung der Privatautonomie und des privaten Eigentums. Die Betonung der Selbstverantwortung des Einzelnen wird vor allem im Schuldrecht deutlich, das (in seiner ursprünglichen Fassung) ganz auf den Vertrag als Mittel des Interessenausgleichs vertraut.

104 Eine konservative Grundhaltung trat vor allem im Ehe- und Familienrecht in Erscheinung, etwa in Form der Verwaltung des Vermögens der Ehefrau durch den Ehemann, in Gestalt des Entscheidungsrechts des Mannes in ehelichen Angelegenheiten und in der alleinigen Zuweisung der elterlichen Gewalt über die gemeinsamen Kinder an den Ehemann.

105 Das BGB war insgesamt kein Gesetz der sozialen Reform. Dies sollte, soweit erforderlich, besonderen Gesetzen vorbehalten bleiben.

§ 5 Die Entwicklung des bürgerlichen Rechts seit Erlass des BGB

I. Gesetzliche Änderungen des BGB

Das BGB ist heute nicht mehr das Gesetz des Jahres 1900. Sowohl die Gesetzgebung als auch die Entwicklung der Rechtspraxis und der Rechtslehre haben viele tiefgreifende Änderungen gebracht. Durch **zahlreiche Reformgesetze** sind in den vergangenen Jahrzehnten alle Bücher des BGB verändert worden, wenn auch in unterschiedlichem Maß. Besonders häufig wurde, dem gesellschaftlichen Wandel, aber auch den verfassungsrechtlichen Vorgaben durch das Grundgesetz Rechnung tragend, in der jüngeren Vergangenheit das **Familienrecht** reformiert. Der Bogen spannt sich vom Gleichberechtigungsgesetz (1957) bis zu den weitreichenden Änderungen des Kindschafts-, Unterhalts- und Eheschließungsrechts in den Jahren 1997 und 1998. Zum Lebenspartnerschaftsgesetz s. Rdnr. 84. Auch das **Schuldrecht** hat bedeutende Wandlungen erfahren. So ist das Mietrecht immer wieder unter dem Gesichtspunkt des Mieterschutzes verändert worden, zuletzt durch die **Mietrechtsreform 2001**. Besondere Bedeutung gewann in den letzten Jahrzehnten der **Verbraucherschutz**. Innerhalb des BGB schlug sich dies z.B. in der Einfügung eines eigenen neuen Abschnitts über den Reisevertrag (§§ 651 a ff.) nieder. Weite Teile des allgemeinen und des besonderen Schuldrechts erhielten durch die **große Schuldrechtsreform** des Jahres 2001 ein neues Gesicht. Hierauf wird unten (s. Rdnr. 116) gesondert eingegangen. Der **allgemeine Teil** wurde in jüngster Zeit u.a. durch Einfügung der Definitionen des Verbrauchers (§ 13) und des Unternehmers (§ 14) (s. Rdnr. 325 ff.) sowie durch Schaffung der elektronischen Form (§ 126a) und der Textform (§ 126b) (s. Rdnr. 554 ff.) verändert. Relativ stabil blieb das **Sachenrecht**, während das **Erbrecht** im Zusammenhang mit den Reformen des Familienrechts einige wesentliche Veränderungen erfuhr, so etwa im Bereich des Ehegattenerbrechts. Wichtig war auch die erstmalige Einführung des gesetzlichen Erbrechts nichtehelicher Kinder nach dem Vater (1970), auf die 1998 die vollständige erbrechtliche Gleichstellung der innerhalb oder außerhalb einer Ehe geborenen Kinder folgte.

II. Gesetze außerhalb des BGB und Rückführung in das BGB

Zahlreiche gesetzliche Neuregelungen erfolgten außerhalb des BGB. Das Arbeitsrecht etablierte sich als eigenes Rechtsgebiet in einer Reihe von besonderen Gesetzen, etwa dem Kündigungsschutzgesetz oder dem Mutterschutzgesetz. Das Sachenrecht des BGB wird auf einem praktisch sehr wichtigen Gebiet durch das Wohnungseigentumsgesetz (1951) ergänzt.

Der Schutz des Verbrauchers erfolgte zunächst weitgehend außerhalb des BGB. So wurde das bereits erwähnte Abzahlungsgesetz (1894) nach mehrfachen Änderungen 1991 durch das Verbraucherkreditgesetz ersetzt. Große Bedeutung erlangten im Bereich des Verbraucherschutzes das Gesetz über Allgemeine Geschäftsbedingungen (AGBG) aus dem Jahre 1976, aber auch das Haustürwiderrufsgesetz (1986) und das Produkthaftungsgesetz (1989) sind besonders zu nennen.

108 Dass die neueren Entwicklungen ihren Niederschlag zu einem guten Teil in besonderen Gesetzen außerhalb des BGB fanden, führte zu einer problematischen, die Rechtsanwendung erschwerenden Zersplitterung des Bürgerlichen Rechts. Erfreulicherweise gewannen in neuerer Zeit Bestrebungen zu einer Reintegration in das BGB die Oberhand. So wurden z.b. wesentliche familienrechtliche Bestimmungen aus dem EheG wieder in das BGB zurückgeführt. Vor allem aber wagte es der Gesetzgeber der großen Schuldrechtsreform 2001, die verbraucherschützenden Sondergesetze, insbesondere das AGBG, aufzuheben und ihre Regeln in das BGB einzufügen.

III. Neuschöpfungen der Rechtspraxis

109 Die Rechtsfortbildung durch die Rechtsprechung und die Rechtswissenschaft hat gerade im bürgerlichen Recht erhebliche Bedeutung. Es entstanden eine ganze Reihe von Rechtsfiguren, die im Text des BGB nicht zu finden waren. Die schuldrechtlichen „Erfindungen" der positiven Vertragsverletzung, der culpa in contrahendo, des Vertrags mit Schutzwirkung zugunsten Dritter oder des Wegfalls der Geschäftsgrundlage wurden so selbstverständlich angewendet, als ob sie ausdrücklich im Gesetz stünden. Erst durch die große Schuldrechtsreform (2001) erhielten diese Institute auch eine Verankerung im Gesetzestext (s. unten Rdnr. 116f. sowie Rdnr. 133ff.). Auch das Sachenrecht kennt solche Neuschöpfungen, etwa das **Anwartschaftsrecht des Käufers** beim Kauf unter Eigentumsvorbehalt. Selbst dort, wo der Gesetzestext und die daraus zu entnehmende Lösung über lange Zeit für eindeutig gehalten wurden, ist eine Änderung durch die Rechtsprechung, regelmäßig vorbereitet durch die Diskussion in der Rechtswissenschaft, keineswegs ausgeschlossen. Als Beispiel sei die Anerkennung der Rechtsfähigkeit einer BGB-Gesellschaft durch den BGH genannt (näher s. Rdnr. 1003).

110 Auslegung und Fortbildung des bürgerlichen Rechts werden durch die Entwicklung der Technik, der wirtschaftlichen Gegebenheiten und der sozialen Verhältnisse entscheidend geprägt. Aber auch die Vorgaben des Grundgesetzes, vor allem die dort verankerten Grundrechte, üben wesentlichen Einfluss aus. Die Rechtsprechung, besonders der obersten Gerichte, trägt zur Rechtsfortbildung so entscheidend bei, dass man geradezu vom **Richterrecht** als einer neben dem **Gesetzesrecht** und dem **Gewohnheitsrecht** stehenden Rechtsquelle sprechen darf. Freilich besitzen nur das Gesetzesrecht und das Gewohnheitsrecht verbindliche Geltung, während gerichtliche Entscheidungen, selbst solche des BGH[1], keine über den Fall hinausreichende Bindungswirkung entfalten. Das ist aber ein eher theoretischer Unterschied – praktisch gilt eine ständige Rechtsprechung wie ein Gesetz.

---

[1] Anderes gilt für Entscheidungen des BVerfG, denen in den Fällen des § 31 Abs. 2 Sätze 1 u. 2 BVerfGG Gesetzeskraft zukommt.

IV. Ein Rückblick: das Zivilrecht in der ehemaligen DDR

Auch als nach dem Ende des 2. Weltkriegs (1945) und der anschließenden Besatzungszeit zwei Staaten – die Bundesrepublik Deutschland und die Deutsche Demokratische Republik (DDR) – auf dem Gebiet Deutschlands entstanden waren, galt zunächst das BGB in beiden Teilen weiter. 1966 wurde in der DDR das Familienrecht durch das Familiengesetzbuch unter Aufhebung des 4. Buches des BGB neu geregelt. Erst verhältnismäßig spät, mit Wirkung ab 1. Januar 1976, löste das **Zivilgesetzbuch (ZGB)** der DDR das BGB völlig ab.

Die entscheidende Differenz zwischen der westdeutschen und der ostdeutschen Rechts- und Gesellschaftsordnung lag freilich in der längst vorher radikal umgestalteten **Eigentumsordnung**. Getreu der marxistisch-leninistischen Theorie wurde in der DDR das Eigentum an den **Produktionsmitteln** im wesentlichen vergesellschaftet, d.h. auf den **Staat** oder „volkseigene Betriebe" überführt. Das „persönliche Eigentum" war dagegen in der DDR grundsätzlich auf die Gegenstände des persönlichen Gebrauchs und Verbrauchs beschränkt. Dass diese Umwälzung – verbunden mit dem planwirtschaftlichen, nicht marktwirtschaftlichen System – außerhalb des BGB erfolgte, macht dessen Weitergeltung erklärlich: es verlor schlicht einen ganz erheblichen Teil seiner Bedeutung, die es – in Verbindung mit dem Handels- und Gesellschaftsrecht sowie dem Wirtschaftsrecht – in einem System der freien bzw. sozialen Marktwirtschaft hat.

Mit dem **Einigungsvertrag** ist das ZGB der DDR mit Wirkung vom 3.10.1990 grundsätzlich durch das BGB (in der in der Bundesrepublik Deutschland zu diesem Zeitpunkt geltenden Fassung) ersetzt worden, Art. 230 EGBGB. Umfangreiche Übergangsregeln, auf die hier nicht im einzelnen einzugehen ist, finden sich in den Art. 231 ff. EGBGB.

V. Der zunehmende Einfluss des Europäischen Rechts – das Europäische Privatrecht

Das Privatrecht allein unter dem Blickwinkel des nationalen, hier des deutschen Rechts zu betrachten, entspricht längst nicht mehr der Realität. Vielmehr hat das Recht der Europäischen Gemeinschaft (EG) immer größere Bedeutung gewonnen. Da die primäre Zielsetzung der EG darin besteht, einen einheitlichen Binnenmarkt zu schaffen, erfasste das europäische Recht in erster Linie das Wirtschaftsrecht[2]. Aber auch das bürgerliche Recht als allgemeines Privatrecht wurde, vor allem unter dem Gesichtspunkt des Verbraucherschutzes, bereits in erheblichem Maß durch europäisches Recht gestaltet[3].

---

[2] Dazu umfassend Kilian, Europäisches Wirtschaftsrecht (1996).

[3] Zum Einfluss des Europäischen Rechts auf das Allgemeine Privatrecht Kilian (Fn. 2) Rdnr. 798 ff. Eine handliche Zusammenstellung der einschlägigen EG-Richtlinien bieten Schulze/Zimmermann (Hrsg.), Basistexte zum Europäischen Privatrecht, 2. Aufl. (2002). Zum Europäischen Schuldvertragsrecht zusammenfassend Grundmann NJW 2000, 14.

Das europäische Recht wirkt in vielfältiger Form auf das nationale Recht ein. Zunächst einmal ist der nationale Gesetzgeber an das sog. **primäre Gemeinschaftsrecht** gebunden. Ein deutsches Gesetz darf z.B. nicht gegen die im EG-Vertrag garantierten Grundfreiheiten[4] (Warenverkehrsfreiheit, Dienstleistungsfreiheit, Niederlassungsfreiheit, Freizügigkeit, Kapital- und Zahlungsverkehrsfreiheit) verstoßen. In viele Einzelbereiche hinein greift das sog. **sekundäre Gemeinschaftsrecht**, also die von den Gemeinschaftsorganen erlassenen Rechtssetzungsakte. Dabei ist zwischen *Verordnungen* und *Richtlinien* zu unterscheiden. **Europäische Verordnungen**[5] haben unmittelbare Geltung in den Mitgliedstaaten der EG. **Europäische Richtlinien**[6] sind dagegen grundsätzlich auf Umsetzung durch den nationalen Gesetzgeber angelegt. Allerdings gibt es auch Fälle, in denen Richtlinien eine unmittelbare Geltung gegenüber dem Mitgliedstaat zugebilligt wird. Auch kann die verzögerte Umsetzung einer Richtlinie zu Schadensersatzansprüchen von Privatpersonen gegen einen Mitgliedstaat führen[7].

114 Eine Reihe neuerer privatrechtlicher Gesetze diente der **Umsetzung von Richtlinien der EG**. Dies galt z.B. für das Produkthaftungsgesetz, das Verbraucherkreditgesetz, das Haustürwiderrufsgesetz und das Fernabsatzgesetz. Auch die große Schuldrechtsreform 2001 (näher s. Rdnr. 116) wurde zu einem guten Teil durch EG-Richtlinien motiviert.

Soweit nationale privatrechtliche Gesetze auf Richtlinien der EG zurückgehen, ist dies nicht nur im Hinblick auf die Entstehungsgeschichte von Interesse. Es ergibt sich daraus auch eine weitreichende Kompetenz des **Europäischen Gerichtshofs** in Luxemburg (EuGH). Seine Aufgabe ist es, in oberster Instanz über die Auslegung des europäischen Rechts zu entscheiden. Bekommt es der BGH mit einer solchen Auslegungsfrage zu tun, so hat er im Wege eines **Vorabentscheidungsverfahrens** den EuGH zur Klärung anzurufen (Art. 234 [früher 177] EGV). Auch Zweifel bei der Auslegung eines nationalen Gesetzes können mittelbar Anlass zur Anrufung des EuGH geben. Da nämlich für Gesetze, die der Umsetzung von europäischen Richtlinien dienen, der Grundsatz der **richtlinienkonformen Auslegung** gilt, hängt die richtige Auslegung des deutschen Gesetzes nicht selten von der Auslegung der Richtlinie ab[8].

---

[4] Dazu Kilian (Fn. 2) Rdnr. 227 ff.; Schweitzer/Hummer, Europarecht, 5. Aufl. (1996) Rdnr. 1074 ff.; Koenig/Haratsch, Europarecht, 3. Aufl. (2000) Rdnr. 483 ff.

[5] Dazu Schweitzer/Hummer (Fn. 4) Rdnr. 347 ff.; Koenig/Haratsch (Fn. 4) Rdnr. 255. – Beispiele auf privatrechtlichem Gebiet bilden die Schaffung eigenständiger europäischer Gesellschaftsformen durch die Verordnung über die Europäische Wirtschaftliche Interessenvereinigung und durch die Verordnung (EG) Nr. 2157/2001 des Rates über das Statut der Europäischen Gesellschaft (SE), s. zu dieser Europäischen Aktiengesellschaft (Societas Europea – SE) Thoma/Leuering NJW 2002, 1449.

[6] Dazu Schweitzer/Hummer (Fn. 4) Rdnr. 356 ff.; Koenig/Haratsch (Fn. 4) Rdnr. 256 ff.

[7] Grundlegend EuGH Rs. C-6/90 u. C-9/90 (Frankovich u.a./Italien), Slg. 1991, S. I-5357 ff. = NJW 1992, 165. Dazu Schweitzer/Hummer (Fn. 4) Rdnr. 370 ff.; Koenig/Haratsch (Fn. 4) Rdnr. 263 f.

[8] S. auch Rdnr. 448 zur Auslegung der Vorschriften über das Widerrufsrecht bei Haustürgeschäften.

§ 5 Die Entwicklung des bürgerlichen Rechts seit Erlass des BGB

Schon heute hat es sich aufgrund der großen Bedeutung des EG-Rechts eingebürgert, zusammenfassend von **Europäischem Privatrecht** zu sprechen. Jedoch handelt es sich bisher um eine lediglich punktuelle, auf bestimmte Einzelgebiete bezogene europäische Rechtssetzung, während es im übrigen bei der Geltung der unterschiedlichen nationalen Zivilgesetzbücher (des deutschen BGB, des französischen code civil, des italienischen codice civile, des niederländischen Nieuw Burgerlijk Wetboek usw.) verbleibt. Doch gibt es seit längerem Bestrebungen, das Privatrecht auf europäischer Ebene umfassend, also in Form einer Kodifikation, zu vereinheitlichen[9]. Von verschiedenen Forschergruppen wurden bereits bemerkenswerte Entwürfe vorgelegt, die veranschaulichen, wie eine Vereinheitlichung etwa auf dem Gebiet des Vertragsrechts aussehen könnte[10]. Wann es zu einem einheitlichen europäischen Schuldrecht (Obligationenrecht) oder gar zu einem **europäischen Zivilgesetzbuch** kommen wird, vermag freilich niemand abzuschätzen. Rechtsvergleichende Forschung ist heute unverzichtbar, und auch der junge Jurist sollte die vielfältigen Gelegenheiten zum vergleichenden Studium ausländischer Rechte nutzen[11]. Nach der Überzeugung des Autors ändert dies allerdings nichts an der Notwendigkeit, sich zunächst einmal mit dem nationalen bürgerlichen Recht gründlich vertraut zu machen.

115

VI. Die große Schuldrechtsreform 2001

Das **Gesetz zur Modernisierung des Schuldrechts**[12] vom 26. November 2001 (BGBl. I S. 3138), das am 1. Januar 2002 in Kraft getreten ist, stellt die tiefgreifendste Änderung dar, die das BGB in den über einhundert Jahren seiner bisherigen Gel-

116

---

[9] So hat das Europäische Parlament gefordert, die Ausarbeitung eines einheitlichen Europäischen Gesetzbuches für das Privatrecht in Angriff zu nehmen. S. den (zweiten) Kodifikationsbeschluss, abgedruckt in ZEuP 1995, 669; dazu Tilmann ZEuP 1995, 534ff. Auch der Europäische Rat von Tampere (Oktober 1999) und die Kommission (Mitteilung zum europäischen Vertragsrecht vom 11.7.2001, dazu Leible EWS 2001, 471; Grundmann NJW 2002, 393) haben das Thema aufgegriffen und Anstöße zur Diskussion über ein Europäisches Vertragsrecht gegeben. – Zum Verhältnis zwischen den nationalen Privatrechtskodifikationen und dem künftigen europäischen Privatrecht umfassend Basedow AcP Bd. 200 (2000), 445ff.

[10] S. die Grundregeln des Europäischen Vertragsrechts der sog. Lando-Kommission, aber auch die Grundregeln der internationalen Handelsverträge (Unidroit-Prinzipien), beide (ebenso wie weitere Entwürfe) abgedruckt bei Schulze/Zimmermann (Fn. 3), III.11 und III.15.

[11] Dazu etwa Schwenzer/Müller-Chen, Rechtsvergleichung, Fälle und Materialien (1996). Integrierende Darstellungen des Vertrags- bzw. Obligationenrechts bieten Kötz, Europäisches Vertragsrecht (1996); Ranieri, Europäisches Obligationenrecht (1999).

[12] Aus der Fülle der Lit.: Dauner-Lieb/Heidel/Lepa/Ring (Hrsg.), Das Neue Schuldrecht (2002); Dauner-Lieb/Arnold/Dötsch/Kitz, Fälle zum Neuen Schuldrecht (2002); Ehmann/Sutschet, Modernisiertes Schuldrecht (2002); Haas/Medicus/Rolland/Schäfer/Wendtland, Das neue Schuldrecht (2002); Huber/Faust, Schuldrechtsmodernisierung (2002); Lorenz/Riehm, Lehrbuch zum neuen Schuldrecht (2002); M. Schwab/Witt (Hrsg.), Einführung in das neue Schuldrecht (2002). Eine Kommentierung bietet Palandt, Gesetz zur Modernisierung des Schuldrechts (2002), Ergänzungsband zu Palandt, BGB, 61. Aufl.

tung erfahren hat. Das gilt nicht nur wegen der großen Anzahl neuer oder geänderter Vorschriften und der Eingliederung von Gesetzen, die bisher außerhalb des BGB standen, sondern auch, weil in grundlegenden systematischen Fragen, vor allem des Rechts der Leistungsstörungen und der Gewährleistung beim Kauf- und Werkvertrag, nunmehr ein neuer Weg eingeschlagen wurde. Das BGB wurde insgesamt neu bekannt gemacht[13], wobei die einzelnen Vorschriften mit zum Gesetzestext gehörenden Überschriften versehen wurden[14].

Eine umfassende Reform des Schuldrechts war schon etliche Jahre zuvor in Aussicht genommen und durch grundlegende wissenschaftliche Untersuchungen vorbereitet worden. Den unmittelbaren Anlass zur Verwirklichung dieser Ziele bildete aber die Notwendigkeit, EG-Richtlinien in nationales Recht umzusetzen. Es ging dabei um die **Verbrauchsgüterkaufrichtlinie** 1999/44/EG vom 25. Mai 1999, die **Zahlungsverzugsrichtlinie** 2000/35/EG vom 29. Juni 2000 und Teile der **E-Commerce-Richtlinie** 2000/31/EG vom 8. Juni 2000. Da die Verbrauchsgüterkaufrichtlinie bereits bis zum 31. Dezember 2001 umgesetzt werden musste, stand der Reformgesetzgeber unter erheblichem Zeitdruck. Gleichwohl entschloss man sich, nicht nur Teilschritte zu gehen, sondern sogleich die große, weit über die Umsetzung der Richtlinien hinausgehende Reform zu wagen.

117 Die **wichtigsten Inhalte** der Reform lassen sich in folgenden Punkten zusammenfassen:

1. Neuregelung des Rechts der Leistungsstörungen durch Einführung der grundlegenden Kategorie der Pflichtverletzung, während der Begriff der Unmöglichkeit der Leistung seine bisherige zentrale Bedeutung verlor

2. Neuregelung der Gewährleistung für Sach- und Rechtsmängel beim Kaufvertrag (sowohl allgemein als auch für den Kauf von Verbrauchsgütern) und beim Werkvertrag

3. Ausdrückliche Regelung bisher nicht im Gesetz enthaltener, im Wege der Rechtsfortbildung geschaffener Rechtsinstitute wie des Verschuldens beim Vertragsschluss, der positiven Vertragsverletzung und des Fehlens oder Wegfalls der Geschäftsgrundlage

4. Neuregelung des Verjährungsrechts

5. Eingliederung der Regelungen des Gesetzes über die Allgemeinen Geschäftsbedingungen[15], des Verbraucherkreditgesetzes, des Haustürwiderrufsgesetzes, des Teilzeit-Wohnrechtegesetzes und des Fernabsatzgesetzes.

---

[13] Bekanntmachung vom 2. Januar 2002, BGBl. I, S. 42.

[14] Solche offizielle Überschriften können für die Auslegung des Gesetzes eine Rolle spielen. Sie sind daran zu erkennen, dass sie – anders als inoffizielle, vom Herausgeber oder Verlag stammende Überschriften – nicht in eckigen Klammern stehen.

[15] Mit Ausnahme der verfahrensrechtlichen Vorschriften (Verbandsklage), die sich nunmehr im gleichzeitig erlassenen Unterlassungsklagengesetz finden.

VII. Neueste Reformen

Auch nach der Schuldrechtsreform ist der Eifer des Gesetzgebers, das BGB zu verbessern, nicht erlahmt, doch sind diese jüngsten Reformen von weitaus geringerer Tragweite. Zu erwähnen ist auf dem Gebiet des Familienrechts das Gesetz zur weiteren Verbesserung von Kindesrechten (**Kindesrechteverbesserungsgesetz**)[16]. Für die in diesem Buch behandelten Materien von größerer Bedeutung ist das **Zweite Gesetz zur Änderung schadensersatzrechtlicher Vorschriften**[17]. Durch dieses Gesetz wurde u.a. der Geldersatz für immaterielle Schäden, den es bisher – unter den Voraussetzungen des § 847 aF – nur im Rahmen der Haftung für unerlaubte Handlungen gab, auch auf die Bereiche der vertraglichen Haftung und der Gefährdungshaftung ausgedehnt, § 253 Abs. 2 nF (s. Rdnr. 264). Von einiger Bedeutung ist auch, dass Kinder im Alter zwischen sieben und zehn Jahren nach § 828 Abs. 2 nF für Schäden, die sie bei einem Unfall mit einem Kraftfahrzeug verursacht haben, generell nicht mehr verantwortlich sind, soweit sie die Verletzung nicht vorsätzlich herbeigeführt haben. Weiter wurden im Jahre 2002 durch das Gesetz zur Modernisierung des **Stiftungsrechts**[18] die Vorschriften über die rechtsfähige Stiftung des Privatrechts (§§ 80ff.) geändert (s. Rdnr. 1063ff.). Das Gesetz zur Änderung des Rechts der Vertretung durch Rechtsanwälte vor den Oberlandesgerichten[19] enthält (auch wenn die Bezeichnung des Gesetzes dies nicht vermuten lässt) u.a. neue Bestimmungen über die Testierfähigkeit sprech- und schreibunfähiger Personen und über **das Widerrufsrecht bei Verbraucherverträgen**, insbesondere bei Immobiliardarlehensverträgen (s. Rdnr. 448). Neu eingefügt wurde § 105a, der volljährigen geschäftsunfähigen Personen den Abschluss von Geschäften des täglichen Lebens ermöglicht (s. Rdnr. 347a).

---

[16] Vom 9. April 2002, BGBl. I, S. 1239.
[17] Vom 19. Juli 2002, BGBl. I, S. 2674.
[18] Vom 15. Juli 2002, BGBl. I, S. 2634.
[19] Vom 23. Juli 2002, BGBl. I, S. 2850.

2. Abschnitt: Grundbegriffe des Bürgerlichen Rechts

§ 6 Der schuldrechtliche Vertrag

I. Die Vertragsfreiheit im Schuldrecht

1. Abschlussfreiheit

Beispiel: Kühn sieht im Schaufenster des Modehauses Pfau eine besonders schöne Krawatte. Er betritt den Laden und erklärt, er kaufe die Krawatte. Der Verkäufer antwortet aber, er könne ihm die Krawatte nicht geben, da er sonst die Schaufensterdekoration beeinträchtigen würde. Allenfalls könne er dem Kühn die Krawatte für später reservieren. Kühn besteht jedoch auf sofortiger Aushändigung. Mit Recht?

Ein Anspruch (zum Begriff vgl. Rdnr. 20) des Kühn gegen Pfau auf Übergabe und Übereignung der Krawatte aus § 433 Abs. 1 Satz 1 setzt den Abschluss eines Kaufvertrags voraus. Der Vertrag kommt durch **Angebot (Antrag)** und **Annahme** zustande. Die Ausstellung im Schaufenster ist noch kein bindendes Angebot, sondern nur eine Aufforderung zur Abgabe von Angeboten (invitatio ad offerendum), näher s. Rdnr. 462 ff. Das Angebot kam also von Kühn, doch wurde es vom Verkäufer nicht angenommen. Eine Pflicht zur Annahme besteht nicht. Vielmehr besitzt jeder die grundsätzliche Freiheit, ob er einen Vertrag abschließen will. Dies ist ein wesentlicher Teil der Privatautonomie.

Freilich gibt es Ausnahmen, d.h. Fälle eines sog. **Kontrahierungszwanges**. Ein Anspruch auf Vertragsschluss ist teils durch gesetzliche Vorschriften[1] eingeräumt (etwa bei der Eisenbahn, bei Energieversorgungsunternehmen), kann sich aber auch ohne ausdrückliche gesetzliche Bestimmung aus § 826 ergeben. Eine Abschlusspflicht besteht dann, wenn die Ablehnung des Vertragsschlusses eine sittenwidrige Schädigung darstellen würde. Dies ist zu bejahen, wenn der Anbieter eine **Monopolstellung** innehat und es um lebenswichtige Güter oder Dienstleistungen geht. Im Beispielsfall kann davon natürlich nicht die Rede sein, so dass es beim Nichtzustandekommen eines Vertrages verbleibt.

---

[1] Das zur Umsetzung von EG-Richtlinien geplante „Gesetz zur Verhinderung von Diskriminierungen im Zivilrecht" wurde in der 2002 beendeten Legislaturperiode nicht erlassen. S. zum Entwurf des Bundesjustizministeriums die Pressemitteilung, NJW 2001, Heft 52, Umschlagseite X; dazu kritisch Adomeit NJW 2002, 1623; Säcker ZRP 2002, 287; befürwortend dagegen Baer ZRP 2001, 500; ZRP 2002, 290.

2. Gestaltungsfreiheit

a) Typenfreiheit

121 Im **Schuldrecht** besteht **keine Bindung an die im Gesetz geregelten Vertragstypen**. Obwohl also das Schuldrecht eine ganze Reihe verschiedener Verträge regelt (Kauf, Tausch, Schenkung, Leihe, Mietvertrag, Werkvertrag usw.), besteht keine Beschränkung auf diese Formen. Auch Verträge mit anderem Inhalt sind möglich, ebenso Verträge, die eine Mischung aus den im Gesetz geregelten Vertragstypen enthalten. In der Praxis sind solche Verträge keineswegs selten. Schon die Buchung eines Zimmers mit Vollpension in einem Hotel enthält zum einen Elemente des Mietvertrages (Zimmer), des Dienstvertrages (Bedienung), aber auch des Werk- oder Kaufvertrags (Herstellung bzw. Lieferung der Speisen).

122 Anders ist die Regelung im **Sachenrecht**. Hier können nur die gesetzlich vorgesehenen dinglichen Rechte bestellt werden. Man spricht daher vom **numerus clausus der dinglichen Rechte**.

b) Weitgehende Abdingbarkeit der gesetzlichen Einzelregeln

123 Die Bestimmungen des Schuldrechts sind grundsätzlich **dispositiv**, d.h. es kann von den Vorschriften des Gesetzes durch eine **Vereinbarung** der Beteiligten abgewichen werden, soweit im Gesetz nichts anderes gesagt ist.

124 Wenn etwa an ein Unternehmen Maschinen verkauft werden, so kann im Kaufvertrag vereinbart werden, dass der Käufer bei auftretenden Sachmängeln zunächst nur einen Anspruch auf Beseitigung des Mangels geltend machen kann. Dadurch wird von § 439 Abs. 1 abgewichen, denn danach könnte der Käufer grundsätzlich zwischen der Beseitigung des Mangels und der Lieferung einer anderen, mangelfreien Sache wählen.

125 Freilich stößt die Gestaltungsfreiheit ebenfalls auf **Schranken**. Eine allgemeine Schranke stellt das **Verbot sittenwidriger Rechtsgeschäfte** dar (§ 138 Abs. 1). Oft (und angesichts der Verstärkung des Verbraucherschutzes, Mieterschutzes usw. in zunehmendem Maße) ist im Gesetz ausdrücklich gesagt, dass eine vertragliche Abweichung von bestimmten Regelungen nicht möglich ist, dass es sich also um **zwingende Bestimmungen** handelt. So kann z.B. beim Verkauf eines Fahrzeugs (auch eines gebrauchten) die Haftung des Verkäufers für Sachmängel nicht ausgeschlossen werden, wenn der Verkauf durch einen Unternehmer an einen Verbraucher erfolgt (Verbrauchsgüterkauf), § 475 Abs. 1 Satz 1. Bei einem Verkauf zwischen Unternehmen oder zwischen Verbrauchern ist der Haftungsausschluss zwar möglich, doch gilt dies nicht für den Fall, dass der Verkäufer einen Mangel arglistig verschwiegen oder eine Garantie für die Beschaffenheit der Sache übernommen hat, § 444.

125a Bei **verbraucherschützenden** oder **mieterschützenden Vorschriften** ist im Gesetz oft gesagt, dass hiervon nicht durch Vereinbarungen zum Nachteil des Verbrauchers bzw. Mieters abgewichen werden kann, so z.B. § 312f Satz 1 hinsichtlich der Widerrufs- und Rückgaberechte des Verbrauchers bei besonderen Vertriebsformen (z.B. bei Haustürgeschäften, näher s. Rdnr. 444), § 506 Satz 1 hinsichtlich der Rechte des Verbrauchers bei Darlehensverträgen, Finanzierungshilfen und Ratenlieferungsverträgen. Im Wohnraummietrecht sind u. a. Vereinbarungen unwirksam, die zu Lasten des Mieters von den gesetzlichen Regeln über die Kündigung abweichen, § 569 Abs. 5, § 571 Abs. 3, § 572, § 573 Abs. 4 usw. Vereinbarungen zugunsten des Verbrauchers oder Mieters, etwa die Einräumung längerer Widerrufs- oder Kündigungsfristen, bleiben also zulässig. Solche nur in einer Richtung nicht der Parteidisposition unterstehenden Vorschriften können als **einseitig zwingendes Recht** bezeichnet werden.

Besondere Grenzen gibt es für **Allgemeine Geschäftsbedingungen** bzw. Formularverträge, die zu Lasten des Vertragspartners des Verwenders gestaltet sind. So kann z. B. in AGB ein Recht des Verkäufers zur Preiserhöhung nicht wirksam vereinbart werden, wenn die Lieferung innerhalb von vier Monaten nach Vertragsschluss zu erfolgen hat, § 309 Nr. 1.

Insgesamt ist auf diese Weise im Zuge der Entwicklung des Bürgerlichen Rechts die Freiheit zur inhaltlichen Gestaltung der Schuldverhältnisse mehr und mehr eingeschränkt worden – der Grundsatz von der Dispositivität des Schuldrechts verkehrt sich praktisch allmählich in sein Gegenteil.

II. Wesensmerkmale am Beispiel eines Kaufvertrags

Beispiel: Der Fahrradhändler Vollrad bestellt bei der Fahrradfabrik Fixbau GmbH 50 Citybikes des nur von Fixbau gefertigten Typs „Megafix". Fixbau sichert zu, die Bestellung so schnell wie möglich auszuführen. Es wird vereinbart, dass Vollrad den Preis von insgesamt 20 000 € binnen acht Wochen nach Erhalt der Fahrräder zu bezahlen hat. Welche Rechtsfolgen treten ein
– bei Abschluss des Vertrags;
– wenn Fixbau dem Vollrad zwei Wochen nach Vertragsschluss die Fahrräder sendet;
– wenn Vollrad nach weiteren acht Wochen den Kaufpreis bezahlt?

1. Verpflichtungsgeschäft

Mit dem Abschluss des Kaufvertrags entstehen die Pflicht des Verkäufers zur Lieferung (genauer zur Übereignung und Übergabe) der Fahrräder (§ 433 Abs. 1 Satz 1) und die Pflicht des Käufers zur Zahlung des Kaufpreises und zur Abnahme der Fahrräder (§ 433 Abs. 2). Die Schuldverträge, hier der Kaufvertrag, sind **Verpflichtungsgeschäfte**; sie begründen schuldrechtliche Ansprüche (gleichbedeutend spricht man von Forderungen). Dagegen bleiben das Eigentum der Fixbau GmbH an den Fahrrädern einerseits und die Rechte des Vollrad an seinen Zahlungsmitteln andererseits durch den Kaufvertrag unberührt.

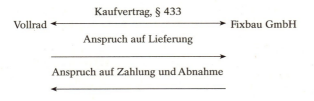

2. Gegenseitiger Vertrag

127 Der Kaufvertrag gehört zu den **gegenseitigen Verträgen**. Dies sind Verträge, bei denen **Leistung** und **Gegenleistung** im **Austauschverhältnis** stehen[2]. Es gilt mit anderen Worten der Grundsatz des „do ut des" (wörtlich: ich gebe, damit du gibst). Gegenseitige Verträge sind z.B. auch der Mietvertrag (Austausch der Gebrauchsüberlassung gegen die Zahlung der Miete), der Werkvertrag (Erstellung des Werks gegen die Vergütung), der Dienstvertrag (Dienstleistung gegen Geldlohn) oder das verzinsliche Darlehen (Überlassung des Kapitals gegen Zinszahlung).

128 **Einseitig verpflichtende Verträge** sind dagegen die Leihe und das Schenkungsversprechen; denn bei diesen unentgeltlichen Geschäften übernehmen der Entleiher oder der Empfänger des Schenkungsversprechens keine Verpflichtung zu einer Gegenleistung.

129 Der Begriff des gegenseitigen Vertrages ist nicht zuletzt deswegen wichtig, weil für diese Verträge bei **Leistungsstörungen (Pflichtverletzungen)** einige besondere Vorschriften, die §§ 320 ff., zur Anwendung kommen.

130 Der Begriff des gegenseitigen Vertrags darf nicht mit dem Begriff des **zweiseitigen Rechtsgeschäfts** verwechselt werden. Jeder Vertrag ist ein zweiseitiges Rechtsgeschäft, da (mindestens[3]) zwei Personen als Vertragsparteien den Vertrag abschließen müssen. Aber nicht jeder Vertrag ist auch ein gegenseitiger Vertrag, wie die Beispiele des Leihvertrags und des Schenkungsversprechens zeigen.

131 Der gegenseitige Vertrag als **Austauschvertrag** ist die zentrale Figur der **Marktwirtschaft**. Durch Angebot und Nachfrage – sie zielen auf den Austausch von Leistungen – wird nicht nur die Höhe des Preises (der Gegenleistung) ermittelt, sondern überhaupt (jedenfalls im Grundsatz) der Markt reguliert. Leistungen, die nicht nachgefragt werden, werden nicht mehr produziert. Die gesetzlichen Regeln des Wirtschaftsrechts haben vor allem die Aufgabe, die Funktionsfähigkeit des Marktes zu gewährleisten, so etwa das Kartellrecht (Gesetz gegen Wettbewerbsbeschränkungen). Gesetzliche Preisvorschriften darf es dagegen in einer Marktwirtschaft im allgemeinen nicht geben.

III. Die reguläre Erfüllung des Kaufvertrags

132 Wenn Fixbau dem Vollrad zwei Wochen nach Vertragsabschluß die Fahrräder übersendet, so liegt darin die Übereignung nach § 929 Satz 1 durch Einigung und Übergabe (von einem Eigentumsvorbehalt ist im Sachverhalt nicht die Rede). Die Übereignung ist ein **Verfügungsgeschäft**. Diese Verfügung erfolgt auf der Grundlage des schuldrechtlichen Geschäfts, nämlich zur **Erfüllung** der Verpflichtung. Die Auswirkung auf das schuldrechtliche Geschäft ergibt sich aus § 362 Abs. 1: Mit der Erfüllung **erlischt der Anspruch** des Vollrad auf die Lieferung.

---

[2] Das vertragliche Austauschverhältnis wird auch als „Synallagma" (griechisch) bezeichnet. Ein synallagmatischer Vertrag ist also nichts anderes als ein gegenseitiger Vertrag.

[3] Es können auch mehrere Personen an einem Vertrag beteiligt sein, so vor allem bei Gesellschaftsverträgen.

Bezahlt Vollrad nach weiteren acht Wochen den Kaufpreis, so handelt es sich wiederum um ein Verfügungsgeschäft. Bei Barzahlung liegt eine Übereignung des Geldes (der Geldscheine) nach § 929 Satz 1 vor. Erfolgt die Zahlung durch Überweisung, so wird dadurch dem Empfänger eine Forderung gegen seine kontoführende Bank verschafft. Mit der Zahlung erlischt auch der Anspruch der Fixbau gemäß § 362 Abs. 1.

Damit ist aber das Schuldverhältnis insgesamt noch nicht erloschen. Dem Vollrad können z. B. noch Ansprüche oder ein Rücktrittsrecht wegen Sachmängeln bei den gelieferten Fahrrädern zustehen, § 437. Die Formulierung des § 362 Abs. 1 ist also ungenau. Mit der Bewirkung der geschuldeten Leistung an den Gläubiger erlischt nicht das gesamte Schuldverhältnis, sondern nur jeweils die **einzelne Forderung**, die erfüllt wurde.

IV. Leistungsstörungen

Beispiel: Welche Rechtsfolgen treten im „Fahrräder-Fall" ein,
a) wenn Fixbau nach vier Wochen trotz Aufforderung die Fahrräder immer noch nicht geliefert hat;
b) wenn Fixbau nicht liefern kann, da die Fabrik einige Tage nach Vertragsschluss durch einen von dem Unternehmen und seinen Mitarbeitern nicht verschuldeten Brand zerstört wurde;
c) wenn sich der Brand bereits einige Stunden vor dem Vertragsschluss ereignete, wovon aber der für Fixbau auftretende Vertreter nichts wusste;
d) wenn bei den gelieferten Fahrrädern die Lackierung so schlecht ist, dass die Farbe schon an verschiedenen Stellen abblättert?
e) Fixbau unterlässt es, dem Vollrad mitzuteilen, dass vor dem Verkauf der Fahrräder eine für den Transport angebrachte Sicherung aus der Kette entfernt werden muss. Zwei Kunden des Vollrad stürzen mit den neugekauften Rädern. Vollrad muss Schadensersatz leisten. Kann er sich an Fixbau halten?

1. Neuregelung durch das Schuldrechtsmodernisierungsgesetz 2001

Die große Schuldrechtsreform (s. bereits Rdnr. 116f.) hat das gesetzliche System und zum Teil auch die Rechtsfolgen bei Leistungsstörungen grundlegend verändert[4]. Als Arten der Leistungsstörungen[5] auf Seiten des Schuldners[6] kannte das BGB bislang die **Unmöglichkeit der Leistung** und den **Verzug des Schuldners**, während die

---

[4] Dazu z.B. Zimmer NJW 2002, 1ff.; Ehmann/Sutschet, Modernisiertes Schuldrecht (2002), S. 15ff.; Huber/Faust, Schuldrechtsmodernisierung (2002), 1. Teil, 1. Kapitel (S. 7ff.); Lorenz/Riehm, Lehrbuch zum neuen Schuldrecht (2002), Rdnr. 156ff.; Mattheus in: M. Schwab/Witt (Hrsg.), Einführung in das neue Schuldrecht (2002), S. 67ff.; Medicus in: Haas/Medicus/Rolland/Schäfer/Wendtland, Das neue Schuldrecht (2002), 3. Kapitel (S. 79ff.).
[5] Der Begriff Leistungsstörung ist weder im bisherigen noch im neuen Text des BGB enthalten.
[6] Im weiteren Sinne kann man zu den Leistungsstörungen auch den Verzug des Gläubigers mit der Annahme der Leistung (Annahmeverzug, § 293) rechnen, auf den hier nicht weiter eingegangen werden kann.

von Rechtsprechung und Rechtswissenschaft entwickelte **positive Vertragsverletzung** im Gesetz nicht enthalten war. Diese Kategorie umfasste Fälle, in denen der Schuldner Sorgfalts- und Aufklärungspflichten verletzte und dadurch Schäden für den Gläubiger verursachte (Nebenpflichtverletzung), oder in denen die Leistung in einer Art und Weise erbracht wurde, dass für den Gläubiger Schäden entstanden (Schlechterfüllung). Auch die **culpa in contrahendo (Haftung für Verschulden beim Vertragsschluss)** war im Gesetz nicht enthalten, aber seit langem allgemein anerkannt. Bei der Unmöglichkeit unterschied das Gesetz zwischen **ursprünglicher** und **nachträglicher Unmöglichkeit**, je nachdem, ob die Leistung schon zum Zeitpunkt des Vertragsschlusses nicht erbracht werden konnte oder erst danach unmöglich wurde. Bei beiden Arten wurde weiter zwischen **objektiver Unmöglichkeit** (niemand kann die Leistung erbringen) und **subjektiver Unmöglichkeit (Unvermögen:** der Schuldner kann nicht leisten, während eine Leistung durch andere Personen möglich wäre) unterschieden.

134 Das neue Recht umfasst auch die zuvor nicht gesetzlich geregelten Fälle der Leistungsstörungen, also die bisherige positive Vertragsverletzung und die culpa in contrahendo. Es stellt den Begriff der **Pflichtverletzung** (Verletzung einer Pflicht aus dem Schuldverhältnis) in den Vordergrund, § 280 Abs. 1. Dieser Begriff ist (sprachlich nicht gerade glücklich) **rein objektiv zu verstehen**, besagt also nichts anderes, als dass der Schuldner die ihm obliegende Leistung nicht so erbracht hat, wie es der Leistungspflicht entsprach. Auf diese Weise können in der Tat alle Leistungsstörungen auf Seiten des Schuldners, gleich wie weit sie reichen, worin sie ihre Ursache haben und ob sie vom Schuldner zu vertreten sind oder nicht, mit dem Begriff der Pflichtverletzung abgedeckt werden. Wie weit es sinnvoll ist, weiterhin zwischen den verschiedenen Arten der Pflichtverletzung zu unterscheiden, hängt davon ab, ob sich im neuen Recht entsprechende Unterschiede der Rechtsfolgen ausmachen lassen. Dies ist zweifellos für den **Verzug des Schuldners** der Fall, den das Gesetz auch als Begriff weiterhin kennt, § 286 Abs. 1 Satz 1. Aber auch die **Unmöglichkeit der Leistung** findet man in erweiterter Form in § 275 wieder[7]. Dass diese Vorschrift die Überschrift „Ausschluss der Leistungspflicht" trägt, womit bereits eine Rechtsfolge der Unmöglichkeit zum Ausdruck gebracht wird, ändert nichts daran, dass es sich bei den zugrundeliegenden Tatbeständen um die (erweiterte) Unmöglichkeit der Leistung handelt. Den Fällen, in denen ein zum Ausschluss der Leistungspflicht führender Umstand bereits **bei Vertragsschluss** besteht, widmet das Gesetz eine besondere Vorschrift (§ 311 a). Daher ist es weiterhin sinnvoll zwischen **ursprünglicher** und **nachträglicher** Unmöglichkeit der Leistung zu unterscheiden. Dagegen spielt die Unterscheidung zwischen objektiver und subjektiver Unmöglichkeit (Unvermögen) keine Rolle mehr; § 275 Abs. 1 behandelt beide Varianten ausdrücklich gleich. Die Pflichtverletzungen, die nicht als Unmöglichkeit oder Verzug des Schuldners einzuordnen sind, lassen sich als **„sonstige Pflichtverletzungen"** bezeichnen. Zu ih-

---

[7] An der ursprünglichen Absicht, die Unmöglichkeit als eigenständigen Tatbestand der Leistungsstörung ganz aus dem Text zu entfernen, wurde im Laufe des Gesetzgebungsverfahrens nicht festgehalten, vgl. Lorenz/Riehm (Fn. 4) Rdnr. 291.

nen gehören die Fälle der bisherigen positiven Vertragsverletzung (Schlechterfüllung sowie Verletzung von vertraglichen Nebenpflichten), aber auch (anders als nach bisherigem Recht) die Fälle der Haftung für Sach- und Rechtsmängel beim Kaufvertrag und beim Werkvertrag, s. Rdnr. 141 ff. Auch die gewohnte Haftung für **Verschulden beim Vertragsschluss** (culpa in contrahendo) könnte man dem Bereich der „sonstigen Pflichtverletzungen" zuordnen, da das Gesetz in der Vertragsanbahnung usw. die Begründung eines Schuldverhältnisses sieht (§ 311 Abs. 2), so dass insoweit kein systematischer Unterschied in der Art der Pflichtverletzung zu bestehen scheint. Andererseits bleibt es bei der Besonderheit, dass sich aus einem solchen Schuldverhältnis zwar Pflichten zur Rücksichtnahme auf die Rechte, Rechtsgüter und Interessen des anderen Teils (§ 241 Abs. 2), aber keine Hauptleistungspflichten ergeben. Dies spricht dafür, die culpa in contrahendo weiterhin als eine eigene Art der Pflichtverletzung anzusehen.

2. *Verzug des Schuldners*

Voraussetzungen des Schuldnerverzugs (§ 286) sind
– Fälligkeit der Leistung
– Nicht rechtzeitige Erbringung der Leistung
– Mahnung oder anderer Verzugsauslöser
– Vertretenmüssen

Unter der **Mahnung** (§ 286 Abs. 1) ist eine Aufforderung des Gläubigers an den Schuldner zu verstehen, die Leistung jetzt zu erbringen. Die Fälle, in denen auch **ohne Mahnung** des Gläubigers Verzug eintritt, sind durch die Schuldrechtsreform 2001 stark erweitert worden, näher s. § 286 Abs. 2 u. 3. Schon bisher bedurfte es keiner Mahnung, wenn die Zeit für die Leistung nach dem Kalender bestimmt ist (§ 286 Abs. 2 Nr. 1). Nunmehr genügt es auch, wenn sich die Fälligkeit von einem bestimmten Ereignis an nach dem Kalender berechnen lässt (§ 286 Abs. 2 Nr. 2), wenn also z.B. vereinbart ist, dass der Kaufpreis 3 Wochen nach Lieferung fällig wird. Wichtig ist auch § 286 Abs. 3, wonach der Schuldner einer Entgeltforderung spätestens 30 Tage nach Fälligkeit und Zugang einer Rechnung in Verzug kommt.

Dass die Verzugsfolgen vom **Vertretenmüssen** des Schuldners abhängen, ergibt sich aus § 286 Abs. 4 (wobei die negative Formulierung zu erkennen gibt, dass es im Streitfall Sache des Schuldners ist, das Nichtvertretenmüssen zu beweisen). Vertretenmüssen, ein zentraler Begriff im Bereich der Leistungsstörungen, verlangt entweder **eigenes Verschulden,** also Vorsatz oder Fahrlässigkeit (§ 276) des Schuldners, oder Verschulden eines **Erfüllungsgehilfen** des Schuldners (§ 278).

136 Der Schuldnerverzug führt zur Pflicht zum Ersatz des **Verzugsschadens**, § 280 Abs. 1 u. 2. Bei Verzug mit einer Geldschuld können zumindest **Verzugszinsen** verlangt werden, § 288 Abs. 1 Satz 1. Der Verzugszinssatz beträgt bei Rechtsgeschäften mit Beteiligung eines Verbrauchers 5% mehr als der in § 247 geregelte Basiszinssatz (§ 288 Abs. 1 Satz 2), bei Rechtsgeschäften ohne Beteiligung eines Verbrauchers sogar 8% mehr als der Basiszinssatz, § 288 Abs. 2. Darüber hinaus kann der Gläubiger dem Schuldner eine angemessene Frist zur Leistung setzen und nach deren erfolglosem Ablauf **Schadensersatz statt der Leistung** verlangen (§ 281 Abs. 1 Satz 1; der Anspruch auf die Leistung wird durch das Schadensersatzverlangen ausgeschlossen, § 281 Abs. 4). Beim gegenseitigen Vertrag steht dem Gläubiger nach einer erfolglosen Fristsetzung auch ein **Recht zum Rücktritt** zu, § 323 Abs. 1.

137 Im **Beispiel** (Frage a) sind, da die „Aufforderung" dem Erfordernis der Mahnung genügt, die Verzugsvoraussetzungen nach § 286 Abs. 1 Satz 1 gegeben. Vollrad kann nach § 280 Abs. 1 Satz 1, Abs. 2 den Verzugsschaden ersetzt verlangen, also z. B. den Schaden, der ihm dadurch entstanden ist, dass er seinerseits die Bestellung eines Kunden nicht rechtzeitig erfüllen konnte. Dass die Fixbau GmbH den Verzug nicht zu vertreten hätte (§ 286 Abs. 4), ist dem Sachverhalt nicht zu entnehmen. Vollrad kann der Fixbau GmbH ferner eine Frist für die Lieferung setzen und nach deren erfolglosem Ablauf den aufgrund Ausbleibens der Lieferung entgangenen Gewinn als Schaden ersetzt verlangen (§ 281 Abs. 1 Satz 1) oder vom Vertrag zurücktreten, § 323 Abs. 1. Vollrad gewinnt auf diese Weise auch Klarheit darüber, keine Lieferung der Fixbau GmbH mehr entgegennehmen zu müssen, so dass er z. B. anderweitig bestellen kann.

3. Nachträgliche Unmöglichkeit der Leistung

138 Die Leistungspflicht ist nach § 275 Abs. 1 ausgeschlossen, wenn die Leistung für den Schuldner oder sogar für jedermann **unmöglich** ist. Ferner steht dem Schuldner ein Leistungsverweigerungsrecht zu, wenn die Leistung nur mit einem Aufwand zu erbringen wäre, der in grobem Missverhältnis zum Leistungsinteresse des Gläubiger steht, § 275 Abs. 2. Diese Fälle lassen sich als **praktische Unmöglichkeit**[8] bezeichnen. Außerdem hat der Schuldner ein Recht zur Verweigerung der Leistung, wenn es sich um eine persönlich zu erbringende Leistung handelt, die dem Schuldner angesichts besonderer Umstände **nicht zuzumuten** ist, § 275 Abs. 3.

Bei den weiteren, über den Ausschluss der Leistungspflicht hinausgehenden Rechtsfolgen kommt es darauf an, wer den entsprechenden Tatbestand **zu vertreten hat**:

---

[8] Vgl. Lorenz/Riehm (Fn. 4) Rdnr. 304 (oder auch „faktische Unmöglichkeit").

– Hat der **Schuldner** den Ausschluss der Leistungspflicht zu vertreten, so kann der Gläubiger **Schadensersatz statt der Leistung** verlangen, § 280 Abs. 1, § 283. Der Anspruch des Schuldners auf die Gegenleistung entfällt, § 326 Abs. 1. Doch bleibt bei der Höhe des Schadensersatzes, den der Gläubiger verlangen kann, zu beachten, dass er bei Erhalt der ursprünglich geschuldeten Leistung auch die Gegenleistung hätte erbringen müssen.

– Trifft die Verantwortung dagegen den **Gläubiger**, so behält der Schuldner, obwohl er selbst nicht mehr zu leisten braucht und auch nicht zum Schadensersatz verpflichtet ist, den Anspruch auf die Gegenleistung, § 326 Abs. 2 (abzüglich ersparter Aufwendungen).

– Hat **weder der Schuldner noch der Gläubiger** den Ausschluss der Leistungspflicht zu vertreten, so treffen den Schuldner keine Verpflichtungen mehr und zugleich entfällt die Gegenleistungspflicht des Gläubigers, § 326 Abs. 1.

Beim gegenseitigen Vertrag kann der Gläubiger nach § 326 Abs. 5 auch vom Vertrag **zurücktreten**, wenn die Leistungspflicht des Schuldners ausgeschlossen ist. Dies gilt aber gemäß § 326 Abs. 5, § 323 Abs. 6 nicht, wenn der Gläubiger den Ausschluss der Leistungspflicht zu vertreten hat – er kann sich nicht durch Rücktritt der nach § 326 Abs. 2 weiter bestehenden Verpflichtung zur Gegenleistung entziehen.

Im **Beispielsfall** (Frage b) ist der Anspruch auf Leistung ausgeschlossen, weil die Lieferung aufgrund des Brandes für Fixbau unmöglich geworden ist, § 275 Abs. 1. Zwar handelt es sich um eine Gattungsschuld (§ 243), doch war die Gattung auf die von Fixbau gefertigten Räder beschränkt. Der Sachverhalt ergibt keinen Anhaltspunkt dafür, dass sich Fixbau etwa die Räder anderweitig beschaffen könnte. Vollrad hat auch keinen Anspruch auf Schadensersatz statt der Leistung (§ 283 Satz 1, § 280 Abs. 1 S. 1 u. 2), da Fixbau den unverschuldeten Brand nicht zu vertreten hat. Dafür ist Vollrad seinerseits auch nicht zur Zahlung des Kaufpreises verpflichtet, § 326 Abs. 1 Satz 1.

4. *Ursprüngliche Unmöglichkeit der Leistung*

Im **Beispielsfall** (Frage c) war die Leistung der Fixbau schon bei Vertragsschluss unmöglich, und zwar (wegen der Beschränkung der Gattungsschuld auf die von Fixbau hergestellten Räder, s. Rdnr. 139) für jedermann. Während Verträge nach früherem Recht (§ 306 aF) bei einer solchen ursprünglichen objektiven Unmöglichkeit der Leistung nichtig waren, wirkt sich nunmehr gemäß § 311 a Abs. 1 ein schon bei Vertragsschluss vorliegendes Leistungshindernis nicht auf die Wirksamkeit des Vertrages aus. Der Anspruch auf Leistung ist freilich, genauso wie bei einer nachträglichen Unmöglichkeit, nach § 275 Abs. 1 ausgeschlossen. Der Gläubiger hat wahlweise Anspruch auf Schadensersatz statt der Leistung oder auf Ersatz seiner Aufwendungen, es sei denn, dass der Schuldner das Leistungshindernis nicht kannte und diese Unkenntnis auch nicht zu vertreten hat, § 311 a Abs. 2 Satz 1 u. 2. Im Beispielsfall kannte der Vertreter der Fixbau (auf dessen Wissen nach § 166 Abs. 1 abzustellen ist, s. Rdnr. 859) die eingetretene Unmöglichkeit nicht und es gibt auch keinen Anhaltspunkt dafür, dass diese Unkenntnis auf Fahrlässigkeit beruhte. Also stehen dem Vollrad keine Ansprüche zu. Andererseits entfällt auch der Anspruch der Fixbau auf den Kaufpreis als Gegenleistung, § 326 Abs. 1 S. 1.

5. Sonstige Pflichtverletzungen

a) Schlechterfüllung, insbesondere Haftung für Sachmängel beim Kaufvertrag

141 Im **Beispielsfall** (Frage d) hat der Verkäufer zwar die Fahrräder geliefert, also dem Vollrad Besitz und Eigentum daran verschafft, wie es seiner Verpflichtung nach § 433 Abs. 1 Satz 1 entsprach. Jedoch gehört es auch zu den Pflichten des Verkäufers, dem Käufer die Sache frei von Sach- und Rechtsmängeln zu verschaffen, § 433 Abs. 1 Satz 2. Während nach bisherigem Recht die Gewährleistung wegen Mängel der Sache eine Sonderregelung darstellte (beim Kaufvertrag §§ 459 ff. aF, beim Werkvertrag §§ 633 ff. aF), die sich deutlich vom allgemeinen Leistungsstörungsrecht unterschied, wurde sie durch die Schuldrechtsreform 2001 dem allgemeinen Recht der Pflichtverletzungen zugeordnet[9]. Durch die Reform sollen auch die schwierigen Abgrenzungsfragen vermieden werden, die sich nach bisherigem Recht zwischen Gewährleistungsansprüchen und Ansprüchen aus positiver Vertragsverletzung ergaben. Die Lieferung einer mangelhaften Sache stellt nunmehr einen Fall der **Schlechterfüllung** dar; im hier vorgeschlagenen System ist sie dem Bereich der **sonstigen Pflichtverletzungen** zuzuordnen. Die bisher teils komplizierte Unterscheidung zwischen Lieferung einer mangelhaften Sache und Lieferung einer ihrer Art nach nicht vertragsgerechten Sache (Lieferung eines aliud) ist auf diese Weise entfallen – die Lieferung einer anderen Sache oder einer zu geringen Menge wird durch § 434 Abs. 3 einem Sachmangel gleichgestellt.

Entscheidend für das Vorliegen eines **Sachmangels** ist in erster Linie, ob die Sache bei Gefahrübergang (d.h. im Regelfall bei Übergabe der Sache, § 446) die **vereinbarte Beschaffenheit** hat, § 434 Abs. 1 Satz 1. Unterstellt, dass im Vertrag zwischen Fixbau und Vollrad nichts über Lackierung vereinbart war, kommt es nach § 434 Abs. 1 Satz 2 Nr. 1 darauf an, ob sich die Sache für die **nach dem Vertrag vorausgesetzte Verwendung** eignet. Geht man davon aus, dass auch insoweit dem Kaufvertrag nichts besonderes zu entnehmen ist, so gelangt man zu § 434 Abs. 1 Satz 2 Nr. 2. Danach ist eine Sache mangelfrei, wenn sie sich für die **gewöhnliche Verwendung** eignet und die bei Sachen gleicher Art übliche und vom Käufer zu erwartende Beschaffenheit aufweist. Dabei sind nach Maßgabe des § 434 Abs. 1 Satz 3 auch Angaben in der Werbung für das Produkt zu beachten.

Im konkreten Fall fehlt es aufgrund der Lackschäden an der üblichen Beschaffenheit neuer Fahrräder, die angesichts der Bedeutung für die Haltbarkeit auch vom Käufer erwartet werden kann.

---

[9] Zum neuen Kaufrecht Westermann NJW 2002, 241 ff.; Ehmann/Sutschet (Fn. 4), S. 191 ff.; Haas in: Haas/Medicus/Rolland/Schäfer/Wendtland (Fn. 4), 5. Kapitel (S. 161 ff.); Huber/Faust (Fn. 4), 3. Teil (S. 289 ff.); Lorenz/Riehm (Fn. 4) Rdnr. 460 ff.; Schubel in: M. Schwab/Witt (Fn. 4), S. 123 ff.

Die **Rechte des Käufers** bei Lieferung einer mangelhaften Sache bestimmen sich nach §437. Die Mängelansprüche **verjähren** bei beweglichen Sachen nunmehr erst **zwei Jahre nach Lieferung** der Sache, §438 Abs.1 Nr.3 – eine wichtige Verbesserung für den Käufer, denn nach früherem Recht trat die Verjährung schon nach sechs Monaten ein! Was die Rechte im einzelnen angeht, so kann der Käufer in erster Linie **Nacherfüllung** verlangen, §437 Nr.1. Das bedeutet, dass der Käufer nach seiner Wahl entweder Nachbesserung oder Lieferung einer anderen, mangelfreien Sache beanspruchen kann, §439 Abs.1. Wenn die vom Käufer gewählte Art der Nacherfüllung unverhältnismäßige Kosten verursachen würde, kann sie allerdings vom Verkäufer verweigert werden, §439 Abs.3. 142

Vollrad wird hier eher an der Lieferung anderer Räder interessiert sein, da bloßes Überlackieren vielleicht den Mangel doch nicht nachhaltig beseitigt, und Fixbau wird die Neulieferung auch nicht als unverhältnismäßig kostenträchtig ablehnen können.

Zu einem Recht zum **Rücktritt** vom Vertrag kann der Käufer über §437 Nr.2 im allgemeinen erst gelangen, wenn er dem Verkäufer erfolglos eine Frist zur Nacherfüllung gesetzt hat (§323 Abs.1), oder aber, wenn die Nacherfüllung vom Verkäufer verweigert wurde, fehlgeschlagen ist oder dem Käufer nicht zugemutet werden kann, §440. In diesen Fällen ist der Käufer auch berechtigt, statt des Rücktritts eine **Minderung** (Herabsetzung) des Kaufpreises zu verlangen, §441. Einen Weg zum **Schadensersatz statt der Leistung** eröffnet §437 Nr.3, jedoch im Regelfall erst nach erfolgloser Fristsetzung für die Nacherfüllung, §281 Abs.1 Satz 1, ohne Fristsetzung unter den Voraussetzungen des §440. Dabei sollte man nicht übersehen, dass der Anspruch auf Schadensersatz nach §280 Abs.1 Satz 2 voraussetzt, dass der Schuldner die Pflichtverletzung zu vertreten hat. 143

Im Beispielsfall kommen solche weiteren Rechte für Vollrad zunächst noch nicht in Betracht. (Falls der Leser den Eindruck hat, dass das Zusammenwirken der besonderen Vorschriften über die Sachmängel, hier beim Kaufvertrag, und der allgemeinen Vorschriften über Pflichtverletzungen nicht gerade leicht zu durchschauen ist, kann man ihm nur zustimmen.)

b) Verletzung von Sorgfalts- und Aufklärungspflichten

Im **Beispielsfall** (Frage e) liegt weder Schuldnerverzug noch Unmöglichkeit der Leistung oder mangelhafte Leistung vor – vielmehr hat die Fixbau GmbH die Hauptleistung ordnungsgemäß erbracht. Jedoch können aus dem Schuldverhältnis auch Verpflichtungen zur Rücksicht auf die Rechte, Rechtsgüter und Interessen des anderen Teils hervorgehen, §241 Abs.2. Diese jetzt im Gesetz ausdrücklich angesprochenen **Nebenpflichten** (Schutzpflichten) waren schon bisher anerkannt. Sie umfassen vor allem Sorgfalts- und Aufklärungspflichten des Schuldners, die den Zweck haben, Schäden für den Gläubiger zu vermeiden. Der Umfang dieser Nebenpflichten ist aus dem Inhalt des Vertrags unter Berücksichtigung des Grundsatzes von Treu und Glauben und der Verkehrssitte zu entnehmen (§242). Im Beispielsfall wäre die Fixbau GmbH verpflichtet gewesen, den Vollrad auf die Notwendigkeit der Entfernung der Transportsicherung hinzuweisen; denn da der Verkäufer die Art und 144

Weise dieser Vorkehrungen bestimmt, kann man von ihm nach der Verkehrssitte auch eine Information darüber im Interesse des Käufers erwarten. Während bisher solche Fälle einen Hauptanwendungsfall der gesetzlich nicht geregelten positiven Vertragsverletzung bildeten, werden sie nunmehr von der allgemeinen Vorschrift über die Verletzung von Pflichten aus dem Schuldverhältnis (§ 280 Abs. 1) erfasst. Danach kann Vollrad Schadensersatz von der Fixbau GmbH verlangen, wenn diese die Pflichtverletzung zu vertreten hat. Die Angestellten der Fixbau GmbH haben fahrlässig i.S. des § 276 Abs. 2 gehandelt. Da sie als Erfüllungsgehilfen der Fixbau GmbH tätig wurden, ist ihr Verschulden von der Fixbau GmbH nach § 278 zu vertreten. Damit ist der Anspruch auf Ersatz des Schadens begründet, der dem Vollrad durch seine Zahlungspflicht gegenüber den Kunden entstanden ist.

145 Denkbar wäre im Beispielsfall auch ein **Mitverschulden** des Vollrad, falls dieser (bzw. seine Angestellten) die Transportsicherung bei sorgfältiger Prüfung der Räder auch ohne Hinweis hätten bemerken können und müssen. Dies kann nach § 254 Abs. 1 zur Herabsetzung oder gar zum Wegfall des Schadensersatzanspruchs führen. Dabei wird dem Vollrad das Verschulden seiner Erfüllungsgehilfen zugerechnet, § 254 Abs. 2 Satz 2[10].

146 Im allgemeinen beschränkt sich die Schadensersatzpflicht bei derartigen sonstigen Pflichtverletzungen auf den Ersatz des Schadens, der durch Verletzung der Nebenpflicht entstanden ist (man kann ihn als **Begleitschaden** bezeichnen), während die Hauptleistungspflicht des Schuldners und die Verpflichtung des Gläubigers zur Gegenleistung unberührt bleiben. Wenn allerdings dem Gläubiger aufgrund der Pflichtverletzung nicht mehr zuzumuten ist, die Leistung des Schuldners zu akzeptieren, so kann er **Schadensersatz statt der Leistung** verlangen, § 282.

6. Verschulden beim Vertragsschluss (culpa in contrahendo)

Beispiel: Beim Besuch eines Vertreters der Fixbau GmbH, der dem Vollrad Unterlagen über die derzeit lieferbaren Räder vorlegt, stellt Vollrad fest, dass alle Räder deutlich schwerer sind als neueste, von anderen Händlern hergestellte Leichtbaumodelle. Der Vertreter befürchtet, einen Kunden zu verlieren und erklärt (ohne Genaueres zu wissen), in spätestens vier Wochen könne auch Fixbau ein entsprechendes Produkt zu günstigeren Konditionen als die Konkurrenz liefern; Vollrad solle sich noch etwas gedulden. Später stellt sich heraus, dass derartige Räder bei Fixbau erst in der Entwicklung sind und frühestens in einem halben Jahr auf den Markt kommen. Vollrad ist verärgert, da nun einige Interessenten an solchen Rädern von ihm nicht kurzfristig beliefert werden können. Er verlangt Ersatz des entsprechenden Schadens von der Fixbau GmbH. Mit Recht?

147 Ein Vertrag über Leichtbaumodelle ist zwischen Vollrad und Fixbau noch nicht geschlossen worden, so dass eine Haftung wegen Verletzung vertraglicher Pflichten ausscheidet. Jedoch kommt eine Haftung aufgrund Verschulden beim Vertrags-

---

[10] Wer das Gesetz genau liest, wird vielleicht fragen, ob denn die in § 254 Abs. 2 Satz 2 enthaltene Verweisung auf § 278 auch für § 254 Abs. 1 gilt. Nach h.M. ist dies entgegen der systematischen Stellung des § 254 Abs. 2 Satz 2 zu bejahen; man geht von einem Redaktionsversehen des Gesetzgebers aus.

schluss (culpa in contrahendo) in Betracht. Zwischen den Beteiligten haben bereits **Vertragsverhandlungen,** mindestens aber ähnliche geschäftliche Kontakte, stattgefunden. Dies genügt nach § 311 Abs. 2 Nr. 1 oder 3, um ein Schuldverhältnis entstehen zu lassen, aus dem sich Sorgfaltspflichten i.S. von § 241 Abs. 2 ergeben. Solche Schuldverhältnisse aufgrund Vertragsanbahnung zeichnen sich dadurch aus, dass keine Hauptleistungspflichten bestehen. Genau genommen fehlt auch der rechtsgeschäftliche Entstehungstatbestand; es handelt sich um ein gesetzliches Schuldverhältnis ohne primäre Leistungspflicht. Werden vom einen Teil (Schuldner) Pflichten aus diesem Verhältnis verletzt, so kann der andere Teil (Gläubiger) nach § 280 Abs. 1 Satz 1 und 2 **Ersatz des hierdurch verursachten Schadens** verlangen, sofern der Schuldner die Pflichtverletzung zu vertreten hat. Dabei ist, ebenso wie bei den anderen Leistungsstörungen, nicht nur Verschulden des Schuldners in eigener Person (§ 276), sondern auch Verschulden von Erfüllungsgehilfen (§ 278) relevant.

Im **Beispielsfall** hätte die Fixbau GmbH auf das erkennbare Interesse des Vollrad, auf dem Markt mit Leichträdern präsent zu sein, Rücksicht nehmen müssen und daher keine falschen Auskünfte über bevorstehende Liefermöglichkeiten erteilen dürfen. Dabei muss sich die Fixbau GmbH das Verschulden (mindestens Fahrlässigkeit) des Vertreters als Erfüllungsgehilfen zurechnen lassen. Damit ist der Schadensersatzanspruch des Vollrad nach § 280 Abs. 1 begründet.

§ 6 Der schuldrechtliche Vertrag

Kontrollfragen und Fälle zu § 6

1) Welche Teilaspekte umfasst die schuldrechtliche Vertragsfreiheit?

2) Was versteht man unter einem gegenseitigen Vertrag? Nennen Sie Beispiele!

3) Ist der Kaufvertrag ein Verfügungs- oder ein Verpflichtungsgeschäft?

4) Welche Arten der Leistungsstörungen (auf Seiten des Schuldners) sind zu unterscheiden?

5) Frau Jung sieht am Montag im Kunstsalon des Fred Hängi ein Bild eines zeitgenössischen Malers, das ihr sehr gut gefällt. Frau Jung vereinbart mit Fred Hängi, dass ihr das Bild am nächsten Samstag in die Wohnung geliefert und der Kaufpreis in Höhe von 8 000 € dort von ihr bar bezahlt werden solle. Am Dienstag kommt Herr Fix, ein anderer Kunstfreund, und will dasselbe Bild kaufen. Ein Angestellter des Fred Hängi, der von den mit Frau Jung getroffenen Vereinbarungen nichts weiß, willigt ein. Fix bezahlt 8 000 € und nimmt das Bild gleich mit. Welche Ansprüche kann Frau Jung geltend machen, die noch dazu das Bild für 9 500 € hätte weiterverkaufen können?

Lösungen

149 1) Abschlussfreiheit und inhaltliche Gestaltungsfreiheit.

2) Gegenseitige Verträge sind Verträge, bei denen Leistung und Gegenleistung im Austauschverhältnis stehen.

Beispiele: Kaufvertrag, Werkvertrag, Mietvertrag, Arbeitsvertrag, verzinsliches Darlehen.

3) Der Kaufvertrag ist ein Verpflichtungsgeschäft, da er nur Ansprüche und Verpflichtungen begründet, aber nicht die dingliche Zuordnung (das Eigentum) ändert.

4) Die Arten der Leistungsstörungen (auf Seiten des Schuldners[1]) sind: Verschulden beim Vertragsschluss (culpa in contrahendo), Verzug des Schuldners, Unmöglichkeit der Leistung, sonstige Pflichtverletzung.

150 5) **I. Ansprüche der Frau Jung gegen Fred Hängi**

1. Auf Übergabe und Übereignung des Bildes aus § 433 Abs. 1 Satz 1

In den Vereinbarungen zwischen Frau Jung und Fred Hängi kam der beiderseitige Bindungswille zum Ausdruck, so dass hierin bereits der Abschluss eines Kaufvertrags über das Bild zu einem Preis von 8 000 € zu sehen ist. Aus dem Kaufvertrag ergab sich der Anspruch der Frau Jung gegen Fred Hängi auf Übergabe und Übereignung des Bildes, § 433 Abs. 1 Satz 1. Denkbar wäre, dass der Anspruch bereits durch Erfüllung erloschen ist, § 362 Abs. 1. Jedoch wurde das Bild weder bei Abschluss des Kaufvertrages noch später gemäß § 929 Satz 1 durch Einigung und Übergabe von Hängi an Jung übereignet. Auch ohne Übergabe wäre allerdings schon bei Abschluss des Kaufvertrages eine Übereignung nach § 930 (Einigung und Verschaffung des mittelbaren Besitzes, sog. Besitzkonstitut) möglich gewesen, doch ist hier kein entsprechender Wille erklärt worden. Gerade wenn der Kaufpreis erst bei Lieferung bezahlt werden soll, entspricht es auch nicht der Interessenlage, im Wege der Auslegung stillschweigende, auf Übereignung gemäß § 930 gerichtete Erklärungen anzunehmen. Der Anspruch ist also nicht erfüllt worden.

Bevor es zu einer Übergabe und Übereignung an Frau Jung kam, wurde das Bild durch den Angestellten des Fred Hängi nach § 929, also aufgrund Einigung und Übergabe, an Fix übereignet. Die dabei vom Angestellten als Stellvertreter des Fred Hängi abgegebenen Willenserklärungen wirken nach § 164 Abs. 1 Satz 1 unmittelbar für und gegen den Vertretenen. Der Übereignung an Fix stand nicht entgegen, dass das Bild bereits an Frau Jung verkauft war. Der Kaufvertrag ist ein Verpflichtungsgeschäft, der die dingliche Rechtslage, d.h. das Eigentum des Fred Hängi und dessen Verfügungsbefugnis, unberührt ließ. Durch die Übergabe und die Übereignung des Bildes an Fix wurde es dem Fred Hängi unmöglich, seine Verpflichtung gegenüber Frau Jung zu erfüllen. Der Kaufvertrag war allein auf dieses Bild gerichtet, kann also nicht etwa durch Lieferung eines anderen Bildes erfüllt werden. Somit ist der Anspruch der Frau Jung auf Leistung nach § 275 Abs. 1 ausgeschlossen. Dies gilt, wie sich aus dem Wortlaut dieser Vorschrift unmittelbar entnehmen lässt, auch dann, wenn die Leistung nur für den Schuldner, nicht für jedermann unmöglich geworden ist.

151 *2. Auf Schadensersatz statt der Leistung aus § 275 Abs. 4, § 280 Abs. 1 u. 3, § 283*

Frau Jung kann nach diesen Vorschriften Schadensersatz statt der Leistung verlangen, es sei denn, dass Fred Hängi die Pflichtverletzung, hier das Unmöglichwerden der Leistung, nicht zu vertreten hat, § 280 Abs. 1 Satz 2. Fred Hängi hat die Unmöglichkeit zwar nicht vorsätzlich herbeigeführt, doch hat er es unterlassen, seinen Angestellten über den bereits erfolgten Ver-

---

[1] In einem weiteren Sinne ist auch der hier nicht erörterte Verzug des Gläubigers (Annahmeverzug) zu den Leistungsstörungen zu rechnen. S. dazu §§ 293 ff.

kauf zu informieren oder das Bild entsprechend zu kennzeichnen, um dadurch eine zweite Veräußerung des Bildes zu verhindern. Damit hat er die im Verkehr erforderliche Sorgfalt nicht beachtet und daher fahrlässig gehandelt, § 276 Abs. 2. Damit sind die Voraussetzungen eines Anspruchs auf Schadensersatz statt der Leistung erfüllt. Da Frau Jung das Bild für 9 500 € hätte weiterverkaufen können, während sie selbst nur 8 000 € hätte bezahlen müssen, ist ihr ein Schaden in Höhe von 1 500 € entstanden (entgangener Gewinn, § 252), den sie von Fred Hängi ersetzt verlangen kann.

II. Ansprüche der Frau Jung gegen Herrn Fix

151a

1. *Auf Herausgabe des Bildes, § 985*

Der Anspruch scheitert daran, dass Frau Jung nicht Eigentümerin des Bildes geworden ist.

2. *Auf Schadensersatz*

a) *Aus Kaufvertrag*

Der Kaufvertrag zwischen Frau Jung und Fred Hängi wirkt als schuldrechtlicher Vertrag (Verpflichtungsvertrag) nur zwischen den Vertragsparteien. Ansprüche gegen Fix, etwa wegen einer Pflichtverletzung (§ 280), können aus diesem Vertrag nicht hergeleitet werden.

b) *Aus § 823 Abs. 1*

Ein Schadensersatzanspruch aus § 823 Abs. 1 würde bestehen, wenn Fix das Eigentum der Frau Jung widerrechtlich und schuldhaft verletzt hätte. Da aber Frau Jung das Eigentum an dem Bild nicht erlangt hatte, scheidet diese Möglichkeit aus. Frau Jung hatte lediglich den schuldrechtlichen Anspruch auf Übergabe und Übereignung des Bildes gegen Fred Hängi. Dieser Anspruch stellt kein sonstiges Recht i.S.v. § 823 Abs. 1 dar, da hierunter nur absolut (gegenüber jedermann) geschützte Rechte fallen.

c) *Aus § 826 Abs. 1*

Anhaltspunkte für eine vorsätzliche sittenwidrige Schädigung der Frau Jung durch Fix (wie sie etwa bei bewusster Verleitung des Fred Hängi zum Vertragsbruch zu Lasten der Frau Jung in Frage kommen würden) enthält der Sachverhalt nicht.

Somit hat Frau Jung keine Ansprüche gegen Fix.

§ 7 Besitz und Eigentum sowie die Arten der subjektiven Rechte

I. Der Unterschied zwischen Besitz und Eigentum

152 Im Alltagssprachgebrauch werden **Eigentum** und **Besitz** weitgehend gleichgesetzt. Man spricht etwa davon, jemand habe einen schönen Besitz erworben; es gibt einen Verein der Haus- und Grundbesitzer usw. Nach dem Sprachgebrauch des bürgerlichen Rechts müsste dagegen in beiden Fällen vom Eigentum bzw. von den Eigentümern gesprochen werden. Das BGB unterscheidet nämlich scharf zwischen dem **Besitz** als der **tatsächlichen Sachherrschaft** (§ 854 Abs. 1: tatsächliche Gewalt über die Sache) und dem **Eigentum** als der **rechtlichen Herrschaftsmacht** über eine Sache (§ 903 Satz 1: der Eigentümer darf grundsätzlich mit seiner Sache nach Belieben verfahren und andere von jeder Einwirkung ausschließen). Besitzer ist also, wer eine Sache rein tatsächlich hat, Eigentümer dagegen, wem die Sache gehört.

153 **Sachen** sind nach § 90 **körperliche Gegenstände**, seien es bewegliche oder unbewegliche (d.h. Grundstücke). Eigentum gibt es nach dem BGB nur an Sachen. Bei anderen Rechten spricht man vom Rechtsinhaber oder (bei Forderungen) vom Gläubiger. Zum abweichenden Eigentumsbegriff des Verfassungsrechts s. Rdnr. 158.

154 Oft sind Besitz und Eigentum in derselben Person vereinigt. Auch beim Erwerb wird jedenfalls bei den Alltagsgeschäften mit Barzahlung **Besitz und Eigentum gleichzeitig erworben**, so etwa wenn jemand ein Radiogerät kauft, bar bezahlt und das Gerät mitnimmt. Der Erwerber ist unmittelbarer Besitzer und Eigentümer geworden.

155 Jedoch können die **Eigentümerstellung** und die **Besitzerstellung** auch **auseinanderfallen**. Sobald der Eigentümer sein Auto für einige Tage einem Freund leiht, es ihm also unentgeltlich zur Benutzung überlässt (§ 598), ist der Freund unmittelbarer Besitzer des Wagens, während das Eigentum in der bisherigen Hand geblieben ist. Die tatsächliche Sachherrschaft, also der unmittelbare Besitz, kann auch widerrechtlich erworben werden. Wenn ein Dieb ein parkendes Auto aufbricht und damit wegfährt, so hat er den unmittelbaren Besitz des Fahrzeugs erlangt, nicht dagegen das Eigentum. Es kommt bei der Frage, wer den Besitz innehat, nicht darauf an, ob die tatsächliche Herrschaft über die Sache berechtigt oder unberechtigt erlangt wurde.

II. Der Inhalt des Eigentums

1. Das Eigentum als umfassende Herrschaftsmacht

156 Nach § 903 Satz 1 kann der Eigentümer mit seiner Sache **nach Belieben verfahren**, freilich nur, solange nicht das **Gesetz** oder **Rechte** Dritter entgegenstehen. § 903 Satz 1 gilt sowohl für bewegliche als auch für unbewegliche Sachen (Grundstücke). Zu den Rechten des Eigentümers gehört es beispielsweise, seine Sache zu nutzen, zu vermieten oder auch zu veräußern. Er ist auch zur Veränderung bis hin zur Zerstörung der Sache berechtigt.

2. Schranken des Eigentums

a) Verfassungsrechtliche Garantie und Sozialbindung des Eigentums

Nach Art. 14 Abs. 1 Satz 1 GG wird das **Eigentum gewährleistet**. Diese Eigentumsgarantie ist ein zentraler Bestandteil der freiheitlichen Ordnung. Gemeint ist damit das Eigentum in privater Hand. Es wäre also z.B. mit der Verfassung nicht vereinbar, wenn das Eigentum an Grundstücken grundsätzlich der öffentlichen Hand vorbehalten bliebe.

Der **Begriff des Eigentums** in Art. 14 GG ist **weiter** als derjenige des BGB[1]. Nicht nur das Sacheigentum, sondern auch andere private Rechte mit Vermögenswert, z.B. Gesellschaftsanteile oder Forderungen, werden vom verfassungsrechtlichen Schutz erfasst.

Die verfassungsrechtliche Garantie bedeutet nicht, dass der Eigentümer keinerlei rechtlichen Bindungen unterliegen würde. Gemäß Art. 14 Abs. 1 Satz 2 GG werden **Inhalt und Schranken des Eigentums** durch die Gesetze bestimmt. Art. 14 Abs. 2 GG betont zudem ausdrücklich den verpflichtenden Charakter des Eigentums (Satz 1) und stellt (in Satz 2) die Forderung auf, der Gebrauch des Eigentums solle zugleich dem Wohle der Allgemeinheit dienen. Diese **soziale Bindung des Eigentums** ist in einer sozialstaatlichen Demokratie von größter Bedeutung. Zahlreiche Gesetze des öffentlichen Rechts beschränken die Befugnisse des Eigentümers oder legen ihm besondere Pflichten auf. Das gilt z.B. für die Frage der Bebaubarkeit eines Grundstücks. Ob überhaupt auf einem Stück Land gebaut werden darf und wenn ja, welche Art von Gebäuden zulässig ist, richtet sich u.a. nach dem Baugesetzbuch und dem Bebauungsplan, der von der Gemeinde aufgestellt wird. Der Eigentümer braucht zudem in der Regel eine Baugenehmigung durch die Verwaltungsbehörde und muss für die Einzelheiten des Baues zahlreiche Vorschriften (etwa über Abstandsflächen, über Garagen und Abstellplätze usw.) einhalten, die in den landesgesetzlichen Bauordnungen enthalten sind.

Um der Verknappung von Wohnraum entgegenzuwirken, ist, um ein anderes Beispiel derartiger **Beschränkungen des Eigentums** zu nennen, in manchen Städten aufgrund landesrechtlicher Verordnungen eine Genehmigung zur Zweckentfremdung von Wohnraum nötig. Der Eigentümer kann also dann nicht etwa ein Wohngebäude nach seinem Belieben abreißen und es durch einen Kaufhausneubau ersetzen.

Auch den schärfsten Eingriff in das Eigentum, nämlich die **Enteignung**, schließt das Grundgesetz nicht aus. Jedoch kann eine Enteignung gemäß Art. 14 Abs. 3 GG nur zum Wohle der Allgemeinheit und nur durch Gesetz oder aufgrund eines Gesetzes erfolgen, das Art und Ausmaß der Entschädigung regelt.

---

[1] Vgl. BVerfGE 83, 201, 208f. = NJW 1991, 1807; Hesse, Grundzüge des Verfassungsrechts der Bundesrepublik Deutschland, 21. Aufl. (1999), Rdnr. 444; Pieroth/Schlink, Grundrechte Staatsrecht II, 17. Aufl. (2001), Rdnr. 899ff.

b) Die in § 903 erwähnten Schranken

162 Zu den in § 903 Satz 1 genannten entgegenstehenden Rechten eines Dritten gehören z.B. die Rechte der **Grundstücksnachbarn**. Das Eigentum rechtfertigt es nicht, das Grundstück in einer Weise zu gebrauchen, die für den Nachbarn unerträglich ist, etwa wegen der damit verbundenen Lärmbelästigung oder wegen gesundheitsschädigender Abgase. Im einzelnen ist das Nachbarrecht in den §§ 906 ff. geregelt. Die privatrechtlichen Schranken des Eigentums, die sich aus Rechten Dritter ergeben, werden heute durch weitreichende öffentlich-rechtliche Vorschriften ergänzt, etwa über die Zulässigkeit von Immissionen.

III. Die wichtigsten Ansprüche aus dem Eigentum

1. Der Herausgabeanspruch des Eigentümers gegen den Besitzer

Beispiel: Müller hat dem Maier übers Wochenende (bis Sonntagabend) sein Auto überlassen. Maier hat dafür 150 € bezahlt. Als sein zweiter Wagen den Dienst versagt, verlangt Müller das Auto schon am Samstagabend von Maier zurück. Mit Recht?

163 § 985 gibt dem **Eigentümer** das Recht, vom **Besitzer** die **Herausgabe der Sache** zu verlangen. Diese wichtige Anspruchsgrundlage scheint im Beispielsfall zunächst erfüllt zu sein, denn schließlich ist Müller Eigentümer und Maier aufgrund der Überlassung des Autos unmittelbarer Besitzer. Jedoch würde der Herausgabeanspruch am Samstagabend im Widerspruch zu dem abgeschlossenen Mietvertrag stehen. Dem trägt § 986 Rechnung. Nach § 986 Abs. 1 Satz 1 kann der Besitzer die Herausgabe der Sache verweigern, wenn er dem Eigentümer gegenüber zum Besitz berechtigt ist. Ein solches **Recht zum Besitz** ergibt sich vielfach aus einem schuldrechtlichen Vertrag mit dem Eigentümer, im Beispielsfall aus dem Mietvertrag. Solange Maier aufgrund des Mietvertrags zum Besitz berechtigt ist, also bis zum Sonntagabend, ist er zur Herausgabe nicht verpflichtet.

164 § 985 und § 986 ergeben erst zusammen die **drei Voraussetzungen des Herausgabeanspruchs:**
– Eigentum des Anspruchsgläubigers
– Besitz des Anspruchsgegners
– kein Recht des Anspruchsgegners zum Besitz.

2. Anspruch des Eigentümers auf Beseitigung oder Unterlassung einer Störung

Beispiel: Grün pflegt das in seinem Garten anfallende Schnittgut über den Zaun auf die angrenzende Wiese zu werfen. Was kann der Eigentümer der Wiese dagegen unternehmen?

a) Beseitigungsanspruch

165 Aus § 1004 Abs. 1 Satz 1 ergibt sich der Anspruch des Eigentümers, von einem **Störer** die **Beseitigung der Beeinträchtigung** zu verlangen. Der Eigentümer der Wiese hat also einen Anspruch darauf, dass Grün das über den Zaun geworfene Schnittgut wieder entfernt.

Freilich ist Voraussetzung dieses Anspruchs eine **rechtswidrige Störung**. Wenn dagegen der Eigentümer zur Duldung verpflichtet ist, ist der Anspruch nach § 1004 Abs. 2 ausgeschlossen. Eine solche **Duldungspflicht** kann sich im Verhältnis der Nachbarn aus § 906 ergeben, nämlich bei unwesentlich beeinträchtigenden oder durch ortsübliche Benutzung herbeigeführten Beeinträchtigungen. Würde also z.B. beim Rasenmähen ein kleiner Teil der Halme durch die Luft gewirbelt und auf diese Weise auf das andere Grundstück geweht, so wäre dies gewiss eine unwesentliche Beeinträchtigung. Bei dem über den Zaun geworfenen Schnittgut lässt sich dies aber nicht mehr bejahen.

b) Unterlassungsanspruch

Nach § 1004 Abs. 1 Satz 2 kann der Eigentümer den Störer auf **Unterlassung** verklagen, wenn weitere Beeinträchtigungen zu besorgen sind. In diesem Recht zur Klage kommt ebenfalls ein Anspruch, gerichtet auf Unterlassung, zum Ausdruck. Damit kann zukünftigen Störungen vorgebeugt werden.

Im Beispiel wäre der Unterlassungsanspruch etwa begründet, wenn Grün sein Verhalten wiederholt, obgleich ihn der Eigentümer des Nachbargrundstücks bereits aufgefordert hat, dies zu unterlassen.

3. Anspruch auf Schadensersatz

Beispiel: Rot hat am Balkon seiner Wohnung einige Blumenkästen angebracht. Bei einem Gewittersturm löst sich einer der Kästen und beschädigt das ordnungsgemäß geparkte Auto der Frau Pech. Muss Rot den Schaden ersetzen?

Aus rechtswidrigen und vorsätzlichen oder fahrlässigen, also schuldhaften Verletzungen des Eigentums erwächst gemäß § 823 Abs. 1 ein Anspruch des Eigentümers gegen den Verletzer auf Ersatz des entstandenen Schadens. Es handelt sich dabei um einen **Anspruch aus unerlaubter Handlung** (gleichbedeutend: Delikt). Im Beispielsfall hat Rot gewiss nicht vorsätzlich gehandelt. Was **Fahrlässigkeit** bedeutet, umschreibt § 276 Abs. 2. Es kommt also darauf an, ob die im Verkehr erforderliche Sorgfalt eingehalten wurde. Man wird daher fragen müssen, ob die Befestigung der Blumenkästen hinreichend solide war. Mit Gewitterstürmen muss man in unseren Breiten rechnen. Wenn die Befestigung dem nicht standhielt, spricht alles dafür, dass Rot hierbei nicht mit der objektiv notwendigen Sorgfalt vorgegangen ist. Der Schadensersatzanspruch der Frau Pech ist also zu bejahen.

IV. Der Erwerb des Eigentums an beweglichen Sachen

1. Reichweite dieser Vorschriften

170 Die Sachen, also die körperlichen Gegenstände (§ 90), werden eingeteilt in die **beweglichen** und die **unbeweglichen Sachen**. Zu letzteren gehören vor allem die Grundstücke, ferner in das Schiffsregister eingetragene Schiffe und Schiffsbauwerke. Der Eigentumserwerb ist bei beweglichen Sachen und bei unbeweglichen Sachen verschieden geregelt.

171 **Tiere** sind nach einer erst in jüngerer Zeit ins BGB gelangten Vorschrift (§ 90 a Satz 1) keine Sachen. Der Nutzen dieser wohlgemeinten Vorschrift ist gering[2], denn die für Sachen geltenden Vorschriften bleiben entsprechend anzuwenden, soweit keine besonderen Regeln für Tiere bestehen, § 90 a Satz 3. Für den Eigentumserwerb sind keine derartigen Vorschriften vorhanden, so dass das anschließend Gesagte über den Eigentumserwerb an beweglichen körperlichen Sachen auch für den Erwerb des Eigentums an Tieren jeglicher Art (vom Aquariumsfisch bis zum Reitpferd) gilt.

2. Rechtsgeschäftlicher Erwerb vom Berechtigten

Beispiel: Alm kauft im Laden des Tick eine Standuhr für 800 €. Er zahlt 400 € bar und verspricht, den Rest binnen 14 Tagen zu überweisen. Die Uhr gibt Tick dem ihm gut bekannten Alm gleich mit. Ist Alm Eigentümer geworden?

a) Eigentumserwerb durch Einigung und Übergabe

172 Die nach § 929 Satz 1 für den Eigentumswechsel erforderliche **Einigung** stellt genauer betrachtet einen Vertrag dar, der durch zwei übereinstimmende Willenserklärungen zustande kommt: die Erklärung des bisherigen Eigentümers, das Eigentum übertragen zu wollen, und die Erklärung des Erwerbers, Eigentümer werden zu wollen. Diese Einigung über den Eigentumsübergang braucht nicht ausdrücklich geäußert zu werden; es genügt, wenn der entsprechende Wille der Beteiligten aus den Umständen unter Berücksichtigung der Verkehrsauffassung erkennbar ist. Im Beispiel kommt die Einigung dadurch zum Ausdruck, dass Tick dem Alm die Standuhr mitgibt.

173 Neben der Einigung setzt der Eigentumsübergang nach § 929 Satz 1 die **Übergabe** der Sache voraus. Darunter ist im Regelfall die Verschaffung des unmittelbaren Besitzes für den Erwerber zu verstehen. Der Besitz wird im BGB als äußeres Anzeichen für das Eigentum betrachtet, wie dies auch in der Vermutung des § 1006 (zugunsten des Besitzers wird vermutet, dass er Eigentümer ist) zum Ausdruck kommt.

---

[2] § 90 a Satz 2 sowie § 903 Satz 2 verweisen auf den Schutz der Tiere durch besondere Gesetze. Es ist klar, dass solche Vorschriften, vor allem das Tierschutzgesetz, neben dem BGB anwendbar sind. S. auch Rdnr. 1198.

Im Beispiel sind Einigung und Übergabe gegeben. Der Eigentumserwerb hängt nicht davon ab, dass der Kaufpreis vollständig bezahlt ist. Anders wäre es, wenn bei der Übereignung ein **Eigentumsvorbehalt** vereinbart worden wäre. Dieser stellt, wie sich aus der Auslegungsregel in § 449 Abs. 1 entnehmen lässt, eine **aufschiebende Bedingung** (§ 158 Abs. 1) dar. Der Eigentumsübergang soll danach solange aufgeschoben sein, bis der Kaufpreis vollständig bezahlt ist. Eine solche Bedingung muss aber vereinbart werden, also in den Erklärungen zum Ausdruck kommen. Man kann nicht einfach aufgrund der noch nicht vollständig erfolgten Zahlung einen solchen Eigentumsvorbehalt unterstellen. Auch die Umstände (Alm ist dem Tick bekannt) sprechen nicht für einen (stillschweigend erklärten) Eigentumsvorbehalt. 174

Die **schuldrechtliche Grundlage** des Übereignungsvorgangs bildet im Beispiel der Kaufvertrag zwischen Alm und Tick. Ob der Eigentumswechsel eintrat, ist aber allein nach § 929 Satz 1 zu beurteilen. Diese Trennung zwischen dem schuldrechtlichen Grundgeschäft und dem sachenrechtlichen Erfüllungsgeschäft wird später (s. Rdnr. 220 ff.) näher erläutert. 175

b) Ersatz der Übergabe durch Begründung des mittelbaren Besitzes

Beispiel: Die Unternehmerin Stark möchte an das Bankhaus Beifuß Maschinen aus ihrem Betrieb zur Sicherung für ein Darlehen übereignen, aber weiter damit arbeiten. Auf welchem Wege ist dies möglich?

Die Übergabe, die nach § 929 Satz 1 neben der Einigung Voraussetzung des Eigentumserwerbs ist, kann nach § 930 dadurch ersetzt werden, dass für den neuen Eigentümer **mittelbarer Besitz** im Sinne des § 868 begründet wird. Beim mittelbaren Besitz übt der mittelbare Besitzer über das Rechtsverhältnis Einfluss auf den unmittelbaren Besitzer aus (Besitzmittlungsverhältnis, auch Besitzkonstitut genannt). Auch der mittelbare Besitzer wird Dritten gegenüber durch Besitzschutzansprüche geschützt, s. § 869. Rechtsverhältnisse, die einen mittelbaren Besitz begründen, sind z. B. die Leihe (für den Verleiher), der Mietvertrag (für den Vermieter) oder, so im Beispielsfall, eine Sicherungsvereinbarung, die dem Sicherungsgeber das Recht belässt, die Sache weiterhin zu nutzen, solange die Verpflichtungen aus dem Darlehen ordnungsgemäß erfüllt werden. Auf diese Weise erhält der Sicherungsnehmer (hier das Bankhaus) den mittelbaren Besitz. So ist eine **Sicherungsübereignung** möglich, ohne dass der Eigentümer den unmittelbaren Besitz verliert. Die Sicherungsübereignung in dieser Form gehört im Wirtschaftsleben zu den gängigen Formen der Kreditsicherung. 176

3. Gutgläubiger Erwerb vom Nichtberechtigten

Beispiel: Anton hat ein Auto gemietet. Da er Geld braucht, verkauft und übergibt er das Fahrzeug an Berta, die ihn für den Eigentümer hält. Ist Berta Eigentümerin geworden?

Nach § 929 Satz 1 muss der bisherige Eigentümer die Sache dem Erwerber übergeben und sich mit ihm über den Eigentumswechsel einigen. Daran fehlt es im Beispiel, da Anton selbst nicht Eigentümer des Autos war. § 932 Abs. 1 Satz 1 ermög- 177 licht jedoch einen **gutgläubigen Erwerb vom Nichteigentümer**. Der gutgläubige Erwerb knüpft an den Besitz des Veräußerers an. Der Erwerber soll sich auf den durch den Besitz begründeten Anschein des Eigentums des Veräußerers verlassen können. Der Erwerb tritt aber nicht ein, wenn der **Erwerber bösgläubig** ist, d.h. wenn er weiß oder infolge grober (d.h. schwerer) Fahrlässigkeit nicht weiß, dass es dem Veräußerer am Eigentum mangelt, § 932 Abs. 2.

178 Im Beispiel wusste Berta nicht, dass Anton nicht Eigentümer war. Jedoch ist zu bedenken, dass Anton als Mieter des Fahrzeugs nicht in der Lage war, Berta den **Kraftfahrzeugbrief** vorzulegen. Die Übergabe des Kraftfahrzeugbriefs ist zwar keine Voraussetzung für den Eigentumswechsel; es handelt sich nicht um ein echtes Wertpapier, sondern nur um eine Beweisurkunde (auf die § 952 analog anzuwenden ist). Aber nach der Verkehrsauffassung hat der Erwerber allen Anlass zum Zweifel am Eigentum des Veräußerers, wenn dieser den Kraftfahrzeugbrief nicht vorlegt. Daher scheitert der Eigentumserwerb an der Bösgläubigkeit der Berta in Form **grob fahrlässiger Unkenntnis** vom fehlenden Eigentum des Anton, § 932 Abs. 2.

179 Eine wichtige Schranke für den gutgläubigen Erwerb enthält § 935 Abs. 1 Satz 1. Wenn die Sache dem bisherigen Eigentümer **abhanden gekommen** ist, d.h. wenn er den unmittelbaren Besitz ohne seinen Willen verloren hat, so ist daran kein gutgläubiger Erwerb möglich. Auf diese Weise ist insbesondere an gestohlenen Sachen der gutgläubige Erwerb ausgeschlossen. Im Beispielsfall würde § 935 Abs. 1 Satz 1 allerdings einem gutgläubigen Eigentumserwerb nicht entgegenstehen. Da der Eigentümer das Auto an Anton mietweise überlassen hat, hat er den unmittelbaren Besitz nicht unfreiwillig verloren; das Auto ist dem Eigentümer nicht abhanden gekommen.

180 Auch von der Sperre des § 935 Abs. 1 gibt es wiederum Ausnahmen. Gemäß § 935 Abs. 2 steht das Abhandenkommen einem gutgläubigen Erwerb nicht entgegen, wenn es sich um **Geld** oder Inhaberpapiere handelt oder wenn die Veräußerung im Wege **öffentlicher Versteigerung** erfolgt.

4. Erwerb des Eigentums durch Verbindung, Vermischung und Verarbeitung

181 Wurde bisher der Eigentumserwerb durch Rechtsgeschäft dargestellt, so handelt es sich in den nun zu erörternden Fällen um einen **nicht rechtsgeschäftlichen Erwerb**, da keine Einigung über den Eigentumswechsel, ja überhaupt keine Willenserklärung des Erwerbers nötig ist.

a) Verbindung

182 Wenn eine bewegliche Sache mit einer anderen so verbunden wird, dass sie deren **wesentlicher Bestandteil** wird, so ergeben sich auch Veränderungen in der Eigentumslage. Die bisherigen Eigentümer werden **Miteigentümer** der neuen Sache, § 947 Abs. 1; ist eine der Sachen als die Hauptsache anzusehen, so erwirbt deren bisheriger Eigentümer sogar das Alleineigentum an der neuen Sache, § 947 Abs. 2. Wenn etwa zur Reparatur eines Autos ein Stück Blech mit der Karosserie verschweißt

wird, so gelangt auf diese Weise das Blech in das Eigentum des Autoeigentümers, da es zum wesentlichen Bestandteil des Wagens geworden ist. Ob ein wesentlicher Bestandteil vorliegt, ist nach § 93 zu beantworten (näher dazu s. Rdnr. 1214f.).

b) Vermischung

Ähnlich ist die Regelung in § 948 für den Fall der **Vermischung** oder **Vermengung beweglicher Sachen.** Wenn eine Trennung nicht mehr möglich ist, entsteht wiederum entweder Miteigentum oder Alleineigentum des bisherigen Eigentümers der Hauptsache. Wenn etwa auf einen großen Haufen Kohle noch einige Zentner hinzugeschüttet werden, die bislang einem anderen gehörten, so wäre ein solcher Eigentumserwerb durch Vermengung anzunehmen. **183**

c) Verarbeitung

Auch die **Verarbeitung** bewirkt nach § 950 Abs. 1 Satz 1 einen Eigentumswechsel am Material, wenn dadurch eine **neue bewegliche Sache** hergestellt wird, es sei denn, der Wert der Verarbeitung wäre erheblich geringer als der Wert des Stoffes. Falls etwa ein Bildhauer aus einem Stück Lindenholz, das ihm nicht gehört, eine Figur herausarbeitet, so gehört ihm diese, und der bisherige Eigentümer des Holzes hat das Nachsehen. Das gilt, da es sich nicht um einen rechtsgeschäftlichen Erwerb handelt, unabhängig von der Geschäftsfähigkeit, also auch dann, wenn der Bildhauer (was natürlich nur im Schulfall vorkommt) geisteskrank i.S. des § 104 Nr. 2 sein sollte. **184**

d) Ausgleichsanspruch für den Eigentumsverlust

Führen Verbindung, Vermischung oder Verarbeitung auf diese Weise zu einem Eigentumsverlust, so kann der bisherige Eigentümer nach § 951 Abs. 1 Satz 1 eine **Vergütung in Geld** nach den Regeln über den Ausgleich einer **ungerechtfertigten Bereicherung** verlangen. Die Wiederherstellung des bisherigen Zustandes kann dagegen, selbst wenn sie tatsächlich möglich wäre, nicht verlangt werden, § 951 Abs. 1 Satz 2. Anders ist es aber nach § 951 Abs. 2 Satz 1, wenn eine unerlaubte Handlung des Erwerbers, etwa eine schuldhafte Eigentumsverletzung nach § 823 Abs. 1, vorliegt. Dann kann der bisherige Eigentümer, soweit möglich, auch Schadensersatz im Wege der Naturalrestitution (§ 249 Satz 1), also durch Wiederherstellung des alten Zustandes, verlangen. **185**

5. *Erwerb durch Erbfolge*

Mit dem Erbfall geht gemäß § 1922 das **gesamte Vermögen des Erblassers** auf dessen Erben oder – falls mehrere Erben berufen sind – auf die Erbengemeinschaft über. Das gilt auch für das Eigentum an beweglichen Sachen. **186**

V. Der Erwerb des Eigentums an Grundstücken

1. Rechtsgeschäftlicher Erwerb vom Berechtigten

187 Die Voraussetzungen eines rechtsgeschäftlichen Erwerbs des Eigentums an Grundstücken ergeben sich aus § 873 i.V.m. § 925: **Auflassung und Eintragung in das Grundbuch.** Auch hier ist eine Einigung über den Eigentumswechsel zwischen dem bisherigen und dem neuen Eigentümer erforderlich. Das Gesetz nennt sie Auflassung, § 925 Abs. 1 Satz 1. Sie muss wegen der Wichtigkeit eines solchen Geschäfts vor dem Notar bei gleichzeitiger Anwesenheit beider Teile (das schließt eine Stellvertretung nicht aus) erklärt werden, § 925 Abs. 1 Satz 1 u. 2.

188 An die Stelle der Übergabe bei beweglichen Sachen tritt die **Eintragung in das Grundbuch.** Dieses ist ein staatliches Register, das im allgemeinen bei den Amtsgerichten, nach Landesrecht teils auch bei den Gemeinden geführt wird. Durch das Grundbuch soll Publizität erzielt werden, d.h. die Rechtslage an den Grundstücken offengelegt werden. In das Grundbuch werden sowohl das Eigentum als auch beschränkte dingliche Rechte, etwa Hypotheken oder Grundschulden, eingetragen. Wer im Grundbuch eingetragen ist, kann sich auf die **Vermutung der Richtigkeit des Grundbuchs** stützen, § 891. Die Grundbucheintragung gewinnt damit eine ähnliche Funktion wie der unmittelbare Besitz bei beweglichen Sachen (vgl. § 1006).

2. Gutgläubiger Erwerb vom Nichtberechtigten

Beispiel: Frau Arg hat aufgrund gefälschter Unterlagen ihre Eintragung als Eigentümerin eines Grundstücks erreicht, das in Wirklichkeit dem Herrn Claus gehört. Frau Arg übereignet das Grundstück durch Auflassung und Eintragung an die Baufix GmbH. Wie ist die Rechtslage?

189 Einen gutgläubigen Erwerb von Grundstücken von demjenigen, der zu Unrecht in das Grundbuch eingetragen ist, ermöglicht § 892. Das **Grundbuch** genießt **öffentlichen Glauben.** Wer sich auf seinen Inhalt verlässt, wird durch § 892 geschützt, solange nicht ein Widerspruch gegen die Richtigkeit bereits im Grundbuch eingetragen ist. Anders als bei § 932 Abs. 2 macht nur die positive Kenntnis von der Unrichtigkeit des Grundbuchs bösgläubig, während selbst grob fahrlässige Unkenntnis dem gutgläubigen Erwerb nicht entgegensteht.

190 Im **Beispiel** erlangt die Baufix GmbH über § 892 Abs. 1 Satz 1 das Eigentum an dem Grundstück, wenn sie (d.h. ihre Organe) nicht weiß, dass es in Wahrheit dem Herrn Claus gehört, dass also das Grundbuch unrichtig ist.

3. Verbindung

191 Das Eigentum am Grundstück erstreckt sich auch auf die wesentlichen Bestandteile des Grundstücks. Vor allem sind **Gebäude** regelmäßig keine selbständigen Sachen, sondern **wesentliche Bestandteile des Grundstücks,** auf dem sie errichtet wurden, § 94 Abs. 1 Satz 1. Es gibt daher im Regelfall kein Eigentum an einem Haus als solchem, sondern nur das Eigentum am Grundstück, und dieses Eigentum erfasst auch das Haus als wesentlichen Bestandteil des Grundstücks.

Wird also eine **bewegliche Sache** mit dem Grundstück so **verbunden**, dass sie wesentlicher Bestandteil wird, so fällt das Eigentum damit an den Grundstückseigentümer, § 946. Wenn bei der Errichtung eines Gebäudes Ziegelsteine eingemauert oder Fenster eingesetzt werden, so verliert der bisherige Eigentümer das Eigentum, und das Grundstückseigentum erstreckt sich nun auch auf diese Steine und Fenster. Der bisherige Eigentümer kann aber für seinen Rechtsverlust einen Ausgleich in Geld verlangen, § 951 Abs. 1 Satz 1.

Unter welchen Voraussetzungen eine Sache als wesentlicher Bestandteil eines Grundstücks anzusehen ist, ergibt sich im einzelnen aus §§ 93ff., dazu s. Rdnr. 1214ff.

4. Erwerb durch Erbfolge

Auch Grundstücke fallen mit dem Erbfall automatisch an den oder die Erben, § 1922. Es handelt sich um einen Eigentumsübergang **außerhalb des Grundbuchs**, so dass das Grundbuch mit dem Erbfall zunächst unrichtig wird.

VI. Begriff und Arten der subjektiven Rechte

1. Der Begriff des subjektiven Rechts

Der Begriff „Recht" wird im objektiven und im subjektiven Sinn gebraucht. **Recht im objektiven Sinn** ist eine Gesamtheit von Rechtsnormen, die unter einem bestimmten Gesichtspunkt zusammengefasst werden. Man spricht in diesem Sinn z.B. vom Recht der Bundesrepublik Deutschland, womit die Gesamtheit der in der Bundesrepublik Deutschland geltenden Rechtsnormen gemeint ist. Das Privatrecht umfasst alle Normen, die privatrechtliche Beziehungen regeln; das Kaufrecht stellt die Gesamtheit der Rechtsnormen dar, aus denen sich die Rechtsfolgen eines Kaufvertrags ergeben.

Dagegen bezeichnet das **Recht im subjektiven Sinn** eine dem einzelnen zugewiesene und seinem Willen unterstellte Rechtsposition. Ist jemand Eigentümer einer Sache, so hat er das Eigentum als sein subjektives Recht inne. Das subjektive Recht folgt aus der Anwendung des objektiven Rechts, d.h. der Rechtsnormen auf einen Sachverhalt. Kennzeichnend für das subjektive Recht ist die Berechtigung auf der einen, die Zuordnung einer Sache oder die Verpflichtung einer Person auf der anderen Seite.

Über den begriffsprägenden **Inhalt des subjektiven Rechts** bestanden und bestehen Meinungsverschiedenheiten. *Windscheid* stellte die Willensmacht oder *Willensherrschaft* in den Vordergrund, während *Ihering* den *Zweck* des Rechts hervorhob und daher das subjektive Recht als „geschütztes Interesse" definierte. Doch gehört beides zusammen: das subjektive Recht ist **Zuweisung einer Willensmacht zum Schutz eines bestimmten Interesses**.

Vom Begriff des subjektiven Rechts ist der Begriff des **Rechtsverhältnisses** zu unterscheiden. Unter einem Rechtsverhältnis versteht man eine rechtlich geregelte Beziehung einer Person zu einer anderen Person oder zu einem Sachgut. Das Rechtsverhältnis kann in einem *einzelnen* subjektiven Recht bestehen, doch ist das Rechtsverhältnis der weitere Begriff. Ein Rechtsverhältnis kann mehrere subjektive Rechte umfassen. Dies gilt vor allem für die **Schuldverhältnisse** (s. Rdnr. 80) als Rechtsverhältnisse. So begründet z.B. der Kaufvertrag ein Schuldverhältnis, aus dem sich sowohl das subjektive Recht (der Anspruch) des Verkäufers auf Zahlung des Kaufpreises als auch das subjektive Recht des Käufers auf Lieferung der verkauften Sache ergibt. Darüber hinaus können aus dem Kaufvertrag weitere subjektive Rechte hervorgehen. So kann etwa ein Sachmangel zu Ansprüchen des Käufers auf Nacherfüllung oder Schadensersatz oder auch zu einem Rücktrittsrecht führen.

2. Absolute und relative Rechte

199 Die subjektiven Rechte können in verschiedener Weise eingeteilt werden. Die wichtigste Unterscheidung betrifft absolute und relative Rechte[3].

200 Das Eigentum ist **gegenüber jedermann geschützt**. Es ist daher ein absolutes Recht. Den Gegensatz bilden Rechte, die sich **nur gegen eine einzelne Person** richten und nur dieser gegenüber geltend gemacht werden können, d.h. relative Rechte. Hierzu gehören vor allem die **Ansprüche**, wie sie in der Legaldefinition in § 194 Abs. 1 umschrieben sind. So ist etwa die Forderung des Verkäufers auf Zahlung des Kaufpreises ein relatives subjektives Recht, da sie nur gegen den Käufer gerichtet ist. Dritte Personen können ein solches relatives Recht seinem Inhalt nach nicht verletzen.

201 Aus dem **Eigentum** oder aus sonstigen absoluten Rechten können **Einzelansprüche** erwachsen, die ihrerseits relative Rechte darstellen. Wird eine Sache schuldhaft zerstört oder beschädigt, so ist der Anspruch des Eigentümers gegen den Täter auf Schadensersatz (§ 823 Abs. 1) ein relatives Recht.

3. Arten der absoluten Rechte

202 Die absoluten Rechte kann man in folgende Arten unterteilen:
a) **Herrschaftsrechte an Sachen** (Eigentum, Pfandrecht, dingliches Nießbrauchsrecht usw.)
b) **Persönlichkeitsrechte** (allgemeines Persönlichkeitsrecht, besondere Persönlichkeitsrechte wie z.B. das Namensrecht, § 12, und das Recht am eigenen Bild, § 22 KunstUrhG).
c) **Immaterialgüterrechte** (Herrschaftsrechte an unkörperlichen Gütern: Urheberrecht, Patentrecht).

4. Gestaltungsrechte

203 Neben den absoluten und den relativen Rechten gehören zu den subjektiven Rechten auch die **Gestaltungsrechte**. Zu nennen ist beispielsweise das Recht zur **Anfech-**

---

[3] Zum Teil werden weitere Arten von subjektiven Rechten genannt, z.B. die Anwartschaftsrechte, Aneignungsrechte und Mitwirkungsrechte (letztere im Vereins- und Gesellschaftsrecht).

tung eines durch Irrtum oder Täuschung zustande gekommenen Rechtsgeschäfts oder auch das **Kündigungsrecht** (bei einem Miet- oder Arbeitsvertrag) sowie vertragliche und gesetzliche **Rücktrittsrechte**. Diese Rechte heißen Gestaltungsrechte, weil sie dem Berechtigten die Macht einräumen, durch einseitige Erklärung die Rechtslage zu ändern, beispielsweise einen Vertrag zu beenden. Die Gestaltungsrechte lassen sich nicht ohne weiteres in das Schema absolute oder relative Rechte einordnen. Ihre Wirkungen können sich nämlich entweder auf absolute oder relative Rechte beziehen. So kann eine Anfechtung mit der Folge der rückwirkenden Vernichtung des Rechtsgeschäfts (§ 142 Abs. 1) sowohl einen schuldrechtlichen Vertrag als auch ein dingliches Geschäft, etwa eine Übereignung nach § 929, betreffen. Für eine Zuordnung zu den relativen Rechten lässt sich anführen, dass die Anfechtung, Kündigung usw. in der Regel durch den Berechtigten gegenüber einem bestimmten Erklärungsgegner zu erfolgen hat, s. etwa zur Anfechtung einer Willenserklärung wegen Irrtums Rdnr. 647. Man kann aber die Gestaltungsrechte auch als besondere Gruppe neben die absoluten und die relativen Rechte stellen oder sie als Hilfsrechte jeweils den absoluten oder relativen Rechten zuordnen, auf deren Gestaltung sie sich beziehen.

VII. Die Rechte des Besitzers

Beispiel: Alwine hat ein Fahrrad von Bettina für einige Tage geliehen. Sie lehnt es unversperrt gegen eine Hausmauer und geht in ein Geschäft, um einzukaufen. Als sie zurückkommt, steigt Claudia gerade auf und will davonfahren.
a) Darf Alwine sie mit Gewalt daran hindern?
b) Wie ist es, wenn Claudia unbemerkt davonfährt und Alwine erst am nächsten Tag feststellt, dass sich das Fahrrad bei Claudia befindet?

1. Zweck des Besitzschutzes

Im Beispielsfall kann Alwine keine Rechte aus Eigentum geltend machen. Der Leihvertrag (§ 598) gibt ihr nur Rechte gegenüber Bettina. Sie ist aber gemäß § 854 Abs. 1 **unmittelbare Besitzerin** des Fahrrades, und auch der Besitz ist rechtlich geschützt. Der Sinn des Besitzschutzes besteht in der **Erhaltung des Rechtsfriedens** durch den Schutz der gegenwärtigen Lage, nämlich der bestehenden tatsächlichen Herrschaftsmacht über eine Sache. Die Hauptauswirkung besteht in einer Verstärkung der Position desjenigen, der aufgrund eines Schuldverhältnisses wie Miete, Pacht, Leihe besitzt, gegenüber dritten Personen.
Die Ansprüche aus Besitz werden **possessorische Ansprüche** im Gegensatz zu den **petitorischen Ansprüchen** (aus Eigentum usw.) genannt.

2. Rechtsstellung des Besitzers im einzelnen

a) Ausgangsbegriffe

Ein Eingriff in den Besitz stellt eine **verbotene Eigenmacht** dar, § 858 Abs. 1. Hieran knüpft der Begriff des **fehlerhaften Besitzes** an, den § 858 Abs. 2 Satz 1 als durch verbotene Eigenmacht erlangten Besitz umschreibt.

b) Selbsthilferechte des Besitzers, § 859

207 Dem Besitzer stehen nach § 859 **Selbsthilferechte** zu, um sich verbotener Eigenmacht zu erwehren. § 859 Abs. 1 gibt dem Besitzer das Recht zur **Besitzwehr**, wobei es sich um einen Fall der Notwehr (dazu allgemein § 227) handelt. § 859 Abs. 2 und 3 erlaubt darüber hinaus die „**Besitzkehr**".

208 Im **Beispiel** (Frage a) sind die Voraussetzungen dieser Rechte gegeben. Alwine darf also Claudia mit Gewalt am Wegfahren hindern; sie darf sie sogar verfolgen und ihr das Fahrrad wieder abnehmen.

c) Anspruch auf Wiedereinräumung des Besitzes, § 861

209 Im **Beispiel** (Frage b) sind die Voraussetzungen des § 859 Abs. 1 oder Abs. 2 (auf frischer Tat betroffener oder verfolgter Täter) nicht mehr gegeben. Hier darf also Alwine der Claudia das Fahrrad nicht mehr mit Gewalt abnehmen. Sie hat aber nach § 861 einen **Anspruch auf Wiedereinräumung des Besitzes**. Diesen Anspruch kann sie mit Hilfe der Gerichte durchsetzen, was freilich mit einigem Zeitaufwand verbunden sein wird. Da aber das Verhalten der Claudia nicht nur zivilrechtlich verboten ist, sondern darüber hinaus eine Straftat (Diebstahl) darstellt, kann sich Alwine (am besten mit der Eigentümerin zusammen) auch an die Polizei wenden und diese zum Einschreiten auffordern.

d) Anspruch auf Beseitigung oder Unterlassung von Störungen des Besitzes, § 862

Beispiel: Frau Ruh wird immer wieder durch nächtliches Klavierspiel aus der angrenzenden Wohnung des Herrn Laut aus dem Schlaf gerissen. Frau Ruh und Herr Laut haben ihre Wohnungen von Eigen gemietet. Kann Frau Ruh gegen Herrn Laut vorgehen?

210 Rechte aus Eigentum stehen Frau Ruh gegen Herrn Laut nicht zu. Auch aus dem Mietvertrag ergeben sich keine Ansprüche gegen Laut, denn als schuldrechtlicher Vertrag wirkt der Mietvertrag nur relativ, begründet also Ansprüche und Verpflichtungen nur zwischen Ruh und Eigen. Denkbar wäre nur, dass Frau Ruh gegen Eigen einen mietvertraglichen Anspruch darauf hat, dass Eigen den Laut zu weniger ruhestörendem Verhalten veranlasst. Neben diesem mittelbaren Weg hat aber Frau Ruh gegen Herrn Laut aufgrund ihres **Besitzes an der Wohnung** einen **unmittelbaren Anspruch auf Unterlassung der Störung** nach § 862 Abs. 1 Satz 2[4].

---

[4] Außerdem kommen Ansprüche aus § 823 Abs. 1 in Betracht, da die h.M. den berechtigten Besitz als sonstiges Recht i.S. dieser Vorschrift ansieht. – Die Erregung unzulässigen Lärms kann auch eine Ordnungswidrigkeit nach § 117 OWiG darstellen. Ordnungswidrigkeiten sind aber nur nach pflichtgemäßem Ermessen zu verfolgen, § 47 Abs. 1 Satz 1 OWiG. Es wird daher von den Umständen des Einzelfalles abhängen, ob die Polizei Frau Ruh zu Hilfe kommen würde.

2. Abschnitt: Grundbegriffe des Bürgerlichen Rechts

Kontrollfragen und Fälle zu § 7

1) Besitz ist die .... Sachherrschaft; Eigentum ist die .... Herrschaftsmacht über eine Sache.

2) Glück wohnt in einem Haus, das er von seinem Onkel geerbt hat. Ist Glück Eigentümer oder Besitzer des Hauses?

3) Nennen Sie die Voraussetzungen des Eigentumsherausgabeanspruchs!

4) A hat auf seinem Grundstück ein Wohnhaus errichten lassen. Nach Fertigstellung des Rohbaus stellt der Nachbar B fest, dass eine Ecke des Hauses ca. 1 m innerhalb seines Grundstücks steht. Dies geht auf leichte Fahrlässigkeit des A zurück. B fragt, ob er die Beseitigung dieser Mauerteile verlangen oder sonstige Rechte gegen A geltend machen könne. Wie ist die Rechtslage? (Die maßgebende Vorschrift finden Sie im Bereich der §§ 903 bis 924!)

5) Da das Eigentum gegenüber .... geschützt ist, wird es als .... Recht bezeichnet. Der Anspruch des Käufers gegen den Verkäufer auf Lieferung der gekauften Sache (§ ....) ist ein .... Recht, da er sich nur gegen den ...., nicht gegen .... richtet.

6) Die Übertragung des Eigentums an einer beweglichen Sache erfolgt durch .... und ...., § .... BGB.

7) Was bedeutet Übergabe im Sinne des § 929 Satz 1 BGB?

§ 7 Besitz und Eigentum sowie die Arten der subjektiven Rechte

8) Die Übereignung eines Grundstücks erfolgt durch .... und ...., § .... BGB.

9) Braun hat bei einem Einbruch im Laden des Schwarz einen Fotoapparat erbeutet. Er verkauft ihn an den Gebrauchtwarenhändler Billig, der ihn seinerseits an Redlich weiterverkauft. Billig erklärt dem Redlich, die Kamera stamme aus einem Nachlass, den er erworben habe. Kann Schwarz von Redlich den Fotoapparat herausverlangen?

Lösungen

211 1) Besitz ist die *tatsächliche* Sachherrschaft; Eigentum ist die *rechtliche* Herrschaftsmacht über eine Sache.

212 2) Glück ist sowohl Eigentümer als auch Besitzer des Hauses.

213 3) Die Voraussetzungen sind nach § 985: 1. Eigentum des Gläubigers. 2. Besitz des Schuldners. Hinzu kommt nach § 986: 3. Kein Recht des Schuldners zum Besitz.

214 4) Einem Beseitigungsanspruch des B aus § 1004 Abs. 1 steht die Duldungspflicht nach § 912 Abs. 1 entgegen (§ 1004 Abs. 2), da A nur leicht fahrlässig gehandelt hat und B nicht vor oder sofort nach der Grenzüberschreitung Widerspruch erhoben hat – er hätte damit nicht bis zur Fertigstellung des Rohbaus warten dürfen. B kann aber nach § 912 Abs. 2 Satz 1 Entschädigung in Form einer Geldrente verlangen. Die Höhe richtet sich nach den Verhältnissen zum Zeitpunkt der Grenzüberschreitung (so ist § 912 Abs. 2 Satz 2 zu verstehen).

215 5) Da das Eigentum gegenüber *jedermann* geschützt ist, wird es als *absolutes* Recht bezeichnet. Der Anspruch des Käufers gegen den Verkäufer auf Lieferung der gekauften Sache (*§ 433 Abs. 1 Satz 1*) ist ein *relatives* Recht, da er sich nur gegen den *Verkäufer*, nicht gegen *Dritte* richtet.

216 6) Die Übertragung des Eigentums an einer beweglichen Sache erfolgt durch *Einigung* und *Übergabe, § 929 Satz 1*.

217 7) Übergabe bedeutet die Erlangung des unmittelbaren[1] Besitzes auf Veranlassung des bisherigen Eigentümers.

218 8) Die Übereignung eines Grundstücks erfolgt durch *Auflassung* und *Eintragung in das Grundbuch, § 873 Abs. 1, § 925 Abs. 1*.

219 9) Anspruchsgrundlage ist § 985. Voraussetzung ist, dass Schwarz weiterhin das Eigentum an dem Fotoapparat zusteht. Die Übereignung durch Braun an Billig war nicht nach § 929 wirksam, da Braun nicht Eigentümer war. Ein gutgläubiger Erwerb durch Billig (§ 932 Abs. 1) scheitert wohl schon daran, dass Billig die Zusammenhänge erkannt hat, wie sich aus seinen späteren unwahren Angaben gegenüber Redlich ergibt. Billig war dann nicht gutgläubig i.S. des § 932 Abs. 2. Jedenfalls steht aber § 935 Abs. 1 Satz 1 einem gutgläubigen Erwerb entgegen, da der Fotoapparat dem Eigentümer gestohlen worden war. Aus demselben Grund konnte auch Redlich das Eigentum nicht nach § 932 erwerben. Redlich ist Besitzer des Fotoapparats, so dass auch die zweite Voraussetzung des § 985 erfüllt ist. Der Anspruch wäre nach § 986 Abs. 1 Satz 1 ausgeschlossen, wenn Redlich ein Recht zum Besitz gegenüber Schwarz hätte. Redlich hat zwar mit Billig einen Kaufvertrag abgeschlossen, doch wirkt dieser Vertrag nur relativ, d.h. im Verhältnis zu Billig. Gegenüber Schwarz lässt sich daraus kein Recht zum Besitz herleiten. Somit ist der Herausgabeanspruch des Schwarz begründet.

---

[1] So im Regelfall. Nach h.M. genügt aber auch die Erlangung des mittelbaren Besitzes durch den Erwerber, wobei der Veräußerer keinerlei Besitz behalten darf. Näher s. Baur/Stürner, Sachenrecht, 17. Aufl. (1999), § 51 Rdnr. 13 ff.; Schwab/Prütting, Sachenrecht, 30. Aufl. (2002), Rdnr. 376 f.

§ 8 Das Abstraktionsprinzip und der Ausgleich nach den Regeln über die ungerechtfertigte Bereicherung

Beispiel: Die Kunstsammlerin Rasch tauscht mit Traut ein Bild gegen eine Madonnenfigur. Beide halten das Bild für eine Kopie. Traut lässt die Figur gleich bei Rasch; das Bild soll am nächsten Tag an Traut gesandt werden. Noch am selben Tag stellt sich heraus, dass das Bild ein wertvolles Original ist. Rasch ruft sogleich den Traut an und erklärt, unter diesen Umständen mache sie den Tausch rückgängig.
a) Welche Ansprüche haben Rasch und Traut gegeneinander?
b) Wie ist es, wenn Rasch (vor Entdeckung des Irrtums) die Figur schon an Drillig verkauft und übereignet hat?

I. Die Trennung zwischen Verpflichtungs- und Verfügungsgeschäft (Trennungsprinzip)

1. Das Verfügungsgeschäft

Das Wesen eines Verfügungsgeschäftes besteht in einer **Änderung der Rechtslage an einem Gegenstand**. Im Beispielsfall stellt die Übertragung des Eigentums an der Madonnenfigur durch Traut an Rasch ein Verfügungsgeschäft dar. Verfügungsgeschäfte sind vor allem die Rechtsgeschäfte des Sachenrechts, also neben der **Übereignung** beweglicher Sachen oder unbeweglicher Sachen auch die **Verpfändung** einer beweglichen Sache oder die **Belastung eines Grundstücks** durch Bestellung einer Grundschuld oder einer Hypothek. Aber auch die Änderung bestehender Rechte, z.B. eines Wegerechts, das an einem Grundstück besteht, oder die einvernehmliche Aufhebung eines Rechts, etwa einer Hypothek, gehören zu den Verfügungsgeschäften.

Der Gegenstand, auf dessen Rechtslage das Verfügungsgeschäft einwirkt, braucht keine Sache (dies sind nur körperliche Gegenstände, § 90) zu sein. So kann z.B. der Gläubiger einer Forderung (z.B. auf Zahlung eines Kaufpreises) diese gemäß § 398 Satz 1 durch Vertrag mit einem anderen auf diesen neuen Gläubiger übertragen. Eine solche **Abtretung** ist ebenfalls eine Verfügung, denn es wird dadurch die Rechtslage an der Forderung geändert. Auch im **Erlass einer Forderung** durch den Gläubiger – nach § 397 Abs. 1 bedarf es dazu eines Vertrages mit dem Schuldner – liegt eine Verfügung, nämlich eine Aufhebung des Rechts.

Insgesamt ergibt sich folgende **Definition der Verfügung**:

Eine Verfügung ist ein Rechtsgeschäft, durch das die Rechtslage an einem Gegenstand unmittelbar geändert wird, und zwar durch Übertragung, inhaltliche Änderung, Belastung oder Aufhebung eines Rechts.

2. Verpflichtungsgeschäft als Grundgeschäft

Der **Tausch** zwischen Rasch und Traut im Beispielsfall stellt als **schuldrechtlicher Vertrag** (§ 515) kein Verfügungsgeschäft dar. Er zielt zwar in seiner Zwecksetzung auf den Eigentumswechsel an beiden getauschten Sachen ab, bewirkt diesen aber noch nicht. Vielmehr sind dazu eigene Geschäfte, die jeweilige Übereignung, erforderlich, und erst darin liegen die Verfügungen.

224 Im Gegensatz zu einem Verfügungsgeschäft bewirkt also das **Verpflichtungsgeschäft** nicht schon die Rechtsänderung an einem Gegenstand, sondern begründet erst den **Anspruch** der einen und die **Verpflichtung** der anderen Seite auf Vornahme der Rechtsänderung.

225 Das **Verpflichtungsgeschäft** ist zu **definieren** als ein Rechtsgeschäft, das ein Schuldverhältnis begründet, also mindestens einen Anspruch des einen Teils (des Gläubigers) auf ein Tun oder Unterlassen des anderen Teils (des Schuldners) entstehen lässt.

226 Den Begriff des **Anspruchs** kann man aus § 194 Abs. 1 (Legaldefinition) entnehmen, während das **Schuldverhältnis** in § 241 Abs. 1 zu finden ist. Statt vom Verpflichtungsgeschäft kann man auch vom schuldrechtlichen oder obligatorischen Geschäft sprechen.

227 Das Verpflichtungsgeschäft stellt regelmäßig die Grundlage der Verfügungsgeschäfte dar. Die Verfügungen erfolgen, um die aus dem Schuldverhältnis resultierenden Verpflichtungen zu erfüllen. Das Verpflichtungsgeschäft ist mit anderen Worten das **Grundgeschäft** oder (gleichbedeutend) **Kausalgeschäft** im Verhältnis zu den Verfügungen. Während die Verfügungen als solche gewissermaßen farblos sind, ergibt sich aus dem Kausalverhältnis, warum, zu welchem Zweck die Verfügung vorgenommen wurde. Die Übereignung einer beweglichen Sache kann z.B. erfolgen, um die Verpflichtung aus einem Kauf- oder Tauschvertrag zu erfüllen, sie kann aber auch vorgenommen werden, um die Sache zu verschenken. Im zweiten Fall liegt der Verfügung ein Schenkungsvertrag nach § 516 als Kausalgeschäft zugrunde.

II. Die Unabhängigkeit des Verfügungsgeschäfts vom Verpflichtungsgeschäft – der Inhalt des Abstraktionsprinzips

228 Im Beispielsfall war die Übereignung der Figur durch Traut erfolgt, um die Verpflichtung aus dem Tauschvertrag (§ 480) zu erfüllen. Rasch hat sich aber bei Abschluss des Tauschvertrages über die Echtheit des Bildes und damit über eine wesentliche Eigenschaft geirrt, und sie hätte ohne diesen Irrtum den Tausch nicht abgeschlossen. Daher konnte sie nach § 119 Abs. 2 ihre Willenserklärung anfechten. Dies geschah durch den Telefonanruf. Durch diese Anfechtungserklärung (§ 143 Abs. 1 u. 2) wurde ihre Willenserklärung und damit auch der Tauschvertrag rückwirkend nichtig, § 142 Abs. 1. Die Übereignung der Figur erfolgte somit ohne wirksames Kausalgeschäft. Dies ist aber für die Wirksamkeit der Übereignung ohne Bedeutung. § 929 stellt nicht auf das Kausalgeschäft ab, und es gibt auch sonst keine Vorschrift, die die Wirksamkeit des Verfügungsgeschäfts generell mit der Wirksamkeit des Verpflichtungsgeschäfts verknüpfen würde.

229 Diese Unabhängigkeit des Verfügungsgeschäfts vom Verpflichtungsgeschäft nennt man das **Abstraktionsprinzip**[1].

---

[1] Ausführlich zum Trennungsprinzip und zum Abstraktionsprinzip Jauernig JuS 1994, 721.

Der **Inhalt des Abstraktionsprinzips** lässt sich in folgendem Satz zusammenfassen: 230
Das Fehlen oder Mängel des Kausalgeschäfts (Verpflichtungsgeschäfts) sind ohne Einfluss auf die Wirksamkeit des Erfüllungsgeschäfts (Verfügungsgeschäfts).

Dabei spielt es keine Rolle, um welchen Unwirksamkeitsgrund es sich im einzelnen handelt. Das Verpflichtungsgeschäft kann wegen Formmangels (§ 125) oder wegen eines Zustandes vorübergehender Störung der Geistestätigkeit (§ 105 Abs. 2) nichtig sein, oder auch, wie im Beispielsfall, durch Anfechtung vernichtet worden sein (§ 142 Abs. 1). Gleichwohl bleiben Verfügungsgeschäfte, die zur Erfüllung des vermeintlich wirksamen Verpflichtungsgeschäfts vorgenommen wurden, als solche wirksam. 231

Anders ist es freilich, wenn derselbe Mangel, der dem Verpflichtungsgeschäft anhaftet, auch bei dem Verfügungsgeschäft als solchem vorliegt (**Mangelidentität**). Wenn ein beschränkt geschäftsfähiger Minderjähriger ohne Zustimmung der Eltern als gesetzlicher Vertreter einen Tauschvertrag abschließt und auch gleich durch Übereignung erfüllt, so sind sowohl das Verpflichtungsgeschäft als auch das Verfügungsgeschäft (die Übereignung) nach §§ 106 ff. (zu den Einzelheiten s. Rdnr. 350 ff.) unwirksam. Das liegt aber nicht daran, dass der Mangel beim Verpflichtungsgeschäft hier auf das Verfügungsgeschäft durchschlagen würde, sondern dass beim Verfügungsgeschäft – obwohl es getrennt zu beurteilen ist – derselbe Mangel (die beschränkte Geschäftsfähigkeit) auftritt. 232

III. Der bereicherungsrechtliche Ausgleich

1. Grundgedanke

Wegen des Abstraktionsgrundsatzes hat das Fehlen des Kausalgeschäfts keine dinglichen Ansprüche zur Folge: Im Beispielsfall ist Rasch nach § 929 Satz 1 durch Einigung und Übergabe Eigentümerin der Figur geworden; Traut kann diese also nicht gemäß § 985 zurückverlangen. Diese dingliche Rechtslage ist aber letztlich nicht gerechtfertigt. Rasch hat etwas (das Eigentum) erlangt, was ihr an sich nicht zusteht, da der Tauschvertrag nichtig geworden ist. Der Ausgleich erfolgt in solchen Fällen durch die Vorschriften über die **ungerechtfertigte Bereicherung** (gleichbedeutend: **Kondiktion**). Zwar bleibt die dingliche Rechtslage aufgrund des Abstraktionsprinzips vom Fehlen bzw. von der Fehlerhaftigkeit des Kausalgeschäfts unberührt, aber derjenige, der eine Leistung erbracht hat, ohne dazu verpflichtet zu sein, erhält einen schuldrechtlichen Anspruch auf Rückgewähr, eben den Bereicherungsanspruch. Das Kausalgeschäft stellt somit den Wertmesser dafür dar, ob die eingetretene Rechtsänderung auch gerechtfertigt ist und damit in ihrer vermögensverschiebenden Wirkung bei Bestand zu bleiben hat. 233

2. Bereicherungsanspruch aus § 812 Abs. 1 Satz 1

234 Auch im Bereicherungsrecht müssen die Anspruchsvoraussetzungen jeweils genau geprüft werden. Es besteht nicht etwa ein genereller Ausgleichsanspruch bei unbilliger Vermögensverschiebung.

a) Voraussetzungen des Anspruchs

235 Innerhalb des § 812 Abs. 1 Satz 1 ist zwischen der **Leistungskondiktion** und der **Kondiktion wegen sonstiger Bereicherung** sorgfältig zu unterscheiden, weil die Anspruchsvoraussetzungen jeweils verschieden sind. Für die Leistungskondiktion ist erforderlich, dass der Empfänger etwas durch eine Leistung ohne rechtlichen Grund erlangt hat.

236 Das ist im Beispielsfall gegeben, so dass Traut bei Frage a) die Figur nach § 812 Abs. 1 Satz 1 (Leistungskondiktion) von Rasch zurückverlangen kann. Auch bei Frage b), also wenn die Figur bereits an Drillig weiterveräußert ist, kommt nur ein Anspruch des Traut gegen Rasch in Betracht (näher s. Rdnr. 241). Dagegen hat Traut keinen Anspruch gegen Drillig aus § 812 Abs. 1 Satz 1 (Leistungskondiktion). Der Grund liegt darin, dass Traut an Rasch, nicht an Drillig geleistet hat. Traut kann auch nicht etwa einen Anspruch wegen Bereicherung in sonstiger Weise gegen Drillig geltend machen. Dem steht der Grundsatz des **Vorrangs der Leistungskondiktion** entgegen: ein durch Leistung weggegebener Vermögenswert kann bereicherungsrechtlich grundsätzlich nur durch Leistungskondiktion zurückverlangt werden.

237 Wichtig ist daher der **Begriff der Leistung**, den man sich (wenngleich die Einzelheiten des Bereicherungsrechts hier nicht dargestellt werden können) gleich einprägen sollte: Man versteht darunter eine bewusste und zweckgerichtete Vermehrung fremden Vermögens.

238 Im Beispielsfall, Frage b, scheidet übrigens auch ein Bereicherungsanspruch der Rasch gegen Drillig aus. Hier ist zwar eine Leistung (die Übereignung der Figur von Rasch an Drillig) erfolgt, aber nicht ohne rechtlichen Grund, da zwischen Rasch und Drillig ein wirksamer Kaufvertrag vorliegt.

b) Inhalt des Anspruchs

239 Der Bereicherungsanspruch nach § 812 Abs. 1 Satz 1 ist auf **Herausgabe des Erlangten** (nicht auf Schadensersatz!) gerichtet. Dabei ist jeweils genau zu prüfen, worin das erlangte „etwas" im Sinne dieser Vorschrift besteht.

240 Im **Beispielsfall** (Frage a) hat Rasch sowohl den unmittelbaren Besitz als auch das Eigentum an der Figur erlangt. Sie ist daher nicht bloß zur Rückgabe (der Wiedereinräumung des Besitzes), sondern zur Rückübereignung an Traut verpflichtet. Die Rückübereignung muss durch ein erneutes Verfügungsgeschäft nach § 929 Satz 1 erfolgen.

241 Im **Beispielsfall** (Frage b) kann Rasch das Erlangte nicht mehr herausgeben. Hier steht dem Traut nach § 818 Abs. 2 ein Anspruch auf Wertersatz zu. Allerdings entfällt ein derartiger Anspruch, wenn der Empfänger nicht mehr bereichert ist, § 818

Abs. 3. Davon ist im Beispiel aber nicht auszugehen, da Rasch noch durch den Erlös bereichert ist, den sie von Drillig für die Figur erhalten ist.

Dass sich der Bereicherte auf den **Wegfall der Bereicherung** berufen kann, gilt im übrigen nicht in allen Fällen. Wenn er den Mangel des rechtlichen Grundes (etwa das Fehlen oder die Unwirksamkeit des Grundgeschäftes) kannte, so haftet er nach § 819 Abs. 1 i.V.m. § 818 Abs. 4, § 292, § 989 bei verschuldeter Unmöglichkeit der Herausgabe auf Schadensersatz.

IV. Zur Bewertung des Abstraktionsprinzips

Das Abstraktionsprinzip des BGB ist häufig kritisiert und – vor allem wegen der Aufspaltung des einheitlichen Lebensvorgangs selbst bei einem Barkauf – als lebensfremd bezeichnet worden. Es ist nicht etwa durch die Natur der Sache vorgegeben. So ist ausländischen Rechtsordnungen eine derart strikte Trennung von schuldrechtlichem und dinglichem Geschäft weitgehend fremd[2]. Im englischen Recht führt bei beweglichen Sachen schon der Kaufvertrag zum Eigentumsübergang, wenn keine abweichenden Parteivereinbarungen getroffen werden. Im französischen Recht gilt das Einheitsprinzip in dem Sinne, dass schon der Kaufvertrag das Eigentum an der verkauften Sache überträgt (Art. 1138 Abs. 2 und Art. 1583 Code civil). Eine solche Regelung entspricht wohl mehr der lebensmäßigen Auffassung. Der Käufer erhält bei dieser Lösung frühzeitig einen Schutz auch gegenüber Dritten. Wenn allerdings ein gutgläubiger Dritter den Besitz zuerst erlangt, so geht sein Schutz auch nach französischem Recht vor. Auch das französische Recht lässt es im übrigen zu, durch Parteivereinbarung den Eigentumserwerb hinauszuschieben, etwa bis zur vollständigen Bezahlung der Kaufpreisforderung.

Welche Regelungen sich im einzelnen im Rahmen einer möglichen europäischen Rechtsvereinheitlichung durchsetzen werden, bleibt abzuwarten. Man sollte nicht verkennen, dass die Regelung des BGB bei genauerer Betrachtung auch beträchtliche Vorteile aufweist[3]. Sie sorgt für **Rechtsklarheit** beim Eigentumsübergang, der erst durch Besitzwechsel bzw. Grundbucheintragung eintritt, dann aber nicht mit den Unwägbarkeiten des Grundgeschäfts belastet ist. Dies kommt dem nächsten Erwerber zugute, der sich auf die Wirksamkeit der Übereignung verlassen kann, und dient damit insgesamt der Sicherheit des Rechtsverkehrs. Beim Eigentumsvorbehalt ermöglicht die Unterscheidung zwischen dem unbedingten Kaufvertrag und der bedingten Übereignung klare und sachgerechte Lösungen.

---

[2] Zum Vergleich mit ausländischen Regelungen und zur Bewertung des Abstraktionsprinzips vgl. Larenz, Schuldrecht, Besonderer Teil, 1. Halbbd., 13. Aufl. (1986), § 39 II d; Fikentscher, Schuldrecht, 9. Aufl. (1997), § 66 II 3.

[3] Vgl. Stadler, Gestaltungsfreiheit und Verkehrsschutz durch Abstraktion (1996), 728 ff., die auch davor warnt (S. 742), den Abstraktionsgrundsatz im Rahmen einer europäischen Rechtsvereinheitlichung voreilig zu opfern.

§ 8 Das Abstraktionsprinzip und der bereicherungsrechtliche Ausgleich

Kontrollfragen und Fälle zu § 8

1) Verfügungen sind ...., die unmittelbar auf die Rechtslage an einem Gegenstand einwirken, sei es durch ...., ... oder .... eines Rechts.

2) Welche der folgenden Rechtsgeschäfte sind Verfügungsgeschäfte?
   – Sicherungsübereignung eines Warenlagers
   – Miete einer Wohnung
   – Eröffnung eines Kontos bei einer Bank
   – Bestellung einer Hypothek
   – Abtretung eines Kaufpreisanspruchs

3) Was versteht man unter dem Abstraktionsprinzip?

4) Infolge eines Rechenfehlers erhält Glücklich 30 € Lohn zuviel überwiesen. Glücklich, dessen Lohn wegen variabler Arbeitszeiten immer etwas schwankt, freut sich über den guten Verdienst und kauft für 30 € vier Flaschen Wein, die er sich sonst nicht geleistet hätte. Eine Flasche schenkt er seinem Freund Friedlich; die übrigen Flaschen werden bald getrunken. Als der Fehler entdeckt wird, soll Glücklich das Geld zurückzahlen. Ist er dazu verpflichtet? Muss Friedlich etwa die Flasche Wein herausgeben?

Lösungen

245 1) Verfügungen sind *Rechtsgeschäfte*, die *unmittelbar* auf die Rechtslage an einem Gegenstand einwirken, sei es durch *Übertragung, inhaltliche Änderung, Aufhebung* oder *Belastung* eines Rechts.

246 2) Verfügungsgeschäfte sind von den genannten Rechtsgeschäften: Sicherungsübereignung eines Warenlagers, Bestellung einer Hypothek, Abtretung eines Kaufpreisanspruchs.

247 3) Das Abstraktionsprinzip bedeutet: Die Wirksamkeit des Verfügungsgeschäfts ist unabhängig vom Fehlen und von Mängeln des Verpflichtungsgeschäfts.

248 4) *I. Anspruch des Arbeitgebers gegen Glücklich auf Rückzahlung von 30 € aus § 812 Abs. 1 Satz 1 (Leistungskondiktion)*

Glücklich hat die 30 € durch Leistung des Arbeitgebers ohne rechtlichen Grund erlangt und war daher gemäß § 812 Abs. 1 Satz 1 (Leistungskondiktion) zur Herausgabe verpflichtet. Auch nachdem er das Geld ausgegeben hat, ist Glücklich nach § 818 Abs. 2 zum Wertersatz verpflichtet[1]. Gemäß § 818 Abs. 3 entfällt aber die Verpflichtung, wenn Glücklich nicht mehr bereichert ist. Das ist mittlerweile durch Verschenken der einen Flasche und Trinken der drei anderen geschehen. Da Glücklich ohne den Erhalt der 30 € den Wein nicht gekauft hätte, liegt auch keine Bereicherung aufgrund ersparter Aufwendungen vor. Glücklich kannte den Mangel des rechtlichen Grundes bis zum Zeitpunkt des Wegfalls der Bereicherung nicht, so dass auch keine verschärfte Haftung nach § 819 Abs. 1 eingreift. Glücklich ist somit nicht zur Zahlung verpflichtet.

249 *II. Anspruch des Arbeitgebers gegen Friedlich auf Herausgabe der Flasche Wein*

1. Aus § 812 Abs. 1 Satz 1 (Leistungskondiktion)

Hier fehlt es schon an einem Erwerb des Friedlich durch eine Leistung des Arbeitgebers.

250 *2. Aus § 822*

Da Friedlich die Flasche Wein unentgeltlich von Glücklich erhalten hat, kommt eine Herausgabepflicht aus § 822 in Betracht. Glücklich ist, wie bereits ausgeführt, aufgrund der Schenkung an Friedlich nicht mehr zum Wertersatz für die Bereicherung an den Arbeitgeber verpflichtet. Allerdings hat Glücklich nicht das ursprünglich Erlangte, die 30 €, an Friedlich verschenkt, sondern eine der dafür gekauften Flaschen Wein. Aber auch insoweit greift der Zweck des § 822 ein, wonach der unentgeltliche Erwerber als nicht schutzwürdig betrachtet wird, wenn durch die unentgeltliche Zuwendung der Bereicherungsanspruch des Gläubigers gegen den ursprünglichen Empfänger der Bereicherung entfallen ist.

251 Zweifeln kann man über den Inhalt der Verpflichtung des Friedlich. Der Anspruch des Arbeitgebers gegen Glücklich hatte sich schon beim Kauf des Weines durch Glücklich in einen Anspruch auf Wertersatz, nicht auf Herausgabe des Weines verwandelt, § 818 Abs. 2. Daher ist auch der Anspruch gegen Friedlich auf Wertersatz, also auf Zahlung von 7,50 €, gerichtet, doch wird man dem Friedlich analog § 818 Abs. 3 das Recht zuzugestehen haben, sich durch Herausgabe der Flasche zu befreien, weil er darüber hinaus nicht bereichert ist[2].

---

[1] § 818 Abs. 1 ist nicht einschlägig, da die vier Flaschen Wein einen rechtsgeschäftlichen Erlös darstellen und nicht als Ersatz für Zerstörung usw. erworben wurden.

[2] Vgl. Palandt/Sprau § 822 Rdnr. 3.

§ 9 Unerlaubte Handlungen

Beispiel: A verzehrt auf der Straße eine Banane und wirft die Schale auf den Bürgersteig. Die Handelsvertreterin B ist in ein angeregtes Gespräch vertieft, sieht die Bananenschale nicht, rutscht darauf aus und bricht sich den Knöchel. Kann sie Ansprüche gegen A geltend machen?

I. Allgemeines

Schadensersatzansprüche können sich nicht nur aus rechtsgeschäftlichen Beziehungen, vor allem aus Verträgen, ergeben, sondern auch unmittelbar aus dem Gesetz. Dabei spielt vor allem das **Deliktsrecht** (das Recht der **unerlaubten Handlungen**) eine wesentliche Rolle. Eine deliktsrechtliche Haftung setzt voraus, dass eine der in den §§ 823 ff. tatbestandlich näher umrissenen Anspruchsgrundlagen erfüllt ist. Es gibt im deutschen Privatrecht keine generelle Bestimmung des Inhalts, dass derjenige, der einen anderen schuldhaft schädigt, Ersatz leisten müsse.

Der Grundgedanke des Deliktsrechts ist die Haftung für Unrecht. Daher sind regelmäßig **Rechtswidrigkeit** und **Verschulden** erforderlich. Anders ist es in den Fällen der **Gefährdungshaftung**. Dort erfolgt eine Risikozurechnung grundsätzlich ohne Rücksicht auf das Verschulden. So haftet etwa nach § 7 Straßenverkehrsgesetz (StVG) der Halter eines Kraftfahrzeugs für den beim Betrieb entstandenen Schaden, auch wenn er ihn nicht verschuldet hat. Das Produkthaftungsgesetz (ProdHaftG) ordnet eine vom Verschulden unabhängige Haftung des Herstellers für Schäden an, die durch ein fehlerhaftes Produkt verursacht wurden.

Mehrere Ansprüche, die auf den Ersatz desselben Schadens gerichtet sind, können nebeneinander bestehen. Man spricht dann von einer **Anspruchskonkurrenz**, während der Ausdruck **Gesetzeskonkurrenz** bedeutet, dass eine Anspruchsgrundlage die andere ausschließt. Die vertragliche Haftung und die Deliktshaftung schließen sich gegenseitig keineswegs aus. Sachverhalte, in denen beides nebeneinander eingreift, sind sogar recht häufig, so dass man auch bei der Fallbearbeitung stets an beides denken sollte. Innerhalb des Deliktsrechts können z.B. Ansprüche aus § 823 Abs. 1, § 823 Abs. 2 und § 826 nebeneinander bestehen. Eine Gesetzeskonkurrenz finden wir dagegen bei § 839 (i.V.m. Art. 34 GG) im Verhältnis zu § 823, dessen Anwendung neben § 839 ausgeschlossen ist.

II. Ansprüche aus § 823 Abs. 1

1. Voraussetzungen

a) Verletzung eines der genannten Rechte oder Rechtsgüter

§ 823 Abs. 1 zählt eine Reihe bestimmter Rechte und Rechtsgüter auf, aus deren Verletzung sich Schadensersatzansprüche ergeben können. Daneben verwendet das Gesetz den allgemeinen Ausdruck „sonstiges Recht". Hierzu sollte man sich von Anfang an einprägen, dass als „**sonstiges Recht**" im Sinne des § 823 Abs. 1 **nur abso-**

lute Rechte (also gegenüber jedermann geschützte Rechte) in Frage kommen. Dagegen fallen schuldrechtliche Ansprüche nicht unter § 823 Abs. 1, da sie nur relativen Charakter haben. Auch das **Vermögen** ist als solches **kein sonstiges Recht**. Es ist genau genommen überhaupt kein Recht, sondern ein Sammelbegriff, nämlich der Inbegriff der geldwerten Rechte, die einer Person zustehen.

b) Rechtswidrigkeit

256 Neben der Verletzung eines Rechts oder Rechtsgutes setzt der Schadensersatzanspruch aus § 823 Abs. 1 die **Rechtswidrigkeit** der Verletzung voraus. Die Rechtswidrigkeit bedarf im allgemeinen keiner besonderen Begründung; sie folgt in der Regel aus der Rechts- oder Rechtsgutsverletzung. Anders ist es jedoch, wenn dem Täter ein **Rechtfertigungsgrund** zusteht, wenn er also z.B. in **Notwehr** (§ 227 Abs. 1) gehandelt hat (näher s. Rdnr. 1176). Zur Rechtfertigung führt auch die **Einwilligung** des Verletzten, soweit es sich um ein verzichtbares Rechtsgut handelt.

c) Verschulden

257 Der Täter muss **vorsätzlich** oder **fahrlässig** gehandelt haben, wobei für die Fahrlässigkeit die Definition in § 276 Abs. 2 gilt. Danach kommt es darauf an, ob die im Verkehr erforderliche Sorgfalt außer Acht gelassen wurde.

258 Im **Beispiel** ist Fahrlässigkeit des A zu bejahen; um andere nicht zu gefährden, darf man nach allgemeiner Auffassung gerade Bananenschalen nicht einfach auf den Bürgersteig werfen.

d) Schaden

259 Unter Schaden (der Begriff wird im Gesetz nicht definiert) ist eine **unfreiwillige Einbuße an Rechten oder Rechtsgütern** zu verstehen. Der Begriff des Schadens ist also nicht etwa von vornherein auf einen **Vermögensschaden** (gleichbedeutend: **materiellen Schaden**) beschränkt. Auch die Verletzung der Ehre ist ein Schaden – eine andere Frage ist aber, ob auch für einen solchen **immateriellen Schaden** Ersatz in Geld verlangt werden kann, s. Rdnr. 264.

260 Im **Beispiel** liegt ein Schaden der B in der eingetretenen Körperverletzung, aber auch in den weiteren vermögensrechtlichen Folgen des Unfalls wie etwa im Verdienstausfall (s. Rdnr. 262).

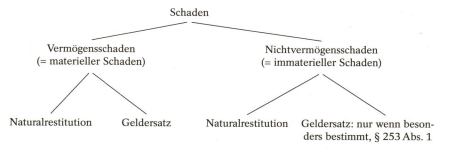

2. Inhalt des Anspruchs

Nach § 249 Abs. 1 gilt der **Grundsatz der Naturalrestitution**. Der Verletzte kann also vom Schädiger verlangen, dass dieser selbst den früheren Zustand wieder herstellt. Das wäre freilich in vielen Fällen für den Verletzten keine optimale Lösung – er will sich lieber selbst um seine Heilung oder auch um eine Reparatur beschädigter Sachen kümmern. Deswegen kann meist an Stelle der Naturalrestitution der **Geldbetrag** verlangt werden, den der Verletzte für die Wiederherstellung des früheren Zustands benötigt. So kann im Beispielsfall B von A nach § 249 Abs. 2 Satz 1 Ersatz der Heilungskosten verlangen.

Zum zu ersetzenden Schaden gehört nach § 252 auch der **entgangene Gewinn**. Im Beispielsfall ist also etwa zu ersetzen, was der Vertreterin B dadurch an Provisionen entgangen ist, dass sie aufgrund eines Krankenhausaufenthalts Geschäftsabschlüsse nicht vornehmen konnte.

Erwähnenswert ist hier auch § 842. Die Vorschrift stellt klar, dass die Nachteile für **Erwerb und Fortkommen einer verletzten Person** Vermögensschäden sind, doch ist auch hier ein konkreter Ausfall, z.B. eine Minderung des künftigen Lohns, nötig. Der Ersatz erfolgt nicht für die Erwerbsaussichten als solche. Im Anwendungsbereich des Entgeltfortzahlungsgesetzes bekommt der Arbeitnehmer zunächst vom Arbeitgeber weiterhin den Lohn bezahlt. Dies entlastet aber den Schädiger nicht, denn nach § 6 des Entgeltfortzahlungsgesetzes geht die Schadensersatzforderung auf den Arbeitgeber über, der sich dann an den Schädiger halten kann (Fall eines gesetzlichen Forderungsübergangs).

Für **immateriellen Schaden** kann nach § 253 Abs. 1 nur dann **Geldersatz** verlangt werden, wenn dies gesetzlich vorgesehen ist. Die wichtigste Ausnahmeregelung dieser Art stellt das sog. **Schmerzensgeld** unter den Voraussetzungen des § 253 Abs. 2 dar. Diese Vorschrift wurde im Jahre 2002 durch das Zweite Gesetz zur Änderung schadensersatzrechtlicher Vorschriften[1] eingefügt und trat an die Stelle des früheren § 847. Anders als nach § 847 aF kann nach § 253 Abs. 2 nicht nur bei deliktischer, sondern auch bei vertraglicher Haftung Schmerzensgeld verlangt werden. Auch in den Fällen der Gefährdungshaftung besteht bei Verletzung des Körpers oder der Gesundheit nunmehr ein Anspruch auf Geldersatz für immaterielle Schäden, so z.B. nach § 11 Satz 2 StVG. Im **Beispiel** kann B nach § 253 Abs. 2 (neben den Heilungskosten und dem Ersatz des Verdienstausfalls) einen Schmerzensgeldbetrag verlangen, dessen Höhe sich nach Art und Umfang der Verletzung richtet. – Zum Geldersatz bei Verletzung des allgemeinen Persönlichkeitsrechts s. Rdnr. 1121.

Der Schadensersatzanspruch kann durch **mitwirkendes Verschulden** des Verletzten gemindert werden oder sogar wegfallen, § 254 Abs. 1 und 2. Dies kommt im Beispielsfall durchaus in Betracht. Wenn man nach den Umständen sagen kann, dass B, hätte sie selbst besser aufgepasst, den Unfall hätte vermeiden können, so wird man den Schaden teilen.

---

[1] Vom 19. Juli 2002, BGBl. I, S. 2674.

III. Weitere Anspruchsgrundlagen[2]

1. Verletzung eines Schutzgesetzes, § 823 Abs. 2 BGB

Beispiel: In einem Zivilprozess des Kling gegen Beck macht der als Zeuge unter Eid vernommene Quack fahrlässigerweise eine falsche, dem Kling ungünstige Aussage. Daraufhin sieht sich Kling veranlasst, mit Beck einen Vergleich zu schließen und von seiner berechtigten Forderung 10 000 € nachzulassen. Als Kling später erfährt, dass Quack falsch ausgesagt hat, verlangt er von diesem Schadensersatz in Höhe von 10 000 €. Mit Recht?

266   Zum Schadensersatz ist auch verpflichtet, wer schuldhaft gegen ein den Schutz eines anderen bezweckendes Gesetz verstößt, § 823 Abs. 2. **Schutzgesetze** im Sinne dieser Vorschrift sind Rechtsnormen, die ein bestimmtes Verhalten gebieten oder verbieten, um dadurch zumindest auch Einzelpersonen in ihren Rechten und Rechtsgütern zu schützen. Entscheidend ist also der **Schutzzweck** der Norm. Den Gegensatz bilden Vorschriften, die *nur* im Interesse der Allgemeinheit erlassen sind.

267   Als Schutzgesetze kommen zahlreiche **strafrechtliche Bestimmungen** in Betracht, etwa § 185 StGB (Beleidigung), § 186 StGB (üble Nachrede), § 123 StGB (Hausfriedensbruch), § 263 StGB (Betrug). Dagegen sind z. B. Devisengesetze oder die Preisangabenverordnung, da sie allein dem allgemeinen Interesse dienen, keine Schutzgesetze im Sinne des § 823 Abs. 2.

268   Im Beispielsfall lässt sich der Anspruch des Kling gegen Quack nicht auf § 823 Abs. 1 stützen, da keines der dort genannten Rechte oder Rechtsgüter verletzt ist. Wie bereits ausgeführt (s. Rdnr. 255), ist das Vermögen als solches kein sonstiges Recht. Jedoch besteht ein Anspruch aus § 823 Abs. 2 i. V. m. § 163 StGB (Strafbarkeit der fahrlässigen Falschaussage unter Eid) als Schutzgesetz. Die Schutzrichtung dieser Norm umfasst nicht nur das Interesse der Allgemeinheit an einem ordnungsgemäßen Verlauf der Rechtspflege, sondern auch den Schutz des einzelnen, dessen Rechtsverfolgung von einer korrekten Aussage abhängt[3].

2. Vorsätzliche sittenwidrige Schädigung, § 826 BGB

Beispiel: Schlau ist in der Einkaufsabteilung des Maschinenbauunternehmens Stahl tätig. Die Zulieferfabrik Bald GmbH zahlt dem Schlau hohe Beträge, damit ihr bevorzugt Aufträge erteilt werden. Die von Bald GmbH gelieferten Produkte sind ca. 15% teurer als gleichwertige Erzeugnisse anderer Konkurrenten. Kann Stahl, als die Sache aufgedeckt wird, von der Bald GmbH Schadensersatz verlangen?

---

[2] Hier werden nur die wichtigsten Anspruchsgrundlagen vorgestellt. Besonders hinzuweisen ist auf zwei durch das Zweite Gesetz zur Änderung schadensersatzrechtlicher Vorschriften (vorige Fn.) neu eingefügte Anspruchsgrundlagen: § 825 (Bestimmung zu sexuellen Handlungen) sowie § 839 a (Haftung des gerichtlichen Sachverständigen für ein unrichtiges Gutachten).

[3] RGZ 59, 236. Das Reichsgericht wies auch auf das Argument aus § 163 Abs. 2 i. V. m. § 158 Abs. 2 StGB hin, wonach eine Berichtigung der Falschaussage verspätet ist (also die Strafbarkeit nicht ausschließt), wenn aufgrund der Aussage bereits ein Nachteil für einen anderen entstanden ist. S. auch zu § 156 StGB (falsche eidesstattliche Versicherung) BGH LM § 823 (Be) BGB Nr. 8.

269 Während § 823 Abs. 1 und Abs. 2 nur ganz bestimmte Verletzungs- und damit Schädigungsarten umfassen, stellt § 826 eine **Generalklausel** dar. Vorausgesetzt ist eine Schädigung durch vorsätzliches sittenwidriges Handeln.

270 **Sittenwidrig** ist nach der berühmten Definition des Reichsgerichts[4], was dem Anstandsgefühl aller billig und gerecht Denkenden widerspricht. Es ist also nicht die isolierte moralische Auffassung des Richters maßgebend. Andererseits sind aber auch Unsitten, die in bestimmten Teilen der Gesellschaft eingerissen sein mögen, nicht zu beachten.

271 Im Beispielsfall verstößt die Zahlung von Schmiergeldern gegen die guten Sitten, auch wenn solches Verhalten (was wir nicht hoffen wollen) etwa eine recht verbreitete Gewohnheit sein sollte.

272 Die Verweisung auf die Sittenwidrigkeit erweckt zunächst den Eindruck, als ob hier außerrechtliche, moralische Maßstäbe entscheidend wären. Zu einem guten Teil handelt es sich aber heute um **rechtliche Wertungen,** die unter Berufung auf die Generalklausel von der Rechtsprechung entwickelt werden. Der Begriff der Sittenwidrigkeit begegnet uns auch in § 138 Abs. 1 (Nichtigkeit sittenwidriger Rechtsgeschäfte), dazu s. Rdnr. 717ff.

273 Im Gegensatz zu § 823 Abs. 1 und 2, die auch bei fahrlässigem Handeln Schadensersatzansprüche gewähren, setzt § 826 **Vorsatz** voraus. Erforderlich ist ein mindestens indirekter (bedingter) Vorsatz (dolus eventualis), d.h. es genügt das Bewusstsein, dass Schaden entstehen könne und das Inkaufnehmen des Schadens. Notwendig ist ferner, dass der Täter die Tatsachen kennt, aus denen sich die Sittenwidrigkeit seines Handelns ergibt. Dagegen ist nicht erforderlich, dass er sich der Sittenwidrigkeit bewusst ist.

274 Da im **Beispiel** die Bald GmbH wusste, wie sie zu den Aufträgen kam und ihr auch bekannt war, dass Stahl aufgrund der höheren Preise geschädigt wurde, sind auch diese subjektiven Erfordernisse gegeben, so dass der Anspruch aus § 826 begründet ist.

3. Haftung für Amtspflichtverletzung, § 839 BGB i.V.m. Art. 34 GG

Beispiel: Grund beantragt bei der zuständigen Verwaltungsbehörde (im Bundesland X) eine Baugenehmigung, um auf seinem Grundstück ein zur Vermietung bestimmtes Bürogebäude errichten zu können. Aufgrund nachlässigen Verhaltens des Behördenangestellten Dröger ist die Akte nicht mehr auffindbar. Auf Nachfragen des Grund teilt Dröger, um sich nicht selbst zu belasten, den wahren Sachverhalt nicht mit, sondern erklärt jeweils, die Sache sei in Bearbeitung, doch müsse sich Grund wegen Überlastung der Behörde gedulden. Erst nach Monaten wird die Angelegenheit aufgeklärt, doch erhält Grund die Baugenehmigung mindestens sechs Monate später, als dies bei regulärem Ablauf zu erwarten gewesen wäre. Grund verlangt von Dröger und vom Land X Schadensersatz, weil die Baupreise inzwischen gestiegen seien und er erst mit einer Verspätung von sechs Monaten Einnahmen aus dem Gebäude erzielen könne. Wie ist die Rechtslage?

---

[4] RGZ 80, 219, 221; übernommen z.B. in BGHZ 10, 228, 232 = NJW 1953, 1665.

275 Aus § 839 Abs. 1[5] scheint sich zunächst ein Anspruch gegen den Beamten persönlich zu ergeben, der seine Amtspflicht gegenüber einem Dritten verletzt hat. Nach Art. 34 Satz 1 GG tritt aber an die Stelle der persönlichen Haftung des Beamten die Haftung des Staates oder der Körperschaft, in deren Diensten der Beamte steht. Als Anspruchsgrundlage sind hier stets § 839 BGB, Art. 34 GG zusammen anzusehen (und zu zitieren). Die **Staatshaftung** ist aus zweierlei Gründen vorgesehen. Zum einen soll dem Geschädigten dadurch ein zahlungsfähiger Schuldner verschafft werden. Zum anderen geht es aber auch um eine Entlastung des Beamten, damit dieser nicht mit übermäßig hohen Risiken behaftet und dadurch vielleicht in seiner Amtsführung beeinträchtigt wird, indem er etwa jeweils den Weg des geringsten Risikos gehen würde. Deswegen kann der Staat auch nur bei vorsätzlichem oder grob fahrlässigem Handeln des Beamten **Rückgriff** gegen diesen nehmen, Art. 34 Satz 2 GG.

276 **Beamter** im Sinne des Art. 34 GG ist jede mit der Wahrnehmung hoheitlicher Aufgaben betraute Person. Es muss sich nicht um einen Beamten im Sinne der Beamtengesetze handeln, so dass die Haftung auch eingreift, wenn ein Verwaltungsangestellter Pflichten im Bereich des öffentlichen Rechts verletzt. Die Haftung nach § 839 i.V.m. Art. 34 GG kommt aber immer nur im Bereich **hoheitlichen Handelns** in Frage, nicht dagegen, wenn sich der Staat am allgemeinen Privatrechtsverkehr beteiligt. Die bereits oben (s. Rdnr. 9ff.) erläuterte Abgrenzung zwischen privatrechtlichen und öffentlichrechtlichen Rechtsverhältnissen gewinnt hier entscheidende Bedeutung.

277 Im Beispielsfall hat Dröger unzweifelhaft auf dem Gebiet des öffentlichen Rechts gehandelt, denn bei der Erteilung einer Baugenehmigung tritt der Staat, hier das Bundesland X, dem Antragsteller als Träger hoheitlicher Gewalt gegenüber. Dass Dröger Angestellter, nicht Beamter ist, steht der Anwendbarkeit des § 839 BGB i.V.m. Art. 34 GG nicht entgegen. Dröger hat dem Grund gegenüber fahrlässig die Amtspflicht zur sorgfältigen Durchführung des Genehmigungsverfahrens[6] verletzt und dadurch den Vermögensschaden des Grund verursacht. Der Anspruch gegen das Bundesland X ist somit begründet.

278 Zusätzliche Voraussetzung des Anspruchs gegen den Staat ist bei lediglich fahrlässigem Handeln des Beamten, dass dem Geschädigten **keine anderweitige Ersatzmöglichkeit** zur Verfügung steht, § 839 Abs. 1 Satz 2. Wenn also ein Dritter den Schaden schuldhaft mitverursacht hat, so haftet dieser allein und kann auch, wenn er den Schaden ersetzt hat, keinen Rückgriff gegen den Staat nehmen. Leistungen der Sozialversicherung, etwa der gesetzlichen Krankenversicherung, sind dagegen keine Ersatzmöglichkeiten i.S. des § 839 Abs. 1 Satz 2, die eine Staatshaftung ausschließen würden. Überhaupt besteht die Tendenz, diese **Subsidiaritätsklausel,** de-

---

[5] In einem Teil der neuen Bundesländer gilt daneben das Staatshaftungsgesetz der DDR (mit wesentlichen Änderungen) als Landesrecht fort, näher s. Palandt/Thomas Art. 232 § 10 EGBGB Rdnr. 3.

[6] Zu den diesbezüglichen Amtspflichten der Baubehörde vgl. Palandt/Thomas § 839 Rdnr. 93 mwN.

ren rechtspolitische Berechtigung zweifelhaft erscheint, jedenfalls eng auszulegen[7]. Im Beispielsfall ist eine anderweitige Ersatzmöglichkeit ohnehin nicht erkennbar.

Soweit die Voraussetzungen des § 839 BGB i.V.m. Art. 34 GG erfüllt sind, kann sich der Geschädigte nur an den Staat, nicht an den Beamten persönlich halten. Er kann auch dann keinen Ersatzanspruch gegen den Beamten aus § 823 Abs. 1 herleiten, wenn (etwa bei einer rechtswidrigen und schuldhaften Körperverletzung durch einen Polizisten) die Voraussetzungen diese Norm an sich gegeben wären. Vielmehr schließt § 839 i.V.m. Art. 34 GG nach seinem Zweck den Rückgriff auf § 823 als allgemeine Vorschrift aus – ein Beispiel für den Grundsatz des Vorrangs einer speziellen Norm vor der allgemeinen Vorschrift. Im Beispiel kommt also ein Anspruch des Grund gegen Dröger nicht in Betracht.

4. Haftung für den Verrichtungsgehilfen, § 831

Beispiel: Malermeister Weiß hat die Erneuerung der Fassade eines Hauses des Eigen übernommen. Beim Abbau des Gerüsts wirft Zorn, ein Arbeiter des Weiß, einige Bretter nach unten und zwar so unachtsam, dass der ordnungsgemäß geparkte Wagen des Schad erheblich beschädigt wird. Zorn war an sich ein zuverlässiger, von Weiß auch eingehend über die nötigen Sicherheitsvorkehrungen unterrichteter Arbeiter, der aber an diesem Tag aufgrund familiären Ärgers ungewöhnlich unkonzentriert war.

a) Kann Schad Schadensersatz von Zorn, Weiß und Eigen verlangen?

b) Wie ist es, wenn Zorn aufgrund seiner Unachtsamkeit einige Fensterscheiben am Haus des Eigen eingeschlagen hat?

a) Bedeutung des Anspruchs gegen den Geschäftsherrn

Im **Beispiel** (Frage a) ist sicher ein Schadensersatzanspruch des Schad gegen den Arbeiter Zorn aus § 823 Abs. 1 (fahrlässige Verletzung des Eigentums) gegeben. Doch ist dieser Anspruch für den Geschädigten oft schwer realisierbar, weil es an einem pfändbaren Vermögen des Arbeiters fehlt oder der Anspruch zumindest nicht in einem Stück durchsetzbar ist. Daher besteht ein erhebliches praktisches Interesse daran, auch den Geschäftsherrn (den Arbeitgeber) auf Ersatz in Anspruch nehmen zu können. Wenn nicht bereits ein Schuldverhältnis (insbesondere ein Vertrag) zwischen dem Geschäftsherrn und dem Geschädigten besteht, kommt ein solcher Anspruch nur unter den Voraussetzungen des § 831 in Betracht.

b) Voraussetzungen des Anspruchs nach § 831

Wichtig ist zunächst der Begriff des **Verrichtungsgehilfen**. Nicht jeder, der für einen anderen, also in dessen Auftrag, tätig wird, ist Verrichtungsgehilfe. Voraussetzung ist vielmehr, dass der Gehilfe bei der Ausführung der Tätigkeit im einzelnen an die Weisungen des Geschäftsherrn gebunden ist. Von einer solchen **Abhängigkeit des Gehilfen vom Geschäftsherrn** geht § 831 Abs. 1 Satz 1 seinem Zweck nach aus.

---

[7] Vgl. Palandt/Thomas § 839 Rdnr. 54.

Arbeitnehmer sind, wenn sie für den Arbeitgeber tätig werden, regelmäßig dessen Verrichtungsgehilfen, da sie aufgrund des Arbeitsverhältnisses dem Direktionsrecht des Arbeitgebers unterliegen. Selbständige Unternehmer und Handwerker sind dagegen nicht Verrichtungsgehilfen im Verhältnis zum Auftraggeber, da sie bei der Ausführung der übernommenen Leistung nicht im einzelnen von den Weisungen des Vertragspartners abhängig sind.

282 Im **Beispiel** (Frage a) ist also der Arbeiter Zorn Verrichtungsgehilfe des Weiß, so dass ein Anspruch des Schad gegen Weiß aus § 831 in Betracht kommt. Dagegen sind weder Zorn noch Weiß Verrichtungsgehilfen des Eigen. Ansprüche des Schad gegen Eigen aus § 831 scheiden aus diesem Grunde aus.

283 Notwendig ist ferner eine widerrechtliche Schadenszufügung. Es muss der **objektive Tatbestand einer unerlaubten Handlung** vorliegen. Dies ist hier gegeben, da durch den Arbeiter der Tatbestand des § 823 Abs. 1 verwirklicht wurde.

284 Dagegen ist ein **Verschulden** des Verrichtungsgehilfen für § 831 grundsätzlich nicht nötig[8]. Es handelt sich vielmehr um eine Haftung für eigenes (allerdings vermutetes, s. Rdnr. 286) Verschulden des Geschäftsherrn.

285 Die Schädigung muss **in Ausführung der Verrichtung** geschehen sein. Es genügt also nicht, wenn der Schaden lediglich *bei Gelegenheit* der Verrichtung zugefügt wurde. Nötig ist ein innerer Zusammenhang. Wenn also hier etwa der Arbeiter während der Arbeitszeit in den PKW des Schad einbrechen würde, so wäre dies nur bei Gelegenheit, nicht in Ausführung der Verrichtung geschehen, und eine Haftung des Weiß nach § 831 käme daher nicht in Betracht.

c) Möglichkeit der Exkulpation

286 Zwar scheint § 831 Abs. 1 Satz 1 eine generelle Verantwortlichkeit des Geschäftsherrn festzulegen, aber gleich der nächste Satz ergibt, dass der Geschäftsherr durchaus Möglichkeiten der Entlastung (der Exkulpation) hat. Genau betrachtet entgeht der Geschäftsherr nach § 831 Abs. 1 Satz 2 der Haftung, wenn er entweder den Nachweis fehlenden eigenen Verschuldens oder den Nachweis fehlender Kausalität seines Verschuldens erbringt. Die **Beweislast** obliegt allerdings, wie aus der Formulierung des § 831 Abs. 1 Satz 2 als Ausnahme zu Satz 1 hervorgeht, dem **Geschäftsherrn**. Anders ausgedrückt wird das (kausale) Verschulden des Geschäftsherrn vermutet, solange diesem nicht der Gegenbeweis gelingt.

287 Im Beispielsfall entfällt der Anspruch des Schad gegen Weiß, wenn dieser nachweist, dass er den Arbeiter Zorn sorgfältig ausgewählt, hinreichend angewiesen und ordnungsgemäß überwacht hat.

---

[8] Die Haftung des Geschäftsherrn kann daher auch dann bestehen, wenn der Gehilfe nicht deliktsfähig ist. Objektive Fahrlässigkeit des Gehilfen wird man dagegen verlangen müssen, vgl. BGH NJW 1996, 3205, 3207; Schlechtriem, Schuldrecht, Besonderer Teil, 5. Aufl. (1998), Rdnr. 824.

§ 9 Unerlaubte Handlungen

d) Vergleich zwischen § 831 (Haftung für den Verrichtungsgehilfen) und § 278 (Haftung für den Erfüllungsgehilfen)

Im Zusammenhang mit den **Leistungsstörungen** haben wir bereits eine andere Vorschrift kennen gelernt, die ebenfalls die Haftung für Verhalten eines Gehilfen betrifft. Es ging dort (s. Rdnr. 135, 145) um § 278, wonach der Schuldner das **Verschulden eines Erfüllungsgehilfen** im gleichen Umfang zu vertreten hat wie eigenes Verschulden. Eine **Entlastungsmöglichkeit** für den Schuldner gibt es **bei § 278 nicht**, mag er den Erfüllungsgehilfen noch so sorgfältig ausgewählt, angeleitet und überwacht haben. Die Zurechnung des Gehilfenverhaltens ist also bei § 278 wesentlich strenger als bei § 831. Deshalb müssen die Anwendungsbereiche beider Vorschriften sorgfältig unterschieden werden. § 278 setzt voraus, dass der Gehilfe zur Erfüllung einer Verbindlichkeit eingesetzt wird. Es muss also bereits ein **Schuldverhältnis** (in den meisten Fällen ein vertragliches Verhältnis) zwischen dem Geschäftsherrn und dem Geschädigten bestanden haben, und nur wenn es um eine Schädigung im Rahmen dieses Schuldverhältnisses geht, darf § 278 angewendet werden. Man kann es auch so formulieren: im Rahmen vertraglicher Haftung gilt für die Zurechnung des Gehilfenverhaltens nur § 278, im Rahmen deliktischer Haftung dagegen nur § 831. 288

Im **Beispiel** (Frage a) kommt eine Anwendung des § 278 nicht in Betracht, da zwischen dem Weiß und dem Schad kein Vertragsverhältnis besteht. Anders ist es aber bei Frage b. Zwischen Weiß und Eigen besteht ein Werkvertrag über die Renovierung, und im Rahmen der Erfüllung seiner vertraglichen Verpflichtung hat Weiß den Arbeiter eingesetzt. Der Arbeiter ist also Erfüllungsgehilfe des Weiß im Sinne des § 278. Zu den vertraglichen Pflichten des Weiß gehört es – als Nebenpflicht aus dem Schuldverhältnis, § 241 Abs. 2 – auch, bei der Vertragsausführung auf die Rechtsgüter des Eigen zu achten und diesen nicht zu schädigen. Daher liegt in dem Zerschlagen der Fensterscheiben eine Pflichtverletzung, und da Weiß sich das Verschulden des Arbeiters nach § 278 zurechnen lassen muss, ist Weiß dem Eigen nach § 280 Abs. 1 Satz 1 u. 2 zum Ersatz des Schadens verpflichtet. Von dieser Haftung kann sich Weiß nicht durch den Nachweis sorgfältiger Auswahl und Überwachung des Arbeiters befreien. 289

Man darf die Dinge aber nicht so sehen, dass ein und dieselbe Hilfsperson nur entweder Erfüllungsgehilfe oder Verrichtungsgehilfe sein kann. Vielmehr kommt im Rahmen der vertraglichen Verantwortlichkeit nur die Haftung für den Erfüllungsgehilfen (§ 278), im Rahmen der deliktischen Verantwortlichkeit nur die Haftung für den Verrichtungsgehilfen (§ 831) in Betracht. Es können aber, da vertragliche und deliktische Ansprüche sich nicht ausschließen, hinsichtlich desselben Schadens durchaus die vertragliche und die deliktische Haftung nebeneinander stehen. 290

Im **Beispiel** (Frage b) besteht ein Schadensersatzanspruch des Eigen gegen Weiß aus Pflichtverletzung, § 280 Abs. 1 i.V.m. § 278; es kann aber daneben auch ein Schadensersatzanspruch aus § 831 gegeben sein. Der Anspruch aus § 831 entfällt jedoch, wenn dem Weiß der Entlastungsbeweis i.S. des § 831 Abs. 1 Satz 2 gelingt. 291

§ 9 Unerlaubte Handlungen

Kontrollfragen und Fälle zu § 9

1) Wie unterscheiden sich die deliktische Haftung und die Gefährdungshaftung?

2) In welchem Verhältnis stehen Ansprüche aus Vertrag und aus Delikt zueinander?

3) M hat ab 1.11. von V eine Wohnung gemietet. Kann er vom bisherigen Mieter L Schadensersatz verlangen, wenn dieser nicht rechtzeitig auszieht und M deshalb seine Möbel einlagern muss?

4) Schwarz fragt Braun nach dem Weg zum Bahnhof. Braun weiß es selbst nicht genau und gibt versehentlich eine falsche Auskunft. Schwarz versäumt den Zug und verpasst dadurch ein günstiges Geschäft. Kann er von Braun gemäß § 823 Abs. 1 BGB Schadensersatz verlangen?

5) In welchem Verhältnis stehen § 823 Abs. 1 und § 839 BGB i.V.m. Art. 34 GG?

6) Aus welchen Gründen sieht Art. 34 GG eine Staatshaftung für Amtspflichtverletzungen von Beamten vor?

Lösungen

292 1) Die deliktische Haftung (= Haftung für unerlaubte Handlungen) setzt Rechtswidrigkeit und Verschulden voraus. Beides ist bei Gefährdungshaftung nicht erforderlich. Hier knüpft die Haftung vielmehr an eine Sach- oder Betriebsgefahr an.

293 2) In Anspruchskonkurrenz, d.h. sie können nebeneinander gegeben sein.

294 3) M hat keinen vertraglichen Anspruch gegen L. Auch § 823 Abs. 1 verhilft ihm nicht zu einem Schadensersatzanspruch gegen L, da keines der darin genannten Rechte oder Rechtsgüter durch L verletzt wurde. M hat nur einen Anspruch gegen V, der aber als relatives Recht nicht unter § 823 Abs. 1 fällt (oder, anders ausgedrückt, von L nicht verletzt werden kann).

295 4) Durch die Erteilung der Auskunft übernahm Braun keine vertragliche Verpflichtung; es liegt nur eine Gefälligkeit vor (s. auch § 675 Abs. 2). Ein Schadensersatzanspruch aus § 823 Abs. 1 besteht nicht, da keines der hier aufgeführten Rechte oder Rechtsgüter verletzt wurde. Eine reine Vermögensschädigung, wie sie hier vorliegt, wird von § 823 Abs. 1 nicht erfasst. Auch ein Anspruch aus § 826 scheidet mangels Vorsatz des Braun aus.

296 5) § 839 i.V.m. Art. 34 GG ist eine Sondervorschrift (lex specialis) und schließt daher die Anwendung von § 823 Abs. 1 aus.

297 6) Die Regelung beruht auf zwei Gründen: Zum einen soll dem Verletzten in Gestalt des Staates ein leistungsfähiger Schuldner zur Verfügung gestellt werden. Zum anderen soll der Beamte entlastet und dadurch in seiner Entschlussfreudigkeit gestärkt werden.

Zweiter Teil

Der Allgemeine Teil des BGB

1. Abschnitt: Das Rechtsgeschäft

§ 1 Rechtsgeschäft und Willenserklärung; Privatautonomie und Verbraucherschutz

I. Das Rechtsgeschäft als Mittel zur Verwirklichung der Privatautonomie

Unter den Begriff des **Rechtsgeschäfts**, der im Allgemeinen Teil des BGB zentrale Bedeutung besitzt, fallen so unterschiedliche Vorgänge wie der Kauf eines Kleides, die Schenkung einer Uhr, der Abschluss eines Mietvertrags, die Übereignung eines PKW, die Bestellung einer Hypothek, die Kündigung eines Mietvertrags oder die Ausstellung eines Wechsels. Alle diese Vorgänge ziehen Rechtsfolgen des Privatrechts nach sich, die ihrerseits sehr verschieden sein können, etwa die Verpflichtung zur Übereignung des Kleides, die Entstehung einer Hypothek, der Übergang des Eigentums am PKW oder die Beendigung des Mietvertrags. Die jeweiligen Rechtsfolgen treten ein, weil der Wille der beteiligten Personen darauf gerichtet ist. Der Vorgang, in dem dieser Wille zum Ausdruck gebracht wird, ist in den Begriffen des bürgerlichen Rechts die **Willenserklärung**, und eben diese Willenserklärung bildet den Kern des Rechtsgeschäfts.

Damit stellen sich das Rechtsgeschäft und die Willenserklärung als das zentrale Mittel zur Verwirklichung der **Privatautonomie** dar. Die Privatrechtsordnung erkennt die Freiheit und Selbstbestimmung des einzelnen an. Dies entspricht der verfassungsrechtlichen Garantie der freien Entfaltung der Persönlichkeit durch Art. 2 GG. Die Privatautonomie ist ein wesentlicher Teil dieses allgemeinen Prinzips, des Prinzips der Selbstbestimmung des Menschen. Im Bereich der Privatautonomie treten die Rechtsfolgen nicht deswegen ein, weil der Staat oder sonstige kollektive Organe oder eine andere Person dies anordnen, sondern deshalb, weil die beteiligten Personen selbst den Eintritt der Rechtsfolge wollen. Privatautonomie ist ein unverzichtbarer Bestandteil einer freiheitlichen Gesellschaftsordnung und zugleich die erste Voraussetzung für eine funktionsfähige Marktwirtschaft.

300 Die Privatautonomie als die grundsätzliche Möglichkeit für den einzelnen, seine Rechtsverhältnisse nach seinem Willen zu gestalten, weist zwei grundlegende Aspekte auf: die **Freiheit** zum Handeln, aber auch die **Verantwortlichkeit** für dieses Handeln. Der einzelne entscheidet grundsätzlich frei, ob und welche Rechtsgeschäfte er abschließt. Aus dem einmal abgeschlossenen Rechtsgeschäft ergeben sich dann aber auch Rechtsfolgen, von denen man sich in der Regel nicht mehr einseitig lossagen kann. Die wichtigsten Rechtsgeschäfte sind die Verträge; denn im allgemeinen bedarf es der Willensübereinstimmung mehrerer Personen, um die gewünschten Rechtsfolgen zu erzielen, und diese Willenseinigung ist nichts anderes als ein Vertrag. Die Privatautonomie könnte nicht ohne **Bindung an einmal geschlossene Verträge** funktionieren. Dieser Grundsatz wird oft mit der lateinischen Wendung „**pacta sunt servanda**" (Verträge müssen eingehalten werden) zum Ausdruck gebracht. Die **Vertragsfreiheit** als wichtigster Bereich der Privatautonomie umfasst im Schuldrecht sowohl die Abschlussfreiheit als auch die inhaltliche Gestaltungsfreiheit, näher s. Rdnr. 119 ff.

301 Wie die Erfahrung zeigt, kann sich allerdings die Freiheit, die in Gestalt der Privatautonomie gewährt wird, als lediglich formale Freiheit erweisen, aus der durch **unterschiedliche wirtschaftliche Macht**, auch aufgrund der jeweiligen **Marktverhältnisse**, Unfreiheit, Ungleichheit und damit Ungerechtigkeit hervorgehen können. Die Erwartung, durch die allen gleichermaßen gewährte Privatautonomie und durch das Erfordernis einer Willensübereinstimmung im Vertrag werde auch die inhaltliche Gerechtigkeit der getroffenen Regelung gewährleistet, erweist sich unter solchen Bedingungen als trügerisch. Es gehört daher auch zu den Aufgaben des bürgerlichen Rechts, der Freiheit des einzelnen Schranken zu ziehen, soweit dies notwendig ist, um für inhaltliche Gerechtigkeit zu sorgen. Dies geschieht allgemein bereits durch das Verbot sittenwidriger (§ 138) oder gesetzwidriger (§ 134) Rechtsgeschäfte, vielfach aber auch durch **zwingende Normen** zum Schutz bestimmter Marktteilnehmer, etwa durch das soziale Mietrecht, durch das Arbeitsrecht, durch die Schranken für Allgemeine Geschäftsbedingungen usw. (s. bereits Rdnr. 125 ff.). Das heutige bürgerliche Recht hat sich zu einem guten Teil mit dem **Schutz des Schwächeren** vor Ausnutzung, Übervorteilung oder fehlerhafter Information durch andere zu befassen. Gerade durch diese Schutznormen wird die Privatautonomie als materiale, tatsächlich nutzbare Freiheit gewährleistet.

II. Der Begriff des Rechtsgeschäfts und sein Verhältnis zur Willenserklärung

1. Begriff

302 Weder das **Rechtsgeschäft** noch die **Willenserklärung** werden im BGB ausdrücklich definiert. Beides sind juristische Kunstbegriffe mit einem **sehr hohen Abstraktionsgrad**. Ihre Verwendung erlaubt es, die Grundlinien der Rechtsgeschäftslehre im Allgemeinen Teil zu regeln, obgleich die in den einzelnen Teilgebieten des bürgerlichen Rechts auftretenden Rechtsgeschäfte – vom Kaufvertrag über die Eheschließung bis zum Testament – nach Voraussetzungen und Rechtsfolgen große Unterschiede aufweisen.

303 Teilweise werden die Begriffe Rechtsgeschäft und Willenserklärung gleichgesetzt. Auch das BGB unterscheidet insoweit nicht exakt. Es empfiehlt sich aber, die **Begriffe genau auseinander zu halten**. Der Begriff **Rechtsgeschäft** bezeichnet den **gesamten Tatbestand**, an den die Rechtsordnung die von den Beteiligten gewollte Rechtsfolge geknüpft hat. So stellt z.B. der Kaufvertrag ein Rechtsgeschäft dar; er enthält aber mit den notwendigen Willensäußerungen beider Vertragspartner zwei Willenserklärungen. Der gesamte Tatbestand, der die Rechtsfolge hervorbringt, kann neben den **Willenserklärungen** auch noch **andere Tatbestandsmerkmale** enthalten. Dies gilt z.B. für die Übergabe (tatsächliche Besitzverschaffung, s. Rdnr. 173) als Voraussetzung der Übereignung einer beweglichen Sache nach § 929 Satz 1, ebenso für die Eintragung der Rechtsänderung in das Grundbuch als Erfordernis der Übertragung oder Belastung eines Rechts an einem Grundstück gemäß § 873.

Von diesen Beobachtungen ausgehend, ergibt sich folgende **Definition**:

Das **Rechtsgeschäft** ist ein Tatbestand, der mindestens eine Willenserklärung enthält und dessen Wirkungen sich nach dem Inhalt der Willenserklärungen bestimmen[1].

2. Einseitige, zweiseitige und mehrseitige Rechtsgeschäfte

304 Das Rechtsgeschäft umfasst in manchen Fällen nur **eine einzige Willenserklärung**, so etwa bei der Kündigung eines Arbeits- oder Mietverhältnisses. Rechtsgeschäfte dieser Art werden als **einseitige Rechtsgeschäfte** bezeichnet. **Zweiseitige** oder **mehrseitige Rechtsgeschäfte** enthalten dagegen Willenserklärungen zweier oder mehrerer Personen. Verträge sind stets mindestens zweiseitige Rechtsgeschäfte; sie können aber auch mehrseitig sein, wenn etwa mehrere Personen eine Gesellschaft gründen oder gemeinsam ein Geschäftslokal mieten.

3. Verträge und Gesamtakte

305 Für den **Vertrag** ist kennzeichnend, dass er aufeinander abgestimmte Willenserklärungen enthält, die gewissermaßen spiegelbildlich übereinstimmen, aber nicht inhaltlich identisch sind: der eine erklärt, die Sache verkaufen zu wollen, der andere dagegen, sie zu kaufen. Es gibt aber auch Rechtsgeschäfte, bei denen die von mehreren Beteiligten abgegebenen Willenserklärungen genau denselben Inhalt haben und sozusagen parallel abgegeben werden. Dies gilt für Beschlüsse im Vereins- und Gesellschaftsrecht. Zum Unterschied von Verträgen kann man solche Rechtsgeschäfte als **Gesamtakte** bezeichnen[2].

---

[1] Ähnlich Brox Rdnr. 94: „Tatbestand, der aus mindestens einer Willenserklärung sowie oft aus weiteren Elementen besteht und an den die Rechtsordnung den Eintritt des gewollten rechtlichen Erfolges knüpft."

[2] Manche Autoren unterscheiden aber die Beschlüsse von den Gesamtakten, und zwar vor allem, weil hier, soweit eine Stimmenmehrheit genügt, nicht alle abgegebenen Willenserklärungen übereinzustimmen brauchen, vgl. z.B. Brox Rdnr. 99, 100; Larenz/Wolf § 23 Rdnr. 6 u. 17ff.

III. Die Willenserklärung

1. Begriff und Bestandteile

a) Begriff

306 Während im Begriff des Rechtsgeschäfts durchaus der Alltagsbegriff des Geschäfts mitschwingt (wenngleich keineswegs alle Rechtsgeschäfte „Geschäfte" in diesem alltäglichen Sprachgebrauch sind), stellt sich der Begriff der **Willenserklärung** noch um ein gutes Stück abstrakter und künstlicher dar[3]. Er ist geprägt von der Vorstellung, gemäß dem Grundsatz der Privatautonomie würden die Rechtsfolgen durch den Willen der Beteiligten hervorgerufen, dieser Wille müsse aber, um den anderen Beteiligten gegenüber Wirkungen zu äußern, auch nach außen in Erscheinung treten. Eben dies geschieht durch die Willenserklärung. Die **Definition** lautet daher:

Eine **Willenserklärung** ist die Äußerung eines privaten Willens, der unmittelbar auf die Herbeiführung einer Rechtswirkung (Rechtsfolge) gerichtet ist[4].

Dabei liegt in der Verwendung des Begriffs **Rechtsfolge** eine weitere wichtige Abstrahierung. Der konkrete Wille ist in der Regel auf die Herbeiführung eines gegenständlichen (wirtschaftlichen) Erfolges gerichtet und erst die juristische Dogmatik macht daraus einen Rechtsfolgewillen. Konkret gesagt: wer am Kiosk eine Zeitung kauft, will durch sein Verhalten erreichen, dass er die Zeitung gegen Zahlung des Preises mitnehmen kann; nach der juristischen Betrachtungsweise zielt seine Willenserklärung darauf ab, die Ansprüche und Verpflichtungen aus dem Kaufvertrag zu begründen und den Eigentumserwerb an der Zeitung herbeizuführen.

307 Die Erklärung muss auf einen **rechtlichen Erfolg** abzielen, darf also nicht bloß eine unverbindliche Gefälligkeitszusage enthalten. Wer etwa einem Freund verspricht, ihn am nächsten Tag mit dem Auto abzuholen, um einen gemeinsamen Ausflug zu machen, wird damit im allgemeinen keine rechtliche Bindung übernehmen wollen. Mangels eines geäußerten **Rechtsbindungswillens** liegt in solchen Fällen keine Willenserklärung und damit auch kein Vertragsschluss vor, sondern ein bloßes **Gefälligkeitsverhältnis**. Maßgebend ist im Zweifelsfall, ob ein bestimmtes Verhalten nach der Verkehrsauffassung als Übernahme einer rechtlichen Verpflichtung zu bewerten ist[5]. Eine vertragliche Haftung, sei es auf Erfüllung oder Schadensersatz wegen Pflichtverletzung, kommt bei einem Gefälligkeitsverhältnis nicht in Betracht[6].

---

[3] Zur Herkunft des Begriffs „Willenserklärung" aus dem naturrechtlichen Denken des 18. Jahrhunderts und zur Verwendung im ALR Ranieri, Europäisches Obligationenrecht (1999), S. 26.

[4] BGHZ 145, 343, 346 = NJW 2001, 289, 291; Brox Rdnr. 80; Köhler § 6 Rdnr. 1.

[5] Zusammenfassend BGH NJW 1992, 498, zugleich ein anschauliches Beispiel: Bei einer Fahrgemeinschaft mit Kostenbeteiligung zur Fahrt zum Arbeitsplatz wird in der Regel ein rechtlicher Bindungswille gegeben sein, nicht aber, wenn ein Arbeitnehmer einen Kollegen, der sich nicht wohl fühlt, während der Arbeitszeit mit dem Auto nach Hause bringt.

[6] Möglich ist eine Haftung nach §§ 823 ff., soweit der Tatbestand einer unerlaubten Handlung erfüllt ist. Ob dabei eine Beschränkung der Haftung, etwa auf grobe Fahrlässigkeit, angenommen werden kann, ist zweifelhaft. Näher z.B. Medicus Rdnr. 185 ff.

b) Bestandteile der Willenserklärung

308 Für eine wirksame Willenserklärung bedarf es der inneren Willensbildung und der Kundgabe dieses Willens nach außen. **Wille** und **Erklärung** sind mit anderen Worten die notwendigen Bestandteile einer Willenserklärung.

(Randnotiz: Wille + Erklärung)

2. Erklärung (objektiver Tatbestand)

309 Da das Rechtsgeschäft der Herstellung rechtlicher Beziehungen zwischen verschiedenen Personen dient, muss an das gegenüber den anderen Beteiligten zum Ausdruck Gebrachte, also an die **Erklärung** angeknüpft werden. Der Wille wird, auch im Interesse der Rechtssicherheit, rechtlich erst beachtlich, wenn er nach außen zutage getreten ist. Dies kann in sehr unterschiedlicher Weise geschehen, von der Übersendung eines ausformulierten schriftlichen Vertragsangebots bis zur bloßen Ansichnahme einer Ware an einem Verkaufsstand. Die Erklärung als objektiver Tatbestand ist somit als das **äußere Verhalten** zu verstehen, das den auf ein bestimmtes Rechtsgeschäft gerichteten **Willen erkennen lässt**.

310 Im einzelnen sind **ausdrückliche** schriftliche oder mündliche Erklärungen ebenso anzutreffen wie **stillschweigende Erklärungen**, etwa die Annahme eines Vertragsangebots durch Handschlag oder Kopfnicken, ohne auch nur ein Wort zu sagen. Auch ein **konkludentes (schlüssiges) Verhalten** kann als Erklärung aufzufassen sein, wenn die Umstände und die Verkehrsauffassung diesen Schluss zulassen. So mag etwa im Verzehr einer Brezel, die auf einem Gasthaustisch in einem Körbchen liegt, die Annahme des Angebots liegen, die Brezel gegen Zahlung des Preises zu erwerben.

311 Schon diese einfachen Beispiele zeigen, dass die Aussage, es liege eine Willenserklärung vor, bereits eine juristische Interpretation darstellt. Keinesfalls ist erforderlich, dass der Erklärende die juristischen Fachausdrücke (ich kaufe, übereigne, erkläre den Rücktritt, fechte an usw.) verwendet. Jedoch muss objektiv erkennbar sein, auf welche Rechtsfolge die Erklärung gerichtet ist. Was mit der Erklärung in rechtlich maßgeblicher Weise zum Ausdruck gebracht wird, hat der Jurist im Wege der **Auslegung der Willenserklärung** (s. Rdnr. 509 ff.) festzustellen.

3. Der Wille und seine Bestandteile (subjektiver Tatbestand)

312 Die Erklärung ist Ausdruck des inneren Willens; die Rechtsfolge (einschließlich der Bindung des Erklärenden) tritt deswegen ein, weil die **Erklärung auf dem Willen des Erklärenden beruht**. Zweifel an der Wirksamkeit der Erklärung ergeben sich dagegen, wenn es am tragfähigen Willen fehlt, etwa weil der Erklärende über die Bedeutung seiner Aussage irrte oder weil er von einem anderen zur Abgabe der Erklärung gezwungen wurde. Herkömmlicherweise werden gerade im Hinblick auf solche gestörte Fälle verschiedene Bestandteile des Willens unterschieden[7]. Die jewei-

---

[7] Verbreitete Einteilung, z.B. Brox Rdnr. 82; Larenz/Wolf § 24 Rdnr. 2 ff.; Rüthers/Stadler § 17 Rdnr. 5; anders Diederichsen Rdnr. 211, der insgesamt von Geschäfts- oder Rechtsfolgewillen spricht.

ligen Rechtsfolgen bei **Willensmängeln** lassen sich freilich nicht einfach aus dieser Klassifizierung herleiten; vielmehr ist insofern von den im BGB enthaltenen Regeln auszugehen. Dies gilt umso mehr, als das BGB in der Grundsatzfrage, ob es in erster Linie auf die Erklärung oder auf den Willen ankommt, eine vermittelnde Position einnimmt. Die Einzelheiten der Lehre von den Willensmängeln werden an späterer Stelle erörtert (s. Rdnr. 574 ff.).

a) Handlungswille

313 Damit ist der **Wille** gemeint, überhaupt **den äußeren Tatbestand der Erklärung herbeizuführen**, also etwas zu sagen, zu schreiben, mit dem Kopf zu nicken usw. Der Handlungswille fehlt bei Bewegungen, die ein Schlafender oder Bewusstloser vornimmt, ebenso bei Reflexhandlungen, aber auch, wenn die Hand des Erklärenden gewaltsam durch einen anderen geführt wird.

314 Fehlt es bereits am Handlungswillen, so liegt **keine wirksame Willenserklärung** vor. Darüber ist man sich, vom Begriff und der Funktion der Willenserklärung ausgehend, einig, obwohl das BGB keine ausdrückliche Vorschrift enthält.

b) Erklärungswille (Erklärungsbewusstsein)

315 Unter dem **Erklärungswillen** oder **Erklärungsbewusstsein** versteht man den **Willen, überhaupt eine rechtsgeschäftliche Erklärung irgendwelcher Art abzugeben**. Das Erklärungsbewusstsein fehlt beispielsweise, wenn jemand glaubt, einen Glückwunsch zu unterschreiben, während es sich in Wahrheit um eine Buchbestellung handelt. Ob in solchen Fällen von vornherein keine wirksame Willenserklärung vorliegt oder ob analog § 119 Abs. 1 die zunächst wirksame Willenserklärung durch Anfechtung beseitigt werden kann, ist zweifelhaft, s. Rdnr. 589 ff.

c) Geschäftswille

316 Dies ist der **Wille**, ein **Geschäft mit einem bestimmten Inhalt** abzuschließen. Mängel des Geschäftswillens sind beachtlich, soweit die Voraussetzungen einer **Anfechtung** wegen Irrtums, arglistiger Täuschung oder Drohung erfüllt sind. Dazu s. Rdnr. 599 ff., 676 ff.

4. Automatisierte und elektronische (digitale) Willenserklärungen

317 Auch geschäftliche Erklärungen, die **von einem Computer erstellt** werden, etwa Auftragsbestätigungen oder Versicherungsscheine, stellen Willenserklärungen im Sinne des BGB dar[8]. Sie müssen stets einem Rechtssubjekt (dem Unternehmensträger) zugerechnet werden. Dieses Rechtssubjekt bedient sich des Computers als Erklärungswerkzeug. Dies gilt auch, wenn die Datenverarbeitungsanlage **aufgrund eines bestimmten Programms** „entscheidet", ob und mit welchem Inhalt die Erklä-

---

[8] So die allg. M., vgl. Köhler § 6 Rdnr. 8; Medicus Rdnr. 256.

rung ausgedruckt und abgesandt wird[9]. Der rechtlich maßgebliche Wille steckt dann bereits in dem Einsatz des Computers und des Programms, nicht etwa ersetzt der Programmablauf den Willen im Sinne der Bestandteile der Willenserklärung. Bisher hat sich die herkömmliche rechtsdogmatische Betrachtungsweise, wie sie in den Begriffen der Willenserklärung und des Rechtsgeschäfts zum Ausdruck kommt, durchaus als geeignet erwiesen, auch solchen, für die Verfasser des BGB noch nicht vorstellbaren Phänomenen wie den automatisierten Willenserklärungen gerecht zu werden. Zur Anfechtung s. Rdnr. 609, 617a.

Eine Willenserklärung kann auch in elektronischer (digitaler) Form („Erklärung per Mausklick"[10]), vor allem unter Nutzung des **Internet**, abgegeben werden, so dass sie etwa nur auf dem Bildschirm des Erklärungsempfängers erscheint oder in dessen e-mail-Box gespeichert wird. Da auch in solchen Fällen der Rechtsfolgewillen nach außen in Erscheinung tritt, sind die Begriffsmerkmale einer Willenserklärung gegeben. Zum Zugang solcher Willenserklärungen s. Rdnr. 413 ff., zur Formfrage s. Rdnr. 554 ff.

318

IV. Geschäftsähnliche Handlungen

Bei den geschäftsähnlichen Handlungen, einem Begriff, den das BGB nicht verwendet, geht es ebenfalls um Erklärungen, an die von der Rechtsordnung rechtliche Wirkungen geknüpft werden. Den Unterschied zur Willenserklärung sieht man darin, dass die Rechtsfolge nicht deswegen eintritt, weil sie als gewollt erklärt ist, sondern auf Grund einer **Erklärung**, die regelmäßig eine **andere Zielrichtung** hat[11]. Ein Beispiel ist die **Mahnung des Gläubigers**. Sie führt, wenn sie nach Fälligkeit der Leistung erfolgt, zum Verzug des Schuldners, § 286 Abs. 1 Satz 1 (s. Rdnr. 135). Es ist aber gleichgültig, ob der Gläubiger den Verzug herbeiführen wollte. Die Absicht, den Schuldner in Verzug zu setzen, braucht auch in der Erklärung nicht zum Ausdruck zu kommen. Vielmehr genügt die Aufforderung an den Schuldner, seine Leistung jetzt zu erbringen.

319

Der Begriff der geschäftsähnlichen Handlung ist etwas gekünstelt. Man verwendet ihn, um bei der rechtlichen Beurteilung flexibler zu sein. Zwar werden auf geschäftsähnliche Handlungen die **Regeln über Willenserklärungen** großenteils **analog** angewandt. Es ist z.B. Stellvertretung[12] bei der Mahnung zulässig (analog § 164 Abs. 1 Satz 1). Auch die Vorschriften über den Zugang[13] und über die Geschäftsfähigkeit haben entsprechend zu gelten. Statt einer Anfechtung der Mahnung wegen

320

---

[9] So auch Taupitz/Kritter JuS 1999, 839f.
[10] Den Ausdruck verwendet Geis NJW 1997, 3000.
[11] BGHZ 146, 343, 346 = NJW 2001, 289, 290.
[12] BGHZ 146, 343, 346 (vorige Fn.) wendet z.B. auch § 174 (Zurückweisungsrecht des Empfängers, wenn keine Vollmachtsurkunde vorgelegt wird) entsprechend an. Im konkreten, vom BGH entschiedenen Zusammenhang (Geltendmachung eines Ersatzanspruchs nach Reisevertragsrecht) gilt dies allerdings nicht mehr, da seit einer Gesetzesänderung des Jahres 2001 § 651 g Abs. 1 Satz 2 die Anwendung des § 174 ausschließt.
[13] BGH NJW 2002, 1565, 1567.

Irrtums lässt man dagegen eine einfache Rücknahme zu, weil der Empfänger der Mahnung keine schutzbedürftige Rechtsposition erlangt. Die Frage, inwieweit die rechtsgeschäftlichen Regeln auf geschäftsähnliche Handlungen anzuwenden sind, ist also jeweils im Einzelfall zu prüfen.

321 Weitere **Beispiele rechtsgeschäftsähnlicher Handlungen** bilden nach h.M. die Fristsetzung zur Leistung oder Nacherfüllung nach §281 Abs.1 Satz 1 (s. Rdnr.136), die Anmeldung von Ersatzansprüchen nach Reisevertragsrecht (§651 g Abs.1 Satz 1)[14], die Aufforderung zur Beseitigung eines Mangels[15] und die Aufforderung an den gesetzlichen Vertreter, sich über die Genehmigung eines Rechtsgeschäfts des Minderjährigen zu erklären, §108 Abs.2 Satz 1 (s. Rdnr.366).

V. Realakte

322 Unter **Realakten** oder **Tathandlungen** versteht man Handlungen, die zwar einen rechtlichen Erfolg herbeiführen, aber ganz unabhängig davon, ob dieser Erfolg gewollt war und ob eine auf den Erfolg gerichtete Willensäußerung vorlag. Hierher gehört z.B. die **Verarbeitung**, die zum Erwerb des Eigentums führen kann. Schnitzt etwa ein Künstler eine Figur aus einem Stück Holz, das ihm nicht gehört, so erwirbt er das Eigentum nach §950 Abs.1 Satz 1. Dabei ist es gleichgültig, ob der Bildhauer an diesen Eigentumserwerb gedacht hat. Es braucht auch der Wille, Eigentum zu erwerben, in keiner Weise zum Ausdruck gebracht zu werden. Auch der Eigentumserwerb beim Schatzfund (§984) hat einen solchen Realakt (Entdeckung und Inbesitznahme), nicht eine Willenserklärung, zur Voraussetzung.

323 Auf solche **Tathandlungen** sind nach allgemeiner Ansicht die **Regeln über Willenserklärungen nicht anwendbar**. So erwirbt z.B. der Bildhauer aufgrund der Verarbeitung auch dann das Eigentum an der Figur, wenn er wegen Geisteskrankheit nach §104 Nr.2 geschäftsunfähig war.

VI. Sozialtypisches Verhalten

324 An dem Grundsatz „Keine rechtsgeschäftliche Verpflichtung ohne Willenserklärung" rüttelte die Lehre vom **sozialtypischen Verhalten** als **Verpflichtungsgrund**. Sie war vor allem entwickelt worden, um aus der Inanspruchnahme öffentlich angebotener Leistungen unmittelbar einen Entgeltanspruch herzuleiten, auch wenn eine Willenserklärung schwer zu begründen erschien oder wenn ihre Wirksamkeit an der fehlenden Geschäftsfähigkeit scheiterte. Der BGH[16] folgte dieser Ansicht im berühmt gewordenen Parkplatz-Fall, in dem eine Autofahrerin ihr Fahrzeug auf einen

---

[14] BGHZ 145, 343, 346 (Fn.11). Zur in diesem Urteil entschiedenen Sachfrage s. Fn.12.
[15] BGH NJW 2002, 1565, 1567.
[16] BGHZ 21, 319, 333ff. = NJW 1956, 1475, 1476; zustimmend Larenz, Die Begründung von Schuldverhältnissen durch sozialtypisches Verhalten, NJW 1956, 1897 (der BGH war vor allem den Gedanken von Larenz gefolgt). S. auch BGHZ 23, 249, 261 = NJW 1957, 787, 789 (zur formlosen Bestimmung eines Hoferben).

als gebührenpflichtig angebotenen bewachten Parkplatz stellte, aber von vornherein die Zahlung des Entgelts verweigerte, weil sie keine Bewachung wünsche und ihr nach ihrer Meinung unentgeltlicher Gemeingebrauch an der Fläche zustehe. Mittlerweile ist die Lehre vom sozialtypischen Verhalten als eigenständigem Entstehungsgrund für ein Schuldverhältnis jedoch wieder aufgegeben worden[17], da sie zu sehr am Ergebnis orientiert ist, die Grundbegriffe der Privatautonomie und des Rechtsgeschäfts vernachlässigt und die Gefahr von Wertungswidersprüchen mit sich bringt. Der Parkplatz-Fall lässt sich dadurch lösen, dass man das Verhalten der Benutzerin als in sich widersprüchlich betrachtet und ihr nach Treu und Glauben (§ 242) verwehrt, das Fahrzeug bewusst auf dem nur gebührenpflichtig angebotenen Parkplatz abzustellen und sich gleichwohl auf einen entgegengesetzten Willen zu berufen[18]. Kann (etwa bei Benutzung eines öffentlichen Verkehrsmittels, ohne den Fahrpreis zu zahlen) wegen Minderjährigkeit des Fahrgasts keine wirksame vertragliche Erklärung angenommen werden, so fordert der Minderjährigenschutz auch hier Beachtung, s. Rdnr. 339.

VII. Verbraucher und Unternehmer – die persönliche Reichweite des Verbraucherschutzes bei Rechtsgeschäften

1. Entstehung und Zweck der Begriffsbestimmungen

Das Verbraucherschutzrecht (zur Entwicklung s. Rdnr. 107) geht davon aus, dass der Verbraucher bei Rechtsgeschäften mit einem Unternehmer sowohl in seiner Freiheit zum Abschluss des Vertrags als auch hinsichtlich der inhaltlichen Gestaltung des Vertrags **besonderen Schutzes** bedarf, da die Privatautonomie aufgrund des bestehenden **tatsächlichen Ungleichgewichts** zwischen Unternehmer und Verbraucher keine hinreichende Garantie für interessengerechte Vertragsabschlüsse und Vertragsgestaltungen zu geben vermag. Der persönliche Anwendungsbereich der verbraucherschützenden Vorschriften wird durch die Begriffe des **Verbrauchers** und des **Unternehmers** bestimmt. Verträge zwischen Unternehmern, aber auch Verträge zwischen Verbrauchern, werden vom Verbraucherschutzrecht nicht erfasst.

Die Regelung der Begriffe des **Verbrauchers** und des **Unternehmers** in den §§ 13 und 14 wurde erst im Jahre 2000 durch das Gesetz über Fernabsatzverträge[19] in das

---

[17] Jetzt ganz h.M., s. Larenz/Wolf § 30 Rdnr. 26 ff.; Köhler § 8 Rdnr. 26 ff. Auch Larenz hatte seine Ansicht schließlich aufgegeben, s. Larenz, Allgemeiner Teil, 7. Aufl., § 28 II.
[18] Ebenso Brox Rdnr. 200; s. auch BGHZ 95, 393, 399 = NJW 1986, 177, 178, wonach Fälle des Massenverkehrs wie BGHZ 21, 319 = NJW 1956, 1475 in der neueren Rechtsprechung allgemein unter dem Gesichtspunkt der unbeachtlichen Verwahrung, also durch Bejahung eines Vertragsschlusses, gelöst werden. Dies ist freilich weiterhin umstritten. Nach anderer Ansicht bleibt es dabei, dass kein Entgelt geschuldet ist, so dass nur Bereicherungsansprüche oder Schadensersatzansprüche aus unerlaubter Handlung in Betracht kommen, so z.B. Köhler § 8 Rdnr. 29; Larenz/Wolf § 30 Rdnr. 34.
[19] Gesetz über Fernabsatzverträge und andere Fragen des Verbraucherrechts sowie zur Umstellung von Vorschriften auf Euro, vom 27. Juni 2000, BGBl. I S. 897.

BGB eingefügt. Bereits zuvor waren Definitionen der beiden Begriffe in § 24 Nr. 1 und § 24 a AGBG enthalten. Diese waren jedoch nur für die Bestimmung des persönlichen Geltungsbereichs des AGBG maßgebend. In anderen verbraucherschützenden Gesetzen waren die persönlichen Anwendungsvoraussetzungen jeweils gesondert und nicht vollständig übereinstimmend geregelt. Mit der Aufnahme der beiden Begriffe in den Allgemeinen Teil des BGB wurde eine **Vereinheitlichung der Begriffe** erreicht und dadurch die Rechtsanwendung vereinfacht. In allen Bestimmungen des BGB, in denen die Begriffe Verbraucher und Unternehmer vorkommen, sind sie im Sinne der §§ 13 und 14 zu verstehen. Diese Vereinheitlichung besitzt besondere Bedeutung, seit durch die Schuldrechtsreform des Jahres 2001 die meisten verbraucherschützenden Sondergesetze (u.a. das AGBG und das VerbrKrG) aufgehoben und die entsprechenden Regeln in das BGB eingegliedert wurden (s. Rdnr. 116f.).

Bei der **Auslegung** der Begriffe ist zu beachten, dass diese weitgehend auf Vorgaben des **Europäischen Gemeinschaftsrechts** beruhen. So war z.B. die Einfügung des § 24 a in das AGBG (jetzt § 310 Abs. 3, s. Rdnr. 496) unmittelbar durch die EG-Richtlinie über missbräuchliche Klauseln in Verbraucherverträgen veranlasst.

2. Begriff des Verbrauchers

327   Verbraucher ist nach § 13 jede **natürliche Person**, die ein **Rechtsgeschäft** zu einem Zweck abschließt, der **weder ihrer gewerblichen noch ihrer selbständigen beruflichen Tätigkeit** zugerechnet werden kann. Entscheidend ist die Rolle **bei Abschluss eines konkreten Rechtsgeschäfts**. Jemand ist also nicht ein für alle Mal entweder Verbraucher oder Unternehmer, sondern ein und dieselbe Person kann bei einem Rechtsgeschäft Unternehmer, bei einem anderen Verbraucher sein. Kauft etwa der Alleininhaber eines Bauunternehmens für den häuslichen Gebrauch einen Staubsauger, so ist er beim Abschluss dieses Rechtsgeschäfts Verbraucher, während er beim Kauf des gleichen Geräts zur Reinigung der Büroräume als Unternehmer anzusehen ist.

328   Interessant ist der Vergleich des § 13 mit den entsprechenden Bestimmungen des Europäischen Rechts. Nach Art. 2 der sog. **Klausel-Richtlinie**[20] (und übereinstimmenden Regelungen in anderen Richtlinien[21]) bedeutet im Sinne dieser Richtlinie:

„b) Verbraucher: eine natürliche Person, die bei Verträgen, die unter diese Richtlinie fallen, zu einem Zweck handelt, der nicht ihrer gewerblichen oder beruflichen Tätigkeit zugerechnet werden kann;"

---

[20] Richtlinie 93/13/EWG des Rates vom 5. April 1993 über missbräuchliche Klauseln in Verbraucherverträgen, ABl. Nr. L 95 vom 21.4.1993, S. 29. Abgedruckt u.a. bei Schulze/Zimmermann, Basistexte zum Europäischen Privatrecht, 2. Aufl. (2002), I.10.
[21] So Art. 2 der Haustürgeschäfts-Richtlinie, Art. 2 Nr. 2 der Fernabsatz-Richtlinie, Art. 1 Abs. 2 a) der Verbrauchsgüterkauf-Richtlinie.

In der Beschränkung auf **natürliche Personen**[22] stimmt diese Bestimmung vollständig mit dem deutschen Recht überein. Dagegen fällt auf, dass nach der Formulierung des europäischen Rechts bei der Umschreibung der Grenzen des Verbraucherbegriffs (neben der gewerblichen) allgemein von der beruflichen Tätigkeit die Rede ist, während das deutsche Recht insoweit nur Rechtsgeschäfte ausnimmt, deren Zweck nicht der **selbständigen** beruflichen Tätigkeit[23] zuzuordnen ist. Vom Zweck der Vorschrift her spricht aber einiges dafür, auch die europäische Bestimmung so auszulegen, dass nur solche Rechtsgeschäfte ausgenommen werden sollen, deren Zweck einer *selbständigen* beruflichen Tätigkeit zugerechnet werden kann[24]. Kauft also beispielsweise ein Arbeitnehmer ein Kleidungsstück, das er ausschließlich bei seiner Arbeit tragen will, so wird man ihn sowohl nach der europäischen Richtlinie als auch nach deutschem Recht als Verbraucher anzusehen haben. Im übrigen bliebe auch bei anderer Interpretation der europäisch-rechtlichen Formulierung die Geltung der deutschen Bestimmung unberührt, da nach den verbraucherschützenden europäischen Richtlinien der nationale Gesetzgeber regelmäßig einen weitergehenden Verbraucherschutz einräumen darf, so z.B. nach Art. 8 der Klausel-Richtlinie.

3. Begriff des Unternehmers

Für den **Unternehmer** ist nach § 14 Abs. 1 kennzeichnend, dass er bei Abschluss eines (konkreten) Rechtsgeschäfts **in Ausübung seiner gewerblichen** oder **selbständigen beruflichen Tätigkeit** handelt. Auch wer eine gewerbliche Tätigkeit als Strohmann (oder „Strohfrau") für einen anderen ausübt, ist Unternehmer[25]. Unternehmer können natürliche Personen, juristische Personen oder rechtsfähige Personengesellschaften sein. Letztere sind, wie § 14 Abs. 2 klarstellt, Personengesellschaften mit der Fähigkeit, Rechte zu erwerben oder Verbindlichkeiten einzugehen. Hierher gehören vor allem die OHG und die KG, nach der neueren Rechtsprechung des BGH auch die (Außen-)Gesellschaft des Bürgerlichen Rechts, s. Rdnr. 1003f.

Die entsprechende Formulierung in Art. 2 der **Klausel-Richtlinie** (s. Fn. 20) lautet:
„c) Gewerbetreibender: eine natürliche oder juristische Person, die bei Verträgen, die unter diese Richtlinie fallen, im Rahmen ihrer gewerblichen oder beruflichen Tätigkeit handelt, auch wenn diese dem öffentlich-rechtlichen Bereich zuzurechnen ist."

Es fällt auf, dass das deutsche Recht nicht vom Gewerbetreibenden, sondern vom **Unternehmer** spricht. Dies ist jedoch kein Widerspruch zur europäischen Regelung, weil diese neben der gewerblichen Tätigkeit auch die berufliche Tätigkeit erwähnt. Würde man im deutschen Recht den Begriff Gewerbetreibender verwenden, so

---

[22] Unlängst bestätigt durch EuGH NJW 2002, 205.
[23] Unselbständig ist die berufliche Tätigkeit der Arbeitnehmer (Arbeiter und Angestellte), Beamten und Richter.
[24] So z.B. MünchKomm/Micklitz § 14 Rdnr. 25 mwN.
[25] BGH NJW 2002, 2030 (zum früheren § 1 Abs. 1 VerbrKrG).

könnte dies missverstanden werden, weil nach deutschem Recht die freien Berufe (Rechtsanwalt, Arzt u. ä.) nicht als Gewerbe anzusehen sind.

Die **rechtsfähigen Personengesellschaften**, die das deutsche, nicht aber das europäische Recht besonders nennt, wird man im Sinne der europäisch-rechtlichen Bestimmung unbedenklich den juristischen Personen zuordnen können, da vom Zweck der Vorschrift hiergegen keine Bedenken erkennbar ist und die – auch keineswegs unstreitige – neuere Unterscheidung zwischen juristischen Personen und rechtsfähigen Personengesellschaften (s. Rdnr. 1004) auf der Ebene des europäischen Rechts nicht erwartet werden kann.

4. Überblick zum Verbraucherschutzrecht im BGB

330   Die Begriffe Verbraucher und Unternehmer spielen insbesondere in folgenden verbraucherschützenden Regelungen eine für den Anwendungsbereich entscheidende Rolle:

a) Anwendungsbereich von Vorschriften über **Allgemeine Geschäftsbedingungen**, § 310 Abs. 3 (s. Rdnr. 496);

b) Allgemeine Vorschriften über das **Widerrufsrecht bei Verbraucherverträgen**, § 355 (s. Rdnr. 443);

c) **Haustürgeschäft**, § 312 Abs. 1 Satz 1;

d) **Fernabsatzvertrag**, § 312 b;

e) **Verbrauchsgüterkauf**, § 474 Abs. 1 Satz 1;

f) **Teilzeit-Wohnrechtevertrag**, § 481 Abs. 1 Satz 1;

g) **Verbraucher-Darlehensvertrag**, § 491 Abs. 1;

h) **Sonstige Finanzierungshilfen** zwischen einem Unternehmer und einem Verbraucher, § 499 Abs. 1, insbesondere **Finanzierungsleasingvertrag**, § 500; **Teilzahlungsgeschäft**, § 501;

i) **Ratenlieferungsvertrag**, § 505 Abs. 1 Satz 1;

j) **Lieferung unbestellter Sachen** bzw. Erbringung unbestellter Leistungen, § 241 a (s. Rdnr. 480a).

§ 1 Rechtsgeschäft und Willenserklärung

Kontrollfragen und Fälle zu § 1

1) Was ist unter einem Rechtsgeschäft zu verstehen?

2) Geben Sie eine Definition der Willenserklärung!

Eine WE ist eine Äußerung, die auf eine bestimmte Rechtsfolge abzielt

3) Welche Bestandteile des auf Abgabe einer Willenserklärung gerichteten Willens pflegt man zu unterscheiden?

4) Lieb hat sich mit drei Arbeitskollegen zu einer Lottospielgemeinschaft zusammengeschlossen, die jede Woche dieselben Zahlen tippt. Jeder der vier Teilnehmer zahlt pro Woche 10 € an Lieb, und dieser bringt die ausgefüllten Tippzettel zur Annahmestelle. An einem Samstag versäumt Lieb die Annahmefrist, weil er zulange mit einer Bekannten im Café plaudert. Gerade in dieser Woche wäre auf die Zahlenreihe ein Gewinn von 20 000 € entfallen. Die drei Arbeitskollegen verlangen je 5 000 € Schadensersatz von Lieb. Mit Recht?

5) Die 16-jährige, technisch und künstlerisch sehr begabte Stella schweißt einige Metallrohre (Wert 30 €) zu einer eindrucksvollen Skulptur zusammen, für die ihr ein Kunstliebhaber 400 € bietet. Allerdings stellt sich, bevor es zum Verkauf kommt, heraus, dass die Metallrohre nicht, wie Stella glaubte, ihrem Vater gehörten, sondern dem Eisen, der nun Herausgabe der Skulptur von Stella verlangt. Wie ist die Rechtslage?

Lösungen

330a 1) Ein Rechtsgeschäft ist ein Tatbestand, der mindestens eine Willenserklärung enthält und dessen Wirkungen sich nach dem Inhalt der Willenserklärungen richten.

2) Eine Willenserklärung ist die Äußerung eines privaten Willens, der unmittelbar auf die Herbeiführung einer Rechtsfolge gerichtet ist.

3) Man unterscheidet Handlungswille (Wille, eine äußere Handlung vorzunehmen, in der sich die Willenserklärung manifestiert), Erklärungswille oder Erklärungsbewußtsein (Wille, überhaupt eine rechtlich relevante Erklärung abzugeben) und Geschäftswille (Wille, ein bestimmtes Rechtsgeschäft vorzunehmen).

330b 4) Ein Schadensersatzanspruch der drei Mit-Lottospieler könnte sich aus § 280 Abs. 1 ergeben, sofern Lieb eine Pflicht aus einem Schuldverhältnis verletzt hat. Voraussetzung ist aber, dass aus den getroffenen Absprachen eine Rechtspflicht des Lieb hervorgeht, den Tippzettel jeweils rechtzeitig abzugeben. Da keine ausdrückliche Abrede getroffen wurde, ist im Wege der Auslegung festzustellen, ob eine derartige rechtsgeschäftliche Verpflichtung übernommen wurde oder ob es sich lediglich um eine Absprache ohne Bindungswirkung handelte. Gegen einen rechtlichen Bindungswillen spricht, dass Lieb für seine Tätigkeit kein Entgelt erhielt und andererseits ein besonders hohes Risiko bestand, durch fahrlässiges Handeln erhebliche Schadensersatzpflichten auf sich zu ziehen. Auch handelt es sich um ein gemeinsames *Spiel*, bei dem der Gedanke an die Übernahme einer Pflicht mit so weitgehenden Konsequenzen fern liegt. Nach der Verkehrsauffassung, die bei der Auslegung zu berücksichtigen ist (vgl. § 157), liegt es ebenfalls näher, hier keinen Verpflichtungswillen anzunehmen. Aus solchen Erwägungen heraus hat auch der BGH[1] die Übernahme einer Rechtspflicht zur Ablieferung des Lottoscheins verneint. Es besteht somit keine Schadensersatzpflicht des Lieb.

330c 5) a) Ein Herausgabeanspruch aus § 985 setzt voraus, dass Eisen weiterhin Eigentümer an den Metallrohren bzw. der daraus verfertigten Skulptur ist. Stella kann aber durch Verarbeitung nach § 950 Abs. 1 Satz 1 das Eigentum erlangt haben. Die Skulptur ist nach der Verkehrsauffassung als eine gegenüber den Rohren neue Sache anzusehen. Auch ist der Wert der Verarbeitung nicht erheblich geringer als der Wert des Stoffes. Damit sind die Voraussetzungen des Eigentumserwerbs gegeben. Da die Verarbeitung ein Realakt, also kein Rechtsgeschäft ist, spielt es keine Rolle, dass Stella in der Geschäftsfähigkeit beschränkt ist (§ 106). Ein Herausgabeanspruch aus § 985 besteht somit nicht.

b) Eisen kann jedoch von Stella eine Vergütung in Höhe des Wertes der Rohre, also 30 €, nach § 951 Abs. 1 Satz 1 i.V.m. § 812 Abs. 1 Satz 1 (Eingriffskondiktion) verlangen.

---

[1] BGH NJW 1974, 1705.

§ 2 Die Geschäftsfähigkeit

I. Allgemeines

1. Begriff der Geschäftsfähigkeit

331 Da das Rechtsgeschäft der **eigenverantwortlichen Gestaltung** der privaten Rechtsverhältnisse dient, stellt die Rechtsordnung bestimmte Mindestanforderungen an die Einsichts- und Steuerungsfähigkeit der beteiligten Personen: Nur wer geschäftsfähig ist, kann Rechtsgeschäfte wirksam vornehmen. Die Geschäftsfähigkeit ist ein Teilstück der rechtlichen Handlungsfähigkeit. Sie ist nur bei rechtsgeschäftlichem Handeln, genauer bei der Abgabe oder Entgegennahme einer Willenserklärung als dem zentralen Element des Rechtsgeschäfts, von Bedeutung. Die **Geschäftsfähigkeit** ist daher zu definieren als die **Fähigkeit, Willenserklärungen wirksam abzugeben oder entgegenzunehmen**.

332 Die Geschäftsfähigkeit muss bei empfangsbedürftigen Willenserklärungen sowohl in der Person des **Erklärenden** als auch in der Person des **Empfängers** gegeben sein. In den §§ 104 ff. ist die **Abgabe** einer Willenserklärung durch eine geschäftsunfähige oder beschränkt geschäftsfähige Person im einzelnen geregelt. Die Frage, in welcher Weise Willenserklärungen einem Geschäftsunfähigen **gegenüber** wirksam werden können, ist dagegen im Zusammenhang mit dem **Zugang** der Willenserklärung behandelt (§ 131, s. dazu Rdnr. 423 ff.).

2. Unterscheidung von der Rechtsfähigkeit

333 Die Geschäftsfähigkeit ist von der **Rechtsfähigkeit** zu unterscheiden. Darunter versteht man die Fähigkeit, **Träger von Rechten und Pflichten**, also **Rechtssubjekt**, zu sein. Die Rechtsfähigkeit steht natürlichen Personen (d.h. Menschen) gemäß § 1 bereits von der Vollendung der Geburt an zu, unabhängig von der noch nicht bestehenden Geschäftsfähigkeit. Rechtsfähig sind außerdem die juristischen Personen (eingetragener Verein, AG usw.) und die rechtsfähigen Gesellschaften. Näher zur Rechtsfähigkeit s. Rdnr. 977 ff.

3. Unterscheidung von der Verschuldensfähigkeit

334 Ob jemand für eine **unerlaubte Handlung** verantwortlich gemacht werden kann, hängt nicht von der Geschäftsfähigkeit, sondern von der **Deliktsfähigkeit** (§§ 827 f.) ab, die sich in ihren Voraussetzungen von der Geschäftsfähigkeit unterscheidet. Dieselbe Regelung wie bei unerlaubten Handlungen gilt gemäß § 276 Abs. 1 Satz 2 für die Haftung im Rahmen bestehender Schuldverhältnisse, also vor allem für **Vertragsverletzungen**. Zusammenfassend kann man daher von der **Verschuldensfähigkeit** sprechen. Innerhalb der Handlungsfähigkeit (dem Oberbegriff) ist somit zwischen der Geschäftsfähigkeit einerseits und der Verschuldensfähigkeit andererseits zu unterscheiden.

4. Schutzzweck der Regelung

335 Das Prinzip der **Privatautonomie** geht von der Vorstellung des freien, eigenverantwortlichen Menschen aus. Jemanden an seine Willenserklärungen zu binden, erscheint aber nur gerechtfertigt, wenn der Erklärende hinreichend einsichtsfähig ist, um den Inhalt und die Folgen seiner Erklärung zu überblicken. Daher verneint das BGB die Geschäftsfähigkeit in solchen Fällen, in denen wegen des jugendlichen Alters oder auf Grund besonderer Beeinträchtigung (z.B. wegen einer Geisteskrankheit) keine dem Normalfall entsprechende Steuerungsfähigkeit zu erwarten ist. Die Vorschriften über die Geschäftsfähigkeit **schützen** diesen Personenkreis **vor den Folgen der eigenen Erklärungen**. Dieser Schutz führt allerdings zu einer Beeinträchtigung der Sicherheit im Rechtsverkehr. Die Interessenkollision tritt vor allem dann auf, wenn der andere Teil nicht weiß, dass sein Geschäftspartner geschäftsunfähig oder beschränkt geschäftsfähig ist. Das Gesetz gibt hier den Interessen des Geschäftsunfähigen oder beschränkt Geschäftsfähigen den **Vorrang**[1]: der gute Glaube an das Vorliegen der Geschäftsfähigkeit wird nicht geschützt.

336 Der Rechtssicherheit dient es aber, dass der Erwerb der Geschäftsfähigkeit an exakte **Altersgrenzen** geknüpft ist. Auf die Einsichtsfähigkeit im konkreten Fall kommt es insoweit nicht an. Eine solche Grenzziehung hat in der Randzone notwendigerweise keine sachliche Überzeugungskraft – ein junger Mensch wird einen Tag nach seinem 18. Geburtstag kaum einsichtsfähiger sein als am Tag zuvor. Dies muss aber im Interesse der Rechtssicherheit in Kauf genommen werden.

5. Beweislast

337 Der maßgebliche Titel des BGB (§§ 104 ff.) trägt zwar die Überschrift „Geschäftsfähigkeit", doch ist sodann in den einzelnen Paragraphen jeweils die negative Seite (Geschäftsunfähigkeit, beschränkte Geschäftsfähigkeit) geregelt. Diesen Weg hat der Gesetzgeber bewusst eingeschlagen, um durch die Fassung der Vorschriften die Verteilung der **Beweislast** zum Ausdruck zu bringen. Da die Geschäftsfähigkeit vom Gesetz als Normalfall betrachtet wird, muss jeweils derjenige, der sich auf die bei Abschluss eines Rechtsgeschäfts bestehende **Geschäftsunfähigkeit** oder **beschränkte Geschäftsfähigkeit** als Ausnahmen beruft, dafür den **Beweis** erbringen. Bleibt die Frage ungeklärt, so ist vom Bestehen der Geschäftsfähigkeit auszugehen.

6. Maßgeblicher Zeitpunkt: Abgabe der Willenserklärung

338 Die Geschäftsfähigkeit des Erklärenden muss zum Zeitpunkt der **Abgabe der Willenserklärung** vorliegen. Zwar werden schriftliche empfangsbedürftige Willenserklärungen erst mit dem Zugang an den abwesenden Empfänger wirksam (§ 130

---

[1] Dazu BGHZ 115, 38, 45 = NJW 1991, 2414, 2416: mit der gesetzlichen Regelung verbundene Härten müssen hingenommen werden; eine AGB-Klausel, mit der ein Kreditinstitut Schäden aufgrund einer dem Kreditinstitut unbekannten (späteren) Geschäftsunfähigkeit des Kunden diesem aufbürden will, verstößt gegen § 307 (früher § 9 AGBG) und ist unwirksam.

Abs. 1, s. Rdnr. 405), doch schadet es nicht, wenn in diesem Moment die Geschäftsfähigkeit des Erklärenden nicht mehr gegeben ist, § 130 Abs. 2.

7. Keine Ausnahme vom Erfordernis der Geschäftsfähigkeit bei „sozialtypischem Verhalten"

Die Vorschriften über die Geschäftsfähigkeit gelten auch bei der **Benutzung öffentlicher Verkehrsmittel**. Mit dem geschäftsunfähigen Fahrgast kommt (vorbehaltlich des § 105a, s. Rdnr. 347a) **kein wirksamer Beförderungsvertrag** zustande, ebenso wenig mit dem beschränkt geschäftsfähigen, wenn es an der Zustimmung des gesetzlichen Vertreters fehlt (näher s. Rdnr. 360ff.). Die in solchen Fällen früher zum Teil vertretene Ansicht, schon kraft „sozialtypischen Verhaltens" (s. Rdnr. 324) entstehe (ohne rechtsgeschäftliche Grundlage und daher unabhängig von der Geschäftsfähigkeit) ein Schuldverhältnis und damit eine Zahlungsverpflichtung des Minderjährigen, hat sich nicht durchgesetzt, da sie dem Schutzzweck der Geschäftsfähigkeit nicht gerecht wird[2].

8. Sonderregeln

Für manche Bereiche rechtsgeschäftlichen Handelns bestehen Sonderregeln, die den allgemeinen Bestimmungen über die Geschäftsfähigkeit vorgehen. Das gilt z.B. für die **Testierfähigkeit**, die nach § 2229 Abs. 1 bereits mit 16 Jahren gegeben ist[3]. Auch für die Eheschließung gelten besondere Vorschriften. Die **Ehefähigkeit** tritt nach § 1303 Abs. 1 mit Volljährigkeit ein, doch kann einem der Ehewilligen Befreiung durch das Familiengericht gewährt werden, wenn er oder sie das sechzehnte Lebensjahr vollendet hat und der andere künftige Ehegatte volljährig ist. Der Einwilligung des gesetzlichen Vertreters bedarf es neben dieser Befreiung nicht (§ 1303 Abs. 4), doch darf das Familiengericht die Befreiung gegen den Widerspruch des gesetzlichen Vertreters nur erteilen, wenn der Widerspruch nicht auf triftigen Gründen beruht, § 1303 Abs. 3. Ein Geschäftsunfähiger kann nicht heiraten, § 1304. Eine **eingetragene Lebenspartnerschaft** kann nach § 1 Abs. 2 Nr. 1 LPartG nicht mit einem Minderjährigen eingegangen werden (Geschäftsunfähigkeit steht schon nach allgemeinen Regeln entgegen).

---

[2] Fehlt es am Vertrag, so kann sich auch aus Allgemeinen Beförderungsbedingungen keine Zahlungspflicht ergeben, da diese als Allgemeine Geschäftsbedingungen erst durch Einbeziehung in einen Vertrag wirksam werden können. Soweit in öffentlich-rechtlichen Vorschriften eine Pflicht zur Zahlung eines erhöhten Fahrpreises vorgesehen ist, wenn keine Fahrkarte gelöst wurde (so § 12 der Eisenbahn-Verkehrsordnung, § 9 der VO über die Allgemeinen Beförderungsbedingungen für den Straßenbahn- und Obusverkehr usw.), erscheint zweifelhaft, ob dies auch gegenüber Minderjährigen gelten kann, ablehnend Medicus Rdnr. 252; Harder NJW 1990, 857; dagegen Stacke NJW 1991, 875. Ausführlich zu den Problemen bei Schwarzfahren Weth JuS 1998, 795.
[3] Allerdings beschränkt auf die Errichtung eines notariell beurkundeten Testaments durch mündliche oder offene schriftliche Erklärung gegenüber dem Notar, s. § 2247 Abs. 4 und § 2233 Abs. 1.

II. Die Geschäftsunfähigkeit

Fall 1: Der volljährige Student Xaver Durst, der ein möbliertes Zimmer in der Wohnung der Frau Ruh auf unbestimmte Zeit gemietet hat, kommt am 15. Oktober zu nächtlicher Stunde stark betrunken nach Hause. Als ihm Frau Ruh wegen des Lärms Vorwürfe macht, lallt er: „Ich ziehe sowieso zum Monatsende aus." Frau Ruh entgegnet: „Damit bin ich gerne einverstanden." Am Mittag des nächsten Tages erzählt Frau Ruh dem Xaver Durst, dass sie zum 1. November bereits einen neuen Mieter gefunden habe. Xaver Durst, der sich an nichts erinnert, will aber nun von einem baldigen Auszug nichts mehr wissen. Wie ist die Rechtslage?

1. Voraussetzungen der Geschäftsunfähigkeit

341 Das Gesetz unterscheidet zwei Stufen eingeschränkter rechtsgeschäftlicher Handlungsfähigkeit, die Geschäftsunfähigkeit und die beschränkte Geschäftsfähigkeit. **Geschäftsunfähig** sind:

342 **a) Kinder bis zur Vollendung des siebten Lebensjahres**, § 104 Nr. 1. Der maßgebende Zeitpunkt (ebenso für die Vollendung des 18. Lebensjahres) ist genau betrachtet der Geburtstag 0 Uhr, anders ausgedrückt der Ablauf des Vortages, s. § 187 Abs. 2 Satz 2.

343 **b) Dauernd krankhaft Geistesgestörte**, § 104 Nr. 2. Bei der geistigen Beeinträchtigung muss es sich um einen nicht nur vorübergehenden Zustand (dies im Gegensatz zu § 105 Abs. 2) handeln, der den Betroffenen hindert, seinen Willen frei und unbeeinflusst von einer Geistesstörung zu bilden und nach zutreffend gewonnenen Einsichten zu handeln[4]. Außerdem muss die Störung der Geistestätigkeit im konkreten Zeitpunkt, also bei Abgabe der Willenserklärung), gegeben sein. In etwa dazwischen auftretenden lichten Momenten (lat. lucida intervalla) liegt keine Geschäftsunfähigkeit vor.

344 Die Geschäftsunfähigkeit nach § 104 Nr. 2 kann sich auf einen bestimmten, gegenständlich abgegrenzten Kreis von Geschäften beziehen. Man spricht dann von einer **„partiellen Geschäftsunfähigkeit"**[5]. Dergleichen wird vor allem in Fällen eines sog. Querulantenwahns anerkannt. Der BGH[6] stellte z.B. in einem Fall fest, hier sei ein Rechtsanwalt für die Führung eines bestimmten Rechtsstreits als geschäftsunfähig[7] anzusehen. In diesem Prozess hatte der Rechtsanwalt die Berufungsfrist versäumt, was zu einer Art Schockwirkung und zu einer krankhaften Störung des Geisteszustandes hinsichtlich dieser Angelegenheit führte.

345 Eine andere Frage ist, ob man die Geschäftsunfähigkeit auch am **Schwierigkeitsgrad** des konkreten Rechtsgeschäfts orientieren kann. Es geht um Personen, die aufgrund geistiger, teils auch altersbedingter Einschränkungen zwar Alltagsgeschäfte durchaus überblicken können, in komplizierteren Angelegenheiten aber klar über-

---

[4] So BGH NJW 1996, 918 = LM § 104 Nr. 11.
[5] So z.B. Flume § 13, 4 (S. 186); Köhler § 10 Rdnr. 4.
[6] BGHZ 30, 112 = NJW 1959, 1587.
[7] Zugleich war damit auch Prozessunfähigkeit zu bejahen, die nach § 52 ZPO sowohl bei Geschäftsunfähigkeit als auch bei beschränkter Geschäftsfähigkeit gegeben ist.

fordert sind. Eine solche lediglich „**relative Geschäftsunfähigkeit**"[8], die auf besonders schwierige Rechtsgeschäfte beschränkt wäre, lehnt der BGH[9] ab, da es nach § 104 Nr. 2 nicht so sehr auf die Fähigkeiten des Verstandes als vielmehr auf die Freiheit des Willensentschlusses ankomme. Als weiteres Argument wird ins Feld geführt, man setze die Rechtssicherheit aufs Spiel, wenn man danach differenziere, ob die intellektuellen Fähigkeiten im einzelnen Fall mehr oder weniger weit reichen. Man verweist auch auf den Ausweg, zum Schutz des Betroffenen einen Betreuer zu bestellen (§ 1896 Abs. 1 Satz 1) und bei der Bestimmung des Aufgabenkreises (§ 1896 Abs. 2 Satz 1) zu berücksichtigen, welche Rechtsgeschäfte dem Betreuten selbst überlassen werden können. Dies nützt freilich nichts, wenn das fragliche Rechtsgeschäft bereits abgeschlossen ist. Wer der h.M. folgt, ist genötigt, in solchen Fällen die Geschäftsunfähigkeit entweder bei allen Rechtsgeschäften anzunehmen und den Schutz damit zu übertreiben, oder umgekehrt die Geschäftsfähigkeit auch bei solchen Rechtsgeschäften zu bejahen, denen der Betroffene nach seinen geistigen Fähigkeiten nicht gewachsen ist. Geht man aber mit dem BVerfG[10] davon aus, dass das Grundrecht auf freie Entfaltung der Persönlichkeit und die damit verbürgte Privatautonomie auch Grenzen für die Bindung an Rechtsgeschäfte ziehen, so erscheint es zweifelhaft, ob es im Rahmen einer verfassungskonformen Auslegung des BGB generell dabei bleiben kann, eine auf besonders schwierige Rechtsgeschäfte begrenzte Geschäftsunfähigkeit abzulehnen[11]. Gewisse Einbußen an Rechtssicherheit sollten um des notwendigen Schutzes willen in Kauf genommen werden; im übrigen trägt die Beweislast für die Geschäftsunfähigkeit ohnehin derjenige, der hieraus Rechtsfolgen herleitet, so dass es in nicht zu klärenden Fällen bei der Wirksamkeit des Vertrages bleibt.

2. Wirkung der Geschäftsunfähigkeit

Gemäß § 105 Abs. 1 ist die von einem **Geschäftsunfähigen abgegebene Willenserklärung** schlechthin **nichtig**. Es kommt also grundsätzlich (s. aber Rdnr. 347a) nicht darauf an, um welche Art von Willenserklärung es sich handelt. Die Frage des rechtlichen Vorteils stellt sich bei der Geschäftsunfähigkeit, anders als bei der beschränkten Geschäftsfähigkeit (s. Rdnr. 351 ff.), nicht. Es tritt auch **kein Schwebezustand**

---

[8] So z.B. der Sprachgebrauch bei Flume § 13, 5 (S. 186); Köhler § 10 Rdnr. 4.
[9] BGH NJW 1953, 1342; NJW 1970, 1680 = LM § 104 Nr. 7. Ebenso zu § 105 Abs. 2: BGH LM § 105 Nr. 2. Während in diesen Entscheidungen die Konsequenz aus der Ablehnung einer relativen Geschäftsunfähigkeit darin lag, die Geschäftsfähigkeit generell zu bejahen, geht der BGH in NJW 1996, 918 = LM § 104 Nr. 11 zwar ebenfalls von der Ablehnung einer relativen Geschäftsunfähigkeit aus, argumentiert aber umgekehrt: auch wenn der Betroffene in der Lage ist, geringfügige Angelegenheiten des täglichen Lebens selbst zu erledigen, kann eine absolute Geschäftsunfähigkeit vorliegen.
[10] So jedenfalls im Ansatz BVerfGE 89, 214 = NJW 1994, 36 (zur Bürgschaft einkommens- und vermögensloser Familienangehöriger, näher s. Rdnr. 723ff.).
[11] Für die Anerkennung einer relativen Geschäftsunfähigkeit mit eingehender Argumentation Flume § 13, 5 (S. 186ff.).

347 Sollen Rechtsgeschäfte mit Wirkung für und gegen den Geschäftsunfähigen vorgenommen, etwa eine Sache für ein noch nicht sieben Jahre altes Kind erworben werden, so muss der **gesetzliche Vertreter** (Eltern, Vormund, Betreuer – näher s. Rdnr. 806 ff.) das Rechtsgeschäft im Namen des Kindes oder des wegen Geisteskrankheit Geschäftsunfähigen vornehmen. Bei einer Schenkung durch die Eltern an das – von ihnen vertretene – Kind scheint zunächst § 181 (Verbot des Selbstkontrahierens) entgegenzustehen, doch wendet man diese Vorschrift aufgrund ihres Schutzzwecks (Vermeidung von Interessenkollisionen) nicht an, wenn das Geschäft (wie hier die Schenkung) für den Vertretenen lediglich rechtlich vorteilhaft ist, näher s. Rdnr. 912.

ein, d.h. der gesetzliche Vertreter kann nicht etwa das vom Geschäftsunfähigen vorgenommene Rechtsgeschäft nachträglich genehmigen.

347a Durch das Gesetz zur Änderung des Rechts der Vertretung durch Rechtsanwälte vor den Oberlandesgerichten[12] wurde **§ 105a neu eingefügt**. Dadurch soll es geschäftsunfähigen volljährigen Personen ermöglicht werden, **Geschäfte des täglichen Lebens** mit niedrigem Wert wirksam abzuschließen, also beispielsweise im Supermarkt einkaufen oder zum Friseur gehen zu können. Verträge, die hierunter fallen, werden jedoch erst mit Bewirkung von Leistung und Gegenleistung wirksam. Insoweit ähnelt die Vorschrift dem § 110, s. Rdnr. 371.

3. Nichtigkeit von Willenserklärungen wegen Bewusstlosigkeit oder vorübergehender Störung der Geistestätigkeit

348 Im Gegensatz zu § 104 Nr. 2 gilt § 105 Abs. 2 bei **vorübergehenden Zuständen**; auch Krankhaftigkeit ist hier nicht vorausgesetzt. § 105 Abs. 2 kann z.B. bei hochgradiger Trunkenheit oder aufgrund des Konsums von Rauschgift vorliegen. Die Rechtsfolge ist **Nichtigkeit** der in diesem Zustand **abgegebenen Willenserklärung**, nicht dagegen Geschäftsunfähigkeit schlechthin. Dies hat zur Folge, dass nur die konkrete Willenserklärung des Bewusstlosen oder Geistesgestörten nichtig ist, während ihm gegenüber durchaus (schriftliche) Willenserklärungen abgegeben werden können (§ 131 Abs. 1 gilt hier nicht, da der Betroffene nicht geschäftsunfähig ist).

Lösung zu Fall 1:

349 Zunächst ist zu prüfen, ob eine wirksame Kündigung des Mietverhältnisses durch Xaver Durst vorliegt. Die Kündigung eines Mietverhältnisses über Wohnraum bedarf jedoch nach § 568 Abs. 1 der schriftlichen Form. Dies gilt auch für Mietverhältnisse i.S.v. § 549 Abs. 2 Nr. 2 (möbliertes Zimmer innerhalb der vom Vermieter selbst bewohnten Wohnung). Eine mündliche Kündigung ist daher schon nach § 125 Satz 1 nichtig, so dass es insoweit auf die Geschäftsfähigkeit nicht ankommt. Jedoch könnte in der Erklärung des Durst und der Erwiderung der Frau Ruh ein Aufhebungsvertrag zu sehen sein. Eine solche Auslegung entspricht dem beiderseitigen Willen und ist daher nach § 133 möglich, auch wenn nicht ausdrücklich von einer Aufhebung des Mietervertrages gesprochen wurde. Das Formerfordernis des § 568 Abs. 1 bezieht sich nur auf eine Kündigung (einseitige Willenserklärung), nicht auf einen Aufhebungsver-

---

[12] Vom 23. Juli 2002, BGBl. I S. 2850.

trag¹³. Hier kommt es also darauf an, ob eine wirksame Willenserklärung des Xaver Durst vorliegt. Da die Trunkenheit ihrer Natur nach einen vorübergehenden Zustand darstellt, liegt keine Geschäftsunfähigkeit nach § 104 Nr. 2 vor. Jedoch kann § 105 Abs. 2 erfüllt sein. Dies hängt davon ab, ob die Trunkenheit so weit reichte, dass die Einsichts- und Steuerungsfähigkeit zum Zeitpunkt der Erklärung ausgeschaltet war. Nach dem Sachverhalt wird man dies bejahen können. Dann ist die von Xaver Durst abgegebene Willenserklärung gemäß § 105 Abs. 2 nichtig, so dass kein Aufhebungsvertrag zustande gekommen ist. Ob die Vermieterin die Nichtigkeit der Erklärung des Durst erkennen konnte, spielt keine Rolle. Ebenso wenig kommt es darauf an, dass sie bereits einen anderweitigen Vertrag abgeschlossen hat (aufgrund dessen sie möglicherweise zum Schadensersatz gegenüber dem neuen Mieter verpflichtet ist). Frau Ruhs eigene nächtliche Erklärung kann keine wirksame Kündigung darstellen, da es insoweit wieder an der schriftlichen Form fehlt. Denkbar wäre, dass Frau Ruh am folgenden Tag eine schriftliche Kündigung ausspricht. Sie könnte am 16. Oktober jedoch erst zum 30. November kündigen, § 573 c Abs. 3. Mieterschutz würde Durst gegenüber einer Kündigung der Vermieterin nicht zustehen, § 549 Abs. 2 Nr. 2.

III. Die beschränkte Geschäftsfähigkeit

Fall 2: Die 17-jährige Gymnasiastin Anna Eilig hat mit Einwilligung ihrer Eltern den Führerschein der Klasse A 1 erworben. Für eine 4-tägige Reise nach Tirol mietet sie ohne Wissen ihrer Eltern ein Motorrad bei der Firma Müller. Da Anna Eilig mit Müllers Sohn befreundet ist, erhält sie besonders günstige Mietbedingungen (insgesamt 100 €) eingeräumt. Sie leistet aus ihrem ersparten Taschengeld eine Anzahlung von 50 € auf den Mietpreis. Noch vor Annas Abreise erfahren ihre Eltern von dem Vorgang. Sie verbieten ihrer Tochter die Reise, bringen das Motorrad zu Müller zurück und verlangen die Rückzahlung von 50 €. Müller lehnt dies ab und besteht auf der Zahlung des restlichen Mietpreises. Wie ist die Rechtslage?

1. Voraussetzungen und Grundgedanke der beschränkten Geschäftsfähigkeit

Beschränkt geschäftsfähig sind Minderjährige von der Vollendung des **siebenten** bis zur Vollendung des **achtzehnten Lebensjahres**, §§ 2, 106. Anders als Geschäftsunfähige können beschränkt geschäftsfähige Personen in zweifacher Hinsicht wirksame Rechtsgeschäfte vornehmen. Das Gesetz ermöglicht ihnen zum einen, **lediglich rechtlich vorteilhafte Geschäfte** alleine abzuschließen, da hier gewissermaßen nichts passieren kann, so dass der Minderjährige keines besonderen Schutzes bedarf. Zum anderen sind Willenserklärungen Minderjähriger dann wirksam, wenn sie mit vorheriger oder (bei Verträgen) nachträglicher **Zustimmung des gesetzlichen Vertreters** erfolgen, also derjenigen Personen, die für die Interessen des Minderjährigen zu sorgen haben.

---

[13] Palandt/Weidenkaff § 568 Rdnr. 2. Gegen eine (immerhin erwägenswerte) analoge Anwendung des § 568 Abs. 1 auf einen Aufhebungsvertrag spricht, dass das Formerfordernis dem Empfänger der Kündigung Rechtssicherheit verschaffen soll, während derjenige, der selbst einer mündlichen Aufhebung zustimmt, insoweit nicht schutzbedürftig erscheint.

2. Lediglich rechtlich vorteilhafte Geschäfte

351 Der beschränkt Geschäftsfähige kann alle Willenserklärungen, durch die er lediglich einen rechtlichen Vorteil erlangt, wirksam abgeben, ohne dazu die Zustimmung seines gesetzlichen Vertreters zu benötigen. Dies ergibt sich aus § 107. Auf die Art der Willenserklärung (einseitige Erklärung oder Abschluss eines Vertrages) kommt es zunächst nicht an. Erst wenn die Prüfung ergibt, dass keine lediglich vorteilhafte Erklärung vorliegt, ist weiter zu unterscheiden, ob es sich um einen Vertrag oder ein einseitiges Rechtsgeschäft handelt.

352 Das **Prüfungsschema** sieht insgesamt folgendermaßen aus:

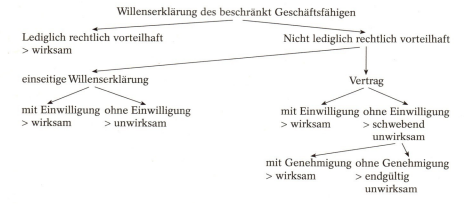

353 Wie die gesetzliche Formulierung „rechtlicher" Vorteil zeigt, kommt es nur auf die **Rechtsfolgen**, nicht auf die wirtschaftliche Vorteilhaftigkeit des Geschäfts an. Rechtliche Vorteile sind aus dem Rechtsgeschäft erworbene Rechte, rechtliche Nachteile dagegen Verpflichtungen, die aus dem Rechtsgeschäft erwachsen. Das Geschäft darf **lediglich** rechtliche Vorteile für den Minderjährigen zur Folge haben. Dass die rechtlichen Vorteile den rechtlichen Nachteilen gleichwertig sind oder sie sogar überwiegen, genügt nicht. Gegenseitige Verträge (Austauschverträge) wie Kauf-, Miet-, Werk- oder Arbeitsverträge sind nie lediglich rechtlich vorteilhaft, da durch sie zwar einerseits ein Anspruch des Minderjährigen auf Lieferung, Überlassung der gemieteten Sache usw. begründet wird, andererseits aber auch seine Verpflichtung zur Gegenleistung entsteht.

354 Zu berücksichtigen sind die rechtlichen Vor- oder Nachteile, die sich **aus der zu beurteilenden Willenserklärung** ergeben. Es muss daher jeweils genau darauf geachtet werden, auf welcher Willenserklärung die einzelnen rechtlichen Folgen beruhen. Dabei ist die Trennung zwischen Verpflichtungs- und Verfügungsgeschäft (Trennungs- und Abstraktionsprinzip, s. Rdnr. 220ff.) zu berücksichtigen. Wird etwa eine bewegliche Sache nach § 929 Satz 1 durch Einigung und Übergabe an einen Minderjährigen übereignet, so ist dieses Rechtsgeschäft für den Minderjährigen lediglich rechtlich vorteilhaft; er erwirbt das Eigentum, ohne dass es auf die Zustimmung des gesetzlichen Vertreters ankommt. Dient die Übereignung der Erfüllung eines Kaufvertrages, den der Minderjährige ohne Zustimmung seiner Eltern als gesetzliche Vertreter abgeschlossen hat, so ist er allerdings nach § 812 Abs. 1 Satz 1 wegen Fehlens des rechtlichen Grundes zur Herausgabe des Erlangten verpflichtet. Dies ist aber keine Rechtsfolge des Übereignungsgeschäfts, hindert also nicht dessen Beurteilung als lediglich rechtlich vorteilhaft.

Dient ein Verfügungsgeschäft der **Erfüllung** eines Anspruchs, der für den Minderjährigen aus einem wirksamen schuldrechtlichen Vertrag entsteht, so ergibt sich ein anderes Problem[14]: Durch diese Erfüllung würde der Anspruch des Minderjährigen nach § 362 Abs. 1 erlöschen, und darin könnte man einen rechtlichen Nachteil sehen, der die Verfügung unwirksam werden lässt. Doch wird man insoweit zwischen dem Verfügungsgeschäft als solchem und der Auswirkung auf die zu erfüllende Forderung zu unterscheiden haben. Die Verfügung ist zwar wirksam, aber sie führt mangels **Empfangszuständigkeit**[15] nicht zum Erlöschen des Anspruchs, wenn die gesetzlichen Vertreter der Leistung an den Minderjährigen weder vorher noch nachher zustimmen. Sehr häufig dürfte diese Konstellation übrigens nicht auftreten, denn in der Zustimmung des gesetzlichen Vertreters zum Abschluss des Verpflichtungsgeschäfts wird stillschweigend in vielen Fällen auch bereits die Zustimmung zur Leistung an den Minderjährigen enthalten sein.

Mittelbare Rechtsfolgen, die nicht aus dem Rechtsgeschäft selbst hervorgehen, sondern nur die Folge des damit bewirkten neuen Rechtszustands sind, werden bei der Beurteilung, ob das Geschäft lediglich vorteilhaft ist, im allgemeinen **nicht berücksichtigt**. So ist die Übereignung eines **Grundstücks** an einen Minderjährigen nach h.M. nicht deswegen als auch nachteilig anzusehen, weil an das Grundstückseigentum **öffentliche Lasten** (z.B. Grundsteuer) anknüpfen. Auch der Umstand, dass das Grundstück mit **Grundschulden** oder **Hypotheken** belastet ist, macht die Übereignung als solche nicht nachteilig; der Minderjährige wird daraus nicht persönlich verpflichtet, sondern muss nur gegebenenfalls die Vollstreckung in das Grundstück dulden (§ 1147). Sollte der Minderjährige dagegen auch die persönliche Haftung für die durch Grundschuld oder Hypothek gesicherte Forderung übernehmen, so wäre diese Schuldübernahme (§§ 415 ff.) nicht lediglich rechtlich vorteilhaft.

Lediglich rechtlich vorteilhaft bleibt der Grundstückserwerb aufgrund Schenkung auch, wenn das Grundstück mit einem **Nießbrauch** oder einem **dinglichen Wohnrecht** belastet ist, da der Erwerber dafür nicht persönlich haftet. Wenn die dingliche Belastung erst im Zuge des Erwerbs durch den Minderjährigen bestellt werden soll – Schenkung unter Auflage oder Vorbehalt einer dinglichen Belastung, z.B. eines Nießbrauchs zugunsten des Schenkers – ist das Geschäft ebenfalls noch als lediglich rechtlich vorteilhaft zu betrachten, da es im Ergebnis keinen Unterschied machen

---

[14] Dazu MünchKomm/Schmitt § 107 Rdnr. 43.
[15] So Larenz/Wolf § 25 Rdnr. 22; Medicus Rdnr. 566 (geht auch auf Gegenansichten ein, die zur Wirksamkeit der Erfüllung gelangen wollen).

kann, ob die Belastung noch kurz vor der Übertragung des Eigentums erfolgte oder ob sie sofort beim Erwerb des Eigentums bestellt wird[16].

3. Rechtlich indifferente Geschäfte

358 Es gibt auch Rechtsgeschäfte, die der Minderjährige vornimmt, ohne dass sie seine Rechtssphäre überhaupt positiv oder negativ berühren. Solche für den Minderjährigen **rechtlich indifferenten (neutralen) Geschäfte** sind nach h.M. ohne Einwilligung des gesetzlichen Vertreters **wirksam**. Man kann insoweit an § 165 anknüpfen, der ein Geschäft des beschränkt Geschäftsfähigen für einen anderen (Stellvertretung) zulässt, weil es für den Minderjährigen selbst keine Rechtsfolgen erzeugt, s. dazu Rdnr. 792. Rechtlich indifferent ist etwa eine Verfügung des Minderjährigen über einen Gegenstand, der einem anderen gehört (z.B. Übereignung einer fremden Sache an einen gutgläubigen Erwerber[17] oder mit Einwilligung des Rechtsinhabers nach § 185 Abs. 1).

4. Nicht lediglich rechtlich vorteilhafte Verträge

359 Bei den Rechtsgeschäften, die für den beschränkt Geschäftsfähigen nicht lediglich rechtlich vorteilhaft sind, ist zwischen Verträgen (s. sogleich) und einseitigen Rechtsgeschäften (s. Rdnr. 376 ff.) zu unterscheiden.

360 Die Wirksamkeit eines nicht lediglich vorteilhaften Vertrages, den der beschränkt geschäftsfähige Minderjährige abschließt, hängt von der Zustimmung des gesetzlichen Vertreters ab.

361 Allgemeine Vorschriften über die Zustimmungserklärung enthalten die §§ 182 ff. Sie gelten auch für die Zustimmung im Rahmen der beschränkten Geschäftsfähigkeit. **Zustimmung** ist dabei der **Oberbegriff**, der die Erklärung des Einverständnisses eines Dritten vor oder nach Abschluss des Rechtsgeschäfts umfasst. Unter **Einwilligung** versteht das BGB dagegen nur die **vorherige Zustimmung**, wie sich aus der Legaldefinition in § 183 Satz 1 ergibt. **Genehmigung** bedeutet demgegenüber die **nachträgliche Zustimmung**, s. die gesetzliche Begriffsbestimmung in § 184 Abs. 1. Diesen Sprachgebrauch sollte man sich einprägen.

a) Einwilligung des gesetzlichen Vertreters

362 Verträge, die ein beschränkt Geschäftsfähiger mit **Einwilligung** seines gesetzlichen Vertreters abschließt, sind nach § 107 **von Anfang an wirksam**. Die Einwilli-

---

[16] BayObLGZ 1979, 49; BayObLGZ 1998, 137 = NJW 1998, 3574 (Bestellung von Nießbrauch und Vorkaufsrechten zugleich mit der Übereignung); MünchKomm/Schmitt § 107 Rdnr. 41.

[17] MünchKomm/Schmitt § 107 Rdnr. 34. Die Gegenansicht verneint in einem solchen Fall den gutgläubigen Erwerb mittels teleologischer Reduktion des § 932, so etwa MünchKomm/Quack § 932 Rdnr. 15; Medicus, Bürgerliches Recht, Rdnr. 540, 542 mwN: der Erwerber soll nicht besser stehen als wenn das richtig wäre, was er annimmt.

gung ist eine empfangsbedürftige Willenserklärung, die gegenüber dem Minderjährigen oder dem Vertragspartner abgegeben werden kann, §182. Sie ist bis zur Vornahme des Rechtsgeschäfts widerruflich, §183. Die Einwilligung kann ausdrücklich oder stillschweigend erfolgen, sich also auch konkludent aus dem Verhalten des gesetzlichen Vertreters ergeben. Bei der Auslegung dieses Verhaltens darf man aber den Schutzzweck des Minderjährigenrechts nicht außer acht lassen.

Die Einwilligung kann sich auf einen konkreten Vertrag oder auch auf eine Mehrheit von im einzelnen nicht individualisierten Rechtsgeschäften erstrecken (**beschränkter Generalkonsens**). Die Eltern können z.B. eine allgemeine Einwilligung für die Geschäfte des Minderjährigen erteilen, die mit der Durchführung einer Reise oder mit der Ausbildung an einem fremden Ort verbunden sind. Dann sind diejenigen Geschäfte von der Einwilligung gedeckt, die üblicherweise (unter Berücksichtigung der Verkehrsauffassung) diesem Zweckbereich zugeordnet sind. **Unzulässig** ist es dagegen, dem Minderjährigen einen **Generalkonsens** für alle seine Geschäfte zu erteilen. Dies wäre mit der Aufsichtspflicht des gesetzlichen Vertreters und mit dem Schutzzweck des §107 nicht vereinbar.

Der Minderjährige hat im allgemeinen **keinen Anspruch** auf Erteilung der Einwilligung (oder Genehmigung) gegen seinen gesetzlichen Vertreter. Die **verweigerte Zustimmung** kann in der Regel auch nicht durch das Familien- oder Vormundschaftsgericht ersetzt werden, nur weil das Gericht die Zweckmäßigkeit des Rechtsgeschäfts anders beurteilt als die gesetzlichen Vertreter. Anders ist es aber, wenn der Vormund die Ermächtigung zur Eingehung eines Dienst- oder Arbeitsverhältnisses verweigert (§113 Abs.3, s. Rdnr.382). Außerdem kann das Familiengericht Erklärungen der Eltern (und daher auch deren Zustimmung zu einem Vertragsschluss) ersetzen, wenn dies erforderlich ist, um eine **Gefährdung des Kindeswohls** abzuwenden, §1666 Abs.3.

Eine **pflichtwidrige Verweigerung der Zustimmung** kann zu **Schadensersatzpflichten** der Eltern (§1664[18]) oder des Vormunds (§1833) führen.

b) Schwebende Unwirksamkeit bei fehlender Einwilligung

Schließt eine minderjährige Person einen nicht lediglich rechtlich vorteilhaften Vertrag ohne die Einwilligung (vorherige Zustimmung) ihres gesetzlichen Vertreters, so äußert dieser Vertrag zwar zunächst keine rechtlichen Wirkungen, doch kann er noch durch Genehmigung (nachträgliche Zustimmung) des gesetzlichen Vertreters wirksam werden, §108 Abs.1. Bis geklärt ist, ob die Genehmigung erteilt wird, ist der Vertrag **schwebend unwirksam**. Die damit verbundene Unsicherheit kann für den Vertragspartner unangenehm sein. Daher gibt ihm §109 Abs.1 ein **Recht zum Widerruf des Vertrags**, allerdings nur wenn er die Minderjährigkeit nicht gekannt hat oder wenn der Minderjährige der Wahrheit zuwider die Einwilligung des gesetzlichen Vertreters behauptet hat, §109 Abs.2. Wenn der Vertragspartner

---

[18] Bei §1664 ist allerdings umstritten, ob es sich um eine Anspruchsgrundlage – so die h.M., vgl. Jauernig/Chr. Berger §1664 Rdnr.1 – oder nur um einen Haftungsmaßstab handelt.

die Minderjährigkeit kannte, so ist er insoweit nicht schutzwürdig, als er selbst die entstehende Unsicherheit auf sich genommen hat. In jedem Fall kann der Vertragspartner auf rasche Klärung hinwirken, indem er den **gesetzlichen Vertreter auffordert**, sich über die Genehmigung zu erklären, § 108 Abs. 2 Satz 1. Wird die Genehmigung binnen zwei Wochen nach dieser Aufforderung nicht erklärt, so gilt sie als verweigert (§ 108 Abs. 2 Satz 2), so dass der Schwebezustand endet.

367   Wird der Minderjährige **geschäftsfähig**, während der Schwebezustand noch andauert, so tritt seine **eigene Genehmigung** an die Stelle der Genehmigung des gesetzlichen Vertreters, § 108 Abs. 3. Auch der jetzt Volljährige braucht also die Willenserklärung, die er als Minderjähriger abgegeben hat, nicht gelten zu lassen.

c) Versagung der Genehmigung

368   Mit der **Verweigerung der Genehmigung** wird der Vertrag **endgültig unwirksam**; es können also keinerlei Ansprüche daraus abgeleitet werden. Sind im Hinblick auf einen schuldrechtlichen Vertrag bereits Leistungen erbracht worden, so müssen diese wegen Fehlens des rechtlichen Grundes nach den Regeln über die ungerechtfertigte Bereicherung (§ 812 Abs. 1 Satz 1) zurückerstattet werden.

d) Erteilung der Genehmigung

369   Die Genehmigung kann sowohl dem **Minderjährigen** als auch dem **Vertragspartner gegenüber** erklärt werden, § 182 Abs. 1. Hat der Vertragspartner allerdings den gesetzlichen Vertreter zur Erklärung über die Genehmigung aufgefordert, so kann die Genehmigung nur noch dem Vertragspartner gegenüber erfolgen und eine vorher dem Minderjährigen gegenüber erteilte Genehmigung verliert ihre Wirkung, § 108 Abs. 2 Satz 1. Die Genehmigung ist **nicht formbedürftig**, auch wenn für das zu genehmigende Rechtsgeschäft eine Form vorgeschrieben ist, § 182 Abs. 2 (s. auch Rdnr. 872).

370   Die Genehmigung wirkt auf den Zeitpunkt der Vornahme des Rechtsgeschäfts zurück, § 184 Abs. 1; der genehmigte Vertrag ist also **von Anfang an wirksam**.

e) Wirksamkeit durch Erfüllung – „Taschengeldparagraph"

371   Nach § 110 werden Verträge wirksam, wenn sie mit Mitteln erfüllt werden, die dem Minderjährigen zu dem betreffenden Zweck oder zur freien Verfügung überlassen wurden, sei es durch den gesetzlichen Vertreter oder mit dessen Zustimmung durch Dritte. Die vom Minderjährigen mit solchen Mitteln bestrittenen Geschäfte werden aber erst wirksam, wenn er die vertragsmäßige Leistung bewirkt hat. § 110 gilt erst bei **vollständiger Erfüllung** und **deckt keine Kreditgeschäfte des Minderjährigen**. Ist die erwähnte Voraussetzung aber erfüllt, so sind sowohl das Verpflichtungsgeschäft (etwa ein Kaufvertrag) als auch das der Erfüllung dienende Verfügungsgeschäft (die Zahlung des Kaufpreises) des Minderjährigen wirksam.

Lösung zu Fall 2:

1. Anspruch des Müller gegen Anna Eilig auf Zahlung von 50 €

Anspruchsgrundlage ist § 535 Satz 2, der einen wirksamen Mietvertrag voraussetzt. Dem könnte die beschränkte Geschäftsfähigkeit (§ 106) der minderjährigen (§ 2) Anna Eilig entgegenstehen. Der Mietvertrag verpflichtet Anna Eilig zur Zahlung des Mietpreises und ist daher kein lediglich rechtlich vorteilhaftes Geschäft (§ 107). Auf die wirtschaftliche Vorteilhaftigkeit kommt es nicht an. Daher hängt die Wirksamkeit des Vertrages von der Zustimmung der gesetzlichen Vertreter, also ihrer Eltern (§ 1629 Abs. 1) ab. Eine stillschweigende Einwilligung zum Abschluss solcher Verträge könnte in der von den Eltern erteilten Erlaubnis liegen, den Führerschein zu erwerben. Da aber der Inhalt der Verträge, aufgrund derer sich die Minderjährige ein Fahrzeug beschaffen könnte, in seiner Tragweite sehr unterschiedlich sein kann, ist eine solche Auslegung des elterlichen Verhaltens auch unter Berücksichtigung der Verkehrsauffassung abzulehnen[19]. Die Zahlung von 50 € aus dem ersparten Taschengeld könnte zur Wirksamkeit des Mietvertrages nach § 110 führen. Man darf davon ausgehen, dass dieses Geld der Anna Eilig von ihren Eltern zur freien Verfügung überlassen ist. Jedoch ist mit der Anzahlung die Leistung, die der Minderjährigen obliegt, noch keineswegs vollständig erfüllt. § 110 hat dies jedoch, wie sich aus dem Wort „bewirkt" ergibt, zur Voraussetzung.

Der Mietvertrag war demnach zunächst schwebend unwirksam, § 108 Abs. 1. Im Verhalten der Eltern kommt die Versagung der Genehmigung zum Ausdruck. Damit ist der Vertrag endgültig unwirksam. Der Mietwagenunternehmer hat keinen Zahlungsanspruch.

2. Anspruch der Anna Eilig, vertreten durch ihre Eltern, gegen Müller auf Rückzahlung von 50 €

a) Aus § 985

Da die Übereignung des Geldes durch Anna Eilig an Müller (§ 929 Satz 1) nicht lediglich rechtlich vorteilhaft war und ihre Eltern hierzu (ebenso wie zum Mietvertrag, s. oben) weder eine Einwilligung noch eine Genehmigung erklärt haben, war die Übereignung unwirksam[20], so dass Anna Eilig dadurch das Eigentum nicht verloren hat. Jedoch ist durch die Vermengung des bezahlten Geldes mit den Kassenbeständen des Müller dieser Eigentümer nach § 948 Abs. 1, § 947 Abs. 1 und 2 (die Kassenbestände sind Hauptsache i.S. § 947 Abs. 2) geworden. Ein Herausgabeanspruch aus § 985 besteht daher nicht.

b) Aus § 951 Abs. 1 Satz 1 i.V.m. § 812 Abs. 1 Satz 1 (Leistungskondiktion)

Zum Ausgleich für den hier nach §§ 947, 948 durch Anna Eilig erlittenen Verlust des Eigentums kommt ein Anspruch auf Vergütung nach § 951 Abs. 1 Satz 1 in Betracht. Die Verweisung des § 951 Abs. 1 Satz 1 auf das Bereicherungsrecht ist aufgrund ihres Zwecks als Rechtsgrundverweisung (nicht nur als Rechtsfolgeverweisung) anzusehen, so dass die Voraussetzungen der in Frage kommenden bereicherungsrechtlichen Anspruchsgrundlagen vorliegen müssen. Hier ist § 812 Abs. 1 Satz 1 in der Variante der Leistungskondiktion einschlägig. Die Leistung durch Anna Eilig ist ohne rechtlichen Grund erfolgt, da der Mietvertrag endgültig unwirksam ist. Damit ist der Anspruch auf Rückzahlung begründet.

---

[19] BGH NJW 1973, 1790.
[20] A.M. z.B. Leenen FamRZ 2000, 863, 864; Werner/Saenger, Fälle mit Lösungen für Fortgeschrittene (2001), S. 45, die aufgrund der Überlassung zur freien Verfügung dingliche Wirksamkeit von Teilleistungen des Minderjährigen annehmen. Durch § 110 wird aber die Wirkung dieser Überlassung auf den Fall der vollständigen Erfüllung beschränkt, auch hinsichtlich des dinglichen Geschäfts.

5. Nicht lediglich vorteilhafte einseitige Rechtsgeschäfte des Minderjährigen

376 Hierher gehören z.B. die Kündigung eines Mietvertrages oder eines Darlehensvertrages, die Anfechtung eines Rechtsgeschäfts (§ 143 Abs. 1), die Erklärung der Aufrechnung (§ 388), die Erteilung einer Vollmacht (§ 167 Abs. 1). Es kann sich sowohl um empfangsbedürftige einseitige Rechtsgeschäfte (so in den erwähnten Beispielen) als auch (praktisch von geringer Bedeutung) um nicht empfangsbedürftige einseitige Willenserklärungen (z.B. Auslobung, § 657) handeln.

a) Ohne Einwilligung

377 Ein vom Minderjährigen ohne Einwilligung seines gesetzlichen Vertreters vorgenommenes einseitiges Rechtsgeschäft, das ihm nicht lediglich rechtliche Vorteile bringt, ist **unwirksam**, § 111 Satz 1. Hier besteht **keine Genehmigungsmöglichkeit**. Dem Gegner wird kein Schwebezustand zugemutet, hat er doch, anders als beim Abschluss eines Vertrages mit einem Minderjährigen, nichts dazu getan, diese Situation herbeizuführen.

378 Ist allerdings der **Gegner** mit der Vornahme des einseitigen empfangsbedürftigen Rechtsgeschäfts durch den Minderjährigen vorbehaltlich der Genehmigung durch den gesetzlichen Vertreter **einverstanden**, so wendet man die Vertragsregeln (§§ 108, 109) analog an[21]. Die Bestimmung des § 111 Satz 1 dient dem Schutz des Empfängers der Willenserklärung; wenn dieser aber darauf verzichtet, so verliert die Vorschrift ihren Sinn.

b) Bei Einwilligung des gesetzlichen Vertreters

379 Ein mit **Einwilligung** des gesetzlichen Vertreters vorgenommenes einseitiges Rechtsgeschäfts ist gemäß § 107 von Anfang an **wirksam**. Eine Besonderheit, die den Empfänger der Erklärung vor einer unklaren Rechtslage schützen soll, ergibt sich aus § 111 Satz 2: Wenn die Einwilligung nicht schriftlich vorgelegt wird, so kann der **Empfänger** der Erklärung das Rechtsgeschäft aus diesem Grunde unverzüglich **zurückweisen**, wodurch es (selbst wenn die Einwilligung in Wirklichkeit vorliegt) unwirksam wird.

6. Partielle Geschäftsfähigkeit

380 In zwei Fällen eröffnet das Gesetz Wege, um dem Minderjährigen eine auf einen bestimmten Bereich von Rechtsgeschäften beschränkte, auf diesem Gebiet aber vollständige Geschäftsfähigkeit zu verschaffen.

---

[21] BGHZ 110, 363 = NJW 1990, 1721. Der BGH geht hier noch einen Schritt weiter und bejaht die Genehmigungsmöglichkeit für eine vom Minderjährigen erteilte Vollmacht, wenn diese mit dem schwebend unwirksamen Vertrag ein einheitliches Geschäft i.S.v. § 139 bildet.

a) Selbständiger Betrieb eines Erwerbsgeschäfts

Um nach § 112 für den selbständigen Betrieb eines **Erwerbsgeschäfts** geschäftsfähig zu werden, benötigt der Minderjährige die **Ermächtigung durch den gesetzlichen Vertreter**, zusätzlich aber auch die **Genehmigung des Vormundschaftsgerichts** (Amtsgerichts). Die Geschäftsfähigkeit bezieht sich auf alle mit dem Geschäftsbetrieb verbundenen Geschäfte, nicht aber auf die Aufgabe des Geschäftsbetriebs. Ausgenommen sind solche Rechtsgeschäfte, zu denen der gesetzliche Vertreter wegen ihrer besonderen Bedeutung der Genehmigung des Vormundschaftsgerichts bedarf. Welche Geschäfte dies sind, ergibt sich für die Eltern als gesetzliche Vertreter aus § 1643, für einen Vormund (hier ist der Kreis der genehmigungspflichtigen Geschäfte umfassender) aus §§ 1821, 1822.

b) Dienst- oder Arbeitsverhältnis

Tritt der Minderjährige mit **Ermächtigung des gesetzlichen Vertreters** in ein Dienst- oder Arbeitsverhältnis, so erlangt er dadurch die unbeschränkte Geschäftsfähigkeit für die mit der Eingehung oder Aufhebung eines Arbeitsverhältnisses der gestatteten Art und mit dessen Erfüllung verknüpften Rechtsgeschäfte, § 113 Abs. 1. Ausgenommen sind solche Verträge, zu deren Vornahme der gesetzliche Vertreter der Genehmigung des Vormundschaftsgerichts bedarf. Auf **Berufsausbildungsverhältnisse** (Lehrverträge) wendet die h. M. den § 113 nicht an, da hier, auch wenn eine Vergütung bezahlt wird, der Ausbildungscharakter, nicht der Erwerbszweck überwiegt.

Sind die Voraussetzungen des § 113 erfüllt, so kann der Minderjährige beispielsweise selbst das **Arbeitsverhältnis kündigen** und ein gleichartiges Arbeitsverhältnis bei einem anderen Arbeitgeber eingehen. Dagegen ist die Verfügung über den Arbeitsverdienst nicht von § 113 erfasst – der Minderjährige muss den Lohn zu Hause abliefern und die Eltern können ihn für den Unterhalt des Kindes verwenden, § 1649 Abs. 1 Satz 2. Wollen die Eltern ihrem bereits berufstätigen Kind eine bessere Position einräumen, so können sie ausdrücklich oder stillschweigend eine Einwilligung zur freien Verfügung über den Verdienst (oder einen Teil davon) erteilen.

Zweifelhaft ist, ob § 113 auch den **Beitritt** des minderjährigen Arbeitnehmers zu einer **Gewerkschaft** deckt. Der Wortlaut des § 113 spricht eher dagegen; denn der Beitritt betrifft unmittelbar weder die Eingehung oder Aufhebung des Arbeitsverhältnisses noch dessen Erfüllung, ja überhaupt nicht das Verhältnis zwischen dem Minderjährigen und dem Arbeitgeber, auf das sich die Gewährung der Geschäftsfähigkeit nach § 113 bezieht. Andererseits ist nicht zu verkennen, dass zwischen dem Arbeitsverhältnis und dem Beitritt zur Gewerkschaft ein enger Sachzusammenhang besteht. Mit der ü.M. sollte man daher § 113 (entsprechend) anwenden[22].

---

[22] LG Essen NJW 1965, 2302; LG Frankfurt FamRZ 1967, 680; Palandt/Heinrichs § 113 Rdnr. 4; Germelmann/Matthes/Prütting, ArbGG, 4. Aufl., § 11 Rdnr. 20.

IV. Die Haftungsbeschränkung des Minderjährigen

385 Nach dem früheren Text des BGB hafteten Minderjährige unbeschränkt für alle Verbindlichkeiten, die ihre gesetzlichen Vertreter, insbesondere ihre Eltern, in ihrem Namen eingegangen waren. Den Ausgangspunkt der neueren Diskussion bildete eine Entscheidung des BGH[23], in der es um die Folgen aus der Fortführung eines ererbten Handelsgeschäfts durch eine Mutter und ihre minderjährigen Kinder ging. Die Mutter hatte ein Schuldanerkenntnis über 850 000 DM abgegeben, und daraus wurden nun die von ihr vertretenen Kinder in Anspruch genommen. Der BGH bejahte die Haftung der Kinder und stellte fest, die Fortführung des Handelsgeschäfts habe auch nicht der vormundschaftsgerichtlichen Genehmigung bedurft (kein genehmigungsbedürftiges Rechtsgeschäft gemäß § 1643, nicht § 1822 Nr. 3, auch nicht analog).

386 Das BVerfG[24] hob diese Entscheidung auf und erklärte, es verstoße gegen das durch Art. 2 Abs. 1 mit Art. 1 Abs. 1 GG geschützte Persönlichkeitsrecht, wenn Eltern aufgrund ihrer gesetzlichen Vertretungsmacht ihre Kinder bei Fortführung eines ererbten Handelsgeschäfts in ungeteilter Erbengemeinschaft finanziell unbegrenzt verpflichten könnten. Daher sei § 1629 Abs. 1 (mit § 1643 Abs. 1) insoweit mit der Verfassung nicht vereinbar, als die Haftung über den Bestand des ererbten Vermögens hinausgehen könne. Die Lösung des Problems konnte nach Ansicht des BVerfG darin liegen, die Notwendigkeit einer vormundschaftsgerichtlichen Genehmigung vorzusehen oder eine Haftungsbegrenzung einzuführen. Der Gesetzgeber tat sich schwer; man muss auch zugeben, dass die Entscheidung des BVerfG die bisherige Gedankenwelt des Minderjährigenrechts stark erschütterte. Erst zwölf Jahre später wurde das Gesetz zur Beschränkung der Haftung Minderjähriger[25] erlassen (BGBl. 1998 I 2487)[26]. Es ist am 1. Januar 1999 in Kraft getreten. Seitdem haften Minderjährige für Verbindlichkeiten, die ihre Eltern im Rahmen der gesetzlichen Vertretungsmacht oder sie selbst mit Zustimmung der Eltern begründet haben, nur mit dem bei Eintritt der Volljährigkeit vorhandenen Vermögen, § 1629 a Abs. 1. Ausgenommen sind Verbindlichkeiten aus Rechtsgeschäften, die der Befriedigung der persönlichen Bedürfnisse des Minderjährigen dienen und solche, die aus dem selbständigen Betrieb eines Erwerbsgeschäfts hervorgehen, zu dem der Minderjährige nach § 112 (s. Rdnr. 381) ermächtigt war. Die Haftungsbeschränkung ist entsprechend §§ 1990, 1991 (Einrede der Dürftigkeit des Nachlasses), im Prozess nach § 786 ZPO, geltend zu machen.

387 Auf die **Haftung aus unerlaubten Handlungen**, die auch einen Minderjährigen zwischen dem 7. und dem 18. Lebensjahr bei entsprechender Einsichtsfähigkeit (§ 828 Abs. 3) treffen und zu hohen Schadensersatzpflichten führen kann, bezieht sich das Minderjährigenhaftungsbeschränkungsgesetz nicht. Auch diese Problema-

---

[23] BGHZ 92, 259 = NJW 1985, 136.
[24] BVerfGE 72, 155 = NJW 1986, 1859. BGH NJW-RR 1987, 450 setzte sodann das Verfahren bis zur Neuregelung durch den Gesetzgeber aus.
[25] Dazu Behnke NJW 1998, 3078; Klumpp ZEV 1998, 409; Löwisch NJW 1999, 1002.
[26] Der Gesetzentwurf samt Begründung findet sich in Bundestagsdrucksache 13/5624.

tik wird aber derzeit diskutiert. Das BVerfG[27] hat eine Normenkontrollvorlage zu § 828 Abs. 2 Satz 1 aF (jetzt § 828 Abs. 3) als unzulässig zurückgewiesen, da es sich um vorkonstitutionelles, d.h. vor Inkrafttreten des Grundgesetzes erlassenes und daher von Art. 100 Abs. 1 GG nicht erfasstes Recht handle[28]. Zugleich wies aber das BVerfG darauf hin, dass auch bei der Anwendung des Gesetzesrechts Spielräume für eine Einschränkung der Minderjährigenhaftung bestünden, sei es im Rahmen der Auslegung des § 828 Abs. 2 Satz 1 aF oder durch Anwendung von § 242. – Die Haftung von 7 bis 10-jährigen Kindern für fahrlässig verursachte Schäden bei Kraftfahrzeugunfällen wurde im Jahre 2002 durch Einfügung des neuen § 828 Abs. 2 ausgeschlossen, s. Rdnr. 118.

V. Rechtliche Betreuung und Geschäftsfähigkeit

Durch das Betreuungsgesetz wurde 1992 anstelle der früheren Entmündigung das Rechtsinstitut der **rechtlichen Betreuung** (§§ 1896ff.) eingeführt. Kranke oder behinderte Personen, die ihre Angelegenheiten ganz oder teilweise nicht allein besorgen können, sollen durch den Betreuer Hilfe erhalten. Der Unterschied zwischen der Bestellung eines Betreuers und der früheren Entmündigung ist gerade im Hinblick auf die Geschäftsfähigkeit fundamental. Während die Entmündigung dem Betroffenen, je nach Entmündigungsgrund, die Geschäftsfähigkeit völlig entzog oder ihm nur die beschränkte Geschäftsfähigkeit beließ, wirkt sich die Anordnung der Betreuung im Regelfall **nicht auf die Geschäftsfähigkeit des Betreuten aus**. Diese ist vielmehr nach den allgemeinen Vorschriften zu beurteilen; es kann also z.B. Geschäftsunfähigkeit nach § 104 Nr. 2 vorliegen, oder es kann § 105 Abs. 2 eingreifen; ebensogut ist es auch möglich, dass der Betreute voll geschäftsfähig ist. Der **Betreuer** ist im Rahmen des bei der Bestellung festgelegten Aufgabenkreises **gesetzlicher Vertreter** des Betreuten, § 1902, doch kann der Betreute, wenn er geschäftsfähig ist, weiterhin auch selbst Rechtsgeschäfte auf diesem Gebiet vornehmen. Nur wenn bei der Anordnung der Betreuung ein **Einwilligungsvorbehalt** (§ 1903) angeordnet wurde, ist die Rechtslage anders. In diesem Fall kann der Betreute bestimmte Rechtsgeschäfte nur mit Einwilligung des Betreuers vornehmen. Bei Fehlen der Einwilligung gelten die §§ 108ff. entsprechend. Lediglich rechtlich vorteilhafte Erklärungen sind ohne Einwilligung des Betreuers wirksam, ebenso im allgemeinen solche Willenserklärungen, die sich auf geringfügige Angelegenheiten des täglichen Lebens beziehen, § 1903 Abs. 3 Satz 1 u. 2.

---

[27] BVerfG NJW 1998, 3557 = JZ 1999, 251. Dazu Rolfs JZ 1999, 233.
[28] Seit der großen Schuldrechtsreform 2001 wird man wohl das BGB insgesamt als nachkonstitutionell ansehen müssen, da der Gesetzgeber alle Vorschriften mit – zum Gesetzestext gehörenden – Überschriften versehen und sie daher m.E. „in seinen Willen aufgenommen" hat. Die erfolgte *Neubekanntmachung* des BGB (vom 2. Januar 2002, BGBl. I, S. 42) alleine würde dagegen diesen Effekt wohl nicht haben, da es sich nicht um eine *Neuverkündung* handelte. Für § 828 Abs. 3 nF würde im übrigen auch aus der im obigen Text erwähnten Änderung im Jahre 2002 folgen, dass die Regelung nunmehr als nachkonstitutionell anzusehen ist.

VI. Die Einwilligungsfähigkeit im Rahmen des Deliktsrechts

389 Vor allem bei Körperverletzungen ergibt sich die Frage, ob ein **Minderjähriger** hierzu selbst eine – die Rechtswidrigkeit der Verletzung ausschließende – **Einwilligung erklären kann.** Es geht dabei auch um ärztliche Operationen, da diese von der h.M. nach wie vor als tatbestandsmäßige Körperverletzungen angesehen werden, die einer besonderen Rechtfertigung bedürfen, im Regelfall durch Einwilligung des Patienten. Bei dieser Einwilligung handelt es sich nach Ansicht des BGH[29] nicht um eine rechtsgeschäftliche Willenserklärung, da die Gesundheit und die körperliche Integrität keine Rechte darstellen, über die als solche verfügt werden könnte. Folgt man dem, so sind die Vorschriften über die Geschäftsfähigkeit auf eine solche Einwilligungserklärung jedenfalls nicht unmittelbar anwendbar. Fraglich ist, ob man diese Bestimmungen analog anwenden kann oder ob man auf die **Einsichtsfähigkeit des Minderjährigen im konkreten Fall** abstellen soll. Der BGH ist den zweiten Weg gegangen. Ob die Einsichtsfähigkeit gegeben ist, wird vom erreichten Alter, aber auch von der Art der Operation abhängen. Liegt eine wirksame Einwilligung vor, so kann nicht schon deswegen Schadensersatz verlangt werden, weil der Arzt den Eingriff gar nicht hätte vornehmen dürfen. Die deliktische Haftung wegen eines ärztlichen Kunstfehlers bleibt natürlich unberührt. Zu beachten ist, dass es für die Rechtswirksamkeit des **Behandlungsvertrages** auch nach Ansicht des BGH bei den Vorschriften über die Geschäftsfähigkeit verbleibt, so dass insoweit die Einwilligung oder Genehmigung des gesetzlichen Vertreters entscheidend ist.

390 Die dargestellten Grundsätze werden zum Teil auch für die Zustimmung zu dem auf einen **Schwangerschaftsabbruch** abzielenden ärztlichen Eingriff angewandt. Bei gegebener Einsichtsfähigkeit, d.h. wenn die schwangere Minderjährige in der Lage ist, die Tragweite ihrer Entscheidung abzuschätzen, ist danach eine Zustimmung der gesetzlichen Vertreter (Eltern) nicht erforderlich[30].

---

[29] Grundlegend BGHZ 29, 33 = NJW 1959, 811 (die Entscheidung erging allerdings, als die Volljährigkeit erst mit 21 Jahren eintrat). – Ebenso z.B. BGHZ 105, 45, 47f. = NJW 1988, 2946. – A.M. (im Hinblick auf die Herabsetzung des Volljährigkeitsalters in der Zeit nach BGHZ 29, 33) OLG Hamm NJW 1998, 3424.

[30] AG Schlüchtern NJW 1998, 832 (bejaht im konkreten Fall die Einsichtsfähigkeit einer 16-jährigen Schwangeren). – A.M. OLG Hamm NJW 1998, 3424, das stets die Zustimmung der gesetzlichen Vertreter verlangt, die nur unter den Voraussetzungen des § 1666 Abs. 1, 3 vom Familiengericht ersetzt werden könne.

§ 2 Die Geschäftsfähigkeit

Kontrollfragen und Fälle zu § 2

1) Definieren Sie
a) die Rechtsfähigkeit
b) die Geschäftsfähigkeit!

2) Die 17-jährige Mia möchte
a) eine Stelle als kaufmännische Auszubildende annehmen,
b) ein Testament errichten,
c) gegen den Rat ihrer Eltern ihren 19-jährigen Freund heiraten, einen Biologie-Studenten, den sie vor einem Monat kennen gelernt hat. Wie sind diese Ziele rechtlich zu erreichen?

3)* Valerie Gut beabsichtigt, eine ihr gehörende Eigentumswohnung schenkweise auf ihre 16-jährige Tochter Felicia zu übertragen, für die sie die alleinige elterliche Sorge ausübt. Allerdings gilt zwischen den Wohnungseigentümern eine vereinbarte Gemeinschaftsordnung, die über die gesetzliche Regelung hinausgehende Pflichten enthält, z.B. eine besondere Wiederaufbaupflicht bei Zerstörung des Gebäudes. Diese Gemeinschaftsordnung ist zum Inhalt des Sondereigentums gemacht worden und gilt daher auch gegenüber einem Erwerber des Wohnungseigentums. Was ist bei Schenkung und Übertragung des Wohnungseigentums an Felicia zu beachten?

4) Um seinen 18. Geburtstag gebührend zu feiern, veranstaltet Peter Protz am Vorabend eine Party, für die er die Rockgruppe „Die Kopfschüttler" engagiert. Als die Musiker, die bis in die frühen Morgenstunden des nächsten Tages gespielt haben, die mündlich vereinbarte Gage von 1 000 € verlangen, erklärt Peter Protz, er sei zu nichts verpflichtet, da er zum Zeitpunkt der Vereinbarung noch nicht volljährig gewesen sei. Auf diesen Gedanken war Peter Protz aufgrund der Unterhaltung mit einem Jurastudenten (1. Semester) im Rahmen der Party gekommen. Wie ist die Rechtslage?

---

* Zur Bedeutung des Sternchens s. Vorwort!

Lösungen

391 1) a) Rechtsfähigkeit ist die Fähigkeit, Träger von Rechten und Pflichten zu sein (oder: die Fähigkeit, Rechtssubjekt zu sein).

392 b) Geschäftsfähigkeit ist die Fähigkeit, Rechtsgeschäfte wirksam vornehmen zu können.

393 2) a) Da Mia nur beschränkt geschäftsfähig ist (§ 106) und der Ausbildungsvertrag auch Pflichten für sie begründet, benötigt sie zum Abschluss die Einwilligung ihrer Eltern als gesetzlicher Vertreter (§ 107). Schließt sie den Vertrag ohne diese Einwilligung, so kann er durch Genehmigung seitens der Eltern wirksam werden (§ 108 Abs. 1). (§ 113 Abs. 1 Satz 1 ist dagegen auf ein Ausbildungsverhältnis nicht anwendbar.)

394 b) Gemäß § 2229 Abs. 1 und 2 kann Mia als Siebzehnjährige ein Testament ohne Zustimmung ihrer Eltern errichten, allerdings nicht in der Form des eigenhändigen (privatschriftlichen) Testaments (§ 2247 Abs. 4), sondern nur zur Niederschrift eines Notars (§ 2231 Nr. 1, § 2232) durch mündliche Erklärung oder durch Übergabe einer offenen Schrift (§ 2233 Abs. 1)

395 c) Mia ist vor Eintritt der Volljährigkeit noch nicht ehemündig, § 1303 Abs. 1. Auf Antrag kann aber das Familiengericht davon Befreiung erteilen, wenn der Antragsteller bzw. die Antragstellerin älter als 16 Jahre und der künftige Ehegatte volljährig ist, § 1303 Abs. 2. Beide Voraussetzungen sind hier erfüllt. Das Familiengericht hat bei seiner Entscheidung zu prüfen, ob die beabsichtigte Eheschließung im Interesse der Mia liegt. Wird die Befreiung erteilt, so ist eine Einwilligung der gesetzlichen Vertreter zur Eheschließung nicht erforderlich, § 1303 Abs. 4. Jedoch können die Eltern der Erteilung der Befreiung widersprechen. Dann darf das Familiengericht die Befreiung nur erteilen, wenn der Widerspruch nicht auf triftigen Gründen beruht, § 1303 Abs 3. Wenn die Eltern hier im Hinblick auf die kurze Zeit der Freundschaft und auf die ungesicherte Position der beiden heiratswilligen Personen dem Befreiungsantrag widersprechen, so wird man triftige Gründe bejahen müssen. Im Ergebnis wird also Mia ohne Einverständnis ihrer Eltern die beabsichtigte Ehe vor Vollendung des achtzehnten Lebensjahres nicht eingehen können.

396 3) Mit dem Erwerb des Wohnungseigentums, also dem dinglichen Erfüllungsgeschäft, gelten für Felicia auch die Verpflichtungen aus der vereinbarten Gemeinschaftsordnung, für die sie sowohl dinglich als auch persönlich haftet. Also ist das dingliche Geschäft nicht lediglich vorteilhaft und kann daher von der Minderjährigen nur mit Zustimmung des gesetzlichen Vertreters vorgenommen werden, §§ 107, 108. Einer Zustimmung durch die sorgeberechtigte Mutter könnte § 181 – Verbot des Selbstkontrahierens (s. Rdnr. 904) – entgegenstehen, denn die Mutter ist an dem Geschäft sowohl im eigenen Namen als auch als Vertreterin ihrer Tochter beteiligt. Gleichwohl wäre § 181, wie sich aus dem Text der Vorschrift ergibt, kein Hindernis, wenn das dingliche Geschäft nur der Erfüllung einer Verbindlichkeit (hier der gesetzlichen Vertreterin gegenüber dem vertretenen Kind) dient. Eine solche Verbindlichkeit könnte sich aus dem zugrundeliegenden Schenkungsvertrag ergeben. Da sich die Verpflichtungen für die Erwerberin erst aus dem dinglichen Erfüllungsgeschäft ergeben, könnte man den Schenkungsvertrag für sich betrachtet als lediglich rechtlich vorteilhaft ansehen und damit von einer wirksamen Verbindlichkeit ausgehen. Auf diese Weise würde aber der Minderjährigenschutz auch für die aus dem dinglichen Geschäft hervorgehenden Pflichten nicht erreicht. Der BGH[1] hat sich daher dafür ausgesprochen, in einem solchen Fall eine Gesamtbetrachtung des schuldrechtlichen und des dinglichen Vertrages[2] vorzunehmen und mit dieser Begründung auch den schuldrecht-

---

[1] BGHZ 78, 28 = NJW 1981, 109. Dazu Gitter/Schmidt JuS 1982, 253; Jauernig JuS 1982, 576 (kritisch zur Begründung des BGH); Ultsch Jura 1998, 524.

[2] Diese Formel kann leicht missverstanden werden. Es geht hier darum, rechtliche Nachteile, die sich genau genommen erst aus dem dinglichen Erfüllungsgeschäft ergeben, bereits bei

lichen Vertrag nicht als lediglich rechtlich vorteilhaft zu betrachten. Dann führt an § 181 kein Weg vorbei. Die Mutter kann diese Schenkung samt Erfüllung nicht wirksam vornehmen. Vielmehr muss zu diesem Zweck ein Ergänzungspfleger (§ 1909 Abs. 1 Satz 1) bestellt werden, der die Verträge in Vertretung der Tochter abzuschließen hat (wenn sie im wohlverstandenen Interesse der Tochter liegen).

4) Der Vertrag[3] zwischen Peter Protz und den Mitgliedern der Rock-Gruppe war zunächst wegen der beschränkten Geschäftsfähigkeit des Peter Protz schwebend unwirksam, §§ 107, 108 Abs. 1. Als Peter Protz um Mitternacht die Volljährigkeit erlangte, wurde der Vertrag nicht automatisch wirksam. Vielmehr hing es nun von seiner Entscheidung ab, ob er durch Genehmigung die Wirksamkeit des Vertrages herbeiführen wollte, § 108 Abs. 3. Die Genehmigung braucht aber nicht durch ausdrückliche Erklärung zu erfolgen. Hier ergab sich aus dem Umstand, dass Peter Protz die Gruppe weiterspielen ließ, konkludent der Wille, den Vertrag zu genehmigen; denn Peter Protz wusste, dass die Gruppe nicht weiterspielen würde, wenn sie nicht das – gesamte – Entgelt erhalten würde. Damit ist der Vertrag wirksam geworden, und Peter Protz hat die 1 000 € zu bezahlen.

---

der Beurteilung des schuldrechtlichen Grundgeschäfts zu berücksichtigen. Dagegen dürfen nicht die Nachteile aus einem Grundgeschäft zugleich als Nachteile des Erfüllungsgeschäfts angesehen werden; dies würde vielmehr auf eine Nichtbeachtung des Abstraktionsprinzips hinauslaufen. Das hierzu oben bei Rdnr. 354 Ausgeführte bleibt also unberührt.

[3] Auf die Rechtsnatur kommt es hier nicht an; es wird sich um einen Werkvertrag (§ 631) handeln, vgl. MünchKomm/Müller-Glöge § 611 Rdnr. 103 zu Aufführungsverträgen.

§ 3 Das Wirksamwerden von Willenserklärungen

Fall 3: Weiß hat von Schwarz ein möbliertes Zimmer in dessen Wohnung gemietet. Nach § 573c Abs. 3 ist die Kündigung spätestens am 15. eines Monats zum Ablauf dieses Monats zulässig. Weiß schreibt eine Postkarte an Schwarz, auf der er zum 31.12. die Kündigung ausspricht.

a) Der Postbote wirft die Postkarte am 15.12. vormittags in den Briefkasten des Schwarz. Schwarz leert den Briefkasten jedoch erst am nächsten Tag. Er hält die Kündigung für verspätet. Mit Recht?

b) Wie ist es, wenn Weiß die Karte persönlich am 15.12. um 22 Uhr nachts in den Hausbriefkasten des Schwarz steckt und dieser die Karte erst am nächsten Tag aus dem Briefkasten nimmt und liest?

c) Schwarz ist in Urlaub gefahren und hat beim Postamt einen Nachsendeauftrag erteilt. So erreicht ihn die am 10.12. aufgegebene Postkarte des Weiß erst am 18.12. Ist die Kündigung gleichwohl wirksam?

d) Kraft vertraglicher Vereinbarung ist Weiß bis zum 3.12. berechtigt, ein Verkaufsangebot des Schwarz anzunehmen. Weiß hat durch Zufall erfahren, dass Schwarz eine e-mail-Adresse besitzt. Er sendet am 3.12. vormittags 10 Uhr ein e-mail mit der Annahme des Angebots an diese Adresse ab. Schwarz „leert" aber die e-mail-box erst am 7.12. und liest nun die Annahme. Ist diese fristgerecht erfolgt?

I. Arten der Willenserklärungen

398 Bei der Frage, wann eine Willenserklärung wirksam wird, ist zwischen Willenserklärungen, die gegenüber einem anderen abzugeben sind (**empfangsbedürftige Willenserklärungen**) und solchen, die nicht an einen Adressaten zu richten sind (**nicht empfangsbedürftige Willenserklärungen**), zu unterscheiden. Die meisten Willenserklärungen sind empfangsbedürftig, da sie auf Rechtswirkungen gegenüber bestimmten Personen abzielen. Das gilt vor allem für die Willenserklärungen im Rahmen eines Vertragsschlusses (Angebot und Annahme), aber auch für gestaltende einseitige Erklärungen wie die Kündigung des Mietvertrages im Ausgangsfall.

399 Eine besondere Gruppe bilden die **amtsempfangsbedürftigen Willenserklärungen**. Dies sind **privatrechtliche Willenserklärungen**, deren Abgabe gegenüber einer Behörde oder einem Gericht vorgeschrieben ist. So muss etwa die Ausschlagung einer Erbschaft durch Erklärung gegenüber dem Nachlassgericht erfolgen, § 1945. Die amtsempfangsbedürftigen Willenserklärungen sind hinsichtlich des Wirksamwerdens durch Zugang den empfangsbedürftigen Willenserklärungen gleichgestellt, § 130 Abs. 3. Nicht mit diesen privatrechtlichen Erklärungen zu verwechseln sind die Erklärungen (insbesondere Anträge) innerhalb gerichtlicher oder behördlicher Verfahren, die eigenen (prozessualen) Regeln folgen, s. Rdnr. 416.

II. Nicht empfangsbedürftige Willenserklärungen

400 Eine nicht empfangsbedürftige Willenserklärung ist vor allem das Testament (§ 1937), durch das der Erblasser Erben einsetzen oder andere Verfügungen von Todes wegen treffen kann. Auch das Stiftungsgeschäft, also die Errichtung einer rechtsfähigen Stiftung (§ 80, s. Rdnr. 1064) und die (seltene) Auslobung (öffentliche Aussetzung einer Belohnung, § 657) gehören zu dieser Kategorie.

Bei den nicht empfangsbedürftigen Willenserklärungen treten hinsichtlich des Wirksamwerdens keine besonderen Probleme auf, weshalb sich das BGB dazu auch nicht ausdrücklich äußert. Sie werden wirksam, wenn sie äußerlich als Willenserklärung in Erscheinung getreten sind, mit anderen Worten: mit **Abgabe** der Erklärung. Ob eine andere Person von der Erklärung Kenntnis erhalten hat, spielt keine Rolle. Beim eigenhändigen Testament (Form: § 2247) bedeutet dies: Das Testament ist wirksam errichtet, wenn der Erblasser die Niederschrift beendet und seine Unterschrift vollzogen hat, auch wenn er sodann das Testament in einem Tresor verwahrt und niemandem davon erzählt.

III. Empfangsbedürftige Willenserklärungen unter Abwesenden

1. Unterscheidung zwischen Erklärungen unter Anwesenden und unter Abwesenden

Bei den empfangsbedürftigen Willenserklärungen ist zwischen den Erklärungen unter Anwesenden und unter Abwesenden zu unterscheiden. Bei dieser Einteilung ist zu beachten, dass eine telefonische Erklärung trotz der räumlichen Abwesenheit des Adressaten zu den Erklärungen unter Anwesenden gezählt wird, s. Rdnr. 421. Als Erklärungen unter Abwesenden sind mit anderen Worten nur die **schriftlichen (verkörperten) Erklärungen** anzusehen.

2. Voraussetzungen des Wirksamwerdens von empfangsbedürftigen Willenserklärungen unter Abwesenden

Bei den empfangsbedürftigen Willenserklärungen unter Abwesenden fragt es sich, wem das Risiko der geglückten Übermittlung an den Empfänger aufzubürden ist: soll eine schriftliche Erklärung erst wirksam werden, wenn sie der Empfänger tatsächlich zur Kenntnis genommen (gelesen) hat? Oder genügt es bereits, wenn die Erklärung an den Empfänger abgesandt wurde? Das BGB nimmt in dieser Frage einen mittleren Standpunkt ein: die Erklärung muss dem Empfänger **zugegangen** sein; ob sie der Empfänger auch gelesen hat, ist nicht entscheidend. Zunächst einmal muss die Erklärung freilich vom Erklärenden abgegeben sein. Voraussetzungen des Wirksamwerdens einer Willenserklärung unter Abwesenden sind mit anderen Worten die **Abgabe** und der **Zugang** der Erklärung.

3. Abgabe der Willenserklärung

Unter der **Abgabe** ist das **willentliche in den Verkehr Bringen der Erklärung** zu verstehen. Die schriftliche Erklärung muss mit Willen des Erklärenden in Richtung auf den Empfänger in Lauf gesetzt sein (und zwar so, dass unter normalen Umständen mit dem Zugang zu rechnen ist). Wenn also ein bereits unterzeichneter Brief noch beim Absender liegt, der sich die Absendung z.B. noch überlegen wollte, dann aber ohne dessen Willen abgesandt wurde, etwa durch einen übereifrigen Angestellten, und dem Empfänger zugeht, so liegt dennoch mangels *Abgabe* keine wirksame Willenserklärung vor. Man spricht in solchen Fällen von einer **abhanden gekommenen Willenserklärung**. Wenn der Urheber der Erklärung den Vorgang verschuldete und der Empfänger die fehlende Abgabe nicht erkennen konnte, wird man dem Empfänger gemäß den Regeln der Haftung für Verschulden beim Vertragsschluss[1], nach anderer Auffassung analog § 122, einen Anspruch auf Ersatz des Schadens zubilligen müssen, den er durch das Vertrauen auf die Gültigkeit der Erklärung erlitt (sog. negatives Interesse, näher s. Rdnr. 660ff.).

404 Die Abgabe einer Willenserklärung gewinnt besondere Bedeutung, wenn der **Urheber verstirbt** oder **geschäftsunfähig** wird. Geschieht dies nach der Abgabe einer Willenserklärung, so wird die Erklärung gleichwohl mit dem späteren Zugang wirksam, § 130 Abs. 2. Nach dem Tod des Erklärenden wirkt auf diese Weise die Erklärung so, als ob sie von dem (oder den) Erben abgegeben worden wäre.

4. Zugang

405 Da das Wirksamwerden der (abgegebenen) Willenserklärung unter Abwesenden nach § 130 Abs. 1 S. 1 vom **Zugang** der Erklärung beim Empfänger abhängt, trägt der Erklärende das **Risiko der Übermittlung** (z.B. Verlust bei Versendung durch die Post) bis zum Bereich des Empfängers. Dann aber geht das Risiko der Kenntnisnahme auf den Empfänger über; denn die Erklärung wird mit dem Zugang an den Empfänger wirksam, auch wenn dieser es versäumt, die Erklärung tatsächlich zu lesen.

406 Entscheidende Bedeutung erhält damit der **Begriff des Zugangs**. Nach h.M. ist eine schriftliche Willenserklärung dann zugegangen, wenn sie in verkehrsüblicher Weise in die tatsächliche Verfügungsgewalt (oder, wie man auch sagen kann, den Machtbereich) des Empfängers oder eines empfangsberechtigten Dritten gelangt ist und für den Empfänger unter gewöhnlichen Verhältnissen die Möglichkeit besteht, vom Inhalt des Schreibens Kenntnis zu nehmen[2]. An einem Zugang in verkehrsüblicher Weise würde es etwa fehlen, wenn ein Brief nicht in den Briefkasten des Empfängers, sondern über den Zaun in den Garten geworfen wird. Der **Zeitpunkt des Zugangs** richtet sich danach, wann nach den Gepflogenheiten des Verkehrs eine Kenntnisnahme zu erwarten ist. Bei einer zur üblichen Postzustellungszeit in den Hausbriefkasten gelangten Erklärung kann man damit rechnen, dass der Brief am selben Tag entnommen und gelesen wird; bei einem Einwurf zu nächtlicher Stunde ist erst mit der Kenntnisnahme am nächsten Tag zu rechnen. Auch eine auf unüblichem Weg oder zu ungewöhnlicher Zeit eingegangene Erklärung geht aber zu, wenn

---

[1] Vgl. BGHZ 65, 13, 15 = NJW 1975, 2101 (zur dem Vollmachtgeber entwendeten Vollmachtsurkunde).

[2] So z.B. – im wesentlichen wörtlich wiedergegeben – BAGE 58, 9, 12 = NJW 1989, 606 mwN.

sie **tatsächlich in die Hände des Empfängers** gelangt, wenn dieser also den in den Garten geworfenen Brief findet oder den Briefkasten noch in der Nacht leert.

Wird die Willenserklärung gegenüber einem **Stellvertreter** des Adressaten abgeben, so kommt es auf den Zugang an den Stellvertreter an. Davon zu unterscheiden ist die Erklärung gegenüber einem **Empfangsboten**. Zur Abgrenzung von Stellvertreter und Boten s. Rdnr. 773ff. Die Stellung als Empfangsbote kann sich aus einer durch den Empfänger erteilten Ermächtigung, aber auch aus der Verkehrsauffassung ergeben[3]. Der Empfangsbote ist als „personifizierte Empfangseinrichtung des Adressaten" anzusehen, so dass es hinsichtlich des Zugangs an den Adressaten und insbesondere hinsichtlich des Zeitpunkts des Zugangs darauf ankommt, wann der Empfänger unter gewöhnlichen Umständen die Möglichkeit der Kenntnisnahme hat[4]. Die Übergabe einer Erklärung an einen Empfangsboten, der sich in den Räumlichkeiten des Empfängers befindet, führt in der Regel sogleich zum Zugang, während bei einer Aushändigung an anderer Stelle hinsichtlich des Zugangszeitpunkts darauf abzustellen ist, wann üblicherweise die Weiterreichung durch den Empfangsboten an den Empfänger zu erwarten war. Auch bei einer telefonischen Erklärung an einen Empfangsboten ist auf den Zugang an den Empfänger (i.S. der Möglichkeit der Kenntnisnahme) abzustellen[5]. S. dazu auch Kontrollfragen und Fälle zu § 3, Fall 4, sowie Rdnr. 775.

Die Vertragsparteien können über die Voraussetzungen des Zugangs auch **Vereinbarungen** treffen, z.B. eine Zugangserleichterung vorsehen[6]. Vereinbarungen in **Allgemeinen Geschäftsbedingungen**, die zu Lasten des Verbrauchers gehen, unterliegen aber besonderen Schranken. So ist nach § 308 Nr. 6 eine Bestimmung unwirksam, die für Erklärungen des AGB-Verwenders eine Zugangsfiktion aufstellt, und an § 309 Nr. 13 scheitern Klauseln, die für Anzeigen oder Erklärungen des Verbrauchers besondere Zugangserfordernisse bestimmen.

Der Zugang einer Willenserklärung kann auch dadurch bewirkt werden, dass sie durch Vermittlung eines Gerichtsvollziehers nach den Vorschriften der ZPO **zugestellt** wird, § 132 Abs. 1. Bei Unkenntnis des Aufenthalts des Empfängers erlaubt § 132 Abs. 2 auch eine **öffentliche Zustellung** durch das Amtsgericht nach Maßgabe der ZPO.

Formbedürftige empfangsbedürftige Willenserklärungen müssen dem Empfänger **in der vorgeschriebenen Form zugehen**, so dass bei einer der notariellen Beurkundung bedürftigen Erklärung der Zugang einer Ausfertigung der Notarurkunde nötig ist[7] und bei einer nach § 766 Satz 1 schriftlich zu erteilenden Bürgschaftserklärung das unterschriebene Original, nicht bloß ein Telefax, dem Gläubiger zugehen muss[8].

---

[3] BGH NJW 2002, 1565, 1566 (auch zur Ermächtigung bei Anrufweiterleitung im Unternehmen des Adressaten).
[4] BGH NJW 2002, 1565, 1567.
[5] BGH NJW 2002, 1565, 1567.
[6] BGHZ 130, 71 = NJW 1995, 2217.
[7] BGHZ 130, 71 = NJW 1995, 2217.
[8] BGHZ 121, 224 = NJW 1993, 1126; s. Lösung zu Fall 16 (Rdnr. 563).

5. Zugangsstörungen

411 Die Grundentscheidung des Gesetzes, das Übermittlungsrisiko bis zum Zugang dem Erklärenden aufzuerlegen, erweist sich dann als nicht mehr überzeugend, wenn der Zugang vom Empfänger verhindert wurde oder wenn es zu Verzögerungen des Zugangs kam, die ihre Ursache im Bereich des Empfängers haben. In solchen Fällen muss die oben wiedergegebene Definition des Zugangs durch eine wertende, die Interessenlage und die Besonderheiten des Einzelfalles berücksichtigende Betrachtung ergänzt werden. Wenn der Empfänger in einer **gegen Treu und Glauben** verstoßenden Weise den **Zugang verhindert**, so gilt die Erklärung gleichwohl als zugegangen. Hat eine **Verzögerung des Zugangs** ihre Ursache im Einflussbereich des Empfängers, so ist es nach Treu und Glauben so anzusehen, als ob die Erklärung rechtzeitig zugegangen wäre. Trifft z.B. der Postbote den Empfänger einer Einschreibesendung (beim sog. Übergabeeinschreiben) nicht an und wirft er daher eine Benachrichtigung über die Abholbarkeit der Sendung in den Hausbriefkasten, so ist damit die Sendung noch nicht zugegangen, da sie nicht in den Machtbereich des Empfängers gelangt ist[9]. Daran ändert auch der Grundsatz von Treu und Glauben nichts, kann man doch vom Empfänger nicht erwarten, ständig zuhause zu sein. Wenn aber der Empfänger das Schreiben nicht beim Postamt abholt, so ist es nach Treu und Glauben in der Regel so anzusehen, als ob ihm die Willenserklärung zugegangen wäre, und zwar zu dem Zeitpunkt, zu dem üblicherweise mit der Abholung zu rechnen ist – im allgemeinen am nächsten Werktag nach dem Tag der Benachrichtigung[10]. Holt der Empfänger die Sendung nicht oder mit Verspätung ab und wäre nun eine vom Erklärenden zu wahrende Frist überschritten, so kann sich der Empfänger nach Treu und Glauben nicht auf die Verspätung berufen[11]. Wenn allerdings der Einschreibebrief an den Absender mit dem Vermerk zurückgelangt, der Empfänger habe den Brief nicht abgeholt, so verlangt der BGH[12] vom Erklärenden, dass er einen zweiten Zustellungsversuch unternimmt, ehe er sich auf die Rechtsfolgen aus Treu und Glauben berufen kann.

412 Im einzelnen kann man über die richtige Bewertung der Interessen freilich streiten. Kündigt der Arbeitgeber einem Arbeitnehmer, der sich in Urlaub befindet und,

---

[9] BGHZ 137, 205, 208 = NJW 1998, 977 = JR 1998, 366 (mit Anm. F. Peters).

[10] Vgl. Köhler § 6 Rdnr. 14. Larenz/Wolf § 26 Rdnr. 24 nehmen geradezu Zugang zu dem Zeitpunkt an, zu dem mit der Abholung gerechnet werden konnte. Ausführlich zum Zugang von Einschreibesendungen Weber JA 1998, 593; Franzen JuS 1999, 429. Beim neueren „Einwurf-Einschreiben" gilt dagegen für den Zugang dasselbe wie für gewöhnliche Briefsendungen, vgl. dazu Reichert NJW 2001, 2523.

[11] Vgl. BAG NJW 1997, 146 (anders aber hinsichtlich der vom *Empfänger* einer Kündigung zu wahrenden Klagefrist für eine Kündigungsschutzklage – insoweit bleibt bei Abholung innerhalb der von der Post mitgeteilten Abholungsfrist das Datum der tatsächlichen Abholung maßgebend; zust. Höland Jura 1998, 352, 358; Franzen JuS 1999, 429, 433; abl. Herbert NJW 1997, 1829).

[12] BGHZ 137, 205, 209 = NJW 1998, 976 = JR 1998, 366 (mit Anm. F. Peters). Dazu Franzen JuS 1999, 429.

wie der Arbeitgeber weiß, eine Reise angetreten hat, durch Schreiben an die Heimatanschrift, so wurde vom BAG[13] früher der Zugang erst nach Rückkehr des Arbeitnehmers aus dem Urlaub bejaht; nach der neueren Rechtsprechung des BAG[14] ist die Erklärung dagegen auch hier bereits an dem Tag zugegangen, an dem sie vom Postboten in den Hausbriefkasten des Arbeitnehmers eingeworfen wurde.

6. Zugang bei elektronischen Willenserklärungen[15]

Wird eine durch **Telefax** übermittelte Erklärung[16] beim Empfänger ausgedruckt, so ist sie zu dem Zeitpunkt als zugegangen anzusehen, zu dem üblicherweise mit einer Kenntnisnahme zu rechnen ist. Wenn die Erklärung also innerhalb der üblichen Geschäftszeiten eintrifft, ist sie noch am selben Tag zugegangen, sonst erst am nächsten Werktag. Dasselbe hat auch zu gelten, wenn die Erklärung beim Empfänger zunächst nicht ausgedruckt, sondern elektronisch gespeichert wird – auch hier kommt es darauf an, wann üblicherweise mit der Kenntnisnahme durch den Empfänger zu rechnen ist.

Bei Willenserklärungen per **e-mail** ist ebenfalls eine Erklärung unter Abwesenden anzunehmen, so dass es auch hier auf den Zugang ankommt. Dazu muss zunächst einmal der e-mail-Weg vom Empfänger eröffnet worden sein, d.h. der Empfänger muss zu erkennen gegeben haben, dass er bereit ist, auf diese Weise Willenserklärungen entgegenzunehmen[17]. Dass der Adressat der Erklärung überhaupt eine oder auch mehrere e-mail-Adressen hat, genügt dazu derzeit wohl noch nicht. Anders ist es jedenfalls, wenn er dem anderen Teil eine e-mail-Adresse genannt hat oder wenn er diese auf der Geschäftskorrespondenz aufgedruckt hat. In solchen Fällen ist ein Zugang der Willenserklärung, die in der e-mail-box eingetroffen ist, zu dem Zeitpunkt zu bejahen, zu dem sie unter gewöhnlichen Umständen vom Empfänger abgerufen werden kann (so auch § 312 e Abs. 1 Satz 2 für den Zugang von Bestellung und Empfangsbestätigung im elektronischen Geschäftsverkehr). Im geschäftlichen Verkehr ist daher, wenn das e-mail innerhalb innerhalb der üblichen Geschäftsstunden eingetroffen ist, der Zugang am selben Tag zu bejahen. Schwieriger ist die Antwort bei Erklärungen, die an einen Verbraucher bzw. an eine Privatperson gerichtet werden. Hier fällt es schwer, von üblichen Gepflogenheiten der Abfrage zu sprechen, zumal es, anders als bei der traditionellen Briefzustellung, keine festen Zeitpunkte gibt, bei denen ein Eingang von e-mails zu erwarten ist. Man wird wohl einen Zugang am Feierabend annehmen dürfen[18], wenn ein e-mail bis zu diesem Zeitpunkt

---

[13] BAGE 34, 305 = NJW 1981, 1470.
[14] BAGE 58, 9 = NJW 1989, 606.
[15] Dazu Burgard AcP Bd. 195 (1995), 74, 134; Geis NJW 1997, 3000; Ultsch NJW 1997, 300; Taupitz/Kritter JuS 1999, 839; Dörner AcP Bd. 202 (2002), 363, 365 ff.
[16] Dazu näher Elzer/Jacoby ZIP 1997, 1821.
[17] Ebenso Taupitz/Kritter JuS 1999, 839, 841; Dörner AcP Bd. 202 (2002), 363, 367 f.
[18] Vgl. Dörner AcP Bd. 202 (2002), 363, 369. Nach Taupitz/Kritter JuS 1999, 839, 842 soll ein e-mail bei einer Privatperson im Zweifel frühestens am nächsten Tag als zugegangen gelten.

abrufbar eingegangen ist, während bei späterem Eingang eher der nächste Tag als Zugangszeitpunkt angemessen erscheint.

Diese Schwierigkeiten wie überhaupt die mit dem Zugangsbegriff der h.M. verbundenen Unsicherheiten legen allerdings die Frage nahe, ob man nicht generell die abstrakte Möglichkeit der Kenntnisnahme durch den Empfänger (losgelöst von den „gewöhnlichen Umständen") als für den Zugangszeitpunkt maßgebend ansehen sollte, wie dies bei prozessualen Erklärungen anerkannt ist (s. Rdnr. 416). Das würde auch für das Zivilrecht bedeuten, dass für die Erklärung geltende Fristen jeweils bis zum Ende des letzten Tages (24 Uhr) genutzt werden können.

415 Zweifelhaft ist, wie in all diesen Fällen bei **technischen Störungen des Empfangs** zu entscheiden ist[19]. Wenn die Störung im Machtbereich des Empfängers eintritt und für den Erklärenden nicht erkennbar war (so dass er keinen Anlass hatte, auf andere Übermittlungswege auszuweichen), wird man das Risiko dem Empfänger auferlegen müssen. Es ist dann so anzusehen, als ob ihm die Erklärung zugegangen wäre. Den Machtbereich des Empfängers sollte man dabei jedoch auf seinen eigenen Computer bzw. sein eigenes Faxgerät und die von ihm zur Ermöglichung des Empfangs zu erwartenden Steuerungsbefehle beschränken, im übrigen aber den gesamten Bereich des Internet, aber auch der Provider und Server, von seiner Verantwortung ausnehmen. Auf alle diese Bereiche hat der Empfänger keinen hinreichenden Einfluss.

7. *Wirksamwerden und Fristwahrung bei Prozesshandlungen*

416 Um Missverständnisse zu vermeiden, ist darauf hinzuweisen, dass die hier dargestellten Regeln für das Wirksamwerden privatrechtlicher Willenserklärungen unter Abwesenden gelten. Bei **Prozesshandlungen** gelten hinsichtlich des Wirksamwerdens und vor allem der Wahrung von Fristen andere Grundsätze. Um eine vollständige Ausnützung der Fristen (z.B. für die Einlegung von Rechtsmitteln) zu ermöglichen, lässt man es genügen, wenn die Rechtsmittelschrift vor Fristablauf tatsächlich in die Verfügungsgewalt des Gerichts gelangt ist, ohne dass es auf den Zeitpunkt der zu erwartenden Kenntnisnahme ankommt[20]. Läuft z.B. eine Berufungsfrist mit Ende des 1. April ab, so ist die Frist gewahrt, wenn der Schriftsatz mit der Einlegung der Berufung am 1. April 23 Uhr 59 in den Briefkasten des Gerichts eingeworfen wird.

Lösung zu Fall 3:

417 a) Mit dem Einwerfen in den Hausbriefkasten am 15.12. ist die Kündigungserklärung dem Schwarz zugegangen; die Kündigung ist also zum 31.12. wirksam erklärt, § 130 Abs. 1 Satz 1.

418 b) Hier erfolgte kein Zugang am 15.12., da nicht mehr mit dem Leeren des Briefkastens zu rechnen war. Vielmehr ist die Kündigung erst am 16.12. zugegangen, und daher liegt keine wirksame Kündigung zum 31.12. vor. Ob in der Erklärung dann eine Kündigung mit Wirkung

---

[19] Dazu Taupitz/Kritter JuS 1999, 839, 842; differenzierend Dörner AcP Bd. 202 (2002), 363, 369ff.

[20] Näher s. Stein/Jonas/Leipold, ZPO, 21. Aufl., vor § 128 Rdnr. 189ff.

zum 31.1. des folgenden Jahres zu sehen ist, ist eine Frage der Auslegung der Willenserklärung; im allgemeinen wird dies zu bejahen sein.

c) Hier ist der Zugang erst am 18.12 erfolgt. Die Verzögerung ist aber vom Empfänger verursacht worden. Es würde gegen Treu und Glauben verstoßen, wenn sich der Empfänger gleichwohl auf den Fristablauf berufen könnte[21]. Die Kündigung ist also als fristgerecht zu betrachten.

d) Da Schwarz seine e-mail-Adresse selbst nicht angegeben, also diesen Weg zum Empfang einer Willenserklärung nicht gegenüber dem Weiß eröffnet hat, ist die Erklärung nicht schon bei Eintreffen am 3.12., sondern erst beim tatsächlichen Lesen durch Schwarz am 7.12. zugegangen und damit verspätet. Die verspätete Annahme gilt nach § 150 Abs. 1 als neuer Antrag. Ob Schwarz diesen annimmt, bleibt ihm überlassen.

IV. Empfangsbedürftige Willenserklärungen unter Anwesenden

Fall 4: Im Fall 3 d) ruft Weiß am 3.12. den Schwarz an und erklärt, er nehme das Angebot an. Da auf der Straße ein Pressluftbohrer in Betrieb ist, kann Schwarz den Weiß nicht verstehen. Er bittet ihn deshalb, später nochmals anzurufen. Weiß vergisst dies und erklärt erst am 8.12. nochmals die Annahme. Schwarz hält die Annahme für verspätet. Mit Recht?

Das Gesetz regelt nicht ausdrücklich, unter welchen Voraussetzungen solche Willenserklärungen wirksam werden, die unter Anwesenden abgegeben werden. Wenn es sich dabei um **schriftliche Erklärungen** handelt, ist die Regelung des § 130 Abs. 1 Satz 1, wonach es auf den Zugang ankommt, entsprechend anzuwenden. Überreicht also der Erklärende dem Empfänger persönlich einen Brief, so ist damit die in dem Brief enthaltene Erklärung zugegangen und wirksam geworden. Anderes gilt bei **mündlichen Willenserklärungen** gegenüber Anwesenden. Hier auf den Zugang abzustellen, wäre gegenüber dem Empfänger ungerecht, da er, wenn er die Erklärung nicht verstanden hat, keine spätere Möglichkeit der Kenntnisnahme besitzt. In diesen Fällen ist daher die **Vernehmung** der Erklärung durch den Empfänger entscheidend (**Vernehmungstheorie**)[22]. Die mündliche Erklärung gegenüber einem Anwesenden ist also nicht wirksam, wenn dieser taub ist oder etwa in Ohnmacht gefallen ist. Eine **telefonische Erklärung** ist dabei als Willenserklärung gegenüber Anwesenden aufzufassen (vgl. § 147 Abs. 1 Satz 2). Dasselbe wird für Erklärungen mittels einer (nunmehr in § 147 Abs. 1 Satz 2 genannten) sonstigen technischen Einrichtung von Person zu Person (z.B. Videokonferenz, „chat" im Internet) zu gelten haben. Der entscheidende Unterschied liegt in diesen Fällen nicht in der Frage der räumlichen Distanz zwischen den Personen, sondern darin, dass eine mündliche, nicht ver-

---

[21] Vgl. Larenz/Wolf § 26 Rdnr. 43; MünchKomm/Einsele § 130 Rdnr. 37.
[22] Nach verbreiteter Ansicht soll es dagegen, um nicht alle Vernehmungsrisiken dem Erklärenden aufzuerlegen und Beweisschwierigkeiten zu vermeiden, bereits genügen, wenn für den Erklärenden vernünftigerweise keine Zweifel an der richtigen und vollständigen Vernehmung bestehen konnten, so z.B. Brox Rdnr. 159; Köhler § 6 Rdnr. 19; Larenz/Wolf § 26 Rdnr. 32 (eingeschränkte Vernehmungstheorie). Mir erscheint die volle Auferlegung des Vernehmungsrisikos auf den Erklärenden grundsätzlich (abgesehen von Fällen einer Vernehmungsvereitelung) nicht unbillig; was die Beweisfrage angeht, könnte man dem Empfänger allerdings den Beweis der Nichtvernehmung auferlegen, wenn das äußere Bild für die Vernehmung spricht.

körperte Erklärung abgegeben wird. Bei einer telefonischen Erklärung gegenüber einem Empfangsboten wird dagegen nach dem Zugang an den Empfänger gefragt, also § 130 angewandt, s. Rdnr. 407.

Lösung zu Fall 4:

422 Die telefonische Erklärung ist als Erklärung unter Anwesenden zu betrachten. Hier hängt das Wirksamwerden nach h.M. von der Vernehmung durch den Empfänger ab, da er später keine Möglichkeit hat, die Erklärung noch zur Kenntnis zu nehmen. Daher ist die Annahme am 3.12. mangels Vernehmung durch den Empfänger nicht wirksam geworden. Die Annahme am 8.12. war verspätet und gilt nach § 150 Abs. 1 als neuer Antrag des Weiß. Man wird hier auch nicht sagen können, dass sich Schwarz nach Treu und Glauben nicht auf den Fristablauf berufen könne, hat er doch das Nichtvernehmen der Erklärung nicht verursacht.

V. Empfangsbedürftige Willenserklärungen gegenüber nicht voll geschäftsfähigen Personen

1. Gegenüber Geschäftsunfähigen

423 Hier ist nach § 131 Abs. 1 ausschließlich der **Zugang an den gesetzlichen Vertreter** maßgebend. Bei mehreren gesetzlichen Vertretern mit Gesamtvertretungsmacht (z.B. den Eltern, ausdrücklich geregelt in § 1629 Abs. 1 Satz 2) genügt der Zugang an *einen* der Vertreter.

424 Einem **bewusstlosen** oder **vorübergehend geistig gestörten Empfänger** (§ 105 Abs. 2) kann dagegen eine schriftliche Erklärung zugehen, s. Rdnr. 348.

2. Gegenüber beschränkt Geschäftsfähigen

425 a) Die Erklärung wird stets wirksam, wenn sie **dem gesetzlichen Vertreter zugeht**, § 131 Abs. 2 Satz 1.

426 b) Der **Zugang an den beschränkt Geschäftsfähigen** genügt in zwei Fällen (§ 131 Abs. 2 Satz 2):

aa) Lediglich rechtlich vorteilhafte Erklärung

427 Darunter fällt z.B. ein Angebot an den Minderjährigen, ihm einen Wagen zu verkaufen. Aus der **Vertragsofferte** entsteht für den Minderjährigen nämlich nur ein rechtlicher Vorteil, die Möglichkeit, durch Annahme den Vertrag zustande zu bringen. Dass der Vertrag selbst nicht lediglich vorteilhaft ist, spielt insoweit keine Rolle.

bb) Einwilligung des gesetzlichen Vertreters

428 Erforderlich ist die **Einwilligung**, also die **vorherige Zustimmung** (§ 183 Satz 1) des gesetzlichen Vertreters zur Abgabe der Willenserklärung gegenüber dem beschränkt Geschäftsfähigen. Eine *Genehmigung* (nachträgliche Zustimmung, § 184 Abs. 1) ist dagegen prinzipiell nicht möglich. Eine Ausnahme besteht allerdings, so-

weit der gesetzliche Vertreter ein Recht zur Genehmigung eines vom beschränkt Geschäftsfähigen abgeschlossenen, **schwebend unwirksamen Vertrags** hat. Ist beim Vertragsschluss die Annahme durch den Vertragspartner gegenüber dem Minderjährigen erklärt worden, so steht § 131 Abs. 2 Satz 2 der **Genehmigung des Vertrags** durch den gesetzlichen Vertreter und damit auch der Wirksamkeit der Annahmeerklärung des Partners nicht entgegen. Sonst würde § 131 Abs. 2 Satz 2 das Recht zur Genehmigung nach § 108 aushöhlen[23].

---

[23] BGHZ 47, 352, 358 = NJW 1967, 1800.

§ 3 Das Wirksamwerden von Willenserklärungen

Kontrollfragen und Fälle zu § 3

1) Wofür ist der Zugang einer Willenserklärung maßgebend und was ist unter dem Zugang zu verstehen?

2) Wovon hängt das Wirksamwerden einer unter Anwesenden mündlich abgegebenen empfangsbedürftigen Willenserklärung ab?

3) Die Großhandelsfirma Frutimpex GmbH sandte der Einzelhändlerin Süß ein Angebot über die Lieferung von Erdbeeren mit dem Zusatz, man halte sich an dieses Angebot bis zum 20. des Monats für gebunden. Am 20., einem Freitag, ruft Süß gegen 12 Uhr bei Frutimpex an, um das Angebot anzunehmen. Es meldet sich der automatische Anrufbeantworter mit der Aufforderung, Nachrichten auf das Tonband zu sprechen. Süß tut dies. Jedoch ist der einzige dort tätige Angestellte wegen plötzlicher Übelkeit schon nach Hause gegangen, so dass am 20. niemand mehr den Anrufbeantworter abhört. Als ein Mitarbeiter der Frutimpex GmbH die Nachricht am Montag, dem 23., abhört, ruft er sogleich bei Süß an und erklärt, mangels rechtzeitiger Annahme werde man nicht liefern. Wie ist die Rechtslage?

4)* Die Altenpflegehelferin Froh war in letzter Zeit mehrfach wegen Krankheit arbeitsunfähig. Nach dem letzten Krankenhausaufenthalt beantragte sie Urlaub für die Zeit vom 5.6. bis 4.7., der aber nicht bewilligt wurde. Gleichwohl trat sie zusammen mit ihrem Ehemann den geplanten Urlaub in Kenia an. Der Träger des Altenpflegeheims sprach mit Schreiben vom 12.6. eine sofortige fristlose Kündigung, hilfsweise eine ordentliche Kündigung zum 31.7. aus. Das mit Einschreiben an die Heimatanschrift der Frau Froh zur Post gegebene Kündigungsschreiben wurde von der Postbediensteten am 13.6. einem Onkel der Frau Froh ausgehändigt, der ihr auf seinem Spaziergang begegnete. Dieser übergab das Schreiben noch am selben Tag der Mutter von Frau Froh, die im selben Haus wie ihre Tochter, einem den Eltern gehörenden Zweifamilienhaus, wohnt. Die Mutter leitete das Schreiben ungeöffnet an die Post zurück; es traf am 17.6. wieder beim Träger des Altenheims ein. Am 5.7. wurde das Kündigungsschreiben durch einen Boten des Altenheims dem Herrn Froh in der ehelichen Wohnung ausgehändigt. Später entsteht im Hinblick auf die Kündigungsfrist und auf die Frist für eine Kündigungsschutzklage der Frau Froh Streit darüber, wann die Kündigungserklärung wirksam geworden ist. Wie ist insoweit die Rechtslage?

Lösungen

429 1) Der Zugang beim Empfänger ist für das Wirksamwerden einer unter Abwesenden abgegebenen empfangsbedürftigen Willenserklärung maßgebend, § 130 Abs. 1 Satz 1. Zugang liegt vor, wenn die Erklärung in verkehrsüblicher Weise in den Verfügungsbereich des Empfängers gelangt ist und unter gewöhnlichen Umständen mit der Kenntnisnahme zu rechnen ist.

430 2) Von der Vernehmung, also der tatsächlichen Kenntnisnahme, durch den Empfänger.

431 3) Süß konnte das Angebot nur innerhalb der Frist bis zum 20. annehmen, § 148. Entscheidend ist daher, ob ihre Erklärung noch am 20. wirksam geworden ist. Telefonische Erklärungen werden grundsätzlich als Erklärungen unter Anwesenden betrachtet, wie sich auch aus § 147 Abs. 1 Satz 2 entnehmen lässt. Danach käme es auf die Vernehmung durch den Empfänger an, die hier am 20. nicht gegeben ist. Jedoch muß anderes für die Erklärung per Anrufbeantworter gelten. Sie steht dem Empfänger in gespeicherter Form zur Verfügung, so dass er sie auch nach Eintreffen abrufen und zur Kenntnis nehmen kann. Daher ist eine Erklärung unter Abwesenden anzunehmen[1]. Es kommt somit auf den Zugang der Erklärung bei Frutimpex an. Die Erklärung ist am 20. dort eingetroffen, und unter gewöhnlichen Umständen war, jedenfalls bei Eintreffen der Erklärung gegen 12 Uhr, noch am selben Tag mit einer Kenntnisnahme durch den Empfänger zu rechnen. Dass im konkreten Fall die Kenntnisnahme nicht möglich war, fällt in den Risikobereich des Empfängers, unabhängig von einem Verschulden. Damit ist die Erklärung am 20. zugegangen und wirksam geworden; der Vertrag kam durch rechtzeitige Annahme zustande (kein Fall des § 149!), und die Frutimpex GmbH muß liefern.

432 4)[2] Maßgebend für das Wirksamwerden ist der Zugang des Kündigungsschreibens an Frau Froh, § 130 Abs. 1 Satz 1. Als frühester Zeitpunkt kommt die Übergabe des Schreibens an ihren Onkel in Betracht, wenn dieser als Empfangsbote der Frau Froh anzusehen ist. Empfangsbote ist, wer entweder vom Empfänger zur Entgegennahme von Erklärungen ermächtigt worden ist oder wer nach der Verkehrsauffassung als ermächtigt anzusehen ist, Willenserklärungen mit Wirkung für den Erklärungsempfänger entgegenzunehmen[3]. Eine ausdrückliche Ermächtigung durch Froh, für sie Erklärungen entgegenzunehmen, hatte der Onkel nicht erhalten. Die Ermächtigung des Onkels könnte sich aus der Verkehrsauffassung ergeben. Doch kann man eine solche Ermächtigung nicht allgemein für Verwandte bejahen, wenn diese nicht in der Wohnung des Empfängers leben. Dieselbe Frage ergibt sich bei der Aushändigung des Schreibens an die Mutter der Empfängerin. Hier ist aber zu berücksichtigen, dass sie zwar nicht in derselben Wohnung, wohl aber im selben Haus wie die Empfängerin lebte. Da es sich dabei um ein Zweifamilienhaus im Miteigentum der Mutter und des Vaters der Frau Froh handelte, liegt eine enge familiäre und räumliche Beziehung zur Empfängerin vor, die nach der Verkehrsauffassung für eine Ermächtigung zur Entgegennahme von Erklärungen spricht.

433 Wenngleich die Mutter von Frau Froh somit als Empfangsbotin hätte tätig werden können, so ist doch weiter zu berücksichtigen, dass sie das Schreiben sofort ungeöffnet an die Post zurückleitete. Sie hat es also nicht für ihre Tochter entgegengenommen, sondern die Annahme im Ergebnis verweigert. In Fällen, in denen der Empfänger treuwidrig den Zugang vereitelt, wird dieser so behandelt, als ob der Zugang eingetreten wäre. Hier ist aber zu beachten, dass nicht die Empfängerin den Zugang vereitelt hat, sondern dass deren Mutter es abgelehnt hat, als Empfangsbotin tätig zu werden. Auf dieses Verhalten hatte die Empfängerin keinen Einfluss, weshalb es ihr auch nicht zugerechnet werden kann.

---

[1] Ebenso Larenz/Wolf § 26 Rdnr. 13 u. 22; MünchKomm/Einsele § 130 Rdnr. 24.
[2] Vgl. zur Lösung BAG NJW 1993, 1093 (Vorbild des Falles). Zustimmend Sandmann AcP Bd. 199 (1999), 455, 474f.
[3] Zusammenfassend BGH NJW 2002, 1565, 1566.

434 Eine Zugangsvereitelung könnte darin liegen, dass Froh die Urlaubsreise nach Kenia angetreten hat. Dieses Verhalten nahm aber dem Arbeitgeber nicht die Möglichkeit, die Erklärung in den Wohnungsbriefkasten der Empfängerin einwerfen zu lassen. Dies hätte zum Zugang geführt, ungeachtet der urlaubsbedingten Abwesenheit der Empfängerin. Somit liegt keine Zugangsvereitelung durch Froh vor.

435 Als Zeitpunkt des Zugangs bleibt daher nur der 5.7., als das Schreiben dem Ehemann der Empfängerin in der gemeinsamen Wohnung ausgehändigt wurde. Der Ehemann ist nach der Verkehrsauffassung als zur Entgegennahme von Erklärungen ermächtigt anzusehen und hat – als Empfangsbote seiner Frau – das Schreiben auch angenommen.

§ 4 Der Widerruf von Willenserklärungen

I. Die Regelung im Allgemeinen Teil des BGB

Fall 5: Schwarz liest (im Fall 3) die Postkarte des Weiß, auf der die Kündigung enthalten ist, am Vormittag des 15.12. Am Nachmittag erhält Schwarz eine zweite Postkarte des Weiß, in der die Kündigung widerrufen wird und die Schwarz sogleich liest. Schwarz möchte aber an der Wirksamkeit der Kündigung festhalten, da er das Zimmer ohnehin lieber an einen anderen Interessenten vermieten will. Allerdings hat er in der Zeit zwischen dem Lesen der Kündigung und dem Lesen des Widerrufs noch keinen neuen Mietvertrag abgeschlossen.
a) Wie ist die Rechtslage?
b) Die Postkarte mit der Kündigung wurde am 15.12. in den Postkasten des Schwarz eingeworfen, der Widerruf am 16.12. Schwarz entnimmt aber beide Karten erst am 16.12. dem Briefkasten und liest zunächst den Widerruf, dann erst die Karte mit der Kündigung. Liegt hier eine wirksame Kündigung vor?

436 Wenn sich der Erklärende nach Abgabe seiner Willenserklärung, z.B. nach Absendung einer Warenbestellung (auf Abschluss eines Vertrages gerichtete Willenserklärung) oder einer Kündigung (einseitiges Rechtsgeschäft), die Sache anders überlegt, ergibt sich die Frage, ob er seine Willenserklärung noch widerrufen kann. Die Antwort des Allgemeinen Teils des BGB ist konsequent, zugleich freilich auch restriktiv: Sobald die Willenserklärung dem Empfänger gegenüber wirksam geworden ist, hat der Erklärende hierauf keinen Einfluss mehr: Die wirksam gewordene empfangsbedürftige[1] Willenserklärung ist grundsätzlich nicht mehr einseitig widerruflich. Ein Widerruf ist daher bei einer **unter Abwesenden** abgegebenen Willenserklärung nur wirksam, wenn er dem Empfänger der Willenserklärung entweder **vor dieser Erklärung** oder zumindest **gleichzeitig zugeht**, § 130 Abs. 1 Satz 2. Die Regelung des Allgemeinen Teils geht von der Verantwortlichkeit des Erklärenden aus; er muss sich vorher über seinen Willen klar werden. Sie schützt den Empfänger, der sich auf die einmal wirksam gewordene Erklärung verlassen kann. Aus diesem Grundgedanken folgt, auch wenn insoweit keine ausdrückliche gesetzliche Regelung vorliegt, dass eine **unter Anwesenden** abgegebene Willenserklärung bereits dann nicht mehr widerrufen werden kann, wenn sie durch **Vernehmung** seitens des Empfängers wirksam geworden ist, s. Rdnr. 421. Wenn allerdings eine mündliche Erklärung gleich anschließend zurückgenommen oder berichtigt wird, so ist der gesamte Vorgang noch als *eine* Erklärung aufzufassen und daher die Korrektur als wirksam anzusehen[2].

437 Der Ausschluss des Widerrufs, sobald die Willenserklärung dem Empfänger gegenüber wirksam geworden ist, gilt auch bei Willenserklärungen, die auf den **Abschluss eines Vertrages** gerichtet sind (Antrag, s. Rdnr. 458ff.), auch wenn der andere Teil noch keine Annahmeerklärung abgegeben hat. Die Bindung an die eigene Willenserklärung ist also von der Bindung an den geschlossenen Vertrag zu unterschei-

---

[1] Nicht empfangsbedürftige Willenserklärungen werden bereits mit der Abgabe wirksam; den späteren Widerruf erlauben zum Teil besondere Bestimmungen, s. vor allem zum freien Widerruf eines Testaments §§ 2253ff., ferner § 658 zur Auslobung.
[2] Vgl. Medicus Rdnr. 301.

den. Eine andere Frage ist, wie lange derjenige, der ein Vertragsangebot gemacht hat, an seine Erklärung gebunden bleibt, dazu s. Rdnr. 468 ff.

Soweit der Widerruf einer abgegebenen Willenserklärung nach dem Gesagten zulässig ist, liegt **von Anfang an** (ex tunc) **keine wirksame Willenserklärung** vor. Handelt es sich um eine vertragliche Willenserklärung, so ist, auch wenn die Gegenseite eine wirksame Vertragserklärung abgegeben hat, von Anfang an kein Vertrag zustande gekommen. Sollten gleichwohl Leistungen auf diesen Vertrag erbracht werden, so bestehen wegen Fehlens des rechtlichen Grundes Ansprüche auf Rückgewähr aufgrund ungerechtfertigter Bereicherung (§ 812 Abs. 1 Satz 1, 1. Alt. – Leistungskondiktion, näher s. Rdnr. 235 ff.). Durch diese Rechtsfolgen unterscheidet sich der Widerruf nach dem Allgemeinen Teil grundlegend von dem sogleich zu besprechenden Widerruf zugunsten des Verbrauchers, der im Schuldrecht geregelt ist.

Lösung zu Fall 5:

a) Der Widerruf ist später zugegangen als die Kündigung und konnte daher das Wirksamwerden der Kündigungserklärung nicht mehr verhindern, § 130 Abs. 1 Satz 2. Dass Schwarz inzwischen noch keine Dispositionen getroffen hat, ist unerheblich.

b) Da es auf den Zugang, nicht auf die Kenntnisnahme, hier das Lesen der Karten, ankommt, ist bei wörtlicher Anwendung des Gesetzes auch hier der später zugegangene Widerruf unwirksam. Es ist aber zweifelhaft, ob dies auch gelten kann, wenn die Willenserklärungen tatsächlich unmittelbar hintereinander zur Kenntnis des Empfängers gelangen. Der Sinn des § 130 Abs. 1 Satz 2 ist der Schutz des Vertrauens auf die erste Erklärung. Bei gleichzeitigem Lesen wird aber kein schutzwürdiges Vertrauen begründet. Dies könnte dafür sprechen in einem solchen Fall den Widerruf für wirksam zu halten[3]. Dabei würde man sinnvollerweise nicht darauf abstellen, welche Karte zuerst gelesen wird, sondern es genügen lassen, wenn beide Karten in unmittelbarem Zusammenhang zur Kenntnis genommen werden. Die h.M.[4] bleibt jedoch dabei, auch in solchen Fällen den Widerruf für unwirksam zu halten, und betrachtet die tatsächliche Kenntnisnahme als für den Erklärenden irrelevantes Internum des Empfängers.

II. Die neueren Widerrufsrechte zugunsten des Verbrauchers

Fall 6: a) Herr Rot lässt sich im Oktober 2002 von dem Vertreter Klang in dessen Büro überreden, einem Buchring beizutreten. Er unterschreibt einen Vertrag, wonach er vierteljährlich für mindestens 30 € Bücher abzunehmen hat. Eine Kündigung durch Rot ist, wie im Vertrag bestimmt ist, frühestens zum 31. Dezember 2003 möglich. Als seine Frau zehn Tage später zurückkehrt und sich unter Hinweis auf das knappe Einkommen kritisch äußert, möchte Herr Rot von dem Beitritt wieder loskommen. Ist dies rechtlich möglich?

b) Klang besucht Herrn Rot unaufgefordert in seiner Wohnung und Herr Rot bestellt (einmalig) einen Bildband zu 39 €. Das Buch wird drei Wochen später geliefert und von Herrn Rot auch bezahlt. Inhaltlich entspricht es allerdings nicht den Erwartungen von Herrn Rot. Er fragt daher den Klang, ob er das Buch wieder zurückgeben könne. Klang lehnt dies ab und behauptet, er habe Herrn Rot eine Belehrung über sein Widerrufsrecht binnen zwei Wochen ausgehändigt. Dies bestreitet Herr Rot allerdings entschieden. Wie ist die Rechtslage?

---

[3] So Hübner Rdnr. 737.
[4] Medicus Rdnr. 300; Larenz/Wolf § 26 Rdnr. 45; MünchKomm/Einsele § 130 Rdnr. 40.

1. Allgemeines

441 Nach den Regeln des Allgemeinen Teils ist der Erklärende an seine Erklärung gebunden, sobald diese dem Empfänger gegenüber wirksam geworden ist. Davon abweichend wurde durch eine Reihe von neueren Gesetzen (u.a. durch das Haustürwiderrufsgesetz und das Verbraucherkreditgesetz) ein besonderes Widerrufsrecht zugunsten des Verbrauchers geschaffen. Durch die Schuldrechtsreform 2001 wurden diese Regelungen in das BGB übernommen. Auch die Rechtsfolgen eines Widerrufs dieser Art sind jetzt im Schuldrecht geregelt. Wenn gleichwohl im Rahmen der Darstellung des Allgemeinen Teils auf diese Widerrufsrechte kurz eingegangen wird, so geschieht dies, um den Unterschied zum Widerruf nach dem Allgemeinen Teil herauszuarbeiten und das Verhältnis zu den allgemeinen Prinzipien der Rechtsgeschäftslehre anzusprechen.

442 Bis zu den erwähnten Reformen kannte das bürgerliche Recht keine derartigen Möglichkeiten einer Partei, sich nach Wirksamwerden ihrer Willenserklärung, erst recht nach Vertragsschluss, ohne einen besonderen Grund durch einseitige Erklärung wieder von der Bindung zu befreien. Vielmehr galt die Bindung an die eigene Willenserklärung und an den einmal geschlossenen Vertrag gleichermaßen für beide Seiten. Auf den ersten Blick ist es überraschend, dass man dem Verbraucher heute nicht mehr zutraut, sich die Abgabe von Erklärungen vorher zu überlegen und dann auch dafür einzustehen. Es muss aber berücksichtigt werden, dass sich auch die Vertriebs- und Werbemethoden wesentlich geändert haben. Wenn ein gewandter Vertreter ungerufen vor der Wohnungstür auftaucht oder erst einmal in die Wohnung gelassen wurde, ist es für den Verbraucher oft schwer, den Überredungskünsten zu widerstehen und aufgrund ruhiger und sachlicher Überlegung einen unnötigen oder auch unvorteilhaften Kaufabschluss zu vermeiden. Der Verbraucher kann in solchen Situationen geradezu einem psychischen Zwang zum Vertragsschluss ausgesetzt sein, ohne dass die Voraussetzungen einer Anfechtung, etwa wegen arglistiger Täuschung (§ 123 Abs. 1, dazu s. Rdnr. 676 ff.), vorliegen bzw. beweisbar wären. Die neueren Widerrufsrechte tragen somit dazu bei, die Privatautonomie des Verbrauchers zu schützen.

2. Anwendungsfälle des Widerrufsrechts des Verbrauchers

443 Das Gesetz enthält in den §§ 355 ff. **allgemeine Bestimmungen** über die Ausübung und die Rechtsfolgen des Widerrufsrechts des Verbrauchers. Sie sind nach § 355 Abs. 1 Satz 1 immer dann anwendbar, wenn ein Gesetz dem Verbraucher ein Widerrufsrecht nach § 355 einräumt. Dies geschieht nunmehr in erheblichem Umfang innerhalb des BGB, zum Teil aber auch in Sondergesetzen. Zu beachten ist, dass nach § 356 unter bestimmten Voraussetzungen das Widerrufsrecht durch ein uneingeschränktes **vertragliches Rückgaberecht** ersetzt werden kann.

444 Im BGB findet man zunächst ein Widerrufsrecht bei „Besonderen Vertriebsformen", nämlich bei **Haustürgeschäften** (§ 312) und **Fernabsatzverträgen** (§ 312 d). Der Begriff Haustürgeschäft umfasst nach § 312 Abs. 1 Nr. 1 Vertragsabschlüsse auf-

§ 4 Der Widerruf von Willenserklärungen   444 – 448

grund mündlicher Verhandlungen in einer Privatwohnung oder am Arbeitsplatz (jeweils ohne vorherige Bestellung[5] durch den Verbraucher, § 312 Abs. 3 Nr. 1), aber auch Abschlüsse im Rahmen von Freizeitveranstaltungen (§ 312 Abs. 1 Nr. 2, z.B. bei sog. Kaffeefahrten, bei denen besonders ältere Personen oft zum Opfer geschäftstüchtiger Verkäufer werden) und auf der Straße, wenn der Kunde überraschend angesprochen wird, § 312 Abs. 1 Nr. 3. Ausgenommen sind Geschäfte mit sofortigem Leistungsaustausch, wenn das Entgelt 40 € nicht übersteigt, § 312 Abs. 3 Nr. 2.

Während in den Fällen der Haustürgeschäfte die besondere, bei Vertragsschluss bestehende Situation den Anlass für die Einräumung des Widerrufsrechts bildet, gründet sich bei **Teilzeit-Wohnrechteverträgen** (§ 485; es handelt sich um Verträge, mit denen Teilzeitnutzungsrechte, etwa an Ferienwohnungen, erworben werden, s. § 481) und bei **Verbraucherdarlehensverträgen** (§ 495) die Gewährung des Widerrufsrechts darauf, dass die Rechtsfolgen dieser Verträge für den Verbraucher mit besonderen Risiken behaftet oder auch schwer überschaubar sein können. Bei diesen Verträgen zeigte sich in der Praxis nicht selten, dass der Verbraucher erst nachträglich beim genaueren Durchlesen der Vertragsbedingungen (oder aufgrund der Erläuterungen durch eine erfahrenere Person) merkt, auf welch weitgehende Bindungen er sich eingelassen hat. Mit dem Widerrufsrecht wird also hier auch ein Schutz vor inhaltlich ungünstigen Verträgen gewährt.   445

Wie bei Verbraucherdarlehensverträgen besteht ein Widerrufsrecht auch bei anderen Verträgen, in denen eine entgeltliche **Finanzierungshilfe** gewährt wird (§ 499 Abs. 1), z.B. bei **Teilzahlungsgeschäften** (§ 501 Satz 1, s. auch § 503 Abs. 1), und bei **Ratenlieferungsverträgen** (§ 505 Abs. 1 Satz 1).   446

Außerhalb des BGB findet sich ein Widerrufsrecht des Verbrauchers gemäß § 355 in § 4 des **Fernunterrichtsschutzgesetzes** für Verträge über Fernsprachkurse, Fernrepetitorien usw. Das Widerrufs- bzw. Rücktrittsrecht des Versicherungsnehmers nach § 8 Abs. 4 und 5 des Versicherungsvertragsgesetzes (VVG) (für **Versicherungsverträge** mit einer Laufzeit von mehr als einem Jahr und bei Lebensversicherungen) und das Widerspruchsrecht des Versicherungsnehmers nach § 5 a VVG (wenn die Versicherungsbedingungen oder vorgeschriebene Verbraucherinformationen erst nachträglich erteilt wurden) sind dagegen keine Widerrufsrechte i.S.v. § 355, sondern gesondert geregelt.   447

3. Bedeutung der richtlinienkonformen Auslegung

Die neueren Vorschriften über Widerrufsrechte des Verbrauchers dienen zu einem guten Teil der Umsetzung von Richtlinien der EG. Dies gilt insbesondere für das Haustürwiderrufsgesetz[6] und das Verbraucherkreditgesetz[7], nunmehr für die ent-   448

---

[5] Eine sog. provozierte Bestellung – der Verkäufer ruft von sich aus an und bemüht sich mit Erfolg darum, einen Termin für einen Hausbesuch zu erhalten – schließt nach dem Zweck der Regelung das Widerrufsrecht nicht aus, BGHZ 109, 127, 131 ff. = NJW 1990, 181.

[6] Das HausTWG (1986) diente der Umsetzung der Richtlinie 85/577/EWG des Rates vom

sprechenden Vorschriften innerhalb des BGB. Dieser Umstand spielt bei der Anwendung der Regeln eine erhebliche Rolle. Soweit sich Zweifel über den Inhalt der Vorschriften des deutschen Rechts ergeben, gilt der Grundsatz der **richtlinienkonformen Auslegung**, d.h. die Bestimmung ist so auszulegen, dass sie mit den in der jeweiligen Richtlinie enthaltenen Vorgaben übereinstimmt. Dahinter steht die Erwägung, dass der deutsche Gesetzgeber im Zweifel mit dem Gesetz nicht die Absicht verfolgt, hinter den Anforderungen der Richtlinie zurück zu bleiben. Nicht selten zeigt sich freilich, dass die EG-Richtlinie auch ihrerseits der Auslegung bedarf. In einem solchen Fall sind die letztinstanzlichen Gerichte, in unserem Zusammenhang insbesondere der BGH, verpflichtet, die Auslegungsfrage dem **EuGH** vorzulegen, der im Wege des **Vorabentscheidungsverfahrens** (Art. 234 EGV) darüber befindet. So hat sich beispielsweise der EuGH über die Geltung des Widerrufsrechts nach der Haustürgeschäfterichtlinie bei Übernahme einer Bürgschaft geäußert[8] und in einem vielbeachteten neueren Fall[9] entschieden, dass auch bei einem Vertrag über die Gewährung eines Immobilienkredits, der als Haustürgeschäft zwischen Bank und Kunde (Verbraucher) geschlossen wurde, das Widerrufsrecht nach der Haustürgeschäfterichtlinie gegeben sein muss, und zwar, wenn dem Verbraucher die entsprechende Belehrung nicht erteilt wurde, ohne zeitliche Befristung. Der BGH[10] ist dem – im Wege richtlinienkonformer Auslegung des deutschen Rechts – gefolgt. Der Gesetzgeber[11] hat nunmehr entsprechende Änderungen im BGB vorgenommen (und dabei zugleich die für den Verbraucher wichtige Frage geregelt, unter welchen Voraussetzungen mit dem Widerruf des Kreditvertrages auch der finanzierte Immobilienkauf als „verbundenes Geschäft" von der Wirkung des Widerrufs erfasst wird, § 358 Abs. 3 Satz 3).

20.12.1985 betreffend den Verbraucherschutz im Falle von außerhalb von Geschäftsräumen geschlossenen Verträgen; abgedruckt u.a. bei MünchKomm/Ulmer, 3. Aufl., Anh. HausTWG; Schulze/Zimmermann (Hrsg.), Basistexte zum Europäischen Privatrecht, 2. Aufl. (2002), I.15.

[7] Das VerbrKrG, das ab 1.1. 1991 an die Stelle des früheren Abzahlungsgesetzes (AbzG) trat, diente auch der Umsetzung der Richtlinie 87/102/EWG des Rates vom 22.12. 1986 zur Angleichung der Rechts- und Verwaltungsvorschriften der Mitgliedstaaten über den Verbraucherkredit (dazu Änderungsrichtlinien 90/88/EWG vom 22.2. 1990 und 98/7/EG vom 16.2. 1998), abgedruckt u.a. bei MünchKomm/Ulmer/Habersack, 3. Aufl., VerbrKrG Textanh. I und II; Schulze/Zimmermann (vorige Fn.) I.20.

[8] EuGH, Urteil vom 17.3. 1998 – Rs. C-45/96 (Bayerische Hypotheken- und Wechselbank AG/Edgar Dietzinger), Slg. 1998 I, 1199 = NJW 1998, 1295 = JZ 1998, 1071. Der EuGH folgerte aus dem Zweck der Richtlinie, den Verbraucher zu schützen, ein Bürgschaftsvertrag werde nur erfasst, wenn sowohl die Bürgschaft als Haustürgeschäft durch einen Verbraucher (d.h. außerhalb der Erwerbstätigkeit) abgeschlossen wurde als auch die gesicherte Verbindlichkeit von einem Verbraucher im Rahmen eines Haustürgeschäfts als Gegenleistung für Waren oder Dienstleistungen eingegangen wurde. S. dazu die Folgeentscheidung BGH NJW 1998, 2356 = JZ 1998, 1072.

[9] EuGH, Urteil vom 13.12. 2001, Rs. C-481/99 (Georg und Helga Heininger/Bayerische Hypo- und Vereinsbank AG), Slg. 2001 I, 9945 = NJW 2002, 281.

[10] BGH NJW 2002, 1881.

[11] Gesetz zur Änderung des Rechts der Vertretung durch Rechtsanwälte vor den Oberlandesgerichten, vom 23. Juli 2002, BGBl. I, S. 2850. Geändert wurden insoweit die §§ 312a, 312d, 346, 355, 358. Dazu Meinhof NJW 2002, 2273.

4. Frist und Ausübung des Widerrufsrechts

Die **Frist** zum Widerruf durch den Verbraucher beträgt nach § 355 Abs. 1 Satz 2 **zwei Wochen**, wobei aber bereits die Absendung zur Fristwahrung genügt. Der Widerruf kann in Textform (§ 126 b, s. Rdnr. 555f.) erklärt werden und bedarf keiner Begründung. Auch die Rücksendung der Sache erklärt das Gesetz für genügend. Wichtig ist, dass die Frist nach § 355 Abs. 2 Satz 1 erst beginnt, wenn dem Verbraucher eine deutlich gestaltete **Belehrung über sein Widerrufsrecht** in Textform mitgeteilt wurde, die u.a. Namen und Anschrift desjenigen enthalten muss, dem gegenüber der Widerruf zu erklären ist. Bei einer erst nach Vertragsschluss mitgeteilten Belehrung beträgt die Widerrufsfrist einen Monat, § 355 Abs. 2 Satz 2. Dass das Widerrufsrecht gemäß § 355 Abs. 3 Satz 1 u. 2 spätestens sechs Monate nach Vertragsschluss (aber nicht vor der Lieferung bestellter Ware) erlischt, wird durch § 355 Abs. 3 Satz 3[12] praktisch wieder aufgehoben: das Widerrufsrecht erlischt nicht, wenn der Verbraucher nicht ordnungsgemäß über sein Widerrufsrecht belehrt wurde. – **Besondere Vorschriften** über den Beginn der Widerrufsfrist sind bei Fernabsatzverträgen (§ 312 d Abs. 2, s. auch Abs. 3 zum Erlöschen des Widerrufsrechts) und bei Vertragsschluss im elektronischen Geschäftsverkehr (§ 312 e Abs. 3 Satz 2) zu beachten.

5. Wirkungen des Widerrufs

§ 355 Abs. 1 Satz 1 umschreibt die Wirkungen dahin, dass der Verbraucher an seine auf den Abschluss des Vertrages gerichtete Willenserklärung **nicht mehr gebunden** ist, wenn er sie fristgerecht widerrufen hat. Diese Formulierung ergibt klar, dass zunächst eine Bindung entstanden ist, die durch den Widerruf wieder beseitigt wird. Es ist daher angemessen, von einer **schwebenden Wirksamkeit**[13] der Willenserklärung des Verbrauchers (und damit des Vertrages) zu sprechen. Die zur früheren Gesetzeslage vom BGH vertretene Ansicht, wonach gerade umgekehrt die Willenserklärung des Verbrauchers von Anfang an schwebend unwirksam sei und erst wirksam werde, wenn die Widerrufsfrist ungenutzt abgelaufen sei[14], ist daher nicht mehr zutreffend.

Die näheren Rechtsfolgen des Widerrufs regelt § 357 Abs. 1 Satz 1 grundsätzlich durch eine Verweisung auf die **Folgen eines Rücktritts**. Insbesondere sind die Verpflichtungen zur Rückgewähr bereits erbrachter Leistungen oder zum Wertersatz nach § 346 zu beurteilen. Die Rückabwicklung erfolgt also (was man sich besonders einprägen sollte) nicht nach den Regeln der ungerechtfertigten Bereicherung.

---

[12] Eingefügt durch das in Fn. 11 genannte Gesetz.
[13] Dazu eingehend Mankowski WM 2001, 793ff., 833ff.; Lorenz JuS 2000, 833, 835.
[14] BGHZ 113, 222, 225 = NJW 1991, 1052; 119, 283, 298 = NJW 1993, 64; im Ausgangspunkt auch BGHZ 131, 82, 84 = NJW 1996, 57 = JZ 1996, 575 (mit Anm. Gottwald/Honold).

Lösung zu Fall 6:

452 a) Der Beitritt zum Buchring stellt einen Ratenlieferungsvertrag nach § 505 Abs. 1 Satz 1 Nr. 3 dar, da sich Herr Rot zum regelmäßig wiederkehrenden Erwerb von Büchern verpflichtet hat. Dem Widerrufsrecht nach der genannten Vorschrift könnte jedoch die Wertgrenze des § 491 Abs. 2 Nr. 1 entgegenstehen, auf den § 505 Abs. 1 Satz 2 verweist. Bei einem Verbraucherkreditvertrag besteht nach § 491 Abs. 2 Nr. 1 kein Widerrufsrecht, wenn der Nettodarlehensbetrag 200 € nicht übersteigt. Beim Ratenlieferungsvertrag entspricht dem Nettodarlehensbetrag gemäß § 505 Abs. 1 Satz 3 die Summe aller Teilzahlungen, die der Verbraucher bis zum frühest möglichen Kündigungszeitpunkt zu entrichten hat. Dies sind hier 150 €, da die Kündigung durch Rot zum 31.12.2003 möglich ist. Damit steht Rot kein Widerrufsrecht zu.

453 b) Hier ergibt sich ein Widerrufsrecht aus § 312 Abs. 1 Satz 1 Nr. 1, da es zu dem Vertragsschluss aufgrund mündlicher Verhandlungen in der Wohnung des Herrn Rot kam und dieser den Vertreter nicht zu sich gebeten hatte, so dass die Ausnahme nach § 312 Abs. 3 Nr. 1 (Verhandlungen aufgrund vorheriger Bestellung durch den Verbraucher) nicht eingreift. Da das Entgelt zwar weniger als 40 € beträgt, aber nicht sofort nach Abschluss der Verhandlungen erbracht wurde, steht dem Widerrufsrecht auch § 312 Abs. 3 Nr. 2 nicht entgegen.

Die Widerrufsfrist von zwei Wochen (§ 355 Abs. 1 Satz 2) hat nur begonnen, wenn dem Kunden eine Belehrung über das Widerrufsrecht ausgehändigt wurde, § 355 Abs. 2 Satz 1; andernfalls kann Herr Rot auch später noch widerrufen, selbst wenn das Buch geliefert wurde und seither sechs Monate verstrichen sind, § 355 Abs. 3 Sätze 1 bis 3. Für die hier streitige Aushändigung der Belehrung als Voraussetzung des Fristbeginns trägt Klang (genauer: das von ihm vertretene Unternehmen) nach § 355 Abs. 2 Satz 4 die Beweislast. Gelingt ihm dieser Beweis in einem Prozess gegen Rot nicht, so hat das Gericht vom Nichtbeginn der zweiwöchigen Frist auszugehen, also zugunsten des Rot zu entscheiden.

§ 4 Der Widerruf von Willenserklärungen

Kontrollfragen und Fälle zu § 4

1) Wie lange kann eine Willenserklärung nach dem BGB widerrufen werden?

2) Warum wurde dem Verbraucher bei Haustürgeschäften ein besonderes Widerrufsrecht eingeräumt?

3) Welche Besonderheit ist u.a. bei der Auslegung der Vorschriften über das Widerrufsrecht bei Haustürgeschäften zu beachten?

4) Wodurch unterscheiden sich die Wirkungen des Widerrufs einer Willenserklärung nach dem Allgemeinen Teil und die Wirkungen des Widerrufs bei Verbraucherverträgen?

Lösungen

454 1) Nach dem BGB kann eine Willenserklärung nicht mehr widerrufen werden, wenn sie wirksam geworden ist. Bei Willenserklärungen unter Anwesenden bedeutet dies, dass von der Vernehmung der Erklärung durch den Empfänger an ein Widerruf nicht mehr möglich ist. Bei Willenserklärungen unter Abwesenden genügt es noch zum Widerruf, wenn dieser gleichzeitig mit der Erklärung dem Empfänger zugeht, § 130 Abs. 1 Satz 2.

455 2) Bei den Haustürgeschäften kann die Freiheit des Verbrauchers, über den Vertragsschluss zu entscheiden, aufgrund der Situation (wie wird man den Vertreter wieder los?) und der Beredsamkeit des Verkäufers tatsächlich stark eingeschränkt sein. Auch kommen Täuschungen durch den Vertreter in Betracht, die später schwer zu beweisen sind. Das Widerrufsrecht (§ 312) schützt daher die Privatautonomie des Verbrauchers.

456 3) Die Vorschriften über das Widerrufsrecht bei Haustürgeschäften sind in Umsetzung einer Richtlinie der EG ergangen. Soweit die Auslegung zweifelhaft ist, ist daher im Zweifel eine Auslegung zu bevorzugen, die mit der EG-Richtlinie übereinstimmt, da im Regelfall nicht angenommen werden kann, dass der deutsche Gesetzgeber gegen die Vorgaben der Richtlinie verstoßen wollte (Grundsatz der **richtlinienkonformen Auslegung**).

457 4) Der rechtzeitige Widerruf einer Willenserklärung nach § 130 Abs. 1 Satz 2 führt dazu, dass die widerrufene Willenserklärung von Anfang an nicht wirksam wird. Sollten gleichwohl Leistungen erbracht werden, so sind diese nach den Regeln über die ungerechtfertigte Bereicherung (§ 812 Abs. 1 Satz 1, Fehlen des rechtlichen Grundes der Leistung) zurück zu erstatten. Bei den verbraucherschützenden Widerrufsrechten ist der Erklärende dagegen *nicht mehr* an die auf den Vertragsschluss gerichtete Willenserklärung gebunden, wenn er diese fristgerecht widerrufen hat, § 355 Abs. 1 Satz 1. Die Willenserklärung ist also zunächst schwebend wirksam und wird erst durch den Widerruf unwirksam. Hinsichtlich der Rechtsfolgen, insbesondere der Rückabwicklung bereits erbrachter Leistungen, gelten hier weitgehend die Vorschriften über das gesetzliche Rücktrittsrecht entsprechend, § 357 Abs. 1 Satz 1.

§ 5 Das Zustandekommen eines Vertrages

Fall 7: Der Discountladen Wiefco bietet in der örtlichen Tageszeitung einen Computer „Bizz 2002" im Sonderangebot zu 1 100 € an. Die Geräte finden reißenden Absatz. Als Schnapp in den Laden kommt, findet er gerade noch ein letztes Stück im Regal. Er begibt sich damit zur Kasse und sagt erfreut zur Kassiererin: „Da habe ich Glück gehabt; offenbar war es das letzte Gerät." Diese Bemerkung ruft aber der Kassiererin in Erinnerung, dass sie einer ihr bekannten Kundin telefonisch versprochen hatte, einen der Computer zurückzulegen, und dies bisher nicht getan hat. So erklärt sie dem Schnapp, sie könne ihm den Computer leider nicht verkaufen. Dieser besteht aber, da die anderen Geräte wesentlich teurer sind, auf dem Kauf. Wie ist die Rechtslage?

I. Die Unterscheidung von Antrag und Annahme

Ein Vertrag kommt durch **Antrag** (gleichbedeutend spricht man von **Angebot** oder **Vertragsofferte**) und **Annahme** zustande. Das BGB sagt dies zwar nicht ausdrücklich, geht aber davon in den §§ 145 ff. als selbstverständlich aus, am deutlichsten in § 151 Satz 1. Antrag und Annahme sind die **beiden inhaltlich korrespondierenden Willenserklärungen** der Vertragspartner. Die **zeitlich frühere Erklärung** stellt im allgemeinen den **Antrag** dar (s. aber Rdnr. 461 zur vorweggenommenen Annahme). Von welcher Seite die erste Erklärung kommt, ist gleichgültig. So liegt etwa in einer Bestellung beim Versandhaus ein Antrag des Käufers, in der Zusendung einer Ware zur Ansicht ein Angebot des Verkäufers. Bei längeren Vertragsverhandlungen, aber auch schon bei einem Barkauf in einem Ladengeschäft, kann es schwer festzustellen sein, wer als erster eine bindende Erklärung abgegeben hat. Ist aber der Vertragsschluss fehlerfrei, so kann die Reihenfolge der Erklärungen auf sich beruhen.

II. Der Antrag

1. Inhaltliche Anforderungen

a) Bestimmtheit

Der Antrag muss **bestimmt** sein, d.h. er muss **alle wesentlichen Punkte** enthalten, die im Vertrag geregelt werden sollen (die sog. essentialia negotii). Als Faustregel gilt: Die Erklärung muss so bestimmt sein, dass sie durch ein einfaches „ja" des Empfängers des Angebots angenommen werden kann.

Das bedeutet aber nicht, dass in dem Angebot alle wesentlichen Elemente ausdrücklich angesprochen werden müssen. Vielmehr können einzelne Punkte auch **stillschweigend** miterklärt sein, wenn aus den Umständen hervorgeht, welchen Inhalt der Antrag hat. Wenn etwa in einer Bildergalerie Gemälde zum Verkauf ausgestellt sind und der Verkäufer auf Frage eines Kunden erklärt, er könne ihm das Bild Nr. 13 „Sonnenblumen" noch zum Kauf anbieten, so ist das Angebot auch ohne Nennung eines Preises hinreichend bestimmt, falls ein Preisschild an dem Bild hängt oder eine Liste mit den Preisen ausliegt. In anderen Fällen kann man davon ausgehen, dass der übliche Verkaufspreis (der Tagespreis) gemeint ist, wenn der Vertragsantrag keine nähere Bestimmung enthält, so etwa wenn man bei einem Händler eine bestimmte Menge Heizöl bestellt, ohne über den Preis zu sprechen.

Für einige häufiger vorkommende Sachverhalte bestimmt auch das Gesetz, dass die **übliche Vergütung** geschuldet ist, wenn die Parteien nichts anderes vereinbart haben. Dies gilt z.B. nach § 612 Abs. 2, § 632 Abs. 2 für die Vergütung beim Dienst- und Werkvertrag. Auch in diesen Fällen ist also ein Vertragsangebot wirksam, selbst wenn es keine Angaben über die Vergütung enthält.

461 Fehlt der zeitlich ersten Willenserklärung die nötige Bestimmtheit, so kann sie gleichwohl eine „**vorweggenommene Annahme**" darstellen, wenn aus der Erklärung bereits ein entsprechender Bindungswille des Erklärenden zu entnehmen ist. Im Fall einer **Internet-Auktion** ist eine solche vorweggenommene Annahme zu bejahen, wenn der Verkaufswillige erklärt, er nehme im voraus das höchste, innerhalb einer bestimmten Frist eingehende Kaufangebot an. Der Kaufvertrag kommt dann bereits mit dem Wirksamwerden des höchsten Angebots zustande, ohne dass noch eine Annahme durch den Verkäufer nötig wäre[1].

b) Erklärter Bindungswille – Abgrenzung zur invitatio ad offerendum

462 Nicht jede Erklärung, die eine Ware oder Dienstleistung anbietet, ist bereits ein Vertragsangebot. Vielmehr haben solche Erklärungen oft den Sinn, den anderen Teil zur Abgabe eines Angebots aufzufordern. Der Unterschied zwischen einer solchen **Aufforderung zum Vertragsangebot (invitatio ad offerendum)** und einem Vertragsangebot selbst liegt darin, dass mit der bloßen Aufforderung zum Vertragsangebot noch **kein Bindungswille** verbunden ist. Ob bereits ein Bindungswille geäußert wird, ist, wenn in der Erklärung nichts Ausdrückliches dazu gesagt ist, im Wege der Auslegung festzustellen, wobei die Verkehrsauffassung eine erhebliche Rolle spielt. Ein Zeitungsinserat versteht man allgemein dahin, dass das werbende Unternehmen damit noch keine konkrete Bindung im Sinne eines Vertragsangebotes eingehen, sondern erst den Leser zur Abgabe eines Angebots auffordern will. Dasselbe gilt etwa für das Zusenden eines Katalogs oder einer Preisliste, aber auch für die im Restaurant ausliegende Speisekarte oder die im Schaufenster ausgestellte Ware. In all diesen Fällen geht das Vertragsangebot erst vom Kunden aus, der eine Ware bestellt oder seine Kaufabsicht äußert.

463 Die **Unterscheidung** zwischen **Vertragsangebot** und bloßer **Aufforderung zur Abgabe eines Angebots** ist z.B. in den viel gebrauchten Schulfällen bedeutsam, in denen eine Preisauszeichnung an einer Ware oder die Preisangabe in einer Speisekarte versehentlich oder von einem unbefugten Dritten verändert wurde. Da das Angebot vom Kunden ausgeht, kann der Verkäufer den Vertragsschluss zu dem falschen Preis

---

[1] BGH NJW 2002, 363 = JZ 2002, 504 (mit Anm. J. Hager). Ob eine vorweggenommene Annahme oder ein vom Käufer angenommenes Angebot des Verkäufers vorlag, lässt der BGH dabei offen.

ohne weiteres ablehnen, wenn die Verwechslung bis dahin bemerkt wird. Andernfalls kommt der Vertrag mit dem falschen Preis zustande, doch kann der Verkäufer seine Willenserklärung wegen Inhaltsirrtums (§ 119 Abs. 1, 1. Alt.) anfechten und dadurch den Vertrag rückwirkend vernichten, § 142 Abs. 1.

Die Frage nach dem erklärten Bindungswillen ist von der Frage nach der Bestimmtheit des Antrags zu unterscheiden. Auch wenn die Bedingungen eines künftigen Vertrages bereits hinreichend bestimmt sind (etwa aufgrund der Angaben in einem Katalog), kann der Bindungswille (des mit dem Katalog werbenden Unternehmens) fehlen. Ein Indiz dafür, dass noch keine Bindung gewollt ist, stellt es dar, wenn eine Erklärung, etwa ein Katalog oder ein Inserat, **an die Allgemeinheit gerichtet** ist. Auch ein Angebot an die Allgemeinheit *kann* aber bereits einen Antrag zum Vertragsschluss darstellen (sog. Offerte ad incertas personas). So wird man in der Aufstellung eines Warenautomaten ein Angebot an jedermann sehen dürfen, der den erforderlichen Geldbetrag einwirft (näher s. Rdnr. 505).

Bei einer **Versteigerung** kommt nach § 156 Satz 1 der Vertrag erst durch den **Zuschlag** zustande[2]. Der Antrag zum Vertragsschluss liegt also im Gebot des Erwerbswilligen, während die Aufforderung zum Bieten nur als invitatio ad offerendum anzusehen ist.

Die dargestellten Regeln über die Abgrenzung zwischen Vertragsangebot und Aufforderung zur Abgabe eines Angebots gelten auch bei elektronisch abgegebenen Willenserklärungen (s. Rdnr. 317 f.), insbesondere bei einem **Vertragsschluss im Internet**. Ob ein Angebot auf einer Website als bloße invitatio ad offerendum anzusehen ist, hängt also vom erklärten Willen des Anbietenden ab. Dabei erscheint zweifelhaft[3], ob man ein Angebot im Internet in der Regel einem Katalog oder einem Inserat gleichzustellen und daher einen vertraglichen Bindungswillen im allgemeinen zu verneinen hat. Je mehr das Internetangebot mit dem Anspruch auftritt, einem realen Warenangebot (etwa in einem Supermarkt) gleichzukommen, um so näher liegt es dann auch, bereits einen Bindungswillen des Anbietenden zu bejahen, so dass in der Bestellung durch den Käufer bereits die zum Vertragsschluss führende Annahme liegt. Von einer Verkehrsauffassung kann im Bereich dieser neueren Vertriebswege wohl noch nicht gesprochen werden. Aus den nunmehr in § 312 e Abs. 1 (in Umsetzung der EG E-Commerce-Richtlinie, s. Rdnr. 116) normierten Verpflichtungen, die den Unternehmer beim Vertragsschluss im elektronischen Geschäftsverkehr treffen, lässt sich für die Voraussetzungen des Vertragsschlusses nach h.M. nichts herleiten. Zwar ist der Unternehmer nach § 312 e Abs. 1 Nr. 3 verpflichtet, dem Kunden den Zugang von dessen Bestellung unverzüglich auf elektronischem Wege zu bestätigen. Ob die Bestellung bereits die Annahme eines Angebots oder erst das Angebot zum Vertragsschluss darstellt, wird aber durch diese Bestimmung nicht geregelt und ist daher nach den allgemeinen Regeln zu beurteilen. Ein Verstoß

---

[2] Anders aber im Fall der von BGH NJW 2002, 363 (vorige Fn.) beurteilten Internet-Auktion, da hier auf das Gebot kein Zuschlag erteilt wurde, sondern die Annahme des höchsten Angebots bereits vorweg erklärt war.

[3] Dazu ausführlich Muscheler/Schewe Jura 2000, 565, 568 f. (für Auslegung im Einzelfall).

gegen die Benachrichtigungspflicht lässt die Wirksamkeit des geschlossenen Vertrages unberührt[4].

Lösung zu Fall 7:

466 Schnapp hat einen Anspruch auf Übergabe und Übereignung des Computers aus §433 Abs. 1 Satz 1, wenn ein Kaufvertrag zwischen ihm und dem Unternehmen Wiefco abgeschlossen wurde. Der Vertrag kommt durch Antrag und Annahme zustande. Ein Antrag könnte in dem Zeitungsinserat liegen. Hier fehlt es aber noch an dem Bindungswillen des werbenden Unternehmens; dieses will sich z.B. vorbehalten, nur solange zu verkaufen, wie der Vorrat der zu dem genannten Preis angebotenen Ware reicht. Das Inserat ist daher als Aufforderung zur Abgabe eines Vertragsangebots (invitatio ad offerendum), nicht als Antrag anzusehen.

467 Falls man auch das Auslegen der Computer im Regal als bloße invitatio ad offerendum anzusehen hat, wäre es der Kunde, der an der Kasse durch Vorlegen der von ihm ausgesuchten Ware das Angebot zum Abschluss des Kaufvertrages macht, und im konkreten Fall wäre dann aufgrund der Ablehnung durch die Kassiererin kein Vertrag zustande gekommen. Geht man dagegen davon aus, dass das Unternehmen dadurch, dass die Computer in das Regal gelegt wurden, bereits ein Vertragsangebot gemacht hat, so hätte es der Kunde in der Hand, durch die Annahme den Vertrag zustande zu bringen. Entscheidend ist, ob nach der Verkehrsauffassung in dem Bereitlegen der Ware im Regal bereits ein vertraglicher Bindungswille des Unternehmens zum Ausdruck kommt. Nach der Verkehrsauffassung ist dies zu bejahen[5]. Gerade bei besonders günstigen Angeboten wird dies deutlich. Der Kunde versteht das Angebot dahin, dass er den Kauf abschließen kann, wenn er nur rechtzeitig genug im Laden ist, so dass noch Ware im Regal vorhanden ist. Entsprechend pflegen sich zuweilen die Kaufinteressenten schon vor Öffnung des Geschäfts an der Eingangstür anzustellen, um möglichst schnell zum Warenregal zu gelangen. Man geht heute in der Regel nicht mehr davon aus, dass der Kauf dann noch von der Einwilligung der Kassiererin abhängig ist. Eine Annahme des somit zu bejahenden Angebots durch Schnapp liegt zwar noch nicht darin, dass dieser die Ware aus dem Regal genommen hat, denn nach der Verkehrsauffassung nimmt ihm dies nicht die Freiheit, die Ware wieder zurückzulegen. Doch ist die Vorlage des Computers an der Kasse als Annahme anzusehen, da nunmehr der Wille des Schnapp zum Kauf zum Ausdruck kommt. Somit ist hier der Kaufvertrag zustande gekommen, die Erklärung der Kassiererin vermag daran nichts mehr zu ändern. Schnapp kann nach §433 Abs. 1 Satz 1 von Wiefco die Übergabe und Übereignung des Computers verlangen.

2. Bindung an den Antrag

Fall 8: A hat dem B am 1.11. schriftlich eine Maschine zum Kauf für 10 000 € angeboten. Am 4.11. bietet C 12 000 € für die Maschine.
a) Kann A das Angebot gegenüber B widerrufen?

---

[4] Begründung zum Schuldrechtsmodernisierungsgesetz, Bundestagsdrucks. 14/6040, S. 173; Lorenz/Riehm, Lehrbuch zum neuen Schuldrecht (2002), Rdnr. 143; Palandt/Heinrichs, Ergänzungsband, §312 e Rdnr. 11. Jedoch kann sich aus der Pflichtverletzung ein Schadensersatzanspruch des Kunden aufgrund von Verschulden beim Vertragsschluss (culpa in contrahendo) ergeben, der auch auf Rückabwicklung des Vertrages gerichtet sein kann, so Begr. aaO.

[5] So MünchKomm/Kramer §145 Rdnr. 10; Medicus Rdnr. 363 (im Regelfall); Muscheler/Schewe Jura 2000, 565, 567; Götz Schulze AcP Bd. 201 (2001), 232, 234, 253. – A.M. Köhler §8 Rdnr. 11; Jauernig §145 Rdnr. 3.

b) Wie ist es, wenn B 3 Wochen lang nicht geantwortet hat?
c) B hat das briefliche Angebot des A am 4.11. erhalten. Er sendet am 7.11. eine schriftliche, datierte Annahme zurück. Der Brief bleibt aber bei der Post liegen und trifft erst am 10.12. bei A ein. A wirft die Annahme als verspätet in den Papierkorb. Am 20.12. verlangt B Lieferung. Mit Recht?

Ein Widerruf, der ein Wirksamwerden der Willenserklärung verhindert, ist nur bis zum Zugang der Erklärung möglich, § 130 Abs. 1 Satz 2. Hier geht es aber um die andere Frage, in welchem Umfang der Erklärende an sein wirksam erklärtes Vertragsangebot **gebunden** bleibt.

Wer ein Vertragsangebot macht, ist daran zunächst einmal gebunden, soweit er nicht die Bindung ausgeschlossen hat, § 145. Der **Ausschluss der Bindung** kann in Klauseln wie „freibleibend" oder „Lieferungsmöglichkeit vorbehalten" zum Ausdruck kommen. Allerdings können solche Klauseln auch weitergehend bedeuten, dass überhaupt kein Vertragsangebot, sondern nur eine Aufforderung zum Vertragsschluss vorliegt[6].

Durch die Bindung des Anbieters an das Angebot entsteht für den **Empfänger** eine günstige Rechtsposition – es hängt nur von ihm ab, ob der Vertrag zustande kommt. Diese Rechtsposition kann, wenn nicht ein anderer Wille des Anbietenden anzunehmen ist, auch auf einen Dritten übertragen werden, der dann seinerseits in der Lage ist, durch Annahme den Vertragsschluss herbeizuführen. Die Rechtsstellung des Angebotsempfängers wird auch als **Option** bezeichnet. In diesem Zusammenhang ist auch der **Optionsvertrag** zu erwähnen. Damit ist ein Vertrag gemeint, in dem einem Vertragspartner das Recht eingeräumt wird, durch einseitige Erklärung einen weiteren Vertrag zu begründen, etwa einen neuen Mietvertrag im Anschluss an das bisherige, befristete Mietverhältnis. Verwandt ist der **Vorvertrag**, in dem sich ein Vertragspartner oder auch beide verpflichten, demnächst einen anderen Vertrag (den Hauptvertrag) zu schließen. Optionsverträge und Vorverträge sind im Gesetz nicht geregelt, aber im Rahmen der schuldrechtlichen Vertragsfreiheit (keine Bindung an die im Gesetz enthaltenen Vertragstypen, s. Rdnr. 121) zulässig; sie können im einzelnen recht unterschiedlich ausgestaltet werden[7].

Die Bindung an das Vertragsangebot **erlischt** stets, wenn der Gegner den **Antrag ablehnt**, im übrigen aber dann, wenn die **Annahme nicht rechtzeitig** erfolgt, § 146. Welcher Zeitraum für die Annahme zur Verfügung steht, kann der Antragende bestimmen, indem er eine **Frist für die Annahme** setzt, § 148. Ist dies nicht geschehen, so muss man zwischen einem Antrag unter Anwesenden und einem solchen unter Abwesenden unterscheiden. Ein **unter Anwesenden** gemachter Antrag kann **nur sofort** angenommen werden, § 147 Abs. 1 Satz 1[8]. Dasselbe gilt, wie das Gesetz hier

---

[6] So BGH NJW 1996, 919 zu einem „freibleibenden Angebot".
[7] Näher s. Köhler § 8 Rdnr. 49 ff.; Larenz/Wolf § 23 Rdnr. 98 ff., § 29 Rdnr. 46 f. – Zur Klage aus einem Vorvertrag auf Abgabe eines Angebots BGH NJW 2001, 1272.
[8] Dies gilt auch bei einem mündlichen oder telefonischen Angebot an einen Vertreter ohne Vertretungsmacht; der vom Vertreter durch sofortige Annahme geschlossene Vertrag ist dann zunächst schwebend unwirksam bis zur Erteilung oder Verweigerung der Genehmigung durch den Vertretenen (§ 177 Abs. 1, dazu s. Rdnr. 871), BGH NJW 1996, 1062, 1064.

ausdrücklich klarstellt, auch für einen telefonischen Antrag, §147 Abs. 1 Satz 2. Ein Antrag **unter Abwesenden** kann bis zu dem Zeitpunkt angenommen werden, zu dem unter regelmäßigen Umständen der Eingang der Antwort aus der Sicht des Antragenden erwartet werden darf, §147 Abs. 2. Dabei ist nicht nur die für den Rücklauf der Antwort erforderliche Zeit, sondern auch eine gewisse Überlegungszeit für den Angebotsempfänger (je nach den tatsächlichen Umständen) einzukalkulieren. Wenn die Annahme nach §151 Satz 1 dem Antragenden **nicht zugehen muss** (s. Rdnr. 480), gilt §147 Abs. 2 nicht[9], sondern über die zeitliche Bindung an das Angebot entscheidet der aus dem Antrag oder den Umständen hervorgehende Wille des Antragenden, §151 Satz 2.

3. Verspätete Annahme

472 Soweit die Bindung an den Antrag bereits erloschen ist (§146), gilt eine verspätete Annahme als **neuer Antrag**, §150 Abs. 1. Man sieht auch hieran, dass die Begriffe Antrag und Annahme grundsätzlich von der zeitlichen Reihenfolge abhängen. Es liegt bei dem Empfänger der verspäteten Annahme, ob er noch den Vertrag abschließen will oder nicht. Wenn allerdings für den Empfänger der verspäteten Annahme erkennbar ist, dass die Erklärung rechtzeitig abgesandt worden war und nur aufgrund verzögerter Beförderung nicht rechtzeitig zu ihm gelangt ist, so muss er dem Annehmenden nach §149 Satz 1 die **Verspätung mitteilen**, damit dieser weiß, dass er nicht mehr von einem zustande gekommenen Vertrag ausgehen darf. Unterbleibt diese Mitteilung, so gilt die Annahme nicht als verspätet, §149 Satz 2.

Lösung zu Fall 8:

473 a) A kann das mit dem Zugang an B wirksam gewordene Angebot nicht widerrufen, §130 Abs. 1 Satz 1 und 2. Er ist daran nach §145 gebunden.

474 b) Ob die Bindung noch andauert, nachdem B 3 Wochen lang nicht geantwortet hat, hängt davon ab, ob der für die Annahme verfügbare Zeitraum abgelaufen ist. A hat keine Frist für die Annahme gesetzt, so dass es nach §147 Abs. 2 darauf ankommt, bis zu welchem Zeitpunkt A eine Antwort erwarten konnte. Bei der Bestimmung dieses Zeitraums muss man zunächst die Zeitspanne bis zum Empfang des Antrags durch den Adressaten, dann eine gewisse, nach dem Inhalt des Geschäfts verschieden lange Überlegungsfrist und schließlich die für die Übermittlung der Antwort nötige Zeit einkalkulieren. Hier sind drei Wochen auf jeden Fall als zu lang anzusehen. A ist also nicht mehr an das Angebot an B gebunden.

475 c) Da es auf den Zugang der Willenserklärung bei A ankommt, erfolgte die Annahme durch B verspätet. Die Bindung des A an seinen Antrag war daher nach §146 erloschen. Da aber die Annahme datiert war, konnte A erkennen, dass sie ihm bei der üblicherweise zu erwartenden Dauer der Beförderung rechtzeitig zugegangen wäre. Also hätte A den B von der Verspätung benachrichtigen müssen, §149 Satz 1. Da er dies nicht tat, gilt die Annahme durch B als nicht verspätet, §149 Satz 2. Der Kaufvertrag ist somit zustande gekommen, und B hat Anspruch auf die Lieferung der Maschine.

---

[9] BGH NJW 1999, 2179. S. auch BGH NJW 2000, 2984 (gegen zu kurze Bemessung der Annahmefrist bei Antrag an eine große Handelsgesellschaft).

III. Die Annahme

1. Inhaltliche Anforderungen

Fall 9: A bestellt bei B 100 Zentner einer bestimmten Düngersorte zu 20 € pro Zentner. B antwortet, er nehme die Bestellung an, fügt aber hinzu, der Preis betrage
a) 25 €
b) 18 €.
Ist jeweils ein Vertrag zustande gekommen?

Durch die Annahme muss die **vertragliche Einigung** zum Ausdruck kommen. Die Annahme muss daher in ihrem rechtlich geltenden Inhalt mit dem Antrag übereinstimmen. Man kann von einer **spiegelbildlichen Deckungsgleichheit** sprechen (spiegelbildlich, weil der eine Teil kaufen, der andere verkaufen will usw.). Weicht dagegen die Annahme inhaltlich vom Antrag ab – § 150 Abs. 2 nennt Erweiterungen, Einschränkungen oder sonstige Änderungen – so gilt sie als Ablehnung in Verbindung mit einem neuen Antrag. Zur vorweggenommenen Annahme s. Rdnr. 461.

Die Bindung an ein Vertragsangebot erlischt nach § 153 im Zweifel nicht dadurch, dass der **Antragende** nach Wirksamwerden des Angebots (also nach Zugang[10]), aber vor der Annahme **verstirbt** oder **geschäftsunfähig** wird. Wird z.B. nach dem Tod des Antragenden dessen Angebot angenommen, so kommt der Vertrag mit den Erben des Antragenden zustande.

Lösung zu Fall 9:

a) Wenn der Verkäufer den Antrag des Käufers zwar akzeptiert, aber einen höheren Preis nennt, so hat er in Wahrheit den Antrag nicht angenommen. Die Erklärung des B ist eine Ablehnung des Antrags, verbunden mit einem neuen Antrag, zu dem höheren Preis von 25 € zu verkaufen, § 150 Abs. 2. Es ist nun Sache des A, ob er diesen Antrag annimmt.

b) Auf den ersten Blick scheint es auch hier an der Deckungsgleichheit von Antrag und Annahme zu fehlen. Man darf aber davon ausgehen, dass A mit einem Vertragsschluss zu einem für ihn günstigeren Preis gerne einverstanden ist. Da es bei der Ermittlung des Sinnes einer Erklärung nicht allein auf den Wortlaut, sondern vor allem auf den erkennbar erklärten Willen ankommt (§ 133, näher dazu s. Rdnr. 509), ist der Antrag des A dahin auszulegen, dass A einen Vertragsschluss zu 20 € oder zu einem günstigeren Preis wünscht. Der Vertrag ist also zu einem Verkaufspreis von 18 € zustande gekommen.

2. Annahme ohne Zugang der Annahmeerklärung

Fall 10: Buchhändler Schnell schickt dem Rechtsanwalt Klug, mit dem er bisher nicht in geschäftlichen Beziehungen stand, an dessen Kanzleianschrift unaufgefordert die neueste Auflage eines bekannten Kurzkommentars zum BGB zur Ansicht zu. Im Begleitschreiben des Schnell heißt es: „Sollten sie diesen unentbehrlichen und hochaktuellen Kommentar wider Erwarten nicht behalten wollen, so senden sie ihn bitte binnen 2 Wochen zurück. Andernfalls gilt

---

[10] Darin liegt der Unterschied des § 153 von § 130 Abs. 2, der den Tod oder den Eintritt der Geschäftsunfähigkeit des Erklärenden zwischen Abgabe und Zugang der Willenserklärung betrifft, s. Rdnr. 404.

der Kauf als abgeschlossen. Ich bitte, dann den Kaufpreis von 48,80 € auf mein unten angegebenes Bankkonto zu überweisen."
1. Frage: Muss Klug den Kaufpreis zahlen,
a) wenn er den Kommentar behalten will und daher mit Kugelschreiber seinen Namen in das Buch schreibt, es dann aber später, vom Inhalt enttäuscht, doch lieber zurückgeben möchte?
b) wenn er die von vornherein beabsichtigte Rücksendung vergisst und das Buch 6 Wochen lang in der Kanzlei liegen bleibt?
2. Frage: Kann Schnell, soweit er keinen Anspruch auf den Kaufpreis hat, die Rücksendung des Buches verlangen oder es bei Klug abholen lassen?
3. Frage: Wie wäre die Rechtslage, wenn es sich bei Klug um einen beamteten Dozenten handelt, der keine andere berufliche Tätigkeit ausübt?

a) Die Regelung in § 151 Satz 1

480 Wann die Annahme eines Vertragsangebots dem Anbietenden gegenüber wirksam wird, richtet sich nach den allgemeinen für Willenserklärungen geltenden Regeln. Während eine unter Anwesenden erklärte Annahme mit der Vernehmung durch den Empfänger wirksam wird (s. Rdnr. 421), muss eine unter Abwesenden erklärte Annahme eines Vertragsangebots, um wirksam zu werden, im Regelfall dem Antragenden zugehen, § 130 Abs. 1 Satz 1 (s. Rdnr. 405 ff.). Davon macht § 151 Satz 1 für zwei Fallgestaltungen eine Ausnahme: die Annahme braucht **dem Antragenden gegenüber nicht erklärt** zu werden, wenn nach der **Verkehrssitte**, also üblicherweise, eine solche Erklärung nicht erwartet wird, oder wenn der Antragende auf die Erklärung **verzichtet** hat. § 151 Satz 1 ist aber nicht so zu verstehen, dass es einer **Annahme** überhaupt nicht bedürfte. Die Vorschrift erklärt lediglich den **Zugang** der Annahme beim Antragenden für entbehrlich. Der Wille zur Annahme muss jedoch nach außen in Erscheinung getreten sein. Es genügt also ein schlüssiges Verhalten, in dem der Annahmewille zum Ausdruck kommt. Mit den Worten des BGH[11] genügt ein als Willensbetätigung zu wertendes, nach außen hervortretendes Verhalten des Angebotsempfängers, sofern sich der Annahmewille daraus unzweideutig ergibt. Ausreichend ist etwa, wenn der Antragsempfänger die Ware, die den Vertragsgegenstand bildet, in Gebrauch nimmt oder gar verbraucht oder wenn er seinerseits Erfüllungshandlungen (Zahlung des Kaufpreises) vornimmt. Wird, um ein weiteres Beispiel zu nennen, einem Gläubiger eine schriftliche Bürgschaftserklärung übersandt (die Übernahme der Bürgschaft verlangt einen Vertrag zwischen dem Bürgen und dem Gläubiger, § 765 Abs. 1), so kommt der Annahmewille des Gläubigers hinreichend dadurch zum Ausdruck, dass er die Urkunde behält[12]. Auch die Äußerung des Annahmewillens in dem beschriebenen Sinne ist als **Willenserklärung** anzusehen, nur dass eben der Zugang an den Empfänger nicht erforderlich ist. Eine davon abweichende Qualifizierung als sog. **Willensbetätigung** (s. die oben wiedergegebene

---

[11] Zusammenfassend BGH NJW 2001, 2324.
[12] BGH NJW 1997, 2233 = JuS 1997, 1041 (mit Anm. K. Schmidt). – Auch sonst wird es bei lediglich vorteilhaften Angeboten im allgemeinen genügen, dass das Angebot nicht durch eine nach außen erkennbare Willensäußerung abgelehnt wird, BGH NJW 2000, 276 (zur Annahme eines Abtretungsangebots).

Formulierung des BGH) erscheint nicht unbedingt weiterführend[13]; jedenfalls müssen auch im Fall des § 151 Satz 1 die allgemeinen Wirksamkeitsvoraussetzungen für Willenserklärungen (z.B. die Geschäftsfähigkeit) gegeben sein. – Zur Bindung an den Antrag s. Rdnr. 471 a.E.

b) Verhältnis zu § 241 a

§ 241 a betrifft die unbestellte Zusendung von Waren oder die Erbringung unbestellter sonstiger Leistungen durch einen **Unternehmer** (§ 14) an einen **Verbraucher** (§ 13). Die Vorschrift wurde aufgrund der EG-Fernabsatzrichtlinie[14] in das BGB eingefügt. Nach § 241 a Abs. 1 wird durch die unbestellte Lieferung oder Leistungserbringung kein Anspruch gegen den Verbraucher begründet. Dass in solchen Fällen durch die Lieferung und das bloße Untätigbleiben des Empfängers allein kein Vertrag geschlossen und keine Verpflichtung des Empfängers zur Zahlung des Kaufpreises begründet wird, war auch zuvor anerkannt. In soweit stimmt die seit langem aufgrund § 151 Satz 1 entwickelte Betrachtungsweise mit § 241 a Abs. 1 überein (oder, anders ausgedrückt, es hätte insoweit keiner besonderen Vorschrift im BGB bedurft). Fraglich ist, ob § 241 a eine weitergehende, § 151 Satz 1 verdrängende Wirkung in der Hinsicht entfaltet, dass auch Handlungen, die einen Annahmewillen dokumentieren, im Anwendungsbereich des § 241 a nicht zu einem Vertragsschluss führen. Dagegen[15] könnte sprechen, dass § 241 a nur eine Begründung von Ansprüchen „durch die Lieferung" ausschließt, während bei einem Vertragsschluss nach § 151 Satz 1 zur Lieferung (mit der das Angebot verbunden ist) die Annahme seitens des Empfängers hinzukommen muss. Jedoch geht der Zweck des § 241 a dahin, einer unbestellten Warenzusendung oder Leistungserbringung entgegenzuwirken und den Verbraucher schon vor der Gefahr zu schützen, sich Verpflichtungen aufzubürden, ohne dass dies seinem Willen entspricht. Da § 241 a der Umsetzung der EG-Fernabsatzrichtlinie dient, sind bei der Auslegung auch deren Vorgaben zu berücksichtigen. Art. 9 dieser Richtlinie bestimmt ausdrücklich, dass „das Ausbleiben einer Reaktion" nicht als Zustimmung des Verbrauchers gilt. In anderen sprachlichen Fassungen der Richtlinie wird noch deutlicher, dass mit Reaktion eine Rückäußerung (Antwort) gegenüber dem Unternehmer gemeint ist (z.B. englisch: the absence of a response; französisch: l'absence de réponse; italienisch: la mancata risposta[16]). Daher ist der Auslegung zu folgen, wonach im Rahmen des § 241 a Abs. 1, abweichend von § 151 Satz 1, der Vertrag nur durch ausdrückliche Annahme oder Zahlung des

---

[13] Ausführlich Repgen AcP Bd. 200 (2000), 533, 564.
[14] Richtlinie 97/7/EG des Europäischen Parlaments und des Rates vom 20. Mai 1997 über den Verbraucherschutz bei Vertragsabschlüssen im Fernabsatz, ABl. Nr. L 144/19 vom 4.6. 1997, Art. 9.
[15] So Casper ZIP 2000, 1602, 1607; Lorenz JuS 2000, 833, 841; Riehm Jura 2000, 505; Jayme/Schulze JuS 2001, 878, 881.
[16] Die jeweiligen sprachlichen Fassungen (die gleichberechtigt gelten!) sind abgedruckt bei Basedow (Hrsg.), European Private Law, Quellen, Band II, S. 338 ff.

Entgelts seitens des Verbrauchers zustande kommen kann[17]. Für dieses Verständnis des § 241 a Abs. 1 lässt sich auch anführen, dass nach h.M.[18] durch diese Vorschrift nicht nur Ansprüche des Unternehmers auf das **vertragliche Entgelt** (Kaufpreis) ausgeschlossen werden, sondern auch **alle gesetzlichen Ansprüche** (sei es auf Herausgabe von Nutzungen, auf Schadensersatz, aber auch auf Herausgabe aus § 985 oder § 812 Abs. 1[19]), soweit nicht § 241 a Abs. 2 (erkennbar irrtümliche Zusendung) eingreift. Wenn aber der Verbraucher die ihm unbestellt zugesandte Sache gebrauchen, ja auch beschädigen oder zerstören kann, ohne irgendwelchen Ansprüchen des Unternehmers ausgesetzt zu sein, so kann man aus solchen Verhaltensweisen auch nicht den Willen zum Vertragsschluss entnehmen[20]. Der Ausschluss sämtlicher Ansprüche geht zwar über die Anforderungen der Fernabsatzrichtlinie hinaus, denn danach muss nur sichergestellt sein, dass der Verbraucher bei unbestellter Warenlieferung bzw. Dienstleistung von jeglicher *Gegenleistung* befreit ist, doch verwehrt es die Richtlinie nach Art. 14 den Mitgliedstaaten nicht, strengere Bestimmungen zu erlassen, um ein höheres Schutzniveau für den Verbraucher zu erreichen.

3. Annahme durch Schweigen

481 Das bloße **Schweigen des Empfängers** stellt regelmäßig **keine Annahme** dar. Dies wird auch durch § 241 a Abs. 1 bestätigt, wonach durch die Lieferung unbestellter Sachen oder die Erbringung sonstiger unbestellter Leistungen durch einen Unternehmer an einen Verbraucher kein Anspruch gegen den Verbraucher begründet wird (s. Rdnr. 480a). Aufgrund **besonderer Umstände** und unter Berücksichtigung von **Treu und Glauben** kann das Schweigen auf ein Angebot jedoch als **stillschweigende Annahme** anzusehen sein, so etwa, wenn einvernehmliche Vorverhandlungen über alle wichtigen Punkte vorausgegangen sind[21]. Außerdem gibt es einzelne **gesetzliche Vorschriften**, die in besonderen Fällen dem Schweigen die Bedeutung einer **Annahme** zumessen. So gilt z.B. das Schweigen eines Schenkungsempfängers als Annahme, wenn ihn der Schenkende unter Setzung einer angemessenen Frist zur Erklärung über die Annahme aufgefordert hat, § 516 Abs. 2 Satz 2. Auf anderen Erwägungen beruht § 362 Abs. 1 HGB: wenn ein Kaufmann von jemandem, mit

---

[17] Sosnitza BB 2000, 2317, 2323; Schwarz NJW 2001, 1449, 1451; Palandt/Heinrichs § 241 a Rdnr. 3.

[18] So z.B. Schwarz NJW 2001, 1449, 1450; Berger JuS 2001, 649, 652 (mit Einschränkungen); MünchKomm/Kramer § 241 a Rdnr. 13; Palandt/Heinrichs § 241 a Rdnr. 4. – Nach a.M. soll der Herausgabeanspruch unberührt bleiben, so z.B. Hk-BGB/Schulze, 2. Aufl., § 241 a Rdnr. 7; Casper ZIP 2000, 1602, 1606f. (teleologische Reduktion).

[19] So ausdrücklich Begründung zum Gesetzentwurf, Bundestagsdrucks. 14/2658, S. 46. Dass auf diese Weise Besitz und Eigentum dauerhaft auseinanderfallen, wird aaO ausdrücklich für hinnehmbar erklärt. Trotzdem bleiben gewisse Bedenken: darf man den Eigentümer auf Dauer in dieser Weise rechtlos stellen? Krit. hierzu auch Riehm Jura 2000, 505, 511; Berger JuS 2001, 649, 650f.

[20] Vgl. Hk-BGB/Schulze, 2. Aufl., § 241 a Rdnr. 10 (kein Vertragsschluss durch bloße Ingebrauchnahme oder Verbrauch).

[21] BGH NJW 1995, 1281 = JuS 1995, 737 (mit Anm. Emmerich); NJW 1996, 919.

dem er in Geschäftsbeziehungen steht oder dem gegenüber er sich zur Besorgung von Geschäften erboten hat, einen entsprechenden Auftrag erhält, so muss er unverzüglich antworten; das Schweigen des Kaufmanns gilt hier kraft ausdrücklicher gesetzlicher Anordnung als Annahme. Weniger weit geht § 663 BGB: hat sich jemand öffentlich zur Besorgung bestimmter Geschäfte erboten, etwa durch ein Zeitungsinserat: „Bankhaus Gold & Co. besorgt Auslandsanleihen aller Art", so muss die Ablehnung eines entsprechenden Antrags unverzüglich angezeigt werden. Das Schweigen führt aber hier nicht zum Vertragsschluss, sondern hat lediglich eine Verpflichtung zum Ersatz des Vertrauensschadens zur Folge[22], also des Schadens, den der Antragende dadurch erleidet, dass er sich auf den Vertragsschluss verlassen hat.

Besonderes gilt für das Schweigen nach Erhalt eines **kaufmännischen Bestätigungsschreibens**. Im Handelsverkehr (unter Kaufleuten oder Personen, die ähnlich einem Kaufmann am Handelsverkehr teilnehmen) ist es weitgehend üblich, dass nach Abschluss von Vertragsverhandlungen der eine Kaufmann dem anderen den Abschluss des Vertrages schriftlich unter Wiedergabe der einzelnen getroffenen Vereinbarungen bestätigt. Hier kann sich eine Abweichung oder Ergänzung gegenüber den vorherigen Verhandlungen ergeben. Diese Abweichungen gelten jedoch als genehmigt, wenn der Empfänger des Bestätigungsschreibens schweigt, also nicht widerspricht. Dies gilt allerdings nicht, wenn sich diese Änderungen so weit von der Absprache entfernen, dass der Bestätigende nicht mit dem Einverständnis des Empfängers rechnen konnte[23]. **482**

Das kaufmännische Bestätigungsschreiben darf nicht mit einer gewöhnlichen „**Auftragsbestätigung**" verwechselt werden. Diese ist regelmäßig nichts anderes als eine Annahme des im „Auftrag" liegenden Vertragsangebots und führt daher nur zum Vertragsschluss, wenn sie sich mit dem Angebot vollständig deckt. Andernfalls gilt das bei Rdnr. 476 zur Annahme unter Abweichungen Gesagte. **483**

Lösung zu Fall 10:

1. Frage

a) Wenn der Empfänger das Buch mit seinem Namen kennzeichnet, so kommt dadurch der Wille zur Annahme des Antrags zum Ausdruck. Eine Erklärung an Schnell ist nach § 151 Satz 1 nicht erforderlich, da Schnell ausdrücklich darauf verzichtet hat. Der Kaufvertrag ist somit zustande gekommen, und Schnell kann nach § 433 Abs. 2 die Zahlung des Kaufpreises von Klug verlangen. § 241 a Abs. 1 ist hier nicht einschlägig, da Klug als Rechtsanwalt eine selbständige berufliche Tätigkeit ausübt und das Rechtsgeschäft hierauf Bezug hat. Klug ist also nicht Verbraucher (§ 13). **484**

b) Aus dem bloßen Schweigen des Klug ergibt sich kein Annahmewillen. Klug ist nicht verpflichtet, dem Schnell die Ablehnung des Vertragsschlusses mitzuteilen. Schnell kann auch nicht durch sein Schreiben dem Schweigen des Klug gewissermaßen zwangsweise die Bedeu-

---

[22] Dies steht nicht ausdrücklich in § 663, ergibt sich aber aus dem Zweck der Vorschrift in Verbindung mit den allgemeinen Grundsätzen über die Haftung für Verschulden beim Vertragsschluss (culpa in contrahendo, s. Rdnr. 147 f.), s. jetzt § 311 Abs. 2, § 241 Abs. 2, § 280 Abs. 1. Näher s. MünchKomm/Seiler § 663 Rdnr. 20.
[23] BGH NJW 1994, 1288.

tung einer Annahme beilegen. Dies würde gegen die Privatautonomie des Klug verstoßen. Hier ist also kein Kaufvertrag zustande gekommen und Klug daher nicht zur Zahlung des Kaufpreises verpflichtet.

2. Frage

485 Wenn kein Kaufvertrag zustande gekommen ist (so das Ergebnis bei Frage 1 b), hat Schnell gegen Klug einen Anspruch auf Herausgabe des Buches nach § 985. Der Anspruch ist allerdings nur auf Herausgabe bei Abholung gerichtet. Eine Verpflichtung des Klug, das Buch zurückzusenden oder gar die Kosten dafür zu tragen, ergibt sich aus § 985 nicht.

3. Frage

a) Verpflichtung zur Zahlung des Kaufpreises

485a Da in dieser Fallvariante der Empfänger der Zusendung Verbraucher i.S.v. § 13 ist, ist § 241 a anwendbar. Aus § 241 a Abs. 1, der Ansprüche aufgrund der Lieferung unbestellter Sachen ausschließt, folgert die h.M., dass hier ein Kaufvertrag nicht nach § 151 Satz 1 durch schlüssiges Annahmeverhalten ohne Zugang an den Anbietenden zustande kommen kann. Erforderlich wäre vielmehr eine dem Schnell zugegangene Annahmeerklärung oder die Zahlung des Kaufpreises. Klug braucht also den Kaufpreis auch dann nicht zu bezahlen, wenn er seinen Namen in das Buch geschrieben hat.

b) Herausgabe- oder Schadensersatzansprüche

485b Fraglich ist, ob § 241 a Abs. 1 dem Herausgabeanspruch aus § 985 (bei Abholung) und dem Schadensersatzanspruch (hier etwa aus § 823 Abs. 1 wegen Beschädigung und Wertminderung durch den Namenseintrag) des Schnell entgegen steht. Der Wortlaut der Vorschrift schließt einen Anspruch „durch die Lieferung" generell aus, und § 241 a Abs. 2 lässt klar erkennen, dass (soweit nicht eine irrtümliche Lieferung i.S. des § 241 a Abs. 2 vorliegt) nicht nur vertragliche, sondern auch gesetzliche Ansprüche ausgeschlossen sein sollen. Auf der anderen Seite verliert Schnell durch die Zusendung an Klug nicht das Eigentum an dem Buch, so dass ein Verlust auch des Herausgabeanspruchs nach § 985 widersprüchlich erscheinen könnte. Man kann daher erwägen, § 241 a Abs. 1 in dem Sinne restriktiv auszulegen[24], dass zwar durch die Zusendung als solche und den Umgang des Empfängers mit der unbestellten Sache keine Ansprüche begründet werden, womit insbesondere vertragliche Ansprüche, aber auch Schadensersatzansprüche gegen den Empfänger ausscheiden, dass aber der „nackte" gesetzliche Herausgabeanspruch des Eigentümers unberührt bleibt. Die h.M.[25] verneint gleichwohl sowohl Schadensersatz- als auch Herausgabeansprüche und rechtfertigt dieses Ergebnis mit dem Zweck des § 241 a Abs. 1, das in der unbestellten Zusendung liegende unlautere Wettbewerbsverhalten durch die Abschneidung jeglicher Ansprüche zu unterbinden. Danach braucht Klug den Kommentar weder zu bezahlen noch herauszugeben.

IV. Der Dissens

Fall 11: Ein Weingroßhändler sandte einem Einzelhändler, mit dem er in Geschäftsbeziehungen stand, ein e-mail mit folgendem Inhalt: „Wir unterbreiten Ihnen kurzfristig ein Sonderangebot über 500 Flaschen weißen Burgunder, Jahrgang 2000, zu 6 € pro Flasche. Dies gilt nur heute – bitte bestellen Sie sofort!" Auf Seiten des Einzelhändlers wurde ein mit Weinbezeichnungen wenig vertrauter Aushilfsangestellter tätig. Sein Antwort-e-mail lautete: „Bitte liefern

---

[24] Nachw. s. Fn. 18.
[25] Nachw. s. Fn. 18 u. 19.

Sie sofort 500 Flaschen des weißen Bourgogne." Wie sich bei der Lieferung herausstellt, handelte es sich bei dem angebotenen Wein um weißen Burgunder aus dem Markgräfler Land (südlich von Freiburg i.Br.), während der Empfänger französischen Weisswein aus der Bourgogne kaufen wollte. Ist ein Vertrag zustande gekommen?

1. Maßgeblichkeit des objektiven Erklärungswerts aus der Sicht des Empfängers

Ein Vertragsschluss erfordert die **Übereinstimmung von Antrag und Annahme**, also den vertraglichen Konsens in allen für den Vertrag **wesentlichen Punkten** (den sog. essentialia negotii)[26]. Decken sich dagegen die auf einen Vertragsschluss abzielenden Erklärungen nicht, so liegt ein **Dissens** vor. Von Dissens spricht man auch dann, wenn über einen wesentlichen Punkt überhaupt keine Vereinbarung getroffen wurde.

Um über Konsens oder Dissens entscheiden zu können, muss in Zweifelsfällen der rechtlich maßgebliche Inhalt der Erklärungen durch **Auslegung** festgestellt werden, näher s. Rdnr. 509 ff. Maßgebend ist dabei, ob sich die beiderseitigen Erklärungen nach ihrem aus der Sicht des jeweiligen Empfängers zu beurteilenden Sinn decken. Ist dies der Fall, entsprach aber die Erklärung der einen Seite nicht ihrem Willen, weil sie sich etwa versprochen oder verschrieben hat, so handelt es sich nicht um einen Fall des Dissenses. Der Vertrag ist vielmehr zustande gekommen. Möglicherweise kann aber derjenige, der sich bei Abgabe seiner Willenserklärung geirrt hat, seine Erklärung anfechten, näher s. Rdnr. 606 ff.

Dissens ist auch dann gegeben, wenn die Erklärungen objektiv **mehrdeutig** sind und jede Seite etwas anderes gemeint hat. Ein Schulbeispiel ist, dass in Deutschland ein Vertrag über die Beschaffung von 10 000 „Dollar" geschlossen wird, wobei die eine Seite die US-amerikanische, die andere aber die kanadische Währung im Auge hatte. Unschädlich ist dagegen eine **übereinstimmende Falschbezeichnung**, also ein Fehlgriff in der Formulierung, während der Wille beider Vertragsparteien übereinstimmte, s. Rdnr. 537 ff.

Lösung zu Fall 11:

Das Angebot bezieht sich auf „Weissen Burgunder" und damit nach üblichem Sprachgebrauch jedenfalls nicht auf französischen Weisswein aus der Bourgogne. Umgekehrt bezieht sich aber die Annahme gerade auf Bourgogne-Wein. Die in der Annahme gewählte Bezeichnung ist für Weissen Burgunder nicht üblich. Damit liegt ein Dissens vor; es ist kein Vertrag zustande gekommen. (Vertretbar erscheint auch, die beiden Erklärungen jeweils als mehrdeutig zu betrachten. Da aus den Begleitumständen für den jeweiligen Empfänger nicht hervorging, wie die Erklärung gemeint war und beide Beteiligten die mehrdeutige Erklärung unterschiedlich verstanden haben, ist auch dann ein Dissens anzunehmen[27].)

---

[26] Dazu U. Jung JuS 1999, 28.
[27] Vgl. RGZ 104, 265 (zu einem anderen Sachverhalt). Eine Schadensersatzpflicht aufgrund Verschuldens beim Vertragsschluss (culpa in contrahendo) kommt in solchen Fällen in Betracht, wenn einen der Beteiligten ein Verschulden am Dissens trifft. Ist von einem Verschulden beider Parteien zu sprechen, so kann ein gemäß § 254 nach Maßgabe des eigenen Mitverschuldens geminderter Schadensersatzanspruch bestehen, vgl. RG aaO.

2. Offener und versteckter Dissens

490 Das BGB regelt in den §§ 154 und 155 nur jene Fälle des Dissenses, in denen über **Einzelpunkte** eines Vertrages keine Einigung zustande gekommen ist, nicht den soeben erläuterten „Totaldissens".

a) Der offene Dissens

491 Nach der Auslegungsregel des § 154 Abs. 1 Satz 1 ist der **Vertrag insgesamt im Zweifel nicht geschlossen**, wenn man sich nicht über alle Punkte geeinigt hat, über die man eine Einigung anstrebte. Wenn A und B über den Verkauf einer Bibliothek verhandeln, die A nur geschlossen verkaufen will, und sich über 90% der Bücher geeinigt haben, nicht aber über den Preis einer vielbändigen Entscheidungssammlung, so ist im Zweifel der Vertrag nicht zustande gekommen. Es kann also nicht Übereignung der einzelnen Werke verlangt werden, über die man sich geeinigt hat. Ähnlich liegt es, wenn sich die verhandelnden Parteien über fast alle Punkte eines Mietvertrags geeinigt haben, nicht aber – trotz verschiedentlicher Bemühungen – darüber, ob der Mieter zur Untervermietung berechtigt sein soll. Auch hier ist gemäß § 154 Abs. 1 Satz 1 im Zweifel der Vertrag insgesamt nicht geschlossen.

492 Die **Unwirksamkeit** im ganzen gilt jedoch nur **im Zweifel**. Ergeben die Umstände einen anderen Willen, so können die getroffenen Vereinbarungen für sich allein als wirksam angesehen werden. Allerdings ist dies nur möglich, soweit man sich jedenfalls über die wesentlichen Elemente des Vertrages (die sog. essentialia negotii im Gegensatz zu den accidentalia negotii, den Nebenpunkten) geeinigt hat.

b) Der versteckte Dissens

Fall 12: A wird von B als Abteilungsleiter angestellt. Bei den Vertragsverhandlungen, die sich über einen längeren Zeitraum hinzogen, war auch über die Vereinbarung eines Wettbewerbsverbotes nach etwaigem Ausscheiden des A und über die dafür zu zahlende Entschädigung verhandelt worden. Bei Abschluss des Arbeitsvertrags vergessen A und B diesen Punkt. Erst später wird festgestellt, dass der Vertrag insoweit keine Bestimmung enthält. Welche Rechtsfolgen ergeben sich hieraus?

493 Beim **versteckten Dissens** glauben die Parteien, sie hätten sich über alle Punkte geeinigt, während in Wirklichkeit die Einigung über einen Einzelpunkt nicht zustande gekommen ist. Nach § 155 ist entscheidend, welche Bedeutung der nicht geregelte Punkt für die Parteien hatte. Das ist unter Berücksichtigung aller Umstände zu entscheiden. Handelte es sich um einen nicht wesentlichen Punkt, so gilt der Vertrag als geschlossen. Eine Regelung für den offen gebliebenen Punkt kann sich, soweit erforderlich, aus dispositivem Recht oder auch durch ergänzende Auslegung des Vertrages ergeben.

Lösung zu Fall 12:

494 Da die Vertragspartner irrtümlich glaubten, sich über alle Punkte geeinigt zu haben, liegt ein Fall des versteckten Dissenses vor. Nach § 155 gilt das Vereinbarte, wenn anzunehmen ist, dass man den Vertrag auch ohne die fehlende Einzelbestimmung geschlossen haben würde.

Hier wird es näher liegen, die Frage des Wettbewerbsverbotes nach Beendigung des Vertrages als einen Punkt von untergeordneter Bedeutung anzusehen, so dass der Vertrag auch ohne Wettbewerbsverbot als geschlossen anzusehen ist. Denkbar wäre, im Wege der ergänzenden Vertragsauslegung ein Wettbewerbsverbot anzunehmen, aber gerade wenn darüber verhandelt wurde, ohne dass es zu einer Einigung kam, wird man kaum feststellen können, was die Parteien vereinbart hätten, wenn sie die Lücke bemerkt hätten (s. zur ergänzenden Vertragsauslegung Rdnr. 531 ff.). Außerdem würden die besonderen Formanforderungen des (auf alle Arbeitnehmer entsprechend anwendbaren) § 74 Abs. 1 HGB der Annahme eines Wettbewerbsverbots im Wege ergänzender Vertragsauslegung entgegenstehen. Es bleibt also bei einem Arbeitsvertrag ohne solche Abrede.

V. Vertragsschluss und Allgemeine Geschäftsbedingungen

1. Allgemeines

Bei schuldrechtlichen Verträgen, die als Massengeschäfte abgeschlossen werden, bürgerte es sich weitgehend ein, zahlreiche Einzelheiten durch **Allgemeine Geschäftsbedingungen (AGB)** oder in Gestalt von vorbereiteten **Formularverträgen** zu regeln. Mit Hilfe solcher Vertragsbedingungen kann den Besonderheiten des einzelnen Vertragstyps (Kauf eines Fahrzeugs, Werkvertrag über Errichtung eines Gebäudes usw.) Rechnung getragen werden. Da aber die AGB in aller Regel einseitig vom Verkäufer, Vermieter usw. als dem nach den Marktverhältnissen stärkeren Teil vorformuliert werden, weichen sie oft zum Nachteil des Vertragspartners von den gesetzlichen Regeln ab. Dies wird durch die grundsätzliche Dispositivität des Schuldrechts (inhaltliche Gestaltungsfreiheit, s. Rdnr. 121 ff.) ermöglicht. Der Vertragsmechanismus, also die Vorstellung, einen inhaltlich nicht ausgewogenen Vertrag werde der Kunde eben nicht abschließen, hat sich in diesen Fällen nicht als ausreichende Sicherung inhaltlicher Gerechtigkeit erwiesen. Denn wenn alle Unternehmen vergleichbare Geschäftsbedingungen stellen, bleibt dem Kunden oft nichts anderes übrig, als sie zu akzeptieren. Das Gesetz über die Allgemeinen Geschäftsbedingungen (AGBG) suchte dieses Problem zu lösen, indem es schon an die Einbeziehung von AGB in den Vertrag besondere Anforderungen stellte, vor allem aber den Inhalt von AGB bestimmten Schranken unterwarf. Durch die Schuldrechtsreform 2001 (s. Rdnr. 116 f.) wurden die materiell-rechtlichen Bestimmungen des AGBG in das BGB (§§ 305 ff.) eingefügt. Im folgenden ist auf die mit dem Vertragsschluss zusammenhängenden Aspekte näher einzugehen, während im übrigen, insbesondere hinsichtlich der **Inhaltskontrolle von AGB** (aufgrund der Generalklausel des § 307, einschließlich des Transparenzgebots in § 307 Abs. 1 Satz 2, sowie der ausdrücklichen Klauselverbote in § 308 und § 309), auf die Lehrbücher zum Schuldrecht zu verweisen ist.

Allgemeine Geschäftsbedingungen sind nach § 305 Abs. 1 Satz 1 die **für eine Vielzahl von Verträgen vorformulierten** und durch den Verwender bei Abschluss des Vertrages gegenüber der anderen Partei gestellten Vertragsbedingungen. Dabei lässt es die Rechtsprechung bereits genügen, wenn die Vertragsbedingungen jedenfalls zur Verwendung in drei Fällen bestimmt sind[28]. Vorformulierte Einzelverträge fallen dagegen an sich nicht unter den Begriff der AGB. Jedoch wird bei **Verbraucherverträgen**, d.h. Verträgen zwischen einem Unternehmer (§ 14) und einem Verbraucher (§ 13, s. zu diesen Begriffen Rdnr. 325ff.), durch § 310 Abs. 3 Nr. 2 die Anwendbarkeit der für AGB geltenden Regeln erweitert[29]: Die Unklarheitenregel des § 305 c Abs. 2 und die Inhaltskontrolle nach §§ 306, 307 bis 309 erfassen auch solche Vertragsbedingungen in Verbraucherverträgen, die vom Unternehmer **zur lediglich einmaligen Verwendung vorformuliert** wurden, wenn der Verbraucher wegen der Vorformulierung auf ihren Inhalt keinen Einfluss nehmen konnte. Besondere Vorschriften über den Vertragsschluss gelten insoweit jedoch nicht. Zur Auswirkung der Unwirksamkeit von Vertragsbedingungen auf den übrigen Vertrag s. Rdnr. 501f.

2. Einbeziehung der AGB in den Vertrag

497 Allgemeine Geschäftsbedingungen haben als vorformulierte Vertragsbedingungen oder Formularverträge keine normative Geltung (sie stellen keine Rechtsnormen dar), sondern sind nur dann **wirksam**, wenn sie zum **Bestandteil des konkreten Vertrages** werden. Die beiderseitigen Willenserklärungen müssen also den Willen zum Ausdruck bringen, den Vertrag unter der Geltung der AGB zu schließen. Dabei muss nach § 305 Abs. 2 der Verwender der AGB ausdrücklich oder, soweit dies nicht möglich ist, jedenfalls durch Aushang am Ort des Vertragsabschlusses (in der Regel im Geschäftslokal) **auf die AGB hinweisen** und dem anderen Teil die **Möglichkeit der Kenntnisnahme** verschaffen. Es müssen also z.B. auf dem Bestellformular, das das anbietende Unternehmen einem Kunden übergibt, die AGB mit abgedruckt werden. Ein bloßer Hinweis auf die AGB, ohne dass sie der Kunde ohne weiteres lesen kann, genügt dagegen nicht. Der Kunde muss **mit der Geltung der AGB einverstanden** sein. Dieses Einverständnis kommt konkludent durch den Vertragsschluss zum Ausdruck, wenn der Kunde in der vorgeschriebenen Weise auf die AGB hingewiesen wurde.

498 Diese strengen Anforderungen an die Einbeziehung in den Vertrag gelten jedoch nicht für AGB, die **gegenüber einem Unternehmer** (§ 14) oder gegenüber juristischen Personen des öffentlichen Rechts (insbesondere dem **Staat**) verwendet werden, § 310 Abs. 1 Satz 1. Dieser Personenkreis ist hinreichend geschäftserfahren, um die Bedeutung von AGB zu erkennen und gegebenenfalls der Einbeziehung in den Vertrag zu widersprechen. Hier genügt auch ein bloßer Hinweis auf die eigenen AGB im Rahmen der vertraglichen Erklärung (z.B. des Vertragsangebots), ohne dass die Geschäftsbedingungen abgedruckt sind, und es kann sich auch stillschweigend (aus den Umständen) ergeben, dass der Vertrag unter Einbeziehung der AGB abgeschlossen wird.

---

[28] BGH NJW 2002, 138.
[29] § 310 Abs. 3 entspricht § 24 a AGBG, der 1996 zur Umsetzung der EG-Richtlinie über missbräuchliche Klauseln in Verbraucherverträgen eingefügt wurde. Dazu Locher JuS 1997, 389; Coester-Waltjen Jura 1997, 272.

3. Konkurrierende AGB

Probleme entstehen, wenn etwa das Angebot des Verkäufers zum Vertragsschluss mit dem Hinweis auf die AGB des Anbieters verbunden ist, der Käufer dann aber das Angebot mit dem Zusatz annimmt, es seien seine eigenen allgemeinen Bedingungen (z.B. in Form von allgemeinen Einkaufsbedingungen) maßgebend, bzw. wenn die beiderseitigen AGB entsprechende **Abwehrklauseln** enthalten. Hier ist zweifelhaft, ob überhaupt ein **Vertrag zustande kommt** oder ob er an einem **Dissens** über die Geltung der jeweiligen AGB scheitert. Man könnte in der zweiten Willenserklärung gemäß § 150 Abs. 2 eine Ablehnung des Vertragsangebots in Verbindung mit einem neuen Antrag sehen. Sollte dann gleichwohl ohne Widerspruch geliefert werden, so läge darin die Annahme des neuen Angebots und damit wären die AGB des Käufers vereinbart. Dies liefe auf eine eigenartige „Theorie des letzten Wortes" hinaus[30], da es darauf ankäme, wer zuletzt nicht mehr protestiert hatte. Richtiger erscheint es daher, anzunehmen, dass die Frage der AGB in solchen Fällen im allgemeinen keine für den Abschlusswillen geradezu entscheidende Bedeutung hat. Dann gelangt man bei sich widersprechenden Erklärungen hinsichtlich der AGB-Geltung zu einem offenen Dissens i.S.v. § 154 Abs. 1 Satz 1, kann aber gleichwohl (entgegen der Zweifelsregel des Gesetzes) den Vertragsschluss ohne diesen Punkt bejahen, vor allem wenn durch Erfüllung ein entsprechender Wille erkennbar wird[31]. Soweit die Vertragsschließenden den Dissens hinsichtlich der AGB nicht bemerkt haben, ergibt sich dasselbe aus § 155. Im Ergebnis ist also in solchen Fällen der **Vertrag wirksam geschlossen**, aber die konkurrierenden AGB der beiden Vertragsparteien gelten nur insoweit, als sie übereinstimmende Regeln enthalten[32], während es im übrigen bei der Anwendung des dispositiven Rechts verbleibt.

4. Überraschende Klauseln

Auch wenn die Anforderungen des § 305 Abs. 2 erfüllt sind, werden **überraschende Klauseln** in AGB nicht zum Vertragsbestandteil, § 305 c Abs. 1. Dies sind Bedingungen, die so ungewöhnlich sind, dass der Kunde im Rahmen des konkreten Vertrages nicht mit ihnen zu rechnen brauchte. So liegt es etwa, wenn bei einem Vertrag über den Erwerb eines Grundstücks formularmäßig vorgesehen ist, dass der Kaufpreis bereits ab einem Zeitpunkt zu verzinsen ist, der Monate vor dem Vertragsschluss liegt[33]. – Dem Schutz des Vertragsgegners dient auch die bei mehrdeutigen Klauseln geltende **Unklarheitenregel** des § 305 c Abs. 2, s. dazu Rdnr. 528.

---

[30] Die h.M. lehnt eine solche Betrachtungsweise ab, s. nur Jauernig § 2 AGBG Rdnr. 12.
[31] Für Anwendung der §§ 154 Abs. 1, 155 im obigen Sinne z.B. MünchKomm/Kötz § 2 AGBG Rdnr. 31. Zu einem wirksamen Vertrag gelangt im Ergebnis auch BGHZ 61, 282, 288 = NJW 1973, 2106, der in einem solchen Fall die Berufung auf § 150 Abs. 2 und damit auf das Nichtzustandekommen des Vertrages für treuwidrig erklärt.
[32] BGH NJW 1985, 1838, 1839 = LM § 157 (Ga) Nr. 32; BGH NJW 1991, 1604, 1606. Ebenso BGH NJW 2002, 1651, 1652f. zum Vertragsschluss nach UN-Kaufrecht (CISG).
[33] BGH LM § 3 AGBG Nr. 14 = NJW 1986, 1805.

5. Aufrechterhaltung des Vertrages auch bei unwirksamen AGB

501 Sind die gesamten AGB oder auch einzelne AGB-Klauseln mangels wirksamer Einbeziehung nicht Vertragsbestandteil geworden oder aufgrund ihres Inhalts unwirksam, so bleibt der **Vertrag im übrigen in aller Regel wirksam**, § 306 Abs. 1. Es gilt insoweit also nicht etwa § 139, wonach die teilweise Nichtigkeit eines Rechtsgeschäfts im Zweifel zur Gesamtnichtigkeit führt, s. Rdnr. 743, 746.

502 § 306 Abs. 1 gilt über § 310 Abs. 3 Nr. 2 (s. Rdnr. 496) in **Verbraucherverträgen** auch dann, wenn die vom Unternehmen vorformulierten Vertragsbedingungen nur zur einmaligen Verwendung bestimmt sind, also keine AGB i.S.v. § 305 Abs. 1 Satz 1 AGBG darstellen.

§ 5 Das Zustandekommen eines Vertrages

Kontrollfragen und Fälle zu § 5

1) Worin liegt der Unterschied zwischen Antrag und Annahme beim Vertragsschluss?

2) Was unterscheidet eine Aufforderung zur Abgabe eines Angebots von einem Vertragsangebot? Nennen Sie einige typische Beispiele für Aufforderungen zur Abgabe eines Angebots!

3) Franziska wirft in einen von der Schluckauf GmbH aufgestellten Getränkeautomaten wie dort angegeben zwei 2-Euro-Münzen ein, um ein Supervitaminaufbaugetränk zu erhalten. Der Automat wirft aufgrund einer technischen Störung sowohl die Getränkedose als auch die Münzen wieder aus. Franziska nimmt beides erfreut an sich, wird aber von einem gerade zur Reparatur eingetroffenen Mitarbeiter der Schluckauf GmbH angesprochen und zur Zahlung von 4 € aufgefordert. Franziska ärgert sich und erklärt, jetzt verzichte sie lieber auf das Getränk. Wie ist die Rechtslage?

4)* Kling macht zu Recht erhebliche Schadensersatzforderungen gegen Beck geltend. Er hat über 15 000 € bereits ein rechtskräftiges Urteil erzielt und fordert Beck auf, diesen Betrag und weitere 9 000 € binnen drei Wochen zu bezahlen. Beck antwortet, er befinde sich in einer schwierigen wirtschaftlichen Situation und biete daher an, zum Ausgleich für alle Ansprüche insgesamt 8 000 € in vier monatlichen Raten von 2 000 € zu zahlen; er nehme an, dass Kling damit einverstanden sei und füge daher einen Verrechnungsscheck über die ersten 2 000 € bei. Auf eine Stellungnahme des Kling verzichte er. Dem unverzüglich eingeholten Rat seines Rechtsanwalts folgend, schreibt Kling an Beck, er lehne dessen Vorschlag ab, und reicht den Verrechnungsscheck bei seiner Bank zur Einziehung ein. Beck überweist weitere 3 Raten von 2 000 € an Kling, weigert sich jedoch, weitere Zahlungen zu erbringen. Kann Kling weitere Zahlungen beanspruchen?

5) In einem notariell beurkundeten Kaufvertrag über ein mit einem Mehrfamilienhaus bebautes Grundstück zwischen einer Erbengemeinschaft und dem Erwerber wurde u.a. vereinbart, es seien für die Mitglieder der Erbengemeinschaft näher bezeichnete „Wohnungsrechte auf Lebenszeit und gegen Zahlung von Miete" zu bestellen. Später machen die Mitglieder der Erbengemeinschaft geltend, der Vertrag sei unwirksam, weil man sich nicht über die Höhe der Miete geeinigt habe. Wie ist die Rechtslage?

Lösungen

503 1) Der Antrag (gleichbedeutend: Angebot) ist im allgemeinen die zeitlich frühere Erklärung. Der Antrag muss hinreichend bestimmt sein, d.h. alle wesentlichen Punkte enthalten, die im Vertrag geregelt werden sollen. Er muss (Faustformel) durch bloßes „ja" angenommen werden können.

504 2) Bei einer Aufforderung zur Angebotsabgabe (invitatio ad offerendum) fehlt es am erklärten Bindungswillen des Anbieters. Dieser will erst nach Eingang eines Antrags des anderen Teils entscheiden, ob er den Vertrag schließt. Typische Beispiele für eine bloße Aufforderung zur Abgabe eines Angebots sind Inserate, Zusendung von Katalogen und Preislisten, Ausstellen von Waren im Schaufenster.

505 3) Franziska ist nach § 433 Abs. 2 zur Zahlung von 4 € verpflichtet, wenn zwischen ihr und der Schluckauf GmbH ein Kaufvertrag über die Getränkedose zustande gekommen ist. Zweifelhaft ist, von welcher Seite hier der Antrag zum Vertragsschluss ausgegangen ist. Mit der Aufstellung des Automaten bringt die Schluckauf GmbH zum Ausdruck, dass sie, solange Ware im Automaten enthalten ist, mit jedem, der 4 € einwirft[1], einen Kaufvertrag abschließen will[2]. Ein Bindungswille ist hier unter Berücksichtigung der Verkehrsauffassung durchaus zu bejahen, so dass ein Antrag der Schluckauf GmbH zu bejahen ist. Zugleich ergibt sich aus der Aufstellung des Automaten, dass die Schluckauf GmbH auf den Zugang einer Annahmeerklärung verzichtet. Also kam nach § 151 Satz 1 durch den Einwurf der Geldstücke, worin die Annahme durch Franziska zum Ausdruck kommt, der Kaufvertrag zustande; sie ist zur Zahlung verpflichtet.

506 Nach anderer Auffassung[3] ist in der Aufstellung des Automaten nur eine Aufforderung zur Abgabe eines Vertragsangebots zu sehen. Der Antrag soll danach vom Kunden ausgehen und der Vertrag durch Auswurf der Ware zustande kommen. Die Annahmeerklärung würde dann erst durch das Verhalten des Automaten produziert. Die für eine Willenserklärung notwendige Verbindung mit dem Willen des Erklärenden ergäbe sich aus der Aufstellung und Programmierung des Automaten. Im konkreten Fall wäre auch nach der zweiten Auffassung ein Vertragsschluss zu bejahen.

507 4) Kling kann keine weiteren Ansprüche gegen Beck geltend machen, wenn zwischen beiden eine Vereinbarung mit dem Inhalt zustande gekommen ist, dass nur Ansprüche in Höhe von 8 000 € bestehen (Abfindungsvereinbarung). Ein Antrag zum Abschluss eines solchen Vertrages lag im Schreiben des Beck. Fraglich ist, ob Kling dieses Angebot angenommen hat. Eine Erklärung gegenüber Beck wäre dazu nicht erforderlich, da dieser auf den Zugang der Annahmeerklärung verzichtet hat, § 151 Satz 1. Jedoch muss die Annahmewille des Kling in dessen Verhalten unzweideutig zum Ausdruck kommen; Schweigen allein würde nicht genügen. Dies ist, da keine Erklärung gegenüber dem anderen Teil vorliegt, vom Standpunkt eines unbeteiligten objektiven Dritten aus zu beurteilen. Für einen Annahmewillen könnte das Einlösen des Schecks sprechen[4]. Dem steht aber entgegen, dass Kling zunächst anwaltlichen Rat einholte und in dem auf dieser Grundlage formulierten Brief an Beck den Willen äußerte, das Ange-

---

[1] Gegen diese Einschränkung Muscheler/Schewe Jura 2000, 565, 567, die im Aufstellen des Automaten ein Angebot ohne Vorbehalt sehen.

[2] So Brox Rdnr. 90; Larenz/Wolf § 29 Rdnr. 22; Schwab, Einführung, Rdnr. 480.

[3] Medicus Rdnr. 362; Köhler § 8 Rdnr. 10.

[4] Ohne die anschließend gewürdigten Besonderheiten des Falles wäre im Einlösen eines Schecks, der mit dem Zusatz übersandt wurde, er dürfe nur bei Annahme des (Vergleichs-)Angebots eingelöst werden, eine Annahme zu sehen, vgl. etwa BGH LM § 151 Nr. 12 = NJW-RR 1986, 415. Der Empfänger muss also in solchen Fällen darauf achten, nicht unversehens in eine „Vergleichsfalle" oder „Erlassfalle" zu tappen. Steht, was hier nicht der Fall ist, die angebotene Abfindung in einem krassen Missverhältnis zu einer unbestrittenen Schuld, so kommt

bot nicht anzunehmen. Darin liegt auch kein widersprüchliches Verhalten, da die Zahlungsansprüche des Kling nicht erst durch die Vereinbarung begründet werden, so dass er jedenfalls aus seiner Sicht den Scheckbetrag auch ohne diese Vereinbarung beanspruchen durfte. Im Ergebnis ist hier das Zustandekommen einer Abfindungsvereinbarung zu verneinen[5]; Kling kann weiterhin die über 8 000 € hinausgehenden Ansprüche geltend machen.

5) Man könnte hier an eine Unwirksamkeit des Vertrages aufgrund eines offenen Dissenses i.S.v. § 154 Abs. 1 Satz 1 denken, weil über die Höhe der Miete keine Einigung erfolgte. Dies gilt jedoch nicht, wenn sich die Parteien trotz der offenen Punkte erkennbar vertraglich binden wollten und jedenfalls über die wesentlichen Punkte (die essentialia negotii) Konsens bestand. Hier sprechen die Umstände, nicht zuletzt die notarielle Beurkundung, für einen Bindungswillen der Parteien. Vereinbart war, dass für die Wohnrechte Miete zu zahlen war; nur deren Höhe wurde nicht vertraglich festgelegt. Diese Lücke im Vertrag ist im Wege ergänzender Vertragsauslegung dahin zu schließen, dass eine angemessene (ortsübliche) Miete als vereinbart gilt. Dies kann auch auf entsprechende Anwendung von § 612 Abs. 2 und § 632 Abs. 2 gestützt werden. Der Vertrag ist somit insgesamt mit diesem ergänzten Inhalt wirksam[6].

---

schon deshalb allein durch Einlösen des Schecks kein Abfindungs- oder Erlassvertrag zustande, BGH NJW 2001, 2324.

[5] Mit BGHZ 111, 97 = NJW 1990, 1655 (Vorbild des Falles). S. auch BVerfG NJW 2001, 1200.

[6] BGH LM § 154 Nr. 11 = NJW 1997, 2671 (Vorbild des Falles).

§6 Die Auslegung von Willenserklärungen und Verträgen

Fall 13: Arglos hat gegen angemessenes Entgelt das Textilgeschäft des Schlau in Pechbruck übernommen. Schlau hat sich verpflichtet, am selben Ort kein neues Textilgeschäft zu eröffnen. Nun gründet Frau Schlau in Pechbruck ein Textilgeschäft, und Herr Schlau wird von ihr als Geschäftsführer angestellt. Kann Arglos Unterlassung verlangen?

I. Das Ziel der Auslegung

1. Ermittlung des wirklichen erklärten Willens

509 **Allgemeine Auslegungsregeln** enthalten §133 und §157. Bei wörtlichem Verständnis des §133 könnte man meinen, es gehe bei der Auslegung einer Willenserklärung darum, den lediglich **inneren Willen des Erklärenden** zu erforschen. Dass dies **so nicht gemeint** ist, ergibt sich aus dem Sinn und Zweck einer Erklärung. Sie muss den auf eine bestimmte Rechtsfolge gerichteten Willen nach außen hin zum Ausdruck bringen, und deshalb kann auch der rechtlich maßgebende Inhalt der Willenserklärung nicht allein aufgrund eines inneren Willens bestimmt werden. Auch aus der Anfechtungsregelung des §119 Abs. 1 geht hervor, dass die Auslegung nicht in der Beachtung des lediglich inneren Willens bestehen kann. Würde schon die Auslegung als Feststellung des inneren Willens zur Berücksichtigung eines nicht geäußerten Willens führen (z.B. im Fall des Verschreibens), so wäre für eine Anfechtung wegen Inhalts- oder Erklärungsirrtums kein Raum. Deutlicher als §133 ist §157, der mit den Hinweisen auf Treu und Glauben und vor allem auf die Verkehrssitte die äußere Seite der Willenserklärung – wie durfte der Empfänger diese verstehen? – in den Vordergrund rückt.

510 Als Ziel der Auslegung ist demnach nicht die Ermittlung des lediglich inneren Willens anzusehen, sondern die Feststellung des **wirklichen erklärten Willens**. Es ist also daran festzuhalten, dass der Wille **in der Erklärung zum Ausdruck gekommen** sein muss. Daher muss die Auslegung stets vom **Wortlaut** der Erklärung ausgehen. Allerdings sind an die Äußerung des Willens keine zu hohen oder gar formalen Anforderungen zu stellen. In §133 wird dies mit den Worten hervorgehoben, es dürfe nicht am buchstäblichen Sinn des Ausdrucks gehaftet werden.

511 §133 gilt für **Willenserklärungen jeglicher Art**, §157 tritt für die Auslegung von **Verträgen** hinzu. Beide Vorschriften ergänzen sich aber gegenseitig. Schon bei der Auslegung der einzelnen vertraglichen Willenserklärung sind die Verkehrssitte und der Grundsatz von Treu und Glauben zu berücksichtigen.

512 Im Rahmen des **Erbrechts** hat der BGH zum Teil stärker auf die Feststellung des wirklichen Willens abgestellt[1]. In späteren Entscheidungen wurde aber auch hier klargestellt, dass es nicht um die Ermittlung eines von der Erklärung losgelösten Willens gehen kann, sondern nur um einen solchen Willen, der in der Erklärung zum Ausdruck gekommen ist[2]. In der Literatur wird die Auslegung eines Testaments als

---

[1] So vor allem BGHZ 86, 41 = NJW 1983, 672.
[2] So z.B. BGH FamRZ 1987, 475.

einer nicht empfangsbedürftigen Willenserklärung zum Teil grundsätzlich von der Auslegung empfangsbedürftiger Willenserklärungen unterschieden[3]. Richtig ist jedenfalls, dass man bei der **Auslegung von Testamenten** den wirklichen Willen des Erblassers noch weitergehend berücksichtigt als bei der Auslegung von empfangsbedürftigen Erklärungen, insbesondere von Verträgen. Der Grund liegt darin, dass bei der Auslegung einer nicht empfangsbedürftigen Erklärung nicht auf das Vertrauen eines (hier nicht vorhandenen) Erklärungsempfängers auf einen bestimmten Sinn der Erklärung Rücksicht genommen werden muss.

Ob es eine Begrenzung der Auslegung durch einen **eindeutigen Wortlaut** gibt, ist heute zweifelhaft. Für den Bereich des Erbrechts ist nach Ansicht des BGH auch der „klare und eindeutige" Wortlaut keine Grenze der Auslegung[4]. Im Vertragsrecht muss auf den Standpunkt des jeweiligen Erklärungsempfängers Rücksicht genommen werden, und daraus ergeben sich in der Regel Grenzen für eine zu freie Auslegung. Aber auch für die Vertragsauslegung formuliert der BGH[5], ein klarer und eindeutiger Wortlaut einer Erklärung bilde keine Grenze für die Auslegung anhand der Gesamtumstände. Es darf also der Wortlaut nicht isoliert betrachtet werden; aus den Gesamtumständen kann sich ergeben, dass die Erklärung eben doch anders zu verstehen ist. Da der BGH andererseits auch in der neuesten Rechtsprechung die Bedeutung des Wortlauts für die Vertragsauslegung stark unterstreicht (s. Rdnr. 518), kann nicht davon die Rede sein, dass die Vertragsauslegung etwa zunehmend freier (im Sinne einer Vergrößerung des Auslegungsspielraums) werde. Bei alledem sollte man vermeiden, bei einer Erörterung über die Bedeutung des klaren Wortlauts seinerseits in einen unergiebigen Streit über Worte zu geraten. Das von der Rechtsprechung Gemeinte käme m.E. in der Formel[6], ein **scheinbar eindeutiger Wortlaut** bilde keine Grenze für die Auslegung, am besten zum Ausdruck.

513

Anerkanntermaßen hindert der „klare Wortlaut" auch bei Verträgen eine andere Auslegung dann nicht, wenn beide Parteien mit einem bestimmten Wort übereinstimmend etwas anderes gemeint haben, als es dem allgemeinen Sprachsinn entspricht. Es handelt sich dann um eine sog. **Falschbezeichnung**, s. näher Rdnr. 537. Darüber hinaus geht nach Ansicht des BGH allgemein ein **übereinstimmender Wille** der Parteien dem Wortlaut des Vertrags und jeder anderen Interpretation vor[7]. Dabei obliegt aber derjenigen Partei, die sich auf einen vom (scheinbar) eindeutigen Wortlaut abweichenden übereinstimmenden Willen der Vertragsparteien beruft, die

514

---

[3] So spricht Köhler § 9 Rdnr. 5 u. 7 hinsichtlich der Testamentsauslegung von der Ermittlung des wirklichen Willens im Sinne einer „natürlichen Auslegung", bei empfangsbedürftigen Willenserklärungen dagegen von einer „normativen Auslegung".
[4] BGHZ 86, 41 = NJW 1983, 672. Näher zur Testamentsauslegung s. Leipold, Erbrecht, 14. Aufl., Rdnr. 361ff.
[5] BGH NJW 2002, 1260, 1261 (dies gelte sowohl für die einfache Auslegung als auch für die ergänzende Auslegung eines lückenhaften Rechtsgeschäfts).
[6] Diese Formulierung wird z.B. von BayObLG FamRZ 1989, 1118, 1119; FamRZ 1991, 231, 232 im Bereich der Testamentsauslegung verwendet.
[7] BGHZ 71, 75, 77f. = NJW 1978, 1050; BGH NJW 1994, 1528, 1529.

Darlegungs- und Beweislast für die zugrunde liegenden auslegungsrelevanten Umstände[8].

2. Klärungsbedürftige Fragen

Die Unklarheit einer Willenserklärung kann sich auf recht verschiedene Aspekte beziehen:

a) Vorliegen eines Rechtsgeschäfts

515 Hier ist die Abgrenzung des **Rechtsgeschäfts** (Vertrags) von einem bloßen **Gefälligkeitsverhältnis** zu erwähnen. Durch ein Gefälligkeitsverhältnis werden keine Ansprüche auf Leistung oder (bei Störungen) auf Schadensersatz begründet. Entscheidend ist, wie man nach der Verkehrssitte und den Umständen ein bestimmtes Verhalten auffassen durfte. Verspricht etwa ein Arbeitskollege einem anderen, ihn am nächsten Morgen abzuholen und zum Betrieb mitzunehmen, so liegt ein Gefälligkeitsverhältnis näher. Anders ist es aber, wenn der freundliche Kollege auf Frage versichert, man könne sich auf sein Kommen verlassen. S. auch Rdnr. 307 u. 330 b.

b) Art des Vertragstyps

516 Die **Art des Vertrags** ist, wenn Zweifel entstehen, ebenfalls durch Auslegung zu ermitteln. So kann es zweifelhaft sein, ob ein Mietvertrag oder ein Kaufvertrag gewollt ist. Auch ist es denkbar, dass das Vorliegen einer Schenkung oder eines Kaufes unklar ist. Die Antwort wird sich vielfach aus den Begleitumständen ergeben.

c) Einzelbestimmungen des Rechtsgeschäfts

517 Die häufigsten Auslegungsprobleme treten in diesem Bereich auf. Bei Vertragsschluss können kaum jemals alle später auftauchenden regelungsbedürftigen Sachverhalte vorhergesehen werden. Hier gewinnt daher auch die ergänzende Auslegung (s. Rdnr. 531 ff.) besondere Bedeutung.

II. Auslegungsgesichtspunkte

1. Wortlaut als Ausgangspunkt

518 Bei der Auslegung einer Erklärung, insbesondere eines Vertrages, ist stets vom Wortlaut auszugehen[9]. Die Vertragsauslegung hat, wie der BGH[10] formuliert, in erster Linie den von den Parteien gewählten **Wortlaut** der Vereinbarung und den diesem zu entnehmenden **objektiv erklärten Parteiwillen** zu berücksichtigen. Eine **vom**

---

[8] BGH NJW 2001, 144.
[9] BGHZ 124, 39, 44f. = NJW 1994, 188, 189; BGH NJW 1998, 2966.
[10] BGH NJW 2000, 2099; NJW 2001, 144.

Wortlaut abweichende Auslegung ist zwar nicht ausgeschlossen, bedarf aber der besonderen Begründung. Eine Auslegung, die mit dem Wortlaut der Erklärung auch unter Berücksichtigung der sonstigen Auslegungsgesichtspunkte keinesfalls in Einklang zu bringen ist, erscheint (im Rahmen der einfachen Auslegung, zur ergänzenden Auslegung s. Rdnr. 531 ff.) nicht zulässig. In diesem erweiterten Sinne ist die Formulierung, die Auslegung müsse vom Wortlaut gedeckt sein[11], weiterhin richtig.

2. Berücksichtigung des Empfängerhorizontes

Da die empfangsbedürftige Erklärung den auf eine Rechtsfolge abzielenden Willen des Erklärenden gegenüber dem Empfänger zum Ausdruck bringen soll, ist bei der Auslegung vom Standpunkt des Empfängers, dem **Empfängerhorizont**, auszugehen. Soweit z.B. der Sprachgebrauch unterschiedlich ist, muss auf den Sprachgebrauch beim Empfänger abgestellt werden. Bei einer Bestellung in Kanada sind also im Zweifel unter Dollar kanadische Dollar zu verstehen, nicht US-amerikanische Dollar. 519

Allerdings kann nicht schlechthin maßgebend sein, wie der Empfänger die Erklärung tatsächlich aufgefasst hat. Vielmehr muss auch vom Empfänger erwartet werden, dass er sich um das richtige Verständnis der Erklärung bemüht. Die Fragestellung bei der Auslegung einer empfangsbedürftigen Willenserklärung lautet daher: Wie durfte der Empfänger die Erklärung auffassen?[12] Da es somit weder auf den subjektiven Willen des Erklärenden noch auf das subjektive Verständnis des Empfängers ankommt, ist es gerechtfertigt, von einer „**normativen Erklärungsbedeutung**" oder einer „**objektiven Bedeutung**" der Erklärung zu sprechen. 520

3. Berücksichtigung der Begleitumstände

Der mit einem bestimmten Wortlaut verbundene Sinn wird oft erst durch die **Begleitumstände** wie etwa den Zweck des Vertrages, frühere Äußerungen der Parteien (etwa im Rahmen der Vertragsverhandlungen[13]) oder die **wirtschaftlichen Gegebenheiten** deutlich erkennbar. Nicht zuletzt spielt für die Auslegung eine Rolle, wer die Erklärung abgegeben hat, wann und wo sie abgegeben wurde. Die Begleitumstände sind bei empfangsbedürftigen Erklärungen zu berücksichtigen, soweit sie auch dem Erklärungsempfänger bekannt oder jedenfalls für ihn erkennbar waren. 521

Bei der Auslegung **formgebundener Willenserklärungen** sind die Begleitumstände ebenfalls zu berücksichtigen, auch wenn sie nicht in der Vertragsurkunde oder im Testament[14] angesprochen sind. Zur Anwendbarkeit des Grundsatzes der unschädli- 522

---

[11] Vgl. BGH NJW 1998, 2966.
[12] Vgl. BGHZ 103, 275, 280 = NJW 1988, 1378; BGH NJW 1983, 217.
[13] Vgl. BGH NJW 2002, 1260, 1261.
[14] Näher zur Berücksichtigung von Umständen außerhalb des Testaments bei der Auslegung MünchKomm/Leipold § 2084 Rdnr. 17 ff.

chen Falschbezeichnung (falsa demonstratio) auch bei formbedürftigen Verträgen s. Rdnr. 539.

4. Berücksichtigung der Verkehrssitte

523 Die Verkehrssitte, also die **übliche Auffassung** (Verkehrsauffassung), spielt für die Auslegung eine wesentliche Rolle. Bei einer Bestellung ohne nähere Angabe ist regelmäßig der Preis gemeint, zu dem der Adressat der Bestellung gegenwärtig verkauft. Bei einem Reparaturauftrag ohne konkrete Festlegung des Preises sind die Listenpreise der Werkstätte gemeint, die also durch Auslegung Vertragsinhalt werden. Unter Kaufleuten sind nach § 346 HGB die **Handelsbräuche** besonders zu berücksichtigen.

5. Treu und Glauben

524 Im Zweifel gilt die **redliche Vereinbarung** als erklärt bzw. es ist der Erklärung der Inhalt zu geben, der **nach Treu und Glauben angemessen** erscheint. Dadurch erhält die Auslegung ein normatives Element, dessen Konkretisierung letztlich dem streitentscheidenden Richter obliegt.

6. Berücksichtigung der Parteiinteressen (Grundsatz der beiderseits interessengerechten Auslegung)

525 Die Auslegung darf **nicht einseitig** das Interesse des Erklärenden oder das Interesse des Erklärungsempfängers bevorzugen. Mit Recht formuliert der BGH einen „Grundsatz einer **nach beiden Seiten hin interessengerechten Auslegung**"[15]. Dabei ist auf den Zeitpunkt der Abgabe der Willenserklärung, nicht auf denjenigen der richterlichen Entscheidung, abzustellen, so dass z.B. eine seinerzeit bestehende, wenn auch inzwischen aufgegebene Rechtsprechung, von der die Parteien ausgehen konnten, für die Auslegung Bedeutung behält[16].

7. Wohlwollende Auslegung

526 Den Grundsatz der wohlwollenden Auslegung (lat. benigna interpretatio) enthält das Gesetz ausdrücklich nur für die **Auslegung von Testamenten**, § 2084. Danach ist im Zweifel diejenige Auslegung vorzuziehen, bei welcher die Verfügung Erfolg haben kann. Dieser Gedanke lässt sich aber auch auf die Auslegung von Rechtsgeschäften unter Lebenden, insbesondere von **schuldrechtlichen Verträgen**, übertragen[17]. Da es den Parteien auch hier in der Regel vor allem auf den wirtschaftlichen Erfolg

---

[15] BGH NJW 1994, 2228, 2229 mwN; NJW 1998, 3268; NJW 2000, 2099; 2002, 747. Dieser Grundsatz gewinnt in der Rechtsprechung des BGH zunehmend an Bedeutung.
[16] BGH NJW 1998, 3268.
[17] Vgl. MünchKomm/Leipold § 2084 Rdnr. 27 (mit Hinweis auf die Motive zum BGB).

und weniger auf die genaue juristische Einordnung ankommt, verdient im Zweifel diejenige Auslegung den Vorzug, die zur Wirksamkeit des Vertrages führt, wobei freilich die Auslegung den Interessen beider Vertragsteile gerecht werden muss.

Nach der Lebenserfahrung darf man auch davon ausgehen, dass die getroffenen vertraglichen Bestimmungen nach dem Willen der Parteien einen bestimmten **rechtserheblichen Inhalt** haben sollten. Mit dem BGH[18] ist daher in der Regel einer Auslegung, bei der eine Vertragsbestimmung tatsächliche Bedeutung erlangt, der Vorrang vor einer anderen Auslegung zu geben, bei der sich die Vertragsklausel als sinnlos erweist. Diesen Auslegungsgesichtspunkt kann man ebenfalls als Ausprägung einer wohlwollenden Auslegung bezeichnen.

8. Gesetzliche Auslegungsregeln

Beispiele gesetzlicher Auslegungsregeln finden sich vor allem im Erbrecht, so z.B. §§ 2066ff., 2084, 2087 Abs. 2. Hier treten Zweifelsfälle besonders häufig auf, da das **Testament** eine einseitige, nicht empfangsbedürftiges Rechtsgeschäft darstellt und sich der Verstorbene (der Erblasser) nicht mehr zum Sinn seiner Erklärung äußern kann. Eine bemerkenswerte Regel zur Auslegung von **Allgemeinen Geschäftsbedingungen**[19] enthält § 305 c Abs. 2 (**Unklarheitenregel**). Danach gehen Zweifel zu Lasten des Verwenders, d.h. die AGB sind, wenn verschiedene Auslegungen in Betracht kommen, zu Ungunsten des Verwenders auszulegen – schließlich hat er die AGB vorgelegt und deren Einbeziehung in den Vertrag (dazu s. Rdnr. 497) veranlasst.

Lösung zu Fall 13:

Das Verhalten des Herrn Schlau verstößt nicht gegen den Wortlaut des Vertrages, da er selbst kein neues Textilgeschäft in Pechbruck eröffnet hat. Jedoch ergibt eine Auslegung des Vertrages (§ 157) unter dem Gesichtspunkt von Treu und Glauben und unter Berücksichtigung des Vertragszwecks sowie der beiderseitigen Interessen, dass es dem Schlau auch verwehrt ist, zwar nicht als Inhaber, wohl aber als Geschäftsführer ein konkurrierendes Textilgeschäft am selben Ort zu betreiben. Es besteht hier genauso die Gefahr, dass Schlau seinen alten Kundenkreis wieder an sich zieht. Er kann also von Arglos auf Unterlassung des Tätigwerdens als Geschäftsführer in Anspruch genommen werden.

Dagegen kann man für Frau Schlau aus dem Vertrag, den sie nicht abgeschlossen hat, keine Unterlassungspflicht herleiten.

III. Die ergänzende Vertragsauslegung

Fall 14: Der Steuerberater Fuchs gründete im Jahr 2000 mit Gans eine Steuerberatungs-GmbH, wobei er 40% der Geschäftsanteile übernahm und zum alleinvertretungsberechtigten Geschäftsführer der GmbH bestellt wurde. Die GmbH übte ihre Steuerberatertätigkeit allein durch Fuchs aus. Nach ihrer Satzung ist die GmbH frühestens zum 30.6.2010 kündbar; der

---

[18] BGH NJW 1998, 2666; NJW 2002, 440.
[19] Über § 310 Abs. 3 Nr. 2 gilt § 305 c Abs. 2 bei Verbraucherverträgen auch für vom Unternehmer vorformulierte Vertragsbedingungen, die nur zum einmaligen Gebrauch bestimmt sind, also keine AGB i.S.v. § 305 Abs. 1 Satz 1 darstellen, s. Rdnr. 495.

ausscheidende Gesellschafter unterliegt für die Dauer von zwei Jahren einem uneingeschränkten Wettbewerbsverbot hinsichtlich derjenigen Mandanten, die im Zeitpunkt des Ausscheidens Mandanten der GmbH sind. 2002 legte Fuchs unter Beibehaltung seiner Gesellschafterstellung sein Amt als Geschäftsführer unter Kündigung des Anstellungsvertrages nieder und gründete ein eigenes Steuerberatungsbüro. Die GmbH verlangt von Fuchs, das Wettbewerbsverbot einzuhalten. Dieser erwidert, er sei nicht aus der Gesellschaft ausgeschieden und unterliege daher keinen solchen Einschränkungen. Wie ist die Rechtslage?

531 Bei der ergänzenden Vertragsauslegung stellt man eine **Lücke** (eine planwidrige Unvollständigkeit) im Vertrag fest, die ausfüllungsbedürftig ist, weil ein für die Sicherung des Vertragszwecks wesentlicher Punkt sonst nicht geregelt wäre. Entscheidend ist dabei, was dem Sinn des Vertrags entspricht und zu einer interessengerechten Lösung führt. Die Fragestellung bei der ergänzenden Vertragsauslegung lautet daher: Was hätten die Parteien in Anbetracht des Vertragszwecks vereinbart, wenn sie den betreffenden Punkt geregelt und dabei die Gebote von Treu und Glauben und der Verkehrssitte beachtet hätten[20]? Es kommt also auf den **hypothetischen Parteiwillen zum Zeitpunkt des Vertragsschlusses** an.

532 Durch die ergänzende Auslegung darf keine einseitige, unzumutbare Mehrbelastung entstehen. Die Auslegung muss innerhalb des erkennbaren Rahmens des Vertrags bleiben und darf den **Inhalt** des Vertrags **nicht unzulässig erweitern**. Wenn also A dem B eine Betonherstellungsmaschine verkauft, so kann man im Wege der ergänzenden Vertragsauslegung eine Nebenpflicht des Verkäufers annehmen, den Käufer über die Bedienung und Wartung der Maschine zu unterrichten. Stellt sich aber beispielsweise heraus, dass die Anlage zu groß für die Werkhalle des B ist, dann kann nicht einfach im Wege ergänzender Auslegung verlangt werden, dass A wesentliche technische Änderungen durchführt oder gar eine andere Maschine liefert.

533 Außerdem darf man nicht im Wege der ergänzenden Vertragsauslegung etwas zum Vertragsinhalt machen, was dem **tatsächlichen Willen** der Vertragsparteien **widerspricht**. So kann z.B. eine bei den Vertragsverhandlungen von einer Seite ausdrücklich abgelehnte Regelung über die Kündigung eines Darlehens nicht im Wege ergänzender Auslegung in den Darlehensvertrag eingefügt werden[21].

534 Ein der ergänzenden Auslegung benachbartes Institut ist das **Fehlen** oder der **Wegfall der Geschäftsgrundlage**. Es wurde unter Berufung auf den Grundsatz von Treu und Glauben (§ 242) entwickelt, um grundlegenden Störungen bei der Abwicklung von schuldrechtlichen Verträgen gerecht zu werden, die vom Gesetz nicht anderweitig geregelt sind und auch mit den Mitteln der Vertragsauslegung (einschließlich der ergänzenden Auslegung[22]) nicht zu bewältigen sind. Hieran anknüpfend wurde durch die Schuldrechtsreform 2001 in Gestalt des § 313 eine ausdrückliche Vorschrift über Störungen der Geschäftsgrundlage in das BGB eingefügt. Nach ständiger

---

[20] Vgl. BGHZ 16, 71, 76 = NJW 1955, 337; BGHZ 84, 1,7 = NJW 1982, 2184, 2185; BGH NJW 2002, 2310 (auch zum Erfordernis der planwidrigen Unvollständigkeit).
[21] BGH LM § 133 (B) BGB Nr. 40 = NJW 1995, 1212.
[22] Die ergänzende Vertragsauslegung hat Vorrang vor einer Anwendung der Grundsätze über den Wegfall der Geschäftsgrundlage, BGHZ 81, 135, 143 = NJW 1981, 2241, 2242; BGHZ 90, 69, 74 = NJW 1984, 1177, 1178.

Rechtsprechung[23] sind **Geschäftsgrundlage** die bei Vertragsschluss bestehenden gemeinsamen Vorstellungen beider Parteien oder die dem Geschäftsgegner erkennbaren und von ihm nicht beanstandeten Vorstellungen der einen Vertragspartei vom Vorhandensein oder dem zukünftigen Eintritt gewisser Umstände, sofern der Geschäftswille der Parteien auf dieser Vorstellung aufbaut. Fehlen oder Wegfall der Geschäftsgrundlage führen aber erst dann zu rechtlichen Konsequenzen, wenn das Festhalten am ursprünglichen Vertragsinhalt nach Treu und Glauben und unter Berücksichtigung der vertraglichen Risikoverteilung **unzumutbar** ist. Das Rechtsinstitut darf also nicht vorschnell herangezogen werden; es ist auf Ausnahmefälle begrenzt. Ist das Festhalten am Vertrag mit seinem ursprünglichen Inhalt unzumutbar, so wird zuerst versucht, den **Inhalt des Vertrages** an die geänderten Verhältnisse **anzupassen**, § 313 Abs. 1. Erst wenn keine den Interessen beider Teile gerecht werdende Anpassung des Vertrages möglich erscheint, ist ein Recht zur **Vertragsauflösung** durch Rücktritt oder Kündigung (bei Dauerschuldverhältnissen) gegeben, § 313 Abs. 3.

Unter dem Gesichtspunkt eines Wegfalls der Geschäftsgrundlage wurden z.B. **Inflationsfälle** gelöst, wenn es angesichts einer starken Geldentwertung unzumutbar ist, eine Leistung zu dem ursprünglich vereinbarten Entgelt zu erbringen. Auch bestimmte Irrtumsfälle (**beiderseitiger Motivirrtum**) werden dem Rechtsinstitut des Fehlens der Geschäftsgrundlage zugeordnet, s. Rdnr. 625. Wegen der Einzelheiten ist auf die Darstellungen des Schuldrechts zu verweisen.

Lösung zu Fall 14:
Im Gesellschaftsvertrag ist nur eine Regelung für den Fall des Ausscheidens eines Gesellschafters aus der GmbH getroffen. Hieraus kann aber nicht geschlossen werden, dass bei Beendigung der Tätigkeit als Geschäftsführer unter Beibehaltung der Gesellschafterstellung kein Wettbewerbsverbot bestehen sollte. Vielmehr ist davon auszugehen, dass die Parteien diesen Fall nicht bedacht haben. Es liegt also eine ausfüllungsbedürftige Vertragslücke vor. Bei der ergänzenden Vertragsauslegung ist zu ermitteln, wie die Parteien den offen gebliebenen Punkt im Hinblick auf den Vertragszweck und unter Berücksichtigung von Treu und Glauben geregelt hätten. Hier führte gerade die Tätigkeit des Fuchs als Geschäftsführer, der allein als Steuerberater die Kunden der GmbH betreute, dazu, dass bei Aufnahme einer Konkurrenztätigkeit die Gefahr einer Abwerbung von Kunden der GmbH bestand. Der Zweck des Wettbewerbsverbots greift also bei einer Beendigung der Geschäftsführertätigkeit unter Beibehaltung der Gesellschafterstellung ebenso ein wie bei einem Ausscheiden aus der GmbH. Mit dem BGH[24] ist daher im Wege der ergänzenden Vertragsauslegung ein Wettbewerbsverbot zu bejahen.

IV. Übereinstimmende Falschbezeichnung

Fall 15: Schön will mehrere alte Teppiche, die er geerbt hat, verkaufen. Kunst hat sie besichtigt und kauft nun schriftlich „den Täbris 2 x 3 m". Schön stimmt zu und sendet (vereinbarungsgemäß auf Kosten des Schön) den Teppich an Kunst.

---

[23] BGHZ 120, 10, 23 = NJW 1993, 259, 262; BGHZ 121, 378, 391 = NJW 1993, 1856, 1859.
[24] BGH LM § 157 (D) Nr. 54 (Vorbild des Falles). Die Dauer des Wettbewerbsverbots muss sich innerhalb der Grenzen von § 138 BGB und § 1 GWB halten; dies ist nach der Rechtsprechung im allgemeinen bis zu einer Zeitspanne von zwei Jahren zu bejahen, BGH aaO.

a) Kunst hatte aber die Bezeichnungen verwechselt; er wollte den roten Afghanen-Teppich kaufen. Nun will er den Täbris-Teppich zurückgeben und den Afghanen-Teppich geliefert erhalten. Wie ist die Rechtslage?

b) Schön und Kunst sprachen schon bei der Besichtigung übereinstimmend von dem „Täbris-Teppich", obgleich sie beide den Afghanen-Teppich meinten. Kunst reut aber nun der Kauf, so dass er die Anfechtung erklärt und die Zahlung verweigert. Mit Recht?

537 Wenn die geäußerte Willenserklärung vom Willen des Erklärenden abweicht, weil sich dieser über den Sinn der von ihm verwendeten Bezeichnung geirrt hat, so liegt ein Inhaltsirrtum vor, der nach § 119 Abs. 1, 1. Alt. den Erklärenden zur Anfechtung berechtigt, s. Rdnr. 610ff. Wenn aber die Erklärung trotz eines **objektiv unrichtigen Ausdrucks** von beiden Seiten **im selben Sinne verstanden** wurde, dann besteht kein Anlass, eine Lösung vom Vertrag zu gestatten. Vielmehr gilt dann der Vertrag mit dem übereinstimmend gewollten Inhalt, ungeachtet der objektiv anders lautenden Bezeichnung. Bei Übereinstimmung des Willens gilt also der lateinische Satz „falsa demonstratio non nocet" (die falsche Bezeichnung schadet nicht). Dem Zweck des Vertragsschlusses entsprechend, erhält auf diese Weise der übereinstimmend gewollte Sinn den Vorrang vor einer misslungenen Formulierung.

538 Den klassischen Beispielsfall bildet eine (kuriose) Entscheidung des Reichsgerichts[25]. Es wurde ein Vertrag über die Lieferung von „Haakjöringsköd" abgeschlossen. Dieses norwegische Wort bedeutet Haifischfleisch. Beide Partner meinten aber damit Walfischfleisch. Da der **vertragliche Wille übereinstimmte** und lediglich eine falsche Bezeichnung vorlag, war ein Vertrag über Walfischfleisch zustande gekommen[26]. Ein weiteres Beispiel wäre etwa die fehlerhafte Bezugnahme auf einen anderen Vertrag, dessen Urkunde falsch bezeichnet wird, wobei aber beide Parteien dieselbe vertragliche Regelung meinten[27].

539 Der Grundsatz von der Unschädlichkeit einer Falschbezeichnung gilt auch bei **formbedürftigen Verträgen**[28], so etwa bei der Verwechslung der Bezeichnung eines Grundstücks in einem Kaufvertrag, wenn beide Vertragsparteien übereinstimmend ein anderes Grundstück meinen[29]. Dasselbe gilt bei der Auflassung eines Grundstücks (d.h. der dinglichen Einigung, die zur Eigentumsübertragung erforderlich ist, § 925 Abs. 1 Satz 1, vgl. Rdnr. 187). Wenn die Beteiligten den Gegenstand der Auflassung (das Flurstück) versehentlich falsch bezeichnet haben, ist die Auflassung hinsichtlich des Objekts erklärt worden, auf das sich der übereinstimmende Wille er-

---

[25] RGZ 99, 147.
[26] Der Fall ist damit aber noch nicht zu Ende: Es wurde Haifischfleisch geliefert, denn der Vertrag bezog sich auf eine bestimmte Schiffsladung, die eben aus Haifischfleisch bestand. Da aber die vertragsgemäße Lieferung in Walfischfleisch hätte bestehen müssen, nahm das RG eine fehlerhafte Sache nach § 459 Abs. 1 aF (jetzt § 434 Abs. 1) an und bejahte ein Recht des Käufers auf Wandelung (Rückgängigmachung des Kaufvertrags), § 462 aF (jetzt § 437, wobei vor allem ein Anspruch auf Nacherfüllung oder ein Rücktrittsrecht in Betracht kommen).
[27] RGZ 109, 334.
[28] So auch wieder (nachdem zuvor gewisse Bedenken geäußert worden waren) BGHZ 87, 150 = NJW 1983, 1610; ebenso BGH NJW 1986, 1868.
[29] RGZ 60, 340; 61, 265.

streckt, während es für das „falsche" Objekt an einer Willenseinigung und damit an einer wirksamen Auflassung fehlt[30].

Lösung zu Fall 15:

a) Da die Erklärung vom Empfänger eindeutig als auf den Täbris-Teppich gerichtet zu verstehen ist, ist ein Kaufvertrag über den Täbris-Teppich zustande gekommen. Die Lieferung des Afghanen-Teppichs kann Kunst nicht verlangen. Er kann aber seine Willenserklärung nach § 119 Abs. 1 wegen Inhaltsirrtums anfechten, da er glaubte, mit der verwendeten Formulierung etwas anderes zu sagen, als er wirklich zum Ausdruck brachte. Der Vertrag ist dann nach § 142 Abs. 1 von Anfang an nichtig, so dass Kunst den Täbris-Teppich nicht abzunehmen und zu bezahlen braucht. Kunst ist zum Ersatz des Vertrauensschadens an Schön verpflichtet, § 122 Abs. 1, hier jedenfalls zum Ersatz der Versandkosten.

b) Hier ist die Erklärung zwar objektiv irrig, aber da sie beiderseits richtig verstanden wurde, liegt eine Willensübereinstimmung vor (übereinstimmende Falschbezeichnung). Deshalb ist hier ein Vertragsschluss mit dem wirklich gewollten Inhalt, also bezogen auf den Afghanen-Teppich zu bejahen. Eine Diskrepanz zwischen dem Willen des Kunst und dem rechtlich geltenden Inhalt seiner Erklärung besteht somit nicht. Kunst hat kein Anfechtungsrecht, sondern muss den Afghanen-Teppich abnehmen und bezahlen.

---

[30] BGH NJW 2002, 1038. Die Grundbucheintragung beim „falschen" Grundstück führt dann mangels Auflassung nicht zum Eigentumswechsel. Auch das Eigentum am „richtigen" Grundstück geht auf diese Weise nicht auf den Käufer über; dazu bedarf es der Eintragung des Eigentumswechsels beim „richtigen" Grundstück.

§ 6 Die Auslegung von Willenserklärungen und Verträgen

Kontrollfragen und Fälle zu § 6

1) Was ist das Ziel der Auslegung einer Willenserklärung?

2) Wie ist die Formulierung „der wirkliche Wille" in § 133 BGB zu verstehen?

3)* Treu hat gegenüber Glaub eine selbstschuldnerische Bürgschaft für Verbindlichkeiten des Dreier übernommen. Dies geschah durch Unterzeichnung einer von Glaub vorgelegten Urkunde, in der es u.a. hieß: „Der verbürgte Betrag ist auf Anforderung bzw. bei erster Vorlage dieser Urkunde sofort zahlbar, frühestens jedoch zu den oben angegebenen Fälligkeitsterminen." Diese Formulierung wird im bankgeschäftlichen Verkehr als Übernahme einer Bürgschaft auf erstes Anfordern verstanden. Bei einer solchen Bürgschaft muss der Bürge zunächst zahlen, ohne sich auf Einwendungen oder Einreden gegen die Hauptschuld berufen zu können; er kann hieraus nur Ansprüche auf Rückzahlung des Geleisteten herleiten[1]. Treu, der nicht über Erfahrungen auf dem Gebiet der Kreditsicherung verfügt, will die Bürgschaft nicht mit dem Inhalt einer Bürgschaft auf erstes Anfordern, sondern nur als gewöhnliche selbstschuldnerische Bürgschaft gegen sich gelten lassen. Wie ist die Rechtslage?

4)* Klever verkaufte an Bieder ein gewerblich genutztes Grundstück zum Preis von 1 300 000 € unter Ausschluss jeglicher Haftung für Sachmängel. Bieder verkaufte das Grundstück drei Jahre später für 2 300 000 € an Pech weiter, ebenfalls unter vollem Haftungsausschluss. Wie sich nun herausstellt, ist der Boden mit Ölrückständen verunreinigt, die auf das Auslaufen von etwa 10 000 Litern Heizöl vor 20 Jahren zurückgehen und deren Beseitigung einen Aufwand von etwa 300 000 € erfordert. Klever wusste davon, informierte den Bieder aber nicht. Bieder hatte auch beim Weiterverkauf an Pech keine Kenntnis von dem Ölschaden. Auch die Umstände (die längst umgebauten Gebäude wurden mit Gas beheizt) gaben keinen Anlass, an eine Ölverschmutzung zu denken. Pech meint, er könne von Bieder wenigstens Abtretung von dessen Sachmängelansprüchen gegen Klever verlangen. Trifft diese Rechtsansicht zu?

---

[1] MünchKomm/Habersack § 765 Rdnr. 99.

Lösungen

542 1) Das Ziel der Auslegung ist die Ermittlung des Inhalts, mit dem eine Willenserklärung rechtlich gilt.

543 2) Der wirkliche Wille, der nach § 133 BGB bei der Auslegung zu ermitteln ist, darf nicht als rein innerer Wille verstanden werden. Vielmehr geht es um den wirklichen *erklärten* Willen, also um den Willen, wie er in der Erklärung zum Ausdruck kommt und aus der Sicht des Erklärungsempfängers zu verstehen ist (Auslegung vom Empfängerhorizont aus).

544 3) Bei der Auslegung einer vertraglichen Willenserklärung spielt die Verkehrssitte eine zentrale Rolle, § 157. Dies scheint zunächst dafür zu sprechen, die Bürgschaftserklärung als Übernahme einer Bürgschaft auf erstes Anfordern zu verstehen, so wie die Formulierung im Bankverkehr üblicherweise verstanden wird. Jedoch muss bedacht werden, dass Treu nicht diesem Geschäftskreis angehört. Aus dem Text der Bürgschaftserklärung geht die Besonderheit, es müsse auf erstes Anfordern unbedingt gezahlt werden, für einen nicht mit derartigen Geschäften vertrauten Bürgen nicht hervor. Glaub muss die Erklärung, die er formuliert hat, aber so gelten lassen, wie sie Treu verstehen durfte. Insoweit kommt auch hier der Gedanke der Auslegung vom Empfängerhorizont entsprechend zum Zuge. Der BGH[2] hat daher im Ergebnis die Auslegung als gewöhnliche selbstschuldnerische Bürgschaft, nicht als Bürgschaft auf erstes Anfordern, für richtig erklärt.

545 4) Nach Sachlage kommen Ansprüche des Bieder gegen Klever aus §§ 434 Abs. 1, 437 (insbesondere auf Nacherfüllung durch Beseitigung des Mangels, § 439 Abs. 1) trotz des vereinbarten Haftungsausschlusses in Betracht, da ein arglistiges Verschweigen eines Mangels durch Klever vorliegt, § 444. (Diese Ansprüche wären auch noch nicht verjährt, da nach § 438 Abs. 3 Satz 1 aufgrund des arglistigen Verschweigens die regelmäßige Verjährungsfrist gilt. Diese beträgt nach § 195 drei Jahre und beginnt gemäß § 199 Abs. 1 mit dem Ende des Jahres, in dem Bieder Kenntnis von dem Sachverhalt erlangt hat.) Im Vertrag zwischen Bieder und Pech wurde an solche Ansprüche nicht gedacht. Darin ist eine ausfüllungsbedürftige Lücke, eine planwidrige Unvollständigkeit dieses Vertrages zu sehen. Es ist daher zu fragen, was Bieder und Pech redlicherweise vereinbart hätten, wenn sie an die Möglichkeit von Sachmängelansprüchen der hier gegebenen Art gedacht hätten. Dem Interesse des Pech hätte es entsprochen, eine Verpflichtung zur Abtretung solcher Ansprüche zu vereinbaren. Eine ergänzende Auslegung in dieser Richtung setzt voraus, dass dies auch mit dem Interesse des Bieder vereinbar ist. Der Haftungsausschluss zwischen Bieder und Pech sollte Bieder davor schützen, wegen Mängeln der Sache in Auseinandersetzungen mit dem Käufer eintreten und den Kaufpreis ganz oder teilweise verlieren zu müssen. Dieser Zweck des Haftungsausschlusses wird durch Abtretung von Ansprüchen gegen den Erstverkäufer Klever nicht beeinträchtigt. Mit dem BGH[3] ist daher im Wege der ergänzenden Vertragsauslegung ein Anspruch des Pech gegen Bieder auf Abtretung der Sachmängelansprüche gegen Klever zu bejahen. (Ob man dieses Ergebnis, was vertretbar ist, auch etwa aus einer analogen Anwendung von § 285 (§ 281 aF) oder aus den Grundsätzen über die Drittschadensliquidation herleiten kann, ließ der BGH offen.)

---

[2] BGH NJW 1992, 1446 = LM § 765 BGB Nr. 81 (Vorbild des Falles).
[3] BGH NJW 1997, 652 = LM § 157 (D) Nr. 68 (Vorbild des Falles).

§ 7 Formerfordernisse

Fall 16: Die Rundum Textilvertrieb GmbH bestellt bei Nietform 3 000 Stück Jeans zu 20 €. Zwirn, Alleingesellschafter der GmbH, gab zu notariellem Protokoll die Erklärung ab, er übernehme für die Forderung von Nietform aus diesem Vertrag in Höhe von 60 000 € die selbstschuldnerische Bürgschaft. An Nietform wurde diese Erklärung per Telefax übermittelt. Nach Lieferung der Jeans zahlte die GmbH nicht. Kann sich Nietform an Zwirn halten?

I. Grundsatz der Formfreiheit

Grundsätzlich können alle Rechtsgeschäfte **ohne Einhaltung einer bestimmten Form** abgeschlossen werden. Auch mündlich abgeschlossene Verträge sind verbindlich. Der Vertragsschluss kann darüber hinaus stillschweigend erfolgen und sich aus den Umständen ergeben.

Die **Formgebundenheit** ist demgegenüber die Ausnahme. Sie kann sich aus **gesetzlichen Vorschriften** ergeben oder durch **Parteivereinbarung** herbeigeführt werden.

Der Umstand, dass in bestimmten Bereichen eine förmliche, insbesondere eine schriftliche Vereinbarung allgemein üblich ist, führt allein nicht zu einem Formzwang. Doch ist eine solche Verkehrssitte bei der **Auslegung** zu berücksichtigen. Sie kann dazu führen, bei lediglich mündlichen Äußerungen noch keinen verbindlichen Vertragsschluss, sondern nur Vorüberlegungen anzunehmen.

II. Gesetzliche Formvorschriften

1. Zweck

Vom Grundsatz der Formfreiheit abweichend, schreibt das Gesetz für eine Reihe von Rechtsgeschäften die Einhaltung einer bestimmten Form vor. So bedarf nach § 311 b Abs. 1 Satz 1 ein Vertrag, durch den sich jemand zur Übertragung oder zum Erwerb von Grundstückseigentum verpflichtet, also vor allem ein Grundstückskaufvertrag, der notariellen Beurkundung. Die Übernahme einer Bürgschaft muss durch schriftlich erteilte Erklärung des Bürgen erfolgen, § 766 Satz 1. Die gesetzlichen Formvorschriften verfolgen vor allem zweierlei Zwecke: Sie dienen zum einen dazu, einen klaren Beweis des Rechtsgeschäfts zu ermöglichen (**Beweisfunktion**). Zum anderen sollen die Beteiligten davor bewahrt werden, bestimmte Rechtsgeschäfte – vor allem besonders bedeutsame oder auch besonders riskante – ohne hinreichende Überlegung abzuschließen (**Warnfunktion**). Der notariellen Beurkundung kommt darüber hinaus **Beratungsfunktion** zu, gehört es doch zu den Aufgaben des Notars, die Beteiligten über die rechtliche Tragweite des Geschäfts zu belehren und einer Benachteiligung unerfahrener oder ungewandter Personen entgegenzuwirken, näher s. § 17 BeurkG. Eher atypisch ist dagegen eine **Kontrollfunktion** in dem Sinne, dass die Schriftform den Behörden und Gerichten eine Überprüfung des Vertragsinhalts ermöglichen soll[1].

---

[1] So BGHZ 54, 145, 148 = NJW 1970, 2157; Köhler § 12 Rdnr. 3 zum früheren § 34 GWB,

550 Die gesetzlichen Formvorschriften (also die Regeln, die eine bestimmte Form vorschreiben) finden sich im jeweiligen Sachzusammenhang. Im Allgemeinen Teil (§§ 125 ff.) ist nicht geregelt, wann eine bestimmte Form erforderlich ist, sondern welchen **Inhalt** die einzelnen Formarten haben und welche **Folgen** im allgemeinen bei einem Formmangel eintreten. Zu den bisher vorgesehenen Formarten (Schriftform, notarielle Beurkundung, öffentliche Beglaubigung) wurden 2001 die elektronische Form (§ 126 a) und die Textform (§ 126 b) hinzugefügt.

2. Arten der gesetzlichen Form

a) Schriftform

551 Soweit gesetzlich die Schriftform vorgeschrieben ist, muss die **Erklärung schriftlich** abgefasst werden, wobei es (anders als beim eigenhändigen Testament, § 2247 Abs. 1) nicht darauf ankommt, ob der Text eigenhändig, mit der Schreibmaschine oder dem Computer erstellt wurde. Die Schriftform verlangt, dass der Text in ausgedruckter Form vorliegt; zum Ersatz der Schriftform durch die elektronische Form s. aber Rdnr. 554c. Die (schriftliche) Urkunde muss nach § 126 Abs. 1 vom Aussteller **eigenhändig durch Namensunterschrift unterzeichnet** werden. Ein Handzeichen (etwa durch jemand, der nicht schreiben kann) genügt nur, wenn es notariell beglaubigt ist. **Eigenhändig** bedeutet, dass die Schriftzeichen mit der eigenen Hand geformt sein müssen; eine maschinenschriftliche Unterzeichnung oder ein Stempel (auch ein Faksimile-Stempel, der den Namensschriftzug wiedergibt) genügen nicht. Stellvertretung wird durch das Schriftformerfordernis nicht ausgeschlossen. Da der **Stellvertreter** eine eigene Erklärung abgibt, hat er selbst eigenhändig zu unterzeichnen, in der Regel mit seinem Namen und einem die Vertretung offenlegenden Zusatz. Man lässt es aber sogar genügen, wenn der Stellvertreter mit dem Namen des Vertretenen unterzeichnet, s. Rdnr. 780.

552 Die **Namensunterschrift** muss in der Regel mit dem Familiennamen erfolgen. Ein Pseudonym (Künstlername) genügt, wenn die Person unter diesem Namen allgemein bekannt ist – schließlich soll die Unterschrift dazu dienen, die Identität des Erklärenden möglichst eindeutig festzustellen. Auch eine **Blanko-Unterschrift**, der später der Text von einer anderen Person hinzugefügt wird, genügt der Schriftform (zur Einschränkung der Anfechtung bei abredewidriger Ausfüllung s. Rdnr. 612; zur Blankobürgschaft s. Rdnr. 819).

Eine **Unterzeichnung** liegt nur vor, wenn die Unterschrift den Text der Willenserklärung räumlich abschließt, nicht wenn sie oberhalb der Erklärung steht[2] („Oberschrift"). Besteht die am Ende unterzeichnete Urkunde (z.B. der Vertrag) aus mehreren Blättern, so müssen diese nicht unbedingt körperlich fest miteinander verbun-

---

der die Schriftform für bestimmte wettbewerbsbeschränkende Verträge (Kartellverträge und Kartellbeschlüsse) vorschrieb.

[2] BGHZ 113, 48 = NJW 1991, 487 (zu einem Sparkassenüberweisungsformular – inzwischen hat sich hier wieder die *Unter*schrift eingebürgert).

den sein, wenn sich die Einheit der Urkunde aus anderen Umständen (z.B. Seitenzahlen oder fortlaufende Nummerierung der einzelnen Vertragsbestimmungen) ergibt[3]. Wenn ein **Vertrag** der Schriftform bedarf, so muss entweder ein und dieselbe Urkunde von beiden Vertragsschließenden unterzeichnet werden oder jede Seite muss die für den anderen bestimmte Urkunde unterzeichnen, § 126 Abs. 2 Satz 1 und 2. Ausreichend ist in den Fällen, in denen die Schriftform vorgeschrieben ist, nach § 126 Abs. 4 stets auch die **notarielle Beurkundung** des Rechtsgeschäfts, da es sich hierbei um die strengere Formart handelt.

Der Schriftform ist z.B. **gesetzlich vorgeschrieben** für einen Verbraucherdarlehensvertrag (jedoch mit Besonderheiten, s. § 492, zur Rechtsfolge bei Formmangel s. Rdnr. 561), für einen Mietvertrag über Wohnraum (oder Grundstücke oder andere Räume, § 578 Abs. 1 u. 2), der über bestimmte Zeit von mehr als einem Jahr abgeschlossen wird, § 550 Satz 1 (zur Rechtsfolge bei Nichteinhaltung der Schriftform – Geltung als Vertrag für unbestimmte Zeit – s. Rdnr. 561), für die Kündigung eines Mietverhältnisses über Wohnraum, § 568 Abs. 1, für die Kündigung eines Arbeitsverhältnisses oder einen Auflösungsvertrag, § 623. Beim Bürgschaftsvertrag ist nach § 766 Satz 1 die schriftliche Erteilung der Bürgschaftserklärung nötig, während die Annahme durch den Gläubiger keiner Form bedarf.

b) Die elektronische Form

Die gesetzlichen Formarten wurden, um den neuen Wegen der **digitalen Kommunikation** (vor allem über das Internet) Rechnung zu tragen, durch das Gesetz zur Anpassung der Formvorschriften des Privatrechts und anderer Vorschriften an den modernen Rechtsgeschäftsverkehr vom 13. Juli 2001 (BGBl. I 1542), in Kraft getreten am 1. August 2001, um die elektronische Form (§ 126 a) und die Textform (§ 126 b) erweitert[4]. Das Gesetz dient der Umsetzung zweier Richtlinien der EG[5].

Die **elektronische Form** (§ 126 a) ist so ausgestaltet, dass sie eine vergleichbare (vielleicht sogar größere) Sicherheit für die Echtheit und Unverfälschtheit der Erklärung bietet wie die Schriftform. Die elektronische Erklärung, die dem Empfänger in der Regel über das Internet zugeht, muss den Namen des Ausstellers enthalten (nicht notwendig am Ende des Dokuments) und mit einer **qualifizierten elektronischen Signatur** nach dem Signaturgesetz[6] versehen sein. Der Aussteller benötigt hierzu einen

---

[3] BGHZ 136, 357 = NJW 1998, 58 = JZ 1998, 520 (mit Anm. Schulze) = JuS 1998, 266 (mit Anm. Emmerich). – Auch Anlagen zum Vertrag müssen mit diesem nicht körperlich verbunden sein, wenn sich die Zugehörigkeit aus einer Verweisung im Vertrag und aus Unterschriften auf jedem Blatt der Anlage zweifelsfrei ergibt, BGH NJW 1999, 1104.
[4] Dazu als Überblick Boente/Riehm JURA 2001, 793; Hähnchen NJW 2001, 2831.
[5] Richtlinie 1999/93/EG über die gemeinschaftlichen Rahmenbedingungen für elektronische Signaturen vom 13.12. 1999, Abl. EG Nr. L 13, S. 12; Richtlinie 2000/31/EG über den elektronischen Geschäftsverkehr (E-Commerce-Richtlinie) vom 8.6. 2000, Abl. EG Nr. L 178, S. 1.
[6] S. die Neufassung des Signaturgesetzes, BGBl. I 2001, 876. Dazu Bieser DStR 2001, 31 (auch zur Technik der elektronischen Signatur); Roßnagel NJW 2001, 1817.

sog. privaten Signaturschlüssel, d.h. eine elektronische Verschlüsselung, die mithilfe einer Chipkarte und einer PIN-Nummer genutzt wird. Der Empfänger muss zur Überprüfung der Echtheit einen öffentlichen Signaturschlüssel verwenden, der ihm, soweit nicht schon vorhanden, mit dem elektronisch signierten Dokument zugeleitet werden kann. Das Verfahren soll gewährleisten, dass die Datei mit dem privaten Signaturschlüssel des Erklärungsurhebers erzeugt und nicht nachträglich verändert wurde. Die Technik wird als sicher angesehen, vorausgesetzt, dass der Inhaber des Signaturschlüssels eine unbefugte Nutzung der Chipkarte und der PIN-Nummer verhindert[7]. Zusätzliche Sicherheit kann durch Nutzung biometrischer Merkmale (z.B. den von der Chipkarte vor Freigabe des Signaturschlüssels überprüften Fingerabdruck des Erklärenden) erzielt werden, doch ist dies gesetzlich nicht vorgeschrieben.

554b Beim Abschluss eines **Vertrages** in elektronischer Form muss jede Partei ein gleichlautendes Dokument elektronisch signieren, § 126 a Abs. 2. Dies schließt nicht aus, dass die eine Seite den Vertragstext elektronisch signiert, während die andere Seite eine inhaltlich übereinstimmende, für den Gegner bestimmte Urkunde unterzeichnet (§ 126 Abs. 2 Satz 2)[8].

554c Soweit gesetzlich die **schriftliche Form** vorgeschrieben ist, kann sie nach § 126 Abs. 3 **durch die elektronische Form ersetzt** werden, freilich nur, soweit sich nicht aus dem Gesetz etwas anderes ergibt. Die elektronische Form genügt beispielsweise bei der Kündigung eines Mietverhältnisses über Wohnraum, da § 568 Abs. 1 keine Einschränkung enthält, während sie bei der Kündigung eines Arbeitsverhältnisses (§ 623) und bei der Erteilung der Bürgschaftserklärung (§ 766 Satz 2) ausgeschlossen ist. Soweit die elektronische Form der Schriftform gleichwertig ist, hängt ihre Verwendung nicht von der Zustimmung des Erklärungsempfängers ab. Jedoch wird man verlangen müssen, dass dieser eine entsprechende Adresse, insbesondere eine e-mail-Anschrift, allgemein oder gegenüber dem Erklärenden eröffnet hat, da es sonst am wirksamen Zugang der Willenserklärung fehlt (s. Rdnr. 414)[9].

c) Die Textform

555 Die neue **Textform** (§ 126 b) verlangt, dass die Erklärung entweder in Form einer Urkunde, d.h. **schriftlich**, oder in einer anderen **zur dauerhaften Wiedergabe in Schriftzeichen geeigneten Weise** abgegeben wird. Die zweite Alternative wird durch Zusendung einer ausdruckbaren **e-mail** oder auch durch Übermittlung eines Datenträgers, auf dem die Erklärung digital gespeichert ist, erfüllt. In der Erklärung muss die Person des Erklärenden genannt sein (gleich an welcher Stelle), und es muss der Abschluss der Erklärung durch Nachbildung der Namensunterschrift oder in ande-

---

[7] Insoweit besteht eine erhebliche Missbrauchsgefahr, vgl. Hähnchen NJW 2001, 2831, 2833; Dörner AcP Bd. 202 (2002), 363, 388 ff. (für Rechtsscheinhaftung des Schlüsselinhabers auch bei Fahrlässigkeit).

[8] Boente/Riehm JURA 2001, 793, 797.

[9] Vgl. Boente/Riehm JURA 2001, 793, 796, die aber weitergehend dem Empfänger, auch wenn er eine e-mail-Anschrift im geschäftlichen Verkehr verwendet, das Recht zugestehen, eine Erklärung in elektronischer Form nicht zu akzeptieren.

rer Weise (etwa durch den abschließenden Vermerk „gezeichnet Müller" oder auch „diese Erklärung wird nicht unterschrieben") erkennbar gemacht werden. Es bedarf also weder der eigenhändigen Unterschrift noch der elektronischen Signatur. Daher genügen auch ein Telefax mit beim Empfänger ausgedruckter Namensunterschrift (gleich ob in Maschinenschrift oder als Wiedergabe der eigenhändigen Unterschrift) oder ein ausdruckbares Computer-Fax mit entsprechender Angabe.

Die Textform stellt somit wesentlich **geringere Anforderungen** als die Schriftform oder die elektronische Form. Sie sichert im Grunde nur, dass der Inhalt der Erklärung für den Empfänger klar ist, liefert aber keinen Beweis für die Echtheit oder die Unverfälschtheit der Erklärung. Die Textform vermag daher nicht die Schriftform zu ersetzen. Sie ist nur dort ausreichend, wo das Gesetz die **Textform vorschreibt**. Dies ist z.B. in § 355 Abs. 1 Satz 2 für die Erklärung des Widerrufs bei Verbraucherverträgen (s. Rdnr. 443), in § 355 Abs. 2 Satz 1 für die Belehrung des Verbrauchers über sein Widerrufsrecht, im Mietrecht für die Mitteilung von bevorstehenden Modernisierungsmaßnahmen durch den Vermieter (§ 554 Abs. 3 Satz 1) und für die Anzeige einer Aufrechnungsabsicht durch den Mieter (§ 556 b Abs. 2 Satz 1) der Fall. Schriftform, elektronische Form oder gar notarielle Beurkundung genügen erst recht dem Erfordernis der Textform. 555a

d) Notarielle Beurkundung

Die **notarielle Beurkundung** sichert nicht nur den klaren **Beweis** der Erklärung bzw. des Vertrages, sondern die **rechtliche Belehrung** durch den Notar (§ 17 BeurkG) erleichtert es den Parteien, die Rechtsfolgen ihrer Erklärungen zu überblicken und ihren Willen deutlich zum Ausdruck zu bringen. Ein Vertrag kann einheitlich, aber auch getrennt nach Antrag und Annahmeerklärung notariell beurkundet werden, § 128. Die Einzelheiten der Beurkundung richten sich nach den Vorschriften des Beurkundungsgesetzes. Die Erklärungen werden vom Notar in eine **Niederschrift** aufgenommen, die den Beteiligten vorzulesen und von diesen zu genehmigen und eigenhändig zu unterschreiben ist, § 13 Abs. 1 BeurkG. Die Niederschrift wird sodann vom Notar eigenhändig unterschrieben, § 13 Abs. 3 BeurkG. 556

Soweit eine empfangsbedürftige Willenserklärung der notariellen Beurkundung bedarf, muss dem Empfänger eine **Ausfertigung**[10], nicht bloß eine beglaubigte Abschrift oder gar eine unbeglaubigte Kopie, zugehen[11]. 557

Der notariellen Beurkundung bedürfen z.B. nach § 311 b Abs. 1 Satz 1 Verträge, in denen sich eine Partei zur **Veräußerung** oder zum **Erwerb eines Grundstücks** verpflichtet. Dies gilt für Kauf- oder Tauschverträge, aber auch für Gesellschaftsverträge, wenn darin die Verpflichtung zur Einbringung eines Grundstücks in das Gesellschaftsvermögen übernommen wird. Ein **Schenkungsversprechen** (nicht die Annah- 558

---

[10] Darunter versteht man eine amtliche Abschrift, die dazu bestimmt ist, im Rechtsverkehr das Original (die Urschrift) zu ersetzen, vgl. §§ 47, 49 BeurkG.
[11] BGH NJW 1995, 2217.

me durch den Beschenkten) bedarf nach § 518 Abs. 1 Satz 1 der notariellen Beurkundung. Die **Auflassung**, also die Einigung zum Eigentumswechsel an einem Grundstück, ist nach § 925 Abs. 1 Satz 1 bei gleichzeitiger Anwesenheit der Parteien vor dem Notar zu erklären. Die notarielle Beurkundung ist hier zwar nicht Wirksamkeitsvoraussetzung für die Auflassung, aber zu deren Nachweis gegenüber dem Grundbuchamt erforderlich, §§ 20, 29 Abs. 1 Satz 1 GBO.

e) Öffentliche Beglaubigung

559 Während bei notarieller Beurkundung die Willenserklärung vor dem Notar abzugeben und ihrem gesamten Inhalt nach in die vom Notar zu errichtende Urkunde aufzunehmen ist, wird bei öffentlicher Beglaubigung (§ 129 Abs. 1) die Erklärung von dem Erklärenden selbst (oder einem Dritten) schriftlich abgefasst und **nur die Unterschrift des Erklärenden vom Notar beglaubigt**. Der Notar bestätigt auf diese Weise, dass die Unterschrift vor ihm geleistet wurde. Soweit eine öffentliche Beglaubigung vorgeschrieben ist, genügt (als strengere Form) auch die notarielle Beurkundung der Erklärung, § 129 Abs. 2.

560 Beispiele bilden § 77, wonach die **Anmeldungen zum Vereinsregister** durch die Vorstandsmitglieder mittels öffentlich beglaubigter Erklärungen zu erfolgen haben, oder § 1945 Abs. 1, wonach die **Ausschlagung einer Erbschaft** zu Niederschrift des Nachlassgerichts oder in öffentlich beglaubigter Form zu erklären ist.

3. Rechtsfolgen bei Nichteinhaltung der gesetzlich vorgeschriebenen Form

a) Nichtigkeit

561 Wenn ein Rechtsgeschäft den gesetzlichen Formerfordernissen nicht genügt, so ist es in der Regel nach § 125 Satz 1 **nichtig**. Manche Bestimmungen sehen jedoch Abweichungen vor. So gilt nach § 550 Satz 1 ein Wohnraummietvertrag, der über eine feste Laufzeit von mehr als einem Jahr ohne Einhaltung der Schriftform abgeschlossen wurde, als Vertrag mit unbestimmter Dauer, wobei frühestens zum Ablauf eines Jahres nach Überlassung des Wohnraums gekündigt werden kann, § 550 Satz 2. Ist beim Verbraucherdarlehensvertrag die Schriftform (in der besonderen Ausprägung des § 492) nicht eingehalten, so wird der Vertrag gleichwohl gültig, wenn der Verbraucher das Darlehen empfängt oder in Anspruch nimmt, jedoch brauchen beim Fehlen der insoweit vorgeschriebenen Angaben nur die gesetzlichen Zinsen gezahlt zu werden u.ä., näher s. § 494.

Wenn **Nebenabreden** nicht in der vorgeschriebenen Form abgeschlossen wurden, so sind sie nach § 125 Satz 1 nichtig, während die Frage, ob der Vertrag im übrigen wirksam bleibt, nach § 139 zu beurteilen ist (s. Rdnr. 739). Auch **Abänderungen** oder **Ergänzungen** eines formbedürftigen Rechtsgeschäfts müssen grundsätzlich in der gesetzlich vorgeschriebenen Form (zur vereinbarten Form s. Rdnr. 567) erfolgen, soweit nicht lediglich die Verpflichtung, auf die sich die Notwendigkeit der Form bezieht (z.B. die Verpflichtung des Bürgen, § 766 Satz 1), eingeschränkt werden soll¹². Ein **Aufhebungsvertrag** bedarf nicht der Form, die für den aufzuhebenden Vertrag vorgeschrieben ist, wenn nicht das Gesetz etwas anderes bestimmt oder mit dem Aufhebungsvertrag wiederum Verpflichtungen eingegangen werden, deren Begründung einem Formzwang unterliegt¹³.

b) Fälle der Heilung durch Erfüllung

Eine Reihe von besonderen Vorschriften (ein allgemeiner Grundsatz dieser Art besteht nicht) sehen die Heilung eines formnichtigen Rechtsgeschäfts durch Erfüllung vor, so § 311 b Abs. 1 Satz 2 (Übereignung des verkauften Grundstücks), § 518 Abs. 2 (Vollzug der versprochenen Schenkung), § 766 Satz 3 (Erfüllung der Hauptverbindlichkeit durch den Bürgen). Die Formvorschriften haben in diesen Fällen vor allem eine Warnfunktion, sollen also verhindern, dass ohne hinreichende Überlegung eine vertragliche Bindung eingegangen wird. Wenn aber später die „Verpflichtung" erfüllt wurde, so zeigt der Leistende, dass er die Verpflichtung weiterhin akzeptiert, und es besteht dann kein Grund mehr, die Warnfunktion aufrechtzuerhalten. 562

Lösung zu Fall 16:

Anspruchsgrundlage ist § 765 Abs. 1, der einen Bürgschaftsvertrag zwischen dem Bürgen und dem Gläubiger voraussetzt. Formbedürftig ist nach § 766 Satz 1 allein die Erklärung des Bürgen, nicht der gesamte Vertrag. Die Annahmeerklärung des Gläubigers kann auch stillschweigend durch Entgegennahme der Bürgschaftserklärung erfolgen (§ 151 Satz 1)¹⁴. Zunächst scheint die notariell beurkundete Erklärung des Bürgen wegen § 126 Abs. 4 dem Erfordernis der Schriftform nach § 766 Satz 1 zu genügen. Es muss aber berücksichtigt werden, dass es sich um eine empfangsbedürftige Willenserklärung handelt. Die Bürgschaftserklärung muss dem Gläubiger nach § 766 Satz 1 schriftlich *erteilt* werden. Dem Gläubiger ist aber nicht die notarielle Urkunde, sondern nur eine per Telefax übermittelte Kopie zugegangen. Dadurch wird, wie der BGH¹⁵ entschieden hat, die bei Erteilung einer Bürgschaftserklärung durch Nichtkaufleute¹⁶ vorgeschriebene Schriftform nicht gewahrt. Erforderlich wäre vielmehr, dass 563

---

¹² Vgl. Brox Rdnr. 263 unter Hinweis auf den Schutzzweck der Formvorschrift.
¹³ Vgl. MünchKomm/Schlüter § 397 Rdnr. 18. – Auch ein Grundstückskaufvertrag (formbedürftig nach § 311 b Abs. 1 Satz 1) kann formlos aufgehoben werden, solange nicht der Erwerber als Eigentümer in das Grundbuch eingetragen wurde oder der Erwerber durch Auflassung und Eintragungsantrag eine gesicherte Stellung (ein Anwartschaftsrecht) erlangt hat, BGHZ 83, 395 = NJW 1982, 1639 (krit. Reinicke/Tiedtke NJW 1982, 2281); MünchKomm/Kanzleiter § 313 Rdnr. 58.
¹⁴ BGH NJW 1997, 2233 = LM § 151 BGB Nr. 19.
¹⁵ BGHZ 121, 224 = NJW 1993, 1126. Auch die Erklärung eines Schuldbeitritts eines Verbrauchers zu einem Finanzierungsleasingvertrag genügt nicht der nach § 492 Abs. 1 Satz 1 (früher § 4 Abs. 1 VerbrKrG) erforderlichen Schriftform, wenn sie dem Leasinggeber nur per Telefax übermittelt wird, BGH NJW 1997, 3169. – Anders ist es bei der gewillkürten Schriftform, s. Rdnr. 564 Fn. 17.
¹⁶ Wenn der Bürge Kaufmann ist und die Bürgschaft für ihn ein Handelsgeschäft darstellt (also zum Betrieb seines Handelsgewerbes gehört, § 343 Abs. 1 HGB), so ist die Formvorschrift

der Bürge die Urschrift der Bürgschaftserklärung an den Gläubiger übersendet und sie diesem zugeht. Nach § 766 Satz 1 ist auch die Erteilung der Bürgschaftserklärung in elektronischer Form (§ 126 a – die Voraussetzungen wären hier ohnehin nicht erfüllt) ausgeschlossen. Da die Bürgschaftserklärung des Zwirn somit nach § 125 Satz 1 nichtig ist, ist kein wirksamer Bürgschaftsvertrag zustande gekommen. Nietform hat keinen Anspruch gegen Zwirn auf Zahlung von 60 000 €.

III. Vereinbarte Form

1. Zweck und Zulässigkeit

564 Im Rahmen vertraglicher Beziehungen kann den Beteiligten besonders daran gelegen sein, Klarheit über die getroffenen Absprachen zu schaffen. Zu diesem Zweck kann durch **vertragliche Vereinbarung** die Einhaltung einer bestimmten Form vorgeschrieben werden. So kann etwa in einem Gesellschaftsvertrag vorgesehen werden, dass alle Änderungen nur in schriftlicher Form wirksam sein oder gar der notariellen Beurkundung bedürfen sollen. In einem Mietvertrag über Geschäftsräume kann vorgesehen werden, dass die Kündigung durch eingeschriebenen Brief zu erfolgen hat. Wie weit durch solche rechtsgeschäftliche Vereinbarungen der Inhalt einer gesetzlichen Formart in Bezug genommen ist, hängt vom erklärten Willen der Vertragsparteien ab und ist gegebenenfalls durch Auslegung zu ermitteln. Um Zweifel zu vermeiden, empfiehlt es sich, die Formanforderungen möglichst präzise zu umschreiben. Fehlt es hieran, so sind die **gesetzlichen Auslegungsregeln** des § 127 zu beachten. Nach § 127 Abs. 1 sind im Zweifel bei Vereinbarung der Schriftform, der elektronischen Form oder der Textform die jeweiligen Regeln über die entsprechenden gesetzlichen Formen (§ 126, § 126 a, § 126 b) anzuwenden. Bei vereinbarter Schriftform genügt aber gemäß § 127 Abs. 2 Satz 1 (anders als bei der gesetzlichen Schriftform) die „telekommunikative Übermittlung" einer Erklärung (also z.B. ein Telefax[17]) oder auch ein Briefwechsel, wenn kein anderer Wille anzunehmen ist. Es kann aber dann nachträglich eine dem § 126 entsprechende Beurkundung des Vertrags verlangt werden, § 127 Abs. 2 Satz 2. Wurde die Einhaltung der elektronischen Form vereinbart, so genügt nach § 127 Abs. 3 Satz 1 im Zweifel auch eine andere elektronische Signatur als die in § 126 a verlangte qualifizierte elektronische Signatur und beim Vertragsschluss der Austausch von Angebot und Annahme mit einer elektronischen Signatur. Nachträglich kann aber dann noch eine qualifizierte elektronische Signierung nach § 126 a oder die Beurkundung unter Einhaltung der Schriftform nach § 126 verlangt werden.

565 Schranken für Formvereinbarungen ergeben sich aus zwingenden gesetzlichen Bestimmungen. So wird man § 568, der für die Kündigung eines Wohnraummietverhältnisses die Schriftform vorschreibt, wohl als zwingend anzusehen haben, so dass

---

des § 766 Satz 1 ohnehin nicht anwendbar, § 350 HGB. Der Gesellschafter (auch der Alleingesellschafter) einer GmbH ist aber als solcher nicht Kaufmann.

[17] So bereits zur früheren Fassung des § 127 BGH NJW-RR 1996, 866, 867. – Zur gesetzlichen Schriftform s. dagegen Rdnr. 563.

keine andere, insbesondere strengere Form vereinbart werden kann[18]. Grenzen bestehen vor allem für Formvereinbarungen durch Formularverträge und Allgemeine Geschäftsbedingungen, da hier die Gefahr besteht, dass durch Formerfordernisse die Geltendmachung der Rechte durch den Verbraucher erschwert oder verhindert wird. So kann z.B. in AGB für die Anzeige von Mängeln durch Nichtunternehmer keine strengere Form als die Schriftform vereinbart werden, § 309 Nr. 13.

2. Rechtsfolgen bei Nichteinhaltung der vertraglich vorgesehenen Form

Im Zweifel hat nach § 125 Satz 2 auch das Fehlen einer vertraglich vereinbarten Form die **Nichtigkeit des Rechtsgeschäfts** zur Folge. Die Auslegung der Formvereinbarung unter Berücksichtigung des damit verfolgten Zwecks kann aber etwas anderes ergeben. Wenn z.B. eine Kündigung nur durch einen eingeschriebenen Brief vorgesehen ist, wird man gleichwohl auch eine dem Empfänger persönlich übergebene schriftliche Erklärung als wirksam anzusehen haben, weil der Zweck der Formvorschrift, für sichere Übermittlung des Schreibens zu sorgen, hier ebenfalls erfüllt ist. Auch kann es im konkreten Fall gegen Treu und Glauben verstoßen, wenn sich der Erklärende selbst auf den Mangel einer vereinbarten Form beruft, die in erster Linie Klarheit für den Erklärungsgegner schaffen sollte[19]. 566

Zu beachten ist auch, dass die Vertragsparteien Herr des Vertrages in dem Sinne bleiben, dass sie die **bezüglich der Form getroffene Vereinbarung** auch wieder **aufheben** können. Wenn etwa in einem Mietvertrag vereinbart wurde, dass alle späteren Änderungen des Vertrags der Schriftform bedürfen, und der Mietvertrag später durch mündliche Abreden auf einen weiteren Raum erstreckt wird, so wird man trotz Nichteinhaltung der Form eine wirksame Änderung des Vertrages anzunehmen haben, wenn die Parteien eine bindende Neugestaltung wollten – in der neuen Vereinbarung liegt dann eben auch die Aufhebung der bisherigen Abmachung über die Form. 567

IV. Überwindung des Formmangels nach Treu und Glauben

Fall 17: Der in Rechtsdingen unerfahrene Kling hat mit einer Siedlungsgesellschaft einen sog. Träger-Siedlervertrag abgeschlossen. Der Vertrag sah vor, dass Kling ein Grundstück zunächst als Pächter erhalte und nach mehrjähriger Probezeit auf Antrag die Übereignung verlangen könne. Der Vertrag wurde nur schriftlich abgeschlossen. In anderen Fällen hatte die Siedlungsgesellschaft, die im übrigen die Siedler auch rechtlich betreut hatte, diese Vereinbarung stets erfüllt. Als aber Kling nach Ablauf der Probezeit den Antrag auf Übereignung des Grundstücks stellte, weigerte sich die Siedlungsgesellschaft unter Berufung auf Formungültigkeit der Vereinbarung, den Anspruch zu erfüllen. Wie ist die Rechtslage?

---

[18] Palandt/Weidenkaff § 568 Rdnr. 3; MünchKomm/Voelskow § 564 a Rdnr. 10 (zum früheren § 564 a).
[19] So BAG NJW 1998, 1659, 1661 zu einer vom Angestellten wiederholt mündlich erklärten fristlosen Kündigung, wenn sich der Angestellte später auf die im Arbeitsvertrag für Kündigungen vereinbarte Schriftform berufen will.

568 Die Berufung auf den Formmangel kann im Einzelfall dem Grundsatz von **Treu und Glauben** (§ 242) widersprechen, sich als arglistiges Verhalten darstellen. Für solche Ausnahmefälle hat die Rechtsprechung anerkannt, dass das Rechtsgeschäft **trotz des Formmangels als gültig zu behandeln** ist, wenn andernfalls ein untragbares (nicht bloß hartes) Ergebnis eintreten würde[20]. Allerdings ist bei der Anwendung dieses Grundsatzes Vorsicht geboten, denn im Regelfall verlangt die mit der Formvorschrift angestrebte Rechtsklarheit, es bei Nichteinhaltung der Form bei der Nichtigkeit des Rechtsgeschäfts bewenden zu lassen, auch wenn das Ergebnis für einen der Beteiligten ungünstiger ist als für den anderen. Es müssen schon ganz besondere Umstände vorliegen, damit der Einwand der Arglist eingreift. Das ist z.B. zu bejahen, wenn eine Partei die andere arglistig über das Bestehen eines Formerfordernisses getäuscht hat. Zweifelhaft sind Fälle, in denen der eine Partner den anderen durch besondere Betonung seiner Vertragstreue (z.B.: auf sein Wort als ehrbarer Kaufmann könne man sich verlassen o.ä.) davon abgehalten hat, auf der Einhaltung einer Form zu bestehen[21]. Da hier der Vertragspartner weiß, dass die Form Voraussetzung der Rechtsverbindlichkeit ist, erscheint er im Regelfall nicht als besonders schutzwürdig. Anders ist es aber, wenn zusätzliche Umstände wie geschäftliche Unerfahrenheit oder Abhängigkeit vom anderen zu dem Verzicht auf Einhaltung der Form geführt haben[22]. Die Berufung auf einen Formmangel kann ferner eine unzulässige Rechtsausübung darstellen, wenn eine Partei längere Zeit Vorteile aus einem formnichtigen Vertrag gezogen hat und sich unter Berufung auf den Formmangel den eigenen Verpflichtungen entziehen will; dies gilt aber nicht, wenn durch Gesetz die Rechtsfolgen des Formmangels unter Berücksichtigung der beiderseitigen Interessen abweichend von § 125 Satz 1 geregelt sind, wie z.B. beim Verbraucherdarlehensvertrag (§ 494)[23].

Lösung zu Fall 17:

569 Der Anspruch auf Übereignung des Grundstücks setzt die Wirksamkeit des „Träger-Siedlervertrages", eines atypischen (gemischten) Vertrages, voraus. Da der Vertrag eine (bedingte) Verpflichtung zur Übereignung des Grundstücks enthält, bedurfte er nach § 311 b Abs. 1 Satz 1 der notariellen Beurkundung. Die Nichteinhaltung dieser Form führt nach § 125 Satz 1 zur Nichtigkeit des Vertrages. Danach hätte Kling keinen Anspruch auf Übereignung des Grundstücks. Jedoch kann die Berufung auf den Formmangel im konkreten Fall gegen Treu und Glauben (§ 242) verstoßen und daher unbeachtlich sein, wenn andernfalls ein schlechthin untragbares Ergebnis eintreten würde. Wenngleich an diese Voraussetzung strenge Anforderungen zu

---

[20] BGHZ 48, 396, 398 = NJW 1968, 39 (abl. Reinicke). In der Literatur wird diese Formel verschiedentlich kritisiert, weil sie zu willkürlichen, kaum vorhersehbaren Entscheidungen führe. Vgl. etwa Medicus Rdnr. 630 mwN.

[21] BGHZ 48, 396 (vorige Fn.) gelangte in einem solchen Fall unter Würdigung der konkreten Umstände dazu, die Berufung auf den Formmangel als treuwidrig anzusehen.

[22] Vgl. Larenz/Wolf § 27 Rdnr. 50. Medicus Rdnr. 632 spricht sich dagegen dafür aus, es bei einer beiden Parteien bewussten Nichteinhaltung der Form ausnahmslos bei der Nichtigkeit des Geschäfts zu belassen.

[23] BGH NJW 2002, 368, 370 = JZ 2002, 456, 457 (mit Anm. Artz).

stellen sind, weil sonst vom Formzwang nicht mehr viel übrig bleiben würde, ist doch hier zu beachten, dass sich Kling über Jahre hinweg auf den Vertrag verlassen hatte, dass die Siedlungsgesellschaft auch in vergleichbaren Fällen die Vereinbarung ungeachtet des Formmangels erfüllt hatte, und dass die Siedlungsgesellschaft die Siedler auch in anderer Hinsicht rechtlich betreut hatte. Aufgrund all dieser Umstände ist mit dem BGH[24] die Arglisteinrede gegen die Berufung auf den Formmangel zu bejahen, dem Kling also der Übereignungsanspruch zuzubilligen.

---

[24] BGHZ 16, 334 (Vorbild des Falles).

§ 7 Formerfordernisse

Kontrollfragen und Fälle zu § 7

1) Welche gesetzlichen Formarten sind im Allgemeinen Teil geregelt und worin bestehen die jeweiligen Formerfordernisse?

2) Max Klein hat eine Wohnung von Carla Hoch gemietet. Frau Hoch erhält eine mit Bleistift geschriebene Postkarte des Max Klein mit folgendem Wortlaut: „Sehr geehrte Frau Hoch, hiermit kündige ich Ihnen an, dass ich zum 31.7.2002 ausziehen werde. Hochachtungsvoll M.K." Ist dies eine wirksame Kündigung? (Es ist davon auszugehen, dass die Kündigungsfrist eingehalten wäre.)

3) A möchte von B das Grundstück Biberg, Mainstr. 10, kaufen. Beide sind sich über den Verkauf einig geworden. Ohne dass A und B dies merken, wird im notariellen Kaufvertrag versehentlich die Hausnummer 11 (und die dementsprechende Bezeichnung nach Grundbuchblatt und Katasternummer) eingesetzt, ein Grundstück, das ebenfalls dem B gehört. Als der Fehler kurze Zeit nach der Beurkundung erkannt wird, weigert sich B, den der Verkauf inzwischen reut, das Grundstück Mainstr. 10 an A zu übereignen. Mit Recht?

4)* Helga Heim kaufte 1998 von der Wohnschön Baubetreuung GmbH eine auf deren Grundstück noch zu errichtende Eigentumswohnung zu einem Festpreis. Zugunsten von Frau Heim wurde eine Auflassungsvormerkung im Grundbuch eingetragen. Zwei Jahre später, noch vor Fertigstellung, erwarb Neu das Objekt von der Wohnschön Baubetreuung GmbH. Er gab Heim gegenüber die schriftliche Erklärung ab, in alle Rechte und Pflichten aus dem Grundstückskaufvertrag zwischen Heim und der Wohnschön Baubetreuung GmbH als Verkäufer gegenüber der Käuferin einzutreten. Heim bewilligte einen Rangrücktritt hinsichtlich ihrer Vormerkung, um Neu die Finanzierung des Bauvorhabens zu erleichtern. 2002 verlangt Frau Heim, die noch nicht als Eigentümerin im Grundbuch eingetragen ist, von Neu die mittlerweile fertiggestellte Eigentumswohnung in verschiedener Hinsicht noch so auszugestalten, wie es im Vertrag mit der Wohnschön Baubetreuungs GmbH vorgesehen war. Neu erklärt jedoch, aus diesem Vertrag sei er nicht verpflichtet, und verweist darauf, dass seine Erklärung gegenüber Frau Heim über den Eintritt in die Rechte und Pflichten aus dem Grundstückskaufvertrag nicht notariell beurkundet wurde. Wie ist die Rechtslage?

Lösungen

570 1) Im Allgemeinen Teil sind geregelt:
– die Schriftform, § 126. Hier muss die Erklärung schriftlich niedergelegt und eigenhändig durch Namensunterschrift unterzeichnet werden.
– die elektronische Form, § 126 a. Der Aussteller muss der Erklärung seinen Namen hinzufügen und das elektronische Dokument mit einer qualifizierten elektronischen Signatur nach dem Signaturgesetz versehen.
– die Textform, § 126 b. Die Erklärung muss schriftlich oder in einer zur dauerhaften Wiedergabe in Schriftzeichen geeigneten Weise, z.B. durch (ausdruckbares) e-mail, erfolgen und der Abschluss der Erklärung muss kenntlich gemacht werden, sei es durch eine Nachbildung der Namensunterschrift oder auf andere Weise.
– die notarielle Beurkundung, § 128. Hier muss die Erklärung vom Notar beurkundet werden.
– die öffentliche Beglaubigung, § 129. Hier wird vom Notar nur die Unterschrift des Erklärenden unter der schriftlichen Erklärung beglaubigt, d.h. ihre Echtheit bestätigt.

571 2) Auch wenn das Wort Kündigung nicht verwendet wurde, ergibt doch die Auslegung (§ 133) aus der Sicht der Empfängerin, dass eine Kündigung erklärt werden sollte. Jedoch muss nach § 568 Abs. 1 die schriftliche Form eingehalten werden. Die Erklärung ist schriftlich niedergelegt; dass sie mit Bleistift geschrieben wurde, spielt keine Rolle. § 126 Abs. 1 verlangt aber eine Unterzeichnung durch Namensunterschrift. Dazu bedarf es in der Regel der Angabe des Familiennamens. Bloße Anfangsbuchstaben, wie sie hier vorliegen, genügen nicht. Die Kündigung ist daher gemäß § 125 Satz 1 nichtig.

572 3) Nach dem Wortlaut der notariellen Urkunde wurde das Grundstück Mainstr. 11 verkauft. Jedoch wollten beide Parteien übereinstimmend einen Kaufvertrag über das Grundstück Mainstr. 10 abschließen. Es liegt daher eine übereinstimmende Falschbezeichnung (falsa demonstratio) vor (s. Rdnr. 537). Der Vertrag gilt in diesen Fällen mit dem Inhalt, der übereinstimmend gewollt war. Dies gilt auch bei formbedürftigen Verträgen. Es ist daher ein wirksamer Kaufvertrag über das Grundstück Mainstr. 10 zustande gekommen; A kann von B nach § 433 Abs. 1 Satz 1 Übereignung dieses Grundstücks verlangen.

573 4) Die Erklärung des Neu gegenüber Frau Heim stellt einen Vertragsbeitritt dar, der nach allgemeinen Grundsätzen (schuldrechtliche Vertragsfreiheit) zulässig ist. Dadurch übernahm aber Neu alle Verpflichtungen der Wohnschön Baubetreuung GmbH und damit auch die Verpflichtung zur Übertragung des Eigentums an der Eigentumswohnung. Daher bedurfte die Vereinbarung der Form des § 311 b Abs. 1 Satz 1 iVm. § 4 Abs. 3 WEG. Das Fehlen der hier vorgeschriebenen notariellen Beurkundung führt nach § 125 Satz 1 zur Nichtigkeit des Rechtsgeschäfts. Danach könnte Frau Heim keine Ansprüche gegen Neu geltend machen. In besonders gelagerten Ausnahmefällen kann sich aber die Berufung auf den Formmangel wegen Verstoßes gegen Treu und Glauben (§ 242) als rechtsmissbräuchlich darstellen und daher unbeachtlich sein. Voraussetzung ist, dass die Formnichtigkeit zu einem schlechthin untragbaren Ergebnis führen würde. Dies kommt nach der Rechtsprechung des BGH bei Grundstückskaufverträgen vor allem in zwei Fallgruppen in Betracht: einmal bei Existenzgefährdung des betroffenen Teils, zum anderen bei besonders schweren Treupflichtverletzungen des Vertragspartners. Einen Fall der zweiten Art nahm der BGH[1] hier an. Neu hatte durch sein Verhalten bei Heim das Vertrauen erweckt, sie könne sich auf seine Erklärung verlassen, und sie dadurch vor allem veranlasst, den Rangrücktritt zu seinen Gunsten zu erklären. Wenn sich Neu nun auf die fehlende notarielle Beurkundung beruft, verhält er sich widersprüchlich und verstößt in so grober Weise gegen die Gebote von Treu und Glauben, dass ihm die Berufung auf den Formmangel zu verwehren ist. Frau Heim kann somit die Ansprüche aus dem Kaufvertrag gegen Neu geltend machen.

---

[1] BGH NJW 1996, 2503 = LM § 313 Nr. 143 (Reithmann) (Vorbild des Falles).

§ 8 Willensvorbehalte und Fehlen des Erklärungsbewusstseins

I. Der geheime Vorbehalt

Fall 18: Scharf reicht seinem Angestellten Kern, als diesem ein Fehler unterlaufen ist, einen von ihm unterschriebenen Zettel mit dem Text: „Ich kündige Ihnen zum Monatsende." Scharf will dem Kern aber nur einen Schrecken einjagen. Am nächsten Tag erklärt er ihm, dass eine echte Kündigung nicht beabsichtigt gewesen sei. Kern hat jedoch bereits einen neuen Arbeitsvertrag bei einem anderen Unternehmen unterzeichnet.
a) Ist die Kündigung wirksam? (Es ist davon auszugehen, dass die maßgebende Kündigungsfrist gewahrt ist.)
b) Wie ist es, wenn Kern infolge einer zufällig mitgehörten Bemerkung des Scharf zu seiner Sekretärin erkannt hat, dass dieser ihn nur erschrecken will?

1. Grundsätzliche Gültigkeit der Erklärung

Auch wenn sich der Erklärende insgeheim vorbehält, das Erklärte nicht zu wollen (**geheimer Vorbehalt**), so entsteht doch für den Empfänger der Eindruck einer vollwertigen Willenserklärung. Der äußere Tatbestand ist vom Erklärenden in diesen Fällen gewollt, nicht aber die Geltung des Rechtsgeschäfts, auf das die Erklärung ihrem Inhalt nach abzielt. Von der üblichen Einteilung der Willensbestandteile (s. Rdnr. 312 ff.) ausgehend, liegen zwar Handlungswille und Erklärungsbewusstsein vor, nicht aber der Geschäftswille. Das Gesetz gibt hier dem Interesse des Gegners, sich auf den äußeren Erklärungstatbestand verlassen zu dürfen, den Vorrang und erklärt den geheimen Vorbehalt im Regelfall für **unbeachtlich**, § 116 Satz 1, die Willenserklärung also für gültig. Der Erklärende ist nicht schutzwürdig, da er bewusst den Erklärungstatbestand gesetzt hat. Es handelt sich, anders als im Fall des § 118 (s. Rdnr. 587) um einen „**bösen Scherz**", da für den Empfänger der Eindruck einer gültigen Willenserklärung entstehen sollte.

2. Nichtigkeit bei erkanntem Vorbehalt

Wenn allerdings der Empfänger einer Erklärung weiß, dass die darin angesprochene Rechtsfolge in Wahrheit vom Erklärenden nicht gewollt ist, so entsteht kein schutzwürdiges Vertrauen auf die Wirksamkeit der Erklärung. Bei einem **dem Empfänger bekannten Vorbehalt** ist die Erklärung daher **nichtig**, § 116 Satz 2.

Lösung zu Fall 18:

a) Zwar wollte Scharf in Wirklichkeit nicht die Rechtsfolgen einer Kündigung herbeiführen, doch kam dies in seiner Erklärung nicht zum Ausdruck. Der geheime Vorbehalt ist nach § 116 Satz 1 unbeachtlich. Die Schriftform (§ 623, § 126 Abs. 1) ist eingehalten. Die Kündigung ist also wirksam, wenn die Kündigungsfrist (§ 622) gewahrt ist.
b) Hier hatte der Erklärungsempfänger erkannt, dass die rechtliche Wirkung der Kündigung vom Erklärenden nicht gewollt war. Es liegt somit ein Fall des § 116 Satz 2 vor; die Kündigungserklärung ist nichtig.

II. Das Scheingeschäft

Fall 19: Frieder verkauft an Heiner ein Grundstück. Beide sind einig geworden, dass der Kaufpreis 150 000 € betragen soll. Bei der notariellen Beurkundung des Kaufvertrags geben sie aber als Kaufpreis nur 90 000 € an, um Beurkundungskosten und Grunderwerbsteuer zu sparen. Später weigert sich Frieder, das Grundstück an Heiner aufzulassen.
   a) Mit Recht?
   b) Die Auflassung und die Eintragung des Heiner in das Grundbuch sind erfolgt. Kann Frieder jetzt Zahlung von 150 000 € verlangen?
   c) Die Vorverhandlungen, bei denen man sich darüber geeinigt hat, statt des wahren Kaufpreises von 150 000 € nur 90 000 € bei der Beurkundung anzugeben, sind von der Lebensgefährtin des Heiner geführt worden. Heiner wusste bei der Beurkundung, die ohne Mitwirkung der Lebensgefährtin erfolgte, über diese Abreden nichts und hielt die 90 000 € für den vereinbarten Kaufpreis. Kann er Auflassung (gegen Zahlung von 90 000 €) verlangen oder sonstige Ansprüche gegen Frieder stellen?

1. Nichtigkeit des Scheingeschäfts

Wenn sich der Urheber einer Erklärung und deren Empfänger darüber **einig** sind, dass die **Erklärung nur zum Schein abgegeben** wird, so ist sie nach § 117 Abs. 1 **nichtig**. Auch in diesen Fällen fehlt es am Geschäftswillen[1] (Rechtsbindungswillen), da die nach dem Inhalt der Willenserklärung intendierte Rechtsfolge gerade nicht gewollt ist. Es besteht kein Grund, den Erklärenden an seiner Äußerung festzuhalten, wenn der Empfänger mit dem Scheincharakter einverstanden war. Bei einem sog. Schwarzkauf, wie er in Fall 19 geschildert wird, ist also der beurkundete Vertrag nach § 117 Abs. 1 nichtig.

Kennzeichnend für ein Scheingeschäft ist, dass die Parteien einverständlich nur den äußeren Schein des Abschlusses eines Rechtsgeschäfts hervorrufen wollen, während die mit dem Rechtsgeschäft verbundenen Rechtsfolgen nicht eintreten sollen[2]. In diesem **Einverständnis** liegt der entscheidende Unterschied zu den Fällen des geheimen Vorbehalts (§ 116 Satz 1) und der Scherzerklärung (§ 118). Wird der Vertrag durch einen Stellvertreter abgeschlossen, so ist dessen Einverständnis maßgebend[3]. Sollte allerdings die Simulationsabrede dem Vertretenen gegenüber kollusiv geheimgehalten werden, so kann sich der Vertragspartner nicht auf § 117 Abs. 1 berufen[4]. Kommt das Einverständnis über die Simulation nicht zustande, weil der Vertragspartner nicht weiß, dass ein Scheingeschäft abgeschlossen werden soll **(misslungenes Scheingeschäft)**, so gilt für die Willenserklärung dessen, der ein Scheingeschäft abschließen wollte und glaubte, der andere wisse dies, nicht § 117

---

[1] BGHZ 36, 84, 88 = NJW 1962, 295, 297.
[2] BGH NJW 1980, 1572, 1573.
[3] Dazu BGH NJW 1999, 2882 (bei Gesamtvertretung genügt das Wissen eines der Vertreter).
[4] BGH NJW 1999, 2882.

Abs. 1, sondern § 118[5]. Diese Willenserklärung ist also nichtig, doch hat der Gegner unter den Voraussetzungen des § 122 Anspruch auf Ersatz des Vertrauensschadens.

Wird ein „**Strohmann**" als Vertragspartner vorgeschoben, etwa um steuerrechtlichen Folgen oder wirtschaftsrechtlichen Einschränkungen zu entgehen, so liegt gleichwohl kein Scheingeschäft vor, wenn die Rechtsfolgen in dieser Person wirklich eintreten sollen, auch wenn sie im wirtschaftlichen Ergebnis nur den dahinterstehenden Personen zugute kommen sollen. Wenn dagegen Einverständnis der Vertragsschließenden darüber besteht, dass den „Strohmann" keine rechtsgeschäftlichen Verpflichtungen treffen sollen, so liegt ein nichtiges Scheingeschäft vor[6]. In derselben Weise muss man auch bei sonstigen **Umgehungsgeschäften** danach abgrenzen, ob die Rechtsfolgen dieses Geschäfts ernstlich gewollt sind oder ob es sich um ein Scheingeschäft handelt.

Keine Scheingeschäfte sind, wie seit langem anerkannt ist, die Fälle der **Sicherungsübereignung** oder der **Sicherungsabtretung**. Hier ist vielmehr eine volle Rechtsübertragung gewollt, wenn auch mit dem begrenzten, einem Pfandrecht vergleichbaren Zweck, einen Anspruch des Sicherungsnehmers gegen den Sicherungsgeber dinglich abzusichern. Auch **Treuhandgeschäfte**, wie z.B. die Abtretung einer Forderung zum Zweck der Einziehung zugunsten des bisherigen Gläubigers, sind keine Scheingeschäfte, da der Abtretungsempfänger durchaus die Gläubigerstellung erhalten soll und nur im Innenverhältnis zum bisherigen Gläubiger verpflichtet ist, die eingezogene Leistung weiterzureichen bzw. darüber abzurechnen.

2. Mögliche Gültigkeit des verdeckten Geschäfts

Mit einem Scheingeschäft werden meistens nicht ganz „saubere" Wirkungen erstrebt. Wollen die Parteien ein Geschäft verbergen, das in Wahrheit gewollt ist, so kann es gerechtfertigt sein, sie an diesem verdeckten Geschäft festzuhalten. Den Weg dazu eröffnet § 117 Abs. 2. Diese Vorschrift besagt aber nicht, dass das verdeckte Geschäft in allen Fällen gültig ist. Vielmehr sind **die für das verdeckte Geschäft geltenden Vorschriften** anzuwenden. Beim „Schwarzkauf" scheitert daher die Wirksamkeit des verdeckten Kaufvertrags mit dem wirklich gewollten Kaufpreis daran, dass *dieser* Vertrag nicht notariell beurkundet ist (§ 311 b Abs. 1 Satz 1), näher s. Lösung zu Fall 19.

3. Schadensersatzansprüche eines Dritten

Nicht selten soll durch das Scheingeschäft ein **Dritter getäuscht** werden. So ist es denkbar, dass ein Bauunternehmer, um einem möglichen Kreditgeber gegenüber das gute Florieren seines Geschäfts zu beweisen, mit einem Bekannten zum Schein einen Vertrag über ein großes Bauvorhaben abschließt. In solchen Fällen kommen

---

[5] BGHZ 144, 331 = NJW 2000, 3127 = JuS 2001, 80 (mit Anm. Emmerich). S. auch Rdnr. 586.
[6] BGH LM § 117 Nr. 17 = NJW 1997, 861. – Zur (regelmäßigen) rechtlichen Bindung des Strohmanns zusammenfassend BGH NJW 2002, 2030, 2031.

Schadensersatzansprüche des Getäuschten, etwa nach § 823 Abs. 2 mit § 263 StGB als Schutzgesetz oder nach § 826 in Betracht.

Lösung zu Fall 19:

584 a) Der Anspruch auf Eigentumsverschaffung (§ 433 Abs. 1 Satz 1) setzt einen wirksamen Kaufvertrag voraus. Hier ist ein Verkauf des Grundstücks zum Preis von 90 000 € zwar äußerlich erklärt worden, aber da beide Willenserklärungen im Einverständnis des jeweiligen Empfängers nur zum Schein abgegeben wurden, sind sie und damit der Kaufvertrag (mit einem Kaufpreis von 90 000 €) nichtig, § 117 Abs. 1. Also kann Heiner nicht aufgrund dieses Kaufvertrags die Auflassung verlangen.

Man war sich jedoch über einen Verkauf zum Preis von 150 000 € einig. Darin liegt ein durch das Scheingeschäft verdecktes Geschäft. Nach § 117 Abs. 2 finden die für das verdeckte Geschäft geltenden Vorschriften Anwendung. Der Kaufvertrag mit dem Kaufpreis 150 000 € ist aber entgegen § 311 b Abs. 1 Satz 1 nicht notariell beurkundet worden[7]. Er ist wegen dieses Formmangels nach § 125 Satz 1 nichtig, so dass Heiner auch aus dem verdeckten Geschäft keinen Anspruch auf Auflassung des Grundstücks hat.

585 b) Wenn die Auflassung erklärt und Heiner als Eigentümer in das Grundbuch eingetragen wurde, so wurde dadurch der Formmangel des verdeckten Kaufvertrages nach § 311 b Abs. 1 Satz 2 geheilt[8]. Nun kann also Frieder nach § 433 Abs. 2 die Zahlung des Kaufpreises von 150 000 € beanspruchen.

586 c) Nichtigkeit des Vertrages nach § 117 Abs. 1 setzt voraus, dass zwischen den Parteien Einverständnis über den Scheincharakter besteht. Daran fehlt es hier, da Heiner nicht über die bei den Vorverhandlungen getroffene Abrede Bescheid wusste. Denkbar wäre es, ihm die Kenntnis seiner Lebensgefährtin als „Verhandlungsgehilfin" in analoger Anwendung von § 166 Abs. 1 zuzurechnen. Der BGH[9] lehnte dies ab, da es hier nicht um eine Wissenszurechnung, sondern um das notwendige Einverständnis der Parteien gehe, das zum Tatbestand des Scheingeschäfts gehöre. Diese Willensübereinstimmung müsse bei den Vertragsparteien vorhanden sein, und nur daraus ergebe sich die Nichtigkeitsfolge des § 117 Abs. 1. Es handelt sich somit um ein misslungenes Scheingeschäft. Da Frieder glaubte, Heiner wisse über die Kaufpreisabrede Bescheid, meinte er, Heiner erkenne, dass die Willenserklärung mit dem Inhalt 90 000 € nicht ernstlich gemeint war. Damit ist die vertragliche Willenserklärung des Frieder nach § 118 nichtig, so dass Heiner keinen Auflassungsanspruch hat. Soweit dem Heiner durch das Vertrauen auf den Vertragsschluss Schaden entstanden ist, kann er jedoch nach § 122 Abs. 1 von Frieder Ersatz verlangen.

III. Die nicht ernstlich gemeinte Willenserklärung

587 Wenn eine Erklärung nicht ernstlich gemeint ist und darüber hinaus in der Erwartung abgegeben wird, der Mangel der Ernstlichkeit werde nicht verkannt werden, so

---

[7] Man könnte daran denken, die Lehre von der falsa demonstratio (dazu, auch zur Anwendbarkeit bei formbedürftigen Geschäften, s. Rdnr. 539, 572) heranzuziehen, also in der Preisangabe 90 000 € eine unschädliche Falschbezeichnung zu sehen, weil der Wille der Vertragschließenden hinsichtlich 150 000 € übereinstimmte. Der Unterschied zu den unter dem Gesichtspunkt der falsa demonstratio behandelten Fällen liegt aber darin, dass es hier geradezu die Absicht der Parteien war, das Scheingeschäft zu beurkunden, das in Wahrheit gewollte Geschäft dagegen nicht.

[8] Ausführlich dazu RGZ 104, 296.

[9] BGHZ 144, 331 (Fn. 5); BGH NJW 2001, 1062.

ist die „Erklärung" nach § 118 nichtig. Im Gegensatz zu § 116 handelt es sich hier um einen **gutartigen Scherz**, der nicht mit einer Täuschungsabsicht verknüpft ist. Das Gesetz berücksichtigt hier den weder auf Abgabe einer Willenserklärung noch auf einen entsprechenden äußeren Eindruck gerichteten Willen. Sollte allerdings der Empfänger die mangelnde Ernstlichkeit ohne Fahrlässigkeit (§ 122 Abs. 2) nicht erkannt haben, so kann er nach § 122 Abs. 1 Ersatz des Vertrauensschadens (näher s. Rdnr. 659 ff.) verlangen. Erkennt andererseits der Erklärende, dass das von ihm Gesagte wider Erwarten ernst genommen wurde, so muss er nach Treu und Glauben (§ 242) den anderen Teil unverzüglich aufklären; andernfalls kann er sich nicht auf § 118 berufen, sondern ist an die Erklärung gebunden[10].

Als Beispiele kann man sich etwa vorstellen, dass ein Juradozent während der Vorlesung einem Hörer seine Aktenmappe zum Kauf anbietet, um den Vertragsschluss durch Angebot und Annahme zu demonstrieren, oder dass ein Autohändler im Rahmen von Kaufverhandlungen, die an den zu niedrigen Preisvorstellungen des Kunden zu scheitern drohen, schließlich ironisch bemerkt: „Am besten ist es, ich schenke ihnen das Auto!" – worauf der Kunde trocken mit „Einverstanden!" reagiert. Wenn man berücksichtigt, dass der Sinn der Erklärung nicht nach dem buchstäblichen Ausdruck zu bemessen, sondern nach den Begleitumständen und vom Empfängerhorizont aus zu beurteilen ist (s. zur Auslegung Rdnr. 519 f.), so wird freilich in solchen Fällen meist bereits der äußere Erklärungstatbestand zu verneinen sein, so dass schon deshalb keine Willenserklärung vorliegt.

IV. Das Fehlen des Erklärungsbewusstseins

1. Fragestellung

Sehr umstritten ist die Behandlung solcher Fälle, in denen jemand sich äußerlich so verhalten hat, dass der Eindruck einer Willenserklärung entstand, obgleich er selbst nicht daran dachte, sich (mit welchem Inhalt auch immer) in einer rechtsgeschäftlich relevanten Weise zu äußern. Als Schulbeispiel verwendet man seit langem den Fall der „**Trierer Weinversteigerung**": Ein mit den örtlichen Gebräuchen nicht vertrauter Besucher betritt einen Raum, in dem eine Weinversteigerung stattfindet, und winkt einem Bekannten zu. Das Winken bedeutet aber nach den örtlichen Gebräuchen die Abgabe eines höheren Gebotes, so dass – wenn man den Besucher daran festhält – er sich nach dem Zuschlag (§ 156 Satz 1) als mehr oder weniger glücklicher Ersteigerer (Käufer) einer größeren Weinmenge sieht.

2. Verschiedene Lösungswege

Zu diesem, vom Gesetz nicht ausdrücklich geregelten Problembereich des fehlenden Erklärungsbewusstseins werden im wesentlichen **drei unterschiedliche Auffassungen** vertreten:

---

[10] Brox Rdnr. 353; Köhler § 7 Rdnr. 13.

a) Nichtigkeit der Erklärung

590 Nach einer Ansicht soll die vermeintliche Erklärung von vornherein **nichtig** sein, weil mit dem Erklärungsbewusstsein eine notwendige Mindestvoraussetzung einer rechtswirksamen Erklärung fehle. Man verweist auch auf § 118, wonach eine Erklärung dann nichtig ist, wenn sie entgegen der Absicht des Erklärenden ernst genommen wurde, und argumentiert, erst recht müsse Nichtigkeit angenommen werden, wenn der Erklärende nicht einmal auf den Gedanken kam, seinem Verhalten könne rechtsgeschäftliche Bedeutung zugemessen werden. Wenn allerdings der Empfänger das Fehlen des Erklärungsbewusstseins nicht erkennen konnte, liegt es nahe, ihm analog zu §§ 118, 122 einen Anspruch auf Ersatz des Vertrauensschadens zuzubilligen.

b) Anfechtbarkeit der Erklärung

591 Eine zweite Auffassung betont stärker das Interesse des Empfängers, für den der Eindruck einer Willenserklärung entstanden ist, und hebt die Ähnlichkeit zu den Fällen der Irrtumsanfechtung aufgrund eines Willensmangels beim Erklärenden hervor. Daher soll nach dieser Ansicht **§ 119 Abs. 1 analog** angewendet werden. Dadurch wird dem Erklärenden, ebenso wie bei einem Erklärungs- oder Inhaltsirrtum, die Wahl überlassen, ob er es bei der Geltung der Erklärung bewenden lassen oder die Anfechtung erklären will. Im zweiten Fall muss er dann freilich unter den Voraussetzungen des § 122 den Vertrauensschaden des Empfängers ersetzen. Wird keine (fristgerechte) Anfechtung erklärt, so kann sich der Empfänger auf die Gültigkeit der Erklärung verlassen.

c) Differenzierung nach der Zurechenbarkeit des Erklärungsanscheins

592 Ob die vor allem von der Anfechtungslösung bejahte, wenn auch begrenzte Verantwortung des Erklärenden für den von ihm erweckten Eindruck in allen Fällen gerechtfertigt ist, in denen der Erklärende sich überhaupt nicht rechtsgeschäftlich äußern wollte, kann man bezweifeln. Darin liegt der Hauptgrund für eine dritte Ansicht, die danach **differenziert**, ob der entstandene **Anschein einer Willenserklärung dem Urheber zuzurechnen** ist. Nach dieser, vor allem auch vom BGH[11] vertretenen Ansicht liegt trotz fehlenden Erklärungsbewusstseins dann eine Willenserklärung vor, wenn der Erklärende bei Anwendung der im Verkehr erforderlichen Sorgfalt hätte erkennen und vermeiden können, dass seine Äußerung nach Treu und Glauben und unter Berücksichtigung der Verkehrssitte als Willenserklärung aufgefasst werden durfte, und wenn sie vom Empfänger tatsächlich so verstanden wurde. Wenn diese Voraussetzungen gegeben sind, ist eine Lösung von der Erklärung nur durch Anfechtung entsprechend § 119 möglich. Fehlt es dagegen an der Zurechenbarkeit, so ist nach dieser Ansicht von vornherein keine Willenserklärung gegeben.

---

[11] Zusammenfassend BGHZ 109, 171, 177 = NJW 1990, 454, 456.

Diese Lösung erscheint sachgerecht, da sie eine Berücksichtigung und Bewertung der Umstände des Einzelfalles erlaubt.

Im Trierer Weinversteigerungsfall liegt es näher, eine Zurechnung im Sinne der BGH-Rechtsprechung abzulehnen, so dass die Erklärung von vornherein nichtig ist und auch eine Ersatzpflicht nach § 122 ausscheidet. Anders entschied der BGH[12] in folgendem Fall: Eine Bank machte einem Dritten, der von seinem Kunden eine Bürgschaft als Sicherheit verlangt hat, eine Mitteilung über die Übernahme der Bürgschaft, die nach der Formulierung und den Begleitumständen für den Dritten den Eindruck erweckte, in diesem Schreiben liege die Übernahme der Bürgschaft. In Wahrheit wollte die Bank jetzt keine Bürgschaftsübernahme erklären, sondern nur eine Mitteilung über eine vermeintliche frühere Bürgschaftsübernahme machen. Gleichwohl ist der auf diese Weise entstandene **Anschein einer Willenserklärung der Bank zuzurechnen**, da sie bei sorgfältigem Vorgehen hätte erkennen können, dass ihr Schreiben missverstanden wird. Die Bank kann sich daher nur durch rechtzeitige Anfechtung[13] und unter Hinnahme der Ersatzpflicht nach § 122 von der Bürgschaftsübernahme lösen.

Mit dieser Lösung wird zu einem gewissen Grad das Vertrauen des Erklärungsempfängers auf das Vorliegen einer wirksamen Willenserklärung geschützt. Wenn dagegen kein solches Vertrauen entstanden ist, weil der Empfänger ohnehin nicht von einem bestimmten Erklärungsinhalt ausgegangen ist, so kann nicht umgekehrt der Erklärende, der ohne Erklärungsbewusstsein gehandelt hat, sein Verhalten nachträglich zu einer für den Empfänger nachteiligen Willenserklärung umfunktionieren[14].

---

[12] BGHZ 91, 324 = NJW 1984, 2279 (mit abl. Anm. Canaris) = JuS 1984, 971 (mit Anm. Emmerich).

[13] In dem vom BGH (vorige Fn.) entschiedenen Fall wurde eine rechtzeitige Anfechtung verneint, so dass die Bank aus der Bürgschaft verpflichtet blieb.

[14] So BGH NJW 1995, 953 in einem Fall, in dem ein Erbe (durch seinen Vertreter) zum Nachlass gehörende Wertpapiere herausverlangte und dieses Verlangen später als Widerruf einer vom Erblasser erteilten Vollmacht (sog. postmortale Vollmacht) zur Verfügung über diese Wertpapiere gewertet wissen wollte, obwohl ihm beim Herausverlangen diese Vollmacht noch nicht bekannt war. Über diesen Fall lässt sich freilich durchaus streiten, ablehnend Schultz NJW 1995, 3345, 3347; s. auch Leipold, Erbrecht, 14. Aufl., Rdnr. 574.

§ 8 Willensvorbehalte und Fehlen des Erklärungsbewusstseins

Kontrollfragen und Fälle zu § 8

1) Theo will in geselliger Runde mit einigen neuen Bekannten den Eindruck eines besonders vermögenden Mannes erwecken. So schenkt er seine goldene Armbanduhr demonstrativ seinem Freund Phil, wobei er davon ausgeht, dass dieser die Schenkung nicht ernst nimmt und ihm nachher die Uhr wieder zurückgibt. Davon will Phil später aber nichts wissen. Wie ist die Rechtslage?

2)* Margot ist als Versicherungsvertreterin für die Ikarus AG tätig. Das konkurrierende Versicherungsunternehmen Progros AG möchte sich ebenfalls gerne die Dienste der Margot sichern, hat aber mit der Ikarus AG eine Vereinbarung geschlossen, wonach beide Unternehmen sich verpflichten, gegenseitig keine Vertreter abzuwerben. Daher schließt die Progros AG einen Vertretervertrag mit Moritz, dem Bruder der Margot ab, der im Hauptberuf Werkschutzangestellter ist, wobei man aber davon ausgeht, dass tatsächlich nur Margot für die Progros AG tätig werden soll. Später entsteht Streit darüber, ob und zwischen wem hier ein Vertrag zustande gekommen ist. Wie ist diese Frage zu beantworten?

3) Was ist mit „Fehlen des Erklärungsbewusstseins" gemeint und welche Rechtsfolgen zieht es nach sich?

Lösungen

595 1) Theo kann nach § 985 Herausgabe der Uhr von Phil verlangen, wenn er Eigentümer der Uhr geblieben ist und Phil auch kein Recht zum Besitz (§ 986 Abs. 1 Satz 1) aufgrund wirksamer Schenkung (§ 516 Abs. 1) hat. Scheingeschäfte (§ 117 Abs. 1) liegen nicht vor, da es an einem Einverständnis darüber zwischen Theo und Phil fehlt. Die von Theo abgegebenen Erklärungen zum Abschluss eines Schenkungsvertrages (§ 516 Abs. 1) und zur Übereignung der Uhr (§ 929) sind aber nach § 118 nichtig, da sie nicht ernstlich gemeint waren und Theo davon ausging, die mangelnde Ernstlichkeit werde vom Erklärungsempfänger Phil nicht verkannt werden. Damit ist der Herausgabeanspruch begründet.

596 2) Hier ist nach dem Sachverhalt davon auszugehen, dass der Vertrag zwischen Moritz und der Progros AG nur zum Schein abgeschlossen wurde und daher nach § 117 Abs. 1 nichtig ist[1]. Man könnte einwenden, Moritz sei als Strohmann für Margot aufgetreten. Dann müssten aber nach dem Willen der Beteiligten für Moritz die vertraglichen Ansprüche und Pflichten ernstlich begründet worden sein, wenn auch mit der Zweckrichtung, die Vorteile der dahinter stehenden Person zukommen zu lassen. Hier war aber von Anfang an nicht gewollt, dass Moritz als Vertreter für die Progros AG tätig werden sollte.

597 Durch das Scheingeschäft zwischen Moritz und der Progros AG ist aber das wirklich gewollte Rechtsgeschäft zwischen Margot und der Progros AG verdeckt worden. Dieser Vertrag kann nach § 117 Abs. 2 wirksam sein. Fraglich ist, ob dem die Vereinbarung zwischen Progros AG und Ikarus AG entgegensteht. Diese Vereinbarung stellt aber kein gesetzliches Verbot (§ 134) dar, sondern hat nur schuldrechtliche Wirkung zwischen den beiden Versicherungsunternehmen. Die Wirksamkeit des Vertrages zwischen Margot und der Progros AG ist somit zu bejahen.

598 3) Vom Fehlen des Erklärungsbewusstseins spricht man, wenn sich eine Person nicht im klaren darüber war, dass ihrem Verhalten überhaupt rechtsgeschäftliche Bedeutung zukommt, dass es also – vom Standpunkte des Empfängers aus – als Willenserklärung auszulegen ist. Die Rechtsfolgen sind im Gesetz nicht ausdrücklich geregelt und seit langem umstritten. Teils wird angenommen, die „Erklärung" sei hier von vornherein nichtig, teils wird eine Anfechtbarkeit analog § 119 Abs. 1 bejaht. Nach einer dritten auch vom BGH bevorzugten Ansicht, ist die Erklärung dann lediglich nach § 119 Abs. 1 anfechtbar, wenn der Erklärende hätte erkennen und vermeiden können, dass sein Verhalten vom Empfänger nach Treu und Glauben und unter Berücksichtigung der Verkehrssitte als Erklärung aufgefasst wird. Fehlt diese Voraussetzung einer Zurechnung an den Erklärenden, so wird eine nichtige Erklärung angenommen.

---

[1] Vgl. OLG Köln NJW 1993, 2623 (Vorbild des Falles).

§ 9 Die Anfechtung wegen Irrtums und unrichtiger Übermittlung

Fall 20: Bei Gold trifft eine Bestellung des Schwarz über 100 kg Messingblech zum Listenpreis ein.

a) Schwarz hat die Bestellung aufgegeben, nachdem ihm ein Angestellter mitteilte, der Lagervorrat an Messingblech gehe zur Neige. Kann er die Bestellung widerrufen, wenn sich herausstellt, dass noch genügend Blech vorhanden ist?

b) Schwarz wollte nur 10 kg bestellen, seine Sekretärin hat aber beim Ausfüllen des Bestellscheins versehentlich 100 kg geschrieben, und Schwarz hat dies bei der Unterschrift übersehen. Dies stellt sich erst heraus, als 100 kg geliefert werden. Kann Schwarz die Bezahlung der 100 kg verweigern?

c) Wie ist es (Sachverhalt wie Variante b), wenn sich Gold bereit erklärt, 90 kg zurückzunehmen, aber auf der Abnahme und Bezahlung von 10 kg besteht?

d) Schwarz verwendete ein Bestellformular des Gold. Er glaubte, darin stünde (wie bisher) eine Lieferfrist von vier Wochen. Gold hatte das Formular aber vor kurzem geändert; es sind nun als Lieferfrist 30 Tage angegeben. Kann Schwarz, wenn er später diesen Unterschied bemerkt, die Bestellung anfechten?

e) Schwarz verwaltet seine Warenbestände in Form einer elektronischen Datei. Das Programm soll automatisch eine Bestellung von jeweils 100 kg Messingblech an Gold absenden, sobald der Vorrat unter 20 kg absinkt. Aufgrund einer fehlerhaften Eingabe (Verschreiben) bei Installierung des Programms durch einen Mitarbeiter des Schwarz erfolgt die automatische Bestellung bereits bei Absinken des Vorrats unter 100 kg.

Kann Schwarz die Bestellung anfechten?

I. Die Anfechtbarkeit im Unterschied zur Nichtigkeit

Weist ein Rechtsgeschäft einen Mangel auf, so kann dies zu unterschiedlichen Rechtsfolgen führen. In manchen Fällen erklärt das Gesetz die fehlerhafte Willenserklärung für **nichtig**. Sie entfaltet dann **von Anfang an keine Wirkungen**. Dies gilt z.B. bei einem Formmangel (§ 125 Satz 1) und beim Scheingeschäft (§ 117 Abs. 1). In anderen Fällen führt der Mangel zur Anfechtbarkeit der Willenserklärung. **Anfechtbare Willenserklärungen** sind trotz des Fehlers **zunächst wirksam**. Erst wenn der Anfechtungsberechtigte die Anfechtung erklärt (§ 143 Abs. 1), wird seine Willenserklärung rückwirkend nichtig (§ 142 Abs. 1). Das Anfechtungsrecht ist ein **Gestaltungsrecht**, da es dem Anfechtungsberechtigten die Macht einräumt, durch seine Erklärung die Rechtslage zu verändern. Die Anfechtung bezieht sich auf die vom Anfechtungsgrund erfasste einzelne Willenserklärung des Anfechtungsberechtigten, z.B. das Angebot zum Vertragsschluss oder die Annahme des Angebots. Man kann immer nur seine eigene Willenserklärung[1] anfechten, aber als Folge der Nichtigkeit der angefochtenen Willenserklärung wird auch das gesamte Rechtsgeschäft, insbesondere der Vertrag, nichtig.

Der Sinn dieser Regelung ist, dem **Anfechtungsberechtigten** eine **Wahlmöglichkeit** zuzugestehen. Er kann anfechten oder auch an dem Rechtsgeschäft festhalten. Will er den Mangel geltend machen, so muss er andererseits auch (rechtzeitig) die

---

[1] Anders im Erbrecht; hier können Dritte unter den Voraussetzungen des § 2080 ein Testament anfechten.

Anfechtung erklären. Auf diese Weise wird zugleich das Interesse des Anfechtungsgegners an Rechtsklarheit geschützt. Erfolgt nämlich innerhalb des für die Anfechtung zur Verfügung stehenden Zeitraums keine Anfechtungserklärung, so bleibt das Geschäft gültig.

601 Im Familienrecht und im Erbrecht finden sich zum Teil besondere Regeln, die, soweit sie reichen, den Vorschriften des Allgemeinen Teils vorgehen. So kann eine **Eheschließung** nicht nach § 119 oder § 123 angefochten werden. Hier ist nur unter den engen Voraussetzungen des § 1314 eine Klage auf Aufhebung der Ehe möglich. Im übrigen sind die trennungswilligen Ehegatten auch bei Irrtümern auf die Ehescheidung (§§ 1564 ff.) verwiesen. Im Erbrecht bestehen wichtige Sonderregeln vor allem für die **Anfechtung von Testamenten** (§§ 2078 ff.) und **Erbverträgen** (§§ 2281 ff.). Nur für die in diesen Vorschriften nicht geregelten Fragen der Anfechtung bleibt es bei der Anwendung des Allgemeinen Teils.

II. Grundsätzliche Unbeachtlichkeit des Motivirrtums

602 Das Gesetz geht nicht von einem allgemeinen Satz des Inhalts aus, wer sich bei Abgabe einer Willenserklärung in irgendeiner Weise geirrt habe, könne anfechten. Eine so weitgehende Anfechtbarkeit würde die Interessen des Erklärungsempfängers vernachlässigen. Schließlich muss sich der Empfänger einer Willenserklärung im Regelfall auf die Gültigkeit der Erklärung verlassen können. Den gesetzlichen Anfechtungstatbeständen liegt die Unterscheidung zwischen einem Motivirrtum als Irrtum über die Vorfragen der Willenserklärung und Irrtümern bei der Erklärung selbst zugrunde. Motivirrtümer sind fehlerhafte Vorstellungen des Erklärenden über vergangene, gegenwärtige oder auch zukünftige Umstände, die für seinen Entschluss zur Abgabe der Willenserklärung bedeutsam sind. Jemand mietet beispielsweise eine Wohnung, weil er glaubt, eine Anstellung in dieser Stadt sicher zu erhalten – später stellt sich dies als Irrtum heraus. Oder es kauft jemand ein Hochzeitsgeschenk für seinen Sohn, während die Hochzeit dann überraschenderweise nicht stattfindet. Die Willenserklärung selbst, also die Erklärung zum Abschluss des Miet- oder Kaufvertrages, weist in diesen Fällen keinen Mangel auf. Bloße Motivirrtümer, wie sie hier vorliegen, rechtfertigen die Anfechtung grundsätzlich nicht. Eine Ausnahme bildet die Anfechtbarkeit wegen Eigenschaftsirrtums, dessen dogmatische Einordnung allerdings streitig ist, näher s. Rdnr. 627 ff. Ferner kann bei fehlerhaften Vorstellungen über die Grundlagen eines Vertrages das Rechtsinstitut der **Störung der Geschäftsgrundlage** (§ 313) eingreifen, s. dazu Rdnr. 625 zum Kalkulationsirrtum.

603 Grundsätzlich anders ist die Rechtslage im *Erbrecht*. Wie sich aus § 2078 Abs. 2 ergibt, kann die Anfechtung eines Testaments auch auf einen Motivirrtum gestützt werden. Dasselbe gilt nach § 2281 Abs. 1 für den Erbvertrag.

III. Irrtum in der Erklärungshandlung und Inhaltsirrtum

1. Vorrang der Auslegung

Den Ausgangspunkt bildet für alle Arten der Irrtumsanfechtung die Geltung des Erklärten. Der Erklärende muss die Erklärung so gegen sich gelten lassen, wie sie **vom Standpunkt des Empfängers aus zu verstehen** war. Hat aber der Erklärungsempfänger trotz irrtümlicher Formulierung der Erklärung erkannt, was in Wahrheit gewollt war, so gilt die Erklärung mit diesem Inhalt; eine Anfechtung kommt dann nicht in Betracht[2]. Erst wenn festgestellt ist, mit **welchem Inhalt** die Willenserklärung gilt, wie sie also auszulegen ist, kann man die zweite Frage stellen, ob eine Diskrepanz zwischen diesem geltenden Sinn der Erklärung und dem Willen des Erklärenden bestand. Die Auslegung hat mit anderen Worten Vorrang vor der Anfechtung.

Die Irrtumsanfechtung erlaubt es dem Erklärenden, die Bindung an eine abgegebene Willenserklärung zu beseitigen, weil sie seinem Willen nicht entspricht. Aus diesem Zweck der Anfechtung folgt aber, dass sie nicht durchgreifen kann, wenn der **Empfänger** bereit ist, die Erklärung so **gelten zu lassen**, wie sie gewollt war[3]. Beharrt der Erklärende in einem solchen Fall trotzdem auf der Anfechtung, so verstößt dies gegen Treu und Glauben (§ 242).

2. Anfechtungstatbestände des § 119 Abs. 1

a) Irrtum in der Erklärungshandlung (§ 119 Abs. 1, 2. Alt.)

§ 119 Abs. 1 enthält zwei verschiedene Tatbestände eines relevanten Irrtums. Der gröbere Irrtumsfall findet sich in der zweiten Alternative. Wenn jemand, wie das Gesetz hier formuliert, eine Erklärung eines bestimmten Inhalts überhaupt nicht abgeben wollte, so bedeutet dies, dass schon die **Erklärungshandlung,** der äußere Erklärungstatbestand, **nicht von seinem Willen getragen** war. Man kennzeichnet die Fälle des § 119 Abs. 1, 2. Alt. am besten als Irrtum in der Erklärungshandlung; es wird aber auch die Bezeichnung als Erklärungsirrtum verwendet.

Als **Merkformel** empfiehlt sich: der Irrtum in der Erklärungshandlung (§ 119 Abs. 1, 2. Alt.) umfasst die Fälle des **Versprechens, Verschreibens, Vergreifens**.

Mit **Vergreifen** ist z. B. gemeint, dass der Erklärende die falsche Urkunde übergibt, so dass er etwa eine Vollmacht aushändigt, obwohl er in Wirklichkeit eine Kündigung übergeben wollte. Oder auch, dass versehentlich ein 50 €-Geldschein übergeben wird, obwohl sich der Schenker nur von einer 5 €-Note trennen wollte.

Auch versehentlich **fehlerhafte Eingaben in eine Datenverarbeitungsanlage**, die in die automatisch erstellte Erklärung (z. B. einen Versicherungsschein) unverändert eingehen, rechtfertigen die Anfechtung wegen Irrtums in der Erklärungshandlung[4],

---

[2] BGH LM § 119 Nr. 34 = NJW-RR 1995, 859.
[3] So die h.M., Medicus Rdnr. 781; Brox Rdnr. 363; Köhler § 7 Rdnr. 31.
[4] OLG Hamm NJW 1993, 2321.

nicht anders, als wenn sich der Erklärende auf der Schreibmaschine vertippt hätte. Wenn dagegen die eingegebenen Daten als solche falsch sind oder ein Programm sie fehlerhaft verarbeitet, so ergibt sich daraus kein Grund zur Anfechtung der daraus resultierenden automatisierten Willenserklärung nach §119 Abs. 1, 2. Alt. Es kann aber ein Fall des Kalkulationsirrtums vorliegen, dazu s. Rdnr. 624ff.

abhade gekommene WE auch analog?

b) Inhaltsirrtum (§119 Abs. 1, 1. Alt.)

610 Bei dem in §119 Abs. 1, 1. Alt. geregelten **Inhaltsirrtum** handelt es sich dagegen um einen **Irrtum über den Sinn der Erklärung**. Der Erklärende meint hier, er bringe mit den verwendeten Wörtern oder auch mit Gesten den auf eine bestimmte Rechtsfolge gerichteten Willen zum Ausdruck, während aus der Sicht des Empfängers die Wörter oder das Verhalten in einem anderen Sinn zu verstehen sind. Ein Inhaltsirrtum liegt etwa vor, wenn jemand 10 Flaschen „Sherry" bestellt, in Wirklichkeit aber „Cherry Brandy" (Kirschlikör) bestellen will. Der Irrtum bezieht sich auf die inhaltliche Bedeutung des Wortes Sherry. In einem andern Fall, der aus dem Leben gegriffen ist[5], hatte die Konrektorin einer kleinen Realschule „25 Gros Rollen" Toilettenpapier bestellt, aber nicht gewusst, dass „Gros" eine (veraltete) Mengenbezeichnung für 144 Rollen darstellt. Das Gericht bejahte die Anfechtbarkeit nach §119 Abs. 1, 1. Alt.

611 Ein Inhaltsirrtum[6] liegt auch dann vor, wenn sich eine Sekretärin verschrieben hat und der Urheber der Erklärung **bei der Unterschrift den Fehler übersieht**. Anders ist es, wenn der Erklärende **bewusst darauf verzichtet** hat, ein ihm vom Vertragsgegner zur Unterzeichnung vorgelegtes Schriftstück durchzulesen, obwohl er dessen Inhalt nicht kannte. Er nimmt dann den Inhalt grundsätzlich in Kauf und irrt nicht darüber[7]. Wenn jemand z. B. eine Wohnung mietet und darauf verzichtet, den ihm vom Vermieter vorgelegten schriftlichen Vertragstext durchzulesen, so kann er später eine ihm unangenehme Klausel über die Wohnungsrenovierung nicht wegen Inhaltsirrtums anfechten[8]. Anders ist es allerdings, wenn in dem Text, insbesondere einem Vertrag, ganz unübliche Klauseln enthalten sind, mit denen man nicht zu rechnen braucht. Auch dann, wenn sich der Unterschreibende bestimmte Vorstellungen über den Inhalt des Schriftstücks machte, die sich später als unzutreffend erweisen, ist die Irrtumsanfechtung begründet[9].

---

[5] LG Hamm NJW 1979, 721.

[6] Man könnte auch einen Irrtum in der Erklärungshandlung annehmen, genauso wie in den Fällen, in denen sich der Urheber der Erklärung selbst verschrieben hat. Die Abgrenzung zwischen Inhaltsirrtum und Irrtum in der Erklärungshandlung ist zum Teil unscharf. Praktisch spielt diese Frage keine Rolle, da die Rechtsfolgen übereinstimmen.

[7] So bereits RGZ 77, 309, 312; ebenso z.B. BGH NJW 2002, 956, 957 = JuS 2002, 498 (mit Anm. Emmerich).

[8] Eine andere Frage ist, ob die Klausel aufgrund der Vorschriften über AGB (§§305ff.) unwirksam ist, wenn es sich um einen Formularvertrag (§305 Abs. 1 Satz 2) handelt oder wenn §310 Abs. 3 (Verbraucherverträge) eingreift.

[9] BGH NJW 1995, 190 (Unterzeichnung einer – ungelesenen – Bürgschaftserklärung in der Meinung, man leiste eine hinsichtlich des eigenen Sparkontos erforderliche Unterschrift).

§ 9 Die Anfechtung wegen Irrtums und unrichtiger Übermittlung 612 – 617a

Überlässt es der Erklärende einem anderen, die bereits unterzeichnete Erklärung auszufüllen (sog. **Blanketterklärung**), z.B. eine Warenmenge oder einen Betrag einzusetzen, so muss er auch eine abredewidrig ausgefüllte Erklärung einem Dritten gegenüber gelten lassen (keine Anfechtung), wenn dieser das Fehlverhalten des Ermächtigten weder kannte noch kennen musste[10].   612

3. Ursächlichkeit des Irrtums

Eine Anfechtung wegen Inhaltsirrtums oder Irrtums in der Erklärungshandlung ist nach § 119 Abs. 1, zweite Hälfte nur begründet, wenn anzunehmen ist, dass bei **Kenntnis der Sachlage** und bei **verständiger Würdigung des Falles** die **Erklärung nicht abgegeben** worden wäre. Es kommt also nicht auf die rein subjektive, sondern auf die verständige Würdigung des Falles an. Das Reichsgericht[11] hat dies mit der schönen Formel umschrieben: Verständig würdigt, wer frei von Eigensinn, subjektiven Launen und törichten Anschauungen entscheidet.   613

Lösung zu Fall 20:

a) Ein Widerruf ist nach dem Zugang der Bestellung an Gold nicht mehr möglich, § 130 Abs. 1 Satz 1 u. 2. Der hier vorliegende Irrtum des Schwarz darüber, ob im Hinblick auf seine Lagervorräte eine Bestellung sinnvoll ist, erfüllt auch keinen der Anfechtungstatbestände des § 119. Es handelt sich vielmehr um einen unbeachtlichen Motivirrtum. Schwarz muss die bestellte Menge abnehmen und bezahlen.   614

b) Hier besteht eine Diskrepanz zwischen dem Willen des Schwarz und dem Inhalt der Erklärung. Im Wege der Auslegung ist das Problem nicht zu lösen, da der Empfänger nicht erkennen konnte, dass Schwarz nur 10 kg bestellen wollte. Jedoch liegt ein Irrtum über den Inhalt der Erklärung (§ 119 Abs. 1, 1. Alt.) vor. Schwarz kann also anfechten und dadurch die Nichtigkeit des Kaufvertrages (§ 142 Abs. 1) herbeiführen. Er ist dann nicht zur Abnahme und Zahlung verpflichtet.   615

c) Wenn der Erklärungsempfänger die Erklärung so gelten lässt, wie sie vom Erklärenden wirklich gewollt war, hier also mit dem Inhalt „Bestellung 10 kg", so greift der Zweck der Irrtumsanfechtung, eine nicht vom Willen getragene Erklärung zu beseitigen, nicht mehr ein. Beharrt Schwarz gleichwohl auf der Anfechtung, so verstößt dies gegen Treu und Glauben (§ 242). Er muss also 10 kg abnehmen und bezahlen.   616

d) Schwarz hatte, als er die Bestellung unterschrieb, eine falsche Vorstellung vom Inhalt der Erklärung, soweit es um die Lieferfrist geht. Daher liegt ein Inhaltsirrtum (§ 119 Abs. 1, 1. Alt.) vor. Dieser berechtigt aber nur zur Anfechtung, wenn Schwarz bei Kenntnis der Sachlage und verständiger Würdigung des Falles die Erklärung nicht abgegeben hätte. Da aber die Differenz zwischen einer 30-tägigen und einer 4-wöchigen Lieferfrist nur geringfügig ist, würde man bei verständiger Willenserklärung die Bestellung ebenso mit einer 30-tägigen Lieferfrist abgeben. Besondere Umstände, die eine andere Bewertung rechtfertigen könnten, gehen aus dem Sachverhalt nicht hervor. Damit ist mangels Kausalität des Irrtums kein Anfechtungsrecht gegeben.   617

e) Auch die vom Computer automatisch abgegebene Bestellung ist eine Willenserklärung   617a

---

[10] BGHZ 40, 65, 68 = NJW 1963, 1971 sowie BGHZ 40, 297, 305 = NJW 1964, 654, 656 (§ 172 Abs. 2 analog).

[11] RGZ 62, 201, 206; auch vom BGH übernommen, z.B. in BGH LM § 119 Nr. 29 = NJW 1988, 2597, 2599.

des Schwarz und unterliegt daher den Regeln über die Irrtumsanfechtung, soweit in der Person des Schwarz die entsprechenden Voraussetzungen vorlagen. Zu denken ist an einen Irrtum in der Erklärungshandlung i.S.v. § 119 Abs. 1, 2. Alt., dessen Anwendungsbereich mit der Merkformel „Versprechen, Verschreiben, Vergreifen" umschrieben wird und daher auch den hier vorliegenden Eingabefehler umfassen könnte. Man könnte dies mit der Begründung bejahen, dass aufgrund des Verschreibens bei der Installation des Programms der Computer den äußeren Tatbestand einer Willenserklärung produzierte, ohne dass dies dem Willen des Schwarz entsprach. Auf der anderen Seite ist zu beachten, dass der Eingabefehler nicht unmittelbar den Inhalt der schließlich zustande gekommenen Erklärung (den Erklärungstatbestand) betraf, sondern sich nur bei den zur automatischen Abgabe der Erklärung führenden Rechenvorgängen auswirkte. Es erscheint daher richtiger, bei dieser Sachlage einen im Vorfeld der Erklärungsabgabe gelegenen und daher unbeachtlichen Irrtum, vergleichbar einem Motivirrtum, anzunehmen, indem man davon ausgeht, dass der Wille des Schwarz alle Willenserklärungen umfasst, die vom Computer aufgrund des zu diesem Zweck installierten Programms produziert werden. Danach ist die Anfechtbarkeit zu verneinen. (Über die Lösung kann man streiten; das Beispiel zeigt, dass die tradierte Abgrenzung zwischen Motivirrtum und relevantem Irrtum i.S.v. § 119 Abs. 1 auf automatisierte Erklärungen nur schwer übertragbar ist.)

4. Fallgruppen

a) Irrtum über die Person des Erklärungsgegners (error in persona)

618 Hier geht es nicht um Irrtümer über Eigenschaften einer Person, die von § 119 Abs. 2 erfasst werden (s. Rdnr. 627), sondern um Fälle einer fehlerhaften Vorstellung über die **Identität des Erklärungsgegners**. Bezieht sich die Erklärung nach ihrem objektiven Inhalt auf die eine Person, während nach dem Willen des Erklärenden mit einer anderen Person abgeschlossen werden sollte, so liegt nach h.M. ein zur Anfechtung berechtigender Inhaltsirrtum vor[12]. Wenn z.B. eine Bank einem Herrn Max Großmann (unter dessen Anschrift) ein Darlehen zusagt, und dabei meint, es handle sich um einen vermögenden Architekten gleichen Namens, während der Erklärungsempfänger in Wahrheit ein denselben Namen tragender Jurastudent ohne eigenes Einkommen ist, so kann die Bank wegen eines Inhaltsirrtums anfechten, wenn ohne den Irrtum (also dem Studenten gegenüber) der Kredit bei verständiger Würdigung so nicht gewährt worden wäre (Kausalität des Irrtums).

b) Irrtum über den Gegenstand des Geschäfts (error in objecto)

619 Ein Irrtum über den maßgeblichen Sinn der Erklärung kann auch darin bestehen, dass der **Gegenstand des Geschäfts** vom Erklärenden **falsch bezeichnet** wurde. So liegt es etwa, wenn der Eigentümer zweier in derselben Straße liegenden Hausgrundstücke bei einem Verkaufsangebot die Hausnummern verwechselt. Es handelt sich dann nicht um einen Irrtum über Eigenschaften der verkauften Sache, sondern – weitergehend – über deren **Identität**. Hier ist (Kausalität vorausgesetzt) die Anfechtung wegen Inhaltsirrtums möglich.

---

[12] Flume § 23, 4 b (S. 459); Larenz/Wolf § 36 Rdnr. 32; MünchKomm/Kramer § 119 Rdnr. 76.

c) Irrtum über die Rechtsnatur des Geschäfts (error in negotio)

Jemand erklärt z.B., er wolle ein Auto **verleihen**, will aber in Wirklichkeit ein Entgelt dafür haben, also eigentlich erklären, dass er das Auto **vermieten** will. Wenn man nicht schon durch Auslegung (etwa aufgrund der Begleitumstände) ein Mietangebot annehmen kann, wird man einen Inhaltsirrtum unbedenklich bejahen[13]: Der Erklärende glaubte, mit den Worten „verleihen" eine entgeltliche Gebrauchsüberlassung anzubieten, irrte also über den **Sinn seiner Worte**.

d) Rechtsfolgeirrtum

Bereits der Irrtum über den Inhalt des Leihvertrags im soeben gebrauchten Beispiel ist ein Rechtsfolgeirrtum. Nicht jeder Irrtum über eine **Rechtsfolge**, die aus einem Rechtsgeschäft hervorgeht, kann jedoch als beachtlicher Inhaltsirrtum angesehen werden. Andernfalls erhielte die Irrtumsanfechtung einen zu weitgehenden, für den Geschäftspartner nicht zumutbaren Umfang. Verkauft jemand z.B. sein gebrauchtes Auto in der Meinung, er müsse bei Mängeln des Fahrzeugs auch ohne besondere Vereinbarung nur dann Ansprüche des Käufers befürchten, wenn ihm solche Mängel selbst bekannt waren, so irrte er zwar über gesetzliche Rechtsfolgen des Kaufvertrages, da wesentliche Rechte des Käufers bei Mängeln (Anspruch auf Nacherfüllung, Recht zum Rücktritt oder zur Minderung des Kaufpreises, §437 Nr.1 u.2) nicht von einer Kenntnis des Verkäufers vom Vorliegen des Mangels abhängig sind. Es handelt sich aber dabei nicht um einen Inhaltsirrtum, denn diese Rechtsfolgen sind nicht zum Inhalt der Erklärung (Abschluss eines Kaufvertrages) zu rechnen.

Die **Abgrenzung** bereitet im einzelnen erhebliche Schwierigkeiten. Das RG[14] hatte einen Fall zu beurteilen, in dem ein Grundstückseigentümer erklärt hatte, er bewillige die Löschung einer an erster Rangstelle entstandenen Eigentümergrundschuld. Diese Erklärung war (objektiv) so zu verstehen, dass damit die Aufgabe der Eigentümergrundschuld i.S. des §875 Abs.1 erklärt war. Der Wille des Eigentümers war aber nur darauf gerichtet, einer an dritter Rangstelle eingetragenen Hypothek den Vorrang einzuräumen. Er glaubte, dies mit seiner Erklärung zum Ausdruck zu bringen. Das RG bejahte hier einen zur Anfechtung berechtigenden Inhaltsirrtum[15]. Es grenzte danach ab[16], ob sich der Irrtum auf die wesentliche Bedeutung der abgegebenen Willenserklärung bezieht, und nahm einen Inhaltsirrtum dann an, wenn infolge Verkennung der rechtlichen Bedeutung ein Rechtsgeschäft erklärt wurde, das

---

[13] Ebenso MünchKomm/Kramer §119 Rdnr.74.
[14] RGZ 88, 278.
[15] Die Entscheidung ist aber nach wie vor umstritten. A.M. z.B. Flume §23, 4 d (S.468); MünchKomm/Kramer §119 Rdnr.81. Sie gehen davon aus, es sei sowohl die Aufhebung der Eigentümergrundschuld als auch das Vorrücken der an dritter Stelle eingetragenen Hypothek erklärt worden, und nehmen daher entweder Nichtigkeit der Erklärung wegen inhaltlicher Widersprüchlichkeit („Perplexität") oder Korrektur durch Auslegung im Sinne des Gewollten an.
[16] RGZ 88, 278, 284. Ebenso in RGZ 98, 136, 138f.

nicht die mit seiner Vornahme erstrebte, sondern eine davon **wesentlich verschiedene, nicht gewollte Rechtswirkung** hervorbringt. Dagegen ist eine Anfechtung nicht möglich, wenn ein Rechtsgeschäft außer der erstrebten Rechtswirkung noch andere, nicht erkannte und nicht gewollte Rechtswirkungen nach sich zieht.

623　Diese Abgrenzung[17] zwischen einem (relevanten) Irrtum über **wesentliche, zum Inhalt der Erklärung zu rechnende Rechtsfolgen** und dem nicht zur Anfechtung berechtigenden Irrtum über **Nebenfolgen** erscheint zutreffend. Da sie auf einer Bewertung der Bedeutung der Rechtsfolge für das Rechtsgeschäft beruht, sind freilich Unschärfen nicht zu vermeiden.

e) Kalkulationsirrtum

624　Mit dem Stichwort „Kalkulationsirrtum" werden Fälle bezeichnet, in denen sich der Erklärende bei der Berechnung der von ihm genannten Summe oder über einen Umstand, den er seiner Berechnung zugrunde legte, geirrt hat. Der Kalkulationsirrtum ist insofern ein Irrtum im Beweggrund, als die Willenserklärung erst das Ergebnis der (fehlerhaften) Kalkulation ist. Das Reichsgericht nahm gleichwohl an, ein Kalkulationsirrtum werde zum **Inhaltsirrtum**, wenn die Berechnung oder ihre Grundlage dem anderen Teil **mitgeteilt** oder doch für ihn bei den Vertragsverhandlungen deutlich gemacht worden sei. Es handle sich dann nicht bloß um innere Erwägungen, die der Erklärung vorangingen, sondern um einen Teil der Erklärung[18].

625　Die Zuordnung solcher Fälle zum Inhaltsirrtum ist vielfach kritisiert worden[19]. In der Tat macht die Mitteilung einer Motivation diese noch nicht zum Inhalt der Erklärung. Ein Teil der Fälle lässt sich durch **Auslegung** lösen. So mag es im **Rubelfall** (s. Fn. 18), in dem von einem falschen Kurswert ausgegangen wurde, sein, dass die Vereinbarung als Kaufvertrag zum wirklichen Tageskurs auszulegen ist, während der falsch angenommene Kurs demgegenüber zurücktritt. Man kann dann den entscheidenden Akzent auf den Erklärungsinhalt „Kauf zum Tageskurs" legen und die errechnete Summe entsprechend berichtigen[20]. Ist eine solche Auslegung nicht mög-

---

[17] Ebenso z.B. BAGE 57, 13, 17 = NZA 1988, 734.

[18] Diese Ansicht findet sich z.B. im berühmt gewordenen „Rubelfall" RGZ 105, 406: Der Kläger hatte dem Beklagten, der russischer Kriegsgefangener war, in Moskau zum Zweck der Heimreise 30 000 Sowjetrubel vorgestreckt. Der Beklagte stellte dafür Schuldscheine in Höhe von 7500 RM aus, da beide Parteien davon ausgingen, der Kurswert des Rubel betrage 0,25 RM. Nach dem tatsächlichen Kurswert hätten sich nur 300 RM errechnet. – Ferner RGZ 64, 266, 268; RGZ 116, 15, 17. BGH LM § 119 BGB Nr. 21 kennzeichnet die Rechtsprechung des RG (ohne eigene Stellungnahme) als Anerkennung eines „erweiterten Inhaltsirrtums".

[19] Kritisch zur Rechtsprechung des Reichsgerichts z.B. Larenz/Wolf § 36 Rdnr. 70ff., der sich für eine differenzierte Behandlung ausspricht: teils Auslegung, teils Fehlen der subjektiven Geschäftsgrundlage, teils unbeachtlicher Motivirrtum. Auch nach Medicus Rdnr. 757ff., 762 bildet der Kalkulationsirrtum keine eigene Irrtumskategorie; vielmehr seien die Fälle unterschiedlich zu behandeln.

[20] Der Wille beider Teile ging hier ersichtlich dahin, der Beklagte solle verpflichtet sein, den tatsächlichen Gegenwert der erhaltenen Rubel in RM zurückzuzahlen. So auch Larenz/Wolf

lich, so handelt es sich, wenn beide Seiten von der falschen Kalkulation ausgingen, um einen Fall des **Fehlens der subjektiven Geschäftsgrundlage**, § 313 Abs. 2[21]. Man spricht auch von einem „beiderseitigen Motivirrtum". Die Auswirkungen müssen dann unter Berücksichtigung von Treu und Glauben beurteilt werden. Ist eine den beiderseitigen Interessen gerecht werdende Anpassung des Vertrags möglich, so gilt der Vertrag nach § 313 Abs. 1 mit diesem Inhalt; andernfalls ist die durch den wahren Tageskurs benachteiligte Partei berechtigt, sich durch Rücktritt vom Vertrag zu lösen, § 313 Abs. 3 Satz 1.

Der **BGH** greift im Bereich des Kalkulationsirrtums nicht auf die Irrtumsanfechtung zurück, sondern hebt hervor, es handle sich um **Motivirrtümer**, die grundsätzlich in den **Risikobereich des Erklärenden** fallen. Dies gilt auch dann, wenn der Erklärungsempfänger den Kalkulationsirrtum hätte erkennen können[22]. Nach der neueren Rechtsprechung des BGH[23] sind die Vorschriften über die Irrtumsanfechtung selbst dann nicht anzuwenden, wenn der Erklärungsempfänger den Kalkulationsirrtum positiv erkannt hat. Jedoch kann hier, je nach Sachlage, eine Haftung des Erklärungsempfängers unter dem Gesichtspunkt des Verschuldens beim Vertragsschluss eingreifen, wenn er nach Treu und Glauben verpflichtet gewesen wäre, den anderen Teil auf den Kalkulationsfehler hinzuweisen, oder es kann in der Berufung auf die Wirksamkeit des falsch kalkulierten Angebots eine unzulässige Rechtsausübung liegen[24].

IV. Der Eigenschaftsirrtum

Fall 21: Der Kunsthändler Bildmann in München verkauft an Gewandt ein Ölgemälde für 5000 €. Im Kaufvertrag war angegeben, das Bild stamme von Frank Duveneck (einem von Wilhelm Leibl beeinflussten amerikanischen Maler des 19./20. Jahrhunderts). Das Bild soll nach Eingang des Kaufpreises an den Käufer versandt werden. Bevor es dazu kommt, stellt ein Fachmann fest, dass das Werk von dem Maler Wilhelm Leibl stammt, der in München tätig war. Vergleichbare Bilder von Wilhelm Leibl werden mit etwa 25 000 € bewertet. Bilder von Frank Duveneck erzielen in den USA ähnliche Preise. Als Bildmann von der Sachlage hört, ärgert er sich; denn von einem Bild von Leibl hätte er sich nicht so leicht getrennt. Er ficht daher den Verkauf an und lehnt es ab, das Bild an Gewandt zu liefern. Mit Recht?

---

§ 36 Rdnr. 75; Medicus, Bürgerliches Recht, Rdnr. 154; Flume § 26, 4 a (auch zu den Rechtsfolgen, falls die Schuldscheine als abstrakte Schuldversprechen anzusehen waren).

[21] So etwa die Lösung des BGH in LM § 119 BGB Nr. 8 = MDR 1960, 580 auf der Basis der Lehre von der Geschäftsgrundlage. Im Gesetz (§ 313) ist dieses Rechtsinstitut erst seit der Schuldrechtsreform 2001 (s. Rdnr. 116 f.) verankert.

[22] Vgl. BGH NJW-RR 1995, 1360.

[23] BGHZ 139, 177 = NJW 1998, 3192 = JZ 1999, 365 = LM § 119 BGB Nr. 36 (mit Anmerkung Berger) = JR 1999, 153 (mit Anm. F. Peters) = JuS 1999, 79 (mit Anm. Emmerich) = JA 1999, 89 (mit Anm. Schöpflin). – Dazu krit. Singer JZ 1999, 342, der eine Erweiterung der Irrtumsanfechtung vorschlägt.

[24] BGHZ 139, 177 (vorige Fn.).

1. Rechtliche Einordnung

627 Die Willenserklärung des Bildmann in Fall 21, er wolle das Bild zu einem bestimmten Preis verkaufen, beruht auf den Vorstellungen, die sich der Verkäufer über die Eigenschaften des Bildes gemacht hat. So gesehen handelt es sich um einen Motivirrtum. § 119 Abs. 2 erklärt aber derartige Irrtümer für erheblich, wenn sie sich auf **verkehrswesentliche Eigenschaften der Person oder der Sache** beziehen. Nach h.M.[25] stellt § 119 Abs. 2 eine – wichtige – Ausnahme vom Grundsatz der Unbeachtlichkeit des Motivirrtums dar.

628 Diese Einordnung des § 119 Abs. 2 ist allerdings in der Literatur umstritten. Vor allem Flume[26], dem andere Autoren[27] gefolgt sind, vertritt die Ansicht, der Eigenschaftsirrtum sei nur beachtlich, wenn sich **das Rechtsgeschäft auf die Eigenschaft beziehe**, sei es nach ausdrücklicher Bestimmung durch die Parteien oder aufgrund des Geschäftstyps. Den „eigentlichen" Grund für die Beachtlichkeit des Eigenschaftsirrtums sieht Flume[28] nicht in dem Irrtum, sondern in der Tatsache, dass die Sache oder die Person hinsichtlich einer Eigenschaft nicht dem Rechtsgeschäft entspricht.

629 Im Fall 21 wäre diese Voraussetzung erfüllt, da das Bild als ein von Duveneck stammendes Gemälde verkauft wurde. Würde es sich dagegen um eine lediglich einseitige, im Rechtsgeschäft nicht zum Ausdruck gekommene Vorstellung des Verkäufers handeln, so wäre nach der Auffassung Flumes kein Anfechtungsrecht nach § 119 Abs. 2 gegeben.

630 Gegen diese Lehre vom „**geschäftlichen Eigenschaftsirrtum**" spricht, dass man sich auf dies Weise beträchtlich vom Inhalt des Gesetzes entfernt, das einerseits den (einseitigen) Irrtum in den Vordergrund stellt und andererseits die Verkehrswesentlichkeit der Eigenschaft genügen lässt, also nicht geradezu verlangt, dass sich das Rechtsgeschäft auf die Eigenschaft bezieht. Zuzugeben ist, dass die Lehre Flumes die Interessen des Gegners des Irrenden stärker berücksichtigt, da er eine Anfechtung aufgrund einer rein internen Fehlvorstellung des Erklärenden nicht hinnehmen muss. Dem Interessenausgleich dient aber der Anspruch des Anfechtungsgegners auf Ersatz des Vertrauensschadens nach § 122. Im übrigen ist auch die Rechtsprechung mit Erfolg bemüht, die Anfechtbarkeit in Grenzen zu halten, indem der Wert selbst oder Umstände, die sich nur mittelbar auf die Wertschätzung auswirken, nicht als Eigenschaften anerkannt werden. Dagegen will Flume[29] ohne solche Einschränkungen auskommen, und allein danach entscheiden, ob sich das Rechtsgeschäft auf den fraglichen Umstand bezieht. – Zur Anfechtbarkeit von **Verfügungsgeschäften** nach § 119 Abs. 2 s. Rdnr. 655.

---

[25] So z.B. Larenz/Wolf Rdnr. 48; Brox Rdnr. 370.
[26] Flume § 24.
[27] Z.B. Medicus Rdnr. 770; Pawlowski Rdnr. 543.
[28] Flume § 24, 2 b (S. 478).
[29] Flume § 24, 2 d (S. 481).

2. a) Eigenschaft

631 Den Begriff der Eigenschaft legt die Rechtsprechung seit langem recht weit aus und beschränkt ihn nicht etwa auf die unmittelbare körperliche Struktur. Vielmehr versteht man unter Eigenschaften sowohl die **natürliche (physische) Beschaffenheit** als auch die **tatsächlichen, rechtlichen und wirtschaftlichen Beziehungen einer Sache zur Umwelt**, die infolge ihrer Beschaffenheit und Dauer die Brauchbarkeit und den Wert der Sache beeinflussen[30]. Kürzer kann man von **wertbildenden Faktoren** sprechen. Dazu gehören neben den chemischen und physikalischen Merkmalen einer Sache (z.B. Größe, Gewicht, Zusammensetzung) auch wirtschaftliche und rechtliche Verhältnisse wie die Bebaubarkeit eines Grundstücks. Das Eigentum an einer Sache rechnet der BGH[31] dagegen nicht zu den Eigenschaften, weil der Wert oder die Brauchbarkeit davon nicht beeinflusst werden. Zu den Eigenschaften einer Person gehören deren Alter und Geschlecht, aber auch deren Sachkunde oder die Vertrauens- und Kreditwürdigkeit.

632 Die Rechtsprechung verlangt aber, dass diese Umstände **den Gegenstand selbst kennzeichnen** und sich nicht bloß mittelbar auf die Bewertung auswirken[32]. So ist z.B. in der wirtschaftlichen Ertragsfähigkeit eines Grundstücks keine Eigenschaft einer Hypothek oder Grundschuld zu sehen, mit der dieses Grundstück belastet ist[33].

633 Der Irrtum muss sich auf wertbildende Faktoren beziehen. Dagegen ist der **Irrtum über den Preis oder den Wert** der Sache selbst nach ganz h.M. **kein Eigenschaftsirrtum** i.S. des § 119 Abs. 2[34]. Dies mag auf den ersten Blick überraschen, ist doch der Wert bzw. der übliche Preis oft geradezu der wichtigste Aspekt, auf den es beim Abschluss eines Rechtsgeschäfts ankommt. Jedoch würde die Anfechtung viel zu weit reichen, wenn man sie schon bei einem derartigen Irrtum eingreifen ließe. Das Risiko, den üblichen Preis oder den Wert einer Sache richtig einzuschätzen, muss jede Partei selbst tragen.

b) „Sache"

634 Bei der Auslegung des § 119 Abs. 2 ist eine terminologische Unsauberkeit zu beachten. Das Gesetz spricht von „Sache", und nach § 90 sind darunter nur körperliche Gegenstände zu verstehen. Es ist aber nicht einzusehen, warum bei nicht körperlichen Gegenständen, insbesondere Rechten, keine Anfechtung wegen Eigenschaftsirrtum möglich sein soll. Daher wird allgemein der Begriff Sache in § 119 Abs. 2 im Sinne von „Gegenstand" ausgelegt und umfasst daher nicht nur **körperliche Sachen**, sondern auch **Rechte**. So kommt eine Anfechtung etwa beim Kauf einer Forderung in Betracht, wenn sich der Käufer über die Fälligkeit der Forderung irrte;

---

[30] BGHZ 34, 32, 41 = NJW 1961, 772, 775; BGHZ 67, 134, 136 = NJW 1976, 1888.
[31] BGHZ 34, 32, 41f. = NJW 1961, 772, 775; str.
[32] RGZ 149, 235, 238; BGHZ 16, 54, 57. – A.M. MünchKomm/Kramer § 119 Rdnr. 103.
[33] RGZ 149, 235, 238.
[34] BGHZ 16, 54, 57; BGH NJW 1988, 2597, 2598.

denn diese stellt eine wesentliche Eigenschaft der Forderung dar. Erst recht würde dies etwa bei einem Irrtum über den Nennbetrag der Forderung gelten.

c) Verkehrswesentlichkeit der Eigenschaft; Kausalität des Irrtums

635 Maßgebend ist, ob einer Eigenschaft nach der **Verkehrsanschauung** für das **konkrete Rechtsgeschäft** wesentliche Bedeutung zukommt. Die Verkehrswesentlichkeit ist also nicht abstrakt zu beurteilen, sondern hängt auch vom Typ des Rechtsgeschäfts und von Inhalt und Zweck des konkreten Geschäfts ab. So kommt die bereits erwähnte Vertrauens- oder Kreditwürdigkeit einer Person als wesentliche Eigenschaft der Person nur bei Kreditgeschäften in Betracht, dagegen in aller Regel nicht bei Barzahlung.

636 Auch der Irrtum über wesentliche Eigenschaften berechtigt nur dann zur Anfechtung, wenn die **Ursächlichkeit** der Fehlvorstellung i.S. des § 119 Abs. 1, zweite Hälfte gegeben ist. Dies folgt daraus, dass der Eigenschaftsirrtum nach § 119 Abs. 2 als Inhaltsirrtum „gilt". Allerdings ergibt sich die Ursächlichkeit (bei verständiger Würdigung, wie sie das Gesetz vorsieht) in der Regel schon aus der Verkehrswesentlichkeit der Eigenschaft.

3. Vorrang der Sachmängelhaftung

637 Erhebliche Bedeutung haben die Konkurrenzfragen. Nach bislang h.M.[35] ist beim Kaufvertrag die **Anfechtung wegen Eigenschaftsirrtums durch den Käufer ausgeschlossen**, soweit die **besonderen Bestimmungen über Sachmängel** (jetzt §§ 434ff.) eingreifen. Das Hauptargument für diese Ansicht lag darin, dass das Gesetz in § 477 Abs. 1 Satz 1 aF eine bewusst kurze Verjährung der Gewährleistungsansprüche vorsah (bei beweglichen Sachen nur sechs Monate), die nicht durch eine Anwendung der Irrtumsanfechtung mit der wesentlich großzügigeren zeitlichen Begrenzung des § 121 unterlaufen werden sollte. Zwar muss nach § 121 Abs. 1 Satz 1 die Anfechtung unverzüglich erfolgen, aber erst, wenn der Erklärende seinen Irrtum festgestellt hat, während die kurzen Verjährungsfristen des § 477 aF unabhängig davon liefen, ob der Käufer den Sachmangel erkannt hatte. Durch die Schuldrechtsreform 2001 wurden die Verjährungsfristen für die Mängelansprüche erheblich verlängert, bei beweglichen Sachen z.B. auf zwei Jahre, § 438 Abs. 1 Nr. 3 (s. Rdnr. 1147). Dadurch hat die Differenz zwischen Verjährungsfrist und Ausschluss der Irrtumsanfechtung an praktischer Bedeutung verloren. Andererseits ist die Verjährungsfrist für Mängelansprüche weiterhin von der Kenntnis des Mangels unabhängig; sie beginnt mit der Übergabe des verkauften Grundstücks bzw. mit der Ablieferung der Sache, § 438 Abs. 2. Die Zulassung der Anfechtung wegen Eigenschaftsirrtums könnte also bei spät erlangter Kenntnis von dem Sachmangel immer noch mit den Intentionen des Gewährleistungsrechts kollidieren. Ein weiteres Argument gegen die Irrtumsanfechtung durch den Käufer, das von der Reform unberührt blieb, ergibt sich aus § 442

---

[35] BGHZ 16, 54, 57; BGHZ 34, 32, 33f. = NJW 1961, 772, 773.

§ 9 Die Anfechtung wegen Irrtums und unrichtiger Übermittlung

Abs. 1 Satz 2 (inhaltlich mit § 460 Satz 2 aF übereinstimmen). Nach dieser Vorschrift bestehen (abgesehen von arglistigem Verschweigen des Verkäufers oder Übernahme einer Garantie) keine Gewährleistungsansprüche des Käufers, wenn diesem der Sachmangel aufgrund grober Fahrlässigkeit unbekannt blieb, während eine Anfechtung wegen Eigenschaftsirrtums gleichwohl möglich wäre. Die Wertung des § 442 Abs. 1 Satz 2 könnte also durch Zulassung der Anfechtung beiseite geschoben werden. Insgesamt erscheint es daher auch nach der Schuldrechtsreform 2001 angemessen, bei Vorliegen eines Sachmangels die **Gewährleistungsansprüche als vorrangige Spezialvorschriften** anzusehen, die ein Anfechtungsrecht des Käufers nach § 119 Abs. 2 ausschließen[36].

Streitig ist, ob die Anfechtung durch den Käufer wegen Irrtums über einen Sachmangel schon dann ausgeschlossen ist, wenn **noch kein Gefahrübergang** (im Regelfall durch Übergabe der verkauften Sache, § 446 Satz 1) eingetreten ist. Dafür[37] spricht die erwähnte Argumentation aus § 442 Abs. 1 Satz 2. Die vom BGH bevorzugte Gegenmeinung verweist darauf, dass die Gewährleistungsansprüche vor Gefahrübergang in der Regel noch nicht geltend gemacht werden können. Aber selbst wenn dies ausnahmsweise in Betracht kommt (bei einem unbehebbaren Mangel), lässt der BGH[38] bis zum Gefahrübergang die Irrtumsanfechtung zu, da die Unbehebbarkeit des Mangels zweifelhaft sein könne und das Interesse des Verkäufers an rascher Abwicklung durch eine Anfechtung in dieser Phase nicht berührt werde.

638

Bei der Anwendung der Regel vom Vorrang des Sachmängelrechts ist Vorsicht geboten. Die Irrtumsanfechtung durch den **Käufer** ist nicht etwa generell ausgeschlossen. So bleibt die Anfechtung nach § 119 Abs. 1 wegen Inhaltsirrtums oder Irrtums in der Erklärungshandlung unberührt. Eine Anfechtung nach § 119 Abs. 2 durch den Käufer ist ferner möglich, wenn sich der Irrtum auf verkehrswesentliche Eigenschaften bezieht, deren Fehlen keinen Sachmangel i.S. des § 434 darstellt[39].

639

Die Anfechtung durch den **Verkäufer** wegen eines Irrtums über eine verkehrswesentliche Eigenschaft der verkauften Sache wird dagegen durch die Vorschriften über die Sachmängel nicht ausgeschlossen, da diese nicht die Rechtsbehelfe des Verkäufers regeln. Jedoch kann der Verkäufer von seinem Anfechtungsrecht dann nicht Gebrauch machen, wenn er sich dadurch seiner Haftung wegen des Sachmangels gegenüber dem Käufer entziehen würde[40].

640

---

[36] So auch die Begründung zum Schuldrechtsmodernisierungsgesetz, Bundestagsdrucks. 14/6040, S. 210; Lorenz/Riehm, Lehrbuch zum neuen Schuldrecht, Rdnr. 573 (S. 310). – A.M. Musielak, Grundkurs BGB, 7. Aufl., Rdnr. 600.

[37] So Larenz, Schuldrecht II 1, 13. Aufl., § 41 II e (S. 74 f.); Medicus, Bürgerliches Recht, Rdnr. 345; Lorenz/Riehm aaO Rdnr. 573 (S. 311). Die Begründung zum Schuldrechtsmodernisierungsgesetz aaO (vorige Fn.) überlässt die Frage der Rechtsprechung, erklärt es aber für naheliegend, die Anfechtung bereits vor Gefahrübergang für ausgeschlossen zu halten.

[38] BGHZ 34, 32 = NJW 1961, 772.

[39] BGHZ 78, 216, 218 = NJW 1981, 224 (zum Irrtum über das Alter eines gebrauchten Mähdreschers, worin der BGH keinen Fehler i.S.v. § 459 Abs. 1 aF sah).

[40] Der BGH hält unter dieser Voraussetzung die Anfechtung für einen Rechtsmissbrauch, BGH LM § 119 Nr. 29 = NJW 1988, 2597.

Lösung zu Fall 21[41]:

641 Der Anspruch des Gewandt gegen Bildmann auf Lieferung des Bildes aus § 433 Abs. 1 Satz 1 könnte durch die Anfechtungserklärung des Verkäufers entfallen sein. Die Anfechtung nach 119 Abs. 2, die hier in Betracht kommt, ist, da es um die Anfechtung durch den Verkäufer Bildmann geht, nicht durch die Sachmängelvorschriften ausgeschlossen. Darüberhinaus werden vom Käufer Gewandt auch keine Gewährleistungsansprüche gestellt, die Bildmann etwa durch eine Anfechtung in unzulässiger Weise zunichte machen würde.

642 Eine verkehrswesentliche Eigenschaft i.S. des § 119 Abs. 2 liegt nicht im Preis oder Wert einer Sache. Bildmann kann also nicht deshalb anfechten, weil er sich über den Wert des Bildes geirrt hat. Jedoch ist als Eigenschaft des Bildes die Urheberschaft anzusehen. Nach der Verkehrsauffassung ist dies auch eine wesentliche Eigenschaft. Zweifeln könnte man an der Kausalität dieses Irrtums. Aber auch wenn in den USA für Duveneck-Bilder vergleichbare Preise erzielt werden, entspricht es nicht nur der subjektiven Sicht des Bildmann, sondern auch einer verständigen Würdigung des Falles, sich in München wegen des lokalen Bezuges nicht zu einem so niedrigen Preis von dem Leibl-Bild zu trennen. Damit greift die Irrtumsanfechtung durch. Der Kaufvertrag ist nach § 142 Abs. 1 nichtig und Bildmann ist nicht verpflichtet, das Gemälde an Gewandt herauszugeben und zu übereignen.

V. Die unrichtige Übermittlung einer Willenserklärung

643 § 120 stellt die unrichtige Übermittlung einer Willenserklärung einem Fall des Irrtums des Erklärenden nach § 119 gleich, weil auch hier die Erklärung, so wie sie beim Empfänger ankommt, nicht vom Willen des Erklärenden getragen wird. Es muss sich um die bloße **Übermittlung einer fremden Erklärung** handeln, d.h. der Dritte muss als Erklärungswerkzeug (**Erklärungsbote**) eingeschaltet sein. Die Vorschrift greift z.B. dann ein, wenn der Text eines Telegramms durch ein Versehen des übermittelnden Postangestellten verändert wird.

644 Anders ist es dagegen, wenn die dazwischengeschaltete Person **Stellvertreter des Erklärenden** ist. In diesem Fall gibt der Stellvertreter die Willenserklärung ab, und dies hat zur Folge, dass es für die Anfechtbarkeit allein darauf ankommt, ob in der Person des Vertreters ein relevanter Irrtum vorliegt (§ 166 Abs. 1), näher s. Rdnr. 859.

645 Bei einer von der Übermittlungsperson **erfundenen** oder **bewusst verfälschten Erklärung** wendet die h.M.[42] ebenfalls nicht § 120, sondern die §§ 177 ff. analog an. Danach bedarf es keiner Anfechtung, und wenn der „Erklärende" die Erklärung nicht etwa genehmigt, haftet der „Bote" selbst nach § 179. Der Fall wird damit genauso behandelt, als ob sich jemand überhaupt ohne Auftrag als Bote eines anderen ausgegeben hat.

646 § 120 greift auch nicht ein, wenn der Empfänger eine Hilfsperson einschaltet (**Empfangsbote**) und diese die Erklärung verfälscht. Hier gilt vielmehr die Willenser-

---

[41] Dazu BGH LM § 119 BGB Nr. 29 = NJW 1988, 2597 (Vorbild des – vereinfachten – Falles).

[42] Köhler § 7 Rdnr. 22; Larenz/Wolf § 36 Rdnr. 26. – A.M. Marburger AcP 173 (1973), 137 ff., 157; Medicus Rdnr. 748, die § 120 auch hier anwenden, weil der Auftraggeber die Gefahr der absichtlichen Falschübermittlung geschaffen habe.

klärung so, wie sie dem Empfangsboten zugegangen ist; das Risiko einer unrichtigen Weiterleitung durch den Empfangsboten trägt der Empfänger[43].

VI. Die Durchführung der Anfechtung

1. Anfechtungserklärung

Das Anfechtungsrecht als **Gestaltungsrecht** ist durch eine Willenserklärung des **Anfechtungsberechtigten** gegenüber dem **Anfechtungsgegner** auszuüben, § 143 Abs. 1. Die Anfechtung erfolgt somit durch einseitiges empfangsbedürftiges Rechtsgeschäft. Anfechtungsgegner ist bei **Verträgen**, also im praktisch häufigsten Fall, der Vertragspartner, § 143 Abs. 2. Bei mehrseitigen Verträgen, z.B. einem vom Vermieter mit mehreren Mietern einer Wohnung abgeschlossenen Mietvertrag, muss die Anfechtung gegenüber allen Vertragspartnern erfolgen[44].

Soll eine **einseitige empfangsbedürftige Willenserklärung** angefochten werden, so hat dies gegenüber dem Empfänger der Erklärung (z.B. einer Kündigung) zu geschehen, § 143 Abs. 3 Satz 1. Zur Anfechtung einer Vollmacht s. Rdnr. 844ff. Bei einer einseitigen nicht empfangsbedürftigen Willenserklärung ist Anfechtungsgegner jeder, der unmittelbar einen rechtlichen Vorteil erlangt hat, § 143 Abs. 4 Satz 1[45].

Die **Anfechtungserklärung** braucht nicht den Ausdruck „anfechten" zu enthalten. Es muss aber unzweideutig der Wille zum Ausdruck gebracht werden, das Rechtsgeschäft wegen des Willensmangels rückwirkend zu beseitigen[46]. Dazu werden im allgemeinen Formulierungen genügen, man wolle sich von dem Rechtsgeschäft lossagen, es vernichten oder widerrufen. Umstritten ist, ob in der Anfechtungserklärung der **Anfechtungsgrund** angegeben werden muss. Man sollte zumindest verlangen, dass für den Empfänger der Anfechtungserklärung der Anfechtungsgrund erkennbar ist. Nur dann ist es auch konsequent, ein Nachschieben eines anderen Anfechtungsgrundes nach Ablauf der Anfechtungsfrist abzulehnen[47].

2. Anfechtungsfrist

Nach § 121 Abs. 1 Satz 1 hat die Anfechtung **unverzüglich** nach Kenntnis vom Anfechtungsgrund zu erfolgen. Unverzüglich bedeutet **ohne schuldhaftes Zögern**, wie hier im Wege einer gesetzlichen Definition festgelegt wird. Das bedeutet nicht, dass

---

[43] MünchKomm/Kramer § 120 Rdnr. 6.
[44] BGHZ 96, 302, 309f. = NJW 1986, 918.
[45] Die praktische Bedeutung dieser Variante ist gering; man könnte etwa an die Anfechtung einer Aufgabe des Eigentums an einer beweglichen Sache (§ 959) denken. – Zu Willenserklärungen gegenüber einer Behörde s. § 143 Abs. 3 Satz 2, Abs. 4 Satz 2.
[46] BGHZ 91, 324, 331f. = NJW 1984, 2279; BGH LM § 119 Nr. 34 = NJW-RR 1995, 859; LM § 121 Nr. 3.
[47] So BGH NJW 1966, 39 = LM § 143 Nr. 4 für den Fall, dass die Anfechtung zunächst auf arglistige Täuschung, später auf einen Inhaltsirrtum gestützt wurde. Ob die Anfechtungserklärung mit einer Begründung verbunden sein muss, ließ der BGH dagegen offen.

sofort im strengen Sinne des Wortes angefochten werden müsste; vielmehr kann der Anfechtungsberechtigte eine (kurze) Zeitspanne zur Überlegung oder auch zur Einholung rechtlicher Beratung in Anspruch nehmen.

651 Die gesetzliche Regelung berücksichtigt das Interesse des Gegners an rascher Klarheit über die Rechtslage. Es soll also dem Anfechtungsberechtigten nicht möglich sein, erst einmal spekulativ abzuwarten. Eine **rechtzeitige Absendung** der Anfechtung genügt, § 121 Abs. 1 Satz 2. Eine Verzögerung zwischen Absendung und Zugang ist also unschädlich. Wirksam wird die Anfechtung aber gleichwohl erst mit dem Zugang der Erklärung an den Anfechtungsgegner[48].

652 Nach 10 Jahren[49] ist die **Anfechtung generell ausgeschlossen**, auch wenn der Irrtum bis dahin unentdeckt geblieben war, § 121 Abs. 2.

653 Einen Sonderfall stellt die **Anfechtung eines Arbeitsvertrags** durch den Arbeitgeber wegen Irrtums über eine verkehrswesentliche Eigenschaft des Arbeitnehmers (§ 119 Abs. 2) dar. Sie kann nach der Rechtsprechung[50] längstens[51] innerhalb von zwei Wochen nach Kenntnis der maßgebenden Tatsachen erfolgen, und zwar entsprechend § 626 Abs. 2, da Anfechtung und Kündigung aus wichtigem Grund hier austauschbar sein können, so dass sonst die Gefahr einer Umgehung des § 626 Abs. 2 besteht[52].

VII. Die Wirkungen der Anfechtung

Fall 22: A verschreibt sich und bietet dem B 1000 Stück Scharniere zu 350 € statt zu 550 € an. B nimmt das Angebot an, und die Scharniere werden geliefert. Als A seinen Irrtum bemerkt, erklärt er die Anfechtung des Vertrages.
a) Welche Ansprüche bestehen zwischen A und B?
b) B könnte die Scharniere für 600 € weiterverkaufen. Er verlangt von A Ersatz des Schadens von 250 €, der ihm durch die Anfechtung entstehe. Mit Recht?
c) B hatte wegen des günstigen Angebots des A zu 350 € ein anderes Angebot des C zu 450 € ausgeschlagen, das nun für ihn nicht mehr greifbar ist. Statt dessen muss B jetzt für den Posten Scharniere 500 € bezahlen. Ergibt sich hieraus ein Schadensersatzanspruch gegen A?

1. Rückwirkende Nichtigkeit der angefochtenen Willenserklärung

654 Nach § 142 Abs. 1 ist das angefochtene Rechtsgeschäft **von Anfang an** (ex tunc) als **nichtig** zu betrachten, also so, als ob es nicht abgeschlossen worden wäre. Es können daher aus einem angefochtenen schuldrechtlichen Vertrag keine weiteren Ansprüche mehr hergeleitet werden. Soweit aufgrund des angefochtenen schuldrechtli-

---
[48] Jauernig § 121 Rdnr. 3.
[49] Die bislang geltende Höchstfrist von dreißig Jahren wurde durch das Schuldrechtsmodernisierungsgesetz 2001 auf zehn Jahre verkürzt.
[50] BAGE 32, 237 = NJW 1980, 1302.
[51] Die Anfechtungsfrist kann aber auch kürzer zu bemessen sein, BAG NJW 1991, 2723, 2726.
[52] Die Anfechtung wirkt bei einem in Vollzug gesetzten Arbeitsvertrag nur ex nunc (s. Rdnr. 656), kommt also in der Wirkung einer fristlosen Kündigung gleich.

§ 9 Die Anfechtung wegen Irrtums und unrichtiger Übermittlung   654 – 656

chen Vertrags bereits eine Leistung erfolgt ist, entfällt durch die Anfechtung der Rechtsgrund für die Leistung. Der Leistende erlangt auf diese Weise einen **bereicherungsrechtlichen Anspruch** auf Rückgabe nach § 812 Abs. 1 Satz 2[53].

Im Beispielsfall ist B durch Übereignung (§ 929) Eigentümer der Scharniere geworden. Daran ändert die Anfechtung des schuldrechtlichen Vertrages (Kaufvertrages) aufgrund des Abstraktionsprinzips nichts: Die Anfechtung des Kausalgeschäfts (Verpflichtungsgeschäfts) lässt das Erfüllungsgeschäft (Verfügungsgeschäft) grundsätzlich unberührt. Anders wäre es freilich, wenn bei der Übereignung ebenfalls ein Anfechtungsgrund vorliegen würde. Wenn sich etwa bei einem wirksamen Kaufvertrag über ein Radiogerät bestimmter Art der Verkäufer vergreift und dem Kunden die falsche Schachtel mit einem wesentlich teureren Modell aushändigt, so ist die Übereignung selbst nach § 119 Abs. 1, 2. Alt. anfechtbar. Außerdem gibt es Fälle, in denen ein und derselbe Willensmangel sowohl dem Verpflichtungs- als auch dem Erfüllungsgeschäft anhaftet. Bei einer solchen **Fehleridentität**[54] sind sowohl das Verpflichtungsgeschäft als auch das Erfüllungsgeschäft anfechtbar. Irrt z. B. der Verkäufer über eine verkehrswesentliche Eigenschaft der verkauften Sache und hält dieser Irrtum bei der Erfüllung des Vertrages an, so sind sowohl der Kaufvertrag als auch die Übereignung der Sache nach § 119 Abs. 2 anfechtbar. Jedenfalls ist dies der Standpunkt der h. M.[55] In diesen Fällen führt die Anfechtung der Übereignung zu einem Herausgabeanspruch des Leistenden nach § 985.

655

Die rückwirkende Vernichtung des angefochtenen Rechtsgeschäfts stößt auf Schwierigkeiten, wenn der Vertrag bisher als wirksam betrachtet wurde und bereits in größerem Umfang Rechtsfolgen ausgelöst hat. Daher wird bei Anfechtung eines **Arbeitsvertrages,** bei dem der Arbeitnehmer seine Tätigkeit bereits aufgenommen hat, anstelle einer rückwirkenden Vernichtung nur die Möglichkeit einer Auflösung mit Wirkung für die Zukunft (ex nunc) angenommen[56]. Ähnliches gilt, wenn die Anfechtung einen **Gesellschaftsvertrag** betrifft und die Gesellschaft bereits ins Leben getreten ist. Auch hier kommt nur eine Auflösung für die Zukunft in Betracht. Bei der Gesellschaft des Bürgerlichen Rechts bedarf es dazu einer außerordentlichen

656

---

[53] Überwiegend ordnet man die Anfechtung als nachträglichen Wegfall des rechtlichen Grundes ein, so Palandt/Thomas § 812 Rdnr. 77; MünchKomm/Lieb § 812 Rdnr. 148. Wegen der rückwirkenden Nichtigkeit kann man aber auch einen Fall des anfänglichen Fehlens des rechtlichen Grundes (§ 812 Abs. 1 Satz 1) annehmen; das Ergebnis ist regelmäßig dasselbe.

[54] Dazu Jauernig JuS 1994, 721, 724; Haferkamp Jura 1998, 511.

[55] So z. B. Medicus Rdnr. 233; Flume § 24, 4 (S. 489); Staudinger/Roth § 142 Rdnr. 22. Auch in BGH LM § 119 Nr. 29 (zu I.) = NJW 1988, 2597 (vgl. oben Fall 21) war das Berufungsgericht von der Anfechtbarkeit des Erfüllungsgeschäfts und daher der grundsätzlichen Anwendbarkeit des § 985 ausgegangen; dies wurde vom BGH (s. aaO zu II 3 a) nicht beanstandet. – Man kann allerdings bezweifeln, ob es dem Sinn des Abstraktionsprinzips nicht besser entsprechen würde, die Anfechtung nach § 119 Abs. 2 auf das Verpflichtungsgeschäft zu beschränken, dafür mit ausführlicher Begründung Stadler, Gestaltungsfreiheit und Verkehrsschutz durch Abstraktion (1996), S. 177 ff.; Grigoleit AcP Bd. 199 (1999), 379, 403; im Ergebnis ähnlich Haferkamp, Jura 1998, 511, 513.

[56] BAG NJW 1958, 516; MünchKomm/Mayer-Maly/Busche § 142 Rdnr. 16; Zöllner/Loritz, Arbeitsrecht, 5. Aufl. (1998), § 11 II 1 b.

Kündigung (§ 723 Abs. 1 Satz 2 und 3), bei der OHG (§ 133 HGB) und der GmbH (§ 61 GmbHG) einer Auflösungsklage[57].

657 Schwierigkeiten können sich ergeben, wenn über den anfechtbar erworbenen Gegenstand bereits weiter verfügt wurde. § 142 Abs. 2 stellt insoweit die **Kenntnis** oder das **Kennenmüssen der Anfechtbarkeit** der Kenntnis oder dem Kennenmüssen der Nichtigkeit gleich. Ein gutgläubiger Erwerb nach § 892 oder nach § 932 scheitert also dann, wenn der Erwerber wusste (bzw. im Fall des § 932 grob fahrlässig nicht wusste), dass der an ihn Verfügende selbst lediglich anfechtbar erworben hat. Der Dritterwerber musste in einem solchen Fall damit rechnen, dass durch Anfechtung die Berechtigung seines Verfügungspartners wegfällt.

658 In diesem Zusammenhang gewinnt auch die auf den ersten Blick befremdliche Frage Bedeutung, ob auch ein **nichtiges Rechtsgeschäft angefochten werden kann**. Dies wird von der ganz h.M.[58] bejaht, da die kumulative Anwendung der Rechtsfolgen von Nichtigkeit und Anfechtung durchaus sinnvoll ist und nicht etwa Gründe der Logik entgegenstehen. Der Schulfall hierzu sieht etwa so aus: Ein beschränkt Geschäftsfähiger wurde durch arglistige Täuschung zu einer Verfügung (Übereignung) über eine ihm gehörende bewegliche Sache (ohne Zustimmung des gesetzlichen Vertreters) veranlasst. Der Erwerber veräußert die Sache an einen Dritten weiter, dem zwar die Täuschung, nicht aber die beschränkte Geschäftsfähigkeit bekannt ist. Die beschränkte Geschäftsfähigkeit allein würde also den gutgläubigen Erwerb durch den Dritten nicht hindern. Wird aber die erste Übereignung nach § 123 angefochten[59], so scheitert ein gutgläubiger Erwerb des Dritten wegen dessen Kenntnis von der Täuschung an § 932 Abs. 2 i.V.m. § 142 Abs. 2.

2. Verpflichtung des Anfechtenden zum Ersatz des Vertrauensschadens

659 Das Recht, eine Erklärung wegen Irrtums in den Fällen des § 119 anzufechten, begünstigt das Interesse des Erklärenden, der sich von seiner nicht gewollten Erklärung auf diese Weise wieder lösen kann. Damit wird aber der andere Teil benachteiligt, der zunächst von der Wirksamkeit der Erklärung ausgehen konnte. Zum Ausgleich gibt § 122 dem **Anfechtungsgegner** einen **Schadensersatzanspruch gegen den Anfechtenden.** Die Ersatzpflicht ist unabhängig davon, ob der Irrtum vom Erklärenden verschuldet war oder nicht. Es handelt sich um einen Fall der **Vertrauens-** oder **Anscheinshaftung**[60]. Konsequenter Weise entfällt die Haftung, wenn der Gegner die Anfechtbarkeit kannte oder fahrlässig nicht kannte, § 122 Abs. 2. So ist es z.B. denk-

---

[57] BGHZ 3, 285, 289f. = NJW 1952, 97.
[58] Flume § 31, 6 (S. 566f.); Palandt/Heinrichs Überblick vor § 104 Rdnr. 35. Diese Ansicht geht zurück auf einen berühmt gewordenen Aufsatz von Kipp „Über Doppelwirkungen im Recht, insbesondere über die Konkurrenz von Nichtigkeit und Anfechtbarkeit", in: Festschrift für von Martitz (1911) 211ff. – Einschränkend MünchKomm/Mayer-Maly/Busche § 142 Rdnr. 11.
[59] Nach Flume § 31, 6 (S. 567) im Anschluss an Oellers AcP Bd. 169 (1969), 67, 70 ist dazu eine besondere Anfechtung nicht nötig; ebenso wohl Medicus Rdnr. 729f.
[60] Larenz/Wolf § 36 Rdnr. 127.

bar, dass sich durch ein Verschreiben des Anbietenden ein so ungewöhnlicher Preis ergibt, dass der Empfänger das Versehen erkennen musste.

Wichtig ist die Beschränkung des Schadensersatzanspruchs aus § 122 auf den **Vertrauensschaden**. Gleichbedeutend ist der Ausdruck **negatives Interesse**. Im Gegensatz dazu steht der Erfüllungsschaden (das positive Interesse). Die Abgrenzung bereitet zuweilen Schwierigkeiten. Daher sollte man sich die folgenden Definitionen einprägen (auch wenn sie sprachlich nicht gerade elegant erscheinen mögen):

Begriff des Vertrauensschadens: Der Berechtigte ist so zu stellen, wie er stehen würde, wenn er nicht auf die Wirksamkeit des Rechtsgeschäfts vertraut hätte.

Begriff des Erfüllungsschadens: Der Berechtigte ist so zu stellen, wie er stehen würde, wenn der Vertrag ordnungsgemäß erfüllt worden wäre.

Seit der Schuldrechtsreform 2001 (s. Rdnr. 116f.) verwendet das Gesetz den Begriff **Schadensersatz statt der Leistung** (so z.B. in § 280 Abs. 3, § 281 Abs. 1, §§ 282 bis 284). Dieser Begriff stimmt mit dem Erfüllungsschaden (Schadensersatz wegen Nichterfüllung) überein[61].

Zum **Vertrauensschaden** gehören vor allem Aufwendungen, die im Hinblick auf den Vertrag gemacht wurden und sich nun als nutzlos erweisen, nicht dagegen der entgangene Gewinn aus dem angefochtenen Vertrag (das wäre der Erfüllungsschaden), wohl aber der Gewinn, den man aus einem anderen, ausgeschlagenen Geschäft erzielt hätte.

Der Vertrauensschaden wird immer nur bis zu der **Grenze** ersetzt, die sich aus dem Betrag des **Erfüllungsschadens** ergibt, § 122 Abs. 1 a.E. Der Anfechtungsgegner soll nicht besser gestellt werden, als er bei Wirksamkeit des Rechtsgeschäfts stünde. Ging jemand z.B. davon aus, er habe seinen Lastkraftwagen für einen Tag zu einem Mietpreis von 300 € wirksam vermietet und lehnte er deswegen ein späteres, sogar auf 400 € lautendes Angebot eines anderen Interessenten ab, so kann nach Anfechtung des Mietvertrags durch den Mieter nur Vertrauensschaden in Höhe von 300 € verlangt werden (wobei davon ausgegangen wird, dass nun für diesen Tag überhaupt keine Vermietung mehr möglich ist).

Lösung zu Fall 22:

a) Das Verschreiben stellt einen Irrtum in der Erklärungshandlung dar, § 119 Abs. 1, 2. Alt., und berechtigt den A zur Anfechtung. Aufgrund der Anfechtung ist der Kaufvertrag von Anfang an als nichtig anzusehen, § 142 Abs. 1. Damit besteht kein Anspruch des A gegen B auf Zahlung des Kaufpreises. Es kommt aber ein Anspruch auf Herausgabe der Scharniere in Betracht. Dieser könnte sich aus § 985 ergeben. Jedoch bleibt aufgrund des Abstraktionsprinzips die Übereignung der gelieferten Scharniere (§ 929) durch A an B von der Anfechtung des Kaufvertrages unberührt; denn bei dem Rechtsgeschäft Übereignung liegt kein Anfechtungsgrund vor (kein Fall der Fehleridentität). B ist also Eigentümer der Scharniere geworden; ein Anspruch aus § 985 ist nicht gegeben. Jedoch steht A der Anspruch aus § 812 Abs. 1 Satz 2 (Wegfall des rechtlichen Grundes) auf Herausgabe (Besitzverschaffung und Rückübereignung) zu.

b) Ein Anspruch des B gegen A auf Schadensersatz könnte sich aus § 122 Abs. 1 ergeben. Da-

---

[61] Lorenz/Riehm (Fn. 36) Rdnr. 207.

nach ist aber nur der Vertrauensschaden (das negative Interesse) zu ersetzen. Der von B hier geltend gemachte Schaden stellt jedoch den Erfüllungsschaden dar. Den Gewinn von 250 € hätte B gemacht, wenn A den Vertrag ordnungsgemäß erfüllt hätte. Dieser Erfüllungsschaden wird nicht von § 122 erfasst.

667 c) Hier liegt dagegen ein Vertrauensschaden in Höhe von 50 € vor. Hätte B sich nicht auf den Vertrag mit A verlassen, so hätte er das Angebot des C angenommen und wäre damit gegenüber der jetzigen Lage um 50 € besser gestanden. Somit hat B aus § 122 Abs. 1 einen Anspruch auf Zahlung von 50 € gegen A.

§ 9 Die Anfechtung wegen Irrtums und unrichtiger Übermittlung

Kontrollfragen und Fälle zu § 9

1) Worin liegt der Unterschied zwischen der Nichtigkeit und der Anfechtbarkeit eines Rechtsgeschäfts?

2) Das Anfechtungsrecht ist ein .... recht.

3) Welche Irrtumsarten sind in § 119 geregelt?

4) Wie lautet die Merkformel zum Irrtum in der Erklärungshandlung?

5) Was ist unter der Eigenschaft einer Sache i.S.v. § 119 Abs. 2 zu verstehen?

6) Billig wollte dem Schnell per Telefax 40 000 l Heizöl zum Preis von 48 Cent pro Liter anbieten. Durch einen Fehler einer Angestellten des Billig wird aber ein Preis von 38 Cent übermittelt. Schnell nimmt das Angebot an. Als sich vor der Lieferung das Versehen herausstellt, sagt sich Billig sogleich vom Verkauf los. Schnell besteht aber auf Lieferung, zumindest auf Schadensersatz, weil er für das Öl nun 46 Cent pro Liter zahlen muss. Zum Zeitpunkt des Vertragsschlusses mit Billig hätte Schnell die Lieferung von Dreier für 43 Cent pro Liter erhalten können. Welchen Anspruch hat Schnell gegen Billig?

7)* Maier hat von seiner Tante eine Schale geerbt, die in der Familie immer als die vergoldete Schale bezeichnet wurde. Er verkauft die Schale an Huber zu einem für ein vergoldetes Stück angemessenen Preis. Huber stellt nachträglich fest, dass die Schale aus echtem Gold besteht. Er verkauft sie an Schön weiter, dem er erklärt, wieso er die Schale besonders günstig erhalten hat. Später erfährt Maier von seinem Irrtum. Er erklärt dem Huber empört, dass er den Verkauf anfechte, und verlangt die Schale von Schön zurück. Ist der Herausgabeanspruch begründet?

Lösungen

668 1) Ein nichtiges Rechtsgeschäft entfaltet von Anfang an keine Rechtsfolgen. Dagegen ist ein anfechtbares Rechtsgeschäft zunächst wirksam. Erst durch Anfechtung werden die Rechtsfolgen – rückwirkend – beseitigt, § 142 Abs. 1.

669 2) Das Anfechtungsrecht ist ein Gestaltungsrecht.

670 3) § 119 regelt in Abs. 1, 2. Alt. den Irrtum in der Erklärungshandlung (auch als Erklärungsirrtum bezeichnet), in Abs. 1, 1. Alt. den Inhaltsirrtum und in Abs. 2 den Eigenschaftsirrtum.

671 4) Der Irrtum in der Erklärungshandlung (§ 119 Abs. 1, 2. Alt.) umfasst die Fälle des Versprechens, Verschreibens und Vergreifens.

672 5) Unter einer Eigenschaft versteht man sowohl die natürliche (physische) Beschaffenheit als auch die tatsächlichen, rechtlichen und wirtschaftlichen Beziehungen einer Sache zur Umwelt, die infolge ihrer Beschaffenheit und Dauer die Brauchbarkeit und den Wert der Sache beeinflussen.

673 6) a) Der Anspruch des Schnell auf Lieferung aus § 433 Abs. 1 Satz 1 ist entfallen, wenn der Kaufvertrag durch Anfechtung nichtig geworden ist, § 142 Abs. 1. Da die Angestellte die Erklärung unrichtig übermittelt hat, kommt eine Anfechtung nach § 120 i.V.m. § 119 in Betracht. Bei Kenntnis von dem Übermittlungsfehler und bei verständiger Würdigung würde Billig die Erklärung so nicht abgegeben haben. Damit ist ein Anfechtungsgrund gegeben. Die sofort nach Kenntnis vom Irrtum und damit unverzüglich (§ 121 Abs. 1 Satz 1) erfolgte „Lossagung" durch Billig gegenüber Schnell genügt auch den Anforderungen an eine Anfechtungserklärung (§ 143 Abs. 1 und 2). Somit besteht kein Lieferungsanspruch.

674 b) Jedoch kommt ein Schadensersatzanspruch des Schnell gegen Billig aus § 122 Abs. 1 in Betracht. Der Sachverhalt ergibt keine Hinweise darauf, dass Schnell den Anfechtungsgrund kannte oder hätte erkennen können (§ 122 Abs. 2), zumal sich der übermittelte Preis nicht in extremer Weise von den sonst üblichen Preisen unterschied. Zu ersetzen ist der Vertrauensschaden (negatives Interesse). Zu dessen Bestimmung muss man fragen, wie Schnell stehen würde, wenn er sich nicht auf diese Erklärung verlassen hätte. Er hätte dann von Dreier für 43 Cent pro Liter gekauft, während er nun 46 Cent pro Liter zu zahlen hätte. Damit beträgt der Vertrauensschaden insgesamt 1 200 €. Dagegen kann Schnell nicht verlangen, so gestellt zu werden, wie er bei ordnungsgemäßer Erfüllung stehen würde (Erfüllungsschaden – dieser würde 46 minus 38 Cent, also 8 Cent pro Liter, insgesamt 3 200 € betragen).

675 7) Der Herausgabeanspruch des Maier gegen Schön ist nach § 985 begründet, wenn Maier weiterhin Eigentümer der Schale ist. Er hat zunächst das Eigentum durch Einigung und Übergabe (§ 929 Satz 1) an Huber verloren. Huber hat seinerseits nach § 929 Satz 1 wirksam an Schön weiter übereignet. Aufgrund seines Irrtums über eine verkehrswesentliche Eigenschaft der Sache (§ 119 Abs. 2) kann Maier aber die Übereignung an Huber anfechten. Die Anfechtung durch den Verkäufer ist nicht durch die Sachmängelvorschriften des Kaufrechts ausgeschlossen. Es liegt hier auch kein Sachmangel vor, so dass die Anfechtung nicht dazu führen kann, dem Käufer die Sachmängelansprüche zu entziehen. Aufgrund der unverzüglich und gegenüber dem richtigen Erklärungsgegner erklärten Anfechtung ist die Übereignung durch Maier an Huber als von Anfang an nichtig anzusehen, § 142 Abs. 1. Daher stellt sich nun die Übereignung durch Huber an Schön als Übereignung durch einen Nichteigentümer dar. Schön könnte das Eigentum nur kraft guten Glaubens nach § 932 erworben haben. Zum Zeitpunkt des Erwerbs wusste Schön nicht, dass Huber nicht Eigentümer war und er handelte dabei auch nicht grob fahrlässig (§ 932 Abs. 2) – Huber war ja zu diesem Zeitpunkt Eigentümer. Jedoch kannte Schön die Umstände, aus denen sich die Anfechtbarkeit der Übereignung von Maier an Huber ergab. Er wird daher nach § 142 Abs. 2 so behandelt, wie wenn er die Nichtigkeit dieser Übereignung gekannt hätte. Damit ist Huber im Sinne des § 932 Abs. 2 bösgläubig und hat das

Eigentum nicht erlangt. Ihm steht auch kein Recht zum Besitz (§ 986) gegenüber Maier zu, da der mit Huber geschlossene Kaufvertrag wegen seiner nur relativen Wirkung keine Rechte gegenüber Maier zur Folge hat. Damit ist der Herausgabeanspruch begründet.

§ 10 Die Anfechtung wegen arglistiger Täuschung und Drohung

I. Die arglistige Täuschung als Anfechtungsgrund

Fall 23: Groß verkauft dem Klein ein Grundstück zum Quadratmeterpreis von 130 €.
a) Als Klein wegen der Höhe des Preises zögert, behauptet Groß, in letzter Zeit seien einige Kaufverträge über vergleichbare Grundstücke sogar zu einem Quadratmeterpreis von 150 € abgeschlossen worden. Groß hat davon zwar keinerlei Kenntnis, hält dergleichen aber für gut möglich. In Wirklichkeit wurden in keinem Fall mehr als 110 € erzielt. Kann Klein den Kaufvertrag anfechten?
b) Wie ist es, wenn Groß genau weiß, dass der in vergleichbaren Fällen bezahlte Preis bei lediglich 110 € lag, aber bei den Vertragsverhandlungen davon nichts sagt?
c) Klein nahm zur Finanzierung des Kaufvertrages ein Darlehen bei der X-Bank in Höhe von 100 000 € auf, wobei Groß ihn darauf hingewiesen hatte, dass die X-Bank günstige Konditionen biete. Kann Klein auch den Kreditvertrag anfechten, wenn der Kaufvertrag wegen arglistiger Täuschung durch Groß anfechtbar ist?

1. Grundgedanke

Wer durch eine **Täuschung zu einer Willenserklärung bewogen** wird, ist in seiner Willensbildung und damit auch in seiner Entscheidung nicht wirklich frei. Daher erscheint in solchen Fällen die Bindung des Getäuschten an seine Erklärung nicht gerechtfertigt. Der Erklärungsempfänger, der getäuscht hat, verdient keinen Schutz. Als Rechtsfolge hat der Gesetzgeber auch in § 123 Abs. 1 die **Anfechtbarkeit**, nicht die Nichtigkeit der Willenserklärung vorgesehen, um dem Getäuschten die Wahlmöglichkeit zu geben, ob er es bei dem Rechtsgeschäft belassen oder dessen Nichtigkeit herbeiführen will.

2. Voraussetzungen (Anfechtungsgrund)

Eine **Täuschung** liegt vor, wenn ein **Irrtum erregt, bestärkt oder unterhalten wird**, der sich auf **Tatsachen** bezieht. Dagegen handelt es sich nicht um eine Täuschung, wenn allgemeine Anpreisungen zum Ausdruck gebracht werden, mögen sie auch im Vergleich mit den üblichen Einschätzungen übertrieben sein. **Arglist** setzt voraus, dass der Handelnde weiß oder für möglich hält, dass er die Unwahrheit sagt. Ferner muss die Täuschung in dem Bewusstsein erfolgen, dass der andere dadurch motiviert wird und ohne den Irrtum möglicherweise anders handeln würde. Ein Bewusstsein der Schädigung ist dagegen nicht erforderlich. Arglistig ist auch eine Täuschung „in wohlmeinender Absicht"[1], da es dem Erklärenden überlassen bleiben muss, wie er seine Interessen wahren will. Wenn dagegen aufgrund tatsächlicher Veränderungen, die nachträglich, aber vor *Abgabe* der Anfechtungserklärung erfolgt sind, die Rechtslage des Getäuschten nicht mehr beeinträchtigt ist, so steht der Anfechtung

---
[1] MünchKomm/Kramer § 123 Rdnr. 9; Erman/Palm § 123 Rdnr. 30. – A.M. BGH LM § 123 Nr. 9; Palandt/Heinrichs § 123 Rdnr. 11.

§ 10 Die Anfechtung wegen arglistiger Täuschung und Drohung   677 – 680

der Einwand der unzulässigen Rechtsausübung (§ 242) entgegen². Selbst der gute Glaube des Täuschenden an die Richtigkeit seiner Angaben braucht Arglist nicht auszuschließen. In einem vom BGH entschiedenen Fall hatte der Verkäufer eines Gebäudes die „Streitfreiheit" **ins Blaue hinein versichert**, obwohl seit Jahren ein Streit mit der Stadt über die Einleitung von Grundwasser aus dem Keller in das Kanalnetz bestand. Der Verkäufer hatte alles einer Hausverwaltungsfirma überlassen, war also selbst über den Rechtsstreit nicht informiert. Gleichwohl nahm der BGH³ mit Recht eine arglistige Täuschung an, da der Erklärende bewusst verschwiegen hatte, dass ihm jegliche Kenntnis zur sachgemäßen Beurteilung des von ihm Behaupteten fehlte.

Die Täuschung muss **kausal** für die abgegebene Erklärung sein, also den Entschluss zur Willenserklärung wenigstens mitbestimmt haben. Dabei genügt eine subjektive Kausalität, da die Freiheit der Willensentschließung geschützt wird. Im Gesetz kommt dies dadurch zum Ausdruck, dass in § 123 Abs. 1 anders als in § 119 Abs. 1 **nicht auf die verständige Würdigung des Falles abgestellt** wird. An der Kausalität fehlt es dagegen, wenn derjenige, der getäuscht werden soll, die wahre Sachlage kennt⁴.   678

3. Täuschung durch Tun oder Unterlassen

Die arglistige Täuschung erscheint im allgemeinen unproblematisch, wenn der Irrtum durch eine ausdrückliche unzutreffende Erklärung des Täuschenden, also durch positives Tun, hervorgerufen wurde. Eine arglistige Täuschung kann aber auch durch **Unterlassen**, d.h. durch **Verschweigen von Tatsachen** erfolgen, wenn der Schweigende erkennen kann, dass diese Tatsachen für den Entschluss des anderen relevant sind. Allerdings setzt die arglistige Täuschung durch Unterlassen voraus, dass eine **Pflicht zur Aufklärung** besteht. Es gibt keine allgemeine Verpflichtung, den Geschäftspartner über sämtliche Umstände aufzuklären, die auf dessen Entschließung Einfluss haben könnten. Im Gegenteil wird man sagen müssen, dass im großen und ganzen jeder selbst für die notwendigen Informationen zu sorgen und gegebenenfalls gezielte Fragen zu stellen hat. Jedoch kann sich eine Aufklärungspflicht aus einem bereits bestehenden Vertrag, aber auch aus einem besonderen Vertrauensverhältnis, allgemeiner aus Treu und Glauben unter Berücksichtigung der Verkehrssitte⁵ ergeben.   679

So nahm der BGH in einem Fall, in dem es unter Mitberechtigten um die Ablösung eines Anteils an Urheberrechten gegen 10 000 DM ging, an, aufgrund der langen und intensiven Geschäftsbeziehungen sowie der persönlichen, freundschaftli-   680

---

² BAG NJW 2000, 2894 (maßgeblich ist der Zeitpunkt der Abgabe, nicht erst des Zugangs der Anfechtungserklärung).
³ BGH NJW 1980, 2460.
⁴ BAG NJW 2001, 1885 (falsche Beantwortung der Frage nach einer Schwerbehinderung des Arbeitnehmers, die aber für den Arbeitgeber offensichtlich war).
⁵ BGH NJW 2001, 3331, 3332 (zum Abschluss eines Bürgschaftsvertrags).

chen Beziehungen zwischen den Geschäftspartnern könne sich die Verpflichtung ergeben, den anderen darüber zu informieren, dass für das Urheberrecht bereits Angebote Dritter in Höhe von 8,3 Millionen DM vorlagen[6]. Oft handelt es sich um Grenzfälle zwischen einer Täuschung durch Erklärung oder durch Unterlassen einer Aufklärung. So bejahte der BGH eine Offenbarungspflicht über die Einzelheiten eines Unfalls, als ein wenig benutzter, äußerlich neuwertiger Wagen zu einem hohen Preis verkauft wurde. Der Verkäufer hatte von einer „Beschädigung beim Zurücksetzen" gesprochen, aber verschwiegen, dass der Wagen über eine 6 m hohe Böschung rückwärts in einen Fluss gestürzt war[7]. Weitergehend verlangt die Rechtsprechung, dass beim Gebrauchtwagenverkauf der Verkäufer einen Unfall, den er kennt oder mit dessen Vorliegen er jedenfalls rechnet, in der Regel auch ungefragt einem Käufer mitteilt, wenn es sich nicht lediglich um Bagatellschäden handelt[8].

4. Keine arglistige Täuschung bei unzulässigen Fragen

681 Während in den zuletzt genannten Fällen sogar das Schweigen, die Unterlassung einer gebotenen Information, als arglistige Täuschung gewertet wird, gibt es umgekehrt auch Sachverhalte, bei denen **trotz einer bewusst falschen Antwort** auf eine bei den Vertragsverhandlungen gestellte Frage die **Anfechtbarkeit zu verneinen** ist. Dies gilt dann, wenn die gestellte **Frage ihrerseits unzulässig** war, weil sie etwa einen Eingriff in das allgemeine Persönlichkeitsrecht des anderen darstellt. Man könnte einwenden, daraus erwachse für den anderen kein Recht zur Lüge; er könne sich mit der Verweigerung einer Auskunft hinreichend schützen. Doch muss er dann in Kauf nehmen, einen an sich erwünschten Vertrag nicht abschließen zu können. Die Problematik wurde vor allem im Arbeitsrecht viel diskutiert. Wie ist es, wenn eine Bewerberin um einen Arbeitsplatz im Rahmen eines von ihr auszufüllenden Fragebogens auch gefragt wird, ob sie derzeit schwanger ist, und diese Frage bewusst wahrheitswidrig verneint? Nachdem der Europäische Gerichtshof[9] entschieden hatte, der Arbeitgeber verstoße gegen das Diskriminierungsverbot, wenn er die Einstellung einer geeigneten Bewerberin wegen einer bestehenden Schwangerschaft ablehne, stellte das BAG[10] fest, dann müsse man in aller Regel[11] schon die Frage nach der Schwangerschaft als unzulässig ansehen, da sie auf eine geschlechtsspezifische Diskriminierung von Bewerberinnen hinauslaufe. Selbst eine bewusst wahrheitswidri-

---

[6] BGH MDR 1979, 730 – Daktari Filmserie.
[7] BGH MDR 1955, 26.
[8] BGHZ 63, 382, 386f. = NJW 1975, 642, 644; BGH NJW-RR 1987, 436, 437 (beide Entscheidungen zu § 463 Satz 2 aF).
[9] EuGH NJW 1991, 628.
[10] BAG NJW 1993, 1154 unter Aufgabe von BAG NJW 1987, 397 (damals hatte das BAG nur dann einen Verstoß gegen das Verbot einer geschlechtsbezogenen Diskriminierung angenommen, wenn sich auch männliche Interessenten beworben hatten).
[11] Anders ist es ausnahmsweise, wenn die Frage nach einer bestehenden Schwangerschaft wegen der besonderen Gefahren des Arbeitsplatzes objektiv dem Schutz der Bewerberin und des ungeborenen Kindes dient, BAG NJW 1994, 148.

ge Antwort auf diese unzulässige Frage stelle daher keine arglistige Täuschung dar und begründe kein Recht des Arbeitgebers zur Anfechtung des Arbeitsvertrages. Da nur auf diese Weise ein wirksamer Schutz vor Diskriminierung zu erreichen ist, muss man der Bewerberin ein Recht zur falschen Antwort zugestehen – es fehlt also, dogmatisch betrachtet, an der Rechtswidrigkeit der Täuschung[12]. Ähnlich ist es bei der Frage nach Vorstrafen eines Bewerbers. Diese Frage ist nach der Rechtsprechung des BAG[13] nur zulässig, wenn und soweit die Art des zu besetzenden Arbeitsplatzes es erfordert, und nur dann begründet die wahrheitswidrige Antwort ein Recht des Arbeitgebers zur Anfechtung des Arbeitsvertrages nach § 123.

5. Täuschung durch Dritte

Die Wertung, auf der § 123 beruht, setzt voraus, dass der Empfänger der Erklärung (Anfechtungsgegner) die Täuschung vorgenommen hat oder dass sie ihm zumindest zurechenbar ist. Eine **Täuschung durch einen Dritten** rechtfertigt daher nach § 123 Abs. 2 Satz 1 bei empfangsbedürftigen Willenserklärungen[14] die Anfechtung nur, wenn der **Erklärungsempfänger** von der Täuschung **wusste** oder **fahrlässigerweise** davon keine Kenntnis hatte. Letzteres folgt aus der Formulierung „kennen musste", deren Legaldefinition (auf Fahrlässigkeit beruhende Unkenntnis) sich in § 122 Abs. 2 findet.

Zu § 123 Abs. 2 sollte man sich eine ungeschriebene (oft auch in Klausurfällen abgefragte) Ausnahme einprägen, die aus der Zweckrichtung der Vorschrift folgt. Wenn die Täuschung zwar nicht durch den Vertragspartner, aber durch dessen Stellvertreter erfolgte, z.B. durch den Angestellten, der mit dem Kaufabschluss beauftragt war, so muss sich der Vertragspartner diese Täuschung stets zurechnen lassen, auch wenn er sie nicht kannte oder kennen musste. Darin liegt eine einschränkende Interpretation des § 123 Abs. 2 Satz 1: Ein Stellvertreter, aber darüber hinaus auch ein **sonstiger Gehilfe des Erklärungsempfängers** (des Vertragspartners) beim Vertragsabschluß oder ein mit Wissen und Wollen des Vertragspartners in dessen Pflichtenkreis tätig gewordener **Vermittler**[15], ist **nicht Dritter** i.S. der genannten Bestimmung[16]. Entscheidend ist, ob die Mittelsperson mit Willen des Erklärungsempfängers in die Verhandlungen eingeschaltet wurde[17]. Die Merkformel „ein Vertreter ist

---

[12] Die Rechtswidrigkeit der Täuschung ist zwar im Text des § 123 Abs. 1 nicht ausdrücklich angesprochen, aber als ungeschriebene (im Regelfall gegebene) Voraussetzung der Anfechtbarkeit anzusehen, vgl. MünchKomm/Kramer § 123 Rdnr. 10 mwN.
[13] BAGE 91, 349 = NJW 1999, 3653 (im konkreten Fall – es ging um die Einstellung in den Polizeivollzugsdienst – erklärte das BAG sowohl die Frage nach Vorstrafen als auch nach laufenden Ermittlungsverfahren für zulässig).
[14] Zur Reichweite dieser Einschränkung Windel AcP Bd. 199 (1999), 421f.
[15] BGH NJW 2001, 358.
[16] Vgl. BGH NJW 1962, 2195 unter Hinweis auf § 278, dessen Grundgedanke – Zurechnung des Gehilfenverhaltens – auch im Rahmen des § 123 berücksichtigt wird.
[17] Vgl. BGH NJW 1979, 193: Verkauf eines Folienschweißgeräts und Abschluss eines Kreditvertrags mit der Bank unter der Vorspiegelung, mit Hilfe dieses Gerätes könne man Einnah-

kein Dritter i.S. von §123 Abs.2" bedeutet natürlich nicht (gelegentlich ist dieser Anfängerfehler anzutreffen), dass dann keine Anfechtung möglich wäre, weil §123 Abs.2 nicht eingreift. Vielmehr bedeutet diese Aussage gerade umgekehrt, dass immer die Anfechtung durchgreift, weil eben die Verhaltensweise des Gehilfen wie eigenes Verhalten des Geschäftspartners i.S.v. §123 Abs.1 zu behandeln ist.

684 Eine besondere Situation, an der vier **Personen beteiligt** sind, betrifft §123 Abs.2 Satz 2. Die Vorschrift greift z.B. ein, wenn durch einen (sog. echten) Vertrag zugunsten Dritter (§328 Abs.1) für einen Dritten ein Anspruch begründet wird, etwa für den C ein Anspruch auf die Versicherungsleistung aus einem zwischen dem Versicherungsnehmer A und der Versicherung B abgeschlossenen Lebensversicherungsvertrag. Wenn nun ein „Vierter" (D) einen der Vertragspartner (A oder B) durch arglistige Täuschung zum Vertragsschluss bewegt, so ist die Willenserklärung dem C gegenüber (s. §143 Abs.2, 2. Halbsatz) anfechtbar, wenn C die Täuschung durch D kannte oder kennen musste.

685 Problematisch ist die Anwendung des §123 Abs.2 bei der **Schuldübernahme**, wenn diese vom bisherigen Schuldner durch eine arglistige Täuschung gegenüber dem neuen Schuldner herbeigeführt wurde. Wurde die Schuld gemäß §414 vom **neuen Schuldner** durch **Vertrag mit dem Gläubiger** übernommen, so ist der täuschende Altschuldner am Rechtsgeschäft nicht beteiligt, also Dritter i.S.v. §123 Abs.2 Satz 1. Die Anfechtung der Schuldübernahme muss gegenüber dem Gläubiger als Empfänger der Willenserklärung des Neuschuldners erfolgen und ist nur begründet, wenn der Gläubiger die arglistige Täuschung kannte oder fahrlässig nicht kannte.

686 Anders ist es aber, jedenfalls nach Ansicht des BGH[18], wenn die Schuldübernahme gemäß §415 Abs.1 Satz 1 **zwischen dem neuen Schuldner und dem bisherigen Schuldner vereinbart** wurde und durch Genehmigung seitens des Gläubigers Wirksamkeit erlangt. Hier gibt der neue Schuldner seine auf Schuldübernahme gerichtete Willenserklärung gegenüber dem arglistig täuschenden Altschuldner ab, und damit muss zum einen die Anfechtung gegenüber dem Altschuldner erfolgen und zum anderen liegt kein Fall einer Täuschung durch einen Dritten vor. Da der Erklärungsempfänger (der Altschuldner) selbst getäuscht hat, ist weder §123 Abs.2 Satz 1 noch Satz 2 einschlägig, und daher kommt es nicht darauf an, ob der Gläubiger die Täuschung kannte oder kennen musste; die Anfechtung wirkt in jedem Fall auch gegenüber ihm. Kritische Stimmen[19] wenden ein, die Interessenlage sei im Grunde nicht anders als bei einer Schuldübernahme in der Form des §414, so dass auch hier die Anfechtung nur dann gegenüber dem Gläubiger wirken könne, wenn er von der Täuschung Kenntnis hatte oder sie fahrlässig nicht kannte.

---

men durch Heimarbeit erzielen. Der Vertreter der Verkäuferfirma stellte zugleich Darlehensantragsformulare zur Verfügung.

[18] BGHZ 31, 321 = NJW 1960, 621.

[19] So z.B. Medicus Rdnr. 800; Schlechtriem, Schuldrecht, Allgemeiner Teil, 4. Aufl., Rdnr. 622; MünchKomm-Kramer §123 Rdnr. 25. Manche, so Medicus und Kramer aaO, stützen sich dabei auch auf eine analoge Anwendung des §417 Abs. 2.

In einem gewissen, wenn auch nicht zwingenden Zusammenhang damit steht die **687** Frage, wie die Schuldübernahme in der Art des § 415 Abs. 1 rechtlich zu konstruieren ist. Während der BGH der sog. **Verfügungstheorie** folgt (in der Vereinbarung zwischen Alt- und Neuschuldner liegt eine Verfügung durch Nichtberechtigte über die Forderung, die durch Genehmigung des Gläubigers wirksam wird), sieht die sog. **Angebotstheorie** in der Mitteilung an den Gläubiger (die nach § 415 Abs. 1 Satz 2 nötig ist, damit der Gläubiger genehmigen kann) ein Vertragsangebot des neuen Schuldners an den Gläubiger, und hierauf bezogen ist dann der täuschende Altschuldner wieder Dritter i.S.v. § 123 Abs. 2 Satz 1. – Zur **Vertragsübernahme** s. Fälle und Kontrollfragen zu § 10, Fall 5.

Lösung zu Fall 23:

a) An der arglistigen Täuschung könnte man zweifeln, weil Groß nicht positiv weiß, dass seine Angaben unzutreffend sind, sondern sie sogar für möglich hält. Groß erweckt aber durch seine Erklärung zugleich den Eindruck, er habe genaue Kenntnisse, und er weiß auch, dass seine Äußerung für die Willensbildung des Klein mitentscheidend ist. Deshalb ist seine „ins Blaue hinein" abgegebene Erklärung als arglistig i.S. des § 123 Abs. 1 anzusehen. Der Kaufvertrag ist somit anfechtbar. **688**

b) Wenn Groß nichts über den in vergleichbaren Fällen erzielten Kaufpreis sagt, so kommt nur eine arglistige Täuschung durch Unterlassen in Betracht. Dies setzt aber voraus, dass Groß zur Aufklärung verpflichtet gewesen wäre. Eine derartige Pflicht kann sich aus Treu und Glauben unter Berücksichtigung der Verkehrssitte ergeben. Gerade über den angemessenen Preis muss sich aber grundsätzlich jeder Vertragschließende selbst informieren. Man kann auch nach der Verkehrssitte nicht erwarten, dass der Verkäufer von sich aus seine Kenntnisse über die sonst erzielten Preise offenbart. Damit ist hier der Anfechtungsgrund nach § 123 Abs. 1 nicht gegeben. **689**

c) Die arglistige Täuschung, die zum Abschluss des Kaufvertrages geführt hat, war zugleich kausal für den Abschluss des Darlehensvertrages mit der X-Bank. Da aber die X-Bank selbst nicht getäuscht hat, ist eine Anfechtung des Darlehensvertrages nach § 123 Abs. 2 Satz 1 nur möglich, wenn sie die Täuschung durch Groß kannte oder kennen musste, also fahrlässiger Weise nicht kannte (§ 122 Abs. 2). Dafür enthält der Sachverhalt aber keine Anhaltspunkte. Anders wäre es, wenn man Groß im Verhältnis zur X-Bank nicht als Dritten i.S. des § 123 Abs. 2 Satz 1 anzusehen hätte. Dritter ist nicht, wer als Vertreter des Anfechtungsgegners den Vertrag abgeschlossen hat oder jedenfalls mit dessen Wissen und Wollen bei den Vertragsverhandlungen tätig geworden ist. Auch darüber sagt der Sachverhalt jedoch nichts. Dass Groß den Klein besonders auf die X-Bank und deren günstige Konditionen hingewiesen hat, genügt nicht, um sein Handeln der Bank zuzurechnen. Der Darlehensvertrag ist somit nicht anfechtbar. **690**

II. Die Drohung als Anfechtungsgrund

Fall 24: Frau Beck schuldet dem Bankhaus Specht die Rückzahlung eines Darlehens von 15 000 €, das sie im wesentlichen zum Kauf von Möbeln und Geräten für die eheliche Wohnung verwendet hat. Als das Darlehen nicht fristgerecht zurückgezahlt wird, schreibt die Bank an den Ehemann der Frau Beck, wenn er nicht die Bürgschaft für die Summe übernehme, werde sie

a) einen Mahn- und Vollstreckungsbescheid gegen Frau Beck erwirken und so rasch wie möglich vollstrecken,

b) Frau Beck wegen einer der Bank bekannten Steuerhinterziehung anzeigen.
Herr Beck übernimmt daraufhin die Bürgschaft. Kann er sich durch Anfechtung wieder davon lösen?

691 § 123 Abs. 1 nennt neben der arglistigen Täuschung auch die widerrechtliche Bestimmung durch eine Drohung als Anfechtungsgrund. Unter einer **Drohung** ist die Ankündigung eines zukünftigen Übels zu verstehen, das der Drohende herbeiführen kann oder auf dessen Eintritt er jedenfalls Einfluss zu haben vorgibt[20]. Die Ausnutzung einer seelischen Zwangslage ohne eine solche Ankündigung genügt dagegen nicht[21]. Das angekündigte Übel kann den Erklärenden selbst betreffen oder auch eine ihm nahestehende dritte Person. Während durch eine Drohung i.S.v. § 123 Abs. 1 ein **psychischer Druck** ausgeübt wird (man spricht lat. von **vis compulsiva**), liegt bei körperlichem Zwang, etwa wenn die Hand eines anderen samt Schreibgerät gewaltsam geführt wird (lat. **vis absoluta** genannt), mangels Handlungswillens des Opfers (s. Rdnr. 313) von vornherein **keine Willenserklärung** vor, so dass es keiner Anfechtung bedarf.

692 Die Drohung muss **ursächlich** für die Abgabe der Erklärung und **widerrechtlich** sein. Die Widerrechtlichkeit kann sich aus dem angedrohten **Mittel**, aus dem erstrebten **Zweck** oder aus der **Kombination von Mittel und Zweck** ergeben. Von wem die Drohung ausgeht (vom Erklärungsempfänger oder einem Dritten), spielt anders als bei der arglistigen Täuschung keine Rolle.

693 Natürlich liegt ein **rechtswidriges Mittel** etwa dann vor, wenn der Gläubiger den Schuldner mit Androhung körperlicher Gewalt oder gar mit vorgehaltener Pistole zur Zahlung zwingt. Eine solche Zahlung ist also anfechtbar, selbst wenn bereits ein fälliger Anspruch des Gläubigers bestand. Der Gläubiger ist nicht berechtigt, auf diese Weise Selbsthilfe zu üben.

Lösung zu Fall 24:

694 Im Ausgangsfall ist sowohl in Variante a) als auch in Variante b) eine Drohung im Sinne der Ankündigung eines künftigen Übels gegeben. Bei der Variante a) ist aber weder das angedrohte Mittel (Mahn- bzw. Vollstreckungsbescheid und Vollstreckung) noch der Zweck (Erlangung einer Sicherheit) noch die Kombination von Mittel und Zweck als widerrechtlich anzusehen, so dass hier kein Anfechtungsgrund vorliegt.

695 Im Fall b) sind Mittel und Zweck für sich betrachtet ebenfalls nicht widerrechtlich. Die Bank ist zur Strafanzeige wie jedermann berechtigt. Jedoch ergibt sich die Widerrechtlichkeit aus der Kombination, weil die Strafanzeige nichts mit dem erstrebten Zweck zu tun hat. Es handelt sich um ein sozial inadäquates Mittel. Damit ist hier die Anfechtbarkeit nach § 123 Abs. 1 zu bejahen. Anders wäre es z.B., wenn dem Schuldner[22] mit einer Strafanzeige gedroht wird, sofern er nicht den von ihm mit der Straftat angerichteten Schaden wieder gutmacht.

---

[20] Vgl. BGH FamRZ 1996, 605, 606.
[21] BGH NJW 1988, 2599 (doch kann aufgrund weiterer Umstände das Rechtsgeschäft sittenwidrig sein).
[22] Gegenüber einem Angehörigen des Täters wäre die Drohung mit der Strafanzeige (etwa um eine Bürgschaft durch den Angehörigen zu erhalten) gleichwohl rechtswidrig, vgl. MünchKomm/Kramer § 123 Rdnr. 50 mwN.

III. Durchführung und Rechtsfolgen der Anfechtung

1. Anfechtung durch Erklärung

Die Anfechtung muss genauso wie die Anfechtung wegen Irrtums durch Erklärung gegenüber dem Anfechtungsgegner nach Maßgabe des § 143 erfolgen. Insoweit ist auf die Ausführungen bei Rdnr. 647 ff. zu verweisen.

2. Anfechtungsfrist

Hier besteht eine wichtige Abweichung zur Regelung bei der Irrtumsanfechtung (§ 121). Die Anfechtung wegen arglistiger Täuschung kann binnen **Jahresfrist** vom Zeitpunkt der Entdeckung der Täuschung bzw. der Beendigung der Drohung an erfolgen, § 124 Abs. 1 und Abs. 2. Diese erheblich längere Frist als bei der Irrtumsanfechtung gewährt das Gesetz, weil das Interesse des Gegners hier weniger schutzwürdig ist. Nach **zehn Jahren** ist allerdings die Anfechtung auch hier in jedem Fall ausgeschlossen, § 124 Abs. 3. Die genannten Fristen sind **Ausschlussfristen**, d. h. mit ihrem Ablauf erlischt das Anfechtungsrecht.

Nach ungenutztem Ablauf der Anfechtungsfrist kann sich der aus dem Vertrag in Anspruch Genommene nicht allein wegen der Täuschung auf die Arglisteinrede berufen, doch kann er die Leistung analog § 853 verweigern, wenn die Täuschung zugleich eine unerlaubte Handlung (§§ 823, 826) darstellt[23]. Zur Frage, ob noch nach Fristablauf ein Anspruch auf Vertragsaufhebung aus culpa in contrahendo bestehen kann, s. Rdnr. 701.

3. Wirkung der Anfechtung

Genauso wie die Anfechtung wegen Irrtums (s. Rdnr. 654 ff.) führt die Anfechtung wegen arglistiger Täuschung oder widerrechtlicher Drohung zur rückwirkenden Vernichtung des Rechtsgeschäfts, § 142 Abs. 1. Ein wichtiger Unterschied zur Irrtumsanfechtung liegt aber darin, dass es, anders als nach § 122 Abs. 1, hier keine Schadensersatzpflicht des Anfechtenden gibt. Dies ist unmittelbar einsichtig, ist der Anfechtende doch das Opfer der Täuschung oder der Drohung geworden. Aufgrund dieses Unterschieds in den Rechtsfolgen ist die Anfechtung nach § 123 auch dann keineswegs bedeutungslos, wenn zugleich eine Anfechtung wegen Irrtums möglich ist. Dies mag etwa der Fall sein, wenn ein Darlehensgeber arglistig über die Kreditwürdigkeit des Darlehensnehmers getäuscht wurde, so dass die Anfechtung sowohl nach § 119 Abs. 2 (Irrtum über persönliche Eigenschaften) als auch nach § 123 Abs. 1 möglich wäre. Bei der Lösung eines Falles sind gegebenenfalls beide Anfechtungsmöglichkeiten zu erörtern.

---

[23] BGH NJW 1969, 604 = LM § 124 Nr. 2.

IV. Konkurrenzfragen, insbesondere Verhältnis zur culpa in contrahendo

1. Mängelansprüche

700 Die Anfechtung nach § 123 wird, anders als die Anfechtung durch den Käufer wegen Eigenschaftsirrtums (s. Rdnr. 637), nicht durch die Vorschriften über Mängelansprüche beim Kauf ausgeschlossen. Die arglistige Täuschung oder Drohung stellt ein über die Lieferung einer mangelhaften Sache hinausgehendes Unrechtsverhalten des Verkäufers dar, das durch die Vorschriften über Rechts- und Sachmängel nicht erfasst wird.

2. Haftung wegen Verschuldens beim Vertragsschluss (culpa in contrahendo)

701 Eine **arglistige Täuschung im Rahmen von Vertragsverhandlungen** stellt im allgemeinen zugleich eine Verletzung der Sorgfaltspflichten (§ 241 Abs. 2) dar, die aus dem vorvertraglichen Rechtsverhältnis (§ 311 Abs. 2) folgen, so dass eine Haftung auf Schadensersatz aus culpa in contrahendo (§ 280 Abs. 1, s. dazu Rdnr. 147f.) in Betracht kommt. Daraus kann sich, wenn der Schaden in der Eingehung des Vertrages zu sehen ist, ein **Anspruch auf Aufhebung des Vertrages** ergeben (Naturalrestitution i.S.v. § 249 Abs. 1). Diese Regelung greift insofern weiter als die Anfechtung nach § 123, als die culpa in contrahendo auch fahrlässig begangen werden kann. Außerdem gilt für Ansprüche aus culpa in contrahendo die regelmäßige dreijährige Verjährung (§ 195, zum Beginn s. § 199 Abs. 1) im Gegensatz zur lediglich einjährigen Anfechtungsfrist nach § 124. Denkbar wäre es, die Regeln über die Anfechtung wegen arglistiger Täuschung als Sonderbestimmungen (leges speciales) aufzufassen, die einen Rückgriff auf die culpa in contrahendo insoweit ausschließen, als dadurch der Sache nach dieselbe Rechtsfolge wie bei Anfechtung erreicht wird. Rechtsprechung und ein Teil der Lehre lehnen dies jedoch ab und lassen die Anwendung der culpa in contrahendo neben § 123 auch mit der Zielrichtung zu, einen Anspruch auf Vertragsaufhebung zu begründen[24].

702 Allerdings hat der BGH[25] in einer neueren Entscheidung stärker als bisher betont, aus culpa in contrahendo könne nur dann ein Anspruch auf Aufhebung des Vertrages hergeleitet werden, wenn durch den Vertragsschluss ein **Vermögensschaden** entstanden sei. Die Anwendbarkeit der Regeln über culpa in contrahendo neben § 123 will der BGH vor allem damit rechtfertigen, dass jeweils unterschiedliche Schutzrichtungen bestünden: bei § 123 gehe es um den Schutz der freien Selbstbestim-

---

[24] Z.B. BGH NJW 1979, 1983; NJW 1998, 302, 303 mwN; Köhler § 7 Rdnr. 65; Larenz/Wolf § 37 Rdnr. 17. – A.M. z.B. Brox Rdnr. 413; einschränkend MünchKomm/Kramer § 123 Rdnr. 35.

[25] BGH NJW 1998, 302 = JZ 1998, 1173 (mit Anm. Wiedemann) = LM § 249 (A) Nr. 113 (mit krit. Anm. Medicus); zust. Köhler § 7 Rdnr. 65. Gegen das Erfordernis eines Vermögensschadens Lorenz ZIP 1998, 1053; Grigoleit NJW 1999, 900; Fleischer AcP Bd. 200 (2000), 91, 108ff. (jedoch für analoge Anwendung des § 124 auf den Vertragsaufhebungsanspruch aus c.i.c., aaO S. 119 mwN für diese Ansicht).

mung unabhängig vom Eintritt eines Schadens, während eine Rückgängigmachung des Vertrags nach c.i.c.-Regeln einen durch schuldhafte Sorgfaltspflichtverletzung entstandenen Vermögensschaden voraussetze. Da aber die arglistige Täuschung zumeist auf den Abschluss eines auch wirtschaftlich ungünstigen Vertrages oder jedenfalls auf eine für den Getäuschten im Hinblick auf seine sonstigen Dispositionen ungünstige Mittelverwendung hinauslaufen wird, dürfte trotz dieser Einschränkung vielfach die culpa in contrahendo neben § 123 zum Zuge kommen, so wie dies auch in dem vom BGH (Fn. 25) entschiedenen Rechtsstreit im Ergebnis der Fall war.

3. Unerlaubte Handlungen

Neben der Anfechtbarkeit und einer Haftung aus culpa in contrahendo können ferner **Schadensersatzansprüche aus unerlaubter Handlung** bestehen, z.B. aus § 823 Abs. 2 iVm. § 263 StGB (Betrug) als Schutzgesetz oder aus § 826 (vorsätzliche sittenwidrige Schädigung).

§ 10 Die Anfechtung wegen arglistiger Täuschung und Drohung

Kontrollfragen und Fälle zu § 10

1) a) Welcher Anfechtungsgrund ist für den Anfechtenden günstiger: § 119 Abs. 2 (Eigenschaftsirrtum) oder § 123 Abs. 1 (arglistige Täuschung)?

b) Schließen sich die genannten Anfechtungsgründe aus, wenn z. B. über eine verkehrswesentliche Eigenschaft einer Person arglistig getäuscht wurde?

2) Wie ist der Ausdruck „Dritter" in § 123 Abs. 2 Satz 1 zu interpretieren?

3) Unter welchen Voraussetzungen ist eine Drohung rechtswidrig i. S. des § 123 Abs. 1?

4)* Der Automobilhersteller MLW, dessen Fahrzeuge zur Zeit sehr begehrt sind, ist auf ein lückenloses Vertriebssystem durch seine Vertragshändler bedacht. Deshalb ist es diesen bei Meidung einer beträchtlichen Vertragsstrafe untersagt, neue Fahrzeuge an nicht zum Vertriebssystem gehörende Wiederverkäufer zu veräußern. Schlau, dem diese Regelung bekannt ist, kauft bei dem Vertragshändler Harmlos zwei neue PKW. Er beabsichtigt, sie alsbald an andere Personen weiter zu verkaufen, sagt aber davon nichts. Als Harmlos kurz nach Vertragsschluss erfährt, dass sich Schlau als gewerblicher Wiederverkäufer betätigt, sagt er sich wegen des Verhaltens des Schlau vom Vertrag los und verweigert die Lieferung. Mit Recht?

5)* Albers hat dem Balmsen Räume zum Betrieb eines Restaurants vermietet. Nach einiger Zeit, die Laufzeit des Mietvertrages war noch nicht beendet, vereinbarten Albers, Balmsen und Coswick, dass Balmsen mit allen Rechten und Pflichten aus dem bestehenden Mietvertrag ausscheiden und Coswick an seiner Stelle in das Mietverhältnis eintreten solle. Coswick verpflichtete sich, eine Kaution zu leisten, zahlte aber in der Folge weder Mietzins noch Kaution. Er hatte den Albers durch falsche Angaben über seine wirtschaftliche Situation zum Abschluss des Vertrages gebracht; Balmsen war dieses Verhalten nicht bekannt. Albers ficht nun die getroffene Vereinbarung durch Schreiben an Balmsen und Coswick aufgrund der Irreführung durch Coswick an und verlangt von Balmsen, seinen fortbestehenden Verpflichtungen aus dem Mietvertrag nachzukommen. Wie ist die Rechtslage?

Lösungen

704 1) a) Die Anfechtung wegen arglistiger Täuschung ist insofern günstiger für den Anfechtungsberechtigten, als hier keine Pflicht zum Ersatz des Vertrauensschadens entsteht (§ 122 gilt nicht). Außerdem beträgt die Frist für die Anfechtung nach § 124 Abs. 1 und 2 ein Jahr nach Kenntniserlangung, während die Irrtumsanfechtung gemäß § 121 Abs. 1 Satz 1 unverzüglich (ohne schuldhaftes Zögern) zu erfolgen hat.

705 b) Die beiden Anfechtungsgründe schließen sich nicht aus; es ist Sache des Anfechtungsberechtigten, von welchem Anfechtungsrecht er Gebrauch macht.

706 2) Der Ausdruck „Dritter" ist insofern einschränkend zu interpretieren, als er Stellvertreter des Erklärungsempfängers oder auch andere Personen, die mit dessen Willen beim Vertragsschluss tätig geworden sind, nicht umfasst. Eine Täuschung durch solche Personen muss sich der Erklärungsempfänger also immer zurechnen lassen, unabhängig davon, ob er sie kannte oder kennen musste.

707 3) Die Rechtswidrigkeit der Drohung kann sich aus dem eingesetzten Mittel, dem angestrebten Zweck oder aus der Relation zwischen Mittel und Zweck ergeben.

708 4) Ein Anfechtungsgrund könnte sich aus § 123 Abs. 1 unter dem Gesichtspunkt einer arglistigen Täuschung ergeben. Schlau hat aber keine unrichtigen Angaben gemacht, sondern seine Wiederverkaufspläne lediglich verschwiegen. Es kommt daher nur eine Täuschung durch Unterlassen in Betracht. Dies setzt aber voraus, dass für Schlau eine Aufklärungspflicht bestand. Eine Offenbarungspflicht ist bei Kaufverhandlungen dann anzunehmen, wenn das Verschweigen der Tatsachen gegen Treu und Glauben verstößt und der andere Teil nach der Verkehrsanschauung eine Mitteilung erwarten konnte. Im allgemeinen ist der Käufer aber nicht verpflichtet, dem Verkäufer mitzuteilen, zu welchem Zweck er die Sache erwirbt. Hier wusste Schlau freilich, dass der Punkt für Harmlos von erheblicher Bedeutung war. Auf der anderen Seite verfolgte Schlau mit seinem Versuch, neue Fahrzeuge zum Zweck der Weiterveräußerung zu erwerben, keine rechtswidrigen Ziele. Es wäre daher Sache des Harmlos gewesen, den Schlau danach zu befragen, ob er die Fahrzeuge zur Eigennutzung erwerben wolle, wie es überhaupt Sache des Herstellerunternehmens und der Vertragshändler ist, die angestrebte Ausschließlichkeit des Vertriebes zu sichern. Mangels Rechtspflicht zur Aufklärung ist somit keine arglistige Täuschung i.S. des § 123 Abs. 1 gegeben[1].

709 5) Die hier von den Beteiligten gewollte Auswechslung einer Vertragspartei könnte im Ergebnis dadurch erzielt werden, dass Albers und Balmsen den bisherigen Mietvertrag aufheben und Albers mit Coswick einen inhaltlich gleichartigen Vertrag abschließt. Damit bliebe aber unberücksichtigt, dass der gesamte Vorgang nach dem Willen der Beteiligten eine Einheit darstellte und der bisherige Mietvertrag gerade ohne Aufhebung fortgelten sollte. Es ist aber auch, wenngleich eine ausdrückliche gesetzliche Regelung fehlt, eine Vertragsübernahme durch einen dreiseitigen Vertrag der Beteiligten möglich. Davon ist hier auszugehen. Albers wollte die Wirksamkeit dieses dreiseitigen Vertrages insgesamt beseitigen (§ 142 Abs. 1), um zu erreichen, dass der Mietvertrag mit Balmsen ebenso weiterbesteht, wie dies vor der Vertragsübernahme der Fall war. Wenn aber der dreiseitige Vertrag insgesamt beseitigt werden soll, dann muß nicht nur die Anfechtungserklärung gegenüber beiden Vertragspartnern erfolgen[2], wie dies hier auch geschehen ist, sondern es muss auch gegenüber jedem Vertragspartner ein Anfechtungsgrund vorliegen. Hier greift § 123 Abs. 1 gegenüber Coswick ein, während Balmsen

---

[1] So BGH NJW 1992, 1222 = LM § 123 Nr. 73 (mit Anm. Köhler) (Vorbild des Falles). Auch für eine Sittenwidrigkeit des Kaufs (§ 138 Abs. 1) oder einen Wettbewerbsverstoß i.S.v. § 1 UWG sah der BGH keine Anhaltspunkte.

[2] So bereits BGHZ 96, 302, 309f. = NJW 1986, 918; dagegen Dörner NJW 1986, 2916.

§ 10 Die Anfechtung wegen arglistiger Täuschung und Drohung

selbst nicht getäuscht hat. Die Situation ist, auch wenn Coswick Vertragspartner und in diesem Sinne nicht „Dritter" ist, den in § 123 Abs. 2 Satz 1 und 2 geregelten Fällen zumindest vergleichbar. Ein Anfechtungsgrund gegenüber Balmsen liegt daher nur vor, wenn dieser die Täuschung durch Coswick kannte oder kennen musste, d.h. fahrlässig nicht kannte (Legaldefinition des Kennenmüssens in § 122 Abs. 2). Beides ist nach dem Sachverhalt zu verneinen. Da es somit an einem Anfechtungsgrund gegenüber Balmsen fehlt, bleibt es bei seinem Ausscheiden aus dem ursprünglichen Mietvertrag, so dass Albers ihn nicht mehr in Anspruch nehmen kann[3].

---

[3] Näher s. BGHZ 137, 255 = NJW 1998, 531 = LM § 123 BGB Nr. 79 (mit abl. Anm. Kramer) = JR 1998, 456 (mit abl. Anm. Schubert) (Vorbild des Falles); dazu Emmerich JuS 1998, 495. Der Fall erinnert an die oben Rdnr. 685 dargestellte Problematik der Anfechtung einer nach § 415 erfolgten Schuldübernahme, unterscheidet sich aber davon durch das Vorliegen eines dreiseitigen Vertrages. Mag man darin auch eher einen formalen Unterschied sehen (auch die Schuldübernahme nach § 415 ließe sich als dreiseitiger Vertrag konstruieren), so liegt ein Widerspruch zu BGHZ 31, 321 jedenfalls wegen der anderen Rollenverteilung nicht vor. Vergleichbarkeit bestünde, wenn Coswick durch eine Täuschung seitens Balmsen zur Vertragsübernahme gebracht worden wäre und nun auch gegenüber Albers die Vertragsübernahme anfechten wollte. Dies müsste man, von BGHZ 31, 321 ausgehend, wohl als zulässig ansehen.

§ 11 Gesetzlich verbotene, sittenwidrige und wucherische Rechtsgeschäfte

I. Gesetzlich verbotene Rechtsgeschäfte

710 Rechtsgeschäfte, die gegen **gesetzliche Verbote** verstoßen, sind nach § 134 **nichtig**, soweit sich nicht aus dem Verbotsgesetz etwas anderes ergibt. Mit dieser generellen Vorschrift ersparte es sich der Gesetzgeber, bei den einzelnen Verbotsgesetzen jeweils die zivilrechtlichen Folgen zu nennen. Verbotsgesetze finden sich im weiten Umfang außerhalb des Privatrechts, vor allem in **strafrechtlichen Vorschriften**. § 134 BGB greift nur ein, wenn der **Inhalt des Rechtsgeschäfts** gegen das gesetzliche Verbot verstößt. Dies ist durch Auslegung der Verbotsnorm zu ermitteln. So folgt z.B. aus der Strafbarkeit der Hehlerei (§ 259 StGB) ein gesetzliches Verbot derartiger Geschäfte. Ein Kaufvertrag zwischen dem Dieb und dem Hehler ist daher gemäß § 134 nichtig. In der Regel kommt § 134 bei strafrechtlichen Bestimmungen nur zum Zug, wenn sich beide Vertragspartner strafbar gemacht haben. Ein durch Betrug (§ 263 StGB) herbeigeführter Vertrag ist z.B. nicht nach § 134 nichtig, sondern gemäß § 123 Abs. 1 anfechtbar.

711 Dagegen führt es nicht zur Nichtigkeit des Vertrages, wenn nur die **Begleitumstände,** nicht der Inhalt des Geschäfts verboten sind. Wird etwa nach Ablauf der gesetzlichen Ladenöffnungszeit noch eine Ware verkauft, so ist der Kaufvertrag wirksam.

712 Die in § 134 enthaltene Einschränkung, wonach die Nichtigkeit nicht gilt, wenn sich aus dem Gesetz etwas anderes ergibt, kann auch zu einer lediglich **beschränkten Nichtigkeit** führen. Insoweit spielt der **Schutzzweck des Verbotsgesetzes** eine entscheidende Rolle. Wenn ein Mietvertrag gegen den Ordnungswidrigkeitstatbestand der Mietpreisüberhöhung (§ 5 WiStG) verstößt, weil der geforderte Mietzins die ortsübliche Miete um mehr als 20% übersteigt, so wäre dem Mieter im allgemeinen wenig damit geholfen, wenn man den Vertrag insgesamt als nichtig ansehen würde. Daher ist der Mietvertrag nur insoweit nichtig, als die ortsübliche Miete um mehr als 20% überschritten wird[1]. Zu einer solchen **geltungserhaltenden Reduktion** wird man auch sonst bei gesetzlichen Preisvorschriften kommen, weil mit einer vollständigen Nichtigkeit des Vertrages der Schutzzweck derartiger Bestimmungen ins Gegenteil verkehrt würde.

II. Veräußerungsverbote

1. Absolute Veräußerungsverbote

713 Absolute Veräußerungsverbote bestehen **im öffentlichen Interesse**, z.B. nach Vorschriften des Denkmalschutzes. Hierher gehört auch eine Beschlagnahme nach der StPO oder nach Notstandsgesetzen. Im BGB sind die absoluten Veräußerungsverbote nicht besonders geregelt; § 136 betrifft nur die Beschlagnahme zugunsten einzelner Personen (relatives Veräußerungsverbot, s. Rdnr. 714). Wenn entgegen ei-

---

[1] Vgl. BGHZ 89, 316 = NJW 1984, 722 (noch zur früheren Fassung des § 5 WiStG).

nem absoluten Veräußerungsverbot eine Übereignung erfolgt, so ergibt sich deren (gegenüber jedermann geltende) **Nichtigkeit aus § 134.**

2. Relative Veräußerungsverbote

Diese Verbote bezwecken nur den **Schutz bestimmter Personen.** Ein Verstoß dagegen führt gemäß § 135 lediglich zu einer **relativen Unwirksamkeit**, die nur von der geschützten Person geltend gemacht werden kann. Dasselbe gilt gemäß § 136 bei behördlichen oder gerichtlichen Verboten, wenn diese nur dem Schutz einzelner Personen dienen. Wird z.B. aus Anlass eines Streites über das Eigentum auf Antrag der einen Partei der anderen die Veräußerung der Sache durch **einstweilige Verfügung** untersagt, so ist eine gleichwohl erfolgte Veräußerung lediglich dem Verfügungsantragsteller gegenüber unwirksam, nicht aber gegenüber anderen Personen.

Ein relatives Veräußerungsverbot kann, wie sich aus § 135 Abs. 2 ergibt, durch **guten Glauben** des Erwerbers überwunden werden. Vorausgesetzt ist aber, dass es bei dem betreffenden Geschäft überhaupt einen gutgläubigen Erwerb gibt. Dies gilt etwa nach § 932 bei beweglichen Sachen, nach § 892 bei Grundstücken, während ein gutgläubiger Erwerb von Forderungen in der Regel nicht möglich ist. Wird also eine im Wege der Zwangsvollstreckung gepfändete Forderung abgetreten (in der Pfändung liegt ein Veräußerungsverbot), so ist die Abtretung dem Vollstreckungsgläubiger gegenüber unwirksam, auch wenn der Abtretungsempfänger von der Pfändung nichts weiß.

3. Rechtsgeschäftliche Veräußerungsverbote

Die Verfügungsbefugnis kann nicht durch Rechtsgeschäft ausgeschlossen oder beschränkt werden, § 137 Satz 1[2]. Jedoch ist nach § 137 Satz 2 die Verpflichtung, nicht zu verfügen, gültig. Beide Bestimmungen stehen nur auf den ersten Blick miteinander in Widerspruch. Satz 1 bezieht sich auf **Verfügungen** und hat zur Folge, dass das rechtliche Können des Berechtigten nicht beschränkt werden kann. Wenn aber der Berechtigte sich verpflichtet hat, eine bestimmte Veräußerung zu unterlassen, so ist diese **Verpflichtung** wirksam, und bei einem Verstoß dagegen kann nach Maßgabe des **Schuldrechts Schadensersatz** verlangt werden. Hat etwa der A dem B seinen Hund verkauft und sich dabei ausdrücklich zusichern lassen, dass B den Hund nicht an einen Dritten weiterveräußern werde, so ist eine gleichwohl erfolgte Veräußerung dinglich wirksam; der Dritte erwirbt das Eigentum. A könnte aber eine Vertragsstrafe von B verlangen, falls das Veräußerungsverbot auf diese Weise schuldrechtlich abgesichert war. Bei einem Grundstück kann z.B. die Verpflichtung des Erwerbers, die Immobilie nicht an einen Dritten weiter zu veräußern, dadurch abgesi-

---

[2] Eine Ausnahme von diesem Grundsatz enthält § 399, wonach die Abtretbarkeit einer Forderung (die Abtretung stellt eine Verfügung über die Forderung dar) durch Vereinbarung zwischen Gläubiger und Schuldner ausgeschlossen werden kann. Diese Regelung wird allerdings durch § 354 a HGB bei Forderungen aus einem beiderseitigen Handelsgeschäft stark eingeschränkt, näher s. Palandt/Heinrichs § 399 Rdnr. 9.

chert werden, dass für den ursprünglichen Eigentümer ein durch die Weiterveräußerung an einen Dritten aufschiebend bedingter Rückauflassungsanspruch vereinbart wird. § 137 Satz 1 hindert nicht, diesen Anspruch durch Eintragung einer Vormerkung (§ 883 Abs. 1 Satz 1 und 2) zu sichern[3].

III. Sittenwidrige Rechtsgeschäfte

Fall 25: Die damals 21-jährige Tochter des V unterzeichnete eine selbstschuldnerische Bürgschaft zur Sicherung aller Forderungen der Sparkasse gegen V bis zu einem Höchstbetrag von 100 000 DM zuzüglich Nebenleistungen. Bei der Unterzeichnung erklärte der Vertreter der Sparkasse: „Hier bitte, unterschreiben Sie mal, Sie gehen dabei keine große Verpflichtung ein, ich brauche das für meine Akten." T hatte kein Vermögen und war weitgehend arbeitslos. Einige Jahre später – V war inzwischen als Reeder tätig geworden und die Sparkasse hatte den Kauf eines Schiffes mit 1,3 Millionen DM finanziert – wurden die offenen Kredite von etwa 2,4 Millionen DM gekündigt und T aus der Bürgschaft in Anspruch genommen. Der Schuldsaldo einschließlich Zinsen aus der Bürgschaft beläuft sich auf 160 000 DM. T, mittlerweile alleinerziehende Mutter eines Sohnes, lebt von Sozialhilfe und Erziehungsgeld. Sie bestreitet, aus der Bürgschaft zur Zahlung verpflichtet zu sein. Wie ist die Rechtslage?

1. Zum Inhalt des § 138 Abs. 1

717 § 138 Abs. 1 ist eine **Generalklausel**, die eine **inhaltliche Kontrolle von Rechtsgeschäften** ermöglicht. Die Verweisung auf die guten Sitten[4] wurde früher mehr als Verweisung auf in der Gesellschaft anerkannte ethische oder moralische Vorstellungen aufgefasst. Heute handelt es sich vorwiegend um rechtliche Maßstäbe, die von der Rechtsprechung in Konkretisierung der Generalklausel entwickelt wurden. Das Reichsgericht definierte die guten Sitten in einer berühmten Definition wie folgt: „Gegen die guten Sitten verstößt ein Rechtsgeschäft, das dem Anstandsgefühl aller billig und gerecht Denkenden widerspricht"[5]. Allzu viel ist mit dieser sehr allgemeinen Formel allerdings nicht anzufangen. Immerhin zeigt sie, dass nicht auf die subjektiven Vorstellungen des Richters abzustellen ist, aber auch nicht schlechthin auf die Üblichkeit in der sozialen Wirklichkeit. Wenn z.B. in bestimmten Bereichen Missbräuche eingerissen sind, so können die Gerichte gleichwohl solche Verhaltensweisen als sittenwidrig bewerten.

2. Konkretisierung

718 Entscheidend ist die **Gesamtwürdigung** des objektiven **Inhalts** eines Rechtsgeschäfts und des **Zwecks**, den die Parteien damit verfolgen. Die Anforderungen an den **subjektiven Tatbestand**[6] werden dabei nicht sehr hoch angesetzt. Das Bewusst-

---

[3] BGHZ 134, 182 = NJW 1997, 861 = JuS 1997, 564 (mit Anm. K. Schmidt).
[4] Allg. zur Leistungsfähigkeit dieses Begriffs Mayer-Maly AcP Bd. 194 (1994), 105.
[5] RGZ 48, 124; übernommen etwa durch BGHZ 10, 228, 232 = NJW 1953, 1665.
[6] Zusammenfassend BGHZ 146, 298 = NJW 2001, 1127 = JuS 2001, 706 (mit Anm. Emmerich).

sein der Sittenwidrigkeit oder eine Schädigungsabsicht sind nicht erforderlich. Die Beteiligten müssen allerdings die Tatsachen kennen, aus denen sich die Sittenwidrigkeit ergibt, gegebenenfalls also den Zweck des Geschäfts. Dem steht es jedoch gleich, wenn sich jemand bewusst oder grob fahrlässig der Kenntnis dieser Tatsachen verschließt. Wenn das sittenwidrige Verhalten gegen Dritte oder die Interessen der Allgemeinheit gerichtet ist, müssen *beide* Vertragspartner sittenwidrig handeln, während dies, wenn der eine Vertragspartner das „Opfer" ist, naturgemäß nicht der Fall ist.

Die Fallgruppen, in denen die Rechtsprechung § 138 Abs. 1 angewendet und konkretisiert hat, liegen auf äußerst unterschiedlichen Gebieten[7]. Hier muss es genügen, einige wenige Beispiele zu nennen. Es geht keineswegs nur um „Unsittlichkeit" im Sinne des Alltagssprachgebrauchs, doch sind immerhin Verträge, in denen sexuelle Dienstleistungen gegen Entgelt übernommen werden, nach bisheriger Auffassung nach § 138 Abs. 1 nichtig, ebenso z.B. Verträge über den Vertrieb von Telefonsexkarten[8]. Nunmehr bestimmt allerdings § 1 des Prostitutionsgesetzes[9], dass die Vereinbarung eine rechtswirksame Forderung begründet, wenn sexuelle Handlungen gegen ein vorher vereinbartes Entgelt vorgenommen worden sind oder wenn sich eine Person für die Erbringung solcher Handlungen gegen ein vorher vereinbartes Entgelt für eine bestimmte Zeitdauer bereithält. Einwendungen gegen den Anspruch auf das Entgelt sind nach § 2 ProstG nur sehr begrenzt zulässig. Diese Bestimmungen ändern nichts daran, dass die Vereinbarung zunächst als sittenwidriges und daher nach § 138 Abs. 1 nichtiges Rechtsgeschäft zu betrachten ist[10], so dass nicht etwa ein Anspruch auf die Leistung der Prostituierten geltend gemacht werden kann. Dogmatisch wird man dies Regelung daher als eine auf den Entgeltanspruch begrenzte Heilung durch Erfüllung ansehen können.

Sittenwidrig ist, auf einem ganz anderen Feld, auch die Zahlung von **„Schmiergeldern"** an Angestellte eines anderen Unternehmens, um zu sachlich nicht gerechtfertigten Abschlüssen mit diesem zu kommen; ein auf diese Weise herbeigeführter Vertrag ist in der Regel nichtig[11]. Zur Sittenwidrigkeit kann die **missbräuchliche Aus-**

---

[7] Um sich ein Bild von dem weiten Anwendungsbereich des § 138 zu machen, sollte man einen Blick auf die (regelmäßig äußerst umfangreichen) Kommentierungen des § 138 werfen, z.B. von Palandt/Heinrichs; MünchKomm/Mayer-Maly/Armbrüster oder Soergel/Hefermehl.

[8] BGH NJW 1998, 2895 = JuS 1998, 1057 (mit Anm. Emmerich) = JA 1999, 91 (mit Anm. Rösler/Marienfeld). – Gegenüber dem Anspruch des Netzbetreibers auf Bezahlung der Telefongebühren kann der Kunde, der eine 0190-Sondernummer angewählt hat, dagegen nicht einwenden, es sei um ein sittenwidriges Telefonsex-Gespräch gegangen, BGH NJW 2002, 361 = JZ 2002, 406 (mit Anm. Spindler).

[9] Gesetz zur Regelung der Rechtsverhältnisse der Prostituierten (Prostitutionsgesetz – ProstG) vom 20. Dezember 2001, BGBl. I 2001, 3983.

[10] Eine andere Frage ist, ob auch ein Anzeigenvertrag nach § 138 Abs. 1 nichtig ist, wenn für die Dienste eines „Begleitservice" geworben wird, verneinend AG Berlin-Köpenick NJW 2002, 1885.

[11] Vgl. BGH NJW 1989, 26, 27; Palandt/Heinrichs § 138 Rdnr. 63. Einschränkend BGH NJW 1999, 2366.

nutzung einer Macht- oder Monopolstellung führen, ebenso eine übermäßige Bindung eines Vertragspartners, z.B. durch den Bierlieferungsvertrag einer Brauerei mit **einem Gastwirt über eine sehr lange Laufzeit**[12]. Sittenwidrige Knebelungsverträge finden sich nicht ganz selten im Bereich der Kreditsicherung: Wird einem Kreditnehmer die Bestellung zu weitgehender Sicherheiten abverlangt, so dass er in seiner wirtschaftlichen Freiheit übermäßig eingeengt wird, so kann eine solche Übersicherung nach § 138 Abs. 1 nichtig sein[13].

720 Die Konkurrenz zwischen einer kreditgebenden Bank, die sich im Wege einer **Globalzession** (umfassende Abtretung der Forderungen des Kreditnehmers gegen seine Kunden an die Bank) sichern will, und dem Lieferanten, der unter Vorbehaltseigentum liefert und dieses mit einem ebenfalls auf die Abtretung der Forderungen gegen die Kunden des Vorbehaltskäufers abzielenden sog. **verlängerten Eigentumsvorbehalt** sichern möchte, wird von der Rechtsprechung[14] ebenfalls über § 138 Abs. 1 gelöst: Die Globalzession an die Bank wird als sittenwidrig und damit nichtig angesehen, wenn sie sich auch auf Forderungen des Kreditnehmers erstreckt, die von einem verlängerten Eigentumsvorbehalt erfasst werden sollen; denn insofern fällt der Bank eine Verleitung des Kreditnehmers zum Vertragsbruch gegenüber dem Vorbehaltsverkäufer zur Last. Will man die Sittenwidrigkeit vermeiden, so muss vereinbart werden, dass die Rechte der Vorbehaltslieferanten den Vorrang vor der Globalzession erhalten (sog. dingliche Teilverzichtsklausel)[15].

721 In verschiedener Hinsicht zeigte sich, dass die **Beurteilung als sittenwidrig** durchaus **wandelbar** ist. Das Reichsgericht erklärte etwa den Verkauf einer Rechtsanwalts- oder Arztpraxis für im allgemeinen sittenwidrig und damit nichtig[16]. Zur Begründung verwies das RG darauf, der Beruf des Rechtsanwalts sei kein Erwerb, sondern Dienst am Recht und dürfe daher nicht, wie dies durch den Praxisverkauf geschehe, als reine Gelderwerbsquelle betrachtet werden. Der BGH gelangte dagegen

---

[12] Nach der Rechtsprechung des BGH liegt bei den Bier- oder Getränkelieferungsverträgen die Grenze bei einer Vertragslaufzeit von 15 Jahren, unter besonderen Umständen von 20 Jahren. Bei längeren vereinbarten Fristen wird der Vertrag nicht insgesamt als nichtig angesehen, sondern analog § 139 mit entsprechend reduzierter Laufzeit (bei im übrigen unveränderten Vertragspflichten beider Teile) aufrechterhalten, BGH NJW 1992, 2145.

[13] Nach der neueren Rechtsprechung des BGH ist es aber zur Vermeidung einer sittenwidrigen *nachträglichen* Übersicherung bei Globalzessionen und bei Sicherungsübereignungen von Warenlagern mit wechselndem Bestand (sog. revolvierende Globalsicherheiten) nicht mehr erforderlich, eine bestimmte Deckungsgrenze oder eine Freigabeklausel vertraglich zu vereinbaren; vielmehr besteht auch ohne solche Vereinbarung im allgemeinen ein Freigabeanspruch des Sicherungsgebers, wenn der Nennwert der abgetretenen Forderungen bzw. der Schätzwert der zur Sicherung übereigneten Waren mehr als 150% der gesicherten Forderung ausmacht, BGHZ 137, 212 (Großer Senat für Zivilsachen) = NJW 1998, 671 = JZ 1998, 456 (mit Anm. H. Roth). Eine *ursprüngliche* Übersicherung kann dagegen bei auffälligem Missverhältnis zwischen dem realisierbaren Wert der Sicherheiten und der Höhe der gesicherten Forderung weiterhin zur Nichtigkeit des Sicherungsgeschäfts nach § 138 Abs. 1 führen, BGH NJW 1998, 2047.

[14] BGHZ 55, 34, 35f. = NJW 1971, 372, 373; BGH NJW 1995, 1668, 1669.

[15] Dazu BGH NJW 1999, 940.

[16] RGZ 153, 280; 161, 153.

zur grundsätzlichen Gültigkeit des Verkaufs einer Anwaltspraxis und betonte, die Praxis eines Anwalts sei auch die Existenzgrundlage des Anwalts, und die Klientel stelle dementsprechend einen Vermögenswert dar[17]. Entsprechend haben sich auch die Regeln des anwaltlichen Standesrechts geändert. Der Wandel der Auffassungen wird auch bei der Beurteilung testamentarischer Verfügungen sichtbar, die ein verheirateter Erblasser zugunsten eines anderen Partners oder einer anderen Partnerin vornimmt. Während früher aus der Ehewidrigkeit der Beziehung rasch auf die Sittenwidrigkeit solcher Verfügungen geschlossen wurde, betont man heute die Testierfreiheit und stellt darauf ab, dass es bei der Sittenwidrigkeit nicht um ein Urteil über die Lebensführung des Erblassers geht, sondern allein um den Inhalt des Rechtsgeschäfts[18]. Zuwendungen an den nicht verheirateten Partner können also durchaus wirksam sein, auch wenn dadurch die gesetzlichen Erbteile des Ehepartners und der ehelichen Familie geschmälert werden.

Bei einem Wandel der gesellschaftlichen Wertvorstellungen, aber auch bei Veränderungen im tatsächlichen Bereich, ergibt sich die Frage, auf welchen **Zeitpunkt** bei der Beurteilung der Sittenwidrigkeit abzustellen ist. Nach h.M.[19] kommt es grundsätzlich auf die **Verhältnisse bei Abschluss des Rechtsgeschäfts** an. Jedenfalls im Erbrecht, in dem die rechtsgeschäftlichen Verfügungen (Testamente, Erbverträge) ihre wesentlichen Wirkungen erst in zeitlicher Distanz, nämlich beim Erbfall, entfalten, erscheint es angemessener, die Gegebenheiten zum Zeitpunkt des Erbfalls als entscheidend anzusehen[20].

3. Sittenwidrigkeit und Grundrechte (zugleich Lösung zu Fall 25)

Wesentliche Impulse zum Verständnis der Sittenwidrigkeit sind in neuerer Zeit vom BVerfG ausgegangen. Das BVerfG sieht in den Grundrechten verfassungsrechtliche Grundentscheidungen für alle Bereiche des Rechts. Diese sind vor allem auch bei der Interpretation zivilrechtlicher Generalklauseln, wie § 138 (oder auch § 242 – Grundsatz von Treu und Glauben) zu beachten. Im Beispielsfall 25 hatte der BGH[21] die Wirksamkeit der Bürgschaft bejaht und im wesentlichen auf die Selbstverantwortlichkeit der volljährigen Bürgin hingewiesen. Das BVerfG[22] hob diese Entschei-

---

[17] BGHZ 43, 46, 48 = NJW 1965, 580.
[18] Vgl. BGHZ 52, 17 = NJW 1969, 1343 (mit Anm. Reinicke); BGHZ 53, 369 = NJW 1970, 1273; Leipold, Erbrecht, 14. Aufl., Rdnr. 243 ff.
[19] BGHZ 20, 71 = NJW 1956, 865 (mit Anm. Rechenmacher); BGHZ 107, 92, 96 = NJW 1989, 1276, 1277; BayObLGZ 1996, 204, 227 (Erbfolge im Fürstenhaus); Palandt/Heinrichs § 138 Rdnr. 9. – Ausführlich zu dieser Frage Schmoeckel AcP Bd. 197 (1997), 1 ff., der zu einem differenzierenden Ergebnis gelangt; Eckert AcP Bd. 199 (1999), 337, 359, der bei Rechtsgeschäften unter Lebenden in der Regel auf den Zeitpunkt der Vornahme des Rechtsgeschäfts, bei Verfügungen von Todes wegen auf den Zeitpunkt des Erbfalls abstellt.
[20] Näher s. Leipold (Fn. 18) Rdnr. 249 f.
[21] BGH NJW 1989, 1605.
[22] BVerfGE 89, 214 = NJW 1994, 36 = JuS 1994, 251 (mit Anm. Emmerich); s. auch BVerfG (Kammerentscheidung) NJW 1994, 2749 (dazu M. Frank JuS 1996, 389).

dung auf, weil sie der Bedeutung der Grundrechte nicht hinreichend Rechnung trage. Dabei stützte sich das BVerfG auf die in Art. 2 Abs. 1 GG als Teil der allgemeinen Handlungsfreiheit garantierte Privatautonomie. Dies ist insofern auf den ersten Blick überraschend, als man im allgemeinen gerade umgekehrt in der Vertragsfreiheit und der darin wurzelnden vertraglichen Bindung einen Kerninhalt der Privatautonomie sieht. Das BVerfG betonte aber, dass sich aus der Privatautonomie auch Schranken für die Bindung an einen Vertrag ergeben können, wenn beim Abschluss des Vertrages keine hinreichende Freiheit des einzelnen bestand. Bei „strukturellen Störungen der Vertragsparität" muss nach Ansicht des BVerfG eine inhaltliche Kontrolle des geschlossenen Vertrags möglich sein.

724 Im konkreten Fall verwies das BVerfG auf die ausgeprägte Unterlegenheit der Bürgin, der es an geschäftlicher Erfahrung gefehlt habe und die mit einem ungewöhnlich hohen Risiko belegt worden sei. Der BGH habe vor allem auch die verharmlosende Bemerkung des Angestellten des Kreditinstituts nicht genügend beachtet, wonach die Bürgin keine große Verpflichtung eingehe. In der Anschlussentscheidung ist der BGH[23] zur Nichtigkeit der Bürgschaft nach § 138 Abs. 1 gelangt, wobei er vor allem auf diese bagatellisierende Äußerung der Bank abstellte, aber auch darauf, der Vater habe seine familienrechtlichen Pflichten gegenüber der Tochter (§ 1618 a) verletzt und die Bank habe dies ausgenutzt.

725 Diese und andere Entscheidungen des BVerfG[24] haben lebhafte Diskussionen ausgelöst[25], vor allem darüber, ob das BVerfG der Vertragsfreiheit genügend Spielraum lässt und die richterliche Inhaltskontrolle bei privatrechtlichen Verträgen nicht zu weit erstreckt. Über manche der Formulierungen, die das Verfassungsgericht in der Entscheidungsbegründung bietet, kann man streiten. Wichtig und weiterführend ist aber gewiss, dass die Wirksamkeit eines mit hohem Risiko verbundenen Bürgschaftsvertrags nicht gewissermaßen achselzuckend mit dem Hinweis auf die Regel „pacta sunt servanda" bejaht werden darf, wenn die Bürgschaft im Grunde ohne eigenes Interesse übernommen wurde und die Entscheidungsfreiheit bei Eingehung der Bürgschaft durch Unerfahrenheit und emotionale Abhängigkeit vom Hauptschuldner wesentlich beeinträchtigt war. In der Folgezeit erging eine ganze Serie von BGH-Entscheidungen zur Sittenwidrigkeit von Bürgschaften von Familienangehörigen des Hauptschuldners, die der bisher weit verbreiteten Praxis den Boden entzogen hat. Nach dem heute erreichten Stand der Rechtsprechung werden aufgrund der **emotionalen Abhängigkeit** Bürgschaften durch Kinder[26], Ehegatten[27],

---

[23] BGH NJW 1994, 1341.

[24] Bemerkenswert z. B. auch BVerfGE 103, 89 = NJW 2001, 957 zur inhaltlichen Kontrolle der in einem Ehevertrag getroffenen, für die (bereits schwangere) künftige Ehefrau und Mutter äußerst ungünstigen Unterhaltsregelung am Maßstab des Art. 2 Abs. 1 i. V. m. Art. 6 Abs. 4 GG.

[25] Abl. z. B. Zöllner AcP Bd. 196 (1996), 1ff.; Jauernig § 138 Rdnr. 12; beide mwN. Zust. Honsell NJW 1994, 565.

[26] BGH NJW 1997, 52 (bei finanzieller Abhängigkeit des – erwachsenen – Kindes von den Eltern).

[27] BGH NJW 1996, 513. – Auch ein Interesse des Gläubigers, sich auf diese Weise vor Ver-

nichtverheiratete Partner[28], u.U. auch durch Geschwister[29] des Hauptschuldners im allgemeinen als sittenwidrig und damit nichtig angesehen, wenn der Bürge **finanziell krass überfordert** ist[30] und der gesicherte Kredit nicht auch in wesentlichem Maße den eigenen Interessen des Bürgen dient[31]. Auf die von einem GmbH-Gesellschafter übernommene Bürgschaft für Gesellschaftsverbindlichkeiten sind diese Regeln dagegen im allgemeinen nicht anwendbar, so dass hier nicht schon aus einer krassen finanziellen Überforderung des Bürgen und einer emotionalen Verbundenheit mit der die Gesellschaft wirtschaftlich beherrschenden Person eine tatsächliche Vermutung der Kenntnis des Kreditgebers hergeleitet werden kann[32].

4. Rechtsfolgen der Sittenwidrigkeit

Das sittenwidrige Rechtsgeschäft ist gemäß § 138 Abs. 1 **nichtig**, entfaltet also von Anfang an keine Rechtswirkungen. Die Nichtigkeit eines Verpflichtungsgeschäfts führt nicht notwendigerweise zur Nichtigkeit des Erfüllungsgeschäfts; denn auch hier gilt das **Abstraktionsprinzip**. Anders ist es aber, wenn gerade mit dem dinglichen Erfüllungsgeschäft der sittenwidrige Zweck verfolgt wird oder im Verfügungsgeschäft die Sittenwidrigkeit begründet liegt. So erklärte das RG[33] bei einer sittenwidrigen Zuwendung, um die Zustimmung zur Ehescheidung zu erlangen, auch das dingliche Rechtsgeschäft für nichtig. Bei sittenwidrigen Globalzessionen (zu weitgehende Sicherung im Verhältnis zu konkurrierenden Gläubigern, s. oben Rdnr. 720) ist ebenfalls das dingliche Geschäft, also die Sicherungsabtretung, nichtig. Wenn da-

---

mögensverschiebungen zwischen den Eheleuten zu schützen, ändert nichts an der Sittenwidrigkeit einer (nicht ausdrücklich beschränkten) Ehegattenbürgschaft, BGH NJW 2002, 228 (anders zum Teil die frühere Rechtsprechung des BGH).

[28] Dazu BGH NJW 1997, 1005.
[29] Nach BGHZ 137, 329 = NJW 1998, 597 = JZ 1998, 570 (mit krit. Anm. Foerste) = JR 1998, 369 (mit krit. Anm. Probst) bei enger persönlicher Verbundenheit oder innerer Abhängigkeit.
[30] Zu den dafür maßgebenden Kriterien BGHZ 146, 37 = NJW 2001, 815 = JuS 2001, 606 (mit Anm. Emmerich) (grundsätzlich erst dann zu bejahen, wenn der Betroffene nicht einmal die laufenden Zinsen der Hauptschuld aufzubringen vermag); BGH NJW 2001, 2466 (keine krasse Überforderung, wenn die gesamte Bürgschaftsschuld voraussichtlich durch Verwertung des Eigenheims des Bürgen getilgt werden kann); BGH NJW 2000, 1182 (allein die Vermögensverhältnisse des Bürgen, nicht die des Hauptschuldners, sind entscheidend). – Zu der von BGH NJW 1999, 2584 (Vorlagebeschluss) angestrebten Entscheidung des Großen Senats für Zivilsachen über die Kriterien der Sittenwidrigkeit der Bürgenhaftung ist es nicht gekommen, vgl. BGH NJW 2000, 1185, 1186 (Anm. der Schriftl.).
[31] Die Sittenwidrigkeit eines von der Ehefrau eingegangenen Bürgschaftsvertrages wird z.B. zu verneinen sein, wenn der vom Ehemann aufgenommene Kredit überwiegend zur Gründung des gemeinsamen Hausstandes und für weitere den gemeinsamen Interessen dienende Anschaffungen verwendet wurde, vgl. BGH NJW 1999, 135 (zu Schuldbeitritt).
[32] BGH NJW 2002, 1337; anders bei Evidenz der Hintergründe für die Bank, BGH NJW 2002, 956.
[33] RGZ 145, 152.

gegen ein Rechtsanwalt sich in sittenwidriger Weise ein Erfolgshonorar in Form eines Anteils an der erstrittenen Summe versprechen lässt[34] und das Honorar dann auch bezahlt wird, so bleibt es bei der Gültigkeit des Erfüllungsgeschäfts. In solchen Fällen ergeben sich bereicherungsrechtliche Rückforderungen, § 812 Abs. 1 Satz 1 (Leistungskondiktion aufgrund anfänglichen Fehlens des rechtlichen Grundes)[35].

IV. Wucherische und wucherähnliche Rechtsgeschäfte

Fall 26: Der aufgrund privater Anschaffungen hoch verschuldete Komponist Klang braucht dringend 30 000 €, um seinen völligen wirtschaftlichen Zusammenbruch zu verhindern. Die Paradiesbank gewährt ihm das Darlehen zu einem monatlichen Zinssatz von 3 %, wobei die Rückzahlung in halbjährlichen Raten von 7 500 € erfolgen soll. In den Vertragsbedingungen heißt es weiter, bei Verzug mit einer Zins- oder Tilgungsrate werde der gesamte Darlehensbetrag sofort zur Rückzahlung fällig. Nach einiger Zeit weigert sich Klang, weiterhin die vereinbarten Zinsen zu zahlen. Daraufhin verlangt die Paradiesbank sofort den gesamten Darlehensbetrag zurück. Wie ist die Rechtslage?

1. Wucher

727   Der in § 138 Abs. 2 geregelte Wucher ist ein Unterfall des sittenwidrigen Geschäfts. Er erfordert ein **objektives Element** in Form eines **auffälligen Missverhältnisses von Leistung und Gegenleistung**. Hinzukommen muss ferner ein **subjektives Element**, das in der (bewussten) **Ausbeutung** der Zwangslage oder der Unerfahrenheit, des Mangels an Urteilsvermögen oder der erheblichen Willensschwäche eines anderen besteht.

2. Wucherähnliches Geschäft

728   Von den Voraussetzungen des Wuchers nach § 138 Abs. 2 kann der Nachweis der subjektiven Elemente Schwierigkeiten bereiten. Die Rechtsprechung ist jedoch weitgehend auf § 138 Abs. 1 ausgewichen und hat unter Rückgriff auf diese allgemeine Vorschrift den Tatbestand des wucherähnlichen Rechtsgeschäfts entwickelt. Als objektive Voraussetzung der Sittenwidrigkeit steht dabei ein **auffälliges bzw. besonders grobes Missverhältnis zwischen Leistung und Gegenleistung** ganz im Vordergrund. Dies wird angenommen, wenn die von der übervorteilten Partei zu er-

---

[34] Vgl. BGHZ 39, 142, 148f. = NJW 1963, 1147, 1148; BGHZ 133, 90, 94 = NJW 1996, 2499, 2500. Heute ergibt sich die grundsätzliche Unzulässigkeit eines Erfolgshonorars aus § 49 b Abs. 2 BRAO, so dass eine dagegen verstoßende Vereinbarung nach § 134 nichtig ist, Palandt/Heinrichs § 138 Rdnr. 58.

[35] Handelt auch der Leistende sittenwidrig, so steht allerdings dem bereicherungsrechtlichen Rückforderungsanspruch § 817 Satz 2 entgegen, der nach h.M. auch gegenüber einem Anspruch aus § 812 Abs. 1 gilt, s. Rdnr. 731. Dem Mandanten, der das Erfolgshonorar bezahlt, fällt aber kein Sittenverstoß zur Last.

bringende Leistung etwa (auch knapp) doppelt so hoch ist wie die Gegenleistung[36]. Dies gilt z.B. für das Verhältnis zwischen dem Wert der Immobilie und dem Wert der Gegenleistung bei einem Grundstückskaufvertrag[37]. Bei Konsumentenkrediten ist das auffällige Missverhältnis dann erreicht, wenn der vertraglich vereinbarte Zins doppelt so hoch ist wie der marktübliche oder wenn zwischen dem Marktzins und dem vertraglichen Zins eine Differenz von mehr als 12% besteht[38].

Zu diesem auffälligen Missverhältnis müssen an sich **weitere Umstände** hinzutreten, um die Sittenwidrigkeit zu begründen, z.B. unangemessene, den Kreditnehmer unbillig belastende Geschäftsbedingungen, und die Rechtsprechung betont auch, es sei eine Gesamtwürdigung des einzelnen Vertrages vorzunehmen[39]. Jedoch werden an diese weiteren Umstände umso geringere Anforderungen gestellt, je auffälliger das Missverhältnis zwischen Leistung und Gegenleistung ist.

Neben dem objektiven Tatbestand bedarf es auch einer subjektiven Komponente, etwa einer verwerflichen, allein auf den eigenen Vorteil und auf Ausnutzung der schwierigen Lage des anderen bedachten Gesinnung. Diese **subjektiven Voraussetzungen** werden jedoch mehr und mehr **vermutet**[40], wenn der objektive Tatbestand eines wucherähnlichen Geschäfts vorliegt, insbesondere beim wucherähnlichen Konsumentenkredit. Hier müsste also der Kreditgeber, um die Vermutung zu erschüttern, darlegen und beweisen, dass sich der Kreditnehmer nicht nur wegen seiner schwierigen Lage oder seiner Geschäftsungewandtheit auf den ungünstigen Vertrag eingelassen hat oder dass der Kreditgeber die Situation des Kreditnehmers weder erkannt noch leichtfertig nicht erkannt hat[41]. Auch beim wucherähnlichen Grundstückskauf wird aus dem groben Missverhältnis zwischen Leistung und Gegenleistung der Schluss auf eine verwerfliche Gesinnung des Begünstigten gezogen, und zwar selbst dann, wenn dem Begünstigten diese Wertverhältnisse nicht bekannt waren. Aufgrund dieser Beweiserleichterungen haben die subjektiven Erfordernisse beim wucherähnlichen Geschäft im Ergebnis nur noch geringe Bedeutung[42].

3. Rechtsfolgen

Beim Wucher (§ 138 Abs. 2) und beim wucherähnlichen Geschäft (§ 138 Abs. 1) ist das **schuldrechtliche Geschäft nichtig**. Aus der Formulierung in § 138 Abs. 2, die

---

[36] BGH NJW 1995, 2635, 2636.
[37] BGHZ 146, 298, 302 = NJW 2001, 1127, 1129 = JuS 2001, 706 (mit Anm. Emmerich) zu einem Fall der Übervorteilung des Verkäufers.
[38] BGHZ 104, 102 = NJW 1988, 1659; BGHZ 110, 336 = NJW 1990, 1595.
[39] BGH NJW 1995, 2635, 2636.
[40] Es handelt sich um eine beweiserleichternde tatsächliche Vermutung, die bei der Beweiswürdigung zu berücksichtigen ist und nur dann nicht zur Anwendung kommt, wenn sie im Einzelfall durch besondere Umstände erschüttert ist, BGHZ 146, 298, 304f. (Fn. 37). Dabei lässt der BGH mit gutem Grund offen, ob es sich um einen Anscheinsbeweis oder um einen Indizienbeweis handelt, denn beides ist ohnehin kaum unterscheidbar.
[41] BGHZ 104, 102, 107 = NJW 1988, 1659, 1661.
[42] Vgl. Jauernig § 138 Rdnr. 16.

auch das Gewährenlassen umfasst, entnimmt man, dass hier auch das **dingliche Erfüllungsgeschäft des Bewucherten**, etwa die Zahlung der überhöhten Zinsen, **nichtig** ist. Die Leistung des anderen Teils, etwa die Auszahlung des Darlehens, ist dagegen als solche nicht nichtig. Da aber das zugrundeliegende Verpflichtungsgeschäft nichtig ist, besteht ein Anspruch auf Herausgabe des Erlangten nach § 812 Abs. 1 Satz 1 (Leistungskondiktion) wegen anfänglichen Fehlens des rechtlichen Grundes. Was dies bei einem sittenwidrigen Darlehensvertrag im einzelnen bedeutet, ist seit langem umstritten. Auf den ersten Blick scheint der Darlehensgeber nach § 812 Abs. 1 Satz 1 sofort die Rückzahlung des Darlehens verlangen zu können. Einschränkungen ergeben sich jedoch aus § 817 Satz 2, wonach die Rückforderung einer Leistung ausgeschlossen ist, wenn dem Leistenden ein Verstoß gegen die guten Sitten zur Last fällt. Man wendet diese Vorschrift auch an, wenn ein Bereicherungsanspruch aus § 812, nicht aus § 817 Satz 1 in Rede steht und lediglich der Leistende gegen die guten Sitten verstößt[43]. Würde man aber aus § 817 Abs. 2 folgern, dass der sittenwidrig handelnde Darlehensgeber den Kreditbetrag überhaupt nicht mehr zurückerhält, so wäre dies eine zu harte Strafe. Die Rechtsprechung[44] hat daher eine andere Lösung entwickelt. Sie sieht – mit Recht – die eigentliche Leistung des Darlehensgebers in der zeitweiligen Überlassung des Kapitals. Nur diese Leistung ist wegen § 817 Satz 2 nicht zurückforderbar. Also hat der Darlehensgeber erst dann einen Anspruch auf Rückzahlung, wenn nach den Vertragsbedingungen die Darlehensrückzahlung verlangt werden kann, also nach Ablauf einer fest vereinbarten Laufzeit, andernfalls aufgrund einer Kündigung mit den gesetzlichen Kündigungsfristen.

732 Diese Lösung ist dann freilich wieder für den Kreditnehmer sehr angenehm, weil er das Darlehen behalten kann, ohne **Zinsen** zahlen zu müssen (die Zinsvereinbarung ist ja nichtig). Deswegen gibt es eine bemerkenswerte Gegenansicht, die mit bereicherungsrechtlichen Argumenten eine Verpflichtung des Bewucherten annimmt, für die Zeit, in der er das Darlehen behält, marktübliche Zinsen zu bezahlen[45]. Der BGH ist diesem Gedanken aber nicht gefolgt, sondern hält daran fest, dass bei Sittenwidrigkeit des Darlehensvertrages dem Kreditnehmer nach § 817 Satz 2 der Kreditbetrag für die gesamte Vertragsdauer zinsfrei verbleibt[46].

Lösung zu Fall 26:

1. Anspruch der Paradiesbank auf Zahlung der vereinbarten Darlehenszinsen

733 Der Anspruch auf Zinsen ist unbegründet, wenn der Darlehensvertrag (§ 488) aufgrund der ungewöhnlich hohen Zinsen (36% Jahreszins) nichtig ist. Eine Nichtigkeit wegen Wuchers

---

[43] Dazu kritisch MünchKomm/Lieb § 817 Rdnr. 17 a ff.
[44] Grundlegend RGZ 161, 52; ebenso BGHZ 99, 333, 338f. = NJW 1987, 944, 945; BGH NJW-RR 1989, 622, 624.
[45] So z.B. Medicus, Bürgerliches Recht, Rdnr. 700; Brox Rdnr. 298. MünchKomm/Lieb § 817 Rdnr. 17 hält es für zu weitgehend, geradezu einen Anspruch auf die marktüblichen Zinsen zu geben, bejaht aber einen Anspruch auf die „tatsächlich erwirtschafteten" Zinsen bis zur Obergrenze der angemessenen Zinsen.
[46] BGH NJW-RR 1989, 622, 624.

i.S.v. § 138 Abs. 2 kann dennoch nicht angenommen werden, da der Sachverhalt nichts über die weiteren Voraussetzungen des § 138 Abs. 2 (Ausbeutung der Zwangslage usw.) aussagt. Jedoch kommt eine Nichtigkeit nach § 138 Abs. 1 unter dem Gesichtspunkt eines wucherähnlichen Rechtsgeschäfts in Betracht. Die Rechtsprechung nimmt in solchen Fällen eines Konsumentenkredites ein auffälliges Missverhältnis zwischen Leistung (Darlehensgewährung) und Gegenleistung (Zinszahlung) jedenfalls dann an, wenn der vereinbarte Zins doppelt so hoch ist wie der marktübliche Zins. Davon kann man hier ausgehen, auch wenn es sich um ein ungesichertes und damit besonders risikobehaftetes Darlehen handelt. Jedenfalls in Verbindung mit weiteren Umständen des konkreten Geschäfts kann sich hieraus der objektive Tatbestand eines wucherähnlichen Rechtsgeschäfts ergeben. Hier liegen solche weiteren Umstände in der Vereinbarung über die sofortige Fälligkeit wegen Verzugs. Dass diese Vertragsbedingung (eine sog. Verfallklausel) wegen Verstoßes gegen § 498 Abs. 1 (früher § 12 Abs. 1 VerbrKrG) nach § 506 Satz 1 (früher § 18 Satz 1 VerbrKrG) unwirksam ist[47], hindert nicht, sie bei der Beurteilung der Sittenwidrigkeit zu berücksichtigen[48].

Zugleich wird aufgrund dieses objektiven Sachverhalts der zur Bejahung der Sittenwidrigkeit erforderliche subjektive Tatbestand auf Seiten des Kreditgebers vermutet. Die Paradiesbank könnte also die Nichtigkeit nach § 138 Abs. 1 nur entkräften, wenn sie nachweist, dass sie die Zwangslage des Klang weder erkannt noch leichtfertig nicht erkannt hat. Es ist nicht anzunehmen, dass dieser Beweis gelingt, denn wenn jemand ein Darlehen zu derart ungünstigen Bedingungen aufnimmt, muss sich der Eindruck aufdrängen, dass sich der Kreditnehmer in einer ausweglosen finanziellen Situation befindet. Damit ist der Darlehensvertrag nichtig und der Anspruch auf Zinszahlung unbegründet.

2. Anspruch auf Rückzahlung der Darlehenssumme, § 812 Abs. 1 Satz 1

Der Bereicherungsanspruch ist aufgrund § 812 Abs. 1 Satz 1 (Leistungskondiktion) begründet, da der Darlehensvertrag als rechtlicher Grund für die Darlehensgewährung nach § 138 Abs. 1 von Anfang an nichtig war. Jedoch könnte § 817 Satz 2 dem Rückforderungsanspruch entgegenstehen, da die leistende Bank gegen die guten Sitten verstoßen hat. Da aber die Leistung der Paradiesbank genau betrachtet nur in der zeitlich begrenzten Überlassung des Darlehens bestand, wird durch § 817 Satz 2 der Rückzahlungsanspruch nur während der Laufzeit des Darlehens ausgeschlossen. Die Paradiesbank kann also zwar nicht jetzt den gesamten Darlehensbetrag, wohl aber jeweils nach einem halben Jahr ein Viertel des Betrages zurückverlangen, nach h.M. ohne dass sich aus bereicherungsrechtlichen Gesichtspunkten eine Pflicht des Klang zur Zahlung marktüblicher Zinsen herleiten ließe (näher dazu s. Rdnr. 731 f.).

---

[47] Zum früheren Recht MünchKomm/Habersack § 12 VerbrKrG Rdnr. 8 mwN. – Palandt/Putzo § 506 Rdnr. 4 nimmt zum jetzigen § 506 Satz 1 Nichtigkeit der entgegenstehenden Vereinbarung nach § 134 an.

[48] Vgl. BGHZ 136, 347, 355 f. = NJW 1997, 3372, 3374 = JuS 1998, 177 (mit Anm. Emmerich) zu unwirksamen AGB-Klauseln.

§ 11 Gesetzlich verbotene, sittenwidrige und wucherische Rechtsgeschäfte

Kontrollfragen und Fälle zu § 11

1) Unter welchen Voraussetzungen führt der Verstoß gegen ein gesetzliches Verbot zur Nichtigkeit eines Rechtsgeschäfts?

2) Wann ist nach der schon vom RG geprägten Formel ein Rechtgeschäft sittenwidrig?

3) Im Alter von 24 Jahren übernahm Fredy Fix durch schriftliche Erklärung eine Ausfallbürgschaft in Höhe von 90 000 € nebst Zinsen für bestehende Kredite, die die Schillerbank einer seinem Vater als alleinigem Gesellschafter gehörenden GmbH gewährt hatte. Fredy Fix war zu dieser Zeit Jurastudent im 6. Semester und seit drei Jahren zugleich Geschäftsführer der GmbH. Die Bank hatte zunächst eine selbstschuldnerische Bürgschaft verlangt, sich aber dann aufgrund des von Fredy Fix geäußerten Wunsches mit der Ausfallbürgschaft begnügt. Als die GmbH sich als zahlungsunfähig erweist, verlangt die Schillerbank von Fredy Fix, der immer noch studiert und derzeit keine eigenen Einkünfte hat, Zahlung des offenen Betrages (samt aufgelaufener Zinsen) von 130 000 €. Mit Recht?

Lösungen:

736 1) Das Rechtsgeschäft muss seinem Inhalt nach gegen das gesetzliche Verbot verstoßen, und die Nichtigkeit des Rechtsgeschäfts muss dem Zweck des gesetzlichen Verbotes entsprechen.

737 2) Sittenwidrig ist nach der vom RG stammenden Formel, was dem Anstandsgefühl aller billig und gerecht Denkenden widerspricht.

738 3) Der Anspruch gegen Fredy Fix ist nach § 765 Abs. 1 begründet, wenn zwischen ihm und der Silberbank ein wirksamer Bürgschaftsvertrag zustande kam. Die nach § 766 Satz 1 erforderliche schriftliche Erteilung der Bürgschaftserklärung liegt vor. Da es sich um eine Bürgschaft durch ein Familienmitglied handelt und von einer erheblichen wirtschaftlichen Überforderung des Bürgen auszugehen ist, könnte der Bürgschaftsvertrag jedoch aufgrund der neueren Rechtsprechung des BVerfG und des BGH sittenwidrig und daher nach § 138 Abs. 1 nichtig sein. Jedoch ist zu beachten, dass die Sittenwidrigkeit in diesen Fällen letztlich darauf zu gründen ist, dass bei Eingehung der Bürgschaft eine strukturelle Ungleichheit bestand, d.h. dass der Gläubiger sich im Ergebnis die emotionale Abhängigkeit des Bürgen vom Hauptschuldner und seine geschäftliche Unerfahrenheit zunutze machte. Davon kann aber hier angesichts des (wenn auch noch nicht abgeschlossenen) Jurastudiums, der Tätigkeit als Geschäftsführer und des bei den Verhandlungen mit der Bank zutage getretenen Verständnisses der wirtschaftlichen Zusammenhänge keine Rede sein. Mit dem BGH[1] ist daher hier keine Sittenwidrigkeit anzunehmen. Der Anspruch der Bank ist damit begründet.

---

[1] BGH NJW 1997, 940.

§ 12 Die Aufrechterhaltung fehlerhafter Rechtsgeschäfte

I. Die Teilnichtigkeit

Fall 27: Rasch einigt sich mit dem Hauseigentümer Hart darüber, zwei Stockwerke im Gebäude des Hart auf zehn Jahre zum Betriebe einer Pension anzumieten und zugleich das dafür erforderliche Inventar anzukaufen. Hart händigt dem Rasch bei Vertragsschluss ein maschinengeschriebenes, jedoch nicht unterzeichnetes Blatt aus, das mit „Miet- und Kaufvertrag" überschrieben ist. Darauf sind Mietdauer und Mietpreis sowie der Kaufpreis angegeben und das verkaufte Inventar aufgelistet. Später kommt es zu Meinungsverschiedenheiten über die Wirksamkeit des Vertrages. Wie ist die Rechtslage?

1. Voraussetzungen des § 139

Nach § 139 führt die Nichtigkeit eines Teils eines Rechtsgeschäfts zur **Nichtigkeit des ganzen Geschäfts,** wenn nicht anzunehmen ist, dass es auch ohne den nichtigen Teil vorgenommen sein würde. Die Vorschrift setzt voraus, dass es um **Teile eines einheitlichen Rechtsgeschäfts** geht. Dies ist sicher der Fall, wenn einzelne Klauseln eines Vertrages nichtig sind, so z.B., wenn ein Grundstücksverkauf zwar notariell beurkundet wurde, aber die Abrede, der Kaufpreis solle bereits vom Vertragsschluss an verzinst werden, nur mündlich geschlossen wurde. Auch **äußerlich getrennte Verträge,** selbst wenn es sich um verschiedene Vertragstypen handelt, können jedoch im Sinne des § 139 ein einheitliches Rechtsgeschäft darstellen. Entscheidend ist, ob sie nach dem Willen der Beteiligten derart miteinander verknüpft sind, dass der eine Vertrag mit dem anderen „**stehen oder fallen soll**", wie die Rechtsprechung[1] einprägsam formuliert.

Die Bejahung eines einheitlichen Rechtsgeschäfts ist selbst dann nicht ausgeschlossen, wenn an den Bestandteilen **verschiedene Personen beteiligt** sind. Dies könnte etwa beim Abschluss eines Mietvertrages mit einem zusammenlebenden Paar der Fall sein, wenn der eine Partner den Mietvertrag abschließt und der andere zugleich die Bürgschaft für die Verbindlichkeiten aus dem Mietvertrag übernimmt. Bei einer Bürgschaft greift § 139 ein, wenn sie in einem einheitlichen Rechtgeschäft durch mehrere Mitbürgen übernommen wurde und ein Nichtigkeitsgrund nur gegenüber einem der Mitbürgen vorliegt, oder wenn umgekehrt gegenüber mehreren Gläubigern gebürgt wird und die Bürgschaft zum Teil an der hinreichenden Bestimmtheit der Gläubiger scheitert[2]. Ein Krankenhausaufnahmevertrag, der sowohl Unterbringung und pflegerische Leistungen als auch die ärztlichen Leistungen umfasst[3], kann trotz äußerlicher Selbständigkeit der Verträge eine Einheit mit einem

---

[1] Z.B. BGH LM § 139 Rdnr. 34; BGHZ 138, 91, 98 = NJW 1998, 1778, 1780.
[2] BGH NJW 2001, 3327, 3328f.
[3] Sog. *totaler Krankenhausvertrag* im Gegensatz zum *gespaltenen Krankenhausvertrag,* bei dem sich die Verpflichtungen des Krankenhauses nicht auf die ärztlichen Leistungen erstrecken, die vielmehr einem gesonderten Vertrag mit dem Arzt vorbehalten sind.

zwischen Patient und Arzt geschlossenen Arztzusatzvertrag über ärztliche Wahlleistungen bilden[4].

740a Zweifelhaft ist, ob eine solche Einheit im Sinne des § 139 auch zwischen einem **Verpflichtungsgeschäft** und dem **dinglichen Erfüllungsgeschäft** angenommen werden kann. Dies könnte zur Folge haben, dass die Nichtigkeit des Verpflichtungsgeschäftes in aller Regel auch zur Nichtigkeit des Erfüllungsgeschäftes führt. Darin läge jedoch ein eindeutiger Verstoß gegen das Abstraktionsprinzip (s. Rdnr. 228 ff.). Die Anwendung des § 139 erscheint daher hier nicht zulässig[5].

741 Auf der anderen Seite kann § 139 nur eingreifen, wenn das **Rechtsgeschäft** in dem Sinne **teilbar** ist, dass auch ohne die nichtige Bestimmung noch ein lebensfähiges Rechtsgeschäft übrig bleibt. Die Teilbarkeit kann hinsichtlich der zu erbringenden Leistung, der Vertragsdauer oder auch der Beteiligten gegeben sein. Im Beispiel der nicht beurkundeten Verzinsungsabrede ist die Teilbarkeit zu bejahen. Wäre dagegen umgekehrt nur die Verzinsungsabrede beurkundet und nicht der sonstige Vertrag, so könnte die formgültige Abrede von vornherein nicht für sich bestehen.

742 Unter der von § 139 vorausgesetzten Nichtigkeit eines Teils des Rechtsgeschäfts ist **jede Art von endgültiger Unwirksamkeit** zu verstehen[6]. Hierher gehört also neben der Nichtigkeit nach § 125 (Formmangel), § 138 (Sittenwidrigkeit) oder § 134 (gesetzliches Verbot) auch die Nichtigkeit nach erfolgter Anfechtung (§ 142 Abs. 1), ebenso die endgültige Unwirksamkeit bei Vertragsschluss durch einen beschränkt Geschäftsfähigen (§ 108 Abs. 1) oder durch einen Vertreter ohne Vertretungsmacht (§ 177 Abs. 1), wenn der zunächst schwebend unwirksame Vertrag nicht genehmigt wird.

2. Rechtsfolge des § 139

743 § 139 ordnet nicht schlechthin an, die Teilnichtigkeit habe die **Gesamtnichtigkeit** zur Folge. Vielmehr gilt dies nur, wenn nicht ein **anderer Wille der Parteien** anzunehmen ist. Die Vorschrift ist daher als **Auslegungsregel** zu qualifizieren, wobei es genau genommen bereits um eine ergänzende Auslegung geht. Die Gesamtnichtigkeit darf nicht vorschnell bejaht werden; man kann sogar bezweifeln, ob die Vermutung zugunsten der Gesamtnichtigkeit, wie sie in § 139 enthalten ist, sachlich gerechtfertigt ist[7].

744 Bei der Frage nach dem **hypothetischen Parteiwillen** ist vor allem das Gewicht des nichtigen Teils innerhalb des gesamten Rechtsgeschäfts von Bedeutung. Dabei spielt

---

[4] BGHZ 138, 91, 98 (Fn. 1).

[5] Jauernig JuS 1994, 721, 724; Stadler, Gestaltungsfreiheit und Verkehrsschutz durch Abstraktion (1996), 92 ff.; Grigoleit AcP Bd. 199 (1999), 378, 413 f.; Larenz/Wolf § 45 Rdnr. 11. Die Rechtsprechung hält dagegen § 139 bei auf Einheit gerichtetem Parteiwillen grundsätzlich für anwendbar (s. den Überblick bei Eisenhardt JZ 1991, 271, 276 ff., der selbst dieser Ansicht zustimmt, aaO S. 277), stellt aber an den Einheitlichkeitswillen hohe Anforderungen, so dass im Ergebnis § 139 nur höchst selten zum Zuge kommt (vgl. Jauernig JuS 1994, 721, 724).

[6] Palandt/Heinrichs § 139 Rdnr. 2; Jauernig § 139 Rdnr. 2.

[7] Krit. z. B. MünchKomm/Mayer-Maly/Busche § 139 Rdnr. 2 f.

die wirtschaftliche Tragweite eine entscheidende Rolle. Im Beispiel der nicht beurkundeten Verzinsungsabrede wird man im allgemeinen von einem hypothetischen Parteiwillen ausgehen können, den Vertrag auch ohne diese Verzinsungsabrede gewollt zu haben. Wäre allerdings im beurkundeten Vertrag eine weit hinausgeschobene Fälligkeit des Kaufpreises enthalten, so könnte auch die (nicht beurkundete) Verzinsungsabrede von so entscheidender Bedeutung sein, dass ihre Nichtigkeit zur Gesamtnichtigkeit des Grundstücksverkaufs führt.

3. Ausnahmen

Der Anwendungsbereich des § 139 wird durch **gesetzliche Spezialbestimmungen** 745 eingeengt, die von erheblicher praktischer Bedeutung sind. So gilt im **Erbrecht** gemäß § 2085 gerade die umgekehrte Regel. Ist in einem Testament oder Erbvertrag ein Teil des Rechtsgeschäfts nichtig, so bleibt das restliche Geschäft im Regelfall gültig.

Eine wichtige Ausnahme enthält ferner § 306 Abs. 1. Wenn in **Allgemeinen Geschäftsbedingungen** (dazu gehören auch Formularverträge) einzelne Klauseln unwirksam sind, so wird davon die Wirksamkeit des Vertrags im übrigen grundsätzlich nicht berührt. An die Stelle der unwirksamen Klauseln treten dann die gesetzlichen Bestimmungen, § 306 Abs. 2. Nur wenn das Festhalten am Vertrag für einen Beteiligten eine unzumutbare Härte darstellen würde, ist der Vertrag nach § 306 Abs. 3 unwirksam. 746

Auch ohne ausdrückliche Vorschrift kann sich aus dem **Schutzzweck einer Norm** 747 ergeben, dass § 139 mit der Rechtsfolge der regelmäßigen Gesamtnichtigkeit nicht anzuwenden ist. Dies gilt bei solchen Vorschriften, die eine Abweichung von gesetzlichen Regelungen zum Schutz des einen Vertragspartners verbieten. Hier wäre es geradezu widersinnig, aus dieser Teilnichtigkeit die Nichtigkeit des gesamten Vertrages zu folgern. So liegt es etwa, wenn in einem Mietvertrag eine Vereinbarung enthalten ist, die zum Nachteil des Mieters von den gesetzlichen Regeln über die Kündigung des Vermieters abweicht und daher z.B. nach § 573 Abs. 4 oder § 573 c Abs. 4 unwirksam ist. An Stelle der unwirksamen Vereinbarung gelten die gesetzlichen Regeln, und der Mietvertrag insgesamt bleibt wirksam, ohne dass es auf § 139 ankommt.

Lösung zu Fall 27[8]:

Der Mietvertrag müsste, um für eine bestimmte Zeit von zehn Jahren zu gelten, nach § 550 748 Satz 1 i.V.m. § 578 Abs. 1 u. 2 (Mietverhältnis über Räume, die keine Wohnräume sind) in schriftlicher Form abgeschlossen worden sein. Dazu ist nach § 126 Abs. 1 eigenhändige Unterzeichnung durch Namensunterschrift oder notariell beglaubigtes Handzeichen erforderlich. Daran fehlt es hier. Die Rechtsfolge für einen Mietvertrag besteht nach § 550 Satz 1 u. 2 – abweichend von § 125 Satz 1 – nicht in der Nichtigkeit des gesamten Vertrages. Vielmehr gilt der Vertrag als Vertrag auf unbestimmte Zeit, der nach Maßgabe der gesetzlichen Vorschriften ge-

---

[8] Der Fall ist BGH LM § 139 Nr. 29 nachgebildet.

kündigt werden kann, jedoch nicht vor Ablauf des ersten Jahres. Der Kaufvertrag über das Inventar ist nicht formbedürftig. Das Ergebnis wäre, dass ein nach einem Jahr kündbarer Mietvertrag über die Räume und ein wirksamer Kaufvertrag über das Inventar vorliegen. Ob dies angemessen ist, erscheint wegen der engen Verbindung zweifelhaft, in der beide Verträge stehen. Auch äußerlich getrennte Verträge, die rechtlich verschiedene Vertragstypen darstellen, können im Sinne des § 139 als einheitliches Rechtsgeschäft anzusehen sein, wenn sie nach dem Parteiwillen eng miteinander verknüpft sind. Dies gilt – nach einer von der Rechtsprechung geprägten Formel – wenn die Verträge miteinander stehen und fallen sollen. Nach dem Zweck des Miet- und des Kaufvertrages ist das hier anzunehmen. Rasch hätte das Inventar nicht gekauft, wenn nicht zugleich der Mietvertrag über 10 Jahre abgeschlossen worden wäre. Damit ist § 139 anzuwenden. Danach führt die teilweise Nichtigkeit eines Rechtsgeschäfts zur Nichtigkeit des gesamten Geschäfts, wenn nicht anzunehmen ist, dass der restliche Teil auch ohne den nichtigen abgeschlossen worden wäre. Nichtig i.S.v. § 139, der jede Art der endgültigen Unwirksamkeit erfasst, ist hier die Klausel des Mietvertrags, durch die eine feste Mietdauer von zehn Jahren vereinbart wurde. Ein Mietvertrag auf unbestimmte Zeit nach § 550 Satz 1 u. 2 setzt den Rasch schon nach einem Jahr dem Risiko der Kündigung aus. Da der Kauf des Inventars erheblichen Aufwand erfordert, ist nicht anzunehmen, dass Rasch den Kaufvertrag auch ohne einen für zehn Jahre geltenden Mietvertrag abgeschlossen hätte. Dies wirkt aber wieder auf die Beurteilung des Mietvertrages zurück: ohne Kauf des Inventars wäre auch kein Mietvertrag, auch nicht über unbestimmte Zeit, abgeschlossen worden.

749 Im Ergebnis sind daher über § 139 sowohl der Mietvertrag als auch der Kaufvertrag als nichtig anzusehen. Dies mag hinsichtlich des Mietvertrages überraschen, weil damit die Rechtsfolge des § 550 Satz 1 u. 2 entfällt. Aufgrund der Verknüpfung mit dem Kaufvertrag wird aber das Rechtsgeschäft insgesamt als Einheit angesehen, so dass – bei entsprechendem hypothetischen Willen der Parteien – auch für eine isolierte Aufrechterhaltung des kündbaren Mietvertrages kein Raum ist.

II. Die Umdeutung (Konversion)

Fall 28: Der Einzelhändler Klein ist mit der Leistung seines einzigen Angestellten, des Verkäufers Hurtig, schon seit langem nicht zufrieden. Als Hurtig eines Tages 20 Minuten zu spät zur Arbeit kommt, übergibt ihm Klein ein eigenhändig unterzeichnetes Schreiben mit dem Inhalt, hiermit sei das Arbeitsverhältnis fristlos gekündigt, und dem Zusatz, er wolle Hurtig auf alle Fälle baldmöglichst los sein. Hurtig will die Kündigung nicht gelten lassen. Wie ist die Rechtslage?

750 § 140 betrifft Fälle, in denen das vorgenommene Rechtsgeschäft aus irgendeinem Grunde **nichtig** (d.h. auch hier: **endgültig unwirksam**[9]) ist, in denen aber mittels eines anderen Rechtsgeschäfts (also eines **Ersatzgeschäfts**) die erwünschten Wirkungen hätten erreicht werden können. Ebenso wie § 139 stellt § 140 auf den hypothetischen Parteiwillen ab. Die Umdeutung setzt voraus, dass bei Kenntnis von der Nichtigkeit des vorgenommenen Rechtsgeschäfts das andere Rechtsgeschäft gewollt sein würde.

751 Sorgfältig zu beachten ist, dass die **Voraussetzungen** des Rechtsgeschäfts, in das umgedeutet werden soll (also des Ersatzgeschäftes), voll erfüllt sein müssen. Außerdem dürfen die **Rechtsfolgen** des Ersatzgeschäfts nicht weitergehen, als die des ursprünglich abgeschlossenen Geschäfts. Dabei ist vor allem die wirtschaftliche Be-

---

[9] BGHZ 40, 218, 222 = NJW 1964, 347; Larenz/Wolf § 44 Rdnr. 86f.

trachtung maßgebend, da es auf den bezweckten Erfolg ankommt. Oft ist für die Beteiligten der genaue rechtliche Weg weniger bedeutsam als das wirtschaftliche Ergebnis. So kann unter Umständen ein mangels notarieller Beurkundung ungültiger Grundstücksverkauf in ein Recht auf Bestellung eines Nießbrauchs auf Lebenszeit umgedeutet werden, wenn der Zweck des Geschäfts hauptsächlich war, das lebenslängliche Wohnen zu ermöglichen. Die Gründung einer OHG kann in die Gründung einer BGB-Gesellschaft umzudeuten sein, der Abschluss eines Erbvertrags in ein Testament.

Der **Schutzzweck** der Vorschriften, aus denen sich die Nichtigkeit des Rechtsgeschäfts ergibt, **kann der Umdeutung entgegenstehen** und auch dagegen sprechen, ein gesetzlich verbotenes oder sittenwidriges Rechtsgeschäft mit dem gerade noch zulässigen Inhalt aufrechtzuerhalten[10].

Lösung zu Fall 28:

Die Kündigung bedarf nach § 623 der Schriftform (§ 126 Abs. 1), die hier eingehalten ist. Die Wirksamkeit der fristlosen Kündigung ist nicht davon abhängig, dass der Arbeitgeber eine Begründung angibt, doch kann der Arbeitnehmer nach § 626 Abs. 2 Satz 3 eine unverzügliche schriftliche Mitteilung des Kündigungsgrundes verlangen. Eine fristlose Kündigung kann nach § 626 Abs. 1 aus wichtigem Grund erfolgen. Dazu müssen aber Umstände vorliegen, die unter Abwägung der beiderseitigen Interessen die Fortführung des Arbeitsverhältnisses bis zum Ablauf der Kündigungsfrist als unzumutbar erscheinen lassen. Ein einmaliges Zuspätkommen wird dazu keinesfalls ausreichen. Möglich wäre aber eine ordentliche Kündigung nach Maßgabe der gesetzlichen Kündigungsfristen. Gemäß § 622 Abs. 1 kann mit einer Frist von vier Wochen zum 15. oder zum Ende eines Kalendermonats gekündigt werden[11]. Wenn Klein gewusst hätte, dass die außerordentliche Kündigung unwirksam ist, dann hätte er jedenfalls eine ordentliche Kündigung zum nächstmöglichen Termin ausgesprochen. Dieser hypothetische Wille kommt in der Erklärung des Klein auch für Hurtig als Empfänger erkennbar zum Ausdruck[12]. Daher ist hier die Umdeutung gemäß § 140 in eine ordentliche Kündigung gerechtfertigt.

III. Die Bestätigung

Fall 29: A hat erkannt, dass er sich beim Kauf eines Grundstücks von B aufgrund arglistiger Täuschung durch B ganz falsche Vorstellungen über die Bodenqualität gemacht hat. Gleichwohl zahlt A einige Tage später die nächste fällige Rate des Kaufpreises. Nach weiteren zwei Wochen will A den Kaufvertrag anfechten. Wie ist die Rechtslage?
Fallvariante: A erklärt dem B gegenüber die Anfechtung wegen arglistiger Täuschung. Kurze Zeit danach kommen ihm Zweifel, ob der Kauf des Grundstücks nicht doch vorteilhaft für ihn gewesen wäre. A fragt einen Rechtsanwalt, ob er nicht einfach die nächste vereinbarte Rate zahlen und dadurch wieder die Gültigkeit des Kaufvertrags herbeiführen könne. Wie wird die Antwort lauten?

---

[10] Vgl. Köhler § 15 Rdnr. 14 unter Hinweis auf den Abschreckungseffekt der Nichtigkeitsdrohung in solchen Fällen.
[11] Weder das Kündigungsschutzgesetz noch sonstige Sondervorschriften des Arbeitsrechts führen hier zu einer längeren Kündigungsfrist.
[12] Vgl. zu diesem Erfordernis BAG NJW 1988, 581; BGH NJW 1998, 76.

1. Bestätigung eines anfechtbaren Rechtsgeschäfts

754 Die Anfechtung ist nach § 144 Abs. 1 ausgeschlossen, wenn das **anfechtbare Rechtsgeschäft** von dem Anfechtungsberechtigten **bestätigt** wird. Das Rechtsgeschäft darf bei der Bestätigung noch nicht angefochten sein; denn sonst ist es nach § 142 Abs. 1 nichtig und die Bestätigung würde sich nach § 141 richten.

755 Die Bestätigung nach § 144 setzt voraus, dass die Anfechtbarkeit dem Berechtigten bekannt ist. Eine stillschweigende Bestätigung, insbesondere durch Erfüllung des Rechtsgeschäfts, genügt. Nach h.M. ist die Bestätigung eine **nicht empfangsbedürftige Willenserklärung**, so dass kein Zugang an den Geschäftsgegner notwendig ist. Jedoch muss der Bestätigungswille für den Anfechtungsgegner erkennbar werden, also der Wille, es trotz Kenntnis der Anfechtbarkeit beim Rechtsgeschäft belassen zu wollen. Dabei stellt die Rechtsprechung eher strenge Anforderungen. Eine Bestätigung liegt etwa im Verbrauch der gekauften Sache in Kenntnis des Anfechtungsgrundes, nicht dagegen in der Geltendmachung von Mängelansprüchen[13].

756 Die Bestätigung führt nicht zu einem neu abgeschlossenen Rechtsgeschäft, sondern dazu, dass das **ursprüngliche Rechtsgeschäft** seine Rechtsfolgen **von Anfang an** (ex tunc) herbeiführt. Daher ist es konsequent, wenn nach § 144 Abs. 2 die Bestätigung nicht formbedürftig ist, auch wenn das ursprüngliche Geschäft einer Form bedurfte.

2. Bestätigung eines nichtigen Rechtsgeschäfts

757 Die Bestätigung eines nichtigen Rechtsgeschäfts, die Kenntnis von der Nichtigkeit (zumindest Zweifel an der Gültigkeit) und die Äußerung eines Bestätigungswillens voraussetzt, ist nach § 141 Abs. 1 als **erneute Vornahme des Geschäfts** zu beurteilen. Bei einem Vertrag müssen beide Partner bei der Bestätigung mitwirken. Auch ist bei dieser Bestätigung die notwendige **Form** zu wahren. Wird beispielsweise ein von einem Geschäftsunfähigen geschlossener, notariell beurkundeter Grundstückskaufvertrag (nichtig nach § 105 Abs. 1) später durch den gesetzlichen Vertreter bestätigt, so muss die Vereinbarung über die Bestätigung notariell beurkundet werden. Es braucht aber, wenn der ursprüngliche Vertrag formgerecht abgeschlossen war, nicht der gesamte Inhalt erneut beurkundet zu werden. Vielmehr genügt es, in der Bestätigungsurkunde auf die Urkunde zu verweisen, die das zu bestätigende Geschäft enthält[14]. Die Bestätigung ist insoweit von einem Neuabschluss des Rechtsgeschäfts zu unterscheiden. § 141 Abs. 1 gilt über die Fälle der von Anfang an bestehenden Nichtigkeit hinaus auch für **endgültig unwirksame Rechtsgeschäfte**, etwa,

---

[13] BGHZ 110, 220, 222 = NJW 1990, 1106. Nach Ansicht des BGH darf das Verhalten des Anfechtungsberechtigten nur dann als stillschweigende Kundgabe eines Bestätigungswillens gewertet werden, wenn jede andere den Umständen nach einigermaßen verständliche Deutung dieses Verhaltens ausscheidet. – Krit. zu dieser Formel MünchKomm/Mayer-Maly/Busche § 144 Rdnr. 3.

[14] BGH NJW 1999, 3704, 3705.

wenn die erforderliche Genehmigung durch den ohne Vollmacht Vertretenen (§ 177 Abs. 1, s. Rdnr. 871) verweigert worden war[15].

Die Bestätigung eines nichtigen Rechtsgeschäfts führt nicht zu dessen rückwirkender Heilung; das erneut vorgenommene Rechtsgeschäft **wirkt lediglich ex nunc**. § 141 Abs. 2 enthält jedoch eine Auslegungsregel für den Inhalt des durch Bestätigung neu abgeschlossenen Vertrages. Im Zweifel sind die Verpflichtungen so auszulegen, wie sie bei Gültigkeit des ursprünglichen Vertrages bestanden hätten. Wenn also z. B. ein wegen Geschäftsunfähigkeit des Verpächters nichtiger Pachtvertrag später (durch den nunmehr bestellten Betreuer) bestätigt wird, und die verpachtete Sache schon von Anfang an dem Pächter überlassen war, dann ist auch der Pachtzins im Zweifel von Anfang an zu entrichten.

Lösung zu Fall 29:

Der Kaufvertrag war nach § 123 Abs. 1 wegen arglistiger Täuschung anfechtbar. Die Anfechtung kann gemäß § 124 innerhalb einer Frist von einem Jahr erfolgen, die mit dem Zeitpunkt der Entdeckung der arglistigen Täuschung beginnt, § 124 Abs. 2. Wenn aber A in Kenntnis der arglistigen Täuschung die nächste Rate des Kaufpreises bezahlt, so kommt darin sein Wille zum Ausdruck, das Geschäft bestehen zu lassen. Es liegt also eine Bestätigung im Sinne von § 144 Abs. 1 vor, die nunmehr die Anfechtung ausschließt.

Fallvariante: Durch die Anfechtungserklärung ist der Kaufvertrag gemäß § 142 Abs. 1 von Anfang an nichtig geworden. Eine Bestätigung nach § 144 ist nun nicht mehr möglich; sie würde voraussetzen, dass das Rechtsgeschäft noch *anfechtbar* ist. Vielmehr kommt nur eine Bestätigung eines nichtigen Rechtsgeschäfts in Betracht, die aber nach § 141 Abs. 1 als erneute Vornahme zu beurteilen ist. Es müssten also die für den Abschluss eines Grundstückskaufvertrages nötigen Voraussetzungen erfüllt werden. Danach müssten beide Parteien über den Vertragsschluss einig sein, und die Vereinbarung müsste notariell beurkundet werden, § 311 b Abs. 1 Satz 1. Die Zahlung der nächsten Rate (aufgrund des ursprünglichen Vertrages) führt also nicht zu dem von A gewünschten Ergebnis. Man kann A nur empfehlen, sich mit B in Verbindung zu setzen und zu versuchen, diesen zum erneuten Abschluss des Kaufvertrages zu bewegen.

---

[15] BGH NJW 1999, 3704, 3705.

§ 12 Die Aufrechterhaltung fehlerhafter Rechtsgeschäfte

Kontrollfragen und Fälle zu § 12

1) Was ist unter Nichtigkeit i.S.v. § 139, § 140 und § 141 zu verstehen?

2) Welche Folge hat nach § 139 die teilweise Nichtigkeit eines Rechtsgeschäfts?

3)* Frau Dr. Sicht verkauft ihre gut eingeführte radiologische Praxis an Herrn Dr. Bein. Im Vertrag ist u.a. bestimmt, dass der Praxisübernehmer die Praxiseinrichtung sowie den Patientenstamm inklusive Patientenkartei, Krankenberichten und sonstigen Aufzeichnungen über die Patienten übernimmt. Ferner heißt es: „Sollten einzelne Bestimmungen dieses Vertrages ganz oder teilweise ungültig sein oder werden, so wird hiervon die Gültigkeit der anderen Vertragsteile nicht berührt. Die Vertragsparteien verpflichten sich vielmehr, die ungültigen Bestimmungen durch eine gültige Regelung zu ersetzen, die dem wirtschaftlichen Gehalt der ungültigen Bestimmung soweit wie möglich entspricht." Als Gesamtkaufpreis wurde ein Betrag von 200 000 € vereinbart. Bei den Vorgesprächen ging man davon aus, dass auf die Patientenkartei etwa 50 000 € entfallen.
a) Nach der neueren Rechtsprechung ist die vertragliche Verpflichtung, die Patientenkartei und die Krankenberichte an den Erwerber einer Arztpraxis zu übergeben, in dieser Form nichtig. Können Sie sich denken warum?
b) Welche Auswirkungen ergeben sich hieraus auf den gesamten Vertrag?

4) Blau hat vom Kraftfahrzeug-Mechaniker Kniff einen gebrauchten PKW gekauft und bar bezahlt. Kniff hat den Tachometerstand weit nach unten manipuliert. Blau entdeckt dies nach einigen Tagen, und nach den Umständen ist ihm auch klar, dass Kniff dafür verantwortlich ist, obgleich er diesen noch ausdrücklich nach der Richtigkeit des Tachometerstandes gefragt hatte. Blau benutzt das Fahrzeug zunächst weiter, da er hierauf beruflich angewiesen ist. Nach einer Woche, als er ein Ersatzfahrzeug gefunden hat, ficht er gegenüber Kniff den Kaufvertrag wegen Täuschung an und verlangt den Kaufpreis gegen Rückgabe des Wagens zurück. Kniff erklärt, es könne doch nicht angehen, dass Blau erst jetzt anfechte, nachdem er das Fahrzeug weiter benutzt habe. Ist der Anspruch des Blau begründet?

Lösungen

760 1) Nichtigkeit umfasst hier nicht nur die Fälle, in denen ein Rechtsgeschäft von vornherein keine Wirkungen entfalten konnte, sondern auch die (ex tunc wirkende) Nichtigkeit aufgrund Anfechtung (§ 142 Abs. 1) sowie eine endgültig eingetretene Unwirksamkeit, etwa wenn ein zunächst schwebend unwirksamer Vertrag (bei beschränkter Geschäftsfähigkeit, § 108 Abs. 1, oder bei Handeln eines Vertreters ohne Vertretungsmacht, § 177 Abs. 1) durch Verweigerung der Genehmigung endgültig unwirksam geworden ist.

761 2) Die Teilnichtigkeit führt nach § 139 zur Nichtigkeit des gesamten Rechtsgeschäfts, wenn nicht ein anderer Wille der Beteiligten anzunehmen ist. Es handelt sich also um eine Auslegungsregel, die nur eingreift, wenn im konkreten Fall nichts anderes festzustellen ist.

762 3) a) Die Veräußerung der Patientenkartei und der Krankenunterlagen verstößt nach Ansicht des BGH[1] gegen das informationelle Selbstbestimmungsrecht der Patienten und die ärztliche Schweigepflicht (Art. 2 Abs. 1 GG, § 203 Abs. 1 Nr. 1 StGB), wenn nicht die betroffenen Patienten ihre Einwilligung dazu erklärt haben. Dabei handelt es sich um ein gesetzliches Verbot i.S.v. § 134, das sowohl zur Nichtigkeit des entsprechenden Verpflichtungsgeschäftes als auch des Erfüllungsgeschäftes führt.

763 b) Beurteilt man die Auswirkungen der Nichtigkeit der Verpflichtung zur Übertragung der Patientenkartei und der Krankenunterlagen auf den gesamten Vertrag nach § 139, so ist Gesamtnichtigkeit anzunehmen, wenn nicht davon auszugehen ist, dass die Parteien den Vertrag auch ohne den nichtigen Teil geschlossen hätten. Hier wurde aber besonders vereinbart, die Gültigkeit des gesamten Vertrages solle nicht durch die Nichtigkeit einzelner Bestimmungen berührt werden. Eine solche salvatorische Klausel ist im Rahmen der Vertragsfreiheit zulässig. Den nichtigen Vertragsteil durch eine im wirtschaftlichen Sinne vergleichbare Regelung zu ersetzen, wie dies weiter im Vertrag vorgesehen ist, ist hier allerdings kaum möglich. Die salvatorische Klausel schließt jedenfalls bei dieser Sachlage nicht aus, das Rechtsgeschäft gleichwohl insgesamt als nichtig anzusehen; sie führt aber dazu, dass im Gegensatz zu § 139 im Regelfall das Geschäft aufrechtzuerhalten ist. Es wird mit anderen Worten die Vermutung des § 139 (zugunsten der Gesamtnichtigkeit) in ihr Gegenteil (zugunsten der Aufrechterhaltung des restlichen Geschäfts) verkehrt[2]. Voraussetzung einer Aufrechterhaltung eines Teils des Vertrages ist, dass Leistung und Gegenleistung teilbar sind. Dies ist hier sowohl bei den Leistungen der bisherigen Praxisinhaberin als auch hinsichtlich des Kaufpreises der Fall, der nach dem bei den Verhandlungen zutage getretenen Parteiwillen aufgeschlüsselt werden kann. Nach den Angaben im Sachverhalt lässt sich nicht feststellen, dass die Parteien den Vertrag bei Kenntnis von der Teilnichtigkeit auch hinsichtlich des Restbestandes nicht abgeschlossen hätten. Damit bleibt der Vertrag mit Ausnahme der Vereinbarungen über die Patientenkartei und die Krankenunterlagen wirksam, wobei aber der Kaufpreis nur 150 000 € beträgt.

764 4) Der Kaufvertrag ist nach § 123 Abs. 1 wegen arglistiger Täuschung anfechtbar. Die Täuschung ist durch Anfechtungserklärung gegenüber dem Kniff als Anfechtungsgegner erfolgt, § 143 Abs. 1 und 2. Die Anfechtungsfrist, die nach § 124 Abs. 1, Abs. 2 Satz 1 ein Jahr ab Entdeckung der Täuschung beträgt, war noch nicht abgelaufen. Jedoch ist die Anfechtung nach § 144 Abs. 1 ausgeschlossen, wenn in der Weiterbenutzung des Fahrzeugs durch Blau eine Bestätigung des anfechtbaren Rechtsgeschäfts liegt. Die Bestätigung kann auch durch schlüssiges Verhalten erfolgen, doch muss der Wille, das Rechtsgeschäft trotz des Anfechtungsgrundes gelten zu lassen, klar zum Ausdruck kommen. Dabei legt die Rechtsprechung strenge Maßstäbe an. Hier geht aus der vorübergehenden Weiterbenutzung des Fahrzeugs nicht der Wille des

---

[1] Grundlegend BGHZ 116, 268, 272 ff. = NJW 1992, 737.
[2] BGH LM § 139 Nr. 83 (Vorbild des Falles).

Blau hervor, es bei dem Rechtsgeschäft bewenden zu lassen. Damit ist der Kaufvertrag aufgrund Anfechtung als von Anfang an nichtig anzusehen (§ 142 Abs. 1). Blau kann nach § 812 Abs. 1 Satz 2 (Leistungskondiktion) wegen Wegfalls des rechtlichen Grundes Rückzahlung des Kaufpreises von Kniff verlangen.

§ 13 Bedeutung und Voraussetzungen der Stellvertretung

Fall 30: Fritz soll für seine Lebensgefährtin Marion ein Fernsehgerät erwerben. Welche Rechtswirkungen ergeben sich bei den folgenden Fallgestaltungen?

a) Fritz kauft das Gerät bei dem Einzelhändler Hell, wobei er Marion als Käuferin bezeichnet, eine Anzahlung aus eigenen Mitteln leistet und das Gerät gleich mitnimmt.

b) Fritz kauft das Gerät bei Hell und bittet um Lieferung an seine Anschrift, ohne etwas vom Auftrag Marions zu erwähnen. Die Zahlung soll bei Lieferung erfolgen.

c) Marion hat die Geräte bei Hell bereits angesehen und bittet Fritz, er solle dem Hell mitteilen, dass sie einen Südstern Super-Color TS 14, schwarz, zu 1 298 € kaufe. Fritz führt den Auftrag weisungsgemäß aus.

d) Marion hat den Auftrag ihrer Freundin Ute erteilt. Diese stellt sich im Geschäft des Hell als Marion vor und füllt auch den Bestellschein mit Name und Anschrift der Marion aus. Das Gerät soll bei Lieferung bezahlt werden.

I. Begriff der Stellvertretung

1. Kennzeichnende Merkmale und Prinzipien

765 Das Gesetz definiert den Begriff der Stellvertretung nicht ausdrücklich, doch lassen sich die entscheidenden Merkmale aus § 164 ablesen. Stellvertretung liegt dann vor, wenn jemand (der Vertreter) eine **Willenserklärung im Namen eines anderen** (des Vertretenen) **abgibt**, § 164 Abs. 1. Neben dieser **aktiven Stellvertretung** gibt es auch die in § 164 Abs. 3 angesprochene **passive Stellvertretung** (Empfangsvertretung). Hier wird dem Vertreter gegenüber eine Willenserklärung abgegeben, die an einen anderen (den Vertretenen) gerichtet ist. Mit dem Zugang an einen (bevollmächtigten) Empfangsvertreter geht eine Willenserklärung sofort dem Vertretenen zu[1], s. dagegen zum Empfangsboten Rdnr. 775. Wer einen Vertrag im Namen eines anderen schließt, ist aktiver Stellvertreter hinsichtlich der eigenen vertraglichen Erklärung (z.B. des Vertragsangebots), passiver Stellvertreter bei der Entgegennahme der Erklärung des Vertragspartners (der Vertragsannahme). Es ist aber auch möglich, dass ein Stellvertreter nur Empfangsvollmacht hat (die sich auch schlüssig aus der Art seiner Tätigkeit ergeben kann), dagegen keine aktive Vertretungsmacht besitzt[2].

766 Zusammenfassend ist die Stellvertretung als **rechtsgeschäftliches Handeln in fremdem Namen** zu bezeichnen (wobei das „Handeln" auch die Entgegennahme einer Erklärung umfasst). Nur die Vertretung in diesem Sinne ist von den §§ 164 ff. gemeint.

767 Das Recht der Stellvertretung wird von den **Prinzipien** der **Offenheit** (Offenkundigkeit[3]) und der **Repräsentation** beherrscht. Der Offenheitsgrundsatz bedeutet, dass das Handeln für den anderen **nach außen hin erkennbar** sein muss. Unter Re-

---
[1] BGH NJW 2002, 1041, 1042; MünchKomm/Schramm vor § 164 Rdnr. 60.
[2] BGH NJW 2002, 1041.
[3] Von *Offenkundigkeit* sprechen z.B. Larenz/Wolf § 46 Rdnr. 74; Brox Rdnr. 481; Köhler § 11 Rdnr. 18. Da aber das Handeln für einen anderen nur erkennbar, nicht evident sein muss,

präsentation ist zu verstehen, dass der Vertreter **anstelle des Vertretenen** handelt und die rechtlichen Wirkungen allein den Vertretenen treffen.

2. Beschränkung auf rechtsgeschäftliches Handeln

In den §§ 164 ff. geht es allein um die Frage, wann die **Folgen eines Rechtsgeschäfts** einen Dritten (den Vertretenen) treffen. Bei Handlungen, die keine Rechtsgeschäfte darstellen, greifen die §§ 164 ff. nicht ein. Dies gilt etwa bei Tathandlungen (Realakten, s. Rdnr. 322 f.) wie dem **Besitzerwerb** nach § 854 Abs. 1. Ob in solchen Fällen die Wirkungen des Handelns einen anderen treffen, ist nach eigenständigen Rechtsvorschriften zu beurteilen. So wirkt der Besitzerwerb durch einen Besitzdiener nach § 855 für den Besitzherrn.

Die Unterscheidung zwischen Rechtsgeschäft und Realakt spielt schon in recht einfachen Fällen des Vertreterhandelns eine Rolle. Soll durch den Stellvertreter das **Eigentum an einer beweglichen Sache für den Vertretenen erworben werden**, so kann der Vertreter zwar die nach § 929 erforderliche **Einigung** im Namen des Vertretenen abschließen, **nicht** dagegen die **Übergabe** als Stellvertreter des Erwerbers entgegennehmen. Jedoch kann dem Vertretenen der unmittelbare Besitz dadurch verschafft werden, dass der Vertreter die Sache als **Besitzdiener** (§ 855) übernimmt, oder aber es wird zwar der Vertreter unmittelbarer Besitzer, zugleich aber der Vertretene **mittelbarer Besitzer**, weil zwischen dem Vertretenen und dem Vertreter ein Rechtsverhältnis im Sinne des § 868 (z.B. ein Geschäftsbesorgungsvertrag, § 675 Abs. 1) besteht. Der Erwerb des mittelbaren Besitzes durch den neuen Eigentümer genügt als Übergabe i.S. des § 929, wenn zugleich der bisherige Eigentümer den unmittelbaren Besitz verliert.

Auch bei Schädigung durch eine **unerlaubte Handlung** (Delikt) und bei **Verletzung vertraglicher Pflichten** (anders als beim Vertragsschluss) kommt eine Stellvertretung nach §§ 164 ff. mangels Vornahme eines Rechtsgeschäfts nicht in Betracht. Im Deliktsrecht haftet der Geschäftsherr nach § 831 für unerlaubte Handlungen seines **Verrichtungsgehilfen**. Im Rahmen der vertraglichen Haftung muss der Schuldner, der sich zur Erfüllung seiner Verbindlichkeiten eines **Erfüllungsgehilfen** bedient, nach § 278 für dessen Verschulden einstehen. S. dazu Rdnr. 280 ff. u. 288 ff.

3. Abgrenzung von der mittelbaren Stellvertretung

Die Vertretung im Sinne der §§ 164 ff. ist stets eine **unmittelbare Stellvertretung**, da die Wirkungen des Rechtsgeschäfts allein für und gegen den Vertretenen begründet werden. Davon zu unterscheiden ist die **mittelbare** oder **indirekte Vertretung**. Hier schließt der Handelnde das Rechtsgeschäft im eigenen Namen ab, jedoch in der Absicht, damit im wirtschaftlichen Ergebnis für einen anderen zu handeln. Dadurch werden, ganz anders als bei der unmittelbaren Stellvertretung, keine Rechtsfolgen

---

erscheint der Ausdruck *Offenheitsgrundsatz* treffender, so z.B. Flume § 44 I; MünchKomm/Schramm § 164 Rdnr. 14; Soergel/Leptien vor § 164 Rdnr. 21.

im Verhältnis zwischen dem „Vertretenen" und dem Vertragspartner begründet[4]. Vielmehr müssen dann noch Übertragungsgeschäfte (z.B. eine Übereignung der im Interesse des „Vertretenen" erworbenen Sache durch den mittelbaren Stellvertreter an den „Vertretenen") stattfinden. So ist der Begriff der mittelbaren Stellvertretung eher irreführend; man sollte sich einprägen, dass es dabei gerade nicht um Stellvertretung im Sinne der §§ 164 ff. geht.

772 Einen Fall der mittelbaren Stellvertretung stellt z.B. das **Kommissionsgeschäft** (§ 383 HGB) dar. Der Kommissionär nimmt fremde Ware in Kommission, um sie im eigenen Namen zu verkaufen. Der Verkauf erfolgt aber im Interesse (für Rechnung) des Kommittenten. Gegenüber dem Erwerber ist nur der Kommissionär berechtigt und verpflichtet; er hat dann seinerseits mit dem Kommittenten abzurechnen. Auch **Treuhänder**, die z.B. ein einzelnes Recht oder auch ein Vermögen für einen anderen verwalten, handeln dabei im eigenen Namen, nicht als Stellvertreter, da sie selbst Träger der ihnen treuhänderisch übertragenen Rechte sind. Ein „**Strohmann**", der von einem Auftraggeber vorgeschoben wird, damit dieser selbst im Verborgenen bleiben kann, wird ebenfalls im eigenen Namen, nicht als Stellvertreter i.S.v. § 164 tätig (zur Abgrenzung vom Scheingeschäft s. Rdnr. 580).

4. Abgrenzung des Stellvertreters vom Boten

773 Während der Stellvertreter eine eigene Willenserklärung abgibt, **übermittelt der Bote** lediglich eine **fremde Willenserklärung**. Er wird als **Erklärungswerkzeug** tätig. Auf den Boten finden die §§ 164 ff. keine Anwendung. So braucht der Bote z.B. nicht geschäftsfähig zu sein, da er selbst kein Rechtsgeschäft abschließt. Auch ein 6-jähriges und daher geschäftsunfähiges Kind kann als Bote eine Erklärung übermitteln. Zur fehlerhaften Übermittlung einer Erklärung durch einen Boten (§ 120) s. Rdnr. 643 ff.

774 Für die **Abgrenzung zwischen Bote und Stellvertreter** ist das äußere (tatsächliche) Auftreten gegenüber dem Geschäftsgegner maßgebend[5]. Kennzeichnend ist im allgemeinen für den Stellvertreter, dass er einen gewissen Spielraum in der inhaltlichen Gestaltung der Willenserklärung besitzt, während der Bote eine inhaltlich völlig festgelegte Erklärung übermittelt.

775 Eines Boten kann man sich sowohl bei der Abgabe einer Erklärung (**Erklärungsbote**) als auch bei deren Entgegennahme (**Empfangsbote**) bedienen. Schaltet der Empfänger einer schriftlichen Willenserklärung einen Empfangsboten ein und nimmt dieser die Erklärung im Machtbereich des Empfängers (in dessen Wohnung oder Geschäftsräumen) entgegen, so ist sie im selben Moment dem Empfänger **zugegangen**. Bei einer Entgegennahme der Erklärung durch den Empfangsboten außerhalb der Räumlichkeiten des Empfängers kommt es dagegen für den Zeitpunkt des Zugangs darauf an, wann bei einer dem Empfangsboten übergebenen schriftlichen Erklärung nach regelmäßigem Verlauf die Übermittlung an den Empfänger zu er-

---

[4] Grundlegend RGZ 58, 273. Ausführlich MünchKomm/Schramm vor § 164 Rdnr. 13 ff.
[5] BGHZ 12, 327, 334 = NJW 1954, 797, 798; Larenz/Wolf § 46 Rdnr. 41 f.; Brox Rdnr. 475.

warten war (sofern nicht eine frühere tatsächliche Übermittlung feststeht)[6]. Als Empfangsbote kann nur tätig werden, wer vom Adressaten der Willenserklärung zur Entgegennahme ermächtigt wurde, doch kann sich die **Empfangsermächtigung** auch ohne ausdrückliche Erteilung aus der Verkehrsauffassung ergeben, so bei Familienangehörigen und Hauspersonal[7].

5. Abgrenzung des Stellvertreters vom Abschlussvermittler oder Verhandlungsgehilfen

Der Stellvertreter gibt selbst die zum Abschluss des Rechtsgeschäfts nötige Willenserklärung ab. Ein **Abschlussvermittler** oder ein **Verhandlungsgehilfe** wird dagegen zwar eingeschaltet, um den Vertragsschluss zu fördern, ist aber nicht befugt, den Abschluss vorzunehmen. **Handelsvertreter** können, wie sich aus § 84 Abs. 1 HGB ergibt, entweder nur mit der Vermittlung eines Geschäfts oder – unter Erteilung einer Handlungsvollmacht (§ 91 Abs. 1, § 55, § 54 HGB) – auch mit dem Abschluss des Geschäfts als Stellvertreter betraut sein. Ein **Makler** i.S.v. § 652 Abs. 1 Satz 1 BGB (sog. Zivilmakler) oder § 93 Abs. 1 HGB (Handelsmakler) weist dem Auftraggeber eine Gelegenheit zum Abschluss eines Vertrags nach oder vermittelt einen Vertrag, schließt aber nicht selbst den Vertrag als Stellvertreter ab.

6. Handeln unter fremdem Namen

Bei der unmittelbaren Stellvertretung wird für den Erklärungsgegner deutlich, dass er es mit zwei Personen zu tun hat, dem Vertreter, der die Willenserklärung ihm gegenüber abgibt, und dem Vertretenen, in dessen Namen die Erklärung abgegeben wird. Anders ist es dagegen, wenn sich der Erklärende mit dem Namen eines anderen bezeichnet. Hier glaubt der Erklärungsgegner, es bestehe Identität zwischen dem Erklärenden und dem Namensträger. In diesen Fällen eines **Handelns unter fremdem Namen,** das im Gesetz nicht ausdrücklich geregelt ist, stellt sich die Frage, ob man den Namensgebrauch vernachlässigen und ein Geschäft mit dem Erklärenden in eigener Person annehmen kann (**Eigengeschäft**), oder ob die Vorschriften über die **Stellvertretung** analog anzuwenden sind, da die Erklärung als im Namen des Namensträgers abgegeben anzusehen ist.

Entscheidend ist der Blick auf das **Interesse des Erklärungsgegners.** Geht es ihm darum, mit dem Erklärenden abzuschließen, ohne dass der Name eine Rolle spielt, so ist ein Eigengeschäft des Erklärenden zu bejahen. So wird es regelmäßig sein, wenn sich ein Gast an der Rezeption eines Hotels mit einem fremden Namen bezeichnet. Auch sonst wird man bei Bargeschäften meistens zu einem Eigengeschäft des Erklärenden kommen. Wenn es dagegen für den Erklärungsempfänger wesent-

---

[6] BGH JZ 1989, 502 = MDR 1989, 807 = LM § 130 BGB Nr. 20. – Der Zugang an einen Stellvertreter führt dagegen stets im selben Moment zum Zugang an den Vertretenen, s. Rdnr. 765.
[7] Vgl. BAG NJW 1993, 1093 (s. auch Fälle und Kontrollfragen zu § 3, Fall 4).

lich ist, mit dem wahren Namensträger abzuschließen, so gelten die §§ 164ff. analog. Dies wird bei Kreditgeschäften in Frage kommen, wenn der Erklärungsempfänger mit dem Namensträger bestimmte Vorstellungen verbindet, die die Kreditwürdigkeit günstig erscheinen lassen. Ob in diesem zweiten Fall das Rechtsgeschäft für und gegen den wahren Namensträger wirkt, hängt dann weiter davon ab, ob der unter fremdem Namen Auftretende **Vertretungsmacht** hatte. Fehlt es daran, so kann der wahre Namensträger das Rechtsgeschäft analog § 177 genehmigen; andernfalls haftet der Auftretende dem Erklärungsgegner entsprechend § 179.

779 So kann z.B. auch eine gefälschte Wechselunterschrift vom wahren Namensträger genehmigt werden, der dann wechselmäßig haftet[8]. Eine nachgeahmte (gefälschte) Unterschrift bei Kontoeröffnung wirkt gegen den Namensträger, wenn der Unterschreibende Vertretungsmacht hatte und der andere Teil mit dem Namensträger, nicht mit dem Handelnden, abschließen wollte[9].

780 Von den Fällen des Handelns unter fremdem Namen ist die Frage zu unterscheiden, ob jemand, der **offen als Vertreter auftritt**, eine schriftliche Erklärung, etwa einen **Vertrag, mit dem Namen des Vertretenen unterzeichnen** kann, so dass dadurch auch die Schriftform des § 126 gewahrt wird. Die Rechtsprechung bejaht dies seit langem und stützt sich dabei vor allem auf eine entsprechende Auslegung des § 126[10].

Lösung zu Fall 30:

781 a) Hier ist Fritz als Stellvertreter der Marion aufgetreten. Da in dem Auftrag der Marion die Erteilung einer Vollmacht (§ 167 Abs. 1) liegt, treffen die Wirkungen des Rechtsgeschäfts allein Marion als Vertretene. Sie wird aus dem Kaufvertrag berechtigt und verpflichtet. Auch bei dem bereits abgeschlossenen Übereignungsgeschäft (§ 929 Satz 1) wird Marion durch Fritz vertreten, soweit es um die rechtsgeschäftliche Einigung geht. Die Übergabe, die § 929 neben der Einigung verlangt, ist dagegen kein Rechtsgeschäft, so dass hier keine Stellvertretung möglich ist. Vielmehr wird Fritz unmittelbarer Besitzer (§ 854 Abs. 1), indem er das Gerät mitnimmt. Zugleich aber erlangt Marion den mittelbaren Besitz nach § 868. Aufgrund des Auftrags besitzt Fritz für Marion. Dieser Erwerb des mittelbaren Besitzes genügt als Übergabe im Sinne von § 929 Satz 1, wenn zugleich der bisherige Eigentümer den unmittelbaren Besitz verliert, wie dies hier der Fall ist. Also ist bei Übergabe des Geräts an Fritz bereits Marion Eigentümerin geworden.

782 b) Bei dieser Sachverhaltsalternative handelt es sich um mittelbare Stellvertretung. Vertragspartei für den Kaufvertrag wurde Fritz; nur von ihm kann Hell die Zahlung des Kaufpreises verlangen. Wenn das Gerät an Fritz geliefert wird, geht auch das Eigentum auf ihn über. Auf den mittelbar Vertretenen werden die wirtschaftlichen Wirkungen erst durch gesonderte Rechtsgeschäfte übergeleitet. Fritz muss das Eigentum etwa nach § 929 erst noch an Marion übertragen, und diese ist ihm gegenüber aufgrund des erteilten Auftrags (§ 670 – Ersatz von Aufwendungen) zur Erstattung des bezahlten Kaufpreises verpflichtet.

783 c) Hier ist Fritz als Bote der Marion tätig geworden, da er eine fertige Willenserklärung (Angebot zum Abschluss eines Kaufvertrages) übermittelt hat. Nimmt Hell das Angebot an, so wird man insoweit Fritz als Empfangsboten der Marion betrachten dürfen, da sie mit der Entge-

---

[8] RGZ 145, 87, 90ff.
[9] BGHZ 45, 193 = NJW 1966, 1069.
[10] RGZ 74, 69. In der neueren Lit. werden hiergegen im Hinblick auf die Klarstellungs- und Beweisfunktion von Formvorschriften beachtliche Bedenken geäußert, so z.B. MünchKomm/Einsele § 126 Rdnr. 12.

gennahme der Erklärung durch ihn einverstanden war. Also ist der Kaufvertrag zwischen Marion und Hell zustande gekommen.

d) Beim Handeln unter fremdem Namen, wie es hier vorliegt, ist danach zu unterscheiden, ob es für den Vertragspartner auf den Abschluss mit dem wahren Namensträger ankam, oder ob aus seiner Interessenlage heraus der Abschluss mit dem tatsächlich Aufgetretenen im Vordergrund steht. Hier wird das Interesse des Händlers eher dahin gehen, mit dem wahren Namensträger abzuschließen, an dessen Adresse er liefern soll. Da die aufgetretene Person Vertretungsmacht hatte, ist analog § 164 ein für und gegen die „Vertretene" (Marion) wirkendes Rechtsgeschäft (Kaufvertrag) anzunehmen.

II. Die Voraussetzungen wirksamer Stellvertretung

Fall 31: Theo Staub handelt mit antiquarischen Büchern. In seinem Auftrag kaufte sein Sohn Fritz Staub ein mehrbändiges gebrauchtes Lexikon von Dreier. Er brachte dabei nicht zum Ausdruck, dass er das Geschäft für seinen Vater abschließe, und dies war auch aus den Umständen für Dreier nicht zu erkennen. Der Kaufpreis wurde bar bezahlt. Die Bücher wurden durch Dreier an Fritz Staub übergeben, unmittelbar darauf aber vom Gerichtsvollzieher im Auftrag des Rasch, eines Gläubigers des Fritz Staub, bei diesem gepfändet. Theo Staub verlangt von Rasch die Freigabe der Bücher, da sie in seinem Eigentum stünden. Mit Recht?

1. Zulässigkeit der Stellvertretung (kein höchstpersönliches Geschäft)

Grundsätzlich können **alle Rechtsgeschäfte** auch durch einen Stellvertreter wirksam abgeschlossen werden. Dies gilt insbesondere für schuldrechtliche und sachenrechtliche Verträge, aber auch für einseitige Rechtsgeschäfte wie z.B. eine Kündigung oder Anfechtungserklärung. Jedoch gibt es einige Rechtsgeschäfte, bei denen durch **besondere Bestimmungen** der Abschluss durch einen Vertreter ausgeschlossen ist. Zu diesen sog. **höchstpersönlichen Rechtsgeschäften** gehören z.B. die Eheschließung (§ 1311 Satz 1), die Errichtung eines Testaments (§ 2064), der Abschluss eines Erbvertrags (§ 2274) sowie weitere, vor allem familienrechtliche Rechtsgeschäfte. Diese Rechtsgeschäfte sollen nur dann gelten, wenn sie dem freien, selbst gebildeten und selbst geäußerten Willen entsprechen. Der Gesetzgeber wollte hier nicht zulassen, dass sich jemand durch Einräumung von Vertretungsmacht in gewissem Umfang der eigenen Entschließungsfreiheit begibt. Tritt bei einem solchen höchstpersönlichen Geschäft gleichwohl ein Vertreter auf, so ist das Rechtsgeschäft nichtig.

2. Erkennbares Handeln in fremdem Namen

a) Auslegung

Wirksame Stellvertretung setzt voraus, dass eine Willenserklärung im fremden Namen (im Namen des Vertretenen) abgegeben oder entgegengenommen wurde. Ob eine Willenserklärung im eigenen Namen oder im Namen eines anderen abgegeben wird, hängt vom **Inhalt der Erklärung** ab. Daher ist diese Frage, wenn Zweifel entstehen, nach den allgemeinen Grundsätzen der **Auslegung** von Willenserklärungen zu beurteilen. Dementsprechend ist nicht der rein innere Wille des Erklärenden, sondern der objektive Sinn der Erklärung maßgebend, so wie er sich aus der Sicht des Erklärungsempfängers darstellt[11]. Wie § 164 Abs. 1 Satz 2 klarstellt, liegt Stellvertretung nicht nur dann vor, wenn **ausdrücklich** im Namen des Vertretenen gehandelt wird, sondern auch dann, wenn sich **aus den Umständen** das Handeln als Vertreter ergibt.

787 Solche Fallgestaltungen sind im täglichen Leben recht häufig anzutreffen. Wer etwa in einem Ladengeschäft als Verkäufer tätig ist, handelt als **Vertreter des Geschäftsinhabers**, ohne dass dies besonders gesagt zu werden braucht. Das Beispiel zeigt zugleich, dass die Person des Vertretenen dem Geschäftspartner nicht immer namentlich bekannt zu sein braucht. Die Willenserklärung des Angestellten gilt, ohne dass dies besonders gesagt werden muss, für den Geschäftsinhaber; mit diesem kommt der Vertrag zustande. In solchen Fällen ist nicht einmal entscheidend, ob der Vertragschließende (der Kunde) wusste, dass die mit ihm verhandelnde Person Angestellter und nicht Inhaber des Unternehmens ist. Selbst wenn der Vertragschließende irrtümlich meint, sein Verhandlungspartner sei der Inhaber des Unternehmens, kommt der Vertrag in der Regel mit dem wahren Inhaber des Unternehmens zustande, denn darauf ist der Wille des Vertragschließenden gerichtet[12]. Auch sonst geht bei **unternehmensbezogenen Rechtsgeschäften**[13] der Wille der Beteiligten im Zweifel (Auslegungsregel) dahin, dass der Vertrag mit dem **Inhaber des Unternehmens**, nicht mit der für das Unternehmen handelnden Person, abgeschlossen wird[14]. Voraussetzung ist aber, dass der Bezug des Geschäfts auf ein bestimmtes Unternehmen für den Geschäftspartner eindeutig erkennbar ist und ersichtlich der Inhaber dieses Unternehmens Vertragspartner werden sollte[15].

b) Geschäft für den, den es angeht

788 Schon in den oben erwähnten Fällen des Kaufs in einem Ladengeschäft wurde deutlich, dass Stellvertretung auch dann angenommen werden kann, wenn der Geschäftspartner keine präzise Vorstellung von der Person des Vertretenen hat. Noch einen Schritt weiter geht die Lehre vom Geschäft für den, den es angeht[16]. Danach kommt das Rechtsgeschäft auch in Fällen, in denen die **Vertretung nach außen nicht erkennbar** war, mit dem Vertretenen zustande, sofern es **dem Vertragspartner**

---

[11] BGHZ 36, 30, 33 = NJW 1961, 2251, 2253.
[12] So bereits RGZ 67, 148.
[13] Dazu Ahrens JA 1997, 895.
[14] BGH NJW 1998, 2897.
[15] BGH NJW 2000, 2984, 2985 = JuS 2001, 81 (mit Anm. K. Schmidt).
[16] Zur Terminologie: Diese Fälle werden oft auch als verdecktes Geschäft für den, den es angeht (= echtes Geschäft für den, den es angeht) bezeichnet, im Unterschied zum offenen (= unechten) Geschäft für den, den es angeht, d.h. zu den Fällen, in denen das Handeln für einen anderen offen zum Ausdruck kommt, aber die Person des Vertretenen nicht namentlich bekannt ist. In diesen letzteren Fällen ist die Anwendbarkeit des Stellvertretungsrechts nicht zu bezweifeln, s. Rdnr. 787.

gleichgültig war, mit wem das Rechtsgeschäft abgeschlossen wurde. Bei schuldrechtlichen Geschäften wird man dies annehmen können, wenn es sich um Alltagsgeschäfte mit sofortiger Erfüllung (insbesondere Barzahlung) handelt[17]. Auch für das dingliche Geschäft, z.B. die Übereignung der verkauften Sache an den Käufer, kommt unter diesen Voraussetzungen die Figur des Geschäfts für den, den es angeht (mit der Konsequenz eines unmittelbaren Eigentumserwerbs durch den Vertretenen), in Betracht[18]. Von solchen Fällen abgesehen ist dagegen bei einem schuldrechtlichen Vertrag für den Vertragspartner in aller Regel entscheidend, mit wem er abschließt. Der Vertragspartner muss hier u.a. darauf vertrauen können, dass der den Vertrag Abschließende der richtige Leistungsempfänger ist, dass man ihn durch Mahnung in Verzug setzen kann und man ihm gegenüber die Rechte aus Verzug in Anspruch nehmen kann[19].

Insgesamt läuft die Lehre vom Geschäft für den, den es angeht, auf eine gewisse **Durchbrechung des Offenheitsprinzips** hinaus. Sie ist mit Vorsicht anzuwenden, wobei vor allem das Interesse des Vertragspartners nicht vernachlässigt werden darf. Man wird auch verlangen müssen, dass der Wille des Handelnden, die Erklärung für den Vertretenen abzugeben, aus objektiven Umständen erschlossen werden kann[20], mögen diese auch (sonst bräuchte man die ganze Konstruktion nicht) für den Geschäftspartner nicht erkennbar gewesen sein. In der Rechtsprechung finden sich nur wenige Fälle, in denen ein Geschäft für den, den es angeht, im Ergebnis bejaht wurde.

c) *Eigengeschäft bei nicht erkennbarer Stellvertretung*

Wenn eine Willenserklärung weder nach dem Inhalt noch nach den Umständen als Erklärung im Namen eines anderen anzusehen ist, so wirkt sie als **Erklärung im eigenen Namen**, also für und gegen den, der sie abgegeben hat. Die Beweislast für die Tatsachen, aus denen sich das Handeln im fremden Namen nach außen hin ergibt, trägt derjenige, der sich auf seine Vertretereigenschaft beruft[21]. Gelingt dieser Beweis nicht, so kann sich der Erklärende, wie § 164 Abs. 2 in allerdings recht schwer verständlicher Form bestimmt, nicht auf seinen Willen berufen, nicht für sich selbst, sondern für einen anderen als dessen Vertreter zu handeln. Das Risiko, die

---

[17] BGH NJW 1991, 2958, 2959.
[18] So verwendet BGHZ 114, 74, 79 = NJW 1991, 2283, 2285 die Figur des Geschäfts für den, den es angeht, um beim Kauf von Hausrat durch einen Ehegatten die Erlangung von Miteigentum durch beide Ehegatten zu begründen: hierauf sei regelmäßig der Wille des Erwerbers gerichtet, und dem Verkäufer sei es bei solchen Geschäften in der Regel gleichgültig, wer das Eigentum erwerbe; er übereigne also an den, den es angehe.
[19] BGH NJW 1991, 2958, 2959 (daher kann man, wenn eine getrennt lebende Ehefrau sich und ein minderjähriges Kind zahnärztlich behandeln lässt, ohne zum Ausdruck bringen, dass der Behandlungsvertrag im Namen des Ehemannes abgeschlossen werde, zu einer Verpflichtung des Ehemannes nicht mittels eines Geschäfts für den, den es angeht, gelangen).
[20] So MünchKomm/Schramm § 164 Rdnr. 55f.; str.
[21] BGH NJW 1991, 2958.

Stellvertretung deutlich zum Ausdruck zu bringen, wird auf diese Weise im Interesse der Verkehrssicherheit dem Erklärenden aufgebürdet. Die Konsequenz des § 164 Abs. 2 liegt im **Ausschluss einer Irrtumsanfechtung** nach § 119 Abs. 1 mit der Begründung, der Vertreter habe geglaubt, eine Erklärung abzugeben, die ihrem Sinne nach als Erklärung im fremden Namen aufzufassen ist. Dies wäre an sich ein Inhaltsirrtum im Sinne des § 119 Abs. 1, 1. Alt.; doch schließt die Risikozuweisung durch § 164 Abs. 2 hier die Berufung auf den Inhaltsirrtum aus.

3. Vertretungsmacht

791   Die vom Stellvertreter abgegebene Willenserklärung wirkt nur dann für und gegen den Vertretenen, wenn der Vertreter Vertretungsmacht besaß und sich das Rechtsgeschäft innerhalb dieser Vertretungsmacht bewegte. Es gibt zwei Arten der Vertretungsmacht, die **gesetzliche Vertretungsmacht**, die sich aus gesetzlichen Bestimmungen ergibt (so z.B. das Recht der Eltern zur Vertretung der minderjährigen Kinder), und die **rechtsgeschäftliche Vertretungsmacht (Vollmacht)**, die auf einer rechtsgeschäftlichen Erteilung durch den Vertretenen beruht. Näher dazu s. Rdnr. 805 ff., 812 ff.

4. Mindestens beschränkte Geschäftsfähigkeit des Vertreters

792   Der Stellvertreter gibt – anders als der Bote – selbst eine Willenserklärung ab. Er darf daher nicht geschäftsunfähig sein; sonst ist seine Erklärung nach § 105 Abs. 1 nichtig. Dagegen bleibt die **beschränkte Geschäftsfähigkeit des Vertreters** ohne Einfluss auf die Wirksamkeit der als Stellvertreter abgegebenen Erklärung, § 165. Beim Handeln eines über sieben Jahre alten Minderjährigen als Vertreter sind also die Vorschriften der §§ 106 ff. nicht anzuwenden. Der Grund dafür ist leicht einzusehen: Das für den Vertretenen abgeschlossene Geschäft verpflichtet den Stellvertreter nicht selbst, ist vielmehr für diesen indifferent. Konsequenterweise wird die beschränkte Geschäftsfähigkeit doch wieder beachtet, wenn es um die **Haftung des Minderjährigen als Vertreter ohne Vertretungsmacht** geht, § 179 Abs. 3 Satz 2 (s. Rdnr. 884). Zur Erteilung der Vollmacht an einen beschränkt Geschäftsfähigen s. Rdnr. 826.

Lösung zu Fall 31:

793   Theo Staub kann die Freigabe verlangen, wenn er bereits vor Pfändung der Bücher das Eigentum daran erlangt hat. Die Pfändung im Auftrag des Rasch wäre dann unzulässig, da Rasch nur in das Vermögen seines Schuldners Fritz Staub vollstrecken darf. Theo Staub könnte das Eigentum dadurch erlangt haben, dass Fritz Staub bei Empfangnahme der Bücher als Stellvertreter seines Vaters Theo Staub gehandelt hat. Zwar ist Fritz Staub weder ausdrücklich als Stellvertreter seines Vaters aufgetreten, noch ging dies für Dreier aus den Umständen hervor. Jedoch könnte die Übereignung als Geschäft für den, den es angeht, anzusehen sein. Auf der Seite des Fritz Staub kann man, an den Auftrag des Vaters anknüpfend, von dem Willen ausgehen, das Eigentum unmittelbar für diesen zu erwerben. Da die Bücher bar bezahlt wurden, konnte es dem Dreier egal sein, an wen er übereignet. Die Interessenlage lässt es daher zu, hier – bezo-

gen auf das dingliche Geschäft – ein Geschäft für den, den es angeht, zu bejahen[22] und somit eine Stellvertretung durch Fritz Staub anzunehmen.

Gibt man auf diese Weise der Willenserklärung des Fritz Staub den Inhalt, er wolle das Eigentum für seinen Vater erwerben, so kommt die Einigung nach § 929 Satz 1 zwischen Theo Staub und Dreier zustande. Mit der Übergabe der Bücher an Fritz Staub wird dieser unmittelbarer Besitzer (§ 854 Abs. 1); eine Stellvertretung ist insoweit mangels Rechtsgeschäft nicht möglich. Jedoch erlangt zugleich Theo Staub den mittelbaren Besitz (§ 868), da Fritz Staub aufgrund des Auftrags seines Vaters für diesen besitzt. Die Erlangung des mittelbaren Besitzes genügt als Übergabe i.S. des § 929, da der Veräußerer zugleich den Besitz verliert. Damit hat Theo Staub mit der Übergabe der Bücher an Fritz Staub sofort das Eigentum daran erlangt. Die Pfändung zugunsten des Rasch war also unzulässig; das Freigabeverlangen des Theo Staub ist begründet.

---

[22] Mit RGZ 99, 208 (wobei es damals freilich um den Handel mit Pferden ging).

§ 13 Bedeutung und Voraussetzungen der Stellvertretung

Kontrollfragen und Fälle zu § 13

1) Was ist unter Stellvertretung zu verstehen?

2) Erläutern Sie die Prinzipien der Offenheit (Offenkundigkeit) und der Repräsentation im Recht der Stellvertretung!

3) Welches sind die Voraussetzungen wirksamen Vertreterhandelns?

4) Welche Arten der Vertretungsmacht gibt es?

5) Worin unterscheidet sich der Stellvertreter vom Boten?

6) Erklären Sie den Sinn des § 164 Abs. 2!

7) Kann ein a) Geschäftsunfähiger, b) beschränkt Geschäftsfähiger als Stellvertreter tätig werden?

8) Eigen hat sein Auto dem Dreist in Verwahrung gegeben und versehentlich den Kraftfahrzeugbrief im Wagen liegen lassen. Als Dreist dies bemerkt, verkauft und übergibt er das Auto für 5 000 € an den nichtsahnenden Neu, wobei sich Dreist als Eigen ausgibt. Dreist ist mit dem Geld spurlos verschwunden. Kann Eigen von Neu den Wagen herausverlangen?

Lösungen

795 1) Unter Stellvertretung ist rechtsgeschäftliches Handeln in fremdem Namen zu verstehen.

796 2) Das Prinzip der Offenheit (oft auch als Offenkundigkeit bezeichnet) verlangt, dass das Handeln des Vertreters für einen anderen nach außen hin erkennbar gemacht wird. Das Prinzip der Repräsentation bedeutet, dass die vom Vertreter im Rahmen seiner Vertretungsmacht abgegebenen Willenserklärungen unmittelbar für und gegen den Vertretenen wirken.

797 3) Wirksames Vertreterhandeln setzt rechtsgeschäftliches Handeln in fremdem Namen im Rahmen einer bestehenden Vertretungsmacht voraus. Es darf sich ferner nicht um ein höchstpersönliches Geschäft handeln, und der Stellvertreter muss mindestens beschränkt geschäftsfähig sein.

798 4) Es gibt die rechtsgeschäftlich erteilte Vertretungsmacht (= Vollmacht) und die gesetzliche Vertretungsmacht.

799 5) Der Unterschied liegt darin, dass der (Erklärungs-)Bote eine fremde Willenserklärung übermittelt, während der Stellvertreter selbst eine Willenserklärung (in fremdem Namen) abgibt.

800 6) Wenn der Handelnde eine Willenserklärung in fremdem Namen abgeben wollte, es ihm aber nicht gelungen ist, dies nach außen hin deutlich zu machen, muss er die Willenserklärung als eigene gelten lassen und kann nicht etwa wegen Irrtums über den Inhalt der Erklärung nach § 119 Abs. 1, 1. Alt. anfechten.

801 7) Ein Geschäftsunfähiger kann nicht als Stellvertreter tätig werden, da eine von ihm abgegebene Willenserklärung nichtig ist, § 105 Abs. 1. Dagegen steht beschränkte Geschäftsfähigkeit nach der ausdrücklichen Vorschrift des § 165 einem Handeln als Stellvertreter nicht entgegen.

802 8) Der Herausgabeanspruch des Eigen gegen Neu ist aus § 985 begründet, wenn Eigen nach wie vor Eigentümer des Fahrzeugs ist. Er könnte das Eigentum dadurch verloren haben, dass Neu gutgläubig von Dreist erworben hat, § 932. Das Problem liegt darin, dass Dreist bei der Veräußerung *unter fremdem Namen* gehandelt hat. In solchen Fällen kommt entweder eine Behandlung wie ein eigenes Geschäft des Handelnden oder eine analoge Anwendung der Vorschriften über die Stellvertretung in Bezug auf den wahren Namensträger in Betracht. Dies ist hier für das Ergebnis von entscheidender Bedeutung. Sind die Vorschriften über die Stellvertretung anzuwenden, so hat Dreist als Stellvertreter ohne Vertretungsmacht gehandelt, und da Eigen das Geschäft (die Übereignung nach § 929) später nicht genehmigte, ist die Übereignung unwirksam, § 177 Abs. 1. Ein gutgläubiger Erwerb kommt dann nicht in Betracht, da der gute Glaube an das Bestehen von Vertretungsmacht nicht geschützt wird. Wertet man gegen das Auftreten unter fremdem Namen wie ein Rechtsgeschäft des Dreist in eigenem Namen, so liegt ein Erwerb vom Nichteigentümer vor, auf den § 932 anwendbar ist.

803 Entscheidend für die Auslegung ist die Interessenlage des Neu unter Berücksichtigung des konkreten Geschäfts. Für Neu war nicht von Bedeutung, mit dem wahren Namensträger abzuschließen, sondern die Rechtsgeschäfte mit der vor ihm stehenden Person, die er für den Eigentümer des Fahrzeugs hielt, vorzunehmen. Erwägungen zur Leistungsfähigkeit des Vertragspartners spielen hier keine Rolle, da das Geschäft sogleich durch Barzahlung und Übergabe des Fahrzeugs abgewickelt wurde. Es liegt somit eine Übereignung durch Dreist als Nichteigentümer vor[1].

---

[1] Vgl. OLG Düsseldorf NJW 1989, 906 = JuS 1989, 573 (mit Anm. K. Schmidt). Gerade entgegengesetzt hatte OLG Düsseldorf NJW 1985, 2484 = JuS 1985, 810 (mit Anm. K. Schmidt) entschieden.

804

Neu wusste nicht, dass Dreist nicht Eigentümer war, und da Dreist den Fahrzeugbrief besaß und dem Neu auch keine sonstigen, gegen die Eigentümerstellung des Dreist sprechenden Umstände bekannt waren, beruhte diese Unkenntnis auch nicht auf Fahrlässigkeit, schon gar nicht auf grober Fahrlässigkeit des Neu. Mangels besonderer Anhaltspunkte hatte Neu auch keinen Grund, an der Identität des Dreist mit dem Fahrzeugeigentümer zu zweifeln und sich etwa den Personalausweis zeigen zu lassen. Neu war somit gutgläubig (§ 932 Abs. 2). Der Wagen war dem Eigen auch nicht nach § 935 Abs. 1 Satz 1 oder 2 abhanden gekommen, da Eigen nach der Übergabe des Fahrzeugs an Dreist nur noch mittelbarer Besitzer war (§ 868) und die Sache dem unmittelbaren Besitzer Dreist nicht abhanden kam, sondern von diesem willentlich weggeben wurde. Somit hat Neu das Eigentum gutgläubig erworben; der Herausgabeanspruch des Eigen aus § 985 ist nicht begründet.

§ 14 Gesetzliche Vertretungsmacht

I. Begriff

805 Die **Vertretungsmacht** beruht hier nicht auf dem Willen des Vertretenen, sondern ergibt sich unmittelbar **aus dem Gesetz**. Allerdings muss zum Teil ein behördlicher oder gerichtlicher Akt hinzutreten, z.B. die Bestellung zum Vormund durch das Vormundschaftsgericht. Auch der Umfang der Vertretungsmacht, der im einzelnen verschieden ist, wird durch das Gesetz festgelegt.

II. Fälle der gesetzlichen Vertretungsmacht

1. Vertretungsmacht der Eltern

806 Die **elterliche Sorge** für minderjährige Kinder umfasst auch die Vertretung des Kindes, § 1629 Abs. 1 Satz 1. Wenn **beiden Eltern** die elterliche Sorge zusteht[1], so haben sie das Kind gemeinschaftlich zu vertreten, § 1629 Abs. 1 Satz 2; es besteht also **Gesamtvertretungsmacht**. Zur Abgabe einer Willenserklärung gegenüber dem Kind genügt die Abgabe gegenüber einem Elternteil, § 1629 Abs. 1 Satz 2, 2. Halbsatz. Außerdem kann ein Elternteil bei Gefahr im Verzug die zum Wohl des Kindes notwendigen Rechtshandlungen, auch Rechtsgeschäfte, allein vornehmen, § 1629 Abs. 1 Satz 4. Im übrigen können sich die Eltern **gegenseitig bevollmächtigen**, damit im Außenverhältnis einer allein für das Kind handeln kann. Eine solche Bevollmächtigung kann auch stillschweigend erfolgen, sich also aus dem Umständen ergeben. Fehlt es aber daran, so ist das Handeln nur eines Elternteils ein Fall der Vertretung ohne Vertretungsmacht (§§ 177ff., s. Rdnr. 871ff.); denn eine Einzelvertretungsmacht steht dem Elternteil (von den erwähnten Ausnahmen abgesehen) nicht zu.

2. Vormund, Pfleger, Betreuer

807 Der **Vormund** ist gesetzlicher Vertreter des Mündels, § 1793 Abs. 1 Satz 1. Ein Vormund wird für einen Minderjährigen bestellt, wenn dieser nicht unter elterlicher Sorge steht (z.B. weil beide Eltern verstorben sind) oder wenn die Eltern nicht zur Vertretung berechtigt sind, § 1773 Abs. 1.

808 Auch der **Pfleger** ist ein vom Vormundschaftsgericht bestellter gesetzlicher Vertreter einer natürlichen Person, etwa eines Minderjährigen, den die Eltern im konkreten Fall nicht vertreten können (Ergänzungspflegschaft, § 1909) oder auch eines Volljährigen mit unbekanntem Aufenthalt (Abwesenheitspflegschaft, § 1911). Das Vertretungsrecht (§ 1915 Abs. 1 i.V.m. § 1793 Abs. 1 Satz 1) beschränkt sich auf den jeweiligen Wirkungskreis des Pflegers.

---

[1] Dies ist regelmäßig der Fall, wenn die Eltern bei Geburt des Kindes miteinander verheiratet sind. Aber auch, wenn dies nicht der Fall ist, steht beiden Eltern unter den Voraussetzungen des § 1626 a Abs. 1 die elterliche Sorge gemeinsam zu; im übrigen dagegen der Mutter alleine, § 1626 a Abs. 2.

Der **Betreuer** wird für eine volljährige Person bestellt, die aufgrund Krankheit 809 oder Behinderung ihre Angelegenheiten ganz oder teilweise nicht selbst besorgen kann, § 1896 Abs. 1 Satz 1. Im Rahmen des bei der Bestellung festgelegten Aufgabenkreises, der sehr unterschiedlich gestaltet sein kann, ist der Betreuer gesetzlicher Vertreter des Betreuten, § 1902. Zum Verhältnis zwischen rechtlicher Betreuung und Geschäftsfähigkeit s. Rdnr. 388.

3. Vertretungsmacht der Organe einer juristischen Person

Juristische Personen werden beim Abschluss von Rechtsgeschäften durch ihre Organe vertreten. So ist der **Vorstand eines rechtsfähigen Vereins** nach § 26 Abs. 2 Satz 1 dazu berufen, den Verein zu vertreten. Dasselbe gilt etwa für den **Vorstand einer Aktiengesellschaft** (§ 78 Abs. 1 AktG) und für den **Geschäftsführer einer GmbH** (§ 35 Abs. 1 GmbHG). S. zum Vorstand des rechtsfähigen Vereins Rdnr. 1034 (auch zur Organtheorie). Vertretungsmacht haben auch die Gesellschafter einer OHG (§ 125 Abs. 1 HGB); der Gesellschaftsvertrag kann dazu Näheres bestimmen, s. § 125 Abs. 1 bis 4 HGB. Bei der Gesellschaft des Bürgerlichen Rechts (die nunmehr als rechtsfähig anerkannt ist, soweit Gesellschaftsvermögen gebildet wurde, s. Rdnr. 1003) richtet sich die Vertretungsmacht der Gesellschafter ebenfalls nach dem Gesellschaftsvertrag, § 714. 810

III. Verpflichtungsmacht der Ehegatten und Lebenspartner

Ehegatten sind nach § 1357 Abs. 1 Satz 1 berechtigt, Geschäfte zur angemessenen 811 Deckung des Lebensbedarfs der Familie mit Wirkung auch für den anderen Ehegatten zu besorgen. Nach § 8 Abs. 2 LPartG gilt diese Regelung entsprechend für die Partner bzw. Partnerinnen einer eingetragenen Lebenspartnerschaft. Der Abschluss eines Geschäfts im Rahmen des § 1357 durch den einen Ehegatten (bzw. Lebenspartner) führt zur Mitverpflichtung und Mitberechtigung des anderen, § 1357 Abs. 1 Satz 2. Insoweit ähnelt die Wirkung dem Fall einer Vertretung des einen Ehegatten durch den anderen. Jedoch besteht ein wesentlicher Unterschied, da auch der handelnde Ehegatte selbst berechtigt und verpflichtet wird. Auch braucht der handelnde Ehegatte nicht nach außen hin zum Ausdruck zu bringen, dass er den anderen mit verpflichten will. Es fehlt also im Gegensatz zur Stellvertretung an der Offenheit (Offenkundigkeit). Insgesamt kommt daher der Regelung des § 1357 eine Sondernatur zu.

§ 15 Die rechtsgeschäftliche Vertretungsmacht (Vollmacht)

Fall 32: Frau Kühn, Inhaberin eines Ladengeschäfts, lässt ihre finanziellen Angelegenheiten weitgehend durch ihren Sohn Fridolin Kühn erledigen. Sie erteilte ihm eine notariell beurkundete Vollmacht mit folgendem Inhalt: „Ich bevollmächtige hiermit meinen Sohn Fridolin Kühn, den Grundbesitz zum Zwecke der Finanzierung mit Grundpfandrechten – Hypotheken oder Grundschulden – zu belasten samt Zinsen und Nebenleistungen und mich mit dinglicher Wirkung, aber nicht persönlich, gegenüber dem jeweiligen Gläubiger der sofortigen Zwangsvollstreckung zu unterwerfen. Die Vollmacht umfasst auch Abtretungserklärungen bezüglich bereits eingetragener Rechte." Fridolin Kühn ließ auf einem Grundstück seiner Mutter eine Grundschuld über 150 000 € als Eigentümergrundschuld eintragen. Er nahm sodann zur Finanzierung eines eigenen Grundstücksgeschäfts bei der Zentralbank einen Kredit in Höhe von 150 000 € auf und übertrug zur Sicherung seiner Verbindlichkeit die Grundschuld unter Vorlage der Vollmacht an die Zentralbank.

a) Als Frau Kühn davon erfährt, fordert sie die Zentralbank zur Rückgabe der Grundschuld auf, da sich die erteilte Vollmacht nur auf Geschäfte zur Deckung ihres eigenen Finanzbedarfs bezogen habe. Wie ist die Rechtslage?

b) Wie ist es, wenn Frau Kühn die Vollmacht ihrem Sohn gegenüber telefonisch widerruft, dieser aber gleichwohl noch am selben Tag unter Vorlage der Vollmachtsurkunde die Abtretung der Grundschuld an die Zentralbank vornimmt?

I. Erteilung der Vollmacht

812 Unter **Vollmacht** ist nach der in § 166 Abs. 2 Satz 1 enthaltenen Legaldefinition nur die **rechtsgeschäftlich erteilte Vertretungsmacht** zu verstehen. Die Vollmacht wird gemäß § 167 Abs. 1 durch eine empfangsbedürftige Willenserklärung erteilt. Diese Erklärung kann sowohl an den zu Bevollmächtigenden gerichtet werden als auch an diejenige Person, der gegenüber die Stellvertretung stattfinden soll. Im ersten Fall pflegt man von **Innenvollmacht,** im zweiten von **Außenvollmacht** zu sprechen. Eine Außenvollmacht kann auch durch Erklärung gegenüber einem größeren Personenkreis oder durch öffentliche Bekanntmachung erteilt werden[1]. Oft wird dann aber auch bereits eine Innenvollmacht erteilt sein, so dass man den Fall einer nach außen mitgeteilten Innenvollmacht[2] vor sich hat.

813 Die Formulierungen Innen- und Außenvollmacht sind insofern etwas missverständlich, als sie nur auf die Art und Weise der Erteilung der Vollmacht bezogen werden dürfen. Die **Wirkung** dagegen bezieht sich immer auf das **Außenverhältnis**.

814 Bemerkenswert erscheint, dass die Erteilung der Vollmacht durch **einseitige Erklärung**, nicht durch einen Vertrag erfolgt. Also kommt es nicht darauf an, ob sich der zu Bevollmächtigende mit der Erlangung der Vertretungsmacht einverstanden erklärt[3]. Da sich aber aus der Vollmacht als solcher keinerlei Verpflichtungen ergeben, ist dies unproblematisch. Verpflichtungen ergeben sich erst aus dem (vertraglichen) Grundgeschäft, das regelmäßig der Vollmacht zugrunde liegt, s. Rdnr. 826.

---

[1] Larenz/Wolf § 47 Rdnr. 19; MünchKomm/Schramm § 167 Rdnr. 11.
[2] Medicus Rdnr. 927.
[3] Man sollte ihm aber analog § 333 ein Zurückweisungsrecht zubilligen, so Larenz/Wolf § 47 Rdnr. 13; Schack Rdnr. 458; MünchKomm/Schramm § 167 Rdnr. 4.

II. Form der Vollmacht

Die Vollmacht bedarf in der Regel **keiner besonderen Form**. Eine schriftliche Erteilung in Form einer **Vollmachtsurkunde** ist nicht nötig. Jedoch gelten bei Erteilung einer Vollmachtsurkunde besondere Vorschriften, die das Vertrauen auf eine solche Urkunde schützen, s. unten Rdnr. 837ff. Außerdem räumt das Gesetz bei einem **einseitigen Rechtsgeschäft**, das der Vertreter vornimmt, dem Empfänger der Willenserklärung ein **Zurückweisungsrecht** ein, wenn der Vertreter keine Vollmachtsurkunde vorlegt und der Vollmachtgeber den anderen auch nicht von der Bevollmächtigung in Kenntnis gesetzt hat, § 174 Satz 1 und 2[4]. Die Vollmacht muss im Original (Urschrift) vorgelegt werden – eine beglaubigte Abschrift genügt nicht, weil dem Erklärungsempfänger dadurch keine Sicherheit über das Weiterbestehen der Vollmacht vermittelt wird[5]. § 174 gilt auch bei einer namens einer BGB-Gesellschaft von einem alleinvertretungsberechtigten Gesellschafter abgegebenen, einseitigen empfangsbedürftigen Willenserklärung, wenn weder eine Vollmacht vorgelegt wurde noch etwa der Gesellschaftsvertrag oder eine Erklärung der anderen Gesellschafter, woraus sich die Vertretungsmacht ergibt[6].

815

Mittelbar kann sich die Formbedürftigkeit der Vollmachtserteilung daraus ergeben, dass diese zusammen mit einem formbedürftigen Geschäft (z.B. einem Grundstückskauf, § 311 b Abs. 1 Satz 1) ein **einheitliches Rechtsgeschäft** im Sinne des § 139 bildet, weil sie etwa zur Abwicklung des Vertrages erteilt wurde. In einem solchen Fall führt eine Nichtigkeit des Grundstückskaufvertrages wegen Formmangels (§ 125 Satz 1) im Zweifel auch zur Nichtigkeit der Vollmacht[7].

816

Die Erteilung der Vollmacht bedarf **nicht der Form des Geschäfts, das von dem Vertreter abgeschlossen werden soll**, § 167 Abs. 2. Daher kann z.B. eine Vollmacht zum Verkauf oder Erwerb eines Grundstücks formfrei erteilt werden, obwohl der Grundstücksverkauf selbst nach § 311 b Abs. 1 Satz 1 der notariellen Beurkundung bedarf. Auch die Vollmacht zur Erklärung oder Annahme der Auflassung (§ 925 Abs. 1 Satz 1) ist nach materiellem Recht nicht formbedürftig; sie muss aber dem

817

---

[4] Vgl. die ähnliche Regelung in § 111 Satz 2 und 3 bei Vornahme eines einseitigen Rechtsgeschäfts durch einen Minderjährigen. In beiden Fällen wird das Interesse des Gegners an Rechtssicherheit geschützt.

[5] BGHZ 145, 343, 350 = NJW 2001, 289, 291 = JuS 2001, 397 (mit Anm. Emmerich). Der BGH wendet § 174 auch auf geschäftsähnliche Handlungen an. Im konkreten Bereich (Anmeldung von Ersatzansprüchen gegen einen Reiseveranstalter) gilt dies jedoch nicht mehr, da seit einer Gesetzesänderung 2001 in § 651 g Abs. 1 Satz 2 ausdrücklich § 174 für unanwendbar erklärt wird.

[6] BGH NJW 2002, 1194; dazu Häublein NJW 2002, 1398. Anders – keine Anwendung des § 174 Satz 1 – ist es bei den vertretungsberechtigten Organen einer juristischen Person, weil dort regelmäßig die Eintragung in ein öffentliches Register vorgeschrieben ist. Bei der BGB-Gesellschaft gibt es dagegen keine Registereintragung.

[7] Beispiel: BGH NJW 1997, 312 (zugleich zur auch in solchen Fällen in Betracht kommenden Duldungsvollmacht, s. Rdnr. 841).

Grundbuchamt gegenüber durch öffentliche oder öffentlich beglaubigte Urkunde nachgewiesen werden[8], § 29 Abs. 1 Satz 1 GBO.

818 Von der Formfreiheit einer Vollmacht zum Abschluss eines Grundstückskaufvertrags wird jedoch eine Ausnahme gemacht, wenn die Vollmacht **unwiderruflich** erteilt wird[9]. Andernfalls würde der Schutzzweck des § 311 b Abs. 1 Satz 1 vereitelt, da die unwiderrufliche Vollmacht bereits auf eine Bindung des Vollmachtgebers hinausläuft. Dies gilt auch, wenn die unwiderrufliche Vollmacht zum Grundstückskauf zeitlich befristet ist[10]. Formbedürftigkeit einer Vollmacht zur Grundstücksveräußerung wird ferner bei einer Befreiung des Vertreters vom Verbot des Selbstkontrahierens nach § 181 angenommen, wenn sich der Vollmachtgeber dadurch nach den Umständen des Einzelfalles rechtlich oder tatsächlich bereits binden wollte[11]. Eine vom Verbraucher erteilte **Vollmacht zum Abschluss eines Verbraucherdarlehensvertrages** bedarf nunmehr aufgrund ausdrücklicher Vorschrift (§ 492 Abs. 4 Satz 1) derselben Form wie der Darlehensvertrag selbst (§ 492 Abs. 1)[12], unabhängig davon ob die Vollmacht widerruflich oder unwiderruflich erteilt wird. Die Rechtsfolgen bei Nichteinhaltung der Form sind in § 494 besonders geregelt: Zwar ist die nicht formgerechte Vollmacht nichtig (§ 494 Abs. 1), doch wird ein mittels dieser Vollmacht abgeschlossener Verbraucherdarlehensvertrag gültig, wenn der Darlehensnehmer das Darlehen empfängt oder in Anspruch nimmt – er braucht aber, wenn es insoweit an Angaben in der Vollmacht fehlte, nur den gesetzlichen Zinssatz zu zahlen, § 494 Abs. 2.

819 Nach der neueren Rechtsprechung des BGH[13] bedarf auch die **Vollmacht zur Übernahme einer Bürgschaft** (und ebenso die Ermächtigung zur Ausfüllung einer Blanketterklärung des Bürgen) der Schriftform, soweit die Bürgschaftserklärung selbst formbedürftig ist (§ 766 Satz 1; anders, wenn die Bürgschaft auf der Seite des Bürgen ein Handelsgeschäft darstellt, § 350 HGB).

820 Insgesamt wird auf diese Weise § 167 Abs. 2 wesentlich eingeschränkt: Die Vollmacht ist (auch ohne ausdrückliche gesetzliche Bestimmung) entgegen § 167 Abs. 2 formbedürftig, soweit der **Schutzzweck der Formbestimmung** dies verlangt. Doch lehnte es der BGH ab, generell Formvorschriften mit Warnfunktion entgegen § 167

---

[8] Vgl. BGHZ 29, 366 = NJW 1959, 883 (ist die Vollmacht zunächst formfrei erteilt worden, so genügt eine nachträgliche Bestätigung in der Form des § 29 GBO).

[9] Wobei es nach BayObLG DNotZ 1997, 312 nicht genügt, wenn nur die Vollmacht notariell beurkundet ist; es muss das Grundgeschäft, aus dem sich die Unwiderruflichkeit ergibt, beurkundet werden, s. auch Fn. 26.

[10] RGZ 108, 125.

[11] BGH NJW 1979, 2306 (dazu genügt es nicht bereits, dass der Vollmachtgeber entschlossen ist, die Vollmacht nicht zu widerrufen).

[12] Wie sich jetzt aus § 492 Abs. 4 Satz 1 ergibt, muss die Vollmacht des Verbrauchers auch die in § 492 Abs. 1 u. 2 vorgeschriebenen Angaben enthalten, es sei denn, dass sie notariell beurkundet wird.

[13] BGHZ 132, 119 = NJW 1996, 1467 = JZ 1997, 305 (mit Anm. Pawlowski) = JuS 1996, 846 (mit Anm. K. Schmidt); BGH NJW 2000, 1179, 1180. Dazu Keim NJW 1996, 2774; Eckardt Jura 1997, 189; Fischer JuS 1998, 205; Benedict Jura 1999, 78.

Abs. 2 auf die Erteilung einer Vollmacht zu erstrecken, und erklärte z.B. die formfreie Erteilung einer widerruflichen Vollmacht zum Abschluss eines Ehevertrages (Vertrag über den Güterstand, formbedürftig nach § 1410) für wirksam[14].

III. Arten der Vollmacht

Der Inhalt der Vollmacht bestimmt sich nach der Willenserklärung, durch die sie erteilt wird. Man kann verschiedene Arten der Vollmacht unterscheiden.

1. Spezialvollmacht, Gattungsvollmacht und Generalvollmacht

Die Vollmacht kann für ein einzelnes Rechtsgeschäft erteilt werden (Spezialvollmacht), aber auch für Geschäfte bestimmter Art (Gattungsvollmacht) oder gar für alle Rechtsgeschäfte (Generalvollmacht).

2. Einzelvollmacht und Gesamtvollmacht

Sache des Vollmachtgebers ist es auch, ob er jemand zum Handeln als einzelner bevollmächtigen will (Einzelvollmacht) oder ob nur mehrere Bevollmächtigte zusammen die Vollmacht sollen ausüben können (Gesamtvollmacht, auch in Form der Gesamtprokura, § 48 Abs. 2 HGB).

3. Haupt- und Untervollmacht

Zu unterscheiden ist ferner zwischen Hauptvollmacht und Untervollmacht. Ob der Hauptbevollmächtigte eine Untervollmacht erteilen kann, hängt vom Inhalt seiner eigenen Vertretungsmacht ab. Der Unterbevollmächtigte vertritt den ursprünglich Vertretenen. Probleme ergeben sich im Rahmen der Haftung nach § 179, wenn die Hauptvollmacht oder die Untervollmacht nicht wirksam ist, dazu s. Rdnr. 892ff.

4. Handelsrechtliche Vollmachtsarten

Das Handelsrecht stattet die **Prokura** (§ 49 HGB) und die (weniger weitgehende) **Handlungsvollmacht** (§ 54 HGB) mit einem gesetzlich vorgegebenen Inhalt aus. Im Interesse der Sicherheit des Rechtsverkehrs ist eine Beschränkung dieses Inhalts mit Außenwirkung nur teilweise möglich. Eine unwiderlegliche Vermutung für die Vollmacht eines Ladenangestellten wird durch § 56 HGB begründet. Diese Ladenvollmacht kann nur durch einen ausdrücklichen Hinweis ausgeschlossen werden[15].

---

[14] BGHZ 138, 239 = NJW 1998, 1857 = JZ 1999, 519 (mit abl. Anm. G. Vollkommer/M. Vollkommer) = LM § 167 Nr. 40 (mit zust. Anm. Langenfeld). – A.M. Einsele NJW 1998, 1206.
[15] Baumbach/Hopt, HGB, 30. Aufl., § 56 Rdnr. 5.

IV. Vollmacht und Grundgeschäft

1. Abstrakte Natur der Vollmacht

826 Eine Vollmacht wird in aller Regel in Zusammenhang mit einem bestimmtem Grundgeschäft erteilt, weil der Bevollmächtigte die Vertretungsmacht benötigt, um seine Aufgaben erfüllen zu können. So liegt der Bevollmächtigung eines Verkäufers in einem Ladengeschäft (vgl. § 56 HGB) der Arbeitsvertrag zwischen dem Inhaber und dem Verkäufer zugrunde. In anderen Fällen stellen ein (unentgeltlicher) Auftrag (§ 662) oder ein entgeltlicher Geschäftsbesorgungsvertrag (§ 675) das schuldrechtliche Grundgeschäft dar. Trotz dieses sachlichen Zusammenhangs sind aber Grundgeschäft und Vollmachterteilung verschiedene Rechtsgeschäfte, die in ihren Rechtsfolgen und in ihrer Wirksamkeit sorgfältig zu unterscheiden sind. Die **Wirksamkeit der Vollmacht** ist grundsätzlich **von der Gültigkeit des Grundgeschäfts unabhängig**; die Vollmacht ist in diesem Sinne abstrakt. So ist die einem beschränkt Geschäftsfähigen erteilte Vollmacht wirksam, da sie für sich gesehen lediglich rechtlich vorteilhaft ist (§ 131 Abs. 2 Satz 2). Das zugrundeliegende Rechtsgeschäft (z.B. ein Auftrag, § 662, oder ein entgeltlicher Geschäftsbesorgungsvertrag, § 675) ist dagegen wegen der daraus resultierenden Verpflichtungen des Minderjährigen nur mit Einwilligung oder Genehmigung der gesetzlichen Vertreter wirksam, §§ 107 f.

827 Allerdings erfährt die Abstraktion Einschränkungen, soweit es um das **Erlöschen der Vollmacht** geht: nach § 168 Satz 1 findet mit dem Grundgeschäft auch die Vollmacht ihr Ende.

828 Die Unterscheidung zwischen Grundgeschäft und Vollmacht geht einher mit der Unterscheidung zwischen **Innen-** und **Außenverhältnis** (nicht zu verwechseln mit Innen- und Außenvollmacht, s. Rdnr. 812 f.). Für die Frage, ob das rechtsgeschäftliche Handeln des Vertreters im Verhältnis zum Geschäftspartner für und gegen den Vertretenen wirkt (Außenverhältnis), ist allein die Vollmacht maßgebend. Die **Vollmacht** bestimmt mit anderen Worten das **rechtliche Können** des Vertreters, während für sein **rechtliches Dürfen** das **Grundgeschäft** maßgebend ist.

2. Missbrauch der Vollmacht

829 Im Außenverhältnis spielt es grundsätzlich keine Rolle, ob der Vertreter bei der Verwendung der Vertretungsmacht seinen **Verpflichtungen gegenüber dem Vertretenen** gerecht geworden ist. Dies ist allein für das **Innenverhältnis** bedeutsam. Ein Verstoß des Vertreters gegen seine vertraglichen Verpflichtungen gegenüber dem Vertretenen, auch z.B. gegen Weisungen des Arbeitgebers, kann zu Schadensersatzpflichten gegenüber dem Vertretenen führen, ändert aber nichts an der Wirksamkeit des pflichtwidrig abgeschlossenen Geschäfts gegenüber dem Vertragspartner.

830 Von diesem Grundsatz gibt es allerdings wesentliche Ausnahmen. Wirkt der Vertreter bei dem pflichtwidrigen Gebrauch der Vollmacht einverständlich mit dem Geschäftspartner zum Nachteil des Vertretenen zusammen (**Kollusion**), so ist das

Rechtsgeschäft wegen Sittenwidrigkeit nichtig (§ 138 Abs. 1)[16]. Die Abstraktheit der Vollmacht soll dem Dritten ermöglichen, sich auf die Vollmacht zu verlassen, doch verdient er einen solchen Schutz nicht, wenn er mit dem Vertreter kollusiv zusammenarbeitet. Die Rechtsprechung geht aber in der Einschränkung des Vertrauensschutzes für den Vertragspartner noch einen Schritt weiter und lässt unter Berufung auf § 242 (Verbot des Rechtsmissbrauchs) den Fehlgebrauch der Vollmacht auch dann auf die Gültigkeit des Geschäfts im Außenverhältnis durchschlagen, wenn der **Vertragspartner den Missbrauch kannte** oder wenn sich ihm **geradezu aufdrängen musste**, dass die Vertretungsmacht missbraucht wird[17]. In solchen Fällen einer „massive Verdachtsmomente voraussetzenden **objektiven Evidenz**" des Vollmachtsmissbrauchs[18] braucht der Vertretene das abgeschlossene Geschäft nicht gegen sich gelten zu lassen[19], d.h. es ist im Außenverhältnis **unwirksam**[20]. Die objektive Evidenz bejaht der BGH insbesondere, wenn sich für den Vertragspartner nach den Umständen die Notwendigkeit einer Rückfrage bei dem Vertretenen (ob es mit dem Geschäft seine Richtigkeit hat) geradezu aufdrängt, so z.B. wenn der Hausarzt eine ihm von einem älteren Patienten erteilte umfassende Kontovollmacht dazu benutzt, ein hohes Sparguthaben des Vertretenen aufzulösen, um mit den Mitteln eigene Verbindlichkeiten gegenüber der Sparkasse zu tilgen[21]. Die Rechtsprechung betont aber den Ausnahmecharakter dieser Regel und bekräftigt, dass das Risiko des Missbrauchs der Vertretungsmacht grundsätzlich vom Vertretenen zu tragen ist und den Vertragspartner im allgemeinen keine besondere Prüfungspflicht trifft, inwieweit der Vertreter im Innenverhältnis gebunden ist, von einer nach außen unbeschränkten Vollmacht nur begrenzten Gebrauch zu machen[22]. Diese Grundsätze gelten auch bei einer Vollmacht mit gesetzlich umrissenem Inhalt, insbesondere bei der Prokura[23].

V. Erlöschen der Vollmacht

1. Durch Befristung, auflösende Bedingung oder Zweckerreichung

Die Vollmacht kann für einen bestimmten Zeitraum (befristet) erteilt werden oder mit einer auflösenden Bedingung (§ 158 Abs. 2) versehen werden[24]. Sie erlischt

---

[16] BGH NJW 2002, 1497, 1498.
[17] BGH NJW 1988, 3012; BGHZ 113, 315, 320 = NJW 1991, 1812, 1813.
[18] BGHZ 127, 239, 241 = NJW 1995, 250, 251.
[19] BGH NJW 1999, 2883, 2884.
[20] Wenn es nicht etwa vom Vertretenen genehmigt wird, was analog § 177 möglich ist, vgl. Medicus Rdnr. 967.
[21] BGH NJW 1999, 2883.
[22] BGH LM § 167 Nr. 35; BGHZ 127, 239, 241 = NJW 1995, 250, 251; BGH NJW 2002, 1497, 1498.
[23] Vgl. BGHZ 50, 112 = NJW 1968, 1379 (die Voraussetzungen, unter denen sich der Dritte bei einem Mißbrauch ausnahmsweise nicht auf die Unbeschränkbarkeit der Prokura berufen kann, sind aber in dieser Entscheidung noch weniger streng umschrieben als in der neueren Rechtsprechung des BGH, s. vorhergehende Fn.).
[24] Larenz/Wolf § 47 Rdnr. 13, 67, 69; Palandt/Heinrichs § 168 Rdnr. 1.

außerdem durch Zweckerreichung, wenn sie nur für ein einzelnes Geschäft erteilt wurde und dieses Geschäft vorgenommen wurde.

2. Mit Erlöschen des Grundgeschäfts

832 Grundgeschäft und Vollmacht sind hinsichtlich des Erlöschens zu unterscheiden. So kann in den bei Rdnr. 831 genannten Fällen das Grundgeschäft (etwa ein Arbeitsverhältnis) durchaus fortbestehen, obwohl die Vollmacht erloschen ist. Wie sich aus § 168 Satz 1 ergibt, führt aber umgekehrt das **Erlöschen des Grundgeschäftes** im allgemeinen zugleich zum **Erlöschen der Vollmacht**. Dies entspricht im Regelfall dem Willen des Vollmachtgebers, da die Vollmacht dazu dienen soll, die Aufgaben aus dem Grundgeschäft zu erfüllen. Wenn also z.B. ein Arbeitsvertrag durch Kündigung oder aufgrund Befristung sein Ende findet, so erlischt damit regelmäßig auch die Vollmacht, die der Arbeitgeber dem Arbeitnehmer erteilt hat, ohne dass es dazu einer Widerrufserklärung bedarf.

833 Auch die Frage, wie sich der Tod des Bevollmächtigten oder des Vollmachtgebers auf die Vollmacht auswirkt, ist vom Grundgeschäft aus zu beurteilen. Mit dem **Tod des Bevollmächtigten** erlischt im allgemeinen das Grundgeschäft, so etwa im Zweifel der Auftrag (§ 673 Satz 1), und damit endet auch die Vollmacht. Beim **Tod des Vollmachtgebers** ist die Situation anders. Oft besteht gerade ein Interesse daran, dass der Bevollmächtigte auch nach dem Tod des Vollmachtgebers noch rechtsgeschäftlich handeln kann. Der Auftrag[25] erlischt im Zweifel nicht mit dem Tod des Auftraggebers, § 672 Satz 1, und entsprechend wirkt auch die Vollmacht im Zweifel fort. Der Bevollmächtigte vertritt in einem solchen Fall die Erben des Vollmachtgebers; diese können ihrerseits die Vollmacht widerrufen. Es ist sogar möglich, eine Vollmacht nur für den Todesfall zu erteilen, um damit z.B. die Abwicklung eilbedürftiger Geschäfte zu erleichtern, auch wenn hinsichtlich der Erbfolge Unklarheiten entstehen sollten (**postmortale Vollmacht**).

3. Widerruf der Vollmacht

834 Die Vollmacht ist grundsätzlich für sich widerruflich, auch wenn das Grundgeschäft (etwa der Arbeitsvertrag) fortbesteht, § 168 Satz 2. Der Widerruf der Vollmacht erfolgt durch eine **einseitige empfangsbedürftige Willenserklärung des Vollmachtgebers** an den Bevollmächtigten oder an den Dritten, gegenüber dem die Vertretung stattfinden sollte, § 168 Satz 3 i.V.m. § 167 Abs. 1.

835 Der Widerruf der Vollmacht kann jedoch eingeschränkt werden, wie sich aus § 168 Satz 2 ergibt. Aus der darin enthaltenen Verweisung auf den Inhalt des Grundgeschäfts („sofern sich nicht aus diesem ein anderes ergibt") folgt die h.M., dass die **Unwiderruflichkeit** der vertraglichen Vereinbarung zwischen Vollmachtgeber und Vertreter bedarf[26]. So kann auch eine unwiderrufliche Vollmacht erteilt werden, et-

---

[25] Dasselbe gilt nach § 675 i.V.m. § 672 für einen entgeltlichen Geschäftsbesorgungsvertrag.
[26] BayObLG DNotZ 1997, 312 (mit Anm. Wufka); RGZ 109, 331, 333; Palandt/Heinrichs

wa zu dem Zweck, dem Vertreter Sicherheit darüber zu geben, dass er ein bestimmtes Geschäft wirksam wird vornehmen können. Die Unwiderruflichkeit ist jedoch nicht im absoluten Sinn zu verstehen, denn sonst würde sich eine zu weitgehende Bindung des Vollmachtgebers ergeben. Eine unwiderruflich erteilte Vollmacht kann vielmehr bei Vorliegen eines **wichtigen Grundes** gleichwohl widerrufen werden[27]. Dies entspricht dem allgemeinen Rechtsgrundsatz (jetzt § 314), der auch bei Dauerschuldverhältnissen regelmäßig eine außerordentliche Kündigung aus wichtigem Grund gestattet.

VI. Vollmacht kraft Rechtsscheins (gesetzliche Bestimmungen)

1. Grundgedanke

Ob eine Vollmacht wirksam erteilt wurde und ob sie noch fortbesteht, ist für den Geschäftspartner oft nicht klar erkennbar, nicht zuletzt wegen der Koppelung des Erlöschens mit der Beendigung des Grundgeschäfts, § 168 Satz 1. Wurde aber vom Vollmachtgeber durch bestimmte nach außen gerichtete Handlungen die Vollmacht kundgetan, so wird das **Vertrauen** eines anderen auf dieses Verhalten durch die §§ 170ff. geschützt. Soweit der Vollmachtgeber den **Rechtsschein des Entstehens oder Fortbestehens der Vollmacht** in einer der gesetzlich geregelten Formen hervorgerufen hat, gilt die Vollmacht gegenüber dem Gutgläubigen als bestehend, auch wenn sie in Wirklichkeit nicht erteilt oder bereits erloschen ist[28].

2. Entstehung der Vollmacht kraft Rechtsscheins

So führt nach § 171 Abs. 1 die **Kundgebung** (Mitteilung), man habe einen anderen bevollmächtigt (gegenüber der Öffentlichkeit oder gegenüber einem Dritten) zur Vertretungsmacht (wiederum gegenüber der Öffentlichkeit oder dem Dritten), auch wenn man in Wirklichkeit keine wirksame Vollmacht erteilt hat. Dasselbe gilt nach § 172 Abs. 1, wenn eine **Vollmachtsurkunde** ausgehändigt wurde, d.h. ein vom Vollmachtgeber eigenhändig mit Namensunterschrift unterzeichnetes Schriftstück, aus dem sich die Vollmacht ergibt. Weiter ist erforderlich, dass der Vertreter diese Urkunde (im Original) dem Dritten vorlegt. Hier gilt die Vertretungsmacht als entstanden, auch wenn die Willenserklärung des Vollmachtgebers nichtig war oder etwa durch Anfechtung nachträglich vernichtet wurde.

Allerdings gelten diese Wirkungen nur gegenüber dem **gutgläubigen Geschäftspartner**, der nicht weiß oder wissen muss (d.h. fahrlässig nicht weiß, vgl. § 122

---

§ 168 Rdnr. 6. – A.M. MünchKomm/Schramm § 168 Rdnr. 20; Fuchs AcP Bd. 196 (1996), 311, 365f., die einen einseitigen Verzicht des Vollmachtgebers auf die Widerruflichkeit anerkennen, weil es um den Inhalt der Vollmacht gehe.

[27] BGH WM 1985, 646, 647; BGH NJW 1988, 2603; Palandt/Heinrichs § 168 Rdnr. 6.

[28] Anders vor allem Flume § 49, 2 u. 3, der in den Fällen der §§ 171, 172 und ebenso bei der Duldungsvollmacht keine Rechtsscheinstatbestände, sondern eine rechtsgeschäftliche Erteilung der Vollmacht für gegeben ansieht.

Abs. 2), dass die Vertretungsmacht nicht besteht. Dies ergibt sich aus § 173. Zwar wird in dieser Bestimmung nur der gute Glaube hinsichtlich des Erlöschens der Vertretungsmacht angesprochen, doch muss dasselbe auch in den Fällen gelten, in denen es um die Entstehung der Vollmacht durch Rechtsschein geht[29].

3. Fortbestehen der Vollmacht kraft Rechtsscheins

839 Die Vertretungsmacht bleibt bestehen, bis der Vertretene den von ihm geschaffenen **Vertrauenstatbestand wieder beseitigt**. Dies gilt bei Vollmachtserteilung durch Erklärung gegenüber einem Dritten bis zur Anzeige des Erlöschens der Vollmacht, § 170. Wurde die Erteilung der Vollmacht der Öffentlichkeit oder einem Dritten mitgeteilt, so besteht sie fort, bis die Kundgebung in derselben Weise widerrufen wurde, § 171 Abs. 2. Hat der Vertretene eine Vollmachtsurkunde erteilt, so behält die Vollmacht ihre Wirkung bis zur Rückgabe oder Kraftloserklärung der Urkunde, § 172 Abs. 2. Alle diese Rechtsfolgen gelten jedoch nur gegenüber dem gutgläubigen Dritten, § 173. Das Erlöschen der Prokura muss in das Handelsregister eingetragen werden, § 53 Abs. 3 HGB. Solange dies nicht geschehen ist, wird der Dritte, der das Erlöschen nicht kennt, gemäß § 15 Abs. 1 HGB in seinem Vertrauen auf das Weiterbestehen der Prokura geschützt.

VII. Duldungs- und Anscheinsvollmacht

1. Duldungsvollmacht

840 Das **Vertrauen des Geschäftspartners auf das Bestehen einer Vollmacht** hat sich auch in anderen Fällen als schutzwürdig erwiesen. Die zu diesem Zweck entwickelten Rechtsinstitute der Duldungs- und der Anscheinsvollmacht knüpfen an die Grundgedanken der gesetzlichen Regelungen an.

841 Eine **Duldungsvollmacht** kommt in Betracht, wenn jemand, der an sich nicht zur Vertretung berechtigt ist, während einer gewissen Dauer (wiederholt) als Vertreter des Geschäftsherrn auftritt, und der Geschäftsherr dieses Verhalten kennt und nicht dagegen einschreitet. Es muss hinzukommen, dass der Geschäftsgegner die Duldung dahin wertet und nach Treu und Glauben auch werten darf, dass der Handelnde eine Vollmacht habe[30]. Die Duldungsvollmacht ist eng benachbart mit einer stillschweigenden Bevollmächtigung; von manchen wird sie sogar mit einer solchen gleichgestellt, also nicht als Rechtsscheinstatbestand angesehen[31]. Jedoch setzt eine sei es auch stillschweigende Vollmachtserteilung ein Verhalten des Vertretenen voraus, aus dem sich eine auf Erteilung der Vollmacht gerichtete Willenserklärung ergibt. Daran fehlt es, wenn der Vertretene lediglich nichts gegen das Handeln eines anderen unternimmt[32].

---

[29] BGH NJW 1985, 730; h.M.
[30] BGH LM § 167 Nr. 13; NJW 2002, 2325, 2327.
[31] So vor allem Flume § 49, 3.
[32] Dass die Duldungsvollmacht keine Willenserklärung des Vertretenen oder eine dem

2. Anscheinsvollmacht

Noch einen Schritt weiter geht die Lehre von der **Anscheinsvollmacht**. Zum Unterschied von der Duldungsvollmacht weiß hier der Vertretene nicht, dass ein anderer als Vertreter für ihn auftritt. Der BGH[33] stellte folgende Anforderungen auf: „Eine den Vertretenen bindende Anscheinsvollmacht liegt dann vor, wenn der Vertretene das Verhalten des Vertreters, wenn auch nicht kannte, es bei pflichtgemäßer Sorgfalt aber immerhin hätte kennen und verhindern können, und wenn der Geschäftsgegner nach Treu und Glauben annehmen durfte, dass dem Vertretenen das Gebaren seines Vertreters bei verkehrsgemäßer Sorgfalt nicht verborgen bleiben konnte." Das Verhalten des Vertretenen muss dabei, um den Rechtsschein einer Bevollmächtigung zu erzeugen, im allgemeinen von einer gewissen Häufigkeit und Dauer sein[34].

In der Literatur ist die Lehre von der Anscheinsvollmacht **umstritten**[35]. Man wendet ein, es müsse zunächst eine Grundlage für bestimmte Sorgfaltsanforderungen an den Vertretenen gefunden werden. Außerdem führe ein Verstoß gegen derartige Sorgfaltspflichten allenfalls zu einer Haftung auf Schadensersatz, aber nicht zu der Fiktion einer Willenserklärung. So könne sich in solchen Fällen etwa eine Haftung aus culpa in contrahendo ergeben, nicht aber ein den Vertretenen auf Erfüllung verpflichtendes Rechtsgeschäft. Manche wollen auch die Anscheinsvollmacht nur im Bereich des Handelsverkehrs gelten lassen, weil dort ein gesteigertes Interesse an Vertrauensschutz besteht. Aufgrund der langjährigen Rechtsprechung wird man heute das Rechtsinstitut der Anscheinsvollmacht grundsätzlich als **Gewohnheitsrecht** ansehen können[36]. Allerdings ist bei der Anwendung durchaus Vorsicht geboten, und zumindest insofern verdienen die erwähnten Einwände Berücksichtigung. Es muss also jeweils sorgfältig geprüft werden, ob die Zurechnung des entstandenen Anscheins einer Vollmacht nach den Umständen des konkreten Falles zu rechtfertigen ist. Oft handelt es sich auch um Grenzfälle zwischen einer Duldungs- und einer Anscheinsvollmacht; die Anscheinsvollmacht erspart dann den möglicherweise schwierigen Nachweis, dass dem Vertretenen das Handeln des Vertreters bekannt geworden ist.

---

gleichzusetzende Willensbetätigung verlangt, wird z.B. in BGH NJW 1997, 312, 314 besonders betont.

[33] BGH LM § 167 Nr. 17 = MDR 1970, 41. In neueren Entscheidungen verwischen sich allerdings die Unterschiede zwischen Duldungs- und Anscheinsvollmacht, so z.B. in BGH NJW 1998, 1854.

[34] BGH LM § 164 BGB Nr. 54 = NJW-RR 1986, 1169; NJW 1998, 1854, 1855.

[35] Ablehnend u.a. Flume § 49, 4; Medicus, Bürgerliches Recht, Rdnr. 100; Marburger, Fälle und Lösungen nach höchstrichterlichen Entscheidungen, BGB – Allgemeiner Teil, 7. Aufl., S. 91ff.

[36] Oder als Richterrecht, so MünchKomm/Schramm § 167 Rdnr. 56. – Gegen die Annahme von Gewohnheitsrecht Marburger (vorige Fn.), S. 94.

VIII. Vollmacht und Anfechtung

844 Als einseitige, empfangsbedürftige Willenserklärung kann die Erteilung der Vollmacht wegen eines **Willensmangels** (§§ 119, 123) in der Person des Vollmachtgebers **anfechtbar** sein. Solange die Vollmacht noch nicht verwendet wurde, bedarf es der Anfechtung durch den Vollmachtgeber jedoch nur, wenn die Vollmacht nicht ohnehin frei widerruflich ist. Durch berechtigte Anfechtungserklärung, die bei einer durch Erklärung gegenüber dem Vertreter erteilten Vollmacht (**Innenvollmacht**) an diesen zu richten ist (§ 143 Abs. 3 Satz 1), wird die Vollmacht ex tunc nichtig, § 142 Abs. 1. Aus §§ 171 f., insbesondere bei Aushändigung einer Vollmachtsurkunde, kann sich ein Schutz für den gutgläubigen Dritten ergeben, wenn von der Vollmacht gleichwohl noch Gebrauch gemacht wird. Der Vollmachtgeber muss also in solchen Fällen daran denken, auch den Rechtsschein einer Vollmacht zu beseitigen.

845 Größere Probleme ergeben sich, wenn der Vertreter das **Rechtsgeschäft** aufgrund der ihm erteilten Innenvollmacht **bereits abgeschlossen** hat. Durch wirksame Anfechtung der Vollmacht wird diese mit rückwirkender Kraft (§ 142 Abs. 1) nichtig, und das mit dem Dritten abgeschlossene Rechtsgeschäft stellt sich nun als Geschäft eines vollmachtlosen Vertreters dar. Es ist dem Vertretenen gegenüber unwirksam, wenn dieser es nicht genehmigt (§ 177 Abs. 1, s. Rdnr. 871). Manche verneinen in einem solchen Fall die Anfechtbarkeit der Vollmacht, weil der Willensmangel, der der Vollmacht anhaftet, nichts mit dem Inhalt des mit dem Dritten abgeschlossenen Geschäfts zu tun habe[37]. Doch dürfte es genügen, wenn die Interessen des Dritten im selben Umfang geschützt werden, wie wenn eine ihm gegenüber erteilte Vollmacht (sog. Außenvollmacht) anfechtbar wäre. Es ist daher die Anfechtbarkeit der Innenvollmacht auch nach Abschluss des Vertretergeschäfts zu bejahen, doch muss die **Anfechtung gegenüber dem Dritten** erklärt werden, weil er der eigentlich Betroffene ist, und es ist ihm unter den Voraussetzungen des § 122 ein **Anspruch auf Ersatz des Vertrauensschadens** unmittelbar gegen den Vollmachtgeber[38] zuzubilligen[39]. Die Anfechtung der ausgeübten Innenvollmacht wird auf diese Weise genauso behandelt, als ob eine Außenvollmacht erteilt worden wäre.

846 Auch die Mitteilung von einer erfolgten Bevollmächtigung (§ 171) oder die Aushändigung einer Vollmachtsurkunde (§ 172) – beide Male, ohne dass eine wirksame Vollmachtserteilung vorliegt – können durch einen Willensmangel des Vertretenen

---

[37] So Brox Rdnr. 528. Brox lässt aber die Anfechtung dann zu, wenn der Willensmangel bei der Vollmachtserteilung auch den Inhalt des mit dem Dritten abgeschlossenen Geschäfts beeinflusst. Ähnlich, aber in der Bejahung der Anfechtbarkeit etwas weiter gehend Petersen AcP Bd. 201 (2001), 375, 380 ff.

[38] Folgt man dieser Lösung nicht und belässt es bei den gewöhnlichen Anfechtungsregeln, so kann der Dritte nach § 179 Abs. 2 (der Vertreter wird in der Regel hinsichtlich seiner Vertretungsmacht gutgläubig sein) vom aufgrund der Anfechtung vollmachtlosen Vertreter Ersatz des Vertrauensschadens verlangen, und der Vertreter wiederum kann sich bei Irrtumsanfechtung (§ 119) gemäß § 122 Abs. 1 an den Vollmachtgeber halten. Störungen können sich dann allerdings durch Insolvenz des Vertreters oder des Vollmachtgebers ergeben, vgl. Medicus, Bürgerliches Recht, Rdnr. 96; Brox Rdnr. 527.

[39] So Flume § 52, 5 c; Medicus, Bürgerliches Recht, Rdnr. 96; Köhler § 11 Rdnr. 28.

beeinflusst sein. Obgleich die Kundgabe der Vollmacht nicht wie die Vollmachtserteilung eine Willenserklärung darstellt, wollen manche die Anfechtung zulassen, da der Schutz des Dritten hier nicht stärker ausfallen könne, als wenn ihm gegenüber durch eine Willenserklärung die Vollmacht erteilt worden wäre[40]. Dogmatisch wird dies zum Teil damit begründet, dass man die Kundgabe der (vermeintlich) erteilten Vollmacht als geschäftsähnliche Handlung auffasst, auf die die Vorschriften über die Willensmängel entsprechend anzuwenden seien[41]. Wenn man aber die Mitteilung von der Bevollmächtigung und die Aushändigung der Urkunde als Rechtsscheinstatbestände auffasst, wird man Willensmängeln nicht im Wege der Anfechtung, sondern nur insoweit Bedeutung zumessen können, als deshalb die **Zurechenbarkeit des Rechtsscheins** zu verneinen ist. Dies mag bei arglistiger Täuschung oder Drohung der Fall sein, aber nicht in den Irrtumsfällen.

Damit verwandt ist die Frage, ob auch in den Fällen einer **Duldungsvollmacht** eine Anfechtung durch den Quasi-Vollmachtgeber bei Vorliegen eines Willensmangels i.S. der §§ 119ff. möglich ist[42]. Die bejahende Antwort[43] ist für denjenigen klar, der in der Duldungsvollmacht nichts anderes als eine stillschweigend erteilte Vollmacht sieht. Unterscheidet man aber mit der h.M. die Duldungsvollmacht von einer stillschweigend erteilten Vollmacht und betrachtet sie als Rechtsscheinstatbestand (s. Rdnr. 841), so sollte man auch hier (ebenso wie zu den Fällen der §§ 171, 172 ausgeführt, s. Rdnr. 846) nicht auf die Anfechtungsregeln zurückgreifen, sondern allein auf die Zurechenbarkeit des entstandenen Rechtsscheins abstellen.

Lösung zu Fall 32:

a) Der Text der Vollmacht umfasst ausdrücklich auch die Abtretung von Grundpfandrechten und lässt mit dem Hinweis auf Finanzierungszwecke nicht hinreichend deutlich werden, dass nur Geschäfte in Verbindung mit Kreditgeschäften der Mutter erfasst werden. Daher war das vom Bevollmächtigten vorgenommene Geschäft (Abtretung der Grundschuld an die Zentralbank) vom Inhalt der Vollmacht gedeckt. Jedoch verstieß der bevollmächtigte Sohn gegen seine Verpflichtungen aus dem Innenverhältnis, indem er sich die Vollmacht zur Sicherung einer eigenen Kreditaufnahme zunutze machte. Der Bank war dies aber nicht bekannt, und eine Sicherung des Kredits durch eine Grundschuld am Grundstück eines Dritten ist gerade unter Familienangehörigen auch keineswegs besonders ungewöhnlich. Der BGH[44] stellte daher fest, der Missbrauch der Vollmacht durch den Sohn sei für die Bank nicht evident gewesen, und es habe für die Bank aufgrund der Umstände auch kein Anlass bestanden, etwa bei der vertretenen Mutter noch zurückzufragen. Die Abtretung der Grundschuld an die Zentralbank ist somit wirksam erfolgt.

b) Durch den Widerruf, der seinerseits keiner Form bedarf, ist die Vertretungsmacht des Sohnes an sich erloschen. Da aber eine Vollmachtsurkunde ausgestellt wurde, gilt die Vertretungsmacht gegenüber dem Vertragspartner gemäß § 172 Abs. 2 als weiterbestehend, solange dieser

---

[40] Medicus, Bürgerliches Recht, Rdnr. 97.
[41] So z.B. MünchKomm/Schramm § 171 Rdnr. 8, § 172 Rdnr. 6.
[42] Dieses Problem wird ausführlich erörtert bei Werner, 20 Probleme aus dem BGB, Allgemeiner Teil, 6. Aufl. (1998), 13. Problem.
[43] So z.B. Medicus, Bürgerliches Recht, Rdnr. 101.
[44] Der Fall ist BGH LM § 167 Nr. 35 nachgebildet.

das Erlöschen der Vollmacht weder kennt noch fahrlässig nicht kennt, § 173. Da die Bank gutgläubig war, ist also die Abtretung der Grundschuld trotz des Widerrufs der Vollmacht wirksam erfolgt.

§ 15 Die rechtsgeschäftliche Vertretungsmacht (Vollmacht)

Kontrollfragen und Fälle zu § 15

1) Wie wird eine Vollmacht erteilt?

2) Ist die Vollmachtserteilung formbedürftig, wenn für das vom Vertreter abzuschließende Geschäft eine Form vorgeschrieben ist?

3) Der Unternehmer Weit lässt neue Werkhallen errichten. Die gesamte Planung und Bauleitung übertrug er dem selbständigen Bauingenieur Leitner, dem er Vollmacht für alle mit dem Bau zusammenhängenden Rechtsgeschäfte erteilte. Die Überprüfung der Schlussrechnungen der beteiligten Firmen behielt sich Weit ausdrücklich vor. Die Baufirma Stein wurde von Leitner mit der Errichtung des Rohbaus beauftragt. Bei der Überprüfung der von Stein gestellten Rechnungen durch Weit stellte sich heraus, dass zum Teil überhöhte Massen (d.h. tatsächlich nicht erbrachte Leistungen) abgerechnet wurden. Stein erklärt, dies sei mit Leitner so vereinbart worden, um unerwartete Zusatzarbeiten und Erschwernisse bei der Ausführung der Leistungen auszugleichen, ohne deshalb das vereinbarte Leistungsverzeichnis ändern zu müssen. Ist Weit an eine derartige Vereinbarung gebunden?

4) Die zwischen den Rechtsanwälten Lang und Kurz bestehend Sozietät wurde zum 31.12.2001 aufgelöst. Rechtsanwalt Lang führte die Kanzlei in den bisherigen Räumen weiter. Das Praxisschild blieb zunächst unverändert, und Rechtsanwalt Lang verwendete auch weiterhin das bisherige Briefpapier, das ihn als Partner einer mit Kurz bestehenden Sozietät auswies. Im Januar 2002 erteilte Pech, der von der Auflösung der Sozietät nichts wusste, dem Rechtsanwalt Lang den Auftrag, ihn in einem Streit über ein gewerbliches Mietverhältnis zu vertreten. Durch Verschulden des Rechtsanwalts Lang ging der Prozess verloren. Kann Pech Ersatz des entstandenen Schadens von den Rechtsanwälten Lang und Kurz verlangen?

Lösungen

850 1) Die Vollmacht wird durch einseitige, empfangsbedürftige Willenserklärung des Vollmachtgebers erteilt, und zwar entweder gegenüber dem zu Bevollmächtigenden oder gegenüber dem Dritten, dem gegenüber die Vertretung stattfinden soll, § 167 Abs. 1.

851 2) Grundsätzlich bedarf die Vollmacht nach § 167 Abs. 2 nicht der Form, die für das vom Vertreter abzuschließende Rechtsgeschäft vorgeschrieben ist. Davon werden aber wesentliche Ausnahmen gemacht, wenn der Zweck der Formvorschrift sonst vereitelt werden könnte. So bedarf insbesondere eine unwiderrufliche Vollmacht zum Abschluss eines Grundstückskaufs der Form des § 311 b Abs. 1 Satz 1 (notarielle Beurkundung). Auch eine Vollmacht zur Übernahme einer Bürgschaft (oder auch zur Ausfüllung einer vom Bürgen unterzeichneten Blanketterklärung) bedarf der Schriftform, wenn diese für die Bürgschaftserklärung vorgeschrieben ist (§ 766 Satz 1, anders nach § 350 HGB).

852 3) Mit einer Vereinbarung, es dürften überhöhte Massen abgerechnet werden, handelt Leitner pflichtwidrig im Verhältnis zu Weit, da dadurch zumindest die Überprüfung der Schlussrechnung erschwert, wenn nicht sogar betrügerisches Verhalten ermöglicht wurde. Im allgemeinen ändert eine solche Pflichtverletzung des Vertreters gegenüber dem Vertretenen (Innenverhältnis) nichts an der Wirksamkeit des mittels der Vollmacht abgeschlossenen Vertrages (Außenverhältnis). Anders ist es aber, sofern die Grundsätze über den Vollmachtsmissbrauch eingreifen. Hier musste es sich nach den Umständen dem Stein geradezu aufdrängen, dass Leitner seine Vollmacht missbrauchte. Aufgrund dieser objektiven Evidenz des Vollmachtsmissbrauchs ist Stein in seinem Vertrauen auf den Bestand der Vertretungsmacht des Leitner nicht schutzwürdig. Die Vereinbarungen über die Zusatzleistungen sind somit für Weit nicht bindend[1].

853 4) Zwischen Lang und Pech kam ein Dienstvertrag (§ 611) zustande, der auf eine entgeltliche Geschäftsbesorgung (§ 675) gerichtet ist. Lang haftet aus diesem Vertrag wegen Verletzung vertraglicher Pflichten (§ 280 Abs. 1) auf Schadensersatz.

854 Der Vertrag kann darüber hinaus auch mit Rechtsanwalt Kurz zustande gekommen sein, wenn die Erklärung des Lang auch im Namen des Kurz abgegeben wurde und Lang Vertretungsmacht hatte. Aus den Umständen, insbesondere der Verwendung des bisherigen Briefpapiers, entstand für Pech der Eindruck, dass Lang den Vertrag im Namen der Sozietät (Gesellschaft), also auch im Namen des Kurz abschließe. Auch die Verkehrsauffassung geht in einem solchen Fall dahin, dass ein Anwalt, der ein Mandat annimmt, namens der Sozietät handelt und damit zugleich die Sozien (Gesellschafter) verpflichtet[2]. Allerdings ist die innerhalb der Sozietät gegebene Vertretungsmacht des Lang mit der Beendigung der Sozietät an sich erloschen, § 168 Satz 1. Sie könnte aber nach den von der Rechtsprechung anerkannten Grundsätzen über die Anscheinsvollmacht als weiterbestehend anzusehen sein. Aus dem Praxisschild und der Weiterverwendung des Briefpapiers ergab sich für Pech, der von der Beendigung der Sozietät nichts wusste, der Anschein einer weiterbestehenden Vollmacht. Kurz hätte die notwendigen und zumutbaren Maßnahmen ergreifen müssen, um diesen Rechtsschein zu zerstören. Er hätte für Beseitigung oder Änderung des bisherigen Praxisschildes und auch dafür sorgen müssen, dass das alte Briefpapier nicht unverändert verwendet wird. Da Kurz dies unterlassen hat, muss er sich im Interesse des Verkehrsschutzes so behandeln lassen, als ob die Vollmacht weiter bestünde[3]. Damit ist auch Kurz aus dem mit Pech geschlossenen Vertrag als Gesamtschuldner verpflichtet.

---

[1] Vgl. BGHZ 113, 315, 320 = NJW 1991, 1812 = LM § 164 Nr. 69.
[2] BGHZ 56, 355, 359 = NJW 1971, 1801.
[3] BGH NJW 1991, 1225 (Vorbild des Falles). Weiteres Beispiel einer „Scheinsozietät" aufgrund gemeinsamen Praxisschilds und gemeinsamer Briefbögen: BGH NJW 1999, 3040, 3041.

Kurz selbst hat allerdings keine Pflichtverletzung begangen. Nach § 425 Abs. 1 und 2 wirken Umstände wie das Verschulden, Verzug oder Unmöglichkeit und entsprechend auch eine sonstige Verletzung vertraglicher Pflichten grundsätzlich nur für und gegen den Gesamtschuldner in dessen Person sie eintreten. Dies gilt jedoch nicht, wenn sich aus dem Schuldverhältnis ein anderes ergibt, § 425 Abs. 1. Der BGH[4] bejaht einen solchen Inhalt des mit einer Sozietät geschlossenen Vertrages unter Hinweis auf die Verkehrsauffassung und die Interessenlage. Damit haftet Kurz auch gesamtschuldnerisch für den von Lang schuldhaft verursachten Schaden.

---

[4] BGHZ 56, 355, 361f. = NJW 1971, 1801; BGHZ 70, 247, 251f. = NJW 1978, 996.

§ 16 Wirkungen der Stellvertretung

Fall 33: Wiefke ist bevollmächtigter Vertreter des Stark. Er hat im Namen des Stark dem Zeisig einen gebrauchten Baukran verkauft und für den Abschluss dieses Vertrages von Stark eine erhebliche Provision erhalten. Wiefke räumte dem Zeisig eine mehrmonatige Zahlungsfrist ein. Da Zeisig besonderen Wert auf diesen Punkt legte, erklärte Wiefke bei Vertragsabschluss, er wisse genau, dass der Kran nicht älter als zwei Jahre sei. Dies traf freilich nicht zu; Wiefke hatte das Baujahr falsch geschätzt und die ihm von Stark übergebenen Unterlagen nicht genau angesehen, aus denen sich ergab, dass der Kran schon vor vier Jahren in Betrieb genommen worden war.
a) Kann Zeisig von Stark und von Wiefke Schadensersatz verlangen?
b) Kann Stark den Vertrag anfechten, wenn sich Zeisig am Rande der Insolvenz befindet, was zum Zeitpunkt des Vertragsschlusses zwar dem Stark, nicht aber dem Wiefke bekannt war?

I. Wirkungen des vom Vertreter abgeschlossenen Rechtsgeschäfts

1. Geltung für und gegen den Vertretenen

856   Nimmt der Stellvertreter im Rahmen der ihm zustehenden Vertretungsmacht ein Rechtsgeschäft im Namen des Vertretenen vor, so **treffen die Wirkungen allein den Vertretenen**, § 164 Abs. 1 Satz 1. Schließt also der Vertreter einen **schuldrechtlichen Vertrag** ab, so stehen die Ansprüche hieraus dem Vertretenen zu, und ebenso treffen nur ihn die Verpflichtungen aus dem Vertrag. Die unmittelbare Wirkung des Vertreterhandelns für und gegen den Vertretenen tritt genauso bei **dinglichen Rechtsgeschäften** ein. Erwirbt der Vertreter eine bewegliche oder unbewegliche Sache im Namen des Vertretenen, so wird dieser unmittelbar Eigentümer.

2. Eigenhaftung des Vertreters in Sonderfällen

857   Im allgemeinen kann der Stellvertreter aus seinem rechtsgeschäftlichen Handeln **nicht selbst in Anspruch genommen werden**, wenn er im Rahmen seiner Vertretungsmacht handelte. Er haftet auch nicht für die Verletzung vertraglicher Pflichten, die sich aus dem von ihm im Wege der Stellvertretung geschlossenen Vertrag ergeben. Auch die Haftung für Verschulden beim Vertragsschluss (culpa in contrahendo) trifft grundsätzlich den Vertretenen (dem das Verschulden des Vertreters nach § 278 zuzurechnen ist), nicht den Vertreter[1].

858   Davon macht die Rechtsprechung[2] aber seit längerem wesentliche Ausnahmen und lässt den Stellvertreter in bestimmten Fällen unter dem Gesichtspunkt des **Verschuldens beim Vertragsschluss** (seit der Schuldrechtsreform 2001 in § 311 Abs. 2 i.V.m. § 241 Abs. 2, § 280 Abs. 1 geregelt, s. Rdnr. 147 f.) persönlich haften. In diesen

---

[1] BGHZ 88, 67 = NJW 1986, 2696.
[2] Zusammenfassend BGH NJW 1990, 1907, 1908 (zur persönlichen Haftung eines Unternehmenssanierers).

Fällen haftet der Vertreter als Gesamtschuldner neben dem Vertretenen³. Diese **Eigenhaftung des Vertreters** (und darüber hinaus auch anderer beim Vertragsschluss eingeschalteter Personen) wurde von Rechtsprechung und h.M. bejaht, wenn der Vertreter mit erheblichem Eigeninteresse an dem Vertrag, bei wirtschaftlicher Betrachtungsweise also gleichsam in eigener Sache handelte, oder wenn er in besonderem Maß persönliches Vertrauen des Geschäftspartners in Anspruch nahm und den Eindruck erweckte, er werde persönlich die ordnungsgemäße Abwicklung des Geschäfts gewährleisten⁴. Bei der zuletzt angesprochenen Fallgruppe wird auch von **Sachwalterhaftung**⁵ gesprochen. Dieser Haftungstatbestand ist seit der Schuldrechtsreform 2001 ausdrücklich in § 311 Abs. 3 Satz 2 formuliert. Dass dabei die Formel der Rechtsprechung nicht wörtlich übernommen wurde, sondern nur verlangt wird, dass der Dritte *in besonderem Maße Vertrauen für sich in Anspruch genommen* hat, dürfte keinen sachlichen Unterschied machen. Auch wird durch § 311 Abs. 3 Satz 2 die Weitergeltung der anderen genannten Variante (Handeln gleichsam in eigener Sache) nicht berührt, da § 311 Abs. 3 Satz 1 allgemein die Möglichkeit eines Schuldverhältnis ohne primäre Leistungspflichten (vor allem aus Vertragsverhandlungen) mit einem Dritten (der nicht selbst Vertragspartei werden soll) anerkennt. Insgesamt sollte aber, auch nach der Schaffung des § 311 Abs. 3, der **Ausnahmecharakter** dieser Eigenhaftung nicht außer Acht gelassen werden⁶.

II. Willensmängel und Kenntnis von Umständen bei der Vertretung

1. Maßgeblichkeit der Person des Vertreters

Der Stellvertreter gibt eine eigene Willenserklärung ab, die von seinem Willen und seiner Erklärung geprägt ist. Dementsprechend kommt es nach § 166 Abs. 1 für **Willensmängel** auf die **Person des Vertreters** an. Eine Irrtumsanfechtung durch den Vertretenen ist also begründet, wenn in der Person des Vertreters ein nach § 119 Abs. 1 oder 2 relevanter Irrtum vorgelegen hat. Die Person des Vertreters, nicht des Vertretenen, ist auch dann entscheidend, wenn es um das **Kennen** oder **Kennenmüssen** bestimmter Umstände ankommt. So ist etwa für die Frage eines gutgläubigen Erwerbs einer beweglichen Sache (§ 932 Abs. 2) oder eines Grundstücks (§ 892 Abs. 1) die Kenntnis des Vertreters vom fehlenden Eigentum des Veräußerers, nicht diejenige des Vertretenen maßgebend. Auch im Rahmen des § 442 Abs. 1 Satz 1 (keine Mängelansprüche, wenn der Käufer bei Vertragsschluss den Mangel der gekauften Sache kennt) ist die Kenntnis des Stellvertreters des Käufers entscheidend⁷. Bei der

---

³ MünchKomm/Emmerich vor § 275 Rdnr. 162.
⁴ Zu diesem Erfordernis BGH NJW 1990, 389.
⁵ Zusammenfassend BGH NJW 1997, 1233 = JuS 1997, 751 (mit Anm. Emmerich) = JA 1997, 825 (mit Anm. Bayreuther); zu den verschiedenen Fallkonstellationen MünchKomm/Emmerich vor § 275 Rdnr. 160ff.
⁶ Ebenso Lorenz/Riehm, Lehrbuch zum neuen Schuldrecht (2002), Rdnr. 376.
⁷ Beispiel (zu § 439 Abs. 1 aF, jetzt § 442 Abs. 1 Satz 1): BGH NJW 2000, 1405 (Zurechnung des Vertreterwissens zu Lasten des Käufers selbst dann, wenn der Stellvertreter des Käu-

Auslegung eines Vertrages ist nach § 166 Abs. 1 ebenfalls die Kenntnis des Stellvertreters und dessen Verständnis vom Inhalt der abgegebenen Erklärungen maßgebend[8].

2. Ausnahme bei Handeln auf Weisung

860 Hat der Vertreter ein **Rechtsgeschäft auf Weisung des Vertretenen** abgeschlossen, so kann sich der Vertretene nicht auf die Unkenntnis des Vertreters bezüglich solcher Tatsachen berufen, die er selbst kannte, § 166 Abs. 2. Der Grund ist, dass hier zwar eine echte Stellvertretung vorliegt, der Entschluss zur Vornahme des konkreten Geschäfts aber gleichwohl unmittelbar vom Vertretenen stammt. So verhindert § 166 Abs. 2 auch, dass der Vertretene den Vertreter als gutgläubiges Werkzeug einsetzt. Sonst könnte jemand, der das Nichteigentum des Veräußerers kennt, einen Vertreter zwischenschalten und dadurch einen gutgläubigen Erwerb herbeiführen.

3. Analoge Anwendung des § 166 auf Wissensvertreter

861 Über den unmittelbaren Anwendungsbereich hinaus wird § 166 analog angewendet[9], wenn sich der Geschäftsherr im Zusammenhang mit dem Abschluss eines Rechtsgeschäfts der Hilfe anderer Personen zwar nicht als rechtsgeschäftlicher Vertreter, aber in vergleichbarer Weise bedient. Für diesen Personenkreis hat sich die Bezeichnung **Wissensvertreter** eingebürgert. Nach der Rechtsprechung des BGH[10] ist darunter jede Person zu verstehen, die nach der Arbeitsorganisation des Geschäftsherrn bestimmte Aufgaben in eigener Verantwortung zu erledigen und die dabei angefallenen Informationen entgegenzunehmen und gegebenenfalls weiterzuleiten hat. Die Zurechnung des Wissens solcher Wissensvertreter spielt nicht zuletzt bei juristischen Personen des Privatrechts (Aktiengesellschaft, GmbH usw.) oder auch des öffentlichen Rechts (Gemeinde, Staat) eine erhebliche Rolle. Beispielsweise können Kenntnisse, die ein Filialleiter einer Bank bei Kreditverhandlungen erworben hat, der Bank auch bei einer späteren Kreditvergabe durch eine andere Filiale zuzurechnen sein, wenn ein Informationsaustausch beider Filialen möglich und naheliegend war[11].

862 In solchen Fällen kommt auch eine „**Wissenszusammenrechnung**" in Betracht. Wenn z.B. der Einkaufsvertreter einer mit Gebrauchtwagen handelnden Firma bestimmte Umstände kennt, ist der Firma diese Kenntnis auch zuzurechnen (etwa im Rahmen des § 311 a Abs. 2 Satz 2 oder des § 438 Abs. 3 Satz 1), wenn der mit dem

---

fers zuvor als Verhandlungsführer des Verkäufers aufgetreten war, es sei denn, dass ein arglistiges Zusammenwirken des Verkäufers mit dem Vertreter des Käufers vorlag.

[8] BGH NJW 2000, 2272 (auch wenn der Vertreter zunächst ohne Vertretungsmacht gehandelt hat, der Vertrag aber vom Vertretenen nachträglich genehmigt wurde, § 177 Abs. 1).

[9] Zusammenfassend zum Anwendungsbereich des § 166 Abs. 1 Bayreuther JA 1998, 459.

[10] Die Definition des Wissensvertreters findet sich z.B. in BGHZ 117, 104, 106f. = NJW 1992, 1099, 1100.

[11] Vgl. BGH NJW 1989, 2877.

§ 16 Wirkungen der Stellvertretung   862 – 865

Verkauf beauftragte Vertreter davon nichts wusste¹². Andererseits ist aber nicht etwa schlechthin das Wissen aller Mitarbeiter zuzurechnen. So braucht eine Gemeinde, die ein mit einem Fehler behaftetes Grundstück verkauft, sich nicht das Wissen eines Sachbearbeiters im Bauaufsichtsamt zurechnen zu lassen, das mit dem Verkauf nichts zu tun hatte¹³.

Auch wenn es nicht um die Folgen von Willenserklärungen geht, also **außerhalb des rechtsgeschäftlichen Bereichs**, wird § 166 als Ausdruck eines allgemeinen Rechtsgedankens der Wissenszurechnung analog angewendet, wenn es um die Zurechnung des Wissens von Hilfspersonen geht und keine speziellere Regelung vorhanden ist. So hat der BGH im Rahmen des § 990 Abs. 1 Satz 1, der im Eigentümer-Besitzer-Verhältnis die Haftung des Besitzers von dessen Bösgläubigkeit bei Besitzerwerb abhängig macht, das Wissen eines Besitzdieners (§ 855) bei Besitzerwerb dem Geschäftsherrn analog § 166 zugerechnet¹⁴, wenn er den Besitzdiener vollkommen selbständig im Rechtsverkehr für sich handeln ließ. 863

Lösung zu Fall 33:

a) Das Alter des Baukrans (nicht älter als zwei Jahre) ist, da Zeisig besonderen Wert auf diesen Umstand legte, aufgrund der Angabe des Wiefke als vereinbarte Beschaffenheit i.S. des § 434 Abs. 1 Satz 1 anzusehen. Die Vereinbarung durch Wiefke als bevollmächtigten Stellvertreter wirkt ebenso wie der gesamte Kaufvertrag unmittelbar für und gegen Stark, § 164 Abs. 1 Satz 1. Der Kran weist somit einen Sachmangel auf. Eine Nacherfüllung, d.h. eine Beseitigung des Mangels oder die Lieferung einer mangelfreien Sache (§ 439 Abs. 1), ist hier nicht möglich, da der Kaufvertrag sich auf den konkreten gebrauchten Kran beschränkt. Vielmehr ist der Verkäufer, da ein anfänglicher unbehebbarer Mangel vorliegt, nach § 275 Abs. 1 von der Pflicht zur Leistung einer mangelfreien Sache befreit¹⁵. Zeisig kann nach § 311 a Abs. 2 Satz 1 u. 2 von Stark Schadensersatz statt der Leistung verlangen, es sei denn, dass Stark das Leistungshindernis weder kannte noch kennen musste. Dabei kommt es nach § 166 Abs. 1 auf die Kenntnis oder das Kennenmüssen des Vertreters an. Wiefke kannte den Mangel fahrlässigerweise nicht, da er die Angaben des Stark nicht genau genug gelesen hatte. Damit sind die Voraussetzungen des Schadensersatzanspruchs des Zeisig gegen Stark aus § 311 a Abs. 2 erfüllt. 864

Dagegen ist Wiefke als Stellvertreter nicht Vertragspartner des Zeisig und kann daher grundsätzlich nicht aus dem Vertrag in Anspruch genommen werden. Allerdings haftet ein Stellver- 865

---

¹² BGH NJW 1996, 1205 (zu arglistigem Verschweigen eines Mangels als Voraussetzung der längeren Verjährungsfrist nach § 477 aF, jetzt § 438 Abs. 3 Satz 1). – Darüber hinaus kann einer juristischen Person bzw. einem Unternehmen sog. *Aktenwissen* zuzurechnen sein, d.h. Informationen, die in Akten oder auch elektronischen Datenspeichern verfügbar sind. Die Zurechnung setzt voraus, dass es sich um Informationen handelt, die typischerweise aktenmäßig festgehalten werden, und dass ein besonderer Anlass bestand, sich in der konkreten Situation der gespeicherten Information zu vergewissern, BGHZ 132, 30, 37ff. = NJW 1996, 1339, 1341 = JuS 1996, 747 (mit Anm. Emmerich); BGHZ 135, 202 = NJW 1997, 1917 = LM § 166 Nr. 36 (mit Anm. Koller) = JuS 1997, 845 (mit Anm. Emmerich) (zur Sorgfaltspflicht einer Bank bei der Hereinnahme von Schecks); Medicus Rdnr. 904 b u. c; Köhler § 11 Rdnr. 54.

¹³ BGHZ 117, 104 = NJW 1992, 1099.

¹⁴ BGHZ 32, 53; a.M. etwa Medicus Rdnr. 903, der § 831 analog anwendet. Zum Unterschied von § 166 eröffnet dies dem Geschäftsherrn die Möglichkeit der Exkulpation.

¹⁵ Lorenz/Riehm (Fn. 6), Rdnr. 514, 532.

treter ausnahmsweise auch persönlich aus culpa in contrahendo, wenn er beim Vertragsschluss besonderes Vertrauen für sich in Anspruch genommen und dadurch die Vertragsverhandlungen oder den Vertragsschluss erheblich beeinflusst hat (§ 311 Abs. 3 Satz 2). Diese Voraussetzungen sind aber hier nicht gegeben. Dass Wiefke so getan hat, als wisse er über das Alter des Krans Bescheid, bedeutet nicht, dass er für sich besonderes Vertrauen in Anspruch genommen hat oder gar – so die Anforderung der bisherigen Rechtsprechung[16] – den Eindruck erweckt hat, er wolle persönlich die ordnungsgemäße Erfüllung gewährleisten. Eine Eigenhaftung des Vertreters wird ferner bejaht, wenn der Vertreter an dem Vertrag ein erhebliches wirtschaftliches Eigeninteresse hat, so dass er gleichsam in eigener Sache handelt. Wiefke war hier im Hinblick auf seine Provision an dem Vertragsschluss auch wirtschaftlich besonders interessiert ist. Deswegen kann aber noch nicht von einem Handeln gleichsam in eigener Sache gesprochen werden[17]; hierzu müsste vielmehr ein eigenes wirtschaftliches Interesse am Inhalt des Vertrages vorliegen. Somit stehen Zeisig keine Ansprüche gegen Wiefke zu.

866 b) Der Irrtum über die wirtschaftliche Leistungsfähigkeit des Schuldners ist bei einem Geschäft mit Krediteinräumung, wie es hier vorliegt, ein Irrtum über eine verkehrswesentliche Eigenschaft des Vertragspartners und stellt daher nach § 119 Abs. 2 einen Anfechtungsgrund dar. Bei Abschluss durch einen Stellvertreter kommt es nach § 166 Abs. 1 auf die Kenntnis oder Unkenntnis des Vertreters, nicht des Geschäftsherrn an. Eine Ausnahme besteht nach § 166 Abs. 2, wenn der Vertreter beim Abschluss des konkreten Vertrages auf Weisung des Vertretenen gehandelt hat. Davon sagt der Sachverhalt jedoch nichts. Die Anfechtung des Kaufvertrags durch Stark ist daher aufgrund des Irrtums des Wiefke möglich, ohne dass die Kenntnis des Stark entgegensteht.

---

[16] BGH NJW 1990, 389, 390.
[17] BGHZ 88, 67, 70 = NJW 1983, 2696, 2697; BGH NJW 1990, 389, 390.

§ 16 Wirkungen der Stellvertretung

Kontrollfragen und Fälle zu § 16

1) Wer wird aus einem Vertrag, den ein Stellvertreter im Rahmen seiner Vertretungsmacht für einen anderen abgeschlossen hat, verpflichtet:
a) der Vertretene,
b) der Vertreter,
c) beide?

2) Unter welchen Voraussetzungen kommt eine Eigenhaftung des Stellvertreters in Betracht?

3)* Schön möchte ein von Bunt angebotenes Ölgemälde aus dem 19. Jahrhundert erwerben. Bei einem Telefongespräch mit Schön erklärt Bunt bewusst wahrheitswidrig, für vergleichbare Bilder desselben Künstlers würden auf dem Kunstmarkt etwa 150 000 € bezahlt; in Wirklichkeit liegen die Preise höchstens bei 50 000 €. Schön beauftragt seinen Angestellten Eifrig, das Bild bei Bunt für ihn zu erwerben, aber keinesfalls mehr als 140 000 € zu bezahlen. Das Telefonat mit Bunt erwähnt Schön dabei nicht. Eifrig kauft das Bild für 130 000 € im Namen des Schön. Noch vor Übergabe des Bildes erfährt Schön die wahren Preisverhältnisse. Muss er gleichwohl das Bild abnehmen und bezahlen?

4)* V beabsichtigt, seiner 15-jährigen Tochter T, für die er allein die elterliche Sorge ausübt, ein Grundstück zu verkaufen, um es dem drohenden Zugriff seiner Gläubiger zu entziehen. Der vom Vormundschaftsgericht auf Antrag des V bestellte Ergänzungspfleger ahnt davon ebenso wenig wie T. Er schließt den Kaufvertrag im Namen der T ab und nimmt auch die Auflassung durch V an; T wird als Eigentümerin im Grundbuch eingetragen. Ein Vollstreckungsgläubiger des V möchte trotz der Veräußerung nach § 3 Abs. 1 AnfG auf das Grundstück zugreifen. Voraussetzung dafür ist, dass dem jetzigen Eigentümer, hier der T, bei dem Erwerb der Vorsatz des V zur Benachteiligung seiner Gläubiger bekannt war. Können Sie sich denken, mit welcher Begründung der BGH diese Voraussetzung bejaht hat?

Lösungen

867 1) Richtig ist gemäß § 164 Abs. 1 Satz 1 die Antwort a).

868 2) Die Rechtsprechung bejahte in den Fällen eines Verschuldens bei Vertragsschluss (culpa in contrahendo) eine Eigenhaftung des Stellvertreters, wenn dieser entweder selbst in besonderem Maße an dem Geschäft interessiert war, so dass er wirtschaftlich gesehen gleichsam in eigener Sache abschloss, oder wenn er besonderes persönliches Vertrauen in Anspruch nahm und in dem Vertragspartner den Eindruck erweckte, er gewährleiste persönlich die ordnungsgemäße Abwicklung des Vertrages. Die zuletzt genannte Variante ist seit der Schuldrechtsreform 2001 in § 311 Abs. 3 Satz 2 (mit nicht völlig übereinstimmender Formulierung, aber ohne Abweichung in der Sache) ausdrücklich normiert. Die Weitergeltung auch der erstgenannten Variante bleibt davon unberührt, s. auch § 311 Abs. 3 Satz 1.

869 3) Eifrig schloss den Kaufvertrag als bevollmächtigter Stellvertreter des Schön, so dass die Verpflichtung zur Zahlung des Kaufpreises und zur Abnahme des Bildes (§ 433 Abs. 2) nach § 164 Abs. 1 Satz 1 den Schön trifft. Diese Verpflichtung könnte durch Anfechtung des Kaufvertrages entfallen. Als Anfechtungsgrund kommt eine arglistige Täuschung, § 123 Abs. 1, in Betracht. Der Stellvertreter Eifrig, auf dessen Person nach § 166 Abs. 1 hinsichtlich des Vorliegens von Willensmängeln abzustellen ist, wurde nicht getäuscht, wohl aber der Vertretene Schön, der aufgrund dieser Täuschung die Weisung zum Vertragsschluss erteilte. § 166 Abs. 2 ist hierfür nach dem Wortlaut nicht einschlägig, da es nicht darum geht, dass der Vertretene sich auf die Unkenntnis des Vertreters berufen möchte. In Betracht kommt aber eine analoge Anwendung des § 166 Abs. 2. Diese Vorschrift beruht wie § 166 Abs. 1 auf dem Gedanken, jeweils auf diejenige Person abzustellen, auf deren Interessenbewertung und Entschließung der Geschäftsabschluss beruht. Mit dieser Begründung hat der BGH[1] die entsprechende Anwendung des § 166 Abs. 2 bejaht, wenn der Vertretene vom Geschäftspartner arglistig getäuscht wurde und der Vertrag durch den Vertreter aufgrund einer Weisung des Vertretenen abgeschlossen wurde. Danach kann Schön aufgrund § 123 Abs. 1 anfechten und durch eine Anfechtungserklärung gegenüber Bunt (§ 143 Abs. 1) die Nichtigkeit des Vertrages (§ 142 Abs. 1) herbeiführen. Damit entfällt die Verpflichtung aus § 433 Abs. 2.

870 4) Da die Tochter durch den Ergänzungspfleger vertreten wurde, ist nach § 166 Abs. 1 dessen Kenntnis maßgebend. Danach wäre, da der Ergänzungspfleger die Benachteiligungsabsicht des V nicht kannte, die Anfechtbarkeit[2] nach § 3 Abs. 1 AnfG zu verneinen. Der BGH[3] wendete jedoch § 166 Abs. 2 entsprechend an und rechnete die Kenntnis des Vaters der Tochter zu. § 166 Abs. 2 gilt unmittelbar allerdings nur für das Handeln eines bevollmächtigten Vertreters aufgrund einer Weisung des Vollmachtgebers, während der Ergänzungspfleger gesetzlicher Vertreter und auch nicht weisungsgebunden ist. Tatsächlich hat hier aber der Vater die Dinge so gesteuert, dass das Geschäft für die Tochter von einem gutgläubigen Vertreter vorgenommen wurde. Dies genügte dem BGH, um unter Berufung auf den Schutzzweck des § 166 Abs. 2 dessen analoge Anwendung zu bejahen. Der Vollstreckungsgläubiger kann also auf das Grundstück zugreifen.

---

[1] BGHZ 51, 141 = NJW 1969, 925.
[2] Diese Anfechtbarkeit darf nicht mit einer Anfechtung nach §§ 119 ff. BGB verwechselt werden. Sie führt nicht zur Nichtigkeit des angefochtenen Geschäfts, erlaubt aber dem Vollstreckungsgläubiger, auf den veräußerten Gegenstand zuzugreifen, obwohl dieser nicht mehr zum Vermögen seines Schuldners gehört.
[3] BGHZ 38, 65 = NJW 1962, 2251. Dazu ausführlich Marburger, Fälle und Lösungen nach höchstrichterlichen Entscheidungen, BGB – Allgemeiner Teil, 7. Aufl., Fall 12.

§ 17 Das Handeln eines Vertreters ohne Vertretungsmacht

Fall 34: Oscar weiß, dass sein Freund Gerhard als Gärtnereibesitzer stets große Mengen an Blumentöpfen benötigt. Auf einer Reise erfährt Oscar zufällig von einem günstigen Angebot. Sogleich bestellt er bei dem Ziegeleiunternehmen Rot GmbH 10 000 Blumentöpfe eines bestimmten Typs im Namen des Gerhard, wobei er davon ausgeht, Gerhard werde über den Kauf sehr erfreut sein. Als aber Oscar den Gerhard informiert, will dieser von dem Geschäft nichts wissen, hat er sich doch soeben bereits anderweitig mit dieser Sorte von Blumentöpfen eingedeckt. Gerhard fügt hinzu, Oscar möge dies der Rot GmbH mitteilen. Dies tut Oscar sogleich, wobei er sein Bedauern über das Missverständnis ausdrückt und betont, der Vertrag sei somit hinfällig.
Stehen der Rot GmbH Ansprüche gegen Gerhard und Oscar zu?

I. Das ohne Vertretungsmacht abgeschlossene Rechtsgeschäft

1. Verträge

Hat der **Vertreter ohne Vertretungsmacht** (als sog. **falsus procurator**) gehandelt, so kann das von ihm vorgenommene Rechtsgeschäft zunächst nicht für und gegen den Vertretenen wirken. Bei Verträgen tritt jedoch eine **schwebende Unwirksamkeit** ein. Der Vertretene kann nach § 177 den Vertrag genehmigen, ohne freilich dazu verpflichtet zu sein. Die Regelung ähnelt der schwebenden Unwirksamkeit eines nicht lediglich rechtlich vorteilhaften Vertrages, der von einem Minderjährigen ohne Einwilligung des gesetzlichen Vertreters geschlossen wurde, §§ 108 f., s. Rdnr. 366.

Die **Genehmigung** kann ausdrücklich oder auch durch schlüssiges Verhalten erfolgen, vorausgesetzt, dass der Genehmigende die schwebende Unwirksamkeit kennt oder zumindest damit rechnet und dass in seinem Verhalten der Wille zum Ausdruck kommt, das Geschäft verbindlich zu machen[1]. Die Genehmigung bedarf nach § 182 Abs. 2 **nicht der Form**, die für das ohne Vertretungsmacht abgeschlossene Rechtsgeschäft vorgeschrieben ist. Ob davon, ähnlich wie bei der Erteilung einer Vollmacht hinsichtlich § 167 Abs. 2 (s. Rdnr. 818), mit Rücksicht auf den Schutzzweck von Formvorschriften, Ausnahmen zu machen sind, ist streitig. Der BGH[2] lehnt dies in Übereinstimmung mit der h.M. ab und hält insbesondere daran fest, dass die Genehmigung eines Grundstückskaufvertrags nicht der Form des § 311 b Abs. 1 Satz 1 (notarielle Beurkundung) bedarf.

Um Klarheit über das Schicksal des Vertrages zu gewinnen, kann der andere Teil den Vertretenen nach § 177 Abs. 2 Satz 1 **zur Erklärung über die Genehmigung auffordern**[3]. Eine vorher bereits gegenüber dem Vertreter erklärte Genehmigung oder

---
[1] BGH NJW 1988, 1199, 1200.
[2] BGHZ 125, 218 = NJW 1994, 1344 = JZ 1995, 97 (mit zust. Anm. H. Dilcher) = LM § 182 BGB Nr. 14 (mit zust. Anm. Reithmann); MünchKomm/Schramm § 177 Rdnr. 39; Larenz/Wolf § 49 Rdnr. 5 f. – A.M. z.B. Flume § 54, 6 b; Medicus Rdnr. 976; Köhler § 11 Rdnr. 66. Für eine Änderung des Gesetzes plädiert Lerch ZRP 1998, 347.
[3] Dazu BGH NJW 2000, 3128: die Aufforderung muss nicht auf Erteilung der Genehmigung gerichtet sein, sondern kann ergebnisoffen erfolgen.

Verweigerung wird dadurch unwirksam. Wenn die Genehmigung nicht innerhalb von zwei Wochen nach Empfang der Aufforderung erteilt wird, gilt sie nach § 177 Abs. 2 Satz 2 als verweigert. Bis zur Genehmigung des Vertrages ist der andere Teil zum Widerruf berechtigt, allerdings nur, wenn er den Mangel der Vertretungsmacht bei Abschluss des Vertrages nicht kannte, § 178 Satz 1.

874 Genehmigt der Vertretene das Rechtsgeschäft, so wirkt diese nachträgliche Zustimmung auf den Zeitpunkt des Abschlusses des Vertrages zurück, § 184 Abs. 1. Der Vertrag ist dann **von Anfang an für und gegen den Vertretenen wirksam.**

2. Einseitige Rechtsgeschäfte

875 Die schwebende Unwirksamkeit des vom Vertreter ohne Vertretungsmacht abgeschlossenen Geschäfts gilt grundsätzlich nur bei Verträgen. Hier hat sich der Geschäftspartner in gewissem Sinne die Unsicherheit selbst zuzuschreiben, da er sich auf den Abschluss mit einem Stellvertreter einließ. Einseitigen Rechtsgeschäften (z.B. einer Kündigung, einem Rücktritt) des Vertreters kann der andere Teil dagegen nicht ausweichen. Daher sind **einseitige Rechtsgeschäfte**, die **ohne Vertretungsmacht** abgeschlossen werden, von vornherein **nichtig.** § 180 Satz 1 will dies mit der Formulierung, hier sei eine Vertretung ohne Vertretungsmacht unzulässig, zum Ausdruck bringen.

876 Ausnahmsweise gelten aber doch wieder die Regeln über Verträge, wenn der Gegner die **behauptete Vertretungsmacht nicht beanstandet**, also von seinem durch § 174 gegebenen Zurückweisungsrecht keinen Gebrauch gemacht hat. Dasselbe gilt, wenn der Geschäftspartner sogar mit dem Handeln ohne Vertretungsmacht **einverstanden** war. In beiden Fällen sind nach § 180 Satz 2 die Vorschriften über Verträge entsprechend anzuwenden. Es tritt also ein Schwebezustand ein, und der Vertretene hat es in der Hand, ob er dem in seinem Namen vorgenommenen einseitigen Rechtsgeschäft (etwa einer Kündigung) durch Genehmigung die Wirksamkeit verschaffen will. Ebenso ist es, wenn **gegenüber einem Vertreter ohne Vertretungsmacht** (also bei passiver Stellvertretung) mit dessen Einverständnis ein einseitiges Rechtsgeschäft vorgenommen wurde, § 180 Satz 3.

II. Haftung des Vertreters ohne Vertretungsmacht

1. Grundsätzliche Haftung des Vertreters

877 Wird die Genehmigung des Vertrages durch den Vertretenen verweigert, so ist der **Vertreter ohne Vertretungsmacht** nach § 179 Abs. 1 **selbst verpflichtet.** Wie sich schon aus dem Wortlaut des § 179 Abs. 1 ergibt, trägt dabei der Vertreter die Beweislast für das Bestehen der Vertretungsmacht. Der Vertragsgegner kann nach seiner Wahl vom Vertreter ohne Vertretungsmacht **Erfüllung** oder **Schadensersatz (wegen Nichterfüllung)** verlangen. Diese weitreichende Haftung gilt aber, wie aus § 179 Abs. 2 hervorgeht, nur, wenn der Vertreter den Mangel der Vertretungsmacht kann-

te. Die Formulierung des BGH[4], es handle sich um eine gesetzliche Garantiehaftung, die dem Vertreter das verschuldensunabhängige Risiko auferlegt, seine Erklärung, er habe Vertretungsmacht, sei richtig, bedarf insoweit der Relativierung.

Aus § 179 Abs. 1 ergibt sich eine **Wahlschuld** i.S.v. § 262, jedoch mit Wahlrecht des Gläubigers. Die Wahl hat durch Erklärung gegenüber dem Vertreter zu erfolgen, § 263 Abs. 1. Wählt der Geschäftspartner **Erfüllung**, so kann er von dem Vertreter ohne Vertretungsmacht die vollen vertraglichen Leistungen verlangen. Durch das Erfüllungsverlangen entsteht zwar kein Vertrag mit dem Vertreter, aber ein gesetzliches Rechtsgeschäft mit dem Inhalt des abgeschlossenen Vertrages. Daher kann der Vertreter, wenn der andere Teil Erfüllung verlangt, nun ebenfalls die Rechte aus dem Vertrag geltend machen, z.B. die Einrede des nichterfüllten gegenseitigen Vertrages erheben (§ 320)[5] oder Ansprüche wegen mangelhafter Leistung geltend machen. Auch ein Anfechtungsrecht, z.B. wegen arglistiger Täuschung (§ 123 Abs. 1), steht dem in Anspruch genommenen Vertreter ohne Vertretungsmacht selbständig zu[6].

Wählt der Geschäftspartner **Schadensersatz wegen Nichterfüllung**, so kann er vom Vertreter ohne Vertretungsmacht vor allem **Ersatz des entgangenen Gewinns** (§ 252) verlangen, da er so zu stellen ist, wie er bei ordnungsgemäßer Erfüllung des Vertrages stehen würde.

Da die Ansprüche aus § 179 an die Stelle der eigentlich intendierten Vertragsansprüche treten, ist es konsequent, die **Verjährung** nach den Regeln zu bestimmen, die für die vertraglichen Ansprüche gelten, wobei als Zeitpunkt der Anspruchsentstehung (§ 199 Abs. 1 Nr. 1) die Verweigerung der Genehmigung des Vertrags durch den Vertretenen anzusehen ist[7].

Analog § 179 haftet auch ein Vertreter, der für eine **nicht existierende Person** als Vertreter aufgetreten ist, ebenso derjenige, der **unter fremdem Namen** ein Rechtsgeschäft geschlossen hat, wenn dieses nicht als Eigengeschäft zu behandeln ist und vom Namensträger nicht genehmigt wird, s. Rdnr. 777f. Auch wenn jemand beim Vertragsschluss bewusst als **Bote** eines anderen auftritt (zur Abgrenzung vom Stellvertreter s. Rdnr. 773ff.), ohne von diesem beauftragt zu sein, erscheint eine Haftung analog § 179 sachgerecht, wenn der angebliche Erklärende nicht den Vertrag analog § 177 genehmigt[8].

---

[4] NJW 2000, 1407, 1408.
[5] Während darüber Einigkeit besteht, gibt die wohl h.M. dem Vertreter ohne Vertretungsmacht einen eigenständig geltend zu machenden Erfüllungsanspruch erst, wenn er selbst geleistet hat (so z.B. MünchKomm/Schramm § 179 Rdnr. 32; Larenz/Wolf § 49 Rdnr. 21), nach anderen schon dann, wenn der Vertragspartner Erfüllung gewählt hat, so Köhler § 11 Rdnr. 69; Brox Rdnr. 554.
[6] BGH NJW 2002, 1867.
[7] BGHZ 73, 266 = NJW 1979, 1161 (zum bis zur Schuldrechtsreform 2001 geltenden Verjährungsrecht).
[8] MünchKomm/Schramm § 177 Rdnr. 8; Medicus Rdnr. 997.

2. Einschränkungen der Haftung

882 Die Schadensersatzpflicht des Vertreters ohne Vertretungsmacht beschränkt sich auf das **Vertrauensinteresse** (negatives Interesse), wenn der **Vertreter** selbst den **Mangel seiner Vertretungsmacht nicht kannte**, § 179 Abs. 2. Diese Begünstigung kommt dem Vertreter etwa zugute, wenn er einen Unwirksamkeitsgrund nicht erkannte, der der Vollmachtserteilung anhaftete.

883 Eine noch weitergehende Ausnahme von der Haftung enthält § 179 Abs. 3 Satz 1. War dem anderen Teil der **Mangel der Vertretungsmacht bekannt** oder beruhte diese Unkenntnis auf **Fahrlässigkeit** (kennen müssen, Legaldefinition in § 122 Abs. 2), so haftet der Vertreter überhaupt nicht. Es fehlt hier an einem schutzwürdigen Vertrauen des anderen auf die Vertretungsmacht. Fraglich ist allerdings, wie weit die Sorgfaltspflichten des Geschäftspartners gehen. Da es sich bei § 179 um eine im Interesse der Verkehrssicherheit geregelte Vertrauenshaftung handelt, kann sich der Geschäftspartner grundsätzlich auf das Bestehen der vom Vertreter behaupteten Vertretungsmacht verlassen. Wenn sich aus dem Auftreten des Vertreters und den Umständen keine Verdachtsmomente ergeben, braucht der Geschäftspartner also keine Nachforschungen über das Bestehen der Vertretungsmacht anzustellen[9].

884 In diesem Zusammenhang taucht auch nochmals der Stellvertreter mit beschränkter Geschäftsfähigkeit auf. Die beschränkte Geschäftsfähigkeit steht zwar dem wirksamen Handeln als Vertreter nicht entgegen (§ 165), doch haftet der lediglich beschränkt Geschäftsfähige bei Fehlen der Vertretungsmacht nicht, sofern nicht der gesetzliche Vertreter diesem Handeln zugestimmt hatte, § 179 Abs. 3 Satz 2.

Lösung zu Fall 34:

I. Anspruch der Rot GmbH gegen Gerhard auf Zahlung des Kaufpreises und Abnahme der Blumentöpfe aus § 433 Abs. 2

885 Voraussetzung ist, dass zwischen der Rot GmbH und Gerhard ein Kaufvertrag zustande gekommen ist. Oscar schloss den Kaufvertrag als Stellvertreter des Gerhard, hatte jedoch keine Vertretungsmacht. Daher wirkt die Willenserklärung des Oscar nicht nach § 164 Abs. 1 Satz 1 für und gegen den Gerhard. Vielmehr hängt die Wirksamkeit des Vertrages, den Oscar ohne Vertretungsmacht abgeschlossen hat, für und gegen Gerhard nach § 177 Abs. 1 von der Genehmigung durch Gerhard ab. Die Genehmigung wie deren Verweigerung können sowohl dem Oscar als auch gegenüber der Rot GmbH erfolgen, § 182 Abs. 1. Durch seine Äußerung gegenüber Oscar hat Gerhard die Genehmigung verweigert. Nach § 177 Abs. 2 Satz 1 kann der Vertragspartner den Vertretenen zur Erklärung über die Genehmigung auffordern, und die Verweigerung gegenüber dem Vertreter wird dadurch unwirksam. Hier ist aber die Verweigerung der Genehmigung über Oscar (als Bote) bereits der Rot GmbH mitgeteilt worden. Daher ist § 177 Abs. 2 Satz 1 nicht mehr anwendbar. Im übrigen wäre ein Vorgehen nach dieser Bestimmung auch aussichtslos, denn Oscar würde erneut die Genehmigung verweigern.

886 Somit ist kein Kaufvertrag zwischen Gerhard und der Rot GmbH zustande gekommen; der Anspruch aus § 433 Abs. 2 besteht nicht.

---

[9] BGH NJW 2000, 1407, 1408; BGH NJW 2001, 2626, 2627 = JZ 2002, 194, 195 (mit Anm. Püttner).

II. Ansprüche der Rot GmbH gegen Oscar

1. Auf Zahlung des Kaufpreises und Abnahme der Blumentöpfe, § 433 Abs. 2

Oscar kann keine Vertretungsmacht nachweisen, und der von ihm abgeschlossene Vertrag wurde vom Vertretenen auch nicht genehmigt. Daher ist Oscar selbst der Rot GmbH nach deren Wahl zur Erfüllung oder zum Schadensersatz verpflichtet, § 179 Abs. 1.

Oscar hat zwar auf die Billigung des Vertrags durch Gerhard vertraut, aber sehr wohl gewußt, dass ihm keine Vertretungsmacht zustand. Die Haftung des Oscar wird daher nicht durch § 179 Abs. 2 beschränkt. Die Rot GmbH kannte den Mangel der Vertretungsmacht nicht und hatte auch keinen Grund, an der Vertretungsmacht des Oscar zu zweifeln. Daher entfällt die Haftung nicht nach § 179 Abs. 3 Satz 1.

Man könnte noch an eine Anfechtung der vertraglichen Erklärung des Oscar denken, weil er irrtümlich mit der Genehmigung durch Gerhard rechnete. Abzustellen wäre insoweit in der Tat auf die Person des Oscar als Vertreter, § 166 Abs. 1. Jedoch ist keiner der Anfechtungstatbestände des § 119 erfüllt; es liegt lediglich ein unbeachtlicher Motivirrtum vor.

Somit bleibt es bei der Haftung des Oscar nach § 179 Abs. 1. Wenn die Rot GmbH von Oscar Erfüllung verlangt, muss er den Kaufpreis bezahlen und die Blumentöpfe abnehmen, § 433 Abs. 2.

2. Auf Schadensersatz wegen Nichterfüllung

Wahlweise kann die Rot GmbH von Oscar Schadensersatz wegen Nichterfüllung verlangen, § 179 Abs. 1. Hiernach kann Ersatz des Gewinns gefordert werden, den die GmbH bei Ausführung der Lieferung gemacht hätte.

III. Haftung bei mehrstufiger Vertretung

Fall 35: Flink ist als Zeitschriftenwerber für den Verlag Buntbild tätig. Als der vom Verlag gestellte PKW wegen eines Unfallschadens nicht zur Verfügung steht, bittet Flink seine Freundin Schnipp, der er besonderes Verhandlungsgeschick zutraut, für eine Woche einen geeigneten PKW für den Verlag zu mieten; der Verlag werde damit gewiss einverstanden sein. Schnipp mietet das Fahrzeug bei Glanz GmbH im Namen des Buntbild Verlages,
 a) wobei sie erklärt, dass sie von Flink um diese Hilfe gebeten worden sei.
 b) wobei sie Flink nicht erwähnt.
Von Glanz GmbH in Anspruch genommen, lehnt der Verlag Buntbild die Zahlung des Mietpreises ab, weil weder Flink noch Schnipp dazu berechtigt gewesen seien, im Namen des Verlages zu handeln, zumal man ohnehin noch ein anderes Fahrzeug zur Verfügung gehabt habe.
An wen kann sich Glanz GmbH wegen des Mietpreises halten?

Von einer **mehrstufigen Vertretung** spricht man, wenn ein **Hauptbevollmächtigter** und ein **Unterbevollmächtigter** beteiligt sind (auch eine weitere Stufung – Unterunterbevollmächtigte – ist möglich). Der Unterbevollmächtigte kann wirksam für den Vertretenen handeln, wenn der Hauptbevollmächtigte seinerseits über eine wirksame Vollmacht verfügt und – von der Hauptvollmacht gedeckt – eine wirksame Untervollmacht erteilt hat. Fehlt es zwar nicht an der Hauptvollmacht, wohl aber an der wirksamen Erteilung einer Untervollmacht, so haftet (insoweit besteht Einigkeit) der Unterbevollmächtigte nach § 179.

Nicht ganz so klar ist, ob der Unterbevollmächtigte auch dann aus § 179 in Anspruch genommen werden kann, wenn zwar die Unterbevollmächtigung als solche in Ordnung war, es aber bereits an der Hauptvollmacht fehlte. Teils werden zwei verschiedene Arten der Unterbevollmächtigung unterschieden, je nachdem ob der Unterbevollmächtigte im Namen des ursprünglichen Vertretenen (also des Hauptvollmachtgebers) handle oder ob er im Namen des Hauptbevollmächtigten, also als „Vertreter des Vertreters" tätig werde. Jedoch erscheint diese konstruktive Unterscheidung wenig einleuchtend, denn letztlich muss der Unterbevollmächtigte immer zum Ausdruck bringen, dass die Wirkungen des Geschäfts den ursprünglichen Vollmachtgeber treffen sollen. Der BGH[10] differenziert vielmehr bei der Anwendung des § 179 danach, ob der aufgetretene Unterbevollmächtigte **offengelegt** hat, dass seine Vollmacht von einem Hauptbevollmächtigten stammt. In diesem Fall weiß der Geschäftspartner, dass es auf zwei Vollmachtserteilungen ankommt. Ist die Untervollmacht in Ordnung, während es an der Hauptvollmacht fehlt, so haftet hier lediglich der Hauptbevollmächtigte aus § 179. Bei einer nicht offengelegten mehrstufigen Stellvertretung trifft dagegen die Haftung aus § 179 den als Vertreter Handelnden, also den Unterbevollmächtigten, auch wenn der Mangel seiner Vertretungsmacht letztlich auf den Mangel der Hauptvollmacht zurückgeht.

894 Dieser Lösung kann man freilich entgegenhalten, der Unterbevollmächtigte müsse immer für den Bestand seiner Vollmacht eintreten. Sieht man die gesamte Regelung des § 179 in erster Linie als Risikozuweisung an, so liegt es m. E. näher, das Risiko, die Hauptvollmacht richtig eingeschätzt zu haben, stets dem Unterbevollmächtigten aufzuerlegen, auch wenn er die Mehrstufigkeit nach außen offengelegt hat.

Lösung zu Fall 35[11]:

895 Flink hatte selbst keine Vertretungsmacht zum Abschluss des Mietvertrages im Namen des Buntbild Verlages und konnte schon deshalb auch der Schnipp keine wirksame Untervollmacht erteilen. Der zunächst schwebend unwirksame Vertrag ist durch Verweigerung der Genehmigung durch den vertretenen Verlag endgültig unwirksam geworden, § 177 Abs. 1. Fraglich ist, gegen wen sich die Ansprüche aus § 179 Abs. 1 auf Erfüllung des Vertrages oder Schadensersatz wegen Nichterfüllung richten.

896 Bei der Alternative a) haftet Schnipp nicht nach § 179 Abs. 1, wenn man mit dem BGH darauf abstellt, dass die Mehrstufigkeit der Vertretung offengelegt wurde und der Mangel der Vollmacht nur die Hauptvollmacht betraf. Vielmehr stehen der Glanz GmbH die Ansprüche aus § 179 Abs. 1 gegen Flink zu. Entgegen dieser Ansicht lässt sich jedoch für eine Haftung (nur) der Schnipp anführen, dass die Einschätzung, ob Flink eine wirksame Hauptvollmacht hatte, in ihren Risikobereich fällt, denn schließlich hat sie das Ergebnis – eine Vertretungsmacht für den Buntbildverlag – gegenüber der Glanz GmbH in Anspruch genommen.

897 Bei der Alternative b) wurde dagegen die Mehrstufigkeit der Vertretung von Schnipp nicht offengelegt. Hier kann sich nach beiden Ansichten die Glanz GmbH gemäß 179 Abs. 1 nur an Schnipp halten und von ihr Zahlung des Mietpreises verlangen.

---

[10] BGHZ 68, 391 = NJW 1977, 1535 = LM § 179 Nr. 11 (LS mit Anm. Wolf). Ebenso Jauernig § 179 Rdnr. 3; Larenz/Wolf § 49 Rdnr. 29 ff.; Medicus Rdnr. 996.
[11] Fall nach BGHZ 68, 391 (Fn. 10).

§ 17 Das Handeln eines Vertreters ohne Vertretungsmacht

Kontrollfragen und Fälle zu § 17

1) Was versteht man unter einem falsus procurator?

2) Welche Rechtsfolgen ergeben sich, wenn
a) ein sechsjähriges
b) ein zehnjähriges Kind
im Namen seiner Eltern, die aber davon nichts wissen, telefonisch die Lieferung von zwei Kästen Zitronenlimonade bestellt hat, und der Lieferant nun mit der Limonade vor den erstaunten Eltern steht?

3)* Rasch ist als Treuhänder noch zu werbender Bauherren vorgesehen. Er schließt im Namen der „Mitglieder der Bauherrengemeinschaft" mit der Firma Hoch einen Vertrag, in dem die Firma Hoch die schlüsselfertige Errichtung einer Wohnanlage zum Pauschalfestpreis von 1,5 Millionen € übernimmt. Dabei erklärt Rasch, die Bauherrengemeinschaft werde alsbald entstehen und Vertragspartner der Firma Hoch werden. Die Firma Hoch beginnt mit dem Bau und verlangt nach einigen Tagen die erste Rate der Vergütung in Höhe von 100 000 €. Jedoch war es nicht gelungen, Bauherren zu finden, und auch Bankdarlehen stehen nicht zur Verfügung. Nunmehr stellte die Firma Hoch den Bau ein und verlangt von Rasch Ersatz des entgangenen Gewinns in Höhe von 200 000 €. Mit Recht?

4) Schnell, der nicht über eine allgemeine Vollmacht seiner Arbeitgeberin Klar verfügt, hatte eines Tages nicht richtig zugehört und daher eine Äußerung der Klar, man brauche demnächst wieder Heizöl, zu Unrecht dahin aufgefasst, er solle eine entsprechende Bestellung aufgeben. Als das von Schnell im Namen der Klar bei der Erd GmbH bestellte Öl geliefert werden soll, verweigert Klar die Abnahme. Die Erd GmbH verlangt von Schnell Schadensersatz in Höhe des entgangenen Gewinns, zumindest die Kosten für die vergebliche Anlieferung. Wie ist die Rechtslage?

5)* Herr und Frau Gold haben ihre Tochter in die Privatschule des Klug gegeben. Frau Gold kündigt gegenüber Klug den zwischen dem Ehepaar Gold und Klug abgeschlossenen Vertrag zum nächsten zulässigen Termin, wobei sie erklärt, ihr Mann habe dem zugestimmt und sie gebeten, die Kündigung in beider Namen auszusprechen. Dies trifft zwar nicht zu, doch als Frau Gold ihrem Mann von der Kündigung berichtet, erklärt er sich einverstanden. Ist die Kündigung wirksam geworden?

Lösungen

898 1) Ein falsus procurator ist ein Vertreter, der ohne Vertretungsmacht gehandelt hat.

899 2) a) Das sechsjährige Kind ist geschäftsunfähig, § 104 Nr. 1. Daher ist die von ihm abgegebene Willenserklärung nichtig, § 105 Abs. 1. Daran ändert sich auch dadurch nichts, dass die Erklärung im Namen der Eltern abgegeben wurde. Da ein Vertrag über die Lieferung der Limonade schon wegen der Geschäftsunfähigkeit des Kindes nicht zustande kam, entsteht kein Schwebezustand nach § 177, so dass es nicht auf die Genehmigung des Vertrages oder deren Verweigerung ankommt. Sollten die Eltern sich mit der Lieferung der Limonade einverstanden erklären, so läge darin der Abschluss eines neuen Vertrages.

900 b) Die hier gegebene beschränkte Geschäftsfähigkeit (§ 106) steht nach § 165 dem Handeln des Kindes als Stellvertreter seiner Eltern nicht entgegen. Jedoch fehlte es an der Vertretungsmacht. Der Vertrag ist daher zunächst schwebend unwirksam, § 177 Abs. 1. Genehmigen die Eltern, so ist der Vertrag von Anfang an wirksam. Sie können dann die Lieferung der Limonade und der anderen Teil der Zahlung verlangen. Genehmigen sie nicht, so wird der Vertrag endgültig unwirksam. Das Kind haftet in diesem Fall nicht nach § 179 Abs. 1, da es nicht mit Zustimmung seiner Eltern gehandelt hat, § 179 Abs. 3 Satz 2. Der Lieferant muss bei dieser Alternative wieder abziehen, ohne irgendwelche Ansprüche zu haben.

901 3) Die Besonderheit des Falles liegt darin, dass der Vertretene zum Zeitpunkt des Vertragsschlusses noch nicht existierte, da es noch keine Bauherrengemeinschaft gab. Die h.M.[1] wendet in solchen Fällen § 179 analog an. Danach haftet Rasch auf Erfüllung oder Schadensersatz, § 179 Abs. 1. Allerdings könnte seine Haftung nach § 179 Abs. 3 Satz 1 ausgeschlossen sein. Die Hoch GmbH wusste, dass die Bauherrengemeinschaft noch nicht existierte. Dies könnte – im Rahmen der entsprechenden Anwendung des § 179 – der Kenntnis vom Fehlen der Vertretungsmacht gleichzustellen sein. Jedoch hatte Rasch zugleich den Anschein erweckt, als werde die Bauherrengemeinschaft binnen kurzem entstehen. Ob sie zustande kam, war allein seine Sache, ohne dass die Hoch GmbH darauf Einfluss nehmen konnte. Diese Umstände rechtfertigen es, dem Rasch das Risiko des Nichtentstehens der Bauherrengemeinschaft zuzuweisen, also § 179 Abs. 3 Satz 1 nicht entsprechend anzuwenden[2]. Der Anspruch auf Ersatz des Erfüllungsschadens in Form des entgangenen Gewinns von 200 000 € ist somit begründet.

902 4) Schnell hat den Vertrag im Namen der Klar als Stellvertreter ohne Vertretungsmacht abgeschlossen. Durch die Ablehnung der Genehmigung wurde der zunächst schwebend unwirksame Vertrag (§ 177 Abs. 1) zwischen Klar und der Erd GmbH endgültig unwirksam. Nach § 179 Abs. 1 wäre Schnell nach Wahl der Erd GmbH zur Erfüllung oder zum Schadensersatz wegen Nichterfüllung verpflichtet. Dem steht aber entgegen, dass Schnell selbst vom Bestehen der Vollmacht ausging. Daher haftet er nach § 179 Abs. 2 nur auf das negative Interesse, nicht auf das Erfüllungsinteresse. Dass Schnell den Mangel seiner Vertretungsmacht fahrlässig nicht kannte, spielt dabei keine Rolle. Damit ist nur der Anspruch auf Ersatz der Anlieferungskosten (negatives Interesse), nicht des entgangenen Gewinns (positives Interesse) begründet.

903 5) Die Eltern sind nach § 1626 Abs. 1, § 1629 Abs. 1 Satz 1 und 2 im Rahmen der ihnen zustehenden elterlichen Sorge nur gemeinsam zur Vertretung des Kindes berechtigt. Soweit Frau Gold im Namen ihres Mannes die Kündigung erklärt, braucht sie dazu eine Bevollmächtigung durch ihn. Da diese fehlte, ist Frau Gold insoweit als Stellvertreterin ohne Vertretungsmacht aufgetreten. § 180 Satz 1 erklärt die Vertretung ohne Vertretungsmacht bei einseitigen Rechtsgeschäften, zu denen auch die Kündigungserklärung gehört, für unwirksam. Daraus würde die

---

[1] BGHZ 63, 45, 48 = NJW 1974, 1905; BGHZ 105, 283, 285 = NJW 1989, 894 (Vorbild des Falles).

[2] BGHZ 105, 283, 287 = NJW 1989, 894.

Unwirksamkeit der Kündigung folgen. Frau Gold hat aber behauptet, Vertretungsmacht für ihren Mann zu haben, und Klug hat dies nicht beanstandet. Er hätte die Möglichkeit gehabt, das Rechtsgeschäft mangels Vorlage einer Vollmachtsurkunde zurückzuweisen, § 174 Satz 1. Zwar gilt § 174 nur für die rechtsgeschäftliche Vertretungsmacht (Vollmacht), nicht für die gesetzliche Vertretungsmacht, aber bei der von Frau Gold behaupteten, durch ihren Ehemann erteilten Vertretungsmacht handelt es sich um eine Vollmacht. Da Klug die Vertretungsmacht nicht beanstandet hat, gelten nach § 180 Satz 2 die Vorschriften über Verträge entsprechend. Dies bedeutet hier, dass die Kündigung nach § 177 Abs. 1 durch Genehmigung seitens Herrn Gold wirksam geworden ist.

§ 18 Das Insichgeschäft

Fall 36: Bevor er auf Weltreise ging, erteilte Max Fern seinem Vater Moritz Fern eine notariell beglaubigte Generalvollmacht und bat ihn, sich während seiner Abwesenheit um alle seine Angelegenheiten zu kümmern.

a) Kann Moritz Fern den Pkw des Max Fern, den er in seinem Unternehmen gerade gut gebrauchen könnte, zu einem angemessenen Preis erwerben?

b) Kann Moritz Fern, um der drohenden Erhöhung der Schenkung- und Erbschaftsteuer vorzubeugen, ein eigenes Grundstück auf Max Fern übertragen?

I. Begriff des Insichgeschäfts

904 Die Begriffe **Insichgeschäft** und **Selbstkontrahieren** werden oft gleichbedeutend gebraucht; genau genommen ist Insichgeschäft der übergeordnete Begriff. Es geht um Fälle, in denen auf beiden Seiten eines Rechtsgeschäfts dieselbe Person beteiligt ist. Diese Situation liegt vor, wenn jemand als Stellvertreter eines anderen mit sich selbst im eigenen Namen ein Rechtsgeschäft vornimmt **(Selbstkontrahieren)**, aber auch dann, wenn jemand Stellvertreter zweier verschiedener Personen ist und dann zwischen den beiden Vertretenen ein Rechtsgeschäft zustande bringen möchte **(Mehrvertretung)**. Beide Fälle sind in § 181 ausdrücklich angesprochen. Im Vordergrund steht der Abschluss von **Verträgen**, doch kann ein Insichgeschäft auch bei **einseitigen empfangsbedürftigen Willenserklärungen** vorliegen[1], sei es, dass ein Stellvertreter im Namen des Vertretenen eine Erklärung an sich selbst abgibt oder dass er umgekehrt eine eigene Erklärung an sich selbst als Vertreter eines anderen richtet. Auch eine Mehrvertretung bei einseitigen empfangsbedürftigen Willenserklärungen ist möglich, indem jemand als Vertreter der einen Person an sich selbst als Vertreter einer anderen Person eine Willenserklärung abgibt.

II. Grundsätzliche Unwirksamkeit von Insichgeschäften

905 Nach § 181 kann ein Vertreter im allgemeinen Insichgeschäfte nicht wirksam vornehmen. Solche Geschäfte sind zunächst einmal schon deshalb problematisch, weil leicht Zweifel über die Vornahme des Geschäfts entstehen können. Dem lässt sich aber dadurch vorbeugen, dass eine äußere Erkennbarkeit des Insichgeschäfts gefordert wird, so wie dies im Bereich der ausnahmsweise zulässigen Insichgeschäfte der Fall ist (s. Rdnr. 911). Der hauptsächliche Zweck des Verbots des Insichgeschäfts liegt in dem **Schutz des Vertretenen vor einem möglichen Interessenkonflikt**. Ist der Stellvertreter an dem Geschäft in eigener Person beteiligt oder zugleich als Vertreter eines Dritten tätig, so ist nicht auszuschließen, dass die eigenen Interessen oder die des Dritten bevorzugt werden. Dabei genügt die **Gefahr eines Interessenkonflikts**, d.h. es kommt grundsätzlich nicht darauf an, ob das abgeschlossene Rechtsgeschäft im konkreten Fall für den Vertretenen wirtschaftlich mehr oder weniger günstig ist.

---

[1] BGH NJW-RR 1991, 1441 (Mehrvertretung bei Kündigung).

Eine teleologische Reduktion ist jedoch gerechtfertigt, wenn das Geschäft für den Vertretenen lediglich rechtlich vorteilhaft ist, s. Rdnr. 912.

Die **Rechtsfolge** bei einem unzulässigen Insichgeschäft ist, obwohl § 181 dies nicht ausdrücklich sagt, bei **Verträgen** nicht in der Nichtigkeit des Geschäfts zu sehen, sondern in einer **schwebenden Unwirksamkeit** entsprechend § 177[2]. Der Vertretene hat es also in solchen Fällen in der Hand, ob er das zunächst unwirksame Geschäft durch nachträgliche Genehmigung wirksam machen will. Er kann dabei prüfen, ob das Geschäft seinem Interesse hinreichend gerecht wird. Liegt eine Mehrvertretung vor, so ist die Genehmigung durch beide Vertretenen erforderlich.

Bei **einseitigen Rechtsgeschäften** ist dagegen entsprechend § 180 im allgemeinen **Nichtigkeit** der als Insichgeschäft abgegebenen Willenserklärung anzunehmen.

III. Gesetzliche Ausnahmen vom Verbot des Insichgeschäfts

1. Gestattung

Nach § 181 ist ein Insichgeschäft zulässig, wenn es dem Vertreter gestattet ist. Diese **Gestattung** muss (von seltenen gesetzlichen Gestattungen abgesehen) **durch den Vertretenen** erfolgen, sei es bei der Erteilung der Vollmacht oder später. Bei juristischen Personen oder Personenhandelsgesellschaften findet sich eine Gestattung nicht selten in der **Satzung** oder im **Gesellschaftsvertrag** (s. zur GmbH Rdnr. 913). Die Gestattung kann auch stillschweigend erfolgen, sich etwa aus dem Zweck der erteilten Vollmacht ergeben.

Zum Teil wird auch angenommen, die Gestattung könne sich **aus allgemeiner Verkehrsübung** ergeben[3]. Diese Lösung wurde früher überwiegend gewählt, um Schenkungen durch die Eltern als gesetzliche Vertreter an minderjährige Kinder im Wege des Insichgeschäfts zu ermöglichen; heute arbeitet man insoweit überwiegend mit einer teleologischen Reduktion des § 181 (s. unten Rdnr. 912).

2. Erfüllung einer Verbindlichkeit

Außerdem ist nach § 181 ein Insichgeschäft zulässig, wenn es ausschließlich in der **Erfüllung einer Verbindlichkeit** besteht. Das Gesetz geht davon aus, dass durch die Verbindlichkeit der Inhalt des Erfüllungsgeschäfts vorgezeichnet ist, so dass hier die Gefahr einer Interessenkollision nicht besteht. Es kann sich entweder um die Erfüllung einer Verbindlichkeit des Vertreters gegenüber dem Vertretenen handeln oder umgekehrt um die Erfüllung eines Anspruchs, den der Vertreter gegen den Vertretenen hat.

---

[2] BGHZ 65, 123, 125 f. = NJW 1976, 104.
[3] So Jauernig § 181 Rdnr. 9.

3. Erkennbarkeit des Insichgeschäfts als ungeschriebene Voraussetzung

911 Soweit ein Insichgeschäft zulässig ist, muss es **nach außen erkennbar vorgenommen** werden[4], so dass ein mit den Verhältnissen vertrauter Dritter die Vornahme des Rechtsgeschäfts erkennen könnte. Dazu wird z.B. eine schriftliche Aufzeichnung des Geschäfts in Frage kommen. Die bloße Behauptung, man habe gewissermaßen in seinem Kopf einen Vertrag abgeschlossen, genügt also nicht.

IV. Ungeschriebene Ausnahme für lediglich rechtlich vorteilhafte Geschäfte

912 Seit langem wird darüber diskutiert, ob § 181 gegenüber dem Wortlaut unter Berücksichtigung des Zwecks der Vorschrift eingeschränkt oder auch ausgedehnt werden kann. Früher ging die h.M. dahin, § 181 sei eine *formale Ordnungsvorschrift* und daher keiner Einschränkung zugänglich, die hinter dem Wortlaut zurückbleibt. Daran ist sicher richtig, dass die Anwendung des § 181 nicht davon abhängig gemacht werden kann, ob im konkreten Fall eine Interessenkollision vorliegt bzw. zu befürchten ist. Eine andere Frage ist, ob nicht bestimmte Geschäfte nach allgemeinen Kriterien vom Verbot des Insichgeschäfts ausgenommen werden könnten. Die Frage ergibt sich bereits bei **Schenkungen** durch den gesetzlichen Vertreter an geschäftsunfähige oder beschränkt geschäftsfähige Kinder im Wege des Insichgeschäfts. Die heute h.M. nimmt unter der Führung des BGH[5] für Geschäfte, die **dem Vertretenen lediglich einen rechtlichen Vorteil bringen**, eine ungeschriebene Ausnahme vom Verbot des Insichgeschäfts an. Damit wird an die Regelung in § 107 angeknüpft, die lediglich rechtlich vorteilhafte Geschäfte dem beschränkt Geschäftsfähigen allein überlässt, weil insofern keine Gefahren entstehen können. Methodisch lässt sich diese ungeschriebene Ausnahme als **teleologische Reduktion** des § 181 rechtfertigen, d.h. als eine hinter den Wortlaut zurückgehende Anwendung des Gesetzes, weil sonst Fälle in den Anwendungsbereich der Norm fallen würden, die vom Zweck der Vorschrift nicht gedeckt sind. Diese Auffassung ist allerdings auch heute noch nicht unumstritten; manche wenden ein, es handle sich um eine zu unklare und damit dem Zweck der Bestimmung widerstreitende Einschränkung[6]. – Für den Begriff des **rechtlichen Vorteils** gilt dasselbe wie zu § 107, s. Rdnr. 353ff., 396.

913 Eine besondere Entwicklung ist im Recht der **GmbH** zu beobachten. Bei Geschäften, die der einzige Gesellschafter der GmbH (sog. Einmann-GmbH) einerseits im Namen der GmbH, andererseits mit sich selbst abschloss, nahm der BGH[7] früher ebenfalls eine Ausnahme von § 181 an, weil das Interesse des Alleingesellschafters mit dem der GmbH wirtschaftlich identisch sei. Diese Rechtsprechung war proble-

---

[4] BGH NJW 1991, 1730 (jedoch gelten auch hier die Regeln über die Unschädlichkeit einer falsa demonstratio, dazu s. Rdnr. 537). S. auch § 35 Abs. 4 Satz 2 GmbHG.

[5] BGHZ 59, 236 = NJW 1972, 2262; BGHZ 94, 232 = NJW 1985, 2407.

[6] Abl. z.B. Jauernig § 181 Rdnr. 7, auch mit dem Argument, es würde sonst die Möglichkeit zu aufgedrängten Schenkungen geschaffen.

[7] BGHZ 56, 97 = NJW 1971, 1355.

matisch, weil durch solche Geschäfte auch die Interessen von Gläubigern der GmbH erheblich betroffen sein können. Der Gesetzgeber[8] hat daher ausdrücklich vorgeschrieben, dass auf Geschäfte, die der einzige Gesellschafter einer GmbH als deren alleiniger Geschäftsführer in Vertretung der GmbH mit sich selbst vornimmt, **§ 181 anwendbar** ist, § 35 Abs. 4 Satz 1 GmbHG. Der **Gesellschaftsvertrag** der GmbH (in der Praxis meist als Satzung bezeichnet) kann dem Geschäftsführer und Alleingesellschafter jedoch die Vornahme **von Insichgeschäften gestatten**[9]; dies muss, um wirksam zu sein, als Regelung der Vertretungsbefugnis des Geschäftsführers (§ 10 Abs. 1 Satz 2 GmbHG) im Handelsregister eingetragen werden[10].

V. Ausdehnende Anwendung des § 181 bei Unterbevollmächtigten

Zweifelhaft ist, ob das Verbot des Selbstkontrahierens auch bei der Einschaltung eines **Unterbevollmächtigten** gilt, z. B. wenn der von A bevollmächtigte Vertreter einem anderen Untervollmacht erteilt und dann in eigenem Namen mit dem Unterbevollmächtigten, der im Namen des A handelt, einen Vertrag abschließt. Eine andere Variante ist, dass der von A Bevollmächtigte für sich selbst einen Stellvertreter bestellt und dann im Namen des A mit diesem Stellvertreter seiner selbst einen Vertrag abschließt. In beiden Fällen ist § 181 dem Wortlaut nach nicht erfüllt. Da aber ein vom Vertreter eingeschalteter Untervertreter bzw. eigener Vertreter regelmäßig den Weisungen des Vertreters untersteht, liegt hier die **Gefahr einer Interessenkollision** genauso nahe wie in den vom Wortlaut des § 181 erfassten Fällen. Das RG[11] lehnte es gleichwohl ab, hier § 181 anzuwenden und berief sich darauf, § 181 erfasse nur eine bestimmte Art des Zustandekommens des Rechtsgeschäfts, stelle dagegen nicht auf das Vorhandensein widerstreitender Interessen ab; der Tatbestand des § 181 sei hier eben nicht erfüllt. Wenn man aber auf der einen Seite mit der heutigen Rechtsprechung unter bestimmten Voraussetzungen eine teleologische Reduktion des § 181 für möglich hält (s. Rdnr. 912), so liegt es auch nahe, auf der anderen Seite eine ausdehnende Anwendung bzw. Analogie zu befürworten, wenn die Interessenlage dafür spricht[12]. Der BGH hat denn auch gegen die Ansicht des RG, § 181 gelte bei Einschaltung eines Unterbevollmächtigten nicht, zunächst erhebliche Bedenken geäußert[13] und in einer späteren Entscheidung[14] ausdrücklich erklärt, dass die Ein-

---

[8] Vgl. die Begr. in Bundestagsdrucks. 8/3908, S. 74.
[9] BGH NJW 2000, 664, 665. Ein einfacher Beschluss des Alleingesellschafters und Geschäftsführers, sich selbst das Selbstkontrahieren zu gestatten, genügt dagegen nicht, da auf die Gestattung wiederum § 181 anwendbar wäre, BGHZ 33, 189 = NJW 1960, 2285.
[10] BGHZ 87, 59 = NJW 1983, 1676. Schwebend unwirksame Rechtsgeschäfte des Alleingesellschafters und Geschäftsführers können auf diese Weise nachträglich genehmigt werden, BFH NJW 1997, 1031.
[11] RGZ 108, 405; s. auch RGZ 157, 24, 31f. (bei Missbrauch aber § 138 oder § 826).
[12] Dafür MünchKomm/Schramm § 181 Rdnr. 24ff.; Jauernig § 181 Rdnr. 8; Larenz/Wolf § 46 Rdnr. 140.
[13] BGHZ 64, 72, 76 = NJW 1975, 1117, 1119.
[14] BGH NJW 1991, 691, 692.

schaltung von Unterbevollmächtigten an der Anwendbarkeit des § 181 nichts ändere, da die Gefahr, die kollidierenden Interessen eigennützig zu bewerten, auf diese Weise nicht beseitigt werde.

915 Ähnliche Probleme entstehen, wenn einer von zwei Gesellschaftern einer OHG, die nur gemeinsam zur Vertretung der OHG berechtigt sind (**Gesamtvertreter**), den anderen ermächtigt, die OHG allein zu vertreten, und dann mit diesem im eigenen Namen ein Geschäft abschließt. Der BGH[15] hält dies für wirksam, weil eine Ermächtigung eines der Gesamtvertreter zur Einzelvertretung in § 125 Abs. 2 Satz 2 HGB vorgesehen sei. Es handelt sich nach Ansicht des BGH nicht um eine Übertragung der Vertretungsmacht, und der Ermächtigte ist – anders als ein Untervertreter – auch nicht von Weisungen des Ermächtigenden abhängig.

Lösung zu Fall 36:

916 a) Moritz Fern müsste den Kaufvertrag (§ 433) und das Übereignungsgeschäft (§ 929) auf der einen Seite als Vertreter des Max Fern, auf der anderen Seite im eigenen Namen vornehmen. Es läge also ein Selbstkontrahieren vor, das nach § 181 nicht zulässig ist. Als Ausnahme käme hier nur eine Gestattung durch Max Fern in Frage. Eine ausdrückliche Gestattung liegt nicht vor, und auch für eine stillschweigende Gestattung gibt der Sachverhalt zu wenig her. Die Frage ist also zu verneinen.

917 b) Hier würde es sich um eine Schenkung handeln, bei der Moritz Fern auf der einen Seite als Schenker im eigenen Namen, auf der anderen Seite als Stellvertreter des Beschenkten auftritt. Vom Wortlaut her würde auch hier das Verbot des Selbstkontrahierens in § 181 entgegenstehen. Da es sich aber um ein für den Vertretenen lediglich rechtlich vorteilhaftes Geschäft handelt, ist die Gefahr einer Interessenkollision von vornherein nicht gegeben. § 181 ist daher im Wege der teleologischen Reduktion auf diesen Fall nicht anzuwenden. Moritz Fern kann die Schenkung und auch die Übereignung des Grundstücks an Max Fern somit aufgrund der notariellen Vollmacht vornehmen.

---

[15] BGHZ 64, 72 = NJW 1964, 1117. Zust. MünchKomm/Schramm § 181 Rdnr. 22 mwN; str.

§ 18 Das Insichgeschäft

Kontrollfragen und Fälle zu § 18

1) Welche Fälle umfasst der Begriff des Insichgeschäftes?

2) Gilt das Verbot des Insichgeschäfts ausnahmslos?

3) S schließt als bevollmächtigter Stellvertreter der Fuhrpark AG einen Werkvertrag mit sich selbst ab, ohne dass ihm dies seitens der AG gestattet worden wäre. Welche Rechtsfolgen treten ein?

4) A ist Generalbevollmächtigter der Blech AG und zugleich einer der (allein vertretungsberechtigten) Geschäftsführer der Stein GmbH. Zwischen der Blech AG und der Stein GmbH besteht seit längerem ein wirksamer Mietvertrag über eine der Stein GmbH gehörende Werkhalle.
a) Kann A für die Blech AG die laufenden Mietzahlungen an die Stein GmbH vornehmen?
b) Kann A den Mietvertrag im Namen der Blech AG kündigen?

5) Die Hotelinhaberin Valeria Grand muss sich einer komplizierten Operation unterziehen und daher einen langen Klinikaufenthalt antreten. Sie erteilt ihrer Tochter Monika Grand eine notariell beurkundete Generalvollmacht, damit diese sich um alle mit dem Hotel zusammenhängenden Angelegenheiten kümmern kann. Monika Grand nimmt bei Selbstmann, der über die Zusammenhänge Bescheid weiß, für private Anschaffungen einen Kredit in Höhe von 30 000 € auf und schließt zur Sicherung mit Selbstmann im Namen ihrer Mutter einen schriftlichen Vertrag, wonach Valeria Grand die selbstschuldnerische Bürgschaft übernimmt. Kann Selbstmann bei Fälligkeit des Darlehens Zahlung von Valeria Grand verlangen?

327

Lösungen

918 1) Das Insichgeschäft umfasst das Selbstkontrahieren und die Mehrvertretung. Beim Selbstkontrahieren nimmt jemand als Vertreter eines anderen mit sich selbst ein Rechtsgeschäft vor, bei Mehrvertretung vertritt jemand sowohl den einen als auch den anderen an einem Rechtsgeschäft Beteiligten. Beide Fälle werden von § 181 erfasst.

919 2) Nein; schon nach dem Wortlaut des § 181 gilt das Verbot nicht, wenn der Abschluss eines Insichgeschäfts dem Vertreter gestattet ist oder das Rechtsgeschäft ausschließlich in der Erfüllung einer Verbindlichkeit besteht. Darüber hinaus nimmt die h.M. im Hinblick auf den Schutzzweck des § 181 solche Verträge aus, die für den Vertretenen lediglich rechtlich vorteilhaft sind (s. Rdnr. 912).

920 3) Hier liegt ein Fall unzulässigen Selbstkontrahierens nach § 181 vor. Entsprechend § 177 hängt die Wirksamkeit des Vertrages davon ab, ob er von der Fuhrpark AG genehmigt wird. Zunächst ist der Vertrag also schwebend unwirksam.

921 4) a) Bei der Zahlung liegt Mehrvertretung vor, da A sowohl als Vertreter der Blech AG als auch der Stein GmbH auftritt. Es handelt sich jedoch um die Erfüllung einer bestehenden Verbindlichkeit. Daher kann A nach § 181 das Geschäft wirksam vornehmen.

922 b) Bei der Kündigung, die eine einseitige, empfangsbedürftige Willenserklärung darstellt, ist A auf der einen Seite als Vertreter des Erklärenden (der Blech AG), auf der anderen Seite als Vertreter des Erklärungsempfängers (der Stein GmbH) beteiligt. Auch solche Fälle werden vom Verbot des § 181 erfaßt[1]. Die Kündigung kann daher nicht wirksam von A vorgenommen werden.

923 5) Der Bürgschaftsvertrag ist ein Vertrag zwischen dem Gläubiger und dem Bürgen, § 765 Abs. 1. Hier hat Monika Grand den Bürgschaftsvertrag als Stellvertreterin ihrer Mutter (Bürgin) mit Selbstmann (Gläubiger) abgeschlossen. Monika Grand ist daher nur als Stellvertreterin der Bürgin beteiligt. Ein Fall des § 181 liegt nicht vor[2]. Da aber das Geschäft eindeutig außerhalb des Vollmachtszwecks lag und der Vertragspartner Selbstmann darüber Bescheid wusste, greifen die Grundsätze über den Missbrauch der Vertretungsmacht (näher s. Rdnr. 830) ein. Danach ist das Rechtsgeschäft, wenn es von Valeria Grand nicht genehmigt wird, unwirksam; Valeria Grand ist nicht zur Zahlung an Selbstmann verpflichtet.

---

[1] BGH NJW-RR 1991, 1441; MünchKomm-Schramm § 181 Rdnr. 13.
[2] Jauernig § 181 Rdnr. 8; Larenz/Wolf § 46 Rdnr. 141.

§ 19 Verfügungen eines Nichtberechtigten

Fall 37: Klepp ist von Eigen beauftragt worden, dessen Mobiliar an seinen neuen Wohnsitz zu befördern. Klepp entnimmt aus einer Kommodenschublade eine Perlenkette, die er für 3 000 € an Glänzer veräußert. Glänzer erkennt zwar aus den Begleitumständen, dass die Kette nicht dem Klepp gehört, lässt sich aber dadurch nicht vom Kauf abhalten.
  a) Kann Eigen von Glänzer die Perlenkette herausverlangen?
  b) Kann er stattdessen von Klepp die 3 000 € verlangen (wenn es sich dabei z.B. um einen sehr günstigen Preis handelt)?

I. Begriffsmerkmale der Verfügung eines Nichtberechtigten

1. Verfügung

§ 185 bezieht sich nur auf **Verfügungsgeschäfte**. Dies sind Rechtsgeschäfte, durch die die **Rechtslage an einem Gegenstand unmittelbar geändert** wird, sei es durch Übertragung, inhaltliche Änderung, Belastung oder Aufhebung eines Rechts. Verfügender ist dabei derjenige, auf dessen Recht eingewirkt wird. Verfügungen sind also die Übereignung beweglicher und unbeweglicher Sachen, die Abtretung von Forderungen, aber auch der Erlass oder die Herabsetzung eines Anspruchs, die Verpfändung einer beweglichen Sache oder die Begründung von Grundschulden oder Hypotheken (Belastung des Grundstücks). Näher zur Unterscheidung von Verfügungs- und Verpflichtungsgeschäft s. Rdnr. 220 ff. **Verpflichtungsgeschäfte** (insbesondere schuldrechtliche Verträge) werden von § 185 nicht erfasst. Zur Frage einer Verpflichtungsermächtigung s. Rdnr. 938.

2. Nichtberechtigter

Entscheidend ist die **Berechtigung zur getroffenen Verfügung**. Die Berechtigung steht im allgemeinen dem Inhaber desjenigen Rechts zu, über das verfügt wird, also z.B. dem Eigentümer einer veräußerten Sache, während der Nichteigentümer ein zur Verfügung Nichtberechtigter ist. Die **Rechtsinhaberschaft** und die **Verfügungsbefugnis** können aber auch **auseinanderfallen**. So steht nach Eröffnung eines Insolvenzverfahrens die Verfügungsbefugnis über die zur Insolvenzmasse gehörenden Gegenstände dem Insolvenzverwalter, nicht mehr dem Insolvenzschuldner zu (§ 80 Abs. 1 InsO). Der Insolvenzschuldner bleibt aber Rechtsträger, z.B. Eigentümer. Sollte er jetzt noch über einen Gegenstand verfügen, der zur Insolvenzmasse gehört, so handelt es sich um die Verfügung eines Nichtberechtigten im Sinne des § 185.

3. Rechtsgeschäft im eigenen Namen

Bei den Verfügungen eines Nichtberechtigten handelt der **Verfügende** stets **im eigenen Namen**. Darin liegt der wichtige Unterschied zur (unmittelbaren) Stellvertretung (§ 164 Abs. 1 Satz 1). Die Verbindung zu einem Dritten (dem Verfügungsberechtigten) wird im Fall des § 185 nicht durch das Auftreten des Handelnden für den anderen, sondern durch den objektiven Bezug auf einen fremden Gegenstand hergestellt.

II. Wirksamkeitsvoraussetzungen

1. Anfängliche Wirksamkeit

a) Bei Einwilligung des Berechtigten

927 Die Verfügung eines Nichtberechtigten ist nach § 185 Abs. 1 wirksam, wenn der Berechtigte seine **Einwilligung** dazu, also seine **vorherige Zustimmung** (Legaldefinition in § 183 Satz 1) erteilt hat. Ein wichtiger Anwendungsfall findet sich beim Eigentumsvorbehalt an Waren, die zur Veräußerung im Geschäft des Vorbehaltskäufers bestimmt sind. Hier erteilt der Vorbehaltsverkäufer dem Vorbehaltskäufer häufig eine (ausdrückliche oder zumindest stillschweigende) Einwilligung zur Weiterveräußerung nach § 185 Abs. 1, da aus der Weiterveräußerung die Mittel stammen sollen, mit denen der Vorbehaltskäufer schließlich an den Vorbehaltsverkäufer bezahlt. Die Einwilligung bezieht sich in der Regel nur auf eine Veräußerung im Rahmen des ordnungsgemäßen Geschäftsbetriebs, also z.B. nicht auf eine Sicherungsübereignung des Vorbehaltskäufers an einen Kreditgeber. Häufig wird zusammen mit dem Eigentumsvorbehalt eine Vorausabtretung der Forderungen aus dem Weiterverkauf an den Vorbehaltsverkäufer vereinbart (**verlängerter Eigentumsvorbehalt**); darin kann stillschweigend zugleich die erwähnte Einwilligung nach § 185 Abs. 1 zur Weiterveräußerung der unter Eigentumsvorbehalt stehenden Sachen liegen.

b) Bei gutgläubigem Erwerb

928 Auch ohne Einwilligung des Berechtigten können Verfügungen eines Nichtberechtigten wirksam sein, wenn das Gesetz den guten Glauben des Erwerbers an die Berechtigung des Verfügenden schützt. Die Einzelvoraussetzungen finden sich in den Gutglaubensregeln, also beim Erwerb des Eigentums an beweglichen Sachen in § 932, bei unbeweglichen Sachen in § 892. Bei einer Verfügung über Forderungen durch einen Nichtberechtigten ist im allgemeinen kein gutgläubiger Erwerb möglich.

2. Späteres Wirksamwerden der Verfügung

929 § 185 Abs. 2 Satz 1 nennt drei Fälle, in denen die vom Nichtberechtigten getroffene Verfügung **nachträglich Wirksamkeit** erlangt.

a) Genehmigung des Berechtigten

930 Liegt weder eine Einwilligung des Berechtigten vor noch ein Fall des gutgläubigen Erwerbs, so tritt zunächst ein **Schwebezustand** ein[1]. Die Verfügung des Nichtbe-

---

[1] Dies gilt bei vertraglichen Verfügungen. Bei einseitigen Verfügungsgeschäften muss dage-

rechtigten ist unwirksam, kann aber noch durch eine **Genehmigung** (nachträgliche Zustimmung, Legaldefinition in § 184 Abs. 1) des Berechtigten wirksam werden. Geschieht dies, so wirkt die Genehmigung **auf den Zeitpunkt der Verfügung zurück**, § 184 Abs. 1. Voraussetzung dafür ist, dass der Genehmigende zum Zeitpunkt der Genehmigung noch die Verfügungsmacht besitzt[2]. Bei Verfügungen durch einseitige Erklärung ist allerdings im Hinblick auf das Rechtssicherheitsinteresse analog § 180 keine Genehmigung möglich[3].

Geschah die Verfügung des Nichtberechtigten entgeltlich, so kann sich der Berechtigte durch Genehmigung der Verfügung einen **Anspruch auf den Erlös** verschaffen, den der Nichtberechtigte erlangt hat. Dieser Anspruch ergibt sich aus § 816 Abs. 1 Satz 1. Der Erlös ist nach h.M.[4] auch insoweit herauszugeben, als er den objektiven Wert der Sache übersteigt, da der unberechtigt Verfügende auch diesen Mehrwert nur durch den Eingriff in das ihm nicht zustehende Recht erzielen konnte.

b) Erwerb des Gegenstandes durch den Verfügenden

Nach § 185 Abs. 2 Satz 1, zweiter Fall wird die Verfügung eines Nichtberechtigten **wirksam**, wenn er (nach der Verfügung) den **Gegenstand erwirbt**. Anders als bei der Genehmigung durch den Berechtigten (s. Rdnr. 930) tritt hier **keine Rückwirkung** ein. Ein Beispiel hierfür ist, dass der Verfügende zunächst nur unter aufschiebender Bedingung berechtigt war, während danach die aufschiebende Bedingung seines eigenen Erwerbs eintritt. So wird die Veräußerung durch einen Vorbehaltseigentümer wirksam, wenn ihm zwar keine Einwilligung zur Weiterveräußerung erteilt war, er aber nachträglich durch Zahlung des Restkaufpreises seinen eigenen Erwerb herbeiführt. Dadurch wird aber die Weiterveräußerung erst vom Eintritt des eigenen Erwerbs an wirksam. Wiederum eine andere Situation ist es, wenn in einem solchen Fall nicht über das Eigentum, sondern über das Anwartschaftsrecht verfügt wird. Hier tritt der Eigentumserwerb bei Zahlung des Restkaufpreises unmittelbar beim Erwerber des Anwartschaftsrechts ein, näher s. Rdnr. 965 und Fall 38.

c) Beerbung des Verfügenden durch den Berechtigten

Der in § 185 Abs. 2 Satz 1 an dritter Stelle geregelte Fall wird oft bei flüchtigem Lesen missverstanden. Es geht nicht um den erbrechtlichen Erwerb des Gegenstandes, über den verfügt wurde; dieser Fall ist bereits durch § 185 Abs. 2 Satz 1, zweiter Fall (s. Rdnr. 932) erfasst. Vielmehr ist gemeint, dass der Berechtigte **denjenigen beerbt, der zu Unrecht verfügt hat**, und für dessen Verbindlichkeiten uneingeschränkt einstehen muss. Wenn er also ohnehin die Verpflichtung des Erblassers zur

---

gen (analog § 180 Satz 1) bei Vornahme des Rechtsgeschäfts die Einwilligung des Berechtigten vorliegen (MünchKomm/Schramm § 185 Rdnr. 20), so z.B. bei einer Ermächtigung zur Kündigung eines fremden Mietverhältnisses im eigenen Namen (zur Zulässigkeit der Ermächtigung BGH NJW 1998, 896 = JuS 1998, 556 [mit Anm. Emmerich]).

[2] BGHZ 107, 340 = NJW 1989, 2049.
[3] S. Fn. 1.
[4] BGHZ 29, 157 = NJW 1959, 668; MünchKomm/Lieb § 816 Rdnr. 27 ff.

Verfügung erfüllen müsste, dann zieht es das Gesetz vor, die Verfügung gleich wirksam werden zu lassen.

934 Die zu b) und c) erwähnten Fälle werden auch als **Konvaleszenz** (Heilung) bezeichnet. Sollten mehrere Verfügungen miteinander konkurrieren, so wird in diesen Fällen nur die frühere Verfügung wirksam, § 185 Abs. 2 Satz 2.

III. Einziehungsermächtigung und Prozessführungsermächtigung

935 Bei der **Einziehungsermächtigung** verschafft der Gläubiger einer Forderung einem anderen das Recht, diese **Forderung im eigenen Namen einzuziehen**. Die Einziehungsermächtigung ist streng von einer **Inkassozession** zu unterscheiden. Darunter versteht man eine **Abtretung** der Forderung an einen neuen Gläubiger (§ 398), verbunden mit der Vereinbarung, dass die Abtretung zum Zweck der Einziehung erfolgt. Auch von der Erteilung einer Vollmacht ist die Einziehungsermächtigung klar abzugrenzen. Während die Vollmacht zu einer Geltendmachung der Forderung im fremden Namen berechtigt, kann bei der Einziehungsermächtigung der Ermächtigte im eigenen Namen handeln.

936 Die Zulässigkeit der Einziehungsermächtigung wird von der h.M. aus § 185 Abs. 1 in zumindest entsprechender Anwendung hergeleitet. An sich ist dies nicht ganz unproblematisch, da mit der Erteilung einer Vollmacht oder mit einer Inkassozession ohnehin brauchbare Instrumente zur Einschaltung eines Dritten vorliegen, während die Einziehungsermächtigung in funktionalem Sinne zu einer Art von Verdoppelung der Gläubigerstellung führt. In der Praxis ist die Einziehungsermächtigung jedoch anerkannt. Sie tritt wiederum beim Vorbehaltskauf in Erscheinung. Hier wird mit der **Vorausabtretung** der Forderungen aus Weiterveräußerung der unter Vorbehaltseigentum stehenden Sachen an den Vorbehaltsverkäufer oft die **Ermächtigung des Vorbehaltskäufers** verbunden, gleichwohl diese **Forderungen noch einziehen zu können**, so lange er seinen Verpflichtungen gegenüber dem Vorbehaltsverkäufer nachkommt[5]. Auf diese Weise wird die Vorausabtretung gleichsam unter der Decke gehalten. Erst wenn etwa der Vorbehaltskäufer in Zahlungsschwierigkeiten kommt, steht ihm das Recht zur Einziehung der voraus abgetretenen Forderungen gegen seine Kunden nicht mehr zu. In diesem Fall kann der Vorbehaltsverkäufer die Forderungen geltend machen.

937 Die prozessuale Parallele zur Einziehungsermächtigung liegt in einer **Prozessführungsermächtigung,** die zu einer sog. gewillkürten Prozessstandschaft führt. Der Ermächtigte kann dann eine **Klage im eigenen Namen** gegen den Schuldner erheben, obwohl ihm selbst die Forderung nicht zusteht. Die h.M.[6] lässt eine solche Prozess-

---

[5] Vgl. BGHZ 32, 357, 360f. = NJW 1960, 1712. Allg. zur Einziehungsermächtigung BGHZ 4, 153, 164f. = NJW 1952, 337, 340. Grundsätzlich ablehnend weiterhin Medicus Rdnr. 1008f., aber doch für Zulässigkeit im (wichtigsten) Fall des verlängerten Eigentumsvorbehalts.

[6] BGHZ 100, 217, 218 = NJW 1987, 2018; BGH NJW 1990, 1117; Jauernig, Zivilprozessrecht, 27. Aufl. (2002), § 22 IV.

führungsermächtigung nur zu, wenn ein eigenes schutzwürdiges Interesse des Ermächtigten an der Geltendmachung der Forderung besteht.

IV. Unzulässigkeit einer Verpflichtungsermächtigung

Eine Verpflichtungsermächtigung würde bedeuten, dass der ermächtigte Dritte durch Rechtsgeschäft im eigenen Namen den Ermächtigenden verpflichten könnte. Dem steht aber regelmäßig das Interesse des Partners des Rechtsgeschäfts entgegen, die Person des Verpflichteten zu kennen. Daher lehnt die h.M. eine solche Verpflichtungsermächtigung mit Recht ab. Wer beim Abschluss eines Verpflichtungsgeschäfts die Verpflichtungen nicht auf sich, sondern auf einen anderen lenken will, muss als dessen Stellvertreter, also im fremden Namen auftreten, damit auch der Vertragspartner Bescheid weiß[7].

Lösung zu Fall 37:

a) Der Herausgabeanspruch könnte sich aus § 985 ergeben. Glänzer erkannte das Nichteigentum des Klepp und erwarb daher das Eigentum nicht gutgläubig nach § 932 Abs. 1 und Abs. 2. Damit ist Eigen Eigentümer geblieben, und der Herausgabeanspruch ist begründet.

b) Die Verfügung, die Klepp getroffen hat, ist eine Verfügung eines Nichtberechtigten im Sinne des § 185. Nach § 185 Abs. 2 Satz 1, erster Fall wird die Verfügung wirksam, wenn Eigen sie genehmigt. Zugleich erlangt Eigen dann den Anspruch aus § 816 Abs. 1 Satz 1 gegen Klepp auf Herausgabe des Erlöses. Dabei spielt es keine Rolle, ob der Erlös höher ist als der objektive Wert der veräußerten Sache (s. Rdnr. 931).

---

[7] Nur in sehr begrenztem Umfang wird das Offenheitsprinzip der Stellvertretung durch die Regeln über das Geschäft für den, den es angeht, aufgelockert (s. dazu Rdnr. 788f.).

§ 19 Verfügungen eines Nichtberechtigten

Kontrollfragen und Fälle zu § 19

1) Leicht hält sich für den Eigentümer eines Bootes und hat dieses für zwei Wochen an Lee vermietet. Kann der Eigentümer des Bootes den Mietvertrag genehmigen und dadurch erreichen, dass die vertraglichen Beziehungen zwischen ihm und Lee bestehen?

2) In welchen Fällen ist eine vom Nichtberechtigten getroffene Verfügung von Anfang an wirksam?

3) Kann der Gläubiger einer Forderung einen anderen ermächtigen,
a) die Forderung im eigenen Namen einzuziehen?
b) die Forderung im eigenen Namen gerichtlich geltend zu machen?

4)* Der Firma Fuchs wurde durch einen Unbekannten Leder im Werte von 80 000 € gestohlen. Glanz kaufte dieses Leder für 70 000 €, ohne etwas von dem Diebstahl zu wissen oder auch nur Anhaltspunkte dafür zu haben, und veräußerte es für 90 000 € an verschiedene Handwerksbetriebe, die das Material mittlerweile zu aufwendigen Mänteln und Taschen verarbeitet und diese größtenteils weiterverkauft haben. Kann Fuchs von Glanz Zahlung von 90 000 € verlangen?

Lösungen

941 1) Nach § 185 Abs. 2 Satz 1, erster Fall werden Verfügungen, die ein Nichtberechtigter getroffen hat, durch Genehmigung des Berechtigten wirksam. Eine Verfügung ist ein Rechtsgeschäft, das unmittelbar auf die Rechtslage an einem Gegenstand einwirkt, sei es durch Übertragung, inhaltliche Änderung, Belastung oder Aufhebung eines Rechts. Der Mietvertrag zwischen Leicht und Lee hat keine derartige Wirkung; er stellt ein Verpflichtungs-, kein Verfügungsgeschäft dar. Eine Genehmigung nach § 185 Abs. 2 Satz 1 ist daher nicht möglich. Ebenso wenig kann der Mietvertrag vom Eigentümer nach § 177 Abs. 1 genehmigt werden, da Leicht den Vertrag im eigenen Namen, nicht als Stellvertreter des Eigentümers abgeschlossen hat. Möglich ist im Rahmen der schuldrechtlichen Vertragsfreiheit eine Vertragsübernahme, wozu aber die Zustimmung von Leicht und von Lee erforderlich ist. Der Eigentümer kann außerdem einen neuen Mietvertrag mit Lee abschließen, wenn dieser einverstanden ist.

942 2) Eine von einem Nichtberechtigten getroffene Verfügung ist von Anfang an wirksam, wenn sie mit Einwilligung des Berechtigten erfolgt, § 185 Abs. 1. Sie ist ferner wirksam, wenn die Voraussetzungen eines gutgläubigen Erwerbs vorliegen, z. B. nach § 932 oder § 892.

943 3) a) Eine solche Einziehungsermächtigung ist in analoger Anwendung des § 185 Abs. 1 zulässig.

944 b) Eine Prozessführungsermächtigung, die zu einer sog. gewillkürten Prozessstandschaft führt, lässt die h. M. nur eingeschränkt zu. Voraussetzung ist, dass der Ermächtigte ein eigenes schutzwürdiges Interesse an der gerichtlichen Geltendmachung der Forderung hat.

945 4) Der Zahlungsanspruch der Firma Fuchs gegen Glanz könnte als Anspruch auf Herausgabe des Erlöses nach § 816 Abs. 1 Satz 1 begründet sein. Voraussetzung ist, dass Glanz als Nichtberechtigter über das Leder verfügt hat und diese Verfügung der Firma Fuchs gegenüber wirksam ist. Da das Leder gestohlen war, konnte Glanz trotz seines guten Glaubens das Eigentum nicht erwerben, § 935 Abs. 1. Bei der Weiterübereignung an die Handwerksbetriebe verfügte Glanz daher als Nichtberechtigter. Auch diese Übereignungen waren aber zunächst wegen § 935 Abs. 1 unwirksam. Verfügungen eines Nichtberechtigten werden nach § 185 Abs. 2 Satz 1 wirksam, wenn sie der Berechtigte genehmigt. Es ist anerkannt, dass auf diese Weise der Berechtigte den Anspruch auf den Erlös zur Entstehung bringen kann. Die Besonderheit des Falles liegt darin, dass mittlerweile die Handwerksbetriebe das Eigentum an den neu entstandenen Sachen, den Mänteln und Taschen, erlangt haben, § 950 Abs. 1. Nach dem Sachverhalt kann davon ausgegangen werden, dass der Wert der Verarbeitung nicht erheblich geringer als der Wert des Leders war. Das Eigentum der Firma Fuchs ging im selben Moment unter. Wollte man aber aus diesem Grunde die Genehmigungsmöglichkeit und damit die Entstehung des Anspruchs auf den Erlös verneinen, so stünde Fuchs schlechter, als wenn die Verfügungen durch Glanz von Anfang an wirksam gewesen wären. Dem Zweck des § 816 Abs. 1 Satz 1, der dem Schutz des Eigentümers dient und ihm an Stelle des Herausgabeanspruchs den Anspruch auf den Erlös einräumt, entspricht es vielmehr, auch in dieser Situation die Genehmigungsmöglichkeit zu bejahen[1].

946 Glanz hat bei der Weiterveräußerung 90 000 € und damit mehr als den Wert des Leders erzielt. Die Möglichkeit dazu hatte er aber nur, indem er unberechtigt, d. h. unter objektiver Verletzung des Eigentums der Firma Fuchs, verfügte. Nach h. M. hat er daher den vollen Erlös herauszugeben.

---

[1] BGHZ 56, 131 = NJW 1971, 1452.

§ 20 Bedingte und befristete Rechtsgeschäfte

Fall 38: Die Waldgutbesitzerin Eich verkauft an den Fertighausfabrikanten Hohl unter Eigentumsvorbehalt einen größeren Posten Stämme zum Preis von 150 000 €. Bei Lieferung sollen 50 000 € bezahlt werden, der Rest sodann innerhalb von drei Monaten. Das Holz wird geliefert, und Hohl bezahlt 50 000 € an Eich. Kurz darauf nimmt Hohl das Angebot des Möbelherstellers Zimmerlin an, ihm die noch vorhandenen Stämme für 100 000 € abzukaufen. Im Vertrag zwischen Hohl und Zimmerlin vom 15. März wird auf den Eigentumsvorbehalt der Eich hingewiesen und vereinbart, Hohl übertrage mit Vertragsschluss alle Rechte, die ihm an den Stämmen zustehen, auf Zimmerlin; die Stämme sollten von Hohl bis zur Abholung nach Zahlung verwahrt werden. Den Kaufpreis habe Zimmerlin direkt an Eich zu überweisen, mit dem Zusatz, die Zahlung erfolge für Hohl. Am 1. April übergibt Zimmerlin seiner Bank den entsprechenden Überweisungsauftrag in Höhe von 100 000 € an Eich. Auf deren Konto wird dieser Betrag am 5. April gutgeschrieben. Am 4. April wurden die Stämme vom Gerichtsvollzieher im Auftrag des Spitz, eines Gläubigers von Hohl, gepfändet.
Kann Zimmerlin von Spitz die Freigabe des Holzes (den Verzicht auf die aus der Pfändung erlangte Rechtsstellung) verlangen?

I. Begriff der Bedingung

Oft lässt sich beim Abschluss eines Rechtsgeschäfts die künftige Entwicklung des Sachverhalts nicht voll übersehen. Bedingungen eröffnen die Möglichkeit, die Rechtsfolgen an späteren Ereignissen auszurichten. Der Begriff der Bedingung, den das BGB in den §§ 158ff. zugrunde legt, ist enger als nach dem allgemeinen Sprachgebrauch. Bedingungen gibt es nur bei Rechtsgeschäften, vor allem bei schuldrechtlichen und sachenrechtlichen Verträgen. Die Bedingung ist zu definieren als **Nebenbestimmung eines Rechtsgeschäfts**, durch die die **Wirkungen** des Rechtsgeschäfts **von einem zukünftigen ungewissen Ereignis abhängig** gemacht werden.

Es gibt auch Fälle, in denen sich die Ungewissheit auf vergangene oder gegenwärtige Umstände bezieht, da etwa die Vertragsparteien nicht genau wissen, ob eine bestimmte Situation bereits eingetreten ist. Auf solche sog. **Gegenwartsbedingungen** können die §§ 158ff. analog angewandt werden, da das Gesetz insoweit eine Lücke enthält und die Interessenlage durchaus vergleichbar ist.

Missverständlich, aber immer noch gebräuchlich ist der Begriff der **Rechtsbedingung**. Man versteht darunter Fälle, in denen im Rechtsgeschäft eine Voraussetzung wiederholt wird, die ohnehin kraft der gesetzlichen Regeln gilt. Es handelt sich dann gerade nicht um eine Bedingung im Sinne der §§ 158ff. Schreibt z.B. jemand in sein Testament, der Ehegatte solle ihn beerben, falls er ihn überlebe, so ist dies eine solche Rechtsbedingung; denn wenn der andere Ehegatte vorverstirbt, scheidet ein Erbrecht schon wegen § 1923 Abs. 1 aus. Ebenso handelt es sich um eine Rechtsbedingung (und keine rechtsgeschäftliche Bedingung), wenn ein Minderjähriger einen Kaufvertrag unter der Bedingung abschließt, dass seine Eltern den Vertrag genehmigen – die Genehmigung ist nach §§ 107, 108 schon kraft Gesetzes erforderlich.

Die **allgemeinen Geschäftsbedingungen** im Sinne des § 305 stellen ebenfalls keine Bedingungen nach § 158ff. dar. Es handelt sich hier vielmehr um vorformulierte Bestandteile des Rechtsgeschäfts, die ihrerseits einen ganz unterschiedlichen Inhalt haben können. Der Unterschied ist hier auch sprachlich erkennbar; ein Rechtsgeschäft wird *zu* den in AGB enthaltenen Bedingungen abgeschlossen, nicht *unter* einer Bedingung.

II. Arten und Wirkungen der Bedingung

1. Die aufschiebende Bedingung (Suspensivbedingung)

951 Mit einer **aufschiebenden Bedingung** werden die **Wirkungen** eines Rechtsgeschäfts **hinausgeschoben, bis das bedingende Ereignis eintritt**, § 158 Abs. 1. Zwar ist das Rechtsgeschäft bereits zustande gekommen, aber hinsichtlich der mit einer Bedingung verknüpften Rechtsfolge tritt zunächst ein **Schwebezustand** ein. Das praktisch wichtigste Beispiel ist der Verkauf einer beweglichen Sache unter Eigentumsvorbehalt. Darin liegt die Übereignung (im Regelfall nach § 929 Satz 1) unter der aufschiebenden Bedingung der vollständigen Zahlung des Kaufpreises, s. die Auslegungsregel in § 449 Abs. 1. Bedingt ist also das dingliche Erfüllungsgeschäft des Verkäufers, während der Kaufvertrag nicht unter einer Bedingung steht. Eine erbrechtliche Zuwendung kann z.B. mit der aufschiebenden Bedingung verknüpft werden, dass der Bedachte eine bestimmte berufliche Ausbildung erfolgreich abschließt.

952 Wenn streitig ist, ob ein Vertrag unbedingt oder unter einer aufschiebenden Bedingung geschlossen wurde, trägt diejenige Partei die **Beweislast**, die aus dem **unbedingten Vertrag** Rechte, insbesondere Ansprüche, herleitet[1]. Liegt ein aufschiebend bedingter Vertrag vor, so hat den **Eintritt der Bedingung** zu beweisen, wer sich auf das Wirksamwerden der bedingten Rechtsfolge beruft.

953 Tritt die Tatsache ein, die als Bedingung festgelegt wurde, so gilt **von nun an (ex nunc)** auch die Rechtsfolge. Mit Zahlung des Kaufpreises erlangt also der Vorbehaltskäufer das Eigentum an der Sache. Eine **Rückwirkung** ist mit dem Eintritt der Bedingung dagegen **nicht** verbunden. Möglich ist jedoch, auf schuldrechtliche Weise dieselben Rechtsfolgen eintreten zu lassen, als wenn die Bedingung schon von Anfang an eingetreten gewesen wäre, § 159. Die Leistungen, z.B. der Mietpreis bei einem aufschiebend bedingten Mietvertrag, sind im Falle einer solchen Vereinbarung, wenn die Bedingung eintritt, bereits vom Zeitpunkt des Vertragsschlusses an zu berechnen.

954 Der Schwebezustand endet auch, wenn das zur Bedingung gemachte Ereignis endgültig nicht mehr eintreten kann **(Ausfall der Bedingung)**. Damit steht fest, dass die aufschiebend bedingte Rechtsfolge nicht wirksam wird.

2. Auflösende Bedingung (Resolutivbedingung)

955 Bei der auflösenden Bedingung (§ 158 Abs. 2) ist die Rechtslage gerade umgekehrt. Die rechtsgeschäftliche **Wirkung** tritt zunächst ein, **entfällt** jedoch (auch hier **ohne Rückwirkung**), wenn sich die zum Auslöser der Bedingung gemachte Tatsache

---

[1] BGH NJW 1985, 497; Stein/Jonas/Leipold, ZPO, 21. Aufl., § 286 Rdnr. 78 mwN.

später ereignet. So kann etwa eine Sicherungsübereignung mit der auflösenden Bedingung der vollständigen Zahlung der gesicherten Forderung verknüpft werden. Mit der Schlusszahlung erlangt in einem solchen Fall der Sicherungsgeber das Eigentum von selbst wieder zurück.

Für die Vereinbarung einer auflösenden Bedingung und für deren Eintritt trägt derjenige die **Beweislast**, der den Wegfall der bedingten Rechtsfolge geltend macht[2].

III. Zulässigkeit der Bedingung

1. Grundsatz der Bedingungsfreundlichkeit

Das Gesetz geht vom Grundsatz der rechtsgeschäftlichen Privatautonomie und daher von der **Bedingungsfreundlichkeit** aus. Es können also **alle Rechtsgeschäfte** unter einer aufschiebenden oder auflösenden Bedingung vorgenommen werden, es sei denn, aus dem Gesetz ginge ausnahmsweise die Unzulässigkeit einer Bedingung hervor.

Manche Rechtsgeschäfte, bei denen ein besonderes Interesse der Öffentlichkeit oder eines Beteiligten an Rechtssicherheit besteht, sind ausdrücklich für **bedingungsfeindlich** erklärt. Dies gilt z.B. für die Auflassung einer unbeweglichen Sache, § 925 Abs. 2. Auch die Eheschließung kann nicht unter einer Bedingung erfolgen, § 1311 Satz 2 BGB, ebenso wenig die Begründung einer eingetragenen Lebenspartnerschaft, § 1 Abs. 1 Satz 2 LPartG.

Darüber hinaus ist anerkannt, dass **einseitige, rechtsgestaltende Rechtsgeschäfte**, die in die Rechtsstellung des Empfängers eingreifen, im allgemeinen nicht mit einer Bedingung verknüpft werden können, da der Geschäftsgegner hier Rechtssicherheit darüber beanspruchen kann, ob die Veränderung der Rechtslage nun eingetreten ist oder nicht. Bedingungsfeindlich sind daher die Erklärungen der **Anfechtung**, des **Rücktritts** oder der **Kündigung**[3], auch der **Aufrechnung** (hier ist dies sogar ausdrücklich im Gesetz bestimmt, § 388 Satz 2). Bei Verträgen bedarf es einer solchen Rücksicht auf die Interessen des anderen Teils in der Regel nicht, weil es Sache des Vertragspartners ist, ob er sich auf den bedingten Vertrag einlässt. Aus dieser Erwägung heraus sind auch bei einseitigen, rechtsgestaltenden Rechtsgeschäften Bedingungen ausnahmsweise dann zulässig, wenn ihr Eintritt allein vom Willen des Erklärungsempfängers abhängt; denn in einem solchen Fall entsteht für ihn keine unzumutbare Rechtsunsicherheit[4]. Ein Beispiel dafür sind **Änderungskündigungen** bei Miet- oder Arbeitsverträgen, wonach die Kündigung des bestehenden Vertragsverhältnisses nur unter der Bedingung gelten soll, dass sich der Empfänger der Kündigung nicht mit einer Änderung des Miet- oder Arbeitsvertrages einverstanden erklärt.

---

[2] Stein/Jonas/Leipold, ZPO, 21. Aufl., § 286 Rdnr. 81 mwN.
[3] Beispiel: Die Kündigung eines Arbeitsverhältnisses durch den Arbeitgeber, die nicht gelten soll, sofern ein bestimmter Auftrag an das Unternehmen erteilt wird, steht unter einer auflösenden Bedingung und ist daher unwirksam, BAG NJW 2001, 3355.
[4] BGHZ 97, 264, 267 = NJW 1986, 2245, 2246.

2. Sittenwidrigkeit als allgemeine Grenze

960 Das Verbot sittenwidriger Rechtsgeschäfte, § 138 Abs. 1, spielt vor allem bei sog. **Potestativbedingungen** eine Rolle. Dies sind Bedingungen, deren Auslösung vom Willen eines Beteiligten abhängt. Eine Bedingung dieser Art verstößt gegen die guten Sitten, wenn sie einen unzulässigen Druck auf einen anderen ausüben soll. Hierher gehören beispielsweise erbrechtliche Zuwendungen unter der Bedingung, dass der Empfänger die Religion wechselt, eine bestimmte Ehe eingeht oder nicht eingeht, sich scheiden lässt und ähnliches. Es sind dies alles Verhaltensweisen, die dem persönlichen freien Entschluss vorbehalten sein sollen. Problematisch sind die Konsequenzen, die sich aus § 138 Abs. 1 bei solchen sittenwidrigen Bedingungen ergeben. Sieht man in der Aufrechterhaltung als unbedingtes Rechtsgeschäft eine Umdeutung, so ist nach § 140 der hypothetische Wille des Erblassers maßgebend. Bei diesem Ausgangspunkt kommt man in vielen Fällen zur Unwirksamkeit der ganzen Verfügung, da man davon ausgehen muss, dass der Erblasser die Verfügung ohne die Bedingung nicht getroffen hätte. Richtiger erscheint es, in solchen Fällen lediglich die Bedingung gewissermaßen wegzustreichen und die unbedingte Verfügung übrig zu lassen. Dies wird dem Schutzzweck des § 138 Abs. 1 besser gerecht[5].

IV. Schutzvorschriften für die Schwebezeit

1. Treuwidrige Vereitelung oder Herbeiführung des Bedingungseintritts

961 Es ist nicht ausgeschlossen, dass ein am Rechtsgeschäft Beteiligter, den die Vereinbarungen später reuen, den Eintritt der für ihn nachteiligen Bedingung **treuwidrig verhindert**. In diesem Fall gilt nach § 162 Abs. 1 die Bedingung als eingetreten. Dasselbe gilt umgekehrt, wenn eine Bedingung von dem, dem sie zum Vorteil gereicht, **treuwidrig herbeigeführt** wird, § 162 Abs. 2. Diese Regeln sind spezielle Ausprägungen des allgemeinen Grundsatzes von Treu und Glauben (§ 242).

962 Ein **Beispiel** bildet der Abschluss eines Kaufvertrages über ein Grundstück samt älterer Villa unter der Bedingung, dass nach einem vom Käufer auszuführenden Umbau der Betrieb einer Gastwirtschaft in diesem Gebäude genehmigt wird[6]. Der Käufer führt aber den vorgesehenen Umbau nur teilweise durch, weshalb schließlich keine Genehmigung erteilt wird. War dieses Verhalten treuwidrig (weil der Käufer nur dem Vertrag entkommen wollte), so gilt die Bedingung nach § 162 Abs. 1 als eingetreten, und der Verkäufer kann Erfüllung verlangen.

2. Schadensersatz bei schuldhafter Beeinträchtigung

963 Während der Schwebezeit hat derjenige, dessen Recht von einer aufschiebenden Bedingung abhängt oder der die Sache aufgrund einer auflösenden Bedingung zu-

---

[5] Näher s. MünchKomm/Leipold § 2074 Rdnr. 17f.
[6] Vgl. RGZ 79, 96.

rückerhält, an der Sache selbst kein Recht. Er wäre also schutzlos, wenn in dieser Zeit der andere Teil das **bedingte Recht schuldhaft beeinträchtigt** oder vereitelt. Hier greift § 160 ein, der in einem solchen Fall einen **Schadensersatzanspruch** gewährt, vorausgesetzt freilich, dass die aufschiebende bzw. auflösende Bedingung später auch eintritt. Hat ein ehrgeiziger Vater seiner Tochter ein Auto unter der Bedingung übereignet, dass diese das Refendarexamen besteht, und fährt der Vater das Auto vor dem Examen der Tochter schuldhaft zu Schrott, so kann die frisch Examinierte Schadensersatz über § 160 Abs. 1 verlangen.

3. Unwirksamkeit von Zwischenverfügungen

Einen Schutz vor rechtsgeschäftlichen Verfügungen in der Schwebezeit bewirkt § 161. **Weitere Verfügungen** des bisherigen Berechtigten sind **unwirksam**, wenn er bereits aufschiebend bedingt verfügt hat und später die Bedingung eintritt, § 161 Abs. 1 Satz 1. Dasselbe gilt von Verfügungen dessen, der auflösend bedingt berechtigt ist, § 161 Abs. 2. Falls etwa im Fall des durch den Vater aufschiebend bedingt übereigneten Autos der Vater in der Zwischenzeit auf die Idee kommt, das Auto an einen Dritten zu verkaufen und zu übereignen, greift bei Eintritt der aufschiebenden Bedingung § 161 Abs. 1 ein. Die Verfügung zugunsten des Dritten ist dann unwirksam; die Tochter erwirbt bei Eintritt der aufschiebenden Bedingung gleichwohl das Eigentum. Allerdings macht davon wieder § 161 Abs. 3 zugunsten eines gutgläubigen Erwerbers eine Ausnahme. Vorausgesetzt, dass überhaupt Vorschriften über den gutgläubigen Erwerb eingreifen, kann durch guten Glauben auch die Wirkung der aufschiebend vorgenommenen Verfügung überspielt werden. Weiß also der Erwerber des Fahrzeugs nichts von der aufschiebend bedingten Übereignung an die Tochter, so erwirbt er gemäß § 161 Abs. 3 in Verbindung mit § 932 das Eigentum.

4. Das Anwartschaftsrecht beim Kauf unter Eigentumsvorbehalt

Schon nach dem Gesetz besitzt ein bedingt Berechtigter nach §§ 160ff. eine geschützte Stellung. Daran anknüpfend wurde seit langem die Figur des Anwartschaftsrechts entwickelt. Besonders bedeutsam ist das Anwartschaftsrecht des Käufers beim Kauf einer beweglichen Sache[7] unter Eigentumsvorbehalt. In der Rechtsstellung des Käufers steckt ein wirtschaftlicher Wert, der umso höher ist, je mehr von dem Kaufpreis bereits bezahlt ist. Die Rechtsfigur des Anwartschaftsrechts ermöglicht es, diesen Wert bereits zu nutzen bzw. auf ihn zuzugreifen. Das Anwartschaftsrecht des Vorbehaltskäufers wird als **dingliches Recht** behandelt, das dem Eigentum ähnlich ist. Es stellt, so eine verbreitete Formulierung, kein „aliud", sondern

---

[7] Bei unbeweglichen Sachen ist eine entsprechende Vertragsgestaltung nicht möglich, da § 925 Abs. 2 eine bedingte Übereignung ausschließt. Das Grundstücksrecht bietet aber genügend andere Sicherungsmöglichkeiten, indem etwa zunächst nur eine Auflassungsvormerkung für den Käufer eingetragen oder zugunsten des Verkäufers eine Hypothek oder Grundschuld zur Sicherung des Kaufpreisanspruchs bestellt wird.

eine Vorstufe, ein „wesensgleiches minus" zum Vollrecht dar[8]. Das Anwartschaftsrecht des Vorbehaltskäufers ist bereits **übertragbar**, aber auch **verpfändbar** und **pfändbar**. Insoweit werden die für die Übertragung des Vollrechts, also des Eigentums, geltenden Vorschriften entsprechend angewandt, nicht etwa § 413 i.V.m. § 398. Die **Übertragung** des Anwartschaftsrechts des Vorbehaltskäufers erfolgt also entsprechend §§ 929ff. Wird das Anwartschaftsrecht auf einen Dritten übertragen und später durch Zahlung des Restkaufpreises die Bedingung für den Eigentumserwerb ausgelöst, so erlangt der Erwerber des Anwartschaftsrechts unmittelbar (ohne sogenannten Durchgangserwerb) das volle Eigentum an der Sache[9].

V. Befristete Rechtsgeschäfte

966 Bei befristeten Rechtsgeschäften ist der **Beginn** der Rechtswirkung oder deren **Ende** an ein **bestimmtes Datum** geknüpft, so etwa wenn ein Mietvertrag, der im Januar abgeschlossen wird, erst ab 1. Juli Wirkungen erzeugen soll, oder wenn ein Schenkungsversprechen für den Zeitpunkt des Eintritts der Volljährigkeit des Beschenkten abgegeben wird. Zum Unterschied zur Bedingung entsteht hier keine Unsicherheit hinsichtlich des Eintritts oder Wegfalls der Rechtsfolge; der Anfangs- oder Endtermin stellt ein künftiges *gewisses* Ereignis dar. Nach § 163 gelten aber die **Vorschriften über bedingte Rechtsgeschäfte entsprechend**. Die bedingungsfeindlichen Rechtsgeschäfte (s. Rdnr. 958f.) können im allgemeinen auch nicht mit einer Befristung (Zeitbestimmung) versehen werden, s. z.B. § 388 Satz 2, § 925 Abs. 2.

967 Vom befristeten Rechtsgeschäft ist die **betagte Forderung** zu unterscheiden. Hier ist der Anspruch, anders als beim befristeten Rechtsgeschäft, bereits entstanden, lediglich die **Fälligkeit** ist hinausgeschoben. Wenn z.B. ein Kaufpreisanspruch gestundet ist, geht es nicht mehr um die Frage, ob der Anspruch überhaupt entsteht, sondern nur darum, dass er vorläufig noch nicht geltend gemacht werden kann. Der Unterschied zwischen einer befristeten und einer lediglich betagten (noch nicht fälligen) Forderung ist allerdings nicht unstreitig. Eine Auswirkung zeigt sich bei § 813 Abs. 2. Nach h.M.[10] kann derjenige, der auf einen befristeten Anspruch vorzeitig geleistet hat, die Leistung mangels rechtlichen Grundes zurückverlangen, da § 813 Abs. 2 nur die Leistung auf eine betagte Verbindlichkeit betrifft und hier die Rückforderung ausschließt.

Zur **Berechnung von Fristen und Terminen** s. Rdnr. 1236ff.

Lösung zu Fall 38:

968 Zimmerlin kann von Spitz die Freigabe der Stämme verlangen, wenn er Eigentümer der Stämme geworden ist und die vom Gerichtsvollzieher zugunsten des Spitz vorgenommene Pfändung seinen materiellen Rechten nicht entgegen steht[11].

---

[8] BGHZ 28, 16, 21 = NJW 1958, 1133, 1134.
[9] Dies ist seit BGHZ 20, 88 = NJW 1956, 665 allgemein anerkannt; zusammenfassend BGH NJW 1984, 1184, 1185.
[10] Vgl. Jauernig § 163 Rdnr. 4.
[11] Auf Einzelheiten des Zwangsvollstreckungsrechts ist nach der Fragestellung nicht einzu-

969 Das Eigentum könnte Zimmerlin durch den mit Hohl am 15. März geschlossenen Vertrag nach §§ 929, 930 erlangt haben. Die Vereinbarung, die Stämme sollten bis zur Abholung durch Zimmerlin von Hohl verwahrt werden, genügt zur Begründung des für § 930 erforderlichen mittelbaren Besitzes (§ 868) für Zimmerlin. Bei Abschluss des Vertrages mit Zimmerlin war Hohl jedoch selbst noch nicht Eigentümer, da sich Eich das Eigentum bis zur vollständigen Zahlung des Kaufpreises durch Hohl vorbehalten hatte. Der Eigentumserwerb des Hohl stand also noch unter der aufschiebenden Bedingung seiner Zahlung, s. die Auslegungsregel in § 449 Abs. 1. Also konnte Hohl das Eigentum nicht gemäß §§ 929, 930 als Berechtigter auf Zimmerlin übertragen. Da Zimmerlin von dem Eigentumsvorbehalt wusste, kommt auch ein gutgläubiger Eigentumserwerb des Zimmerlin (§§ 932f.) nicht in Betracht, § 932 Abs. 2.

970 Es sieht also zunächst so aus, als habe Hohl als Nichtberechtigter im Sinne des § 185 über das Eigentum an den Stämmen verfügt. Die Übereignung durch Hohl an Zimmerlin würde dann nach § 185 Abs. 2 Satz 1, 2. Alternative erst wirksam, wenn Hohl selbst das Eigentum erlangt. Dies wäre erst mit Eingang der Zahlung des Zimmerlin bei Eich anzunehmen, wodurch die Verbindlichkeit des Hohl gegenüber Eich erfüllt wurde (zulässige Leistung eines Dritten, § 267 Abs. 1 Satz 1) und die aufschiebende Bedingung für den Eigentumserwerb des Hohl eintrat. Zum selben Zeitpunkt wäre dann aber auch die zuvor erfolgte Pfändung zugunsten des Spitz wirksam geworden, und Zimmerlin hätte sein Recht an den Stämmen nur mit der Belastung durch die Pfändung erlangt.

971 Diese Lösung berücksichtigt aber nicht, dass Hohl vor der Vereinbarung mit Zimmerlin bereits eine rechtlich gesicherte Stellung hinsichtlich des Eigentums erlangt hatte, da sein Erwerb nur noch von der restlichen Zahlung als Auslöser der aufschiebenden Bedingung abhing. Das BGB schützt den bedingt Berechtigten durch die §§ 160ff., und im Anschluss hieran billigt man demjenigen, dessen Eigentumserwerb aufschiebend bedingt ist, bereits ein dingliches Recht in Form des Anwartschaftsrechts zu. Dieses Recht wird nach denselben Regeln übertragen wie das Vollrecht. In der Vereinbarung zwischen Hohl und Zimmerlin, dieser solle alle Rechte erhalten, die Hohl an den Stämmen zustehen, ist die Übertragung des Anwartschaftsrechts nach Maßgabe der §§ 929, 930 zu sehen. Hierüber verfügte Hohl als Berechtigter – dies macht den entscheidenden Unterschied zu einer Verfügung über das ihm noch nicht zustehende Eigentum aus. Einer Einwilligung durch Eich als Eigentümer oder einer späteren Heilung nach § 185 Abs. 2 bedurfte es daher nicht. Da Zimmerlin auf diese Weise das Anwartschaftsrecht erwarb, stand es dem Hohl bereits nicht mehr zu, als die Pfändung zugunsten des Spitz erfolgte. Mit der Zahlung an Eich erstarkte das Anwartschaftsrecht in der Person des Zimmerlin zum vollen Eigentum. Hohl war dagegen zu keinem Zeitpunkt Eigentümer, auch nicht in Form eines Durchgangserwerbs für eine sog. juristische Sekunde. Daher konnte die Pfändung auch nicht nachträglich wirksam werden und das Eigentum des Zimmerlin belasten[12].

972 Somit hat Zimmerlin unbelastetes Eigentum an den Stämmen erworben und kann deren Freigabe von Spitz verlangen.

---

gehen. Prozessual hätte Zimmerlin, wenn Spitz das Holz nicht freiwillig freigibt, im Wege der Drittwiderspruchsklage (§ 771 ZPO) vorzugehen.

[12] Grundlegend BGHZ 20, 88 = NJW 1956, 665.

§ 20 Bedingte und befristete Rechtsgeschäfte

Kontrollfragen und Fälle zu § 20

1) Was ist unter einer Bedingung zu verstehen?

2) Worin liegt der Unterschied zwischen einer aufschiebenden und einer auflösenden Bedingung?

3) Welche Rechtsgeschäfte können unter einer Bedingung abgeschlossen werden?

4)* Kimme hat zusammen mit Korn von einer Gebirgsgemeinde einen Jagdbezirk gepachtet. Demnächst läuft der Pachtvertrag aus. Kimme und Korn haben vereinbart, wenn einer von ihnen mit der Gemeinde einen neuen Pachtvertrag abschließe, werde er den anderen jeweils beteiligen. Nun schließt die (selbst wenig jagdbegeisterte) Ehefrau des Kimme auf Veranlassung ihres Mannes einen neuen Pachtvertrag mit der Gemeinde ab. Korn verlangt die Einräumung eines Mitpachtrechts, wozu die Gemeinde, nicht aber Herr und Frau Kimme bereit sind. Steht Korn gegen Herrn Kimme ein Anspruch auf Beteiligung an der Jagd zu?

Lösungen

973 1) Eine Bedingung ist eine rechtsgeschäftliche Nebenbestimmung, durch die die Wirkungen des Rechtsgeschäfts vom Eintritt eines künftigen ungewissen Ereignisses abhängig gemacht werden.

974 2) Bei aufschiebenden Bedingungen tritt die bedingte Rechtsfolge zunächst nicht ein; sie wird erst durch den Eintritt der Bedingung ausgelöst, § 158 Abs. 1. Bei auflösenden Bedingungen ist es gerade umgekehrt: das Rechtsgeschäft entfaltet zunächst seine Wirkung; diese entfällt aber, wenn die Bedingung eintritt, § 158 Abs. 2.

975 3) Grundsätzlich können alle Rechtsgeschäfte mit einer Bedingung verknüpft werden (Grundsatz der Bedingungsfreundlichkeit). Anders ist es, wenn sich aus ausdrücklichen gesetzlichen Vorschriften oder aus allgemeinen Erwägungen die Bedingungsfeindlichkeit bestimmter Rechtsgeschäfte ergibt. So sind einseitige, rechtsgestaltende Rechtsgeschäfte (insbesondere Anfechtung, Aufrechnung, Kündigung) bedingungsfeindlich, soweit durch die Bedingung eine dem Erklärungsempfänger nicht zumutbare Unsicherheit entstünde.

976 4) Der Anspruch des Korn gegen Herrn Kimme[1] auf Beteiligung an der Jagd steht unter der aufschiebenden Bedingung, dass Kimme einen Pachtvertrag mit der Gemeinde abschließt. Diese Bedingung ist jedoch nicht eingetreten. Wenn aber der Vertragsabschluß durch Frau Kimme durch ihren Mann veranlasst wurde und erkennbar den Zweck hat, in erster Linie Herrn Kimme die Jagd zu ermöglichen, dann muss man davon ausgehen, dass diese Gestaltung gewählt worden ist, um den Eintritt der Bedingung zu verhindern. Damit hat Kimme treuwidrig gehandelt. Nach § 162 Abs. 1 gilt daher die Bedingung als eingetreten. Also hat Korn einen Anspruch gegen Kimme auf Aufnahme in den Pachtvertrag mit der Gemeinde. Allerdings fragt es sich, ob Herr Kimme überhaupt in der Lage ist, diesen Anspruch zu erfüllen. Wenn aber seine Ehefrau nur auf seine Veranlassung hin den Pachtvertrag abgeschlossen hat, dann liegt ein Auftragsverhältnis zwischen beiden vor, in dessen Rahmen die Ehefrau an Weisungen des Ehemannes gebunden ist. Der Ehemann hat es also in der Hand, von seiner Ehefrau die Zustimmung zur Beteiligung des Korn an der Pacht zu verlangen. Damit liegt keine Unmöglichkeit der Leistung des Kimme vor; der Anspruch des Korn ist begründet[2].

---

[1] Gegen Frau Kimme kann Korn keine vertraglichen Ansprüche geltend machen, da sie den Vertrag mit ihm nicht abgeschlossen hat. Hier käme allenfalls ein Schadensersatzanspruch nach § 826 in Betracht. Danach ist aber nicht gefragt.
[2] BGH NJW 1982, 2552 = LM § 162 Nr. 8 (Vorbild des Falles).

2. Abschnitt: Die Rechtssubjekte

§ 21 Die Rechtsfähigkeit des Menschen

Fall 39: Marcos Beruf als Stuntman ist nicht ganz ungefährlich. Als seine Frau Elvira ein Kind erwartet, überlegt Marco, ob er schon jetzt ein Hausgrundstück auf das Kind übertragen oder in anderer Weise für den Fall eines Unfalltodes Vorsorge zugunsten des Kindes treffen könne.
 a) Wie ist die Rechtslage?
 b) Durch Verschulden des Harsch wird Elvira bei einem Verkehrsunfall erheblich verletzt. Infolge des Unfalls kommt ihr Kind mit einer Behinderung zur Welt. Kann das Kind von Harsch Schadensersatz verlangen?

I. Begriff der Rechtsfähigkeit

Unter der **Rechtsfähigkeit**, die in § 1 nicht definiert ist, versteht man die **Fähigkeit, Träger von Rechten und Pflichten zu sein.** Es geht mit anderen Worten um die Fähigkeit, Rechtssubjekt zu sein.

Die Rechtsfähigkeit ist von der Handlungsfähigkeit zu unterscheiden, d.h. von der Fähigkeit, durch eigene Handlungen Rechte zu erwerben oder Pflichten auf sich zu ziehen. Die Handlungsfähigkeit besteht im Bereich rechtsgeschäftlichen Handelns in der **Geschäftsfähigkeit** (§§ 104ff., s. Rdnr. 331), im Bereich der unerlaubten Handlungen in der **Deliktsfähigkeit** (§§ 827f.).

Im Bereich des Prozessrechts findet die Rechtsfähigkeit ihre Parallele in der **Parteifähigkeit**, § 50 ZPO. Darunter ist die Fähigkeit zu verstehen, Kläger oder Beklagter eines Zivilprozesses zu sein. Die Voraussetzungen der Parteifähigkeit decken sich weitgehend mit denen der Rechtsfähigkeit, doch kommt auch manchen nicht rechtsfähigen Organisationen oder Gesellschaften die Parteifähigkeit zu; zum nichtrechtsfähigen Verein s. Rdnr. 1092. Die Parallele zur Geschäftsfähigkeit stellt im Zivilprozess die **Prozessfähigkeit** dar, s. § 52 ZPO.

II. Arten der Rechtssubjekte

Rechtssubjekte sind die natürlichen und die juristischen Personen. **Natürliche Person** ist der Mensch. Man spricht von einer natürlichen Person, weil die Existenz des Menschen durch die Natur vorgegeben ist und die Rechtsfähigkeit als zur menschlichen Natur gehörig anzusehen ist. **Juristische Personen** sind Personenvereinigungen (z.B. der rechtsfähige Verein) oder organisatorisch verselbständigte Vermögen (z.B.

rechtsfähige Stiftungen), denen die Rechtsordnung die Rechtsfähigkeit zubilligt. Juristisch heißen diese Personen, weil ihre rechtliche Existenz auf rechtlichen Akten beruht und die Rechtsfähigkeit erst durch bestimmte Rechtssätze verliehen wird.

981 Darüber hinaus werden heute auch die **Personengesellschaften** weitgehend als *rechtsfähig* angesehen. Dies gilt für die Offene Handelsgesellschaft (OHG) und die Kommanditgesellschaft (KG), nach der neueren Rechtsprechung des BGH[1] auch für die Gesellschaft des Bürgerlichen Rechts (§ 705), soweit diese Gesellschaftsvermögen besitzt. Diese Gesellschaften werden gleichwohl aufgrund ihrer andersartigen Struktur (Gesamthand) nicht als juristische Personen betrachtet, näher s. Rdnr. 1003f. Folgt man dieser Begriffsbildung, so sind als rechtsfähig (d.h. als Rechtssubjekt) die natürlichen Personen, die juristischen Personen und die rechtsfähigen Personengesellschaften anzusehen.

982 Alle anderen Gegenstände können nicht Rechtssubjekt, sondern nur **Rechtsobjekt** sein. Dies gilt nach wie vor auch für **Tiere**, die zwar in § 90 a Satz 1 von den Sachen unterschieden werden, aber nach § 90 a Satz 3 dennoch nach den für Sachen geltenden Vorschriften zu beurteilen sind, soweit nichts anderes bestimmt ist. Tiere sind daher weiterhin Gegenstand des Sacheigentums im Sinne des BGB. Will also z.B. jemand erbrechtliche Verfügungen zugunsten seines geliebten Reitpferdes treffen, so kann er nicht das Pferd als Erben oder Vermächtnisnehmer einsetzen, weil es ihm an

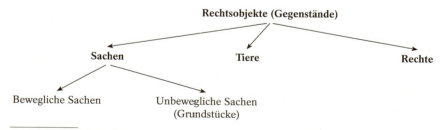

---

[1] BGHZ 146, 341 = NJW 2001, 1056 = JZ 2001, 655 (mit Anm. Wiedemann) = JuS 2001, 509 (mit Anm. K. Schmidt); bestätigt durch BGH NJW 2002, 1207.
[2] Genauer gehören hierher neben den juristischen Personen des Privatrechts auch diejenigen des öffentlichen Rechts, s. Rdnr. 1008.
[3] Die Übersicht enthält auf dieser Ebene keine abschließende Aufzählung.

der Rechtsfähigkeit fehlt. Er kann aber einem Erben die Auflage (§ 1940) machen, für das Pferd zu sorgen, oder er kann eine Stiftung errichten, etwa zum Betrieb eines Tierheims, und dieser unter anderem die Sorge für das Pferd übertragen.

III. Der Beginn der Rechtsfähigkeit des Menschen

1. Beginn der Rechtsfähigkeit mit Vollendung der Geburt

Die Rechtsfähigkeit des Menschen wird in § 1 vorausgesetzt. Sie ist heute für jeden Menschen selbstverständlich. Dass Menschen als Sklaven oder Leibeigene und daher nicht als Rechtssubjekt, sondern als Rechtsobjekt behandelt werden, gehört der Geschichte an. Nach § 1 beginnt die Rechtsfähigkeit mit der **Vollendung der Geburt**. Dazu sind zwei Voraussetzungen erforderlich. Der Körper des Kindes muss vollständig aus dem Mutterleib ausgetreten sein. Eine Trennung vom Leib der Mutter (also eine Lösung der Verbindung durch den Nabelstrang) ist dazu nicht erforderlich. Das Kind muss zu diesem Zeitpunkt gelebt haben. Als Anzeichen des Lebens werden Herzschlag, Pulsieren der Nabelschnur oder natürliche Lungenatmung, aber auch der Nachweis einer anderen sicheren Lebensfunktion, z.B. von Hirnströmen, gewertet. Dauerhafte Lebensfähigkeit ist nicht erforderlich. Auch wenn das neugeborene Kind nach wenigen Sekunden verstirbt, war es in der Zwischenzeit rechtsfähig und konnte (vor allem auf erbrechtlichem Wege) bereits Rechte und Pflichten erwerben.

983

Das **Strafrecht** wählt für die Abgrenzung zwischen Schwangerschaftsabbruch und Tötungsdelikten einen früheren Zeitpunkt: es stellt auf den Beginn des Geburtsvorganges (den Beginn der Wehen) ab. Schon von diesem Zeitpunkt an gelten die strafrechtlichen Bestimmungen über Tötungsdelikte (Mord, Totschlag, fahrlässige Tötung), nicht mehr der Straftatbestand des Abbruchs der Schwangerschaft (§ 218 StGB)[4].

984

2. Bestimmungen zugunsten Ungeborener

a) Zugunsten des bereits gezeugten Kindes

Das Gesetz enthält verschiedene Schutzbestimmungen zugunsten des **gezeugten**[5], aber **noch nicht geborenen Kindes** (Leibesfrucht, lat. **nasciturus**). Besonders er-

985

---

[4] Schönke/Schröder/Eser, StGB, 26. Aufl., Vorbem. zu §§ 211ff. Rdnr. 13. Die strafrechtliche Grenzziehung konnte früher sehr klar aus § 217 StGB entnommen werden, der von der Tötung eines (nichtehelichen) Kindes in oder gleich nach der Geburt sprach. Der Sache nach hat sich daran auch durch die Aufhebung des § 217 StGB im Jahre 1998 (bei einer Kindestötung gelten jetzt die allgemeinen Vorschriften, insbesondere § 213 StGB) nichts geändert, vgl. Tröndle/Fischer, StGB, 50. Aufl., vor § 211 Rdnr. 2.

[5] Das bisher im Gesetzestext (und ebenso in Rechtsprechung und Literatur) verwendete Wort „erzeugt" wurde durch das Zweite Gesetz zur Änderung schadensersatzrechtlicher Vorschriften vom 19. Juli 2002 (BGBl. I S. 2674) durchweg (auch in § 844 Abs. 2 Satz 2 u. § 1923

wähnenswert ist § 1923 Abs. 2. Während grundsätzlich nur derjenige Erbe werden kann, der zum Zeitpunkt des Erbfalls lebt, gilt der bereits gezeugte, aber noch nicht geborene Mensch nach dieser Vorschrift als vor dem Erbfall geboren. Es handelt sich um eine sog. Fiktion: eine nicht vorhandene Tatsache wird hinsichtlich bestimmter Rechtsfolgen als bestehend angenommen. Auf diese Weise werden dieselben Rechtsfolgen angeordnet, wie wenn die fingierte Tatsache wirklich vorhanden wäre. Nach § 1923 Abs. 2 ist also, wenn das Kind lebend geboren wird, die erbrechtliche Lage so zu beurteilen, als ob das Kind bereits zum Zeitpunkt des Erbfalls geboren gewesen wäre. Dadurch wird vor allem ermöglicht, dass das gezeugte Kind seinen Vater auch dann beerbt, wenn dieser vor der Geburt des Kindes verstirbt. Hat ein bereits gezeugtes Kind infolge Tötung des Vaters den Anspruch auf Unterhalt eingebüßt, so kann es nach § 844 Abs. 2 Satz 2 Schadensersatz von einem verantwortlichen Täter verlangen.

986   Schon während der Schwebezeit bis zur Geburt ist eine rechtliche Fürsorge für den nasciturus durch Eltern (§ 1912 Abs. 2) oder Pfleger (§ 1912 Abs. 1) vorgesehen, um zu verhindern, dass etwa der erbrechtliche Erwerb in tatsächlicher Hinsicht zunichte gemacht wird. Da auf diese Weise schon für das gezeugte Kind schutzbedürftige rechtliche Beziehungen anerkannt werden und das noch nicht gezeugte Kind insoweit durch Eltern oder Pfleger vertreten werden kann, erscheint es angemessen, bereits von einer **beschränkten Rechtsfähigkeit** und (im Prozess) Parteifähigkeit des nasciturus zu sprechen[6].

987   Die wichtigste Gefährdung eines gezeugten Kindes stellt heute der **Schwangerschaftsabbruch** dar. Insoweit ist aber allein die strafrechtliche Regelung (§§ 218ff. StGB) maßgebend. Es erscheint nicht zulässig, etwa durch zivilrechtlich begründete Unterlassungsverfügungen einen Schwangerschaftsabbruch zu verhindern oder zum Schutz des ungeborenen Kindes einen Pfleger zu bestellen, obgleich die strafrechtlichen Voraussetzungen der Straffreiheit gegeben sind[7]. Dem Vater des Kindes, den das Strafrecht nicht an der Entscheidung über Fortdauer oder Abbruch der Schwangerschaft beteiligt, kann auch das Zivilrecht nicht helfen.

b) Zugunsten noch nicht gezeugter Personen

988   **Noch nicht gezeugte Personen** (lat. **nondum conceptus**) können bereits als Nacherbe (vgl. die Auslegungsregel in § 2101 Abs. 1) oder als Vermächtnisnehmer eingesetzt werden (§ 2178) oder auch in Form eines Vertrags zugunsten Dritter bedacht

---

Abs. 2) durch „gezeugt" ersetzt, weil der Begriff „erzeugt" „vom Sprachgebrauch und allgemeinen Verständnis her dem wirtschaftlich-technischen Produktionsbereich zugeordnet" werde (Begründung des Regierungsentwurfs, Bundestagsdrucks. 14/7752, S. 28). Darüber kann man streiten, zumindest sollte der Gesetzgeber Wichtigeres zu tun haben. Ob man statt vom „Erzeuger" eines Kindes künftig vom „Zeuger" sprechen wird, bleibt abzuwarten.
[6] OLG Schleswig NJW 2000, 1271, 1272; MünchKomm/Gitter § 1 Rdnr. 31.
[7] So auch AG Schlüchtern NJW 1998, 832, 833. – Zur Frage, ob eine minderjährige Schwangere der Zustimmung der gesetzlichen Vertreter zu einem Schwangerschaftsabbruch bedarf, s. Rdnr. 390.

werden (vgl. § 331 Abs. 2). Der Rechtserwerb tritt in diesen Fällen mit der Geburt des bedachten Kindes ein. Auch für eine noch nicht gezeugte Person kann aber bereits zur Wahrung ihrer Rechte ein Pfleger bestellt werden, § 1913 Satz 2. Insofern kann man auch hier von einer **beschränkten Rechts- und Parteifähigkeit** sprechen[8].

IV. Vorgeburtliche Schädigung

Die Rechtsprechung hatte sich öfter mit Fällen zu beschäftigen, in denen ein gezeugtes, aber noch nicht geborenes Kind durch Verschulden eines anderen Schäden erlitt. Gegen die Annahme eines Schadensersatzanspruchs des Kindes gegen den Schädiger, etwa aus § 823 Abs. 1, könnte man einwenden, mangels Rechtsfähigkeit liege zum Zeitpunkt der Schädigung noch kein „anderer" im Sinne des § 823 Abs. 1 vor. Damit würde man jedoch dem Schutzzweck des § 823 nicht gerecht. § 1, der die Rechtsfähigkeit erst von der Vollendung der Geburt an zubilligt, hat nicht den Zweck, den Zeitpunkt des Schutzes gegen deliktische Schädigung festzulegen. Daher ist heute anerkannt, dass in solchen Fällen einer Verletzung der Leibesfrucht eigene Schadensersatzansprüche des Kindes entstehen, die mit Vollendung der Geburt erworben werden[9]. Dies gilt auch dann, wenn die Schädigung auf einen Umstand zurückgeht, der sich bereits vor Zeugung des Kindes ereignet hat, so etwa wenn die Mutter bei einer Bluttransfusion mit einer Krankheit infiziert wird, die auch das später gezeugte Kind erfasst. Auch in solchen Fällen hat sich die Rechtsprechung durch begriffliche Erwägungen (hier könnte man bestreiten, ob eine Verletzung des Kindes vorlag, da es von seiner Zeugung an nicht in einem unverletzten Zustand existiert hat) nicht davon abhalten lassen, zum Schutz des Kindes Schadensersatzansprüche gegen den Schädiger zu gewähren[10].

V. Das Ende der Rechtsfähigkeit des Menschen

1. Tod des Menschen

Das BGB sagt nicht ausdrücklich, dass die Rechtsfähigkeit mit dem Tod des Menschen endet, setzt dies aber z.B. in § 1922 (Übergang des Vermögens mit dem Tod des Erblassers auf seine Erben) voraus. Der Tod bildet heute den einzigen Grund einer Beendigung der Rechtsfähigkeit des Menschen. Eine Entziehung der Rechtsfähigkeit durch strafrechtliche Verurteilung oder einen Verlust der Rechtsfähigkeit durch Ablegung eines Klostergelübdes (sog. Klostertod) gibt es seit langem nicht mehr. Probleme wirft allerdings aufgrund der modernen medizinischen Möglichkeiten zur künstlichen Aufrechterhaltung des Lebens die genaue Festlegung des **Zeitpunktes des Todes** auf. Herkömmlicherweise stellte man auf den endgültigen Still-

---

[8] Ebenso z.B. MünchKomm/Gitter § 1 Rdnr. 45.
[9] BGHZ 58, 48, 51 = BGH NJW 1972, 1126; BGHZ 93, 351 = NJW 1985, 1390 (auch wenn die Schädigung durch einen Schock der Schwangeren verursacht wurde).
[10] BGHZ 8, 243 = NJW 1953, 417.

stand der Herz- und Atmungstätigkeit ab. In den Fällen, in denen diese Funktionen künstlich aufrecht erhalten werden, empfiehlt es sich auch für das Zivilrecht, den sog. Hirntod als maßgeblich zu betrachten, also den Zeitpunkt, in dem nach medizinisch anerkannten Kriterien ein endgültiger Ausfall der für das Leben kennzeichnenden Hirnfunktionen festzustellen ist[11]. Der Todeszeitpunkt kann auch für zivilrechtliche (vor allem erbrechtliche) Folgen eine entscheidende Rolle spielen.

2. Die Bedeutung der Todeserklärung

991 Nach den Vorschriften des Verschollenheitsgesetzes (VerschG) ist eine **Todeserklärung** möglich, wenn der Aufenthalt einer Person während längerer Zeit unbekannt ist und nach den Umständen ernstliche Zweifel an ihrem Fortleben bestehen. Im einzelnen sind die Voraussetzungen bei Kriegs-, See-, Luft- und Gefahrverschollenheit unterschiedlich. Das Gesetz enthält auch bestimmte Fristen, die seit dem auslösenden Ereignis abgelaufen sein müssen. Die Todeserklärung führt nicht zur Beendigung der Rechtsfähigkeit. Sie begründet jedoch die **Vermutung**, daß der Verschollene in dem im Todeserklärungsbeschluß festgestellten Zeitpunkt gestorben ist, § 9 Abs. 1 Satz 1 VerschG. Diese Vermutung stellt eine Beweislastregel dar. Es ist zunächst einmal vom Versterben im angegebenen Zeitpunkt auszugehen, und derjenige, der andere Rechtsfolgen geltend machen will, weil der für tot Erklärte in Wirklichkeit noch lebe, muss das Leben nachweisen. Die Todeserklärung erlaubt auch dem überlebenden Ehegatten, eine neue Ehe einzugehen. Welche Rechtsfolgen eintreten, wenn sich dann doch das Überleben des ursprünglichen Ehegatten herausstellt, ist in den §§ 1319f. näher geregelt.

992 Die Todeserklärung erfolgt in einem **gerichtlichen Verfahren**, das zum Bereich der Freiwilligen Gerichtsbarkeit gehört (§ 13 Abs. 1 VerschG, für das Verfahren gelten die §§ 14 bis 38 VerschG sowie die Bestimmungen des FGG). Sachlich zuständig ist das Amtsgericht, § 14 VerschG.

Lösung zu Fall 39:

993 a) Da das gezeugte, aber noch nicht geborene Kind noch keine (volle) Rechtsfähigkeit besitzt, ist eine Eigentumsübertragung auf das Kind zu diesem Zeitpunkt noch nicht möglich. Auch eine durch die spätere Geburt aufschiebend bedingte Übereignung des Hausgrundstücks kann wegen der Bedingungsfeindlichkeit der Auflassung (§ 925 Abs. 2) nicht vorgenommen werden. Marco kann jedoch das gezeugte Kind durch Testament bereits als Erben (oder Miterben) einsetzen und damit z. B. eine Teilungsanordnung (§ 2048) verbinden, wonach das Kind bei der Nachlaßteilung ein bestimmtes Grundstück erhalten soll. Verstirbt Marco noch vor der Geburt des Kindes, so kann dieses gleichwohl, wenn es später geboren wird, Erbe werden,

---

[11] So generell OLG Köln FamRZ 1992, 860. Für eine differenzierende Betrachtung (Beibehaltung der herkömmlichen Kriterien, wenn die Körperfunktionen nicht künstlich aufrecht erhalten wurden) dagegen MünchKomm/Leipold § 1922 Rdnr. 12f. mwN. – Die Voraussetzungen, unter denen eine Organtransplantation vorgenommen werden darf, sind im Transplantationsgesetz vom 5.11.1997, BGBl. 1997 I, S. 2631, geregelt. Dieses Gesetz definiert die Kriterien der Todesfeststellung nicht, doch ist eine Transplantation nicht vor der Feststellung des endgültigen Ausfalls der wesentlichen Hirnfunktionen zulässig.

§ 1923 Abs. 2. Auch ein Vermächtnis (es verschafft dem Kind einen Anspruch gegen die Erben auf Übertragung des Grundstücks, vgl. § 1939) kann dem Kind durch Testament bereits in dieser Phase zugewandt werden.

b) Der Anspruch aus § 823 Abs. 1 setzt voraus, dass Körper oder Gesundheit eines anderen rechtswidrig und schuldhaft verletzt wurden. Obgleich das ungeborene Kind zum Zeitpunkt der Schädigung noch keine Rechtsfähigkeit besaß, entspricht es doch dem Schutzzweck des § 823 Abs. 1, dem Kind Schadensersatzansprüche gegen den Schädiger Harsch zuzusprechen. Das Kind erwirbt diese Schadensersatzansprüche, wenn es lebend geboren wird. Es handelt sich sodann um eigene Ansprüche des Kindes, die jedoch, da dem Kind noch die Geschäftsfähigkeit fehlt, von seinen gesetzlichen Vertretern im Namen des Kindes geltend gemacht werden müssen (§ 1629 Abs. 1).

§ 21 Die Rechtsfähigkeit des Menschen

Kontrollfragen und Fälle zu § 21

1) Worin liegt der Unterschied zwischen der Rechtsfähigkeit und der Geschäftsfähigkeit?

2) Welche Arten der Rechtssubjekte sind zu unterscheiden?

3) Ist ein gezeugtes, aber noch nicht geborenes Kind bereits rechtsfähig?

4) Nicole hängt sehr an ihrem Reitpferd. Um sein Wohlergehen zu sichern, falls ihr etwas zustoßen sollte, kommt sie auf die Idee, ein Sparkonto mit dem Zusatz zu eröffnen, bei ihrem Ableben solle das gesamte Guthaben dem Pferd zustehen. Was halten Sie davon?

Lösungen

995 1) Die Rechtsfähigkeit ist Voraussetzung der Zuordnung von Rechten und Pflichten an das rechtsfähige Subjekt. Die Geschäftsfähigkeit ist dagegen Teil der rechtlichen Handlungsfähigkeit. Sie ist Voraussetzung dafür, durch eigene rechtsgeschäftliche Handlungen Rechtsfolgen herbeiführen zu können.

996 2) Arten der Rechtssubjekte sind einerseits die natürlichen Personen (der Mensch, dem von Natur aus Rechtsfähigkeit zukommt), andererseits die juristischen Personen und die rechtsfähigen Personengesellschaften, d.h. Vereine, Gesellschaften und Stiftungen, denen die Rechtsordnung die Rechtsfähigkeit zubilligt.

997 3) Das Kind im Mutterleib (sog. nasciturus) ist noch nicht im vollen Sinne rechtsfähig, da die Rechtsfähigkeit nach § 1 erst mit der Vollendung der Geburt erworben wird. In bestimmten rechtlichen Zusammenhängen, z.B. im Erbrecht, gibt es aber Bestimmungen zum Schutz der Interessen bereits gezeugter, aber noch nicht geborener Personen. Insoweit ist dem nasciturus bereits eine begrenzte Rechtsfähigkeit zuzubilligen.

998 4) Die Rechtsfigur eines Vertrages zugunsten Dritter auf den Todesfall erlaubt es an sich, zu bewirken, dass die Ansprüche aus einem Sparkonto (Vertrag mit der Bank oder Sparkasse) mit dem Tode des Konto-Inhabers einem anderen (dem Dritten) zustehen. Da eine solche Vertragsgestaltung in § 331 Abs. 1 ausdrücklich vorgesehen ist, wird sie von der ganz h.M. auch ohne Einhaltung der erbrechtlichen Formen (Testament oder Erbvertrag) als wirksam betrachtet. Das Pferd kommt aber mangels Rechtsfähigkeit nicht als zu begünstigender Dritter in Betracht; es könnte den Anspruch gegen die Bank oder Sparkasse nicht erwerben. Nicole kann aber z.B. eine Vertrauensperson als Treuhänder einschalten, die den Anspruch aus dem Konto erwerben soll, und mit dieser vereinbaren, dass sie das Guthaben zum Wohle des Pferdes zu verwenden hat.

§ 22 Juristische Personen, insbesondere der rechtsfähige (eingetragene) Verein

Fall 40: Ost beabsichtigt die Gründung eines Vereins zur Förderung der deutsch-indonesischen Beziehungen. Der Verein soll vor allem die kulturellen und wissenschaftlichen Kontakte unterstützen. Allerdings möchte Ost auch entgeltliche Veranstaltungen, z.B. mit indonesischer Musik, durchführen.
a) Wie kann die Rechtsfähigkeit für diesen Verein erlangt werden?
b) Drei Monate nach Eintragung des Vereins in das Vereinsregister stellt sich heraus, dass Jung, eines der sieben Gründungsmitglieder, erst 17 Jahre alt ist und seine Eltern mit der Mitgliedschaft im Verein nicht einverstanden sind. Sie verlangen sogar die 10 € Mitgliedsbeitrag, die Jung für das erste Vierteljahr bereits bezahlt hat, wieder zurück. Der Verein hat noch keine weiteren Mitglieder gewonnen. Welche Rechtsfolgen ergeben sich für den Verein und für Jung?

I. Funktion, Begriff und Arten der juristischen Person

1. Funktion und Begriff

Zusammenschlüsse mehrerer Personen zur Erreichung gemeinsamer Zwecke spielen auf vielen Gebieten eine wichtige Rolle. Das gilt im Bereich der Freizeitgestaltung wie im Wirtschaftsleben, werden doch die meisten Unternehmen heute in Form von Gesellschaften betrieben. Die Struktur solcher Personenvereinigungen ist sehr unterschiedlich. Sie reicht von lockeren Gruppen (Stammtischrunde) über dauernde Zusammenschlüsse mit starken personalen Elementen (Lotto-Spielgemeinschaft) bis zu großen Sportvereinen oder Aktiengesellschaften mit Tausenden von Aktionären. Einen besonderen Grad der Selbständigkeit erreicht eine derartige Organisationsform, wenn die Rechtsordnung sie als Rechtssubjekt, als **juristische Person**, anerkennt. Damit wird das Vermögen der Vereinigung, also deren Rechte und Verbindlichkeiten, von dem Vermögen der Mitglieder getrennt. Die juristische Person, z.B. der eingetragene Verein, ist dann selbst Träger des Vermögens, also Eigentümer, Gläubiger oder Schuldner. Regelmäßig ist mit dieser Vermögenstrennung eine **Beschränkung der Haftung** auf das Vermögen der juristischen Person verbunden: die Mitglieder haften nicht persönlich für Schulden der juristischen Person.

Somit ergibt sich folgende **Definition:** Die juristische Person ist eine verselbständigte Organisation von Personen und Vermögensgütern, die einem gemeinsamen Zweck dient und von der Rechtsordnung als eigenes Rechtssubjekt anerkannt wird.

Die Frage nach der **theoretischen Erklärung** des Wesens einer juristischen Person, die vor allem im 19. Jahrhundert sehr umstritten war, ist heute angesichts der eingehenden gesetzlichen Regelung der juristischen Personen in den Hintergrund getreten. Die **Fiktionstheorie** (verknüpft mit den Namen *von Savigny, Puchta* und *Windscheid*) ging vom Menschen als Rechtssubjekt aus und vermochte daher in einer juristischen Person nur ein von der Rechtsordnung fingiertes Subjekt zu sehen. Demgegenüber betonte die **Theorie von der realen Verbandspersönlichkeit** (*Beseler, Otto von Gierke*) das reale Leben einer juristischen Person, deren tatsächliche Bedeutung oft weit über die eines einzelnen Menschen hinausgehe. Insgesamt gingen diese und andere Theorien[1] teils von einer juristischen, teils eher von einer soziologischen Betrachtungsweise aus. Auch weisen die juristischen Personen eine große Vielfalt auf; sie treten teils sehr real in Erscheinung, teils mehr fiktiv als ein Element der juristischen Konstruktion. Heute stellt man, wie in der angegebenen Definition, vor allem die **zweckgebundene Organisation** als Wesensmerkmal in den Vordergrund.

2. Arten der juristischen Person

a) Juristische Personen des Privatrechts (und rechtsfähige Personengesellschaften)

1002 Dies sind juristische Personen, deren Organisation durch Normen des Privatrechts geregelt wird und die privaten Zwecken dienen. Den Grundtyp bildet der rechtsfähige Verein des BGB. Darauf bauen die **Kapitalgesellschaften** als juristische Personen des Handelsrechts auf. Dazu gehören die Gesellschaft mit beschränkter Haftung (GmbH), einschließlich der Rechtsanwaltsgesellschaft nach §§ 59 c ff. BRAO, die Aktiengesellschaft (AG), die Kommanditgesellschaft auf Aktien (KGaA) und die Genossenschaft. Zu den juristischen Personen des Privatrechts zählen ferner die **rechtsfähigen Stiftungen** (§§ 80ff.), bei denen ein bestimmtes Vermögen einem Stiftungszweck gewidmet wird (näher s. Rdnr. 1063ff.).

1003 Schwierigkeiten bereitet die Einordnung der **Personengesellschaften**. Deren Grundtyp bildet die **Gesellschaft des bürgerlichen Rechts** (§§ 705ff.), wie sie etwa bei der erwähnten Lotto-Spielgemeinschaft, aber auch bei einer Anwalts-Sozietät oder einer Arbeitsgemeinschaft (sog. ARGE) mehrerer an einem größeren Bauprojekt beteiligter Unternehmen vorliegen kann. Hinzu kommen die handelsrechtlichen Personengesellschaften, nämlich die **Offene Handelsgesellschaft** (OHG – § 105 HGB) und die **Kommanditgesellschaft** (KG – § 161 HGB). Die OHG und die KG werden seit längerem von der h.M. als **rechtsfähig** angesehen, wofür auch § 124 Abs. 1 HGB (für die KG anwendbar über § 161 Abs. 2 HGB) spricht. Nach dieser Vorschrift können OHG und KG unter ihrer Firma Rechte und Verbindlichkeiten eingehen, auch Eigentum und andere Rechte an Grundstücken erwerben. Ob man auch die **BGB-Gesellschaft** als rechtsfähig anzusehen hat, war lebhaft umstritten. Der BGH[2] hat nunmehr ihre **Rechtsfähigkeit bejaht**, soweit sie – als sog. **Außengesellschaft** – durch Teilnahme am Rechtsverkehr eigene Rechte und Pflichten begründet.

1004 Obgleich damit die Rechtsfähigkeit der Personengesellschaften weitgehend anerkannt wird, ordnet man diese überwiegend nicht den juristischen Personen zu[3]. Dies

---

[1] Näher zum Theorienstreit MünchKomm/Reuter, vor § 21 Rdnr. 1; ausführlich (und kritisch hinsichtlich der üblichen Wiedergabe der Lehre Savignys) Flume, Allgemeiner Teil des Bürgerlichen Rechts, Erster Band, Zweiter Teil, Die juristische Person (1983), § 1.
[2] BGHZ 146, 341 = NJW 2001, 1056 = JZ 2001, 655 (mit Anm. Wiedemann) = JuS 2001, 509 (mit Anm. K. Schmidt); bestätigt durch BGH NJW 2002, 1207.
[3] Auch BGHZ 146, 341, 347 (Fn. 2) folgt der Ansicht, wonach OHG und KG (und ebenso nunmehr die BGB-Außengesellschaft) „rechtsfähig sind, ohne als Gesamthandsgemeinschaften den Status einer juristischen Person zu besitzen". Näher s. K. Schmidt, Gesellschaftsrecht,

hängt mit der anderen Struktur der Vermögenszuordnung bei den Personengesellschaften zusammen. Als Träger des Gesellschaftsvermögens, also der Rechte und der Verbindlichkeiten, wird die Gesamtheit der Mitglieder in einer besonderen, durch den Gesellschaftszweck bestimmten Bindung betrachtet: die Mitglieder bilden mit anderen Worten eine sog. **Gesamthandsgesellschaft**. Damit ist, anders als bei den juristischen Personen, vielfach auch eine persönliche Haftung der Mitglieder für die Verbindlichkeiten der Gesellschaft verbunden (s. vor allem § 128 Satz 1 HGB). Diese Unterscheidung zwischen **juristischen Personen** und **rechtsfähigen Personengesellschaften** findet sich im übrigen auch in § 14 Abs. 1 (s. Rdnr. 329).

Personengesellschaften sind auch die **europäische wirtschaftliche Interessenvereinigung** (EWIV)[4], die einer grenzüberschreitenden wirtschaftlichen Zusammenarbeit dienen soll, und die **Partnerschaftsgesellschaft**[5] (zur gemeinsamen Ausübung freier Berufe). Beide werden, wie die OHG, als **rechtsfähig**, aber nicht als juristische Person betrachtet.

Weder juristische Person noch rechtsfähig sind die **eheliche Gütergemeinschaft** (sie entsteht nur durch ehevertragliche Vereinbarung dieses Güterstands, § 1415) und die **Miterbengemeinschaft**[6] (§ 2032 Abs. 1). In beiden Fällen haben wir es vielmehr mit **Gesamthandsgemeinschaften** zu tun, bei denen die Rechte und Pflichten den Mitgliedern, also den Ehegatten (hinsichtlich des sog. Gesamtguts) bzw. den Miterben (hinsichtlich des Nachlasses) gemeinsam in der aus dem Gemeinschaftszweck resultierenden Bindung zugeordnet sind. Gehört z.B. zu einem Nachlass ein Grundstück, so sind die Miterben in ihrer Gesamtheit Eigentümer. Soll bei der Auseinandersetzung einer der Miterben das Alleineigentum an dem Grundstück erhalten, so bedarf es einer Übertragung des Grundstückseigentums (durch Auflassung und Eintragung in das Grundbuch) durch die Miterbengemeinschaft an den einzelnen Erben.

Keine juristischen Personen sind ferner die **Bruchteilsgemeinschaften** (§§ 741 ff., für das **Miteigentum** ergänzt durch §§ 1008 ff.), bei denen ein Recht verschiedenen Personen zu (ideellen) Bruchteilen zusteht. So kann etwa das Eigentum an einem Grundstück dem A zu 1/2, dem B und der C zu je 1/4 als Miteigentümern zustehen. Über seinen Anteil kann in diesen Fällen jeder Teilhaber einzeln verfügen, § 747 Satz 1.

---

[3]. Aufl., § 8 III u. IV; Kraft-Kreutz, Gesellschaftsrecht, 11. Aufl., S. 103 ff.; Grunewald, Gesellschaftsrecht, 4. Aufl., 1. A, Rdnr. 99 (S. 49 f.) – Dagegen spricht sich Raiser AcP Bd. 199 (1999), S. 104 ff. dafür aus, bei den Personengesellschaften auf die Figur der Gesamthand ganz zu verzichten und sie den juristischen Personen zuzuordnen.

[4] Sie beruht auf einer Verordnung der Europäischen Gemeinschaft (1985) und einem deutschen Ausführungsgesetz (1988), näher s. MünchKomm/Ulmer, 3. Aufl., vor § 705 Rdnr. 16 f.

[5] Eingeführt durch das Partnerschaftsgesellschaftsgesetz aus dem Jahre 1994, näher s. die Kommentierung dieses Gesetzes bei MünchKomm/Ulmer, 3. Aufl., nach § 740.

[6] So die h.M., doch wollen manche auch der Erbengemeinschaft (im Anschluss an die neuere Entwicklung bei der BGB-Gesellschaft) Rechtsfähigkeit zuerkennen, dazu Leipold, Erbrecht, 14. Aufl., Rdnr. 721 mwN.

b) Juristische Personen des öffentlichen Rechts

1008 Dies sind juristische Personen, deren Organisation durch Normen des öffentlichen Rechts geregelt wird und die der Erfüllung öffentlicher Aufgaben dienen. Hierher gehören die **Gebietskörperschaften** (Gemeinden, Bundesländer, die Bundesrepublik Deutschland), sonstige **Körperschaften** (z.B. Universitäten, Kirchen), **Anstalten** (z.B. die öffentlichrechtlichen Rundfunk- und Fernsehanstalten) und **Stiftungen** des öffentlichen Rechts. Die juristischen Personen des öffentlichen Rechts sind Rechtssubjekte auch für den Bereich des Privatrechts. Handelt der Staat privatrechtlich, so bezeichnet man ihn herkömmlicherweise als **Fiskus**, so auch in § 89 Abs. 1, einer wichtigen Vorschrift im Bereich privatrechtlicher Haftung (näher s. Rdnr. 1066f.).

II. Der rechtsfähige Verein

1. Begriff und Arten

a) Begriff

1009 Wenngleich das Gesetz keine ausdrückliche Definition des Vereins enthält, so kann man doch aus der (recht ausführlichen) gesetzlichen Regelung die **Begriffsmerkmale** entnehmen: Der Verein ist eine freiwillige Personenvereinigung, die zur Erreichung eines gemeinschaftlichen Zwecks gegründet, auf Dauer angelegt, körperschaftlich organisiert, vom Wechsel der Mitglieder unabhängig und mit einem Gesamtnamen versehen ist.

b) Systeme des Erwerbs der Rechtsfähigkeit

1010 Die Vereinigungsfreiheit ist in Art. 9 Abs. 1 GG als Grundrecht garantiert. Gleichwohl sind für den Erwerb der Rechtsfähigkeit unterschiedliche Systeme denkbar. Bei einem *System der freien Körperschaftsbildung* würde die Rechtsfähigkeit ganz ohne Mitwirkung des Staates erlangt. Von einer unsoliden Gründung einer juristischen Person können aber ganz erhebliche Gefahren für den Rechtsverkehr ausgehen. Daher verzichtet der Staat nicht auf eine gewisse Kontrolle des Gründungsvorgangs. Das Gegenstück würde ein reines *Konzessionssystem* bilden, bei dem die Rechtsfähigkeit erst durch eine staatliche Verleihung erlangt wird. Das BGB folgt diesem System nur für den (wenig bedeutsamen) wirtschaftlichen Verein (s. Rdnr. 1012). Für den Idealverein gilt dagegen das **System der Normativbestimmungen**. Danach ist kein besonderer staatlicher Verleihungsakt erforderlich, so dass auch ein verwaltungsbehördliches Ermessen von vornherein nicht in Betracht kommt. Jedoch müssen bei der Gründung des Vereins verschiedene normativ (d.h. durch Rechtssätze) festgelegte Erfordernisse erfüllt werden, die dem Schutz der Beteiligten und des Rechtsverkehrs dienen. Sind diese Voraussetzungen gegeben, so ist der Verein in das Vereinsregister einzutragen und erlangt dadurch die Rechtsfähigkeit.

c) Arten der rechtsfähigen Vereine nach dem BGB

Das BGB unterscheidet die Vereine danach, ob ihr **Zweck** auf einen wirtschaftlichen Geschäftsbetrieb gerichtet ist oder nicht. Für den wirtschaftlichen Verein gilt nach § 22 das Konzessionssystem, für den nichtwirtschaftlichen Verein (Idealverein) dagegen das System der Normativbestimmungen, § 21. 1011

Die **wirtschaftlichen Vereine** (ein Beispiel bildet immerhin die GEMA[7]) spielen keine größere Rolle, da für den Bereich wirtschaftlicher Betätigung im allgemeinen die Formen der Handelsgesellschaften zur Verfügung stehen. Die Erteilung der Rechtsfähigkeit liegt zwar an sich im Ermessen der Behörde[8], sie kommt aber nach der Rechtsprechung des Bundesverwaltungsgerichts[9] nur in Betracht, wenn es wegen der besonderen Umstände des Einzelfalls für die Vereinigung unzumutbar ist, sich in einer der üblichen Rechtsformen (z.B als AG oder GmbH) zu organisieren, die für rechtsfähige wirtschaftliche Zusammenschlüsse bundesgesetzlich bereitgestellt sind. Dies wird aus den Worten „in Ermangelung besonderer reichsgesetzlicher Vorschriften" in § 22 Satz 1 gefolgert. 1012

d) Abgrenzung zwischen wirtschaftlichem und nichtwirtschaftlichem Verein

Da nur der Idealverein die Rechtsfähigkeit durch Eintragung in das Vereinsregister erlangen kann, kommt der **Abgrenzung zum wirtschaftlichen Verein** erhebliche Bedeutung zu. Stellt sich heraus, dass ein eingetragener Verein entgegen seiner Satzung nicht nur ideelle Zwecke verfolgt, sondern einen wirtschaftlichen Geschäftsbetrieb unterhält, so kann ihm durch behördliche Verfügung die Rechtsfähigkeit entzogen werden, § 43 Abs. 2[10]. 1013

Unter einem **wirtschaftlichen Geschäftsbetrieb** versteht man eine auf Erwerb wirtschaftlicher Vorteile für den Verein oder die Mitglieder gerichtete Tätigkeit nach außen. Entscheidend ist dabei der **Haupt-** und **Endzweck des Vereins**. Eine mittelbare Förderung der wirtschaftlichen Interessen der Mitglieder macht den Verein daher noch nicht zu einem wirtschaftlichen Verein. So wird etwa ein Haus- und Grundbesitzerverein als nichtwirtschaftlich angesehen, ein Darlehens- und Rentenverein (Zweck ist die Erbringung von Leistungen an die Mitglieder) dagegen als wirtschaftlicher Verein. 1014

Da es auf den Hauptzweck ankommt (man spricht insoweit auch von einem **Nebenzweckprivileg**), ist ein Sportverein auch dann noch ein Idealverein, wenn er 1015

---

[7] Die GEMA (Gesellschaft für musikalische Aufführungs- und mechanische Vervielfältigungsrechte) hat die Aufgabe, die Rechte der Urheber und Verleger von Musikwerken zu wahren.

[8] Die Zuständigkeit der Behörden für die Erteilung der Rechtsfähigkeit an wirtschaftliche Vereine richtet sich nach dem Landesrecht, näher s. MünchKomm/Reuter §§ 21, 22 Rdnr. 72.

[9] BVerwG NJW 1979, 2261. Dabei handelt es sich um eine Schranke der Verleihungsbefugnis, nicht bloß um einen im Rahmen der Ermessensausübung zu beachtenden Gesichtspunkt, MünchKomm/Reuter §§ 21, 22 Rdnr. 74f.

[10] Ein Beispiel bietet der Streit um die Rechtsfähigkeit von „Scientology", s. BVerwG NJW 1998, 1166 = JZ 1998, 786 (mit Anm. Müller-Laube).

durch Veranstaltungen erhebliche Einnahmen erzielt oder auch, wenn er gelegentlich seine Räume für andere Zwecke vermietet. Auch die Bundesliga-Fußballvereine werden von der Praxis nicht als wirtschaftliche Vereine angesehen, soweit sie über die Bundesligamannschaft hinaus der Förderung des Fußballsportes als ideellem Hauptzweck dienen[11], doch kann man sich, wie praktische Beispiele (Borussia Dortmund) zeigen, für den Bundesligabetrieb auch der Rechtsform der AG bedienen.

2. Gründung und Erwerb der Rechtsfähigkeit beim nichtwirtschaftlichen Verein (Idealverein)

a) Gründungsbeschluss und Aufstellung einer Satzung

1016 Die Gründer müssen die Gründung des Vereins und eine Satzung beschließen. Die **Satzung** (§ 25) regelt die Verfassung des Vereins. Ihr Mindestinhalt für den eingetragenen Verein ergibt sich aus § 57 (Zweck, Name, Sitz, angestrebte Eintragung). Soll-Erfordernisse stellt § 58 auf.

1017 Der Gründungsakt wird heute durchweg als **Gründungsvertrag** angesehen. Er besitzt rechtsgeschäftlichen Charakter. Allerdings ergeben sich bei der Anwendung der allgemeinen Vorschriften Besonderheiten, wenn der Verein bereits ins Leben getreten ist. So wird man einer Anfechtung wegen Willensmängeln durch einen Gründer nicht die rückwirkende Vernichtung des Vereins zubilligen können, sondern nur ein Recht des Mitglieds zum Austritt aus dem Verein daraus ableiten[12]. Fehlt es dagegen dem Mitglied an der Geschäftsfähigkeit, so ist zwar von der Unwirksamkeit der Mitwirkung dieses Mitglieds von Anfang an auszugehen, doch besteht auch hier der Verein mit den übrigen Mitgliedern weiter.

1018 Die **Zahl der Mitglieder** soll bei Anmeldung der Eintragung mindestens sieben betragen, §§ 56, 59 Abs. 3. Ist die Zahl nicht erreicht, so wird die Eintragung abgelehnt. Erfolgt aber dennoch eine Eintragung, etwa versehentlich, so bleibt die Wirksamkeit und das Fortbestehen der Eintragung unberührt, da es sich nur um ein Soll-Erfordernis handelt. Sinkt die Mitgliederzahl unter drei, so führt dies nach Maßgabe des § 73 zur Entziehung der Rechtsfähigkeit.

b) Bestellung des Vorstands

1019 Wie sich aus § 59 ergibt, muss der Verein bei der Anmeldung zur Eintragung bereits einen **Vorstand** haben. Der Vorstand wird durch **Beschluss der Mitgliederversammlung** bestellt, § 27, sofern nicht die Satzung etwas anderes bestimmt, § 40. Die Vorschrift des § 40 verdient besondere Beachtung: aus ihr lässt sich entnehmen, welche Vorschriften des Vereinsrechts zwingend und welche dispositiv (durch die Satzung abdingbar) sind.

---

[11] Dies ist freilich umstritten, a.M. z. B. MünchKomm/Reuter §§ 21, 22 Rdnr. 43 mwN.
[12] Vgl. MünchKomm/Reuter §§ 21, 22 Rdnr. 65 (in Anlehnung an die Grundsätze der fehlerhaften Gesellschaft); § 25 Rdnr. 21.

c) Anmeldung zur Eintragung

Die Anmeldung, § 59, hat beim Amtsgericht zu erfolgen, das für die Eintragung in das Vereinsregister zuständig ist. **1020**

d) Überprüfung durch das Amtsgericht

Das **Amtsgericht überprüft**, ob den in den §§ 56 bis 59 genannten Erfordernissen Rechnung getragen ist. Fehlt es daran, so wird der Eintragungsantrag zurückgewiesen. **1021**

Verboten sind Vereinigungen, deren Zweck oder Tätigkeit den **Strafgesetzen** zuwiderlaufen oder die sich gegen die **verfassungsmäßige Ordnung** oder gegen den Gedanken der Völkerverständigung richten, Art. 9 Abs. 2 GG. Sollte sich dergleichen aus den eingereichten Eintragungsunterlagen, vor allem aus der Satzung, ergeben, so hat das Amtsgericht den Eintragungsantrag zurückzuweisen[13]. **1022**

e) Eintragung in Vereinsregister

Der Inhalt der Eintragung ergibt sich aus § 64. Der Name des Vereins erhält den Zusatz eingetragener Verein (e.V.), § 65. Die **Eintragung in das Vereinsregister** hat **konstitutive** (rechtsbegründende) **Wirkung**, da mit dieser Eintragung der Verein die **Rechtsfähigkeit** erwirbt, § 21. Den Gegensatz dazu bildet eine lediglich *deklaratorische*, d.h. rechtsbekundende Wirkung einer Eintragung. Die Veröffentlichung in einer Tageszeitung nach § 66 ist nicht konstitutiv. Das Verfahren bezüglich des Vereinsregisters richtet sich nach den §§ 159 ff. FGG. **1023**

Ein **Einsichtsrecht** hat nach § 79 jedermann ohne besondere Voraussetzung, nicht etwa nur bei Nachweis eines rechtlichen Interesses. **1024**

f) Mängel bei der Gründung

Sind bei der Eintragung des Vereins Fehler unterlaufen, so spielt die Unterscheidung zwischen **Sollvorschriften** und **Mussvorschriften** eine entscheidende Rolle. Wenn lediglich Sollvorschriften nicht erfüllt wurden, so bleibt dies ohne Auswirkung. Aber auch beim Fehlen zwingender Eintragungserfordernisse (Mussvorschriften) ist nach überwiegender Meinung der Verein bis zur Löschung (§§ 159, 142 FGG) als rechtsfähig anzusehen. Dies erfordert die Klarheit für den Rechtsverkehr. Die fehlerhafte Eintragung ist danach im Regelfall nur **vernichtbar**, ohne dass damit eine Rückwirkung verbunden wäre. Eine Nichtigkeit von Anfang an wird man allerdings annehmen müssen, wenn überhaupt keine Personenvereinigung vorliegt **1025**

---

[13] Vgl. Palandt/Heinrichs § 60 Rdnr. 1, § 25 Rdnr. 5. – Die früher in § 61 Abs. 1 festgelegte Pflicht des Registergerichts, der zuständigen Verwaltungsbehörde die Anmeldung mitzuteilen, damit diese eine Überprüfung aufgrund des öffentlichen Vereinsrechts (geregelt im Vereinsgesetz) vornehmen kann, wurde durch das Justizmitteilungsgesetz zum 1. 6. 1998 beseitigt (Aufhebung der §§ 61 bis 63). Eine Pflicht zur Mitteilung der Eintragung an die Verwaltungsbehörde sieht § 159 Abs. 2 FGG bei Ausländervereinen vor.

(schon der äußere Tatbestand fehlt), wohl auch, wenn der Verein überhaupt nicht eingetragen werden sollte[14].

g) Der Vorverein

1026 Wenngleich die Rechtsfähigkeit erst mit der Eintragung entsteht, so ist doch der Verein als Personenzusammenschluss bereits **im Gründungsstadium existent**, sobald die Gründung beschlossen ist. Es können auch, gerade um die Gründung durchzuführen, bereits Rechtsgeschäfte erforderlich sein. Im Gründungsstadium ist ein sogenannter **Vorverein** gegeben. Wenngleich sich keine ausdrückliche Vorschrift darüber findet, so nimmt man doch wegen des funktionalen Zusammenhangs an, dass die Rechte und Pflichten des Vorvereins von selbst auf den rechtsfähig gewordenen Verein übergehen, soweit es sich um durch den Gründungszweck gedeckte Rechtsvorgänge handelt[15].

1027 Problematisch ist, wie sich die Entstehung der juristischen Person auf die **Haftung für schon im Gründungsstadium entstandene Verbindlichkeiten** auswirkt. Bei der GmbH hat der BGH[16] angenommen, mit Eintragung der GmbH erlösche grundsätzlich die persönliche Haftung der Handelnden, doch seien die Gründungsgesellschafter verpflichtet, dafür zu sorgen, dass der GmbH zum Zeitpunkt der Eintragung das Haftungskapital (Stammkapital) ungeschmälert zur Verfügung stehe (sog. Differenzhaftung). Nimmt man dementsprechend auch beim rechtsfähigen Verein an, dass mit Erwerb der Rechtsfähigkeit die bisherige persönliche Haftung der für den Vorverein handelnden Gründer (§ 54 Satz 2) entfällt[17], so wird man aber diesen Personen auch die Pflicht auferlegen müssen, dem Verein soviel an Mitteln zuzuführen, dass er nicht überschuldet ins Leben tritt[18].

Lösung zu Fall 40:

1028 a) Der Verein kann die Rechtsfähigkeit durch Eintragung in das Vereinsregister erlangen, wenn sein Zweck nicht auf einen wirtschaftlichen Geschäftsbetrieb gerichtet ist, § 21. Entscheidend ist dabei der Hauptzweck des Vereins. Dieser ist auf die Förderung kultureller und

---

[14] Zu Einzelheiten vgl. MünchKomm/Reuter §§ 21, 22 Rdnr. 63 ff.
[15] Vgl. bereits RGZ 85, 256.
[16] BGHZ 80, 129 = NJW 1981, 1373. Nach der neueren Rechtsprechung haften die Gesellschafter einer Vor-GmbH, die nicht eingetragen wird, für die Verbindlichkeiten der Vor-GmbH unbeschränkt, im Regelfall aber nur im Innenverhältnis zu der Vor-GmbH, BGHZ 134, 333 = NJW 1997, 1507 (mit Anm. Altmeppen, der die bloße Innenhaftung ablehnt); BAG NJW 1997, 3331 sowie BAG GmbHR 2001, 919 (aber unmittelbare Haftung der Gesellschafter, wenn die Vor-GmbH vermögenslos ist); dazu Altmeppen NJW 1997, 3272. Ausführlich zu diesen Fragen K. Schmidt, Gesellschaftsrecht, 3. Aufl., § 34 III 3 (S. 1016 ff.). S. auch BFH NJW 1998, 2926, wonach es bei einer „unechten Vorgesellschaft" (der Geschäftsbetrieb wird fortgeführt, obwohl die Eintragung als GmbH endgültig gescheitert ist) bei der (unbeschränkten) Außenhaftung der Gesellschafter verbleibt. A.M. OLG Bremen ZIP 2000, 2201, das auch in einem solchen Fall die bloße Innenhaftung der Gesellschafter bejaht.
[17] So z.B. K. Schmidt, Gesellschaftsrecht, 3. Aufl., § 24 II 3 (S. 687).
[18] Dafür MünchKomm/Reuter §§ 21, 22 Rdnr. 84.

wissenschaftlicher Kontakte gerichtet und daher ideeller Natur. Dass im Zusammenhang mit der Verfolgung des Hauptzweckes auch wirtschaftliche Geschäfte betrieben werden, hindert die Beurteilung als Idealverein nicht (sog. Nebenzweckprivileg). Die Absicht, gelegentlich entgeltliche Veranstaltungen durchzuführen, steht daher der Anerkennung als Idealverein und damit der Erlangung der Rechtsfähigkeit durch Eintragung in das Vereinsregister nicht entgegen.

b) Der Gründungsakt ist als Vertrag zu beurteilen, so dass grundsätzlich die allgemeinen Vorschriften über Rechtsgeschäfte zur Anwendung kommen. Da durch die Mitgliedschaft im Verein auch Verpflichtungen, insbesondere zur Zahlung des Mitgliedsbeitrags, begründet werden, ist der Gründungsvertrag nicht lediglich rechtlich vorteilhaft. Der minderjährige Jung hätte also der Einwilligung (§ 107) oder der Genehmigung (§ 108) durch seine Eltern als gesetzliche Vertreter bedurft. Da es daran fehlt, ist seine Willenserklärung endgültig unwirksam.

1029

Die Gründung des Vereins erweist sich damit als fehlerhaft. Da aber der Verein durch Eintragung in das Vereinsregister bereits existent geworden ist, erscheint es im Interesse der Sicherheit des Rechtsverkehrs nicht angemessen, aufgrund der Mitwirkung des Minderjährigen den Verein von Anfang an als nicht entstanden anzusehen. Grundsätzlich ist vielmehr auch ein fehlerhaft gegründeter Verein mit Eintragung in das Vereinsregister als entstanden zu betrachten (Lehre vom fehlerhaften Verein bzw. der fehlerhaften Gesellschaft). Ein bei der Gründung unterlaufener Fehler kann aber die Beendigung des Vereins rechtfertigen. Dass bei der Gründung nur sechs Mitglieder in rechtswirksamer Weise mitgewirkt haben, verstößt gegen § 56. Dabei handelt es sich aber lediglich um eine Soll-Vorschrift, deren Nichtbeachtung folgenlos bleibt. Erst wenn die Mitgliederzahl weniger als drei beträgt, ist dem Verein nach § 73 die Rechtsfähigkeit zu entziehen.

1030

Eine andere Frage ist aber, welche Rechtsfolgen sich aus der beschränkten Geschäftsfähigkeit für den Minderjährigen ergeben. Der Minderjährigenschutz genießt Vorrang vor den Grundsätzen über die fehlerhafte Gesellschaft[19]. Soweit es daher um Verpflichtungen des Jung geht, sind die allgemeinen Regeln über die beschränkte Geschäftsfähigkeit uneingeschränkt anzuwenden. Jung war daher von Anfang an nicht zur Leistung von Mitgliedsbeiträgen verpflichtet. Die bereits bezahlten 10 € kann er nach § 812 Abs. 1 Satz 1 wegen Fehlens eines rechtlichen Grundes für die Leistung zurückverlangen.

1031

III. Organe des Vereins und Haftung

Fall 41: Schnell ist alleiniger Vorstand des TV Frischauf Burgenstein e.V. Er kauft in dieser Eigenschaft bei Sport-Fröhlich Turngeräte im Wert von 5 800 €.
a) Von wem kann Sport-Fröhlich Zahlung verlangen, wenn die Mitgliederversammlung beschlossen hatte, in diesem Jahr sollten keine Turngeräte mehr gekauft werden?
b) Wie ist es, wenn Schnell zum Zeitpunkt des Kaufs nicht mehr Vorstand war, ohne dass Fröhlich dies wusste?

1. Organe des Vereins

Um im Rechtsverkehr handeln zu können, braucht jede juristische Person Organe, d.h. Personen oder Personengruppen, deren Handlungen der juristischen Person zugerechnet werden. Die zwingend vorgeschriebenen Organe eines rechtsfähigen Vereins sind die **Mitgliederversammlung** und der **Vorstand**. Daneben kann die Satzung weitere Vereinsorgane vorsehen. Die Mitgliederversammlung ist das oberste Organ

1032

---
[19] Vgl. BGH NJW 1993, 1503 (zum Ausscheiden aus einer KG).

des Vereins. Ihre Zuständigkeit umfasst alle Angelegenheiten, soweit nicht die Satzung etwas anderes bestimmt (§ 32). Das Handeln nach außen obliegt jedoch dem Vorstand.

2. Vertretung des Vereins

1033 Der **Vorstand vertritt den Verein** gerichtlich und außergerichtlich, § 26 Abs. 2. Dies bedeutet, dass die vom Vorstand abgeschlossenen Rechtsgeschäfte dem Verein zugerechnet werden. Wenn also der Vorstand einen Kaufvertrag im Namen des Vereins abschließt, so wird nur der Verein Vertragspartner.

1034 Ob der Vorstand als Stellvertreter auftritt (**Vertretertheorie**) oder ob man sein Handeln als eigenes Handeln des Vereins zu betrachten hat (**Organtheorie**), ist eine vor allem früher viel diskutierte Frage. Das Gesetz lässt mit der Formulierung „er hat die Stellung eines gesetzlichen Vertreters" (§ 26 Abs. 2 Satz 1) die Frage offen. Wenngleich keine unmittelbare Verbindung zu konkreten Rechtsfolgen besteht, spricht doch mehr für die Organtheorie[20]. Sie erklärt besser, dass das Verhalten des Organs und sein Wissen grundsätzlich (auch außerhalb des Abschlusses von Rechtsgeschäften) dem Verein zuzurechnen sind. Hat z.B. der Vorstand in dieser Eigenschaft die tatsächliche Gewalt über eine Sache inne, so ist der Verein als Besitzer anzusehen. Auch die umfassende Zurechnung schädigender Handlungen an den Verein durch § 31 spricht für die Organtheorie.

1035 Die Satzung kann die **Vertretungsmacht** des Vorstands **beschränken**, § 26 Abs. 2 Satz 2. Gutgläubigen Dritten gegenüber wirkt dies jedoch nur, wenn die Beschränkung im Vereinsregister eingetragen ist, §§ 70, 68. Außerdem gilt die Vertretungsmacht nicht für Rechtsgeschäfte, die für den Vertragspartner erkennbar völlig außerhalb des Vereinszwecks liegen.

3. Eintragung in das Vereinsregister

1036 Die **Mitglieder des Vorstands** werden **in das Vereinsregister eingetragen** (§ 64), ebenso spätere Änderungen (§ 67). Diese Eintragungen sind jedoch **nicht konstitutiv**. Es wird aber der **gute Glaube auf das Schweigen des Vereinsregisters** gemäß § 68 Satz 1 **geschützt**. Das Vereinsregister genießt nur einen negativen öffentlichen Glauben, d.h. man kann sich nur auf sein Schweigen, nicht auf die positiv darin enthaltenen Eintragungen verlassen. Der Unterschied zeigt sich in folgendem: Wenn jemand als Vorstand eingetragen wird, der in Wirklichkeit nicht Vorstand geworden ist, so wird der gute Glaube an die Richtigkeit dieser Eintragung nicht geschützt. Der Schutz des öffentlichen Glaubens ist also hier wesentlich schwächer ausgestaltet als etwa beim Grundbuch, auf dessen Richtigkeit man sich auch in positiver Hinsicht verlassen kann (§ 892).

---

[20] MünchKomm/Reuter § 26 Rdnr. 11 spricht der Organtheorie die größere Sachgerechtigkeit bei der Schließung von Gesetzeslücken zu.

1037 Darüber hinaus wird nach § 68 Satz 2 der Dritte auch geschützt, wenn eine **Änderung des Vorstands** zwar in das Vereinsregister eingetragen, aber dem Dritten nicht bekannt ist, und wenn diese Unkenntnis nicht auf Fahrlässigkeit beruht. Hier liegt aber die Beweislast, anders als nach § 68 Satz 1, auf Seiten des Dritten. Der Beweis wird kaum zu erbringen sein, da das Unterlassen der Einsicht in der Regel als Fahrlässigkeit zu bewerten ist[21].

Lösung zu Fall 41:

1038 a) Da der Vorstand bei Abschluss des Kaufvertrages den Verein vertritt, kommt der Vertrag nur mit dem Verein, nicht mit dem Vorstand zustande. Also ist auch nur der Verein, nicht der Vorstand zur Zahlung des Kaufpreises verpflichtet. Soweit die Satzung nichts anderes vorsieht, kann die Mitgliederversammlung dem Vorstand Weisungen erteilen. Diese ändern aber nichts an der Vertretungsmacht des Vorstands im Außenverhältnis. Daher ist der Kauf auch dann für den Verein bindend, wenn der Vorstand einem Beschluss der Mitgliederversammlung zuwiderhandelte.

1039 Von der Frage, von wem Fröhlich Zahlung verlangen kann, ist die Frage zu unterscheiden, ob der Vorstand dem Verein haftet, weil er sich über den Beschluss der Mitgliederversammlung hinweggesetzt hat. Für das Innenverhältnis zwischen dem Verein und dem Vorstand gelten gemäß § 27 Abs. 3 die Vorschriften über den Auftrag, §§ 664 bis 670. Es besteht grundsätzlich eine Bindung an Weisungen (vgl. § 665); die schuldhafte Abweichung verpflichtet den Vorstand zum Schadensersatz gegenüber dem Verein[22].

1040 b) Wenn die Änderung des Vorstands nicht im Vereinsregister eingetragen war und wenn Sport-Fröhlich die Änderung nicht kannte, so kann sie ihm nicht entgegengesetzt werden, § 68 Satz 1. Dies bedeutet, dass Schnell weiterhin als Vorstand anzusehen ist und damit der von ihm abgeschlossene Vertrag den Verein bindet.

4. Haftung des Vereins in Schadensfällen

Fall 42: Zum Vereinsheim des TSV Holzberg e.V. führt ein allgemein zugänglicher Weg über das vereinseigene Grundstück. Trotz starker Vereisung war auf dem Weg am 10. Januar nicht gestreut worden. Pech, der seine Freundin von einer Sportveranstaltung abholen wollte, stürzte und brach sich den Arm. Kann er von dem Verein Schadensersatz verlangen,

a) wenn der Hausmeister, ein ansonsten zuverlässiger Mann, an diesem Tag nicht gestreut hatte, weil ihm die Tätigkeit bei der herrschenden Kälte zu beschwerlich war?

b) wenn ein für die Aufsicht zuständiges Vorstandsmitglied dem Hausmeister andere Aufträge erteilte und ihm sagte, er brauche heute nicht zu streuen?

c) wenn kein Hausmeister vorhanden ist und auch von den Vorstandsmitgliedern niemand die Aufgabe hat, sich um das Vereinsheim und den Zugang zu kümmern?

a) Die Haftung für den Vorstand und für verfassungsmäßige Vertreter

1041 Die wichtige Vorschrift des § 31 legt fest, dass der Verein für seinen **Vorstand, einzelne Vorstandsmitglieder** oder andere **verfassungsmäßig** (d.h. durch die Satzung bzw. aufgrund der Satzung) **berufene Vertreter** haftet, ohne dass irgendeine Exkul-

---

[21] Vgl. Köhler § 21 Rdnr. 23.
[22] Vgl. MünchKomm/Reuter § 27 Rdnr. 39.

pationsmöglichkeit vorgesehen wäre. Hier wird deutlich, dass das Handeln des Vorstands als Handeln des Vereins angesehen wird. Man kann daher § 31 als Bestätigung für die Organtheorie verwenden.

1042 Die Reichweite des § 31 hängt stark davon ab, wie man den Begriff des **verfassungsmäßigen Vertreters** auslegt. Nach h.M. ist nicht unbedingt erforderlich, dass die Tätigkeit der Person in der Satzung vorgesehen ist, und auch rechtsgeschäftliche Vertretungsmacht braucht nicht notwendig gegeben zu sein. Vielmehr genügt es, wenn einer Person **bedeutsame, wesensmäßige Funktionen** der juristischen Person **zur selbständigen, eigenverantwortlichen Tätigkeit zugewiesen** sind, wenn sie also die juristische Person auf diese Weise im Rechtsverkehr repräsentiert[23]. Diese über den Wortlaut des § 31 („Vertreter") hinausgehende Haftung wird auch als **Repräsentantenhaftung** bezeichnet[24].

1043 § 31 ist ein **allgemeiner Grundsatz**, der auch bei anderen juristischen Personen gilt. Er wird darüber hinaus bei nicht rechtsfähigen Vereinen (s. Rdnr. 1087) und auch bei der OHG und der KG analog angewandt.

1044 Die Haftung nach § 31 gilt sowohl im Rahmen vertraglicher als auch außervertraglicher, insbesondere deliktischer Rechtsverhältnisse. Einer weiteren Zurechnungsnorm (§ 278 oder § 831) bedarf es nicht, da das Handeln des Organs als Handeln des Vereins, also des Rechtssubjekts selbst, angesehen wird. Ein Teil der Literatur greift dagegen bei vertraglicher Haftung auch für das Organ auf § 278 zurück[25]. Dem ist jedoch nicht zuzustimmen[26]; vielmehr erscheint die in § 31 vorgesehene volle Gleichsetzung des Organhandelns mit einem Handeln des Vereins (Organtheorie) auch für den Bereich der vertraglichen Haftung angemessen. Aus der Nichtanwendung des § 278 folgt, dass es (anders als nach § 278 Satz 2) bei § 276 Abs. 3 bleibt und damit die Haftung für vorsätzliches Handeln von Vereinsorganen nicht im voraus ausgeschlossen werden kann[27].

1045 § 31 gilt nur, wenn das Vereinsorgan **in Ausführung der ihm zustehenden Verrichtungen** gehandelt hat. Den Gegensatz dazu bildet ein Handeln bloß **bei Gelegenheit** der Verrichtung, also ohne inneren Zusammenhang mit den Aufgaben des Organs. Über die Reichweite des § 31 kann man vor allem bei Schädigungen im Zusammenhang mit rechtsgeschäftlichem Handeln streiten. Das Reichsgericht[28] nahm in einem Fall, in dem ein Vorstandsmitglied die Unterschrift des anderen Vorstandsmitglieds – beide waren nur gemeinsam vertretungsberechtigt – auf einem Wechsel gefälscht hatte, an, dies liege außerhalb der Ausführung der dem handelnden Organ zustehen-

---

[23] BGHZ 49, 19, 21 = NJW 1968, 391, 392 (zum Filialleiter einer Auskunftei; der BGH bejahte die Haftung des Unternehmens nach § 31 bei Erteilung falscher Auskünfte); BGH NJW 1998, 1854, 1856.

[24] BGH NJW 1998, 1854, 1856. Man kann es auch so ausdrücken, dass sich die Organhaftung zur Repräsentantenhaftung entwickelt hat, so z.B. MünchKomm/Reuter § 31 Rdnr. 3.

[25] So Medicus Rdnr. 1135.

[26] Larenz/Wolf § 10 Rdnr. 85; Köhler § 21 Rdnr. 30 a; grundsätzlich auch MünchKomm/Reuter § 31 Rdnr. 31.

[27] Köhler § 21 Rdnr. 30 a; Jauernig § 31 Rdnr. 1.

[28] RGZ 134, 375.

den Verrichtung, zumal sonst der Schutzzweck der Gesamtvertretung zu Lasten des Vereins unterlaufen werde. Mit dem BGH[29] wird man aber auch in solchen Fällen die Haftung des Vereins über § 31 zu bejahen haben und nicht auf die Grenzen der Vertretungsmacht, sondern darauf abstellen müssen, ob die unerlaubte Handlung in den allgemeinen Rahmen der dem Organ übertragenen Aufgaben fiel.

b) Haftung für sonstige Hilfspersonen

1046 Die Haftung für solche Hilfspersonen, die keine satzungsmäßigen Vertreter i.S. des § 31 sind, richtet sich nach den allgemeinen Vorschriften. Es gilt also im Rahmen bereits bestehender Schuldverhältnisse, insbesondere vertraglicher Beziehungen, § 278 (Haftung für **Erfüllungsgehilfen**), im Bereich der unerlaubten Handlungen dagegen § 831 (Haftung für **Verrichtungsgehilfen**) mit der Möglichkeit der Exkulpation im Rahmen des § 831 Abs. 1 Satz 2.

c) Haftung für Organisationsmängel

1047 Falls es der Verein bereits unterlassen hat, für bestimmte Aufgaben ein verantwortliches Organ einzusetzen, so kann man § 31 dem Wortlaut nach nicht anwenden, eben weil es an einem schuldhaft handelnden Organ fehlt. Doch entspricht es dem Sinn und Zweck des § 31, auch in solchen Fällen die Haftung zu bejahen. Die Rechtsprechung hat daher eine **Haftung für Organisationsmängel** anerkannt. Wenn das Fehlen eines verfassungsmäßig berufenen Vertreters für einen bestimmten Aufgabenkreis den verkehrsüblichen Sorgfaltsanforderungen nicht genügt, dann ist der Verein in entsprechender Anwendung des § 31 haftbar.

1048 Der BGH[30] hat z.B. einen Organisationsmangel bei einem Zeitschriftenverlag (GmbH) angenommen, weil der Leiter der Rechtsabteilung nicht zum verfassungsmäßigen Vertreter bestellt war[31] und auch nicht dafür gesorgt war, dass ein anderer verfassungsmäßiger Vertreter bei wichtigen Fragen – Veröffentlichung eines Bildes gegen den Widerspruch des Abgebildeten – eingeschaltet wurde.

Lösung zu Fall 42:

1049 a) Der Anspruch kann sich aus § 831 Abs. 1 Satz 1 ergeben. Es liegt eine Körperverletzung durch fahrlässiges und rechtswidriges Unterlassen vor, da der allgemeinen Verkehrssicherungspflicht (es geht hier um einen privaten Weg!) nicht genügt wurde. Damit ist der objektive Tatbestand des § 823 Abs. 1 erfüllt. Der Hausmeister ist nicht Organ des Vereins i.S.v. § 31, da er keine herausgehobenen, wesensmäßigen Funktionen des Vereins wahrzunehmen hat. Vielmehr ist er Verrichtungsgehilfe i.S. des § 831 Abs. 1 Satz 1. Der Verein kann sich jedoch exkulpieren, wenn er nachweist, dass die dafür zuständigen Vereinsorgane bei der Auswahl des Hausmei-

---

[29] BGHZ 98, 148, 153 = NJW 1986, 2941, 2942. Dazu ausführlich MünchKomm/Reuter § 31 Rdnr. 34 ff.
[30] BGHZ 24, 200, 212 ff.
[31] Die Lehre von der Haftung für Organisationsmängel verliert freilich in dem Maße an Bedeutung, in dem man den Begriff des verfassungsmäßigen Vertreters i.S.v. § 31 weit auslegt und damit zu einer unmittelbaren Anwendung dieser Vorschrift gelangt.

sters und bei dessen Anleitung die im Verkehr erforderliche Sorgfalt beachtet haben, § 831 Abs. 1 Satz 2.

1050 b) Da Verschulden in der Person eines Vorstandsmitglieds vorliegt, ergibt sich die Schadensersatzpflicht des Vereins aus § 31 i.V.m. § 823 Abs. 1 BGB (ohne Exkulpationsmöglichkeit).

1051 c) Hier greifen die Grundsätze der Haftung für Organisationsmängel in Verbindung mit § 823 Abs. 1 ein. Wenn der Verein ein Vereinsheim betreibt, dann muss er auch dafür sorgen, dass sich ein Organ des Vereins um die entsprechenden Angelegenheiten kümmert. Die Schadensersatzpflicht ist damit zu bejahen.

IV. Mitgliedschaft und Vereinsautonomie

Fall 43: Der Arbeitnehmer Huber wurde aus der Gewerkschaft X ausgeschlossen, weil er sich bei der Betriebsratswahl auf einer nicht von der Gewerkschaft unterstützten Liste (auf der auch Nichtmitglieder kandidierten) zur Wahl gestellt hatte. In den Richtlinien der Gewerkschaft für Betriebsrätewahlen war ein derartiges Verhalten als gewerkschaftsschädigend bezeichnet und mit dem Ausschluss bedroht worden. Ist der Ausschluss wirksam?

1. Mitgliedschaft

1052 Die **Mitgliedschaft** ist der **Inbegriff der Rechte und Pflichten**, die sich aus der Mitgliedsstellung im Verhältnis zum Verein ergeben. Bei den Rechten kann man zwischen **Organschaftsrechten** (z.B. dem Recht zur Teilnahme an der Mitgliederversammlung, dem Stimmrecht usw.) und **Genussrechten** (Recht auf Gebrauch von Vereinseinrichtungen, Inanspruchnahme satzungsmäßiger Vergünstigungen usw.) unterscheiden. Zu den Pflichten des Mitglieds gehört vor allem die **Verpflichtung zur Beitragsleistung** (vgl. § 58 Nr. 2 – Bestimmung in der Satzung).

1053 **Mitglieder** eines Vereins können sowohl natürliche als auch juristische Personen oder rechtsfähige Personengesellschaften[32] sein. Der **Erwerb der Mitgliedschaft** erfolgt durch Beteiligung an der Gründung oder durch den späteren Beitritt. Dieser stellt regelmäßig einen Vertrag dar, da die Zustimmung des zuständigen Vereinsorgans erforderlich ist; anders ist es freilich, wenn die Satzung eine einseitige Beitrittserklärung vorsieht[33].

1054 Die **Mitgliedschaft endet** durch Austritt (§ 39 – das Austrittsrecht ist zwingend vorgeschrieben, s. § 40), durch Ausschluss oder durch Tod des Mitglieds (§ 38 – keine Vererbung oder Übertragung der Mitgliedschaft, doch handelt es sich hier um eine durch die Satzung abdingbare Vorschrift, s. § 40).

2. Inhalt und Grenzen der Vereinsautonomie

1055 Der Begriff **Vereinsautonomie** bezeichnet die Kompetenz des Vereins, seine Angelegenheiten in eigener Verantwortung zu regeln. Dazu gehören die Entscheidung

---

[32] Also insbesondere die OHG und die KG, aber auch die (Außen-)Gesellschaft bürgerlichen Rechts, zu dieser zusammenfassend BGH NJW 2001, 3121, 3122 (kann auch Kommanditistin einer KG sein).

[33] Vgl. Jauernig § 38 Rdnr. 2.

über die Verfassung des Vereins (Aufstellung oder Änderung der Satzung), aber auch die einzelnen im Laufe des Vereinslebens getroffenen Entscheidungen (z.B. über Aufnahme oder Ausschluss eines Mitglieds). Die Grenzen der Vereinsautonomie ergeben sich jedoch aus den zwingenden Vorschriften des Vereinsrechts und aus sonstigen Rechtsnormen.

Den **Ausschluss** aus einem Verein sowie sonstige Maßnahmen, die vom Verein gegen Mitglieder bei Pflichtverletzungen verhängt werden (z.B. Verwarnungen, Geldbußen, Entzug von Ehrenämtern), bezeichnet man oft als **Vereinsstrafen**. Sie haben nichts mit der staatlichen Strafgewalt zu tun, bedürfen einer besonderen Rechtsgrundlage (in der Regel in der Satzung) und können (vorbehaltlich der Zuständigkeit eines Schiedsgerichts) vor den ordentlichen Gerichten angegriffen werden. Näher am Beispiel des Ausschlusses s. Rdnr. 1058f. 1056

Bei der **Aufnahme eines neuen Mitglieds** ist der Verein grundsätzlich frei. Eine **Pflicht zur Aufnahme** eines Unternehmens in eine Wirtschafts- oder Berufsvereinigung kann sich aus § 20 Abs. 6 GWB ergeben. Darüber hinaus wird unter Berufung auf § 826[34] eine Aufnahmepflicht bejaht, wenn in der Nichtaufnahme eine sittenwidrige Schädigung liegen würde. Eine solche Aufnahmepflicht kommt in Betracht, wenn der Verein eine **Monopolstellung** besitzt oder jedenfalls eine **überragende Machtstellung im wirtschaftlichen oder sozialen Bereich** hat und die Mitgliedschaft für den Bewerber von wesentlicher Bedeutung ist. So hat der BGH[35] etwa eine Verpflichtung zur Aufnahme in einen Sportverband (Dachverband) bejaht, weil dieser eine Monopolstellung hatte, aber auch die Pflicht zur Aufnahme in eine Gewerkschaft[36] wegen der besonderen Bedeutung der Mitgliedschaft für den Arbeitnehmer. Anders ist es bei politischen Parteien: hier lehnt der BGH[37] eine allgemeine Aufnahmepflicht unter Berufung auf § 10 Abs. 1 ParteienG ab, wonach die Parteiorgane nach Maßgabe der Satzung frei über die Aufnahme von Mitgliedern entscheiden und die Ablehnung eines Aufnahmeantrags nicht begründet zu werden braucht. 1057

Der **Ausschluss** eines Mitglieds ist nach der Satzung zu beurteilen, soweit diese Bestimmungen darüber enthält. Auch ohne Satzungsbestimmung ist der Ausschluss zulässig, wenn ein **wichtiger Grund** vorliegt. Man greift insofern auf den allgemeinen Rechtsgrundsatz zurück, der sich bei Dauerschuldverhältnissen auch sonst zeigt: eine Kündigung ist aus wichtigem Grund möglich, § 314 sowie z.B. §§ 626, 723 usw. Ein wichtiger Grund liegt z.B. in einer schweren Verletzung von Vereinspflichten. Zuständig für den Ausschluss ist – soweit die Satzung nichts anderes bestimmt – die Mitgliederversammlung, § 32 Abs. 1. 1058

---

[34] Nach Larenz/Wolf § 10 Rdnr. 109 liegt eine über § 826 hinausgehende richterliche Rechtsfortbildung vor.
[35] BGHZ 63, 282 = NJW 1975, 771; zusammenfassend und präzisierend BGHZ 140, 74 = NJW 1999, 1326 = JuS 1999, 1018 (mit Anm. K. Schmidt) = JR 2000, 103 (mit Anm. Elert): da die grundsätzliche Freiheit des Vereins, über die Aufnahme zu entscheiden, durch Art. 9 Abs. 1 GG geschützt sei, bestehe ein Aufnahmeanspruch aber nur, wenn nach Abwägung der beiderseitigen Interessen die Zurückweisung des Bewerbers unbillig erscheine.
[36] BGHZ 93, 151 = NJW 1985, 1216.
[37] BGHZ 101, 193 = NJW 1987, 2503.

1059 Der Betroffene kann sich gegen den Ausschluss zur Wehr setzen und bei dem zuständigen **staatlichen Gericht** auf Feststellung klagen, dass der Ausschluss unwirksam sei. Das staatliche Gericht **überprüft** jedenfalls, ob beim Ausschluss das in der Satzung vorgeschriebene **Verfahren** eingehalten wurde, insbesondere auch, ob dem Betroffenen **rechtliches Gehör** gewährt wurde, ferner ob die zugrunde gelegten **Tatsachen** zutreffend festgestellt wurden. Die Subsumtion des Sachverhalts unter die maßgebende Satzungsbestimmung wird dagegen grundsätzlich nur begrenzt nachgeprüft, nämlich darauf, ob der Ausschluss **gesetzwidrig, offenbar unbillig** oder **sittenwidrig** ist[38]. Bei Vereinen, die einem **Aufnahmezwang** unterliegen (also Monopolvereinigungen oder Vereinigungen mit überragender Machtstellung im wirtschaftlichen oder sozialen Bereich, s. Rdnr. 1057), wird aber der Ausschluss auch dahin überprüft, ob ein sachlicher Grund dafür vorliegt, wobei nur ein eng begrenzter „Beurteilungs- und Ermessensspielraum" des Vereins anerkannt wird[39]. So ist die Vereinsautonomie hier wie bei der Aufnahme eines Mitglieds auf dem Rückzug begriffen.

Lösung zu Fall 43:

1060 Ausgangspunkt ist hier das Verbot der Wahlbeeinflussung nach § 20 Abs. 2 BetrVG i.V.m. § 134 BGB. Insofern geht es um eine Rechtsschranke und nicht um eine Frage der begrenzten Überprüfbarkeit. § 20 Abs. 2 BetrVG ist jedoch abzuwägen gegen das Recht der Gewerkschaften, sich gegen eine Beeinträchtigung ihrer Tätigkeit zu schützen. Dabei differenzierte der BGH[40] in ständiger Rechtsprechung nach der Art der Liste. Wenn es sich nur um eine konkurrierende Liste handelt, die aber darüber hinaus keine gewerkschaftsfeindliche Tendenz aufweist, so sei die Ausschluss wegen einer Kandidatur auf dieser Liste unzulässig. Nach der bisherigen Ansicht des BGH steht diese Auslegung des § 20 Abs. 2 BetrVG nicht in Widerspruch zum Schutz der koalitionsmäßigen Betätigung der Gewerkschaften durch Art. 9 Abs. 3 GG, weil sich dieser Schutz nur auf einen – hier nicht betroffenen – Kernbereich der Koalitionsbetätigung beziehe. Das BVerfG[41] trat dem jedoch entgegen und erklärte, die Beschränkung der Koalitionsfreiheit auf einen Kernbereich werde der Bedeutung und der Tragweite des Art. 9 Abs. 3 GG nicht gerecht. Zwar müsse eine Abwägung mit dem Gewicht der entgegenstehenden Rechtsgüter erfolgen. Gegenüber dem Recht der Gewerkschaft, ihre Geschlossenheit zu wahren und auch durch Sanktionen abzusichern, komme jedoch sowohl der individuellen Koalitionsfreiheit der Gewerkschaftsmitglieder als auch dem Schutz der freien und ungehinderten Betriebsratswahl nur geringes Gewicht zu. Obwohl das BVerfG die abschließende Beurteilung den ordentlichen Gerichten überließ, dürfte damit klar sein, dass die bisherige Rechtsprechung des BGH nicht aufrechterhalten werden kann. Vielmehr ist auf der Grundlage der Entscheidung des BVerfG der Ausschluss wegen einer Kandidatur auf einer mit der Gewerkschaftsliste konkurrierenden Liste wirksam, auch wenn diese Liste keine gewerkschaftsfeindlichen Ziele verfolgte.

---

[38] Zusammenfassend BGH NJW 1997, 3368. – Die eingeschränkte gerichtliche Kontrolle genügt nach BVerfG NJW 2002, 2227 dem verfassungsrechtlichen Justizgewährungsanspruch.

[39] Vgl. BGHZ 102, 265, 277 = NJW 1988, 552, 555; BGH NJW 1997, 3368, 3370 = JuS 1998, 266 (mit Anm. K. Schmidt).

[40] Vgl. BGH NJW 1981, 2178; BGHZ 87, 337, 341 = NJW 1984, 918; BGHZ 102, 265 = NJW 1988, 552.

[41] BVerfGE 100, 214 = NJW 1999, 2657.

V. Die Beendigung des Vereins

Beendigungsgründe sind vor allem Auflösungsbeschluss (§ 41), Wegfall aller Mitglieder, Entziehung der Rechtsfähigkeit, z.B. wenn ein wirtschaftlicher Hauptzweck verfolgt wird (§ 43 Abs. 2), oder nach § 73, wenn weniger als drei Mitglieder vorhanden sind, unanfechtbares Verbot nach dem Vereinsgesetz (dort sind auch die Folgen geregelt, z.B. Vermögensbeschlagnahme).

Nach Auflösung oder Entziehung der Rechtsfähigkeit findet regelmäßig eine **Liquidation** (Abwicklung) statt, s. zu den Einzelheiten § 45 ff. Für die Dauer der Liquidation besteht der Verein als juristische Person fort, § 49 Abs. 2. Der Zeitpunkt, in dem der Verein als juristische Person zu existieren aufhört, ist also erst der Abschluss der Liquidation.

VI. Die rechtsfähige Stiftung

1. Zweck und Rechtsgrundlagen

Durch eine Stiftung wird ein bestimmtes **Vermögen** für einen vom Stifter festgelegten **Zweck** auf Dauer zur Verfügung gestellt. Es handelt sich nicht um eine Personenvereinigung, sondern um ein rechtlich verselbständigtes Vermögen. Die **rechtsfähige Stiftung des Privatrechts** (es gibt auch Stiftungen des öffentlichen Rechts) ist in den im Jahre 2002 geänderten[42] §§ 80 ff. bundeseinheitlich[43] geregelt.

2. Entstehung

Zur Entstehung einer rechtsfähigen Stiftung sind als rechtsgeschäftlicher Gründungsakt das **Stiftungsgeschäft** und daneben die **behördliche Anerkennung** durch die zuständige Landesbehörde erforderlich, § 80 Abs. 1. Wenn die Anforderungen an das Stiftungsgeschäft erfüllt sind, die dauernde Erfüllung des Stiftungszwecks gesichert erscheint und der Stiftungszweck nicht das Gemeinwohl gefährdet, so besteht nach § 80 Abs. 2 ein **Rechtsanspruch auf Anerkennung**, also auf die Zuerkennung der Rechtsfähigkeit. Das Stiftungsgeschäft kann unter Lebenden durch einseitige, nicht empfangsbedürftige Willenserklärung erfolgen. Die Erklärung bedarf der schriftlichen Form, § 81 Abs. 1; auch elektronische Form genügt, § 126 Abs. 3, § 126 a. Möglich ist auch, dass das Stiftungsgeschäft von Todes wegen in einem **Testament** oder einem Erbvertrag vorgenommen wird, § 83. § 84 erlaubt dann bereits die Erbeinsetzung der Stiftung: Die Stiftung gilt insoweit, wenn sie nach dem Tod des Stifters behördlich als rechtsfähig anerkannt wird, als vor dem Tod des Stifters entstanden.

---

[42] Durch das Gesetz zur Modernisierung des Stiftungsrechts vom 15. Juli 2002, BGBl. I S. 2634.
[43] Bis zur Reform war neben den Vorschriften des BGB in erheblichem Umfang Landesrecht zu beachten.

3. Verfassung der Stiftung

1065 Die **Verfassung** der Stiftung wird durch das Stiftungsgeschäft (§ 85) und durch die im Stiftungsgeschäft (also vom Stifter) festzulegende Satzung der Stiftung bestimmt, § 81 Abs. 1. Die Stiftung wird durch ihren **Vorstand** verwaltet, § 86 i. V. m. den dort genannten Vorschriften des Vereinsrechts, zu denen auch § 31 (Haftung für den Vorstand als Organ) gehört. Die Bestellung des Vorstands richtet sich nach der Satzung der Stiftung.

VII. Haftung juristischer Personen des öffentlichen Rechts

1066 Die wichtige Vorschrift des § 89 erklärt § 31 auch bei juristischen Personen des öffentlichen Rechts (Bundesrepublik Deutschland, Bundesland, Stadt usw.) für anwendbar. Dies gilt aber nur im Bereich **privatrechtlichen Handelns**, während bei hoheitlichem Handeln die Staatshaftung nach § 839 i. V. m. Art. 34 GG für Amtspflichtverletzungen eingreift, dazu s. Rdnr. 275 ff.

1067 Der Begriff des **verfassungsmäßigen Vertreters** spielt auch hier die entscheidende Rolle. Die Berufung zur Tätigkeit innerhalb eines Geschäftsbereichs muss auf denjenigen Bestimmungen beruhen, die die Organisation der öffentlich-rechtlichen juristischen Person regeln; diese **Organisationsnormen** treten an die Stelle der Satzung beim Verein. Rechtsgeschäftliche Vertretungsmacht wird auch hier nicht verlangt. Es ist aber eine nach außen hervortretende **gewisse Selbständigkeit des Aufgabenkreises** erforderlich. So kann etwa ein weisungsfrei arbeitender Chefarzt eines städtischen Krankenhauses als verfassungsmäßiger Vertreter der Stadt i. S. v. § 89 anzusehen sein[44], mit der Folge, dass für einen Behandlungsfehler des Chefarztes die Stadt sowohl aus dem Behandlungsvertrag als auch nach Deliktsrecht ohne Exkulpationsmöglichkeit haftet.

---

[44] Vgl. BGH NJW 1980, 1901.

§ 22 Juristische Personen, insbesondere der rechtsfähige Verein

Kontrollfragen und Fälle zu § 22

1) Welche Arten von Vereinen unterscheidet das BGB und wie erlangen sie die Rechtsfähigkeit?

2) Welchen Sinn hat eine Ein-Mann-GmbH?

3) Welche Formen der Gesamthandsgemeinschaft gibt es?

4) Grau ist seit langem Mitglied des einzigen Tennisclubs (e.V.) in der Stadt.
a) Kann er seine Mitgliedschaft auf seine Tochter Ute übertragen?
b) Kann Ute verlangen, in den Tennisclub aufgenommen zu werden?

5) Ein Skiclub (e.V.) bietet entgeltlichen Skiunterricht für Nichtmitglieder an, der durch den vom Skiclub angestellten, erfahrenen Skilehrer Toni Steil erteilt wird. An dem Skiunterricht nimmt mit Einwilligung seiner Eltern auch der 16-jährige Horst Forsch teil. Da Horst, obwohl Anfänger, arg vorlaut auftritt, lässt ihn Toni Steil eine für einen Anfänger viel zu schwierige Abfahrtsstrecke hinunterfahren. Prompt stürzt Horst schwer und bricht sich dabei den Arm. Kann Horst von Toni Steil und vom Skiclub Ersatz der Arztkosten und ein Schmerzensgeld verlangen?

Lösungen

1068 1) Das BGB unterscheidet den wirtschaftlichen Verein und den Idealverein. Ein wirtschaftlicher Verein erlangt die Rechtsfähigkeit durch behördliche Genehmigung, § 22. Dies kommt aber nur selten in Betracht, da in aller Regel andere Formen (z.B. die Handelsgesellschaften wie AG und GmbH) zur Verfügung stehen. Ein nicht wirtschaftlicher Verein (Idealverein) erlangt die Rechtsfähigkeit durch Eintragung in das Vereinsregister, § 21.

1069 2) Man könnte zunächst denken, eine Ein-Mann-GmbH mache keinen Sinn, da der einzige Gesellschafter das Unternehmen genauso gut als natürliche Person betreiben könne. Die Einschaltung einer GmbH erlaubt aber eine Haftungsbeschränkung auf das Kapital, das in diese Gesellschaft eingebracht wird. Aus von der GmbH abgeschlossenen Rechtsgeschäften haftet, eben weil die GmbH eine juristische Person ist, grundsätzlich nur die GmbH, nicht die Gesellschafter. Dies gilt auch für eine Ein-Mann-GmbH.

1070 3) Gesamthandsgemeinschaften sind die Personengesellschaften (Gesellschaft des Bürgerlichen Rechts, OHG und KG), die Miterbengemeinschaft und die eheliche Gütergemeinschaft (entsteht bei entsprechender ehevertraglicher Vereinbarung).

1071 4) a) Die Mitgliedschaft in einem rechtsfähigen Verein ist nach § 38 Satz 1 nicht übertragbar. Etwas anderes gilt nur, wenn es in der Satzung bestimmt ist, was § 40 zulässt.

1072 b) Für die Aufnahme in einen rechtsfähigen Idealverein gilt grundsätzlich die Vereinsautonomie, d.h. es ist Sache des Vereins, wer als Mitglied aufgenommen wird. Einen Anspruch auf Aufnahme gibt es nur ausnahmsweise, so wenn der Verein tatsächlich eine Monopolstellung oder eine überragende Machtstellung im wirtschaftlichen oder sozialen Bereich hat und der Bewerber auf die Mitgliedschaft in ganz besonderem Maße angewiesen ist. Dies ist aber hier, selbst wenn es sich um den einzigen Tennisclub am Ort handelt, nicht anzunehmen.

1073 5) *I. Ansprüche des Horst Forsch gegen den Skiclub*

1. Zwischen dem minderjährigen Horst Forsch und dem Skiclub kam aufgrund der Einwilligung seiner Eltern (§ 107) ein wirksamer Vertrag über die entgeltliche Erteilung des Skiunterrichts zustande. Im Rahmen der schuldrechtlichen Vertragsfreiheit bestehen gegen den Vertragsschluss keine Bedenken, auch wenn er keinem der gesetzlich geregelten Vertragstypen genau entspricht, sondern wohl einen Vertrag sui generis darstellt. Hier kommt es auf die Rechtsnatur des Vertrages nicht weiter an, denn als Rechtsgrundlage für einen Schadensersatzanspruch greifen die für alle schuldrechtlichen Verträge geltenden Regeln über Schadensersatz wegen Pflichtverletzung (§ 280 Abs. 1) ein. Eine Pflichtverletzung liegt darin, den Anfänger Forsch eine für ihn zu schwierige Abfahrtsstrecke hinunterfahren zu lassen. Das Verschulden des Steil (zumindest Fahrlässigkeit) ist dem Verein ohne Möglichkeit der Exkulpation nach § 278 zuzurechnen, da Steil in Erfüllung der Verbindlichkeit des Vereins, d.h. als Erfüllungsgehilfe, tätig geworden ist. Der Anspruch umfasst sowohl die Arztkosten (§ 249 Satz 2) als auch ein angemessenes Schmerzensgeld (§ 253 Abs. 2[1]).

1074 2. Der Anspruch auf Ersatz der Arztkosten und auf Schmerzensgeld könnte auch aus § 831 bestehen. Steil ist Verrichtungsgehilfe des Vereins, da er bei der Ausführung seiner Tätigkeit als Arbeitnehmer des Vereins an dessen Weisungen gebunden ist. Jedoch steht dem Verein nach § 831 der Exkulpationsbeweis nach § 831 Abs. 1 Satz 2 offen, wenn ihm weder bei der Auswahl des Gehilfen noch bei dessen Anleitung ein Verschulden zur Last fällt. Nach den Angaben im Sachverhalt ist davon auszugehen, dass diese Entlastung gelingt. Damit besteht kein Anspruch aus § 831 gegen den Verein.

1075 Anders wäre es, wenn Steil als verfassungsmäßiger (satzungsmäßiger) Vertreter des Skiclubs anzusehen wäre. Dann müsste der Verein sich dessen Verschulden nach § 31 anrechnen lassen,

---

[1] Seit der Reform des Schadensersatzrechts 2002 (s. Rdnr. 118) besteht nach § 253 Abs. 2 nF auch bei vertraglichen Schadensersatzansprüchen ein Anspruch auf Schmerzensgeld.

ohne dass eine Exkulpationsmöglichkeit bestünde. Die Haftung würde sich dann aus § 31 in Verbindung mit § 823 Abs. 1 ergeben. Jedoch enthält der Sachverhalt keine Anhaltspunkte dafür, dass es sich bei Steil um einen verfassungsmäßigen Vertreter des Vereins handelt.

II. Ansprüche des Horst Forsch gegen Toni Steil

Ansprüche gegen Steil persönlich bestehen nicht aus Vertrag, da er nicht Vertragspartner ist, wohl aber aus § 823 Abs. 1 (fahrlässige Körperverletzung). Der Schadensersatzanspruch gegen Steil umfasst sowohl die Arztkosten als auch ein angemessenes Schmerzensgeld nach § 253 Abs. 2.

Sowohl hinsichtlich der Arztkosten als auch hinsichtlich des Schmerzensgeldes haften der Verein und Toni Steil dem Forsch als Gesamtschuldner, § 840 Abs. 1.

§ 23 Der nichtrechtsfähige (nicht eingetragene) Verein

Fall 44: Laut hat vor einigen Jahren den Gesangverein Frohe Stimmen gegründet, den er seither als Vorstand leitet. Der Verein hat eine Satzung, wurde aber nicht in das Vereinsregister eingetragen, da dies den Mitgliedern unnötig erschien. Im Namen des Vereins vereinbart Laut mit dem Busunternehmer Rasch, dass dieser für den Verein eine dreitägige Österreichreise durchführt. Als Entgelt werden 3 500 € vereinbart. Da unerwartet wenig Vereinsmitglieder an der Reise teilnehmen, ergeben sich Finanzierungsschwierigkeiten. Kann Rasch von Laut, von dem Verein und von dem vermögenden Vereinsmitglied Gold Zahlung verlangen?

I. Regelung im BGB und weitere Entwicklung

1. Unpassende Verweisung auf das Recht der BGB-Gesellschaft

1078   Der Gesetzgeber wollte auf eine Eintragung der Vereine in das Vereinsregister, also auf den Erwerb der Rechtsfähigkeit, hinwirken. Damit wurde vor allem auch der Zweck verfolgt, die staatliche Kontrolle religiöser, politischer und wirtschaftlicher Vereinigungen zu sichern. Früher ermöglichte § 61 Abs. 2 aF BGB (bis 1919) einen behördlichen Einspruch, auch konnte nach § 72 aF die Einreichung der Mitgliederliste verlangt werden[1]. Um ein Ausweichen auf die Figur des nichtrechtsfähigen Vereins möglichst zu verhindern, wurde für diesen nur eine einzige Bestimmung vorgesehen (§ 54), die in Satz 1 **auf das Recht der BGB-Gesellschaft (§§ 705ff.)** verweist und damit dem Verein eine **wenig passende Regelung** gibt. Mit der körperschaftlichen Struktur eines Vereins verträgt es sich z.B. nicht, dass er nach § 723 Abs. 1 Satz 1 jederzeit kündbar wäre oder nach § 727 Abs. 1 regelmäßig durch den Tod eines Mitglieds aufgelöst wird. Auch die gemeinschaftliche Geschäftsführung durch alle Mitglieder gemäß § 709 Abs. 1 passt nicht zu einem Verein, da dieser auf Handeln durch den Vorstand oder sonstige Organe angelegt ist.

2. Analoge Anwendung von Bestimmungen für den rechtsfähigen Verein

1079   Die Erwartung, aufgrund dieser Regelung würden nichtrechtsfähige Vereine keine wesentliche Bedeutung erlangen, hat sich jedoch nicht erfüllt. So haben es die **Gewerkschaften** zumeist bis heute abgelehnt, sich in das Vereinsregister eintragen zu lassen, und zwar vor allem aus prinzipiellen Erwägungen, um kein Einfallstor für eine staatliche Beaufsichtigung zu öffnen. Auch manche **politische Parteien**[2] sind weiterhin als nichtrechtsfähige Vereine organisiert (so die SPD). Als Vermögensträger können sich Gewerkschaften oder politische Parteien einer zwischengeschalteten AG oder GmbH bedienen, auch für die Eintragung ins Grundbuch[3].

---

[1] Vgl. Medicus Rdnr. 1142f.

[2] Für die politischen Parteien enthält das ParteienG auch auf privatrechtlichem Gebiet einige Sondervorschriften, s. Rdnr. 1083 und 1093.

[3] Dies ist notwendig, wenn man mit der Rechtsprechung die Grundbuchfähigkeit des nichtrechtsfähigen Vereins ablehnt, so RGZ 127, 309, 311f.; BGHZ 43, 316, 320 = NJW 1956, 1436, 1437; Larenz/Wolf § 11 Rdnr. 10ff.; K. Schmidt, Gesellschaftsrecht, 3. Aufl., § 25 II 1 b

Die Entwicklung ist geradezu umgekehrt verlaufen, als sie der Gesetzgeber sich vorstellte. Da die gesetzlich vorgegebene Regelung der Struktur eines nichtrechtsfähigen Vereins in wesentlichen Punkten nicht gerecht wird, hat man sich mehr und mehr davon gelöst und in weitem Umfang die **Vorschriften über den rechtsfähigen Verein** auch auf den nichtrechtsfähigen Verein übertragen. 1080

Zur Begründung lässt sich anführen, in der **Satzung** eines nichtrechtsfähigen Vereins liege ein stillschweigender Ausschluss der Anwendung gesellschaftsrechtlicher Regeln. Zutreffender erscheint es jedoch, jedenfalls nach dem heutigen Stand der Entwicklung, von einer **analogen Anwendung** der Vorschriften über den rechtsfähigen Verein auszugehen, ohne dass es dazu einer (eher fiktiven) Grundlage in der Satzung bedarf.

3. Ist der nichtrechtsfähige (nicht eingetragene) Verein jetzt generell rechtsfähig?

Eine weitere Stufe der Entwicklung ist möglicherweise mit der neuen Rechtsprechung zur Rechts- und Parteifähigkeit der (Außen-)Gesellschaft des Bürgerlichen Rechts (s. Rdnr. 1003) erreicht worden. Manche nehmen an, aus der Verweisung durch § 54 Satz 1 auf das Recht der BGB-Gesellschaft folge nunmehr, auch der nichtrechtsfähige Verein sei als **rechts-** und **parteifähig** (auch aktiv) anzusehen[4]. Das ist insofern überraschend als, wie dargestellt, bisher die Verweisung auf das Gesellschaftsrecht weitgehend als unpassend beiseite geschoben wurde. Es muss auch bedacht werden, dass die (Außen-)Gesellschaft des Bürgerlichen Rechts nach der neuen Auffassung nicht als juristische Person angesehen wird, sondern als rechtsfähige Gesamthandsgesellschaft (s. Rdnr. 1004), bei der die Gesellschafter regelmäßig auch mit ihrem Privatvermögen für die Verbindlichkeiten der Gesellschaft haften. Dieses Modell kann man sicher nicht auf den nichtrechtsfähigen Verein übertragen; vielmehr liegt ein Teil seiner Emanzipation vom Recht der BGB-Gesellschaft gerade darin, die regelmäßige Beschränkung der Haftung auf das Vereinsvermögen anzunehmen, s. Rdnr. 1084f. Will man also die Rechts- und Parteifähigkeit des nicht eingetragenen Vereins umfassend bejahen, müsste man diesen konsequenter Weise als juristische Person betrachten. Zu diesen Bedenken kommt hinzu, dass der BGH[5] die 1081

(S. 745). Nach dieser Ansicht müssten sämtliche Mitglieder als gemeinsame Eigentümer (§ 47 GBO) eingetragen werden, was bei Massenvereinen praktisch unmöglich ist. – Für Anerkennung der Grundbuchfähigkeit des nichtrechtsfähigen Vereins z.B. Palandt/Heinrichs § 54 Rdnr. 8; MünchKomm/Reuter § 54 Rdnr. 26ff.; Jauernig § 54 Rdnr. 14.

[4] So K. Schmidt NJW 2001, 993, 1002f. Genauer müsste man, folgt man dieser Ansicht, formulieren, auch der nicht eingetragene Verein sei nunmehr als rechtsfähig anzusehen; denn die Aussage, der nichtrechtsfähige Verein sei rechtsfähig, verbietet sich aus Gründen der Logik. Ebenso wie K. Schmidt argumentieren Jauernig NJW 2001, 2231, 2232 und Palandt/Heinrichs § 54 Rdnr. 10 hinsichtlich der aktiven Parteifähigkeit, die nunmehr allen nichtrechtsfähigen Vereinen zukomme. Kempfler NZG 2002, 411 hält die Rechtslage hinsichtlich der aktiven Parteifähigkeit weiterhin für unklar und empfiehlt eine gesetzliche Regelung durch Änderung des § 50 Abs. 2 ZPO.

[5] BGHZ 146, 341 (s. Rdnr. 1003 Fn. 2).

neue Betrachtung der (Außen-)Gesellschaft des Bürgerlichen Rechts vor allem mit praktischen Bedürfnissen gerechtfertigt hat, die bei der Verwendung der BGB-Gesellschaft als Rechtsform im Bereich wirtschaftlicher Betätigung auftreten. Bei einem nicht eingetragenen Verein als Idealverein, dessen primäre Aufgabe keineswegs darin liegt, sich am Rechtsverkehr zu beteiligen, greifen diese Argumente nicht ein. Einem nicht eingetragenen wirtschaftlichen Verein ohne weiteres die Rechts- und Parteifähigkeit zuzuerkennen, würde aber die gesetzliche Regelung (§ 22, s. Rdnr. 1011f.) geradezu auf den Kopf stellen, wonach ein wirtschaftlicher Verein nicht einmal durch Eintragung in das Vereinsregister, sondern nur durch staatliche Verleihung (und nur in besonderen Fällen) die Rechtsfähigkeit erlangen kann. Eine pauschale Anerkennung der Rechts- und Parteifähigkeit eines nicht eingetragenen Vereins erscheint daher weiterhin nicht gerechtfertigt. Dies schließt aber nicht aus, den nicht eingetragenen Verein in begrenztem Umfang als rechtsfähig anzusehen, soweit dafür ein Bedürfnis erkennbar ist und sich aus der Struktur des Vereins keine Bedenken ergeben. Sachgerecht erscheint auch die Anerkennung der Erbfähigkeit des nichtrechtsfähigen Vereins[6].

II. Haftung des für den nichtrechtsfähigen Verein Handelnden

1082 Von der Entwicklung unberührt blieb § 54 Satz 2. Danach **haftet** der **für einen nichtrechtsfähigen Verein Handelnde** (z.B. der **Vorstand**) mit seinem Privatvermögen aus dem Geschäft, das er für den nichtrechtsfähigen Verein abgeschlossen hat. Dadurch soll der Vertragspartner geschützt werden, da beim nichtrechtsfähigen Verein die Vermögenslage oft unübersichtlich ist. Ein ausdrücklicher Ausschluss dieser Haftung im konkreten Rechtsgeschäft ist möglich, dagegen ist ein stillschweigender Haftungsausschluss (etwa schon deshalb, weil für einen nichtrechtsfähigen Verein gehandelt wurde) nicht anzunehmen, da er weder dem Zweck des Gesetzes noch dem Interesse des Vertragspartners entspricht. Aus demselben Grund wäre selbst ein ausdrücklicher Ausschluss dieser Haftung in der Satzung des Vereins unwirksam.

1083 Etwas anderes gilt bei **politischen Parteien.** Bei diesen ist nach § 37 ParteienG der § 54 Satz 2 BGB nicht anzuwenden.

III. Die Haftung der Vereinsmitglieder

1084 Da der Verein als solcher kein Rechtssubjekt ist, schließt der Vorstand das Rechtsgeschäft in Vertretung der Mitglieder ab. Bei der BGB-Gesellschaft folgt daraus weiter, dass die Gesellschafter mit ihrem vollen Vermögen für die Verbindlichkeiten haften (zur Vertretungsmacht s. § 714, zur gesamtschuldnerischen Haftung §§ 421, 427, 431). Durch die Verweisung des § 54 Satz 1 würde diese Regelung auch für die Mitglieder des nichtrechtsfähigen Vereins gelten. Sie wird aber der Struktur des Vereins und der Interessenlage der Mitglieder nicht gerecht. Wer einem derartigen Ver-

---

[6] Vgl. Leipold, Erbrecht, 14. Aufl., Rdnr. 26.

ein beitritt, möchte sich lediglich zur Zahlung der Beiträge verpflichten, nicht aber (anders als bei der BGB-Gesellschaft oder gar der OHG) sein ganzes Vermögen als Haftungsgrundlage für den Verein zur Verfügung stellen. Es besteht daher heute Einigkeit darüber, dass die Haftung der Mitglieder eines nichtrechtsfähigen Vereins für die Verbindlichkeiten des Vereins auf das **Vereinsvermögen** als Gesamthandsvermögen der Mitglieder beschränkt ist.

Zur Begründung nimmt man teils an, aus der Satzung eines nichtrechtsfähigen Vereins ergebe sich mindestens stillschweigend, dass die **Vertretungsmacht** des Vorstands **begrenzt** sei, dass also der Vorstand die Mitglieder nur mit Beschränkung auf das Vereinsvermögen vertreten könne. Eine andere Ansicht geht dahin, bei einem Vertrag zwischen dem Vorstand des nichtrechtsfähigen Vereins und einem Dritten werde eine **Haftungsbeschränkung** auf das Vereinsvermögen **stillschweigend vereinbart**, da dem Partner bekannt sei, dass er mit dem Verein, nicht mit den einzelnen Mitgliedern abschließe. Nachdem die Rechtslage seit längerem anerkannt ist, kann man heute diese etwas bemüht wirkenden Begründungsversuche beiseite lassen und von einer **gewohnheitsrechtlichen Regelung** sprechen[7].

Unberührt bleibt die persönliche Haftung des für den Verein Handelnden nach § 54 Satz 2, s. Rdnr. 1082. Außerdem gilt die dargestellte Beschränkung der Haftung nur für nichtrechtsfähige Idealvereine. Bei nichtrechtsfähigen **wirtschaftlichen Vereinen** (die selten sind) bleibt es bei der unbeschränkten persönlichen Haftung der Mitglieder. Man geht davon aus, insoweit sei der Wille des Gesetzgebers nicht überholt; außerdem solle die wirtschaftliche Betätigung ohnehin möglichst in die Formen des Handelsrechts gelenkt werden[8].

IV. Die Haftung für Vereinsorgane

Im Gegensatz zur älteren Lehre und Rechtsprechung wird heute die **analoge Anwendung des § 31** auf den nichtrechtsfähigen Verein überwiegend bejaht. Daraus ergibt sich, dass alle Vereinsmitglieder für schadensstiftende Handlungen der Organe (und „Repräsentanten", s. Rdnr. 1042) in Ausführung der ihnen zustehenden Verrichtungen haften, freilich wiederum begrenzt auf das Vereinsvermögen. Auch insoweit trägt man der Struktur des nichtrechtsfähigen Vereins Rechnung, der, obwohl er nicht rechtsfähig ist, doch im Verkehr als handelnde Einheit auftritt.

V. Sonstige Regeln

Rechtsprechung und Lehre haben den nichtrechtsfähigen Verein in einer ganzen Reihe weiterer Punkte dem rechtsfähigen Verein angenähert. Zusammenfassend kann man sagen, dass die Regeln über den rechtsfähigen Verein gelten, soweit sie ihrem Sinn und Zweck nach keine Rechtsfähigkeit voraussetzen[9].

---

[7] Larenz/Wolf § 11 Rdnr. 18; Hübner Rdnr. 263, 270.
[8] Vgl. Medicus Rdnr. 1155.
[9] In diesem Sinne Köhler § 21 Rdnr. 39.

1089 Der Struktur des Vereins entsprechend (körperschaftliche Organisation) werden die Bestimmungen der §§ 723, 727, 728 (im Regelfall Auflösung der Gesellschaft durch Kündigung, Tod eines Gesellschafters oder Insolvenzverfahren) nicht angewandt, auch wenn sich die Satzung dazu nicht ausdrücklich äußert. Es wird also davon ausgegangen, dass auch ein nichtrechtsfähiger Verein **vom Wechsel seiner Mitglieder grundsätzlich unabhängig** ist.

1090 Anstelle des § 708 (Haftung für eigenübliche Sorgfalt) wird angenommen, dass die Mitglieder des Vorstands dem Verein gegenüber für **normale Sorgfalt** haften[10]. Die Begründung liegt darin, dass das enge persönliche Zusammenwirken, auf dem § 708 bei der BGB-Gesellschaft beruht, beim nichtrechtsfähigen Verein nicht vorhanden ist.

1091 Auch das Recht zum Gebrauch eines eigenen **Namens** und der entsprechende Schutz durch § 12 (s. Rdnr. 1114) ist dem nichtrechtsfähigen Verein zuzugestehen.

VI. Prozessuale Stellung

1092 Im Bereich des Prozessrechts hat das Gesetz dem nichtrechtsfähigen Verein nur die **passive Parteifähigkeit** beigelegt, § 50 Abs. 2 ZPO. Ein Titel gegen den Verein gestattet die Vollstreckung in das Vereinsvermögen, § 735 ZPO. In Aktivprozessen, also wenn Rechte des Vereins geltend gemacht werden sollen, müssen danach entweder alle Mitglieder klagen oder sie müssen das geltend zu machende Recht treuhänderisch auf ein Vereinsorgan übertragen. Daraus ergeben sich jedenfalls bei Massenvereinen große Schwierigkeiten. Die Rechtsprechung[11] hat seit längerem den **Gewerkschaften**, auch wenn sie als nichtrechtsfähige Vereine organisiert sind, gleichwohl die aktive Parteifähigkeit zugesprochen, allerdings unter besonderer Berücksichtigung der Aufgaben der Gewerkschaften und unter Hinweis auf Bestimmungen, die den Gewerkschaften im arbeitsgerichtlichen Verfahren die Parteifähigkeit zusprechen, sowie auf die verfassungsrechtliche Garantie ihrer Betätigungsfreiheit, Art. 9 Abs. 3 Satz 1 GG. Eine aktive Parteifähigkeit aller nichtrechtsfähigen Vereine (oder auch aller Massenvereine) erkennt die h.M.[12] bislang dagegen nicht an.

1093 Bei **politischen Parteien** ergibt sich jedoch die aktive und die passive Parteifähigkeit aus § 3 ParteienG, auch wenn es sich um nichtrechtsfähige Vereine handelt.

Lösung zu Fall 44:

1094 Da der Verein nicht rechtsfähig ist, Laut aber kraft seiner Vorstandseigenschaft Vertretungsmacht für alle Mitglieder des Vereins hat, kommt der Vertrag zwischen Rasch und allen Mitgliedern zustande. Jedoch beschränkt sich nach heute bereits gewohnheitsrechtlich anerkannter Auffassung die Haftung der Vereinsmitglieder auf das Vereinsvermögen. Auch gegen das

---

[10] Vgl. RGZ 143, 212, 214f.
[11] Grundlegend BGHZ 42, 210 = NJW 1965, 29; BGHZ 50, 325 = NJW 1968, 1830.
[12] BGHZ 109, 15 = NJW 1990, 186; Stein/Jonas/Bork, ZPO, 21. Aufl., § 50 Rdnr. 20a. – A.M. MünchKomm/Reuter § 54 Rdnr. 16ff.; Palandt/Heinrichs § 54 Rdnr. 10. Zur Auswirkung der neuen Rechtsprechung zur (Außen-)Gesellschaft des Bürgerlichen Rechts s. Rdnr. 1081.

wohlhabende Mitglied Gold hat Rasch keinen weitergehenden Anspruch. Rasch kann, wenn keine freiwillige Zahlung erfolgt, auch nur in das Vereinsvermögen vollstrecken. Dazu bedarf es eines Titels gegen den Verein, § 735 ZPO, oder gegen alle Vereinsmitglieder, § 736 ZPO.

Anders ist es aber hinsichtlich des Laut: Da dieser als Vorstand für den nichtrechtsfähigen Verein gehandelt hat, kann ihn Rasch nach § 54 Satz 2 persönlich auf Zahlung in Anspruch nehmen (was er nicht könnte, wenn Laut als Vorstand eines rechtsfähigen Vereins gehandelt hätte!). Laut haftet für diese Verbindlichkeit unbeschränkt mit seinem gesamten Vermögen. Für einen mit Rasch vereinbarten Ausschluss der persönlichen Haftung ergibt der Sachverhalt keine Anhaltspunkte (vgl. Rdnr. 1082).

§ 23 Der nichtrechtsfähige (nicht eingetragene) Verein

Kontrollfragen und Fälle zu § 23

1) In wiefern ist die Entwicklung über die gesetzliche Bestimmung des § 54 Satz 1 hinweggegangen?

2) Kann eine nicht in das Vereinsregister eingetragene Gewerkschaft als Eigentümer eines Grundstücks in das Grundbuch eingetragen werden?

3) Bunt ist Vorstand eines nicht rechtsfähigen Kunstvereins.
a) Er möchte für eine Ausstellung einen Saal anmieten, aber dabei vermeiden, persönlich in Anspruch genommen zu werden. Ist dies erreichbar?
b) Bunt hängt selbst die zur Ausstellung eingereichten Bilder auf, lässt aber ein Ölgemälde der Frau Schigull fallen, so dass es zerstört wird. Kann Frau Schigull von Bunt und von den übrigen Vereinsmitgliedern Schadensersatz verlangen?

Lösungen

1096 1) Obgleich nach § 54 Satz 1 auf den nichtrechtsfähigen Verein die Vorschriften über die Gesellschaft des Bürgerlichen Rechts (§§ 705 ff.) angewendet werden sollen, ging die Entwicklung in Rechtsprechung und Lehre dahin, weitgehend die Vorschriften über den rechtsfähigen Verein entsprechend anzuwenden, da sie der Struktur des nichtrechtsfähigen Vereins besser gerecht werden.

1097 2) Die nicht in das Vereinsregister eingetragene Gewerkschaft besitzt keine Rechtsfähigkeit und kann daher nach h.M. nicht als Eigentümer in das Grundbuch eingetragen werden. Die Gewerkschaften genießen zwar in anderer Hinsicht eine Sonderbehandlung; so wird ihnen insbesondere seit längerem die aktive Parteifähigkeit zugebilligt, damit sie ihre Rechte auch vor Gericht in angemessener Weise vertreten können. Eine Notwendigkeit, die Grundbuchfähigkeit zu bejahen, ergibt sich aber aus den (auch verfassungsrechtlich in Art. 9 Abs. 3 GG anerkannten) besonderen Aufgaben der Gewerkschaft nicht. Im Ergebnis werden nichtrechtsfähige Gewerkschaften dadurch nicht vom Grundbesitz ausgeschlossen, da sie z. B. Besitzgesellschaften (GmbH, AG) gründen können, die dann als Eigentümer fungieren.

1098 3) a) Nach § 54 Satz 2 haftet derjenige, der für einen nichtrechtsfähigen Verein ein Rechtsgeschäft abschließt, dem Vertragspartner persönlich, hier auf Zahlung des Mietpreises. Diese persönliche Haftung ist abdingbar, wird aber nicht schon dadurch stillschweigend ausgeschlossen, dass bei Vertragsschluss das Handeln für den Verein zum Ausdruck gebracht wird; denn dies ist nichts anderes als die Voraussetzung des § 54 Satz 2. Jedoch kann, wenn sich der Vertragspartner darauf einlässt, ausdrücklich ein Ausschluss der persönlichen Haftung des Handelnden vereinbart werden.

1099 b) Die Haftung des nichtrechtsfähigen Vereins für schadensverursachendes Verhalten des Vorstands wird analog § 31 beurteilt. Daher kann Frau Schigull nach § 31 in Verbindung mit § 823 Abs. 1 (Eigentumsverletzung) vom nichtrechtsfähigen Verein Schadensersatz verlangen, ohne dass etwa eine Exkulpationsmöglichkeit des Vereins besteht. Da der Verein nicht rechtsfähig ist, bedeutet seine Haftung rechtlich eine Haftung aller Mitglieder. Diese ist jedoch auf das Vereinsvermögen beschränkt, weil nur dies der Struktur eines Vereins entspricht.

1100 Gegen Bunt persönlich hat Frau Schigull einen Anspruch aus § 823 Abs. 1, und da insoweit Bunt nicht aufgrund seiner Mitgliedschaft, sondern aufgrund seiner eigenen deliktischen Handlung haftet, tritt hier keine Beschränkung auf das Vereinsvermögen ein.

§ 24 Namensrecht und Persönlichkeitsrecht

Fall 45: Hertha Vogel tritt seit geraumer Zeit als Schlagersängerin unter dem Namen Evita Paloma auf. Ihre Konzerte erhalten großen Zulauf und werden auch im Fernsehen mehrfach übertragen. Als Frau Vogel erfährt, dass sich unlängst an einem Nachwuchswettbewerb eine andere Sängerin namens Evita Paloma beteiligt hat, ist sie empört. Allerdings stellt sich heraus, dass diese zweite Sängerin schon seit ihrer Geburt Evita Paloma heißt. Kann Hertha Vogel gleichwohl verlangen, dass die Nachwuchskünstlerin nicht unter dem Namen Evita Paloma auftritt?

I. Das Namensrecht

1. Bestandteile des Namens

Der **bürgerliche Name**, also der Name der natürlichen Person, besteht aus **Vorname** (bzw. Vornamen) und **Familienname**. Adelsbezeichnungen (von, Graf, Freiherr usw.) gelten als Bestandteil des Namens und dürfen nicht mehr verliehen werden (Art. 109 Abs. 3 der Weimarer Verfassung)[1]. Akademische Grade, insbesondere der Doktortitel, sind keine Namensbestandteile, werden aber in die Personenstandsbücher und Personenstandsurkunden mit aufgenommen[2].

2. Erwerb des Familiennamens

Das Namensrecht ist in neuerer Zeit wiederholt geändert worden, um den Anforderungen der Gleichberechtigung von Mann und Frau (Art. 3 Abs. 2 Satz 1 GG) in möglichst vollkommener Form Rechnung zu tragen. Zum Verständnis der heutigen Rechtslage empfiehlt es sich, zunächst die Auswirkungen der Eheschließung auf den Familiennamen in den Grundlinien[3] zu betrachten. Die Ehegatten sollen zwar nach wie vor einen gemeinsamen Familiennamen, den **Ehenamen**, bestimmen (§ 1355 Abs. 1 Satz 1), doch können sie ebenso gut ihre bisherigen Familiennamen völlig unverändert weiterführen. Zum gemeinsamen Ehenamen kann der Geburtsname des Mannes oder der Geburtsname der Frau bestimmt werden, § 1355 Abs. 2. Der jeweils andere Ehegatte kann für sich selbst den eigenen Geburtsnamen oder den bislang geführten Namen voranstellen oder anfügen § 1355 Abs. 4 Satz 1. Die Beendigung der Ehe durch Tod oder Scheidung ändert den Ehenamen grundsätzlich nicht, doch kann der Ehegatte auch seinen früheren Namen wieder annehmen, § 1355 Abs. 5. Für die **eingetragene Lebenspartnerschaft** (zweier Personen gleichen Geschlechts) gelten inhaltlich mit dem Recht des Ehenamens übereinstimmende Regeln (Lebenspartnerschaftsname), § 3 LPartG.

---

[1] Obwohl es sich um einen Namensbestandteil handelt, ist aber ein Adelsprädikat je nach dem Geschlecht des Namensträgers zu verändern, also z.B. Graf oder Gräfin, Freiherr oder Freifrau usw., so bereits RGZ 113, 107. Der entsprechende Zusatz muss dann auch geführt werden, OLG Düsseldorf FamRZ 1997, 1554 (kein bloßes „von" ohne „Edle").

[2] BGHZ 38, 380 = NJW 1963, 581.

[3] Hinsichtlich weiterer Einzelheiten ist auf die Lehrbücher des Familienrechts zu verweisen.

1103 Aus der Ehe hervorgehende **Kinder** erhalten nach § 1616 als Geburtsnamen den Ehenamen ihrer Eltern. Schwieriger wird es, wenn die Eltern keinen gemeinsamen Ehenamen führen. Steht ihnen, wie es bei Ehegatten die Regel ist, das **Sorgerecht gemeinsam** zu, so müssen sie durch Erklärung gegenüber dem Standesbeamten den Namen des Vaters oder der Mutter zum Geburtsnamen des Kindes machen, § 1617 Abs. 1 Satz 1. Die Bildung eines Doppelnamens für das Kind ist nicht zulässig[4]. Auch ist die für das erste Kind getroffene Namensbestimmung ebenso für weitere Kinder aus dieser Ehe maßgeblich, § 1617 Abs. 1 Satz 3. Unterbleibt die Bestimmung des Namens durch die Eltern (weil diese sich nicht einigen können), so überträgt das Familiengericht das Bestimmungsrecht auf einen Elternteil, § 1617 Abs. 2.

1104 Als Name eines Kindes, dessen Eltern bei seiner Geburt **nicht miteinander verheiratet** sind, aber gleichwohl **gemeinsam zur elterlichen Sorge berechtigt** sind (weil sie entsprechende „Sorgeerklärungen" abgegeben haben, § 1626 a Abs. 1 Nr. 1), wird durch gemeinsame Bestimmung der Eltern der Name des Vaters oder der Mutter festgelegt. Dieser Fall wird von § 1617 Abs. 1 in etwas verwirrender Weise[5] miterfasst: auch nicht miteinander verheiratete Eltern führen keinen (gemeinsamen) Ehenamen – sie könnten dies ja auch gar nicht. Erfolgt keine gemeinsame Namensbestimmung, so muss auch hier das Familiengericht einem der beiden Eltern das Bestimmungsrecht übertragen.

1105 Wenn das Recht zur **elterlichen Sorge** nur **einem** der verheirateten (aber keinen Ehenamen führenden) **Eltern** oder nur einem der nicht miteinander verheirateten Eltern zusteht, so erhält das Kind im Regelfall den Namen dieses Elternteils, § 1617 a Abs. 1.

1106 Es bleiben die **Findelkinder**: bei ihnen wird der Familienname (und ebenso der Vorname) durch die Verwaltungsbehörde festgesetzt, § 25 Abs. 2 PStG[6].

3. Erwerb des Vornamens

1107 Der **Vorname** eines Kindes wird durch die zur Personensorge berechtigten Personen bestimmt. Dies sind beim ehelichen Kind in der Regel die Eltern gemeinsam, § 1626, beim Kind, dessen Eltern bei Geburt nicht miteinander verheiratet sind, ist es die Mutter, sofern die Eltern keine auf die gemeinsame Übernahme der Sorge gerichteten Erklärungen abgegeben haben, § 1626 a. Die Angabe des Vornamens erfolgt zusammen mit der Anzeige der Geburt beim Standesamt. In der **Wahl des Vornamens** sind die Eltern prinzipiell frei[7]. Doch darf der gewählte Name nicht die all-

---

[4] Diese Regelung verstößt nicht gegen die Verfassung, BVerfG NJW 2002, 1256.

[5] Der Gesetzgeber des Kindschaftsrechtsreformgesetzes 1997/1998 wollte unbedingt vermeiden, von ehelichen und von nichtehelichen Kindern zu sprechen.

[6] Das Personenstandsgesetz regelt insbesondere die Führung der Personenstandsregister – Heiratsbuch, Familienbuch, Geburtenbuch, Sterbebuch – sowie die Ausstellung der entsprechenden Personenstandsurkunden, z.B. von Geburtsurkunden. Zuständig ist das Standesamt, eine Gemeindebehörde.

[7] Wie BVerfG NJW 2002, 1256, 1257 hervorhebt, dürfen (und müssen) dem Recht der El-

gemeine Sitte und Ordnung verletzen. Daraus wird abgeleitet, dass der Vorname dem Geschlecht des Kindes entsprechen muss[8]. Auch die Verwendung von Phantasienamen und ausländischen Namen wird heute allgemein zugelassen. Im Interesse des Kindes sind aber solche Namen unzulässig, die das Kind der Lächerlichkeit oder Missachtung preisgeben[9].

Es können auch **mehrere Vornamen** gegeben werden, ohne dass nach bürgerlichem Recht der sogenannte Rufname eine rechtliche Sonderstellung hätte. Die Zahl der Vornamen ist allerdings nicht völlig unbegrenzt; sie darf die Ordnungsfunktion des Namens nicht außer Kraft setzen[10]. 1108

4. Änderung des Namens durch Verwaltungsakt

Das Gesetz über die Änderung von Familien- und Vornamen vom 5.1.1938 gestattet die Namensänderung auf Antrag durch einen **Verwaltungsakt**. Es muss aber ein **wichtiger Grund** für eine solche Änderung vorliegen, z.B. ein anstößiger oder lächerlich wirkender Name. Die Entscheidung obliegt bei der Änderung von Vornamen der unteren, bei der Änderung von Familiennamen der höheren Verwaltungsbehörde. 1109

5. Funktion des Namens

Der Name dient der Unterscheidung eines Menschen von anderen Personen und besitzt damit zunächst eine **äußere Ordnungsfunktion**. Da aber die Persönlichkeit eines Menschen, seine Stellung in der Gemeinschaft, seine beruflichen, künstlerischen oder sportlichen Leistungen, sein Ansehen usw. untrennbar mit dem Namen verknüpft sind, ist der Name als Wesensmerkmal der Person anzusehen. Das Namensrecht wird daher allgemein als ein **Persönlichkeitsrecht** aufgefasst. Dies wirkt sich auf die Reichweite des Schutzes des Namensrechts aus. Dieser besteht nicht nur in einem Schutz vor Verwechslung mit anderen Personen, sondern bezieht auch den persönlichkeitsrechtlichen Bereich mit ein[11]. 1110

---

tern allein dort Grenzen gesetzt werden, wo eine Beeinträchtigung des Kindeswohls durch eine verantwortungslose Namenswahl droht.

[8] Eine Ausnahme bildet der Name Maria, der als zusätzlicher männlicher Vorname zugelassen ist.

[9] Manche Eltern verwenden viel Energie darauf, um recht befremdliche Namen durchzusetzen; dem Kind wird damit wenig gedient. Die heutige Rechtsprechung ist so großzügig wie irgend möglich, vgl. (die Zulässigkeit des Namens bejahend) OLG Zweibrücken NJW 1984, 1360 (Philipp Pumuckl); BayObLGZ 1994, 191 (Sonne als weiterer weiblicher Vorname); LG Hannover NJW-RR 1997, 834 (Godot als weiterer männlicher Vorname).

[10] OLG Düsseldorf NJW-RR 1998, 1462 = JuS 1999, 500 (mit Anm. Hohloch) zieht die Grenze im Regelfall bei vier Vornamen; a.M. MünchKomm/v. Sachsen Gessaphe, Nach § 1618 Rdnr. 11, der eine solche Begrenzung im Hinblick auf das durch Art. 6 Abs. 2 GG geschützte Elternrecht für zu restriktiv hält.

[11] Zum verfassungsrechtlichen Schutz des Rechts, den eigenen Namen auch öffentlich zu nennen, s. BVerfGE 97, 391 = NJW 1998, 2889 = JZ 1998, 1114 (mit Anm. Schulze-Fielitz) =

6. Der Schutz des Namensrechts

1111 Wer in seinem Namensrecht verletzt ist, kann nach § 12 von dem Störer die **Beseitigung** und – bei Wiederholungsgefahr – die künftige **Unterlassung der Beeinträchtigung** verlangen. Es kann außerdem ein **Schadensersatzanspruch** aufgrund rechtswidriger und schuldhafter Verletzung des Namensrechts entstehen, da das Namensrecht als subjektives, absolut geschütztes Recht ein **sonstiges Recht** im Sinne des § 823 Abs. 1 darstellt. Wurde das Namens- oder Firmenrecht im geschäftlichen Verkehr verletzt, etwa durch Gebrauch einer verwechslungsfähigen Bezeichnung, so kann der Verletzte, ebenso wie bei der Verletzung von Urheber- und Patentrechten, seinen **Schaden auf dreifache Weise berechnen**: nicht nur durch Nachweis des konkret entgangenen Gewinns, sondern wahlweise auch nach Maßgabe einer ihm entgangenen Lizenzgebühr oder nach dem Gewinn, den der Verletzer erzielt hat[12].

1112 § 12 verlangt, dass das Namensrecht bestritten wird (**Namensbestreitung**) oder ein anderer unbefugt den gleichen Namen gebraucht (**Namensanmaßung**). In beiden Fällen ist ferner die **Verletzung eines schutzwürdigen Interesses** des Namensträgers erforderlich. Dabei kann es sich um ein wirtschaftliches, aber auch um ein rein persönliches oder ein ideelles Interesse handeln[13].

7. Anwendungsbereich des § 12

1113 Der Schutz des § 12 wurde in verschiedener Hinsicht über den bürgerlichen Namen hinaus ausgedehnt. Er umfasst z.B. auch die **Firma**, die nach § 17 Abs. 1 HGB den Handelsnamen des Kaufmanns darstellt. Die Firma braucht nicht mit dem bürgerlichen Namen des Inhabers eines Handelsgeschäfts übereinzustimmen, s. zur Wahl der Firma § 18 f. HGB. Bei Erwerb eines Handelsgeschäfts darf die bisherige Firma mit Zustimmung des bisherigen Geschäftsinhabers weitergeführt werden, § 22 HGB. Auch eine **Internet-Domain** fällt in den Schutzbereich des § 12. Wenn also jemand unbefugt den Namen eines anderen (auch den einer Stadt, s. Fn. 17) als Internet-Domain verwendet, so kann der Berechtigte nach § 12 z.B. Unterlassung verlangen. Bei Gleichnamigkeit kann ein Unternehmen, dessen Namen bzw. Firma Verkehrsgeltung erlangt hat, Unterlassung verlangen[14]; der andere Namensträger darf

---

JuS 1999, 289 (mit Anm. Hufen) (zur Namensnennung im Fall des sexuellen Missbrauchs durch den Vater).

[12] BGHZ 60, 206 = NJW 1973, 622; MünchKomm/Schwerdtner § 12 Rdnr. 295 ff.

[13] BGHZ 124, 173, 181 = NJW 1994, 245, 247 = LM § 12 Nr. 61 (mit Anm. H. Weber) = JuS 1994, 433 (mit Anm. Emmerich) (zum Namensschutz der katholischen Kirche für die Bezeichnungen katholisch und römisch-katholisch).

[14] Ausführlich (auch zum grundsätzlichen Vorrang des Kennzeichenschutzes nach dem MarkenG vor § 12) BGH NJW 2002, 2031 („Shell.de"); OLG Hamm CR 1998, 241 (mit Anm. Bettinger) („Krupp.de"). Bei Gleichnamigkeit entscheidet im allgemeinen die Priorität der Registrierung darüber, wer den Namen ohne Zusatz verwenden darf, doch es ist anders, wenn einer der Namensträger bereits eine überragende Bekanntheit genießt, BGH aaO. – Zu anderen Möglichkeiten, einer Verwechslungsgefahr bei Namensgleichheit zu begegnen (Hinweis auf der ersten sich öffnenden Internet-Seite) BGH NJW 2002, 2096.

dann seinen Namen als Bestandteil seiner Internet-Domain nur verwenden, wenn er einen unterscheidungskräftigen Zusatz hinzufügt. Eine als Internet-Domain gewählte Bezeichnung, die nicht auf einen bürgerlich-rechtlichen Namen zurückgeht, genießt, wenn sie in Gebrauch genommen wurde, ebenfalls den Schutz des § 12[15]. Die in Betracht kommenden Ansprüche richten sich in der Regel gegen den Verwender der Internet-Domain, nicht gegen die Registrierungsstelle (DENIC)[16].

Geschützt ist auch der Name **juristischer Personen** des Privatrechts und des öffentlichen Rechts (z.B. einer Stadt[17]) sowie nichtrechtsfähiger Vereine[18]. Auch selbstgewählte Künstler- oder Decknamen (**Pseudonym**) genießen den Namensschutz, wenn sie in weiteren Kreisen als Bezeichnung eines bestimmten Künstlers bekannt geworden sind, also tatsächlich diese Persönlichkeit für einen größeren Kreis von Personen kennzeichnen[19]. Auch ein Wappen oder ein Universitätsemblem[20] wird unter der Voraussetzung einer entsprechenden Unterscheidungskraft analog § 12 geschützt.

Lösung zu Fall 45:

Anspruchsgrundlage für einen Unterlassungsanspruch der Hertha Vogel gegen Evita Paloma ist § 12 Satz 2 BGB. Nicht nur der bürgerliche Name, sondern auch ein selbst gewählter Künstlername ist durch diese Vorschrift geschützt, wenn er tatsächlich Geltung in dem Sinne erlangt hat, dass das Pseudonym die Persönlichkeit für einen weiteren Kreis von Personen kennzeichnet. Diese Voraussetzungen sind hier für den von Hertha Vogel gewählten Künstlernamen gegeben. Voraussetzung eines Anspruchs ist weiter, dass das Recht zur Führung des Namens bestritten wird (was hier nicht vorliegt) oder dass ein anderer unbefugt den gleichen Namen gebraucht und dadurch die Interessen des Namensträgers verletzt. Durch das Auftreten der Nachwuchssängerin unter dem gleichen Namen werden die ideellen und wirtschaftlichen Interessen der „etablierten" Evita Paloma verletzt, da die Gefahr einer Verwechslung der beiden Sängerinnen und ihrer Leistungen nahe liegt. Auf der anderen Seite ist aber der Gebrauch des Namens Evita Paloma durch die Nachwuchssängerin insofern nicht unbefugt, als es sich um ihren bürgerlichen Namen handelt. Ihr kann daher der Gebrauch dieses Namens nicht schlechthin untersagt werden. Wenn sie aber, wie hier, öffentlich auftritt, so genießt das von Hertha Vogel erlangte Namensrecht insoweit Priorität, als es Sache der Nachwuchssängerin ist, durch einen unterscheidungskräftigen Zusatz die Verwechslungsgefahr zu beseitigen. Dafür gilt das in § 30 Abs. 2 HGB für die Firma Gesagte entsprechend. Hertha Vogel kann somit verlangen, dass

---

[15] OLG Hamburg CR 1999, 184 (mit Anm. Hackbarth) („Emergency.de").

[16] OLG Dresden CR 2001, 408 (mit Anm. Röhrborn) („Kurt-Biedenkopf.de"); jedoch wird bei groben, unschwer zu erkennenden Verstößen einer Anmeldung gegen ein Namensrecht eine Pflicht der Registrierungsstelle zur Prüfung und gegebenenfalls Ablehnung bejaht, OLG Frankfurt CR 1999, 707 („ambiente.de"). In dem vom OLG Dresden aaO entschiedenen Fall wurden diese Voraussetzungen verneint.

[17] Zur Verletzung durch Gebrauch des Namens der Stadt als Internet-Adresse durch einen unbefugten Dritten LG Braunschweig NJW 1997, 2687 („Braunschweig.de"); LG Ansbach NJW 1997, 2688 („Ansbach.de"); OLG Köln CR 1999, 385 („Herzogenrath.de").

[18] S. auch zum Namensschutz für politische Parteien § 4 ParteienG; dazu LG Hannover NJW 1994, 1356.

[19] RGZ 101, 230; BGHZ 30, 7, 9 = NJW 1959, 1269.

[20] BGHZ 119, 237, 245 = NJW 1993, 918, 920.

es Evita Paloma unterlässt, bei Auftritten als Sängerin diesen Namen ohne einen unterscheidungskräftigen Zusatz zu verwenden.

II. Das allgemeine Persönlichkeitsrecht

1. Ausdrückliche gesetzliche Regeln

1116 Die Verfasser des BGB lehnten es ab, ein umfassendes Persönlichkeitsrecht anzuerkennen. Bestimmend dafür war die Sorge, es könnten sich auf diese Weise zu große Einschränkungen für die freie Betätigung der Bürger ergeben. Auch befürchtete man Schwierigkeiten bei der näheren Bestimmung der Grenzen des Persönlichkeitsrechts. Das einzige besondere Persönlichkeitsrecht, das im BGB geregelt ist, stellt das **Namensrecht** dar. Ein weiteres besonderes Persönlichkeitsrecht findet sich in Gestalt des **Rechts am eigenen Bild** in den §§ 22 ff. des Kunsturhebergesetzes[21]. Persönlichkeitsrechtliche Bestandteile hat auch das **Urheberrecht** (s. zum Urheberpersönlichkeitsrecht §§ 12 ff. UrhG). Ebenso wenig wie ein allgemeines Persönlichkeitsrecht hat das BGB ein Recht auf Ehre in den Kreis der ausdrücklich geschützten Rechte oder Rechtsgüter aufgenommen. Der Schutz der Ehre erfolgt aber durch § 823 Abs. 2 in Verbindung mit den entsprechenden strafrechtlichen Normen (Beleidigung, Verleumdung, üble Nachrede, §§ 185 ff. StGB) als Schutzgesetze. Die Konsequenz dieser Verweisung des § 823 Abs. 2 auf die strafrechtlichen Vorschriften ist, dass nur die vorsätzliche Verletzung der Ehre zum Schadensersatz verpflichtet. Neben § 823 Abs. 2 kommen auch Ansprüche aus §§ 824, 826 in Betracht.

2. Anerkennung des allgemeinen Persönlichkeitsrechts durch den BGH

1117 In den letzten Jahrzehnten zeigte sich, dass die Persönlichkeit durch die Normen des BGB nur unzureichend geschützt wird. Vor allem ist die persönliche, private Lebenssphäre, auch der sogenannte Intimbereich, u.a. durch Illustriertenberichte, durch Rundfunk- und Fernsehsendungen besonderen Gefährdungen ausgesetzt. Neue technische Entwicklungen (Abhörgeräte, heimliche Tonbandaufnahmen, Fotoaufnahmen aus größerer Entfernung) eröffneten ganz andere Möglichkeiten, in den persönlichen Lebensbereich eines anderen gegen dessen Willen einzudringen, als sie etwa zur Zeit der Schaffung des BGB bestanden. In einer Reihe grundlegender Entscheidungen hat der BGH dieser Entwicklung durch **Anerkennung des allgemeinen Persönlichkeitsrechts** Rechnung getragen. Dabei wurde nicht zuletzt an den grundrechtlichen Schutz der Menschenwürde (Art. 1 GG) und der freien Entfaltung der Persönlichkeit (Art. 2 GG) angeknüpft[22]. Auch das Privatrecht muss diesen fun-

---

[21] Zur Veröffentlichung von Fotografien aus dem Privatleben Prominenter (und ihrer Kinder) in Illustrierten eingehend BVerfGE 101, 361 = NJW 2000, 1021 (Caroline von Monaco).
[22] Siehe bereits BGHZ 13, 334, 338 = NJW 1954, 1404, 1405 (eine anwaltliche Stellungnahme wurde, noch dazu gekürzt, als Leserbrief veröffentlicht. Der Anwalt wollte in der nächsten Ausgabe klargestellt sehen, dass er keinen Leserbrief geschickt hatte).

damentalen Werten durch entsprechende Auslegung seiner Bestimmungen den nötigen Schutz gewähren. Das heute allgemein anerkannte allgemeine Persönlichkeitsrecht stellt ein **sonstiges Recht** im Sinne des § 823 Abs. 1 dar. Aus seiner vorsätzlichen oder fahrlässigen Verletzung ergeben sich also **Schadensersatzansprüche**. Ferner kann (analog §§ 12, 1004) **Beseitigung** einer weiterwirkenden rechtswidrigen Störung und bei Wiederholungsgefahr auch **Unterlassung** künftiger Rechtsverletzungen verlangt werden.

Im Vordergrund steht das allgemeine Persönlichkeitsrecht **natürlicher Personen**. Dagegen können sich **juristische Personen** nur insoweit auf das Persönlichkeitsrecht berufen, als sie nach ihrem Zweck und ihren Funktionen eines besonderen Schutzes bedürfen[23].

Das Persönlichkeitsrecht einer natürlichen Person erlischt mit deren Tod, ist also nicht vererblich. Zum Schutz des Andenkens Verstorbener können aber dessen nächste Angehörige oder ein vom Verstorbenen dazu Ermächtigter Beseitigung und Unterlassung verlangen (*postmortaler Persönlichkeitsschutz*)[24]. Ferner hat der BGH[25] in seiner neueren Rechtsprechung die Vererblichkeit von **vermögensrechtlichen Bestandteilen des allgemeinen Persönlichkeitsrechts** anerkannt. Damit wird der tatsächlichen Entwicklung Rechnung getragen, haben doch der Name und das Persönlichkeitsbild bekannter Personen aus dem Bereich des Sports oder der Kunst vielfach einen hohen Marktwert, den sich Unbefugte auch nach dem Tod der Person nicht zunutze machen dürfen.

Nicht jede Beeinträchtigung des Persönlichkeitsrechts kann bereits als eine Rechtsverletzung angesehen werden. Anders als bei den fest umrissenen Rechten, wie insbesondere dem Eigentum, muss im Wege einer **Güter- und Interessenabwägung** festgestellt werden, wann eine rechtswidrige Verletzung des allgemeinen Persönlichkeitsrechts vorliegt. Als Beispiele sind etwa die unberechtigte Veröffentlichung von Briefen oder vertraulichen Aufzeichnungen (Tagebüchern), heimliche Tonbandaufnahmen oder auch Mitteilungen aus der Privatsphäre (z.B. über den Gesundheitszustand, ohne dass ein überwiegendes Informationsinteresse besteht) anzusehen. Auch die Zuschreibung unrichtiger Zitate mit diffamierender Wirkung stellt eine Verletzung des allgemeinen Persönlichkeitsrechts dar[26]. Dasselbe gilt für

---

[23] BGHZ 98, 94, 97 = NJW 1986, 2951.
[24] Grundlegend BGHZ 50, 133 = NJW 1968, 1773 (zum Roman „Mephisto" von Klaus Mann und dem Persönlichkeitsschutz des – erkennbar gemeinten – Schauspielers und Intendanten Gustav Gründgens); s. auch BGHZ 107, 384 = JZ 1990, 37 (mit Anm. Schack) (Persönlichkeitsschutz des Malers Emil Nolde bei Bildfälschungen noch 30 Jahre nach dem Tode). Näher s. MünchKomm/Schwerdtner § 12 Anh. Rdnr. 22 ff.; MünchKomm/Leipold § 1922 Rdnr. 50f.
[25] BGHZ 143, 214 = NJW 2000, 2195 = JZ 2000, 1056 (mit Anm. Schack) = JuS 2000, 1222 (mit Anm. Emmerich) (zur unbefugten Verwendung des Bildnisses, des Namens und des Namenszuges der Filmschauspielerin Marlene Dietrich nach deren Tod). Vgl. hierzu Leipold, Erbrecht, 14. Aufl., Rdnr. 633.
[26] BVerfGE 54, 208 = NJW 1980, 2072.

die Veröffentlichung eines erfundenen Interviews in einer Illustrierten[27] oder die rufschädigende Behauptung einer Scientology-Mitgliedschaft[28].

3. Geldersatz für immateriellen Schaden

1121 Um den Schutz des allgemeinen Persönlichkeitsrechts zu vervollständigen, hat die Rechtsprechung entgegen § 253 aF (jetzt § 253 Abs. 1) auch einen Anspruch auf **Geldersatz** für immateriellen Schaden zugebilligt. In den 2002[29] neu eingefügten § 253 Abs. 2, der an die Stelle des früheren § 847 (Schmerzensgeldanspruch nur bei unerlaubten Handlungen) getreten ist und diesen Anspruch auch auf die Fälle der Gefährdungshaftung und der vertraglichen Haftung erweitert hat, wurde der Anspruch auf Geldersatz für immateriellen Schaden bei Verletzung des allgemeinen Persönlichkeitsrechts nicht aufgenommen[30], doch ist dies so zu verstehen, dass die bisherige, durch die Rechtsprechung geschaffene Rechtslage unverändert bleibt[31]. Der Anspruch besteht nicht in jedem Fall, sondern nur, wenn es sich um eine schwere Verletzung des Persönlichkeitsrechts handelt und Genugtuung auf andere Weise nicht zu erreichen ist[32]. Grundlegend für diese Rechtsprechung war die berühmte Herrenreiter-Entscheidung[33]: Das Bild eines Turnierreiters wurde ohne dessen Einwilligung als Werbeplakat für ein pharmazeutisches Präparat benutzt, das (jedenfalls nach der Vorstellung weiter Bevölkerungskreise) auch der Hebung der sexuellen Potenz dienen sollte. Ein Vermögensschaden lag insofern nicht vor, als der abgebildete Reiter auch gegen Entgelt nicht bereit gewesen wäre, sein Bild für diesen Werbezweck zur Verfügung zu stellen. Dass es die Aufgabe des Geldersatzes für immateriellen Schaden ist, dem Persönlichkeitsrecht einen **effektiven Schutz** zukommen zu lassen, wurde auch in neueren Entscheidungen deutlich. Reißerisch aufgemachte, persönlichkeitsverletzende Berichte können für bestimmte Illustrierte die Auflage in einem Maße steigern, dass solchem Tun allenfalls durch hohe Schadensersatzbeträge entgegengewirkt werden kann[34]. Eine Schadensberechnung durch Abschöpfung des vom Verletzer erzielten Gewinns wird dagegen bislang von der Rechtsprechung abgelehnt[35].

---

[27] BGHZ 128, 1 = NJW 1995, 861 (Caroline von Monaco).
[28] BVerfGE 99, 185 = NJW 1999, 1322.
[29] Zweites Gesetz zur Änderung schadensersatzrechtlicher Vorschriften vom 19. Juli 2002, BGBl. I S. 2674.
[30] Ein Vorschlag des Bundesrates, die Geldentschädigung bei Persönlichkeitsrechtsverletzung in einem neuen § 847 ausdrücklich zu regeln (Bundestagsdrucksache 14/7752, S. 49), blieb erfolglos, s. auch die Gegenäußerung der Bundesregierung, aaO S. 55.
[31] Begründung zum Regierungsentwurf, Bundestagsdrucksache 14/7752, S. 24f.
[32] Zu diesen Voraussetzungen BGHZ 35, 363, 369 = NJW 1961, 2059, 2060.
[33] BGHZ 26, 349 = NJW 1958, 827.
[34] Neuere Beispiele: BGHZ 128, 1, 12 (Fn. 27); OLG Hamburg NJW 1996, 2870; beide betr. Caroline von Monaco.
[35] OLG Hamburg NJW 1996, 2870, 2872; str.

4. Persönlichkeitsrecht und Meinungs- sowie Pressefreiheit

Vor allem bei Veröffentlichungen in den Medien gerät der Schutz des allgemeinen Persönlichkeitsrechts in Widerstreit mit der verfassungsrechtlich garantierten Meinungs- und Pressefreiheit, Art. 5 Abs. 1 Satz 1 und 2 GG. Zwar gehören zu den Schranken der freien Meinungsäußerung nach Art. 5 Abs. 2 GG auch die Vorschriften der allgemeinen Gesetze und das Recht der persönlichen Ehre. Diese Schranke ist jedoch ebenfalls im Lichte des eingeschränkten Grundrechts auszulegen. Das BVerfG geht nicht etwa von einem grundsätzlichen Vorrang des Schutzes der Ehre und des allgemeinen Persönlichkeitsrechts aus, sondern nimmt, sobald es sich um eine Meinungsäußerung handelt, eine **Abwägung zwischen der Meinungsfreiheit und dem Persönlichkeitsschutz** vor. Wenn es um „Beiträge zum geistigen Meinungskampf in einer die Öffentlichkeit wesentlich berührenden Frage" geht, spricht nach Ansicht des BVerfG sogar die **Vermutung für die Zulässigkeit der freien Rede**[36].

Der **Ehren- und Persönlichkeitsschutz** von Politikern und sonstigen Personen des öffentlichen Lebens wird nach Meinung mancher Kritiker[37] durch diese Rechtsprechung zu sehr eingeschränkt. Andererseits darf nicht übersehen werden, dass die Meinungsfreiheit und insbesondere die Freiheit der Medien in einer Demokratie von größter Bedeutung ist. Man wird daher um den Abwägungsvorgang in der Tat nicht herumkommen, sollte aber dabei vielleicht doch dem Ehren- und Persönlichkeitsschutz nicht zuletzt im Interesse der politischen Streitkultur größeres Gewicht zumessen, als dies das BVerfG in einzelnen Entscheidungen[38] getan hat.

---

36 BVerfGE 85, 1, 16 = NJW 1992, 1439.
37 Z.B. Kriele NJW 1994, 1897; Schmitt-Glaeser NJW 1996, 873. – Das BVerfG verteidigend dagegen Kübler NJW 1999, 1281.
38 Problematisch z.B. BVerfGE 82, 272 = NJW 1991, 95 (Zwangsdemokrat Strauß), wo der Begriff der (auch nach Meinung des BVerfG unzulässigen) Schmähung extrem eng verstanden wurde. Auch über BVerfG NJW 1999, 2358 (Nichtannahme der Verfassungsbeschwerde gegen BGH NJW 1994, 124) lässt sich streiten. Hier wurde von BGH und BVerfG in einer Plakataktion der Umweltschutzorganisation Greenpeace, in der unter Abbildung von Vorstandsvorsitzenden die FCKW-Produktion deutscher Unternehmen „in satirisch-sarkastischer Weise" kritisiert wurde, kein unzulässiger Eingriff in das allgemeine Persönlichkeitsrecht der Abgebildeten gesehen: dies sei keine Schmähung oder unzulässige Prangerwirkung.

§ 24 Namensrecht und Persönlichkeitsrecht

Kontrollfragen und Fälle zu § 24

1) Welche Ansprüche können bei Verletzung des Namensrechts geltend gemacht werden?

2) Was ist eine Firma?

3) Wie kann ein Unternehmen, dessen Firma von einem Konkurrenzunternehmen rechtswidrig verwendet wurde, seinen Schaden berechnen?

4)* Prof. Dr. Klug hält gegen Entgelt sehr erfolgreiche Seminare für Steuerberater. Als Fallstudie verwendet er dabei den im Bundesanzeiger abgedruckten Jahresabschluss der Hausmann-Bau GmbH. Kopien wurden, ohne den Namen des Unternehmens und seine Adresse unkenntlich zu machen, den an die Teilnehmer verteilten Seminarunterlagen beigefügt. Klug hat außerdem Kopien an einige Banken versandt und sie um eine Analyse der wirtschaftlichen Situation der Hausmann-Bau GmbH gebeten. Diese Analysen wurden dann ebenfalls als Seminarunterlagen verwendet. In seinen eigenen Ausführungen in den Seminaren gelangte Klug zu einer kritischen Beurteilung der finanziellen Situation der Hausmann-Bau GmbH. Kann die GmbH von Klug Unterlassung der Weitergabe des Jahresabschlusses ohne Unkenntlichmachung ihres Namens und ihrer Adresse verlangen?

5)* Scharf berichtet in einem Buch ausführlich über Erscheinungsformen des organisierten Verbrechens, insbesondere über Person und Leben eines „Lohnkillers" X und eines Bordellbetreibers M, der das erste Opfer des X geworden sein soll. In diesem Buch wird in Form eines wörtlichen Zitats eine Zeugenaussage aus einem staatsanwaltlichen Ermittlungsverfahren wiedergegeben. Der Zeuge erklärte, in der Bar des M hätten eine Reihe von Polizeibeamten verkehrt, die von M in irgendeiner Weise bestochen worden seien; er wisse, dass der damalige Polizeibeamte Biedermann für M gearbeitet habe. Im Anschluss an dieses Zitat erklärt der Autor in dem Buch lediglich: „Es ist eine unergiebige Recherche. Ich finde nur, was ich nicht zu finden hoffte." Biedermann verklagt den Scharf mit dem Antrag, diesen zur Unterlassung der weiteren Verbreitung des Buches (mit den Angaben über ihn) und zur Zahlung eines angemessenen Schmerzensgeldes zu verurteilen. Das Gericht kann nicht feststellen, ob an der Behauptung über Biedermann etwas daran ist. Wie wird es entscheiden?

Lösungen

1124 1) Der Verletzte kann nach § 12 Satz 1 die Beseitigung der Namensverletzung und nach § 12 Satz 2 bei Wiederholungsgefahr die Unterlassung einer künftigen Verletzung verlangen. Außerdem entsteht bei rechtswidriger und schuldhafter Verletzung des Namensrechts ein Anspruch auf Ersatz entstandenen Schadens nach § 823 Abs. 1, da das Namensrecht ein sonstiges Recht i.S. dieser Vorschrift darstellt.

1125 2) Die Firma ist der Handelsname des Kaufmanns, d.h. der Name, unter dem er seine Geschäfte betreibt und seine Unterschrift abgibt, § 17 Abs. 1 HGB.

1126 3) Der Schaden kann auf drei verschiedene Weisen berechnet werden: durch Nachweis des konkret entgangenen Gewinns; nach dem Gewinn, den der Verletzer erzielt hat; oder nach Maßgabe einer angemessenen Lizenzgebühr.

1127 4) In Betracht kommt ein Unterlassungsanspruch aufgrund einer Verletzung des allgemeinen Persönlichkeitsrechts, § 823 Abs. 1, § 1004 Abs. 1 (analog). Dabei ist zunächst zu klären, ob sich die GmbH als juristische Person auf ein Persönlichkeitsrecht berufen kann. Der BGH bejaht dies insoweit, als eine juristische Person als Zweckschöpfung und hinsichtlich ihrer Funktionen des Schutzes bedarf. Den vorliegenden Fall ordnete der BGH[1] diesem – eingeschränkten – Schutzbereich zu, weil durch das Vorgehen des Klug der soziale Geltungsbereich der GmbH als Wirtschaftsunternehmen betroffen sei. Die nächste Frage ist, ob die gesetzliche Pflicht zur Veröffentlichung des Jahresabschlusses (§ 325 HGB) der Annahme eines Eingriffs in das Persönlichkeitsrecht entgegen steht. Die Veröffentlichung soll solchen Personen Informationsmöglichkeiten geben, die mit dem Unternehmen in geschäftlichen Beziehungen stehen oder die in solche eintreten wollen. Das Vorgehen des Klug liegt jedoch außerhalb dieses Zwecks, da er im Rahmen der Verfolgung eigener wirtschaftlicher Zwecke die Aufmerksamkeit gezielt auf die finanzielle Lage des Unternehmens lenkte. Auch die Wissenschaftsfreiheit rechtfertigt das Vorgehen des Klug nicht, da er die wissenschaftlich angestrebten Ziele (Verwendung als Fallstudie) auch ohne Nennung des Namens und der Adresse der GmbH hätte erreichen können. Aufgrund des bisherigen Verhaltens des Klug muss damit gerechnet werden, dass er auch in Zukunft so vorgeht. Wenn es dem Klug nicht etwa gelingt, diese tatsächliche Vermutung für eine Wiederholungsgefahr zu entkräften, ist der Unterlassungsanspruch begründet.

1128 5) Anspruchsgrundlage für den Unterlassunganspruch ist § 823 Abs. 1, § 1004 Abs. 1 (analog) in Verbindung mit dem allgemeinen Persönlichkeitsrecht. Fraglich ist, ob Scharf das Persönlichkeitsrecht des Biedermann verletzt, obwohl er die Zeugenaussage eines anderen wiedergibt. Durch die Art und Weise der Wiedergabe, insbesondere durch die anschließende Bemerkung in dem Buch, entsteht aber für den Leser eher der Eindruck, dass sich Scharf mit der Behauptung des Zeugen identifiziert; jedenfalls distanziert er sich nicht davon. Daher ist eine Verletzung des Persönlichkeitsrechts zu bejahen[2]. Dass die Unwahrheit der Behauptung nicht bewiesen ist, steht nicht entgegen. Insoweit ist die in § 186 StGB enthaltene Beweislastregel – die Strafbarkeit ist schon dann gegeben, wenn die behauptete ehrenrührige Tatsache nicht erweislich wahr ist – auch für den Bereich des Zivilrechts zu übernehmen.

1129 Auch der Anspruch auf Geldersatz kann sich aus § 823 Abs. 1 ergeben. Obgleich es sich um immateriellen Schaden handelt, wird entgegen § 253 Abs. 1 bei der Verletzung des allgemei-

---

[1] BGH NJW 1994, 1281 = LM § 823 (Ah) BGB Nr. 110 (mit abl. Anm. Marly). – BVerfG NJW 1994, 1784 (Nichtannahmebeschluss) hat gegen diese Entscheidung keine verfassungsrechtlichen Bedenken, legt aber den Akzent mehr auf den Schutz der wirtschaftlichen Betätigungsfreiheit als auf ein allgemeines Persönlichkeitsrecht der GmbH.

[2] BGH NJW 1996, 1131 = LM § 823 (Ah) Nr. 123 (mit Anm. Marly).

nen Persönlichkeitsrechts ein Ersatz in Geld zugebilligt, wenn eine schwerwiegende Verletzung vorliegt und auf andere Weise keine hinreichende Genugtuung erzielt werden kann. Diese Rechtslage ist auch durch die Einfügung des § 253 Abs. 2 (im Jahre 2002) nicht verändert worden, s. Rdnr. 1121. Die Anspruchsvoraussetzungen sind hier zu bejahen. Dass die Unwahrheit der Behauptung nicht positiv festgestellt wurde, ändert nichts daran, dass die Verbreitung der nicht erweislich wahren Behauptung in einem Buch das Persönlichkeitsrecht des Biedermann sehr einschneidend verletzt. Gerade weil schon eine erhebliche Zahl von Büchern ausgeliefert ist, kann ohne Sanktion in Geldform keine angemessene Genugtuung erzielt werden.

3. Abschnitt: Sonstige Materien des Allgemeinen Teils

§ 25 Der Wohnsitz

Fall 46: Vera Hart verlässt nach einem heftigen Streit mit ihrem Ehemann die gemeinsame Wohnung in Baden-Baden und begibt sich mit der gemeinsamen 6-jährigen Tochter Olga in ein Frauenhaus in Karlsruhe. Sie beabsichtigt, dort etwa zwei Wochen zu bleiben, bis sich die Verhältnisse geklärt haben.
Wo haben Vera Hart und Olga Hart jetzt ihren Wohnsitz?

I. Bedeutung

Der Wohnsitz ist die rechtlich bedeutsamste räumliche Beziehung des Menschen. Man versteht darunter den **räumlichen Schwerpunkt der Lebensverhältnisse** einer Person[1]. Der Wohnsitz dient als Anknüpfungspunkt für verschiedene Rechtsfolgen. Im Schuldrecht liegt der **Erfüllungsort** gemäß § 269 Abs. 1 am Wohnsitz des Schuldners, wenn keine andere Bestimmung (vertragliche Vereinbarung) getroffen wurde und sich auch aus den Umständen nichts anderes ergibt. Geld hat der Schuldner im Zweifel an den Wohnsitz des Gläubigers zu übermitteln, § 270 Abs. 1 (Schickschuld). Für den Zivilprozess begründet der Wohnsitz des Beklagten dessen **allgemeinen Gerichtsstand**, § 13 ZPO. Der Beklagte ist also, soweit nicht besondere Vorschriften eingreifen, bei dem Gericht zu verklagen, in dessen Bezirk der Wohnsitz liegt. Auch die Zuständigkeit des Vormundschaftsgerichts für eine Vormundschaft knüpft z.B. an den Wohnsitz des Mündels an (§ 36 FGG); die Zuständigkeit des Nachlassgerichts orientiert sich am letzten Wohnsitz des Erblassers (§ 73 Abs. 1 FGG).

Das **öffentliche Recht** verwendet dagegen zum Teil, z.B. im Wahlrecht, einen eigenen, allein auf objektive Merkmale abstellenden Begriff[2]. In anderen Bereichen übernimmt aber auch das öffentliche Recht den Wohnsitzbegriff des BGB[3].

---

[1] MünchKomm/Schmitt § 7 Rdnr. 9.
[2] Vgl. Palandt/Heinrichs § 7 Rdnr. 5. Zum vom öffentlichen Recht verwendeten Begriff der Hauptwohnung s. § 12 Melderechtsrahmengesetz (abgedruckt unter Nr. 256 in Sartorius I, Verfassungs- und Verwaltungsgesetze).
[3] Vgl. z.B. BVerfG NJW 1990, 2193, 2194 (zum Staatsangehörigkeitsrecht).

II. Begründung und Aufhebung des Wohnsitzes

1. Begründung

1132 Gemäß § 7 Abs. 1 wird der Wohnsitz durch ständige Niederlassung an einem Ort begründet. Darunter ist die Begründung des Aufenthalts mit dem Willen zu verstehen, den Ort zum Schwerpunkt der Lebensverhältnisse zu machen. Es ist also sowohl der **tatsächliche Akt** als auch der entsprechende **Wille** (Domizilwille) notwendig. Der Wohnsitz ist damit nicht gleichbedeutend mit dem Aufenthaltsort, für den es nicht auf den Willen einer Wohnsitzbegründung ankommt.

1133 Der **Domizilwille fehlt**, wenn nur ein Aufenthalt für kürzere Dauer geplant ist, etwa bei Aufenthalt in einem Ferien- oder Kurort, auch bei Unterbringung in einer Strafanstalt, je nach den konkreten Gegebenheiten auch beim Aufenthalt eines Studenten am Hochschulort.

1134 Die **Anmeldung bei der Meldebehörde**, die nach § 12 Melderechtsrahmengesetz (vgl. Fn. 2) bei jedem Beziehen einer Wohnung vorgeschrieben ist, ist zivilrechtlich nicht entscheidend, ergibt aber ein Indiz für den Willen zur Wohnsitzbegründung. Trotz der Anmeldung wird aber kein Wohnsitz begründet, wenn sich der Wohnungsinhaber an dem Ort nicht dauernd niederlassen will. Andererseits wird der Wohnsitz, wenn die Voraussetzungen des bürgerlichen Rechts vorliegen, auch ohne behördliche Anmeldung begründet.

1135 Die Rechtsnatur der Begründung des Wohnsitzes ist umstritten. Manche nehmen einen Realakt, andere eine **rechtsgeschäftsähnliche Handlung**[4] an, da zwar eine Willensbetätigung, im Unterschied zu einem Rechtsgeschäft aber kein auf bestimmte Rechtsfolgen bezogener Wille erforderlich sei. Dass aber zur Begründung des Wohnsitzes Geschäftsfähigkeit erforderlich ist, ergibt sich aus § 8 Abs. 1. Eine Ausnahme besteht gemäß § 8 Abs. 2 für verheiratete Minderjährige.

2. Aufhebung

1136 Die Aufhebung des Wohnsitzes erfordert nach § 7 Abs. 3 die **tatsächliche Aufgabe der Niederlassung** und einen entsprechenden **Willen**. Wiederum ist die behördliche Abmeldung nicht entscheidend; der Wohnsitz besteht dennoch fort, wenn sich die betreffende Person weiterhin an diesem Ort ständig befindet. Die Abwesenheit allein, auch eine längere, hebt den Wohnsitz nicht auf. Die Aufhebung des Wohnsitzes ist auch ohne Begründung eines neuen Wohnsitzes möglich (wohnsitzlose Person). In diesen Fällen wird dann in den meisten Zusammenhängen hilfsweise an den Aufenthaltsort angeknüpft.

3. Mehrfacher Wohnsitz

1137 Nach § 7 Abs. 2 sind **mehrere Wohnsitze zulässig**. Dies sind aber Ausnahmefälle.

---

[4] Vgl. MünchKomm/Schmitt § 7 Rdnr. 18 mwN.

Der Schwerpunkt der gesamten Lebensverhältnisse muss dann gleichzeitig an mehreren Orten bestehen.

III. Gesetzlicher Wohnsitz

1. Wohnsitz minderjähriger Kinder

Minderjährige Kinder teilen nach § 11 Satz 1 den **Wohnsitz der Eltern**. Es handelt sich also um einen abgeleiteten Wohnsitz. Bei getrenntem Wohnsitz der Eltern kommt es zu einem doppelten Wohnsitz des Kindes, wenn beiden Eltern die Personensorge zusteht und keine Einigung über den dauernden Aufenthalt des Kindes erzielt wurde[5].

2. Berufssoldaten

Diese haben ihren Wohnsitz gemäß § 9 Abs. 1 am **Standort**. Für Wehrpflicht-Soldaten gilt dies nicht, § 9 Abs. 2.

Lösung zu Fall 46:
Vera Hart hat den Wohnsitz in Baden-Baden noch nicht aufgegeben und noch keinen Wohnsitz in Karlsruhe begründet, da weder objektiv noch subjektiv eine dauerhafte Verlagerung des Lebensmittelpunktes nach Karlsruhe vorliegt[6]. Olga Hart teilt nach § 11 Satz 1 den Wohnsitz der sorgeberechtigten Eltern; auch ihr Wohnsitz ist daher Baden-Baden geblieben.

§ 26 Die Verjährung

Fall 47: Der Baustoffhändler Kling hat dem Bauunternehmer Beck am 5.12.1997 Isoliermaterial verkauft und geliefert. Der Kaufpreis von 18 000 € ist nach dem Vertrag spätestens bis zum 15.2.1998 zu zahlen. Beck zahlt auch nach diesem Termin nicht, und bei Kling gerät die Sache in Vergessenheit. Am 31.12.2001 reicht Kling beim zuständigen Landgericht Klage gegen Beck auf Zahlung von 18 000 € ein. Die Klage wird dem Beck am 8.1.2002 zugestellt.
Wie sind die Erfolgsaussichten der Klage zu beurteilen? (Bitte legen Sie der Lösung ausschließlich die jetzige Fassung des BGB zugrunde!)

I. Allgemeines

1. Zweck; Reform 2001

Ein **Anspruch**, d.h. ein Recht, von einem anderen ein Tun oder Unterlassen zu verlangen (§ 194 Abs. 1), ist kein statisches, sondern ein dynamisches, auf Verwirkli-

---

[5] BGHZ 48, 228, 237 = NJW 1967, 2253; BGH NJW 1995, 1224.
[6] Vgl. BGH NJW 1995, 1224. Anders ist es, wenn der Wille erkennbar ist, den Ort, an dem sich das Frauenhaus befindet, zum Mittelpunkt der Lebensführung zu machen, OLG Nürnberg FamRZ 1997, 1400; OLG Hamm FamRZ 1997, 1294.

chung zielendes Recht. Um seinen Anspruch auch gegen den Willen des Schuldners durchzusetzen, kann sich der Gläubiger an die staatlichen Gerichte und Vollstreckungsorgane wenden. Tut er dies über einen längeren Zeitraum hinweg nicht, so lässt dies auf **mangelndes Interesse** an der Leistung schließen, und mit der Zeit erwartet auch der Schuldner nicht mehr, noch in Anspruch genommen zu werden. Zugleich wird durch den Zeitablauf die **Beweissituation** erschwert. Dies gilt vor allem für den Gegner des – angeblichen – Anspruchs; man kann auch nicht verlangen, dass Belege für die Abwicklung geschäftlicher Beziehungen (auch etwa Quittungen) zeitlich unbegrenzt aufbewahrt werden. Aus diesen Gründen unterliegen Ansprüche **nach Ablauf einer gewissen Zeit** der Verjährung und können dann, selbst wenn sie an sich begründet sein sollten, nicht mehr gegen den Willen des Schuldners durchgesetzt werden.

1142   Das Recht der Verjährung wurde durch das **Schuldrechtsmodernisierungsgesetz 2001** (s. Rdnr. 116f.) erheblich verändert[1]. Vor allem wurde die zuvor geltende regelmäßige Verjährungsfrist von 30 Jahren durch eine nur noch drei Jahre betragene Frist ersetzt, §195. Die Reform betraf aber u.a. auch die besonderen Verjährungsfristen, die Voraussetzungen des Beginns der Verjährung und die Unterbrechung der Verjährung, an deren Stelle nun die Hemmung, teils auch der Neubeginn der Verjährung traten. Die für die Praxis wichtige Frage, welche Bestimmungen für die vor dem Inkrafttreten der Reform (1. Januar 2002) bereits bestehenden und zu diesem Zeitpunkt noch nicht verjährten Ansprüche gelten, wird durch die **Übergangsregeln** in Art. 229 §6 EGBGB beantwortet[2]. Z.B. gelten neue kürzere Verjährungsfristen auch für Altforderungen, doch ist insoweit die Verjährungsfrist erst ab dem 1. Januar 2002 zu berechnen, Art. 229 §6 Abs. 1 Satz 1, Abs. 4 Satz 1 EGBGB.

2. Anwendungsbereich

a) Ansprüche

1143   Von der Verjährung werden, wie aus §194 Abs. 1 folgt, **nur Ansprüche erfasst**. Einige wenige Ansprüche sind durch ausdrückliche Vorschrift von der Verjährung ausgenommen. **Unverjährbar** sind z.B. Ansprüche auf Herstellung des einem familienrechtlichen Verhältnis entsprechenden Zustands für die Zukunft (§194 Abs. 2), Ansprüche auf Grundbuchberichtigung (§898), bestimmte nachbarrechtliche Ansprüche (§924) sowie Ansprüche auf Aufhebung von Rechtsgemeinschaften (§758 für die Bruchteilsgemeinschaft, §2042 Abs. 2 i.V.m. §758 für die Erbengemeinschaft).

b) Absolute Rechte

1144   **Absolute Rechte** (z.B. das **Eigentum**) können nicht verjähren, wohl aber die aus dem Eigentum hervorgehenden Ansprüche, z.B. der Herausgabeanspruch des Ei-

---

[1] Einen Überblick über das neue Verjährungsrecht geben Mansel NJW 2002, 89; Witt JuS 2002, 105.
[2] Dazu Gsell NJW 2002, 1297.

gentümers gegen den Besitzer der Sache (§ 985). Ist aber das Eigentum oder ein anderes Recht an einem Grundstück **im Grundbuch eingetragen**, so verjähren selbst die Ansprüche aus dem eingetragenen Recht nicht, § 902 Abs. 1 Satz 1.

Bei **absoluten Rechten** kann aber der Zeitfaktor auf andere Weise eine Rolle spielen und zum Rechtserwerb für einen anderen (zugleich zum Rechtsverlust des bisherigen Rechtsträgers) führen. So kann das Eigentum an beweglichen Sachen durch **Ersitzung** (§ 937), bei unbeweglichen Sachen durch **Buchersitzung** (§ 900) erworben werden.

c) Gestaltungsrechte

Auch **Gestaltungsrechte** unterliegen nicht der Verjährung. Hier bestehen aber zum Teil **Ausschlussfristen**, deren Ablauf zum Erlöschen des Gestaltungsrechts führt, so z.B. die Jahresfrist des § 124 für das Recht zur Anfechtung einer Willenserklärung wegen arglistiger Täuschung oder Drohung, s. Rdnr. 697.

II. Die Verjährungsfristen

1. Dauer

a) Regelmäßige Frist

Soweit nichts anderes bestimmt ist, gilt nunmehr gemäß § 195 eine **dreijährige Verjährungsfrist**. Diese Verjährungsfrist ist **kenntnisabhängig**, wird aber durch kenntnisunabhängige **Höchstfristen** ergänzt, s. Rdnr. 1153. Sonderregeln, die für bestimmte Ansprüche teils kürzere, teils längere Verjährungsfristen vorsehen, finden sich sowohl im Allgemeinen Teil als auch in anderen Büchern des BGB. Im Zuge der Verkürzung der Regelverjährung von dreißig auf drei Jahre wurden aber diejenigen Bestimmungen, die gegenüber der Regelverjährung kürzere Fristen vorsahen, weitgehend aufgehoben; umgekehrt kommt jetzt den Vorschriften, die für bestimmte Ansprüche längere als die regelmäßige Verjährungsfrist vorsehen, größere Bedeutung zu.

b) Besondere kürzere Verjährungsfristen

Wichtige Sonderregeln gelten für die Verjährung der **Mängelansprüche** beim Kaufvertrag und beim Werkvertrag. Beim **Kauf** von beweglichen Sachen beträgt die Verjährungsfrist jetzt im allgemeinen **zwei Jahre**, beginnend mit der Ablieferung der Sache, § 438 Abs. 1 Nr. 3 u. Abs. 2. Mängelansprüche aus **Werkvertrag** verjähren, soweit es um Herstellung, Wartung oder Veränderung beweglicher Sachen geht, in zwei Jahren, beginnend mit der Abnahme des Werks, § 634 a Abs. 1 Nr. 1 u. Abs. 2. Für Mängelansprüche bei **Bauwerken** gilt sowohl im Werkvertragsrecht (§ 634 a Abs. 1 Nr. 2) als auch im Kaufrecht (§ 438 Abs. 1 Nr. 2) eine **fünfjährige** Verjährungsfrist. Die Rechte des Käufers bzw. Bestellers zum **Rücktritt** oder zur **Minderung**

(§ 437 Nr. 2, § 634 Nr. 3) unterliegen, da sie Gestaltungsrechte darstellen, als solche nicht der Verjährung. Wenn aber der Anspruch auf Nacherfüllung verjährt ist und der Schuldner (Verkäufer) sich hierauf beruft, ist nach § 438 Abs. 4 Satz 1 u. Abs. 5 bzw. § 634 a Abs. 4 Satz 1 u. Abs. 5, jeweils i. V.m. § 218 Abs. 1 Satz 1 auch der Rücktritt oder die Minderung ausgeschlossen.

c) Längere Verjährungsfristen für Ansprüche auf Grundstücksübereignung, dingliche Herausgabeansprüche sowie familien- und erbrechtliche Ansprüche

1148 In nicht wenigen Fällen gelten mit Rücksicht auf den Inhalt des Anspruchs auch nach der Reform 2001 wesentlich längere Verjährungsfristen. Nach § 196 gilt eine **zehnjährige Verjährungsfrist** für Ansprüche auf Übertragung des **Eigentums an einem Grundstück** sowie für Ansprüche hinsichtlich sonstiger Rechte an Grundstücken, aber auch für die Ansprüche auf die jeweilige **Gegenleistung**. Also verjähren bei einem Grundstückskaufvertrag sowohl der Anspruch des Käufers auf Übertragung des Eigentums als auch der Anspruch des Verkäufers auf Zahlung des Kaufpreises erst in zehn Jahren (ab Entstehung des Anspruchs, § 200 Satz 1).

1149 **Herausgabeansprüche aus Eigentum** (an beweglichen oder unbeweglichen Sachen, wobei aber der Ausschluss der Verjährung bei Eintragung im Grundbuch zu beachten ist, § 902 Abs. 1 Satz 1) oder anderen dinglichen Rechten sowie **familien- und erbrechtliche Ansprüche** verjähren, vorbehaltlich abweichender Sonderbestimmungen, erst in **dreißig Jahren**, § 197 Abs. 1 Nr. 1 und 2. Soweit solche Ansprüche auf **regelmäßig wiederkehrende Leistungen** oder **Unterhaltsleistungen** gerichtet sind, gilt jedoch wieder die Regelverjährungsfrist von drei Jahren, § 197 Abs. 2. Außerdem ist auf Sonderregeln im jeweiligen Sachzusammenhang zu achten. Beispielsweise verjähren **Pflichtteilsansprüche** nach § 2332 Abs. 1 in drei Jahren ab Kenntnis des Berechtigten vom Erbfall und dem ihn beeinträchtigenden Testament oder Erbvertrag, ansonsten in dreißig Jahren vom Erbfall an.

d) Verjährung festgestellter Ansprüche

1150 In **dreißig Jahren** verjähren **rechtskräftig festgestellte Ansprüche**, Ansprüche aus vollstreckbaren Vergleichen (Prozessvergleich, § 794 Abs. 1 Nr. 1 ZPO, vollstreckbarer Anwaltsvergleich, §§ 796 a bis c ZPO) oder vollstreckbaren Urkunden (§ 794 Abs. 1 Nr. 5 ZPO) sowie Ansprüche, die durch Feststellung im Insolvenzverfahren (§§ 178, 201 Abs. 2 InsO) vollstreckbar geworden sind, § 197 Abs. 1 Nr. 3 bis 5. (Eine Ausnahme gilt nach § 197 Abs. 2 für künftig fällig werdende wiederkehrende Leistungen; hier bleibt es bei der regelmäßigen Verjährungsfrist.) Der Gläubiger kann also über einen langen Zeitraum hinweg von dem Vollstreckungstitel Gebrauch machen, um seinen Anspruch durchzusetzen. Die **Verjährung beginnt** in diesen Fällen mit der Rechtskraft des Urteil bzw. der Errichtung des vollstreckbaren Titels oder der Feststellung im Insolvenzverfahren, § 201 Satz 1.

e) Vereinbarungen

Vereinbarungen über die Verjährung sind grundsätzlich zulässig, wobei die gesetzlichen Verjährungsfristen sowohl **abgekürzt** als auch **verlängert** werden können. Jedoch ist es nach § 202 Abs. 1 nicht möglich, die Verjährung von Ansprüchen, die auf eine Haftung für Vorsatz zurückgehen, im voraus zu erleichtern. Eine vereinbarte Erschwerung der Verjährung kann nicht über eine dreißigjährige Verjährung (ab dem gesetzlichen Verjährungsbeginn) hinausgehen, § 202 Abs. 2. Es ist also nicht möglich, etwa die Verjährung durch Vereinbarung gänzlich auszuschließen. Zu beachten ist ferner, dass in den besonderen Bestimmungen über Verjährungsfristen zum Teil auch die Zulässigkeit vertraglicher Modifizierungen geregelt ist. So kann z.B. beim **Verbrauchsgüterkauf** die Verjährung von Mängelansprüchen nicht unter zwei Jahre, bei gebrauchten Sachen nicht unter ein Jahr herabgesetzt werden, § 475 Abs. 2. Soweit nicht schon diese Schranke eingreift, darf jedenfalls durch **AGB** bei Verträgen über die Lieferung neu hergestellter Sachen und über Werkleistungen die Verjährung von Mängelansprüchen gegen den AGB-Verwender nicht unter ein Jahr herabgesetzt werden, näher s. § 309 Nr. 8 b), ff).

2. Beginn der Verjährung

a) Bei der regelmäßigen Verjährungsfrist

Auch der Beginn der Verjährung wurde durch die Reform 2001 (s. Rdnr. 1142) stark verändert. Die Regelung ist unterschiedlich, je nachdem ob die regelmäßige Verjährungsfrist oder eine besondere Verjährungsfrist eingreift. Bei der regelmäßigen, auf drei Jahre verkürzten Verjährungsfrist sollte verhindert werden, dass der Anspruch bereits verjährt ist, bevor der Gläubiger überhaupt Kenntnis von seinem Recht erlangt hat. Die **regelmäßige Verjährungsfrist** beginnt daher mit dem Schluss des Jahres, in dem der **Anspruch entstanden** ist (dazu s. Rdnr. 1155) und der **Gläubiger** von den anspruchsbegründenden Tatsachen und der Person des Schuldners **Kenntnis erlangt** (oder aufgrund grober Fahrlässigkeit nicht erlangt) hat, § 199 Abs. 1. Die Festlegung des Beginns der Verjährung auf den Schluss des Jahres erleichtert dem Gläubiger die Überwachung des Verjährungseintritts.

Andererseits wurden – im Interesse des Rechtsfriedens – von der Kenntnis des Gläubigers unabhängige **Höchstfristen** eingeführt, die je nach Anspruchsinhalt unterschiedlich gestaltet wurden. Ohne Rücksicht auf die Kenntnis des Gläubigers verjähren **Schadensersatzansprüche** wegen Verletzung des Lebens, des Körpers, der Gesundheit oder der Freiheit in dreißig Jahren von der Begehung der Handlung an (§ 199 Abs. 2), sonstige Schadensersatzansprüche innerhalb von zehn Jahren nach ihrer Entstehung oder jedenfalls dreißig Jahre nach der Begehung der Handlung, § 199 Abs. 3. Ansprüche, die **nicht auf Schadensersatz gerichtet** sind, verjähren ohne Rücksicht auf die Kenntnis des Gläubigers innerhalb von zehn Jahren nach ihrer Entstehung, § 199 Abs. 4. Das Ganze ist etwas kompliziert, aber wenn man den Gesetzestext genau liest, kann man sich zurechtfinden.

b) Bei besonderen Verjährungsfristen

1154 Soweit eine **besondere Verjährungsfrist** gilt, ist zum Teil auch der **Beginn** der Verjährungsfrist speziell geregelt, etwa in § 201 Satz 1 hinsichtlich der festgestellten Ansprüche oder in § 438 Abs. 2 für die Mängelansprüche beim Kaufvertrag. Gibt es keine solche Sonderregel, so beginnt der Lauf der Verjährungsfrist nach § 200 Satz 1 mit der **Entstehung des Anspruchs**. Der Verjährungsbeginn ist hier nicht auf das Jahresende hinausgeschoben, und es kommt auch nicht auf die Kenntnis des Gläubigers an.

1155 Wichtig ist, den Begriff der **Entstehung des Anspruchs** (sowohl in § 199 als auch in § 200) richtig zu verstehen. Damit ist die **volle Wirksamkeit** des Anspruchs gemeint, so dass ihn der Gläubiger auch geltend machen kann. Es muss daher nicht nur bei einem aufschiebend bedingten Anspruch die **Bedingung eingetreten** sein, sondern auch die **Fälligkeit** des Anspruchs ist vorausgesetzt. Ist ein Anspruch auf **wiederkehrende Leistungen** gerichtet, so entscheidet jeweils die Fälligkeit der einzelnen Leistung.

c) Unterlassungsansprüche; Ansprüche auf Nebenleistungen

1156 Bei **Unterlassungsansprüchen** beginnt die Verjährung erst mit der Zuwiderhandlung, da vorher kein Anlass zur Geltendmachung des Anspruchs bestand, § 199 Abs. 5, § 200 Satz 2, § 201 Satz 2.

Für **Ansprüche auf Nebenleistungen** (z.B. Zinsen, Nutzungen) gelten an sich eigene Verjährungsfristen. Wenn aber der Hauptanspruch verjährt ist, so gilt dies nach § 217 auch für die davon abhängigen Nebenansprüche, selbst wenn insoweit die Verjährung noch nicht eingetreten ist. Unberührt bleibt aber die selbständige Hemmung der Verjährung hinsichtlich eingeklagter Nebenansprüche[3].

III. Die Wirkung der Verjährung

1157 Die Verjährungsfrist ist keine Ausschlussfrist, d.h. der **Anspruch erlischt nicht** mit ihrem Ablauf. Es entsteht jedoch ein **Recht für den Schuldner, die Leistung zu verweigern**, § 214 Abs. 1. Dabei handelt es sich um eine **materiell-rechtliche Einrede**, die nur dann wirkt, wenn sie vom Schuldner geltend gemacht wird. Dem (angeblichen) Schuldner will das Gesetz die Wirkung der Verjährung nicht aufdrängen; er kann also z.B. den Anspruch aus anderen Gründen bestreiten, ohne sich auf die Wirkung des Zeitablaufs berufen zu wollen. Im **Prozess** prüft das Gericht **nicht von Amts wegen**, ob ein eingeklagter Anspruch bereits verjährt ist, sondern erst dann, wenn sich der Schuldner (sei es innerhalb oder außerhalb des Prozesses) auf die Verjährung berufen hat. Daran schließt sich die Streitfrage an, ob das Gericht den Beklagten auf die nach Ansicht des Gerichts eingetretene, aber vom Beklagten möglicherweise übersehene Verjährung **hinweisen** darf oder gar muss (§ 139 Abs. 1 ZPO)

---

[3] BGHZ 128, 74, 82 f. (zur bisher geltenden Unterbrechung der Verjährung); Palandt/Heinrichs, Ergänzungsband, § 217 Rdnr. 1.

§ 26 Die Verjährung

oder ob es bei solchem Vorgehen seine Pflicht zur Unparteilichkeit verletzt und die Ablehnung wegen Besorgnis der Befangenheit (§ 42 Abs. 2 ZPO) riskiert. Jedenfalls gegenüber einer anwaltlich vertretenen Partei erscheint es richtiger, die Neutralitätspflicht des Gerichts in den Vordergrund zu stellen und auf den Hinweis zu verzichten[4].

Auch wenn die Verjährung **geltend gemacht** wird, führt dies **nicht zum Erlöschen des Anspruchs**, sondern nur zu dessen **dauerhafter Hemmung**. Wenn trotz der bereits eingetretenen Verjährung, sei sie geltend gemacht worden oder nicht, der **Anspruch erfüllt** wird, so hat der Schuldner **keinen Anspruch auf Rückgabe** der Leistung, § 214 Abs. 2 Satz 1 (eine Ausnahme von § 813 Abs. 1 Satz 1, wie § 813 Abs. 1 Satz 2 klarstellt).

Auch bleibt eine bereits verjährte Forderung für den Gläubiger insofern wertvoll, als er damit weiterhin gegen einen Anspruch seines Schuldners **aufrechnen** kann, falls die Aufrechnungslage bereits vor der Verjährung eingetreten ist, § 215. Ebenso kann ein **Zurückbehaltungsrecht** aufgrund der Gegenforderung, das bereits vor deren Verjährung entstanden war, nach § 215 weiterhin geltend gemacht werden. Die Verjährung des gesicherten Anspruchs hindert den Gläubiger auch nicht daran, auf dingliche Sicherheiten zugreifen, die für den Anspruch bestellt wurden, so etwa auf **Hypotheken** und **Pfandrechte**, aber auch auf **Sicherungseigentum**, § 216 Abs. 1 und 2 Satz 1. Bei einem **Eigentumsvorbehalt** behält der Eigentümer (Vorbehaltsverkäufer) gemäß § 216 Abs. 2 Satz 2 trotz Verjährung seines Anspruchs auf Zahlung des Kaufpreises das Recht (nach § 323) vom Vertrag zurückzutreten, um auf diese Weise die unter Eigentumsvorbehalt stehende Sache vom nicht zahlenden Käufer herausverlangen zu können, § 449 Abs. 2. (Im allgemeinen ist dagegen durch die Verjährung eines Anspruchs auf Leistung oder Nacherfüllung auch der Rücktritt wegen nicht vertragsgemäß erbrachter Leistung ausgeschlossen, wenn sich der Schuldner auf die Verjährung beruft, § 218 Abs. 1 Satz 1, s. auch Rdnr. 1147.)

Wenn die Verjährung des Anspruchs auf die Leistung oder auf Nacherfüllung verjährt ist und der Schuldner sich hierauf beruft, so entfällt auch das **Rücktrittsrecht** des Gläubigers aufgrund nicht oder nicht vertragsmäßig erbrachter Leistung, § 218 Abs. 1 S. 1. S. auch Rdnr. 1147 zur Verjährung der Mängelansprüche.

---

[4] Näher s. Stein/Jonas/Leipold, ZPO, 21. Aufl., § 139 Rdnr. 24a mit Nachw. BGH NJW 1998, 612 ließ die Frage allgemein offen, tendierte aber dazu, den Hinweis für zulässig zu halten. Eine Verpflichtung des Gerichts, auf die möglich Einrede der Verjährung hinzuweisen, besteht auch nach der Änderung des § 139 durch die Zivilprozessreform 2001 nicht, so ausdrücklich die Gesetzesbegründung, Bundestagsdrucks. 14/4722, S. 77; Musielak/Stadler, ZPO, 3. Aufl., § 139 Rdnr. 9. S. auch KG NJW 2002, 1732, das den Hinweis (gerade nach der erwähnten Reform) zumindest für vertretbar hält, so dass er keine Ablehnung des Richters wegen Besorgnis der Befangenheit rechtfertigt.

IV. Hemmung, Ablaufhemmung und Neubeginn der Verjährung

1. Hemmung der Verjährung

a) Wirkung der Hemmung

1159 An die Stelle der früher geltenden Unterbrechung der Verjährung trat durch die Reform des Verjährungsrechts weitgehend die **Hemmung** der Verjährung. Im Unterschied zur Unterbrechung, die zu einem Neubeginn der Verjährung führte, bedeutet Hemmung nur, dass der Zeitraum, während dessen die Verjährung gehemmt ist, nicht in die Verjährungsfrist eingerechnet wird, § 209. Nach Beendigung der Hemmung läuft aber die Frist weiter und die vor der Hemmung bereits verstrichene Frist ist dabei mitzuberücksichtigen.

b) Voraussetzungen der Hemmung

aa) Hemmung aufgrund von Verhandlungen über den Anspruch

1160 Wenn Gläubiger und Schuldner über den Anspruch verhandeln, so wäre es nicht angemessen, während dieses Zeitraums die Verjährung eintreten zu lassen. Der Gläubiger wäre sonst genötigt, die Durchsetzung des Anspruchs zu betreiben, etwa eine Klage gegen den Schuldner zu erheben, obwohl noch eine Chance zur gütlichen Regelung besteht. Die Verjährung ist daher nach § 203 Satz 1 gehemmt, bis ein Teil die Fortsetzung der Verhandlungen verweigert. Damit auch dann noch genügend Zeit für die Einleitung der Rechtsverfolgung bleibt, tritt die Verjährung frühestens drei Monate nach dem Ende der Hemmung, also nach dem Abbruch der Verhandlungen, ein, § 203 Satz 2.

bb) Hemmung durch Rechtsverfolgung

1161 Die Hemmung durch Rechtsverfolgung tritt ein, wenn der Anspruch **gerichtlich geltend gemacht** wird. Dies kann vor allem durch **Klageerhebung** oder durch Zustellung eines **Mahnbescheids** geschehen, § 204 Abs. 1 Nr. 1 u. 3. Dem sind eine ganze Reihe weiterer verfahrensrechtlicher Akte gleichgestellt, etwa die Aufrechnung im Prozess, die Zustellung der Streitverkündung, die Zustellung des Antrags auf selbständiges Beweisverfahrens, die Anmeldung des Anspruchs im Insolvenzverfahren oder die Einleitung des schiedsrichterlichen Verfahrens, s. im einzelnen den Katalog des § 204 Abs. 1. Eine bloße **außergerichtliche Mahnung** hemmt die Verjährung dagegen nicht.

Eine **Klage** wird im Zivilprozess nicht schon durch Einreichung der Klageschrift, sondern erst durch deren **Zustellung** an den Beklagten erhoben, § 253 Abs. 1 ZPO. Es erfolgt jedoch eine **Rückdatierung** auf den Zeitpunkt der Einreichung der Klageschrift bei Gericht, wenn die Zustellung „demnächst" erfolgt, § 167 (früher § 270 Abs. 3) ZPO. Dasselbe gilt bei rechtzeitiger Einreichung des Antrags auf Mahnbescheid, jetzt ebenfalls § 167 ZPO, früher § 693 Abs. 2 ZPO. Auf diese Weise soll der Kläger bzw. der Gläubiger des Mahnverfahrens nicht von der Schnelligkeit des gerichtlichen Handelns bei Zustellung der Klage oder des Mahnbescheids abhängig sein.

Die **Hemmung** der Verjährung durch Klageerhebung usw. **endet** sechs Monate nach der rechtskräftigen Entscheidung oder nach einer anderweitigen Beendigung des eingeleiteten Verfahrens, § 204 Abs. 2 Satz 1. Für einen rechtskräftig festgestellten Anspruch gilt aber dann die dreißigjährige Verjährungsfrist, § 197 Abs. 1 Nr. 3.

cc) Hemmung bei Leistungsverweigerungsrecht

Die Verjährung wird auch dann gehemmt, wenn dem Schuldner aufgrund einer Vereinbarung mit dem Gläubiger ein **vorübergehendes Leistungsverweigerungsrecht** zusteht, § 205. Dies ist z.B. der Fall, wenn der Gläubiger dem Schuldner nachträglich eine **Stundung** des Anspruchs (einen Zahlungsaufschub) gewährt. Wenn allerdings, wie dies oft der Fall sein wird, in einer solchen Vereinbarung zugleich eine Anerkennung des Anspruchs durch den Schuldner liegt, so führt dies weitergehend zu einem Neubeginn der Verjährung nach § 212 Abs. 1 Nr. 1, s. Rdnr. 1167. Zur Hemmung schon aufgrund von Verhandlungen (§ 203) s. Rdnr. 1160.

1162

dd) Hemmung bei höherer Gewalt

Zur Hemmung der Verjährung führt es nach § 206 auch, wenn der Gläubiger innerhalb der letzten sechs Monate durch **höhere Gewalt** (also durch Umstände, die er auch bei Anwendung der äußersten Sorgfalt nicht beeinflussen konnte) an der Rechtsverfolgung gehindert ist, etwa durch eine plötzlich auftretende schwere Krankheit oder auch durch einen Stillstand der Rechtspflege.

1163

ee) Hemmung aus familiären und ähnlichen Gründen

In einer Reihe von Fällen, in denen aufgrund der familiären Situation eine Anspruchsdurchsetzung faktisch nicht erwartet werden kann, ist die Verjährung gehemmt. Dies gilt u.a. für die Verjährung von **Ansprüchen zwischen Ehegatten**, solange die Ehe besteht, § 207 Abs. 1 Satz 1, und von **Ansprüchen zwischen Eltern und Kindern**, solange diese minderjährig sind, § 207 Abs. 1 Satz 2 Nr. 2.

1164

ff) Hemmung bei Ansprüchen wegen Verletzung der sexuellen Selbstbestimmung

Bei Ansprüchen wegen **Verletzung der sexuellen Selbstbestimmung**, also vor allem bei Schadensersatzansprüchen aus dem im Jahre 2002 durch das Zweite Gesetz zur Änderung schadensersatzrechtlicher Vorschriften (s. Rdnr. 118) neu gefassten § 825 (Bestimmung zu sexuellen Handlungen), aber auch bei Ansprüchen aus § 823 Abs. 1 oder § 823 Abs. 2, die auf **Straftaten** nach dem entsprechend überschriebenen 13. Abschnitt des StGB (§ 174 bis § 184 c StGB) zurückgehen, will das Gesetz der Situation vorbeugen, dass diese Ansprüche aufgrund der tatsächlichen Abhängigkeit des Anspruchsberechtigten vom Täter nicht vor Ablauf der Verjährung geltend gemacht werden können. Die Verjährung solcher Ansprüche ist daher nach § 208 Satz

1165

1 bis zur **Vollendung des 21. Lebensjahres** des Gläubigers gehemmt. Darüber hinaus ist die Verjährung solcher Ansprüche bis zur Beendigung der häuslichen Gemeinschaft gehemmt, wenn der Gläubiger bei Beginn der Verjährung mit dem Schuldner in häuslicher Gemeinschaft lebte. Ansprüche eines Partners einer nichtehelichen Lebensgemeinschaft gegen den anderen Teil aufgrund sexueller Nötigung oder Vergewaltigung (§ 177 StGB) können also noch viele Jahre später, nach einer dann erfolgten Trennung, geltend gemacht werden. (Bei der Ehe ergibt sich eine Hemmung gegenseitiger Ansprüche bereits aus § 207, s. Rdnr. 1164).

2. Ablaufhemmung

1166 Wenn ein **Gläubiger geschäftsunfähig oder beschränkt geschäftsfähig** ist und **keinen gesetzlichen Vertreter** hat, so ist er nicht in der Lage, seinen Anspruch gerichtlich geltend zu machen und auf diese Weise die Verjährung zu hemmen. Die Verjährung läuft, um dem Gläubiger genügend Zeit für die Rechtsverfolgung zu gewähren, in solchen Fällen frühestens sechs Monate nach Bestellung eines gesetzlichen Vertreters oder nach Eintritt der vollen Geschäftsfähigkeit ab, § 210 Abs. 1 Satz 1. Eine ähnliche Ablaufhemmung ist mit Rücksicht auf den vorübergehenden Ausschluss der Rechtsverfolgung für Ansprüche vorgesehen, die zu einem **Nachlass** gehören oder sich gegen einen Nachlass richten, z.B. solange der Erbe die Erbschaft noch nicht angenommen hat, § 211.

3. Neubeginn der Verjährung

1167 Eine **Anerkennung** des Anspruchs durch den Schuldner, auch durch Abschlagszahlung, Sicherheitsleistung u.ä., führt nach § 212 Abs. 1 Nr. 1 zum **Neubeginn** der Verjährung. Hier beginnt also mit der Anerkennung die Verjährungsfrist in vollem Umfang neu zu laufen. Dasselbe gilt, wenn gerichtliche oder behördliche **Vollstreckungshandlungen** zur Durchsetzung des Anspruchs vorgenommen oder beantragt wurden, § 212 Abs. 1 Nr. 2.

Lösung zu Fall 47:

1168 Die Klage wäre als unbegründet abzuweisen, wenn Beck aufgrund Verjährung ein Recht zur Verweigerung der Leistung (§ 214 Abs. 1) hat und dieses geltend macht. Für den Anspruch auf Zahlung des Kaufpreises (§ 433 Abs. 2) gilt, da keine Sondervorschriften eingreifen, die allgemeine Verjährungsfrist von drei Jahren, § 195. Die Verjährungsfrist beginnt mit dem Schluss des Jahres, in dem der Anspruch entstanden ist und der Gläubiger von den anspruchsbegründenden Tatsachen und der Person des Schuldners Kenntnis erlangt hat (bzw. ohne grobe Fahrlässigkeit hätte erlangen müssen), § 199 Abs. 1 Nr. 1 u. 2. Während die Kenntnis der anspruchsbegründenden Tatsachen und des Schuldners unzweifelhaft bereits am 5.12.1997 vorlag, setzt die Entstehung des Anspruchs i.S.v. § 199 Abs. 1 Nr. 1 voraus, dass der Anspruch fällig wurde, da der Gläubiger erst dann die Leistung verlangen kann. Aufgrund der im Vertrag gewährten Zahlungsfrist (einer Bestimmung der Zeit für die Leistung i.S.v. § 271 Abs. 1 u. 2) wurde der Kaufpreisanspruch erst am 15.2.1998 fällig. Die Verjährungsfrist begann daher mit Ablauf des 31.12.1998 und endete mit dem 31.12.2001.

Fraglich ist, ob die Verjährung durch die von Kling erhobene Klage gehemmt wurde, § 204 Abs. 1 Nr. 1. Die Klageerhebung erfolgt nach § 253 Abs. 1 ZPO erst durch Zustellung der Klage. Zu diesem Zeitpunkt (8.1.2002) war die Verjährungsfrist bereits abgelaufen, so dass eine Hemmung der Verjährung nicht mehr möglich wäre. Jedoch ist zu beachten, dass die Klageschrift bereits am 31.12.2001 beim zuständigen Gericht eingereicht wurde. Da die Zustellung demnächst erfolgte, tritt die Hemmung der Verjährung nach § 270 Abs. 3 ZPO (jetzt § 167 ZPO) bereits zum Zeitpunkt der Klageeinreichung ein. Die Hemmung ist auch noch nicht nach § 204 Abs. 2 beendet. Daher wird der seit 31.12.2001 verstrichene Zeitraum in die Verjährung nicht eingerechnet (§ 209), so dass die Verjährung bisher nicht eingetreten ist. Die Klage wird daher Erfolg haben.

V. Die Verwirkung

Fall 48: Frau Wirth pachtete von Herrn Haus 1994 ein Hotel, wobei als monatlich zu entrichtender Pachtzins ein Prozentsatz des Umsatzes, mindestens aber ein Betrag von 2 000 DM festgelegt wurden. 1996 wurde die Mindestpacht durch einen Zusatzvertrag mit Wirkung ab 1.1.1996 auf 3 000 DM erhöht. Frau Wirth zahlte aber weiterhin die Umsatzpacht, die nie 3 000 DM erreichte. Auch in verschiedenen Schreiben von Frau Wirth an Herrn Haus war immer von einer Mindestpacht von 2 000 DM die Rede. Am 1.11.2002 verlangt Haus die Nachzahlung der Differenz für die vergangenen Jahre, insgesamt 16 000 €. Frau Wirth beruft sich auf Verjährung. Wie ist die Rechtslage (auf der Grundlage der jetzigen Fassung des BGB)?

Von der Verjährung ist die **Verwirkung** eines Rechts, auch eines Anspruchs, zu unterscheiden. Sie ist nicht ausdrücklich im Gesetz geregelt, stellt aber eine allgemein anerkannte Form des Rechtsmissbrauchs dar und findet daher ihre Grundlage in § 242, s. auch Rdnr. 1172. Auch die Verwirkung knüpft an den **Zeitablauf** an, doch genügt dieser allein nicht, sondern es müssen **besondere Umstände** hinzutreten, so dass der Gegner aufgrund des Verhaltens des Berechtigten nach Treu und Glauben annehmen durfte, der Anspruch (oder das sonstige Recht, s. nächster Abs.) würden nicht mehr geltend gemacht werden[5]. Die späte Geltendmachung des Rechts muss mit anderen Worten **mit Treu und Glauben unvereinbar** und **für den Verpflichteten unzumutbar** sein. Die Verwirkung spielt nicht zuletzt bei langen Verjährungsfristen eine Rolle, da sie schon vor deren Ablauf eintreten kann. Gerade dies zeigt aber, dass bei der Annahme einer Verwirkung Vorsicht geboten ist; es muss sich, will man nicht die Anforderungen an die Verjährung unterlaufen, um Ausnahmesituationen handeln, in denen nach den Umständen des konkreten Falles ein **schutzwürdiges Vertrauen** für den Verpflichteten entstanden ist.

Im Gegensatz zur Verjährung kommt eine Verwirkung auch bei anderen Rechten als Ansprüchen in Betracht, z.B. bei **Gestaltungsrechten**[6]. Die Verwirkung wird nach h.M. anders als die Verjährung **von Amts wegen berücksichtigt**. Auch sie führt aber nicht zu einem Erlöschen des Anspruchs, sondern zu seiner dauernden Hemmung.

---

[5] BGH NJW 2001, 2535, 2537; BAG NJW 2001, 2907.
[6] Vgl. zur Verwirkung eines nicht fristgebundenen vertraglichen Rücktrittsrechts BGH NJW 2002, 669.

Lösung zu Fall 48:

1170 Die Verjährung des Anspruchs auf die Mindestpacht von 3 000 DM beträgt nach § 195 drei Jahre. Die Verjährung beginnt aber erst jeweils zum Ende des Jahres, in dem die Ansprüche fällig geworden sind, § 199 Abs. 1 Nr. 1. Also sind am 1.11.2002 nur die Ansprüche aus den Jahren 1996 bis 1998 verjährt. Für die Ansprüche aus der Folgezeit kommt aber eine Verwirkung in Betracht. Aufgrund des Verhaltens des Haus, der widerspruchslos die aufgrund des Umsatzes berechneten Pachtzahlungen entgegennahm, obwohl sie unter der eigentlich vereinbarten Mindestpacht lagen, entstand für Frau Wirth ein Vertrauenstatbestand, aufgrund dessen sie davon ausgehen durfte, ihre Verbindlichkeiten abschließend erfüllt zu haben. Es ist daher eine Verwirkung der weitergehenden Ansprüche für die Vergangenheit zu bejahen[7].

Anderes gilt aber für die Zukunft: ab 1.11.2002 kann Haus die seinerzeit erhöhte Mindestpacht verlangen. Insoweit unterscheidet sich die Verwirkung der in der Vergangenheit fällig gewordenen Ansprüche von einer stillschweigenden Aufhebung des Zusatzvertrages, an die man nach dem Sachverhalt ebenfalls denken könnte, für die es aber doch an den erforderlichen beiderseitigen Willenserklärungen fehlt.

---

[7] Vgl. zu einer entsprechenden Fallgestaltung BGH LM § 242 BGB (Cc) Nr. 22 = JZ 1965, 682.

§ 26 Die Verjährung

Kontrollfragen und Fälle zu § 26

1) Erläutern Sie die Wirkung der Verjährung!

2) Kann die Verjährung eines Anspruchs durch vorherige Vereinbarung zwischen Gläubiger und Schuldner abgekürzt, verlängert oder völlig ausgeschlossen werden?

3) Worin unterscheiden sich Verjährung und Verwirkung?

4) Horch war bis 30. 9. 2002 bei der Telekrax GmbH als Abteilungsleiter tätig, wobei ihm nach dem Anstellungsvertrag u.a. eine bei Beendigung des Anstellungsverhältnisses fällige Gewinnbeteiligung zustand. Deren Höhe wurde nach einigen Auseinandersetzungen durch Vereinbarung vom 1. 2. 2003 auf 60 000 € festgelegt. Zahlungen erfolgten jedoch trotz mehrerer Mahnungen nicht. Horch fragt, wie lange er Zeit hat, um den Anspruch gegen die Telekrax GmbH durch eine Zahlungsklage durchzusetzen. Wie lautet die Antwort?

Lösungen

1170a 1) Die Verjährung begründet für den Schuldner das Recht, die Leistung zu verweigern, § 214 Abs. 1. Dabei handelt es sich um eine echte Einrede, d.h. die Wirkung der Verjährung wird nur berücksichtigt, wenn sie der Verpflichtete geltend macht. Der Anspruch erlischt nicht durch die Verjährung. Leistet der Verpflichtete nach Eintritt der Verjährung, so kann er die Leistung nicht zurückfordern, auch wenn ihm die Verjährung unbekannt war, § 214 Abs. 2.

1170b 2) Nach dem neuen Verjährungsrecht sind sowohl eine Verkürzung als auch eine Verlängerung der Verjährungsfristen durch vertragliche Vereinbarung grundsätzlich möglich. Nach § 202 Abs. 1 kann allerdings bei Haftung wegen Vorsatzes die Verjährung nicht im Voraus durch eine rechtsgeschäftliche Abrede erleichtert werden. Auch durch besondere Vorschriften sind zuweilen der Verkürzung von Verjährungsfristen Grenzen gesetzt, so durch § 475 Abs. 2 hinsichtlich der Mängelansprüche beim Verbrauchsgüterkauf. Weitere Schranken gelten für die Erleichterung der Verjährung von Mängelansprüchen durch AGB, § 309 Nr. 8 b) ff).

Eine vertragliche Verlängerung der Verjährung kann nach § 202 Abs. 2 nicht über eine Verjährungsfrist von 30 Jahren hinaus erfolgen. Also ist auch ein völliger Ausschluss der Verjährung unwirksam.

1170c 3) Die Verjährung ist gesetzlich geregelt; sie bezieht sich nur auf Ansprüche und ist an feste Verjährungsfristen geknüpft. Das Rechtsinstitut der Verwirkung wurde ohne ausdrückliche gesetzliche Vorschrift als Fall des Verbots rechtsmissbräuchlichen Verhaltens aus dem Grundsatz von Treu und Glauben (§ 242) heraus entwickelt. Hier genügt nicht der Ablauf einer längeren Zeit, ohne dass der Berechtigte sein Recht geltend gemacht hat, sondern es muss nach den konkreten Umständen für den anderen Teil eine Situation entstanden sein, in der er nach Treu und Glauben nicht mehr damit rechnen musste, noch in Anspruch genommen zu werden, so dass die verspätete Geltendmachung des Rechts für ihn unzumutbar ist. Die Verwirkung kommt nicht nur bei Ansprüchen, sondern auch bei sonstigen Rechten in Betracht. Sie gibt dem Verpflichteten nicht nur ein Einrederecht, sondern wird von Amts wegen berücksichtigt.

1170d 4) Die Verjährungsfrist für den Anspruch auf die Abfindung beträgt nach § 195 drei Jahre. Sie beginnt gemäß § 199 Abs. 1 mit dem Ende des Jahres, in dem der Anspruch entstanden ist und der Gläubiger Kenntnis von den entsprechenden Umständen erlangt hat, hier also mit dem Ablauf des 31.12.2002. In der Vereinbarung vom 1.2.2003 liegt jedoch eine Anerkennung des Anspruchs, die zum Neubeginn der Verjährung führt, § 212 Abs. 1 Nr. 1. Für diese erneute Verjährungsfrist gilt nach wiederum § 199 Abs. 1[1]. Somit läuft die Verjährung mit dem 1.2.2006 ab. Sie kann nach § 204 Abs. 1 Nr. 1 durch eine Klageerhebung gehemmt werden, wenn die Klageschrift bis einschließlich 1.2.2006 bei Gericht eingereicht und demnächst dem Beklagten zugestellt wird, da insoweit nach § 167 ZPO der Zeitpunkt der Klageeinreichung maßgebend ist (obwohl die Erhebung der Klage erst durch die Zustellung der Klageschrift bewirkt wird, § 253 Abs. 1 ZPO).

---

[1] Vgl. Palandt/Heinrichs § 212 Rdnr. 8; BAG NJW 1997, 3461 (zum früheren Recht).

§ 27 Regeln der Rechtsausübung: Schikaneverbot, Notwehr, Notstand und Selbsthilfe

Fall 49: Der Stark Bank AG wurde zur Sicherung aller ihrer Forderungen, gleich aus welchem Rechtsgrund, gegen die Kühn GmbH, eine erstrangige Grundschuld in Höhe von 500 000 € an einem Privatgrundstück von Frau Kühn, der Alleingesellschafterin der Kühn GmbH, bestellt. Die Sorg GmbH hat eine demnächst fällig werdende Forderung gegen die Kühn GmbH in Höhe von 100 000 € und fürchtet um deren Durchsetzbarkeit, da die Kühn GmbH mit einem starken Absatzrückgang zu kämpfen hat. Da der Geschäftsführer der Sorg GmbH mit dem Vorstand der Stark Bank AG gut bekannt ist, erklärt sich dieser bereit, die Forderung der Sorg GmbH zum Nennwert anzukaufen, obgleich die Stark Bank AG solche Geschäfte sonst nicht tätigt. Als bei Fälligkeit der abgetretenen Forderung und ursprünglicher eigener Ansprüche in Höhe von 200 000 € von der Kühn GmbH keine alsbaldige Zahlung erfolgt, will die Stark Bank AG hinsichtlich beider Forderungen die Grundschuld in Anspruch nehmen. Wie ist die Rechtslage?

I. Unzulässige Rechtsausübung

1. Schikaneverbot

Subjektive Rechte, seien es absolute Rechte, Forderungsrechte oder Gestaltungsrechte, schützen bestimmte Interessen des Rechtsträgers und müssen daher von anderen Personen grundsätzlich akzeptiert werden. Wenn jedoch die Ausübung eines Rechts *nur* dem **Zweck** dienen kann, einen anderen zu **schädigen**, so verstößt ein solches Verhalten gegen das Schikaneverbot des § 226. Die Voraussetzungen dieser Vorschrift sind aber so eng formuliert, dass ihr Anwendungsbereich gering ist. Selbst in den bedenklichen Fällen der Rechtsausübung kann man zumeist nicht leugnen, dass vom Berechtigten auch eigene Interessen verfolgt werden, wenn auch in einer unter den konkreten Umständen nicht hinnehmbaren Art und Weise. Als Beispiel für die Anwendung des § 226 wird oft ein vom RG[1] entschiedener Fall angeführt, in dem der Vater seinem Sohn, mit dem er verfeindet war, das Betreten des Grundstücks – eines Schlossparks – verwehrte, auf dem sich auch das Grab der Mutter befand. Wenn aber der Vortrag des Vaters zutraf, er sei krank und könne die Aufregung durch den Anblick seines Sohnes nicht ohne gesundheitliche Nachteile ertragen, hatte das Verbot (in Ausübung seines Eigentumsrechts) nicht allein den Zweck einer Schädigung[2] des Sohnes[3]. In der neueren Rechtsprechung[4] wurde § 226 z.B. bei der

---

[1] RGZ 72, 251. Das RG gestattete dem Sohn den Besuch zu eng umrissenen Zeiten. – Erwähnenswert ist auch RGZ 96, 184, wonach es gegen § 226 verstößt, wenn jemand auf der Rückgabe derselben Aktiennummern besteht, die er verpfändet hat, obwohl die Aktien ohnehin keinen Wert mehr haben. Dazu krit. Medicus Rdnr. 130.

[2] Zu beachten ist dabei, wie das RG aaO ausführt, dass § 226 nicht auf Vermögensschäden beschränkt ist, sondern auch bei Verletzung ideeller Werte und Interessen eingreift. Der Begriff des „Schadens" umfasst materielle und immaterielle Schäden, wie auch aus § 253 Abs. 1 hervorgeht.

[3] Abl. zur Anwendung des § 226 daher z.B. Larenz/Wolf § 16 Rdnr. 21 (aber sittenwidrige Rechtsausübung).

[4] OLG Brandenburg NJW 2001, 450; OLG Köln NJW 2001, 452.

Kündigung von Konten der NPD durch Banken verneint, weil mit der Kündigung auch eigene Interessen der Banken (Ansehen im Geschäftsleben, Verhalten anderer Kunden) verfolgt würden.

2. Verbot sittenwidriger und treuwidriger Rechtsausübung

1172 Wesentlich größere Bedeutung hat das allgemeine Verbot des Rechtsmissbrauchs. Dabei ist zwischen dem **Verbot sittenwidriger Rechtsausübung** (entsprechend § 826) und dem **Verbot treuwidriger Rechtsausübung** (Verstoß gegen § 242) zu unterscheiden, mögen die Grenzen zum Teil auch fließend sein. Das Verbot sittenwidriger Rechtsausübung stellt den gröberen Maßstab dar. Aus Treu und Glauben ergeben sich höhere Anforderungen an die Redlichkeit des Verhaltens; dabei ist aber das Bestehen einer Sonderverbindung (insbesondere eines Vertrags oder jedenfalls eines vorvertraglichen Verhältnisses) zwischen den Beteiligten vorausgesetzt[5].

1173 Als **treuwidrige** und daher **unzulässige Rechtsausübung** kann es sich z.B. darstellen, wenn von einem Rücktrittsrecht, das für den Fall nicht termingerechter Erfüllung vereinbart wurde, Gebrauch gemacht wird, obgleich nur noch ein ganz geringfügiger Rest der Leistung offen steht. Auch die Berufung auf einen Formmangel kann unter besonderen Umständen treuwidrig und daher unbeachtlich sein, näher s. Rdnr. 568. Bei einem groben Verstoß[6] gegen Treu und Glauben kann ferner die Berufung auf die bereits eingetretene Verjährung unzulässig sein, wenn der Schuldner den Berechtigten durch sein Verhalten von einer rechtzeitigen (die Verjährung unterbrechenden) Klageerhebung abgehalten hat[7]. Umgekehrt kann treuwidriges, insbesondere widersprüchliches Verhalten des Berechtigten zu einer **Verwirkung** seines Rechts (s. Rdnr. 1169) führen.

Lösung zu Fall 49:

1174 Aufgrund der getroffenen Sicherungsvereinbarung wäre die Stark Bank AG berechtigt, die Grundschuld sowohl hinsichtlich ihrer ursprünglich eigenen Forderung in Höhe von 200 000 € als auch hinsichtlich der durch Abtretung seitens der Sorg GmbH erworbenen Forderung in Höhe von 100 000 € in Anspruch zu nehmen. Jedoch ist zu beachten, dass die Stark Bank AG die Forderung nur angekauft hat, um auf diese Weise die Sicherung durch die Grundschuld auch auf diese Forderung zu erstrecken. Mittelbar wird auf diese Weise allein das Interesse der Sorg GmbH gefördert, während ein eigenes berechtigtes Interesse der Stark Bank AG insoweit nicht besteht. Damit erweist sich das Verhalten der Stark Bank AG gegenüber Frau Kühn als Verstoß gegen Treu und Glauben (§ 242). Frau Kühn kann daher der Inanspruchnahme der Grundschuld hinsichtlich der abgetretenen Forderung den Einwand der missbräuchlichen und daher unzulässigen Rechtsausübung entgegenhalten[8].

---

[5] Larenz, Schuldrecht I, 14. Aufl., § 10 I (S. 127 f.).

[6] Dass hier an den Einwand der unzulässigen Rechtsausübung besonders strenge Anforderungen zu stellen sind, begründet der BGH mit dem Zweck der Verjährungsregelung, BGH NJW 1988, 2245, 2247; NJW 1996, 1895, 1897.

[7] Vgl. (im Ergebnis aber den Einwand unzulässiger Rechtsausübung verneinend) BGH NJW 1988, 2245.

[8] Vgl. BGH NJW 1981, 1600; BGH NJW 1983, 1735; MünchKomm/Roth § 242 Rdnr. 401 mwN.

II. Notwehr

Fall 50: Greif ist nachts in das Reihenhaus des Ernst eingestiegen und hat 200 € Bargeld an sich genommen. Als Greif das Haus verlässt und durch den Garten zu seinem Motorrad läuft, wird er von Ernst entdeckt. Ernst ruft: „Stehen bleiben!", doch Greif besteigt sein Motorrad und fährt los. Daraufhin zieht Ernst die Pistole und schießt auf das Motorrad. Da der Hinterreifen platzt, fährt Greif gegen eine Mauer. Greif wird erheblich verletzt, das Motorrad schwer beschädigt.
    a) Kann Greif von Ernst Schadensersatz verlangen?
    b) Wie ist es, wenn Greif versehentlich in den Garten des Ernst gestiegen ist, weil er einer Freundin einen Besuch abstatten wollte, dabei aber die Häuser verwechselt hatte und nun von Ernst aufgrund der Umstände für einen mit Beute fliehenden Einbrecher gehalten wird?

1. Bedeutung

Wer seine Rechte schützen und durchsetzen will, muss sich dazu regelmäßig der Hilfe der Staatsorgane (also vor allem der Gerichte und der Polizei) bedienen. Es gilt ein grundsätzliches **Verbot der Selbsthilfe** oder gar des Faustrechts. In manchen Fällen käme aber die Hilfe der staatlichen Organe zu spät. Deshalb gestattet das Recht ausnahmsweise eine eigenständige Gefahrenabwehr in den Formen der Notwehr oder des Defensivnotstandes und eine eigenmächtige Rechtsdurchsetzung in Gestalt der Selbsthilfe.

Die **Notwehr** (§ 227, im Strafrecht übereinstimmend in § 32 StGB geregelt) ist ein **Rechtfertigungsgrund**. Sind die Voraussetzungen der Notwehr gegeben, so kann im Fall 50 Greif gegen Ernst keine Ansprüche aus § 823 Abs. 1 wegen der Verletzung seiner Gesundheit und seines Eigentums geltend machen, da es dann an der Widerrechtlichkeit fehlt. – Zu den (verwandten) Rechten des Besitzers (**Besitzwehr** und **Besitzkehr**) s. Rdnr. 207 f.

2. Voraussetzung der Notwehr

a) Rechtswidriger Angriff

Ein solcher Angriff kann nur **von Personen**, nicht von Tieren oder Sachen ausgehen. Angreifer können jedoch auch Kinder oder Geisteskranke sein (u. U. ist aber die Notwehr dagegen rechtsmissbräuchlich, s. Rdnr. 1181). Gegen welches Rechtsgut (Körper, Eigentum, Freiheit) sich der Angriff richtet, spielt keine Rolle. Rechtswidrig ist der Angriff auf fremde Rechtsgüter in aller Regel, es sei denn, er wäre seinerseits durch einen Rechtfertigungsgrund gedeckt. Gegen den Gerichtsvollzieher, der im Rahmen der Zwangsvollstreckung eine Sache pfändet und mitnimmt, darf sich der Schuldner z. B. nicht zur Wehr setzen, da der Gerichtsvollzieher nicht rechtswidrig handelt.

b) Gegenwärtiger Angriff

Der **Angriff** muss **begonnen** haben, doch braucht noch keine Verletzung erfolgt zu sein. Es kann schon genügen, wenn jemand auf den anderen in feindlicher Absicht losgeht. Andererseits darf der Angriff noch nicht beendet sein. Im Ausgangsfall dauert der Angriff noch fort, da der Dieb noch dabei ist, sich die Beute zu sichern.

c) Erforderliche Verteidigung

1179 Gerechtfertigt ist nur die **objektiv notwendige Abwehr**. Sind mehrere Abwehrmöglichkeiten gegeben (z.B. ein Schlag mit der Hand oder ein Stich mit dem Messer), so muss das am wenigsten schädliche Mittel gewählt werden.

1180 Eine Güterabwägung zwischen dem Wert des angegriffenen Gutes und dem bei der Abwehr verletzten Gut des Angreifers ist dagegen grundsätzlich nicht notwendig[9]. Im Ausgangsfall war die Abwehrhandlung erforderlich, da es für Ernst keine andere Möglichkeit mehr gab. Dass das verletzte Rechtsgut (Geldbetrag von 200 €) wesentlich geringerwertig war als die nun verletzten Rechtsgüter des Angreifers (die Rechtsordnung bewertet vor allem die körperliche Integrität prinzipiell höher als bloße Vermögenswerte), steht der Rechtfertigung nicht entgegen.

1181 Anders ist es allerdings bei sehr erheblichen Diskrepanzen zwischen dem geschützten und dem nunmehr verletzten Gut. Liegt geradezu ein unerträgliches Missverhältnis vor, so stellt sich die Notwehr als **unzulässiger Rechtsmissbrauch** dar. Bei Angriffen von Kindern, Geisteskranken oder sonst ohne Schuld Handelnden (z.B. Betrunkenen) kann es ebenfalls geboten sein, auf die Abwehr zu verzichten. Auch dies kann man aus dem Verbot eines Rechtsmissbrauchs entnehmen.

3. Irrtümliche Annahme einer Notwehrsituation

1182 Die Rechtfertigung durch Notwehr setzt voraus, dass deren Voraussetzungen objektiv vorliegen. Werden dagegen die Grenzen der erforderlichen Verteidigung überschritten (**Notwehrexzess**) oder wird irrtümlich ein Notwehrtatbestand angenommen (**Putativnotwehr**), so bleibt das Abwehrverhalten rechtswidrig. Schadensersatzansprüche (z.B. nach § 823 Abs. 1) setzen aber über die Rechtswidrigkeit der Verletzung hinaus auch Verschulden des Täters – Vorsatz oder Fahrlässigkeit – voraus. Zivilrechtlich[10] kommt es also darauf an, ob der Notwehrexzess bzw. die irrtümliche Annahme einer Notwehrsituation auf Verschulden des Abwehrenden beruhen; nur dann ist er zum Schadensersatz verpflichtet.

Lösung zu Fall 50:

1183 a) Da der rechtswidrige Angriff des Greif noch nicht beendet war (die Beute war noch nicht in Sicherheit gebracht) und Ernst keine andere Abwehrmöglichkeit hatte, ist das Verhalten des Ernst durch Notwehr gerechtfertigt, § 227. Ein Fall des Rechtsmissbrauchs ist hier nicht anzu-

---

[9] Dazu und zur Grenze bei Rechtsmissbrauch MünchKomm/Grothe § 227 Rdnr. 13, 16 ff.
[10] Im Strafrecht ergibt sich ähnliches aus der analogen Anwendung von § 16 StGB, die jedenfalls bei „Erlaubnistatbestandsirrtum" bejaht wird, vgl. Schönke/Schröder/Lenckner/Perron, StGB, 26. Aufl., § 32 Rdnr. 65. Die Einordnung eines Irrtums über die rechtlichen Grenzen der Notwehr ist dagegen streitig. Nach Schönke/Schröder/Lenckner/Perron aaO handelt es sich insoweit („Erlaubnisnormirrtum") um einen Verbotsirrtum im Sinne des § 17 StGB.

nehmen (s. Rdnr. 1180 f.). Ein Schadensersatzanspruch aus § 823 Abs. 1 oder auch aus § 823 Abs. 2 i.V. mit § 223 StGB (Körperverletzung) als Schutzgesetz besteht daher mangels Rechtswidrigkeit der Verletzung nicht.

b) Hier lag kein Angriff des (fliehenden) Greif vor, so dass eine Rechtfertigung durch Notwehr ausscheidet. Doch nahm Ernst irrtümlich das Vorliegen einer Notwehrsituation an, und aufgrund der Umstände beruhte dieser Irrtum nicht auf Fahrlässigkeit, zumal Greif auf Anruf nicht stehen blieb. Hier scheitern also Ansprüche des Greif aus § 823 Abs. 1 oder 2 zwar nicht an der fehlenden Rechtswidrigkeit, wohl aber am fehlenden Verschulden (keine Fahrlässigkeit) des Ernst. 1184

III. Defensiv- und Aggressivnotstand

1. Defensivnotstand

Zum Unterschied von der Notwehrsituation geht beim **Notstand** nach § 228 die Gefahr von einer **Sache** aus. Dazu gehört auch der Fall eines Angriffs durch Tiere (§ 90 a Satz 3), z.B. durch einen Hund. Die Abwehrhandlung (etwa eine Verletzung des Hundes durch einen kräftigen Fußtritt) ist nicht widerrechtlich, wenn sie zur Gefahrenabwendung erforderlich ist. Hinzukommen muss, dass der **Schaden nicht außer Verhältnis zu der Gefahr** steht. Man darf also z.B. den in den Garten eingedrungenen Rassehund des Nachbarn nicht erschießen, um die ersten Schneeglöckchen zu retten. Hat der Bedrohte selbst die Gefahr verschuldet (etwa den Angriff des Hundes durch Steinwürfe herbeigeführt), so ist er nach § 228 Satz 2 schadensersatzpflichtig. 1185

2. Aggressivnotstand

Der Aggressivnotstand nach § 904 stellt das Gegenstück zum Notstand des § 228 dar. Bei § 904 geht es um **Einwirkungen auf eine andere Sache**, d.h. auf eine Sache, die selbst keine Gefahr begründet. Um einen Brand zu löschen, darf man z.B. in ein Nachbarhaus einbrechen und sich den dortigen Feuerlöscher herausholen. Die Güterabwägung verläuft jedoch bei § 904 anders als bei § 228: Der **drohende Schaden** (hier durch den Brand) muss gegenüber dem Schaden, den man durch die Abwehrhandlung verursacht (zerschlagene Fensterscheibe, Benutzung des Feuerlöschers) **unverhältnismäßig groß** sein. Ein zweiter sehr wichtiger Unterschied besteht darin, dass nach § 904 Satz 2 für die Verwendung der fremden Sache **Schadensersatz** zu leisten ist. 1186

Neben den in § 228 und § 904 geregelten Notstandsfällen ist auch im Privatrecht der rechtfertigende Notstand nach § 34 StGB anwendbar[11]. 1187

IV. Selbsthilfe

Bei der Selbsthilfe nach § 229 geht es um die **eigenmächtige Durchsetzung** oder **Sicherung eines Anspruchs**. Die Wegnahme einer Sache oder die Festnahme einer 1188

---

[11] Näher s. Palandt/Heinrichs § 228 Rdnr. 2; MünchKomm/Grothe § 228 Rdnr. 2.

Person ist nach § 229 nicht rechtswidrig, wenn obrigkeitliche (z. B. polizeiliche) Hilfe nicht rechtzeitig zu erlangen ist und ohne sofortiges Eingreifen die Gefahr besteht, dass man den Anspruch nicht mehr durchsetzen kann. So darf z. B. der Gläubiger einen Schuldner, der im Begriffe ist, sich ins Ausland abzusetzen, auf dem Flughafen festhalten oder ihm einen Wertgegenstand abnehmen. Ein Taxifahrer ist, wenn der Fahrpreis nicht bezahlt wird und der Fahrgast sich weigert, seine Personalien anzugeben, nach § 229 berechtigt, den Fahrgast auch unter Anwendung körperlicher Gewalt bis zum Eintreffen der Polizei festzuhalten[12].

1189 Nach der Selbsthilfe muss unverzüglich eine gerichtliche Zwangsmaßnahme (insbesondere dinglicher oder persönlicher **Arrest**) beantragt werden, § 230 Abs. 2 und 3.

1190 Wer **irrtümlich** die Voraussetzungen der Selbsthilfe annimmt, ist dem anderen nach § 231 zum **Schadensersatz** verpflichtet, ohne dass es dabei auf Verschulden ankäme. Das Risiko der nicht berechtigten Selbsthilfe trägt also in vollem Umfang der Handelnde.

---

[12] AG Grevenbroich NJW 2002, 1060 (ebenso bei Streit über den geschuldeten Fahrpreis; das Gericht bejaht auch ein Festnahmerecht aus § 127 Abs. 1 Satz 1 StPO) = JuS 2002, 619 (mit Anm. Martin).

§ 27 Regeln der Rechtsausübung

Kontrollfragen und Fälle zu § 27

1) Welche Rechtsinstitute haben dem Schikaneverbot praktisch den Rang abgelaufen und aus welchem Grund?

2) Welche Bedeutung hat die Notwehr im Bürgerlichen Recht?

3) Was versteht man unter dem Defensiv- und Aggressivnotstand und worin unterscheiden sich beide?

4) Fred hat dem Zock für einige Tage sein Mountain-Bike geliehen, doch hat es Zock abredewidrig nicht zurückgebracht. Daher sucht Fred das Haus des Zock auf, öffnet die Gartentür und sieht dann auch gleich sein Fahrrad unversperrt an der Hauswand lehnen. So schwingt er sich auf das Rad und fährt fröhlich nach Hause. Hat Fred rechtlich korrekt gehandelt?

Lösungen

1191 1) Größere Bedeutung als das Schikaneverbot haben das Verbot sittenwidrigen Handelns und das Verbot treuwidrigen Verhaltens. Das Schikaneverbot (§ 226) setzt voraus, dass die Ausübung eines Rechts nur dem Zweck dienen kann, einen anderen zu schädigen. Diese Voraussetzung ist selten erfüllt. Dagegen können die genannten anderen Verbote eingreifen, auch wenn der Handelnde mit der Rechtsausübung eigene Interessen verfolgt, sie aber in einer mit den guten Sitten (§ 138 Abs. 1) oder den Anforderungen von Treu und Glauben (§ 242) nicht zu vereinbarenden Art und Weise gegenüber einem anderen durchzusetzen versucht.

1192 2) Die Notwehr (§ 227) ist auch im Bürgerlichen Recht ein Rechtfertigungsgrund. Wer in Ausübung seines Notwehrrechts die Rechte oder Rechtsgüter eines anderen verletzt, ist nicht nach § 823 Abs. 1 zum Ersatz des dadurch entstehenden Schadens verpflichtet, da es an der Voraussetzung einer widerrechtlichen Verletzung fehlt.

1193 3) Beim Defensivnotstand (§ 228) geht es um die Abwehr einer Gefahr, die von einer Sache droht. Wer dagegen vom Aggressivnotstand (§ 904) Gebrauch macht, benutzt eine gewissermaßen neutrale fremde Sache, um eine Gefahr abzuwehren. Beim Defensivnotstand ist das Handeln schon dann gerechtfertigt, wenn der dadurch entstehende Schaden nicht außer Verhältnis zu der Gefahr steht. Dagegen greift der Aggressivnotstand nur ein, wenn der drohende Schaden gegenüber dem durch die Abwehr verursachten unverhältnismäßig groß ist. Außerdem ist in diesem Fall zwar das Verhalten rechtmäßig, aber gleichwohl ist für den entstandenen Schaden Ersatz zu leisten, § 904 Satz 2. Beim Defensivnotstand braucht der Abwehrende dagegen nur Schadensersatz zu leisten, wenn er die Gefahr schuldhaft herbeigeführt hat, § 228 Satz 2.

1194 4) Fred hat einen Herausgabeanspruch aus dem Leihvertrag (§ 604 Abs. 1) und aus Eigentum (§ 985), ist aber gleichwohl nicht berechtigt, den Anspruch eigenmächtig durchzusetzen. Auch wenn das Fahrrad unversperrt an der Hauswand lehnte, war es nach den Umständen doch noch im Besitz des Zock. Ein Recht zur Selbsthilfe nach § 229 ist aus den im Sachverhalt geschilderten Umständen kaum herzuleiten. Fred hätte klingeln und den Zock zur Herausgabe auffordern müssen. Hätte sich dann allerdings niemand gemeldet, so wäre die Mitnahme des Fahrrads nach § 229 als gerechtfertigt anzusehen, da sonst die erhebliche Gefahr besteht, dass sich jemand anderer rechtswidrig des Mountain-Bikes bemächtigt. Anschließend müsste Fred dann den dinglichen Arrest beantragen (§ 230 Abs. 2), wenn er sich mit Zock nicht einig wird.

§ 28 Sachen, Bestandteile, Zubehör und Nutzungen

Fall 51: Die Mammut AG stellt serienmäßig Traktoren her. Dazu bezog sie von der Dieselkraft GmbH eine Anzahl gleichfalls serienweise gefertigter Motoren, die in die Traktoren eingebaut wurden. Die Motoren können (allerdings mit erheblichem Arbeitsaufwand) wieder aus den Traktoren ausgebaut und anderweitig verwendet werden. Die Lieferung der Motoren erfolgte unter Eigentumsvorbehalt; sie sind noch nicht bezahlt. Als über das Vermögen der Mammut AG das Insolvenzverfahren eröffnet wird, macht die Dieselkraft GmbH geltend, ihr stehe nach wie vor das Eigentum an den Motoren zu, die in neue, noch nicht an Kunden ausgelieferte Traktoren eingebaut sind. Trifft dies zu?

I. Bedeutung des Gesetzesabschnitts

In den §§ 90 bis 103 enthält das Gesetz eine Reihe von Vorschriften über Sachen und Nutzungen. Es handelt sich durchweg um **Begriffsbestimmungen**, also um typische, vor die Klammer gezogene Rechtssätze des Allgemeinen Teils. Rechtsfolgen ergeben sich erst im Zusammenwirken mit Vorschriften aus anderen Büchern des BGB, vor allem aus dem **Sachenrecht**. Besonders wichtig sind die Abgrenzung wesentlicher von unwesentlichen Bestandteilen sowie der Begriff des Zubehörs.

II. Begriff und Arten der Sachen

1. Nur körperliche Gegenstände

§ 90 beschränkt den Begriff der **Sache** im Sinne des BGB auf **körperliche Gegenstände. Gegenstand** ist der Oberbegriff, der neben den Sachen auch die Rechte umfasst (z.B. schuldrechtliche Forderung, Persönlichkeitsrecht, Urheberrecht, Patentrecht). Eine Sache kann festen, flüssigen oder gasförmigen Zustand aufweisen. Sie muss abgegrenzt und greifbar sein. Luft, Grundwasser[1], fließende elektrische Energie sind z.B. als solche keine Sachen, wohl aber Benzin in einem Kanister, Gas in einer Druckflasche. Sachen sind auch **Datenträger** (Disketten) mit darauf gespeicherten Programmen, nicht dagegen das **Programm** als solches, das einen rein gedanklichen (geistigen) Inhalt aufweist[2]. Das schließt aber nicht aus, Vorschriften, die unmittelbar für Verträge über die Lieferung von Sachen gelten, ihrem Zweck entsprechend auch auf Computerprogramme entsprechend anzuwenden. So wird z.B. die Haftung des Verkäufers für inhaltliche Mängel eines verkauften Standardprogramms nach § 434 (Haftung für Sachmängel) beurteilt[3], auch dann, wenn das Programm nicht auf einem Datenträger geliefert, sondern unmittelbar auf den Computer des Käufers überspielt wird[4].

---

[1] BGH MDR 1977, 1002.
[2] Zur Frage, ob der Sachbegriff im elektronischen Zeitalter einer Anpassung bedarf, ausführlich P. Bydlinski AcP Bd. 198 (1998), 287 ff.
[3] BGHZ 102, 135 = NJW 1988, 406.
[4] Vgl. (in erster Linie zur Anwendbarkeit des damaligen Abzahlungsgesetzes) BGHZ 109, 97 = NJW 1990, 320 = JZ 1990, 236 (mit Anm. Hoeren).

1197 Der **Körper des lebenden Menschen** ist Teil der Person und schon deshalb keine Sache. Über die dogmatische Einordnung des Körpers eines Verstorbenen besteht Streit. Die wohl h.M. nimmt eine – nicht verkehrsfähige – Sache an; richtiger erscheint es, auch hierin noch den Restbestand der Persönlichkeit zu sehen[5].

1198 **Tiere** sind seit einer gut gemeinten, praktisch aber weitgehend inhaltslosen Reform[6] nach der ausdrücklichen Vorschrift des § 90 a Satz 1 keine Sachen mehr. Da aber § 90 a Satz 3 die für Sachen geltenden Vorschriften grundsätzlich für entsprechend anwendbar erklärt, folgt z.B. das Eigentum an Tieren denselben bürgerlich-rechtlichen Regeln wie das Eigentum an (beweglichen) Sachen. Dass daneben die besonderen tierschutzrechtlichen Bestimmungen (Tierschutzgesetz) gelten (§ 90 a Satz 2), versteht sich von selbst.

2. Bewegliche und unbewegliche Sachen

1199 Unbewegliche Sachen sind die **Grundstücke** samt ihren Bestandteilen, insbesondere den **Gebäuden** (s. Rdnr. 1216). Schiffe und Schiffsbauwerke sowie Luftfahrzeuge werden kraft ausdrücklicher Vorschriften weitgehend wie Grundstücke behandelt, wenn sie in die dafür vorgesehenen Register (Schiffsregister, Luftfahrzeugrolle) eingetragen sind. Alle anderen körperlichen Gegenstände sind bewegliche Sachen.

1200 Den **Begriff des Grundstücks** im Rechtssinne definiert das BGB nicht. Maßgebend ist nicht die natürliche oder wirtschaftliche Einheit eines Teils der Erdoberfläche (ein Parkplatz, ein Feld), sondern die Eintragung in das Grundbuch. Es gilt somit ein formeller Grundstücksbegriff. Danach liegt *ein* Grundstück im Rechtssinne vor, wenn ein vermessener Teil der Erdoberfläche als Grundstück im Grundbuch eingetragen ist, indem er dort ein eigenes Grundbuchblatt oder jedenfalls eine eigene Nummer im Bestandsverzeichnis eines Grundbuchblattes erhalten hat.

1201 Der **Erwerb des Eigentums** folgt bei beweglichen und unbeweglichen Sachen jeweils eigenen Regeln, näher s. Rdnr. 170 ff. u. 187 ff.

3. Vertretbare und nicht vertretbare Sachen

1202 Unter **vertretbaren Sachen** versteht das Gesetz bewegliche Sachen, die im Verkehr (also nach der Verkehrsanschauung) nach **Zahl**, **Maß** oder **Gewicht** bestimmt zu werden pflegen, § 91. Konservendosen, Kleiderstoffe, serienmäßig hergestellte Fahrräder sind danach vertretbare Sachen, während ein Ölgemälde oder ein Maßanzug nicht dazu gehören. Zu den vertretbaren Sachen ist auch das Bargeld zu rechnen.

1203 Auf den Begriff der vertretbaren Sache greift das Schuldrecht an verschiedenen Stellen zurück. So wird ein **Sachdarlehen** nach § 607 Abs. 1 in Gestalt vertretbarer Sachen gewährt. Auch beim **Werklieferungsvertrag** spielt die Unterscheidung eine

---

[5] Näher s. MünchKomm/Leipold § 1922 Rdnr. 52.
[6] Mittelbare Wirkungen sind, wenn man § 90 a als programmatische Vorschrift versteht, immerhin denkbar. Näher zur Bedeutung des § 90 a Steding JuS 1996, 962; Pauly JuS 1997, 287.

Rolle; sind nach dem Vertrag aus einem vom Unternehmer zu beschaffenden Stoff vertretbare Sachen herzustellen, so finden die Vorschriften über den Kauf Anwendung, während bei nicht vertretbaren Sachen teils das Recht des Werkvertrags gilt, § 651 Satz 3.

Von der Unterscheidung zwischen vertretbaren und nicht vertretbaren Sachen sind die Begriffe **Gattungsschuld** und **Stückschuld** zu trennen. Für die Gattungsschuld (§ 243) kommt es darauf an, ob die Leistung nach dem Vertrag nur nach Gattungsmerkmalen bestimmt ist, während sich bei einer Stückschuld der Vertrag auf eine individuell bestimmte Sache bezieht. Entscheidend ist also hier der Inhalt der vertraglichen Vereinbarung, für deren Auslegung dann freilich auch wieder die Verkehrsauffassung eine Rolle spielt.

4. Verbrauchbare bewegliche Sachen

Zu den **verbrauchbaren Sachen** rechnet § 92 Abs. 1 Sachen, deren bestimmungsgemäßer Gebrauch im **Verbrauch** (z.B. Lebensmittel) oder auch in der **Veräußerung** liegt. Aufgrund dieses zweiten Merkmals gehört auch Bargeld zu den verbrauchbaren beweglichen Sachen. Dass körperliche Sachen beim Gebrauch abgenutzt werden (etwa Kleidungsstücke, Fahrzeuge), macht sie dagegen nicht verbrauchbar im Sinne des Gesetzes. Verbrauchbar sind nach § 92 Abs. 2 auch Sachen, die zu einem zur Veräußerung bestimmten Warenlager gehören, so etwa die Möbel in einem Möbelgeschäft, während dieselben Möbel in der Hand des Privatmanns keine verbrauchbaren Sachen sind.

Der Begriff der verbrauchbaren Sache spielt bei **Nutzungsrechten** eine Rolle. Da man verbrauchbare Sachen ohne Eingriff in die Substanz nicht nutzen kann, spricht das Gesetz dem Nutzungsberechtigten in verschiedenen Bestimmungen Eigentum an den vom Nutzungsrecht erfassten verbrauchbaren Sachen zu, so z.B. § 1067 Abs. 1 Satz 1 für den Fall des Nießbrauchs, s. auch die Auslegungsregel des § 706 Abs. 2 Satz 1 (sie erfasst vertretbare und verbrauchbare Sachen) für die Beiträge zu einer Gesellschaft.

III. Sachbestandteile

1. Einzelsache und Mehrheit von Sachen

Die sachenrechtlichen Vorschriften des BGB beziehen sich grundsätzlich jeweils auf eine **einzelne Sache**. Es gibt also z.B. kein einheitliches Eigentum an einer Lieferung von 100 Gartenstühlen, vielmehr besteht das Eigentum an jedem einzelnen Stuhl. Entsprechend muss bei der Übereignung jeder Stuhl übereignet werden, d.h. es müssen die Voraussetzungen des Eigentumswechsels (im einfachsten Fall Einigung und Übergabe, § 929 Satz 1) für jeden der Stühle erfüllt sein. Ob eine einzelne Sache vorliegt, ist zum einen nach der **körperlichen Beschaffenheit** zu beurteilen. So stellt eine Pflanze, die aus Wurzelballen, Stamm, Blättern und Blüten besteht, eine einheitliche Sache dar. Aber auch wenn nach der körperlichen Beschaffenheit keine derartige feste Verbindung besteht, kann eine einheitliche, wenngleich zusammengesetzte Sache aufgrund der **Verkehrsanschauung** vorliegen. So ist etwa eine Kommode mit Schubladen, die sich leicht herausnehmen lassen, gleichwohl nach der Verkehrsauffassung eine einheitliche Sache.

1208 Wenn es um die Frage geht, ob an einem Objekt nur ein einheitliches Recht oder auch besondere Rechte bestehen bzw. bestehen können, ist zunächst zu klären, ob eine **einheitliche Sache** vorliegt. Ist schon dies zu verneinen, so kann z.B. das Eigentum verschiedenen Personen zustehen. Erst wenn eine einheitliche Sache vorliegt, ergibt sich die weitere Frage, ob Teile dieser Sache als **wesentlicher** oder **unwesentlicher Bestandteil** zu qualifizieren sind.

1209 Dass eine Sache nach ihrer Beschaffenheit oder nach der Verkehrsauffassung einheitlich ist, braucht keineswegs ein für alle Mal zu gelten. Durch Zerbrechen oder Zerlegen kann aus einer einheitlichen Sache eine **Mehrheit von Sachen** gemacht werden. So liegt es beispielsweise, wenn ein Antiquar ein altes Buch mit schönen Kupferstichen erwirbt (einheitliche Sache), aber dann die einzelnen Bilder heraustrennt, um durch Weiterverkauf einen höheren Erlös zu erzielen. Von der Trennung an stellt jedes Bild eine einzelne Sache dar.

2. Wesentliche und unwesentliche Bestandteile

a) Bedeutung des Unterschieds

1210 Alle Bestandteile einer einheitlichen Sache teilen in der Regel das Schicksal der gesamten Sache, werden also z.B. mit dieser zusammen übereignet oder belastet, wenn nichts anderes vereinbart wird. Zwingend ist diese einheitliche rechtliche Beurteilung jedoch nur bei den wesentlichen Bestandteilen. Denn an einem Teil einer Sache, der einen **wesentlichen Bestandteil** darstellt, **kann** nach § 93 **kein besonderes Recht begründet werden**. Man kann also z.B. einen solchen Teil nicht gesondert belasten oder übereignen. Das gilt natürlich nur, solange der Bestandteil mit der Sache verbunden ist. Wenn man ihn von der bislang einheitlichen Sache trennt, verliert er seine Bestandteilseigenschaft und wird dann als eigenständige Sache behandelt.

1211 Die **Verbindung zweier Sachen** führt zu Veränderungen in der Eigentumslage, wenn die verbundenen, bisher selbständigen Sachen nunmehr **wesentliche Bestandteile einer einheitlichen Sache** werden. Bei unbeweglichen Sachen erstreckt sich das Eigentum am Grundstück auch auf die mit diesem als wesentliche Bestandteile verbundenen Sachen, § 946 (s. auch Rdnr. 191f.). Bei beweglichen Sachen entsteht an der neuen Sache entweder Miteigentum (§ 947 Abs. 1) oder, wenn eine der verbundenen Sachen als Hauptsache anzusehen ist, Alleineigentum des Eigentümers der Hauptsache, § 947 Abs. 2 (s. auch Rdnr. 182). Der bisherige Eigentümer muss sich in solchen Fällen mit einem Geldanspruch als Entschädigung für den Rechtsverlust begnügen, § 951 Abs. 1.

1212 Diese Fragen spielen nicht zuletzt beim **Eigentumsvorbehalt** eine wesentliche Rolle. Wird eine unter Eigentumsvorbehalt veräußerte bewegliche Sache zum wesentlichen Bestandteil einer „Hauptsache", so verliert der Vorbehaltseigentümer sein Recht, und das Eigentum des Hauptsacheeigentümers ergreift auch den jetzigen wesentlichen Bestandteil.

Wenn eine Sache dagegen durch die Verbindung lediglich zu einem **unwesentlichen Bestandteil** der anderen Sache wird, so ändert sich nichts an der vorherigen Eigentumslage. 1213

b) Begriff des wesentlichen Bestandteils im allgemeinen

Nach § 93 ist entscheidend, ob der Bestandteil und die restliche Sache voneinander **getrennt** werden können, ohne dass der eine oder der andere **zerstört** oder **in seinem Wesen verändert** wird. Nicht entscheidend ist, ob durch die Trennung die bislang einheitliche Sache zerstört wird. Auch bei der Veränderung des Wesens kommt es auf die Bestandteile, nicht auf die gesamte Sache an. Hier ist eine wirtschaftliche Betrachtungsweise maßgebend. Es ist entscheidend, ob die Bestandteile trotz der Trennung noch in der bisherigen Art wirtschaftlich genutzt werden können. Das Ziel der §§ 93, 946f. ist es, eine nutzlose Zerstörung wirtschaftlicher Werte zu verhindern. Wenn dagegen die Trennung ohne wirtschaftliche Verluste möglich ist, so verdient das Interesse an der Aufrechterhaltung der bisherigen Eigentumslage den Vorrang. 1214

Wesentliche Bestandteile sind beispielsweise bei der Herstellung eines Fahrzeugs die angeschweißten Karosserieteile oder auch der aufgespritzte Lack. Dagegen stellen die Reifen des Fahrzeugs sicher keine wesentlichen Bestandteile dar. 1215

c) Wesentliche Bestandteile eines Grundstücks

Unter den Voraussetzungen des § 93 liegen auch bei einem Grundstück wesentliche Bestandteile vor. Der Begriff des wesentlichen Bestandteils wird aber für Grundstücke durch § 94 stark erweitert. Nach § 94 Abs. 1 Satz 1 gehören zu den Bestandteilen des Grundstücks alle **mit dem Grund und Boden fest verbundenen Sachen**, insbesondere **Gebäude**. Bei Gebäuden ist die erforderliche feste Verbindung in der Regel gegeben, auch etwa wenn ein Pavillon in Fertigbauweise auf einem festen Fundament errichtet ist; denn das Fundament ist bereits Teil des Gebäudes, so dass seine feste Verbindung mit dem Grundstück ausreicht[7]. Auch Mauern oder Zäune mit einbetonierten Pfählen sind mit dem Grundstück fest verbunden, nicht dagegen Maschinen, die in einer Fabrik auf Betonfundamente geschraubt sind. Wesentliche Bestandteile eines Grundstücks sind ferner die **Erzeugnisse**, solange sie mit dem Boden zusammenhängen (die ungepflückten Äpfel etwa), aber auch **ausgesäter Samen** oder **eingesetzte Pflanzen**, § 94 Abs. 1 Satz 2. 1216

Darüber hinaus gehören zu den wesentlichen Bestandteilen eines Gebäudes (und damit in der Regel des Grundstücks, auf dem das Gebäude steht) die **zu seiner Herstellung eingefügten Sachen**, § 94 Abs. 2. Dies gilt nicht nur für die Baustoffe oder Bauelemente, sondern für alle Gegenstände, die dem Gebäude das seiner Zweckbe- 1217

---

[7] BGH LM § 94 BGB Nr. 18 = NJW 1978, 1311.

stimmung entsprechende Gepräge geben. Dabei ist auch die Verkehrsanschauung von Bedeutung. Bei einem Wohngebäude ist beispielsweise die Zentralheizungsanlage als zur Herstellung eingefügt anzusehen[8], bei einem großen Hotel auch ein Diesel-Notstromaggregat[9].

1218 Neben § 94 brauchen die Voraussetzungen des § 93 nicht erfüllt zu sein. Ein gerade erst eingepflanzter Rosenstock ist auch dann wesentlicher Bestandteil des Grundstücks, wenn man ihn ohne Beschädigung wieder ausgraben könnte. Vor allem stellen die zur Herstellung eines Gebäudes eingefügten Sachen auch dann wesentliche Bestandteile des Gebäudes dar, wenn man sie durchaus ohne Zerstörung des Teils oder des restlichen Gebäudes wieder entfernen könnte, wie dies etwa bei einem Heizkessel oder den Heizkörpern in der Regel der Fall wäre.

d) Scheinbestandteile bei Grundstücken

1219 Eine wichtige Einschränkung der Bestandteilseigenschaft bei Grundstücken ergibt sich aus § 95. Sachen, die nur zu einem **vorübergehenden Zweck** mit dem Grund und Boden verbunden sind, gelten nach § 95 Abs. 1 Satz 1 nicht als Bestandteil des Grundstücks, auch wenn die Voraussetzungen der §§ 93, 94 erfüllt sind. Dasselbe gilt für Sachen, die nur zu einem vorübergehenden Zweck in ein Gebäude eingefügt wurden, § 95 Abs. 2. Ob solche **Scheinbestandteile** vorliegen, hängt nur von der Zweckrichtung ab, die bei der Verbindung verfolgt wurde, nicht von der losen oder festen Verbindung mit dem Grundstück oder dem Gebäude. Ein vorübergehender Zweck ist gegeben, wenn von Anfang an die spätere Wegnahme beabsichtigt war, sei es auch nach einem längeren Zeitraum. Selbst ein massiv gebautes Zweifamilienhaus ist danach als Scheinbestandteil anzusehen, wenn es nur als Behelfsheim errichtet und das Grundstück nur zu diesem Zweck bis auf weiteres zur Verfügung gestellt worden war[10].

1220 Auch was ein **Mieter** oder **Pächter** zum Zweck der Nutzung während der Miet- oder Pachtzeit mit dem Grundstück oder dem Gebäude verbindet, wird gemäß § 95 Abs. 1 Satz 1 oder Abs. 2 **nicht Bestandteil des Grundstücks**. Wenn also ein Mieter in der gemieteten Wohnung einen Teppichboden legen lässt, so bleibt dieser rechtlich eine selbständige (bewegliche) Sache, so dass der Mieter das Eigentum an dem Teppich mit dem Einbau nicht verliert. Nach Beendigung des Mietverhältnisses ist der Mieter grundsätzlich (§ 539 Abs. 2, s. aber die Einschränkung durch § 552 Abs. 1) berechtigt, die von ihm angebrachte Sache, hier den Teppichboden, wieder zu entfernen. Anders ist es wiederum, wenn vereinbart wurde, ein vom Pächter eines Grundstücks errichtetes Gebäude solle nach Beendigung der Pachtzeit dem Verpächter zufallen; dann fehlt es an dem vorübergehenden Zweck der Verbindung und das Gebäude wird mit der Errichtung Bestandteil des Grundstücks nach § 94 Abs. 1 Satz 1.

---

[8] BGHZ 53, 324 = NJW 1970, 895.
[9] BGH LM § 94 Nr. 22 = NJW 1987, 3178.
[10] BGHZ 8, 1 = NJW 1953, 137.

Lediglich Scheinbestandteile sind auch solche Gebäude, die jemand in Ausübung eines Rechts an einem fremden Grundstück errichtet, § 95 Abs. 1 Satz 2. Hier muss es sich um ein dingliches Recht an dem Grundstück, etwa ein **Nießbrauchsrecht** oder ein **Erbbaurecht**[11] handeln.

IV. Zubehör

1. Bedeutung des Begriffs

Beim **Zubehör** (§ 97) handelt es sich um **bewegliche Sachen**, die nicht Bestandteile der Hauptsache sind, aber **deren wirtschaftlichem Zweck dienen**. Zubehörgegenstände können im Eigentum eines anderen als des Eigentümers der Hauptsache stehen. Sie werden aber wegen der wirtschaftlichen Zuordnung zur Hauptsache vom Gesetz in verschiedener Hinsicht auch rechtlich der Hauptsache zugeordnet, teils durch Auslegungsregeln. So erfasst der Verkauf einer Sache (auch eines Grundstücks) im Zweifel zugleich das Zubehör, § 311 c. Sind die Beteiligten darüber einig, dass sich die Veräußerung (das dingliche Geschäft) auf das Zubehör eines Grundstücks erstrecken soll, so geht das Eigentum an den Zubehörgegenständen mit dem Eigentum am Grundstück über, § 926. Wichtig ist der Begriff des Zubehörs auch zur Abgrenzung des **Haftungsverbandes** (also des Bereichs der haftenden Sachen) bei **Hypothek** oder **Grundschuld**. Nach § 1120 erstreckt sich die Hypothek (und über § 1192 Abs. 1 auch die Grundschuld) auf die Zubehörgegenstände, die in das Eigentum des Grundstückseigentümers gelangt sind.

2. Voraussetzungen der Zubehöreigenschaft

Beim Zubehör muss es sich um **körperlich selbständige, bewegliche Sachen** handeln. Diese müssen dazu bestimmt sein, dem **wirtschaftlichen Zweck der Hauptsache zu dienen**, und sie müssen auch in einem entsprechenden **räumlichen Verhältnis zur Hauptsache** stehen. Dabei darf die Verkehrsanschauung der Zubehöreigenschaft nicht entgegenstehen.

Eine Erläuterung zu der erforderlichen **Zweckbestimmung** gibt § 98. Danach sind vor allem die Maschinen und Gerätschaften in einem Gewerbebetrieb (einer Fabrik) als dem wirtschaftlichen Zweck der Hauptsache dienend anzusehen. Aus § 98 ergibt sich aber nur die Zweckbestimmung; die sonstigen Voraussetzungen des § 97 müssen daneben gegeben sein.

Nach der Rechtsprechung fordert § 97 ein **Abhängigkeitsverhältnis** im Sinne einer Überordnung der Hauptsache und einer Unterordnung der Hilfssache, also des Zubehörs. Zubehör eines Hotels sind etwa die Möbel, mit denen die Zimmer und

---

[11] Ein Gebäude, das in Ausübung eines Erbbaurechts erbaut wird, ist nicht Bestandteil des Grundstücks, sondern des Erbbaurechts, § 12 Abs. 1 Satz 1 ErbbauVO; mit Erlöschen des Erbbaurechts wird es Bestandteil des Grundstücks, § 12 Abs. 3 ErbbauVO. Der Grundstückseigentümer hat dann, freilich je nach Vereinbarung, eine Entschädigung zu leisten, § 27 ErbbauVO.

sonstigen Räume ausgestattet sind, aber auch ein Kleinbus, der zur Abholung der Gäste dient. Dagegen hat der BGH[12] den Kraftfahrzeugpark eines größeren Transportunternehmens nicht als Zubehör des Grundstücks angesehen, von dem aus das Unternehmen geführt wird, weil nicht davon gesprochen werden könne, dass der wirtschaftliche Schwerpunkt des Betriebs auf diesem Grundstück liege.

V. Nutzungen

1. Begriffe

1226   **Nutzungen** stellt den Oberbegriff dar, § 100. Die Nutzungen zerfallen in die **Früchte** sowie in die **Gebrauchsvorteile**. Gebrauchsvorteil ist z.B. die Möglichkeit, mit einem Pkw zu fahren. Bei den Früchten lassen sich die **natürlichen** oder **unmittelbaren Früchte** einer Sache (§ 99 Abs. 1) von den **juristischen** oder **mittelbaren Früchten** (§ 99 Abs. 3) unterscheiden. Natürliche Früchte sind etwa die Äpfel, die auf einem Plantagengrundstück wachsen, oder der Kies, der aus einer Kiesgrube gewonnen wird. Mittelbare (juristische) Früchte sind die Erträge, die man durch Vermietung oder Verpachtung einer Sache erlangt. Neben den Früchten einer Sache (**Sachfrüchte**) gibt es auch noch die Früchte eines Rechts (**Rechtsfrüchte**), § 99 Abs. 2, worunter die Erträge zu verstehen sind, die das Recht seiner Bestimmung gemäß gewährt. Besteht z.B. ein Nießbrauchsrecht an einem Feld, so ist das Getreide, das von diesem Feld hervorgebracht wird, als Frucht des Nießbrauchsrechts anzusehen.

2. Bedeutung dieser Begriffe

1227   Im Schuldrecht und im Sachenrecht finden sich eine Reihe von Vorschriften darüber, wer jeweils zur **Ziehung der Nutzungen** aus einer Sache **berechtigt** ist oder wer umgekehrt gezogene Nutzungen herauszugeben hat. Was dabei unter den Nutzungen und Früchten zu verstehen ist, muss nach den §§ 99 ff. des Allgemeinen Teils beurteilt werden. So ist der Pächter nach § 581 Abs. 1 zur Ziehung derjenigen Früchte berechtigt, die einer ordnungsgemäßen Wirtschaft entsprechen. Der Besitzer einer Sache muss dem Eigentümer die Nutzungen herausgeben, die er nach Eintritt der Rechtshängigkeit des Herausgabeanspruchs (also nach Klageerhebung) gezogen hat, § 987 Abs. 1. Weitergehende Herausgabepflichten bestehen bei unentgeltlicher Erlangung des Besitzes (§ 988) und bei Bösgläubigkeit des Besitzers (§ 990).

1228   Von der Frage, wer die Früchte und sonstigen Nutzungen ziehen und behalten darf, ist die andere Frage zu unterscheiden, wer bei der Trennung von Früchten und sonstigen Bestandteilen einer Sache **Eigentümer** wird. Dies richtet sich nach den §§ 953 ff. Im Regelfall wird der Eigentümer der bisherigen Sache auch Eigentümer der bisherigen Bestandteile und Erzeugnisse, wenn diese von der Sache getrennt werden, § 953 (Ausnahmen in §§ 954 ff.).

---

[12] BGHZ 85, 234 = NJW 1983, 746.

Lösung zu Fall 51[13]:

Da die aufschiebende Bedingung (§ 158 Abs. 1) für den Eigentumserwerb der Mammut AG, nämlich die vollständige Zahlung des Kaufpreises (s. die Auslegungsregel in § 449 Abs. 1), nicht eingetreten ist, hat die Dieselkraft GmbH das Eigentum an den gelieferten Motoren nicht durch Übertragung nach § 929 Satz 1 an die Mammut AG verloren. Jedoch könnte sich die Eigentumslage gemäß § 947 Abs. 1 oder 2 durch den Einbau der Motoren in die Traktoren verändert haben. Voraussetzung ist, dass die Motoren zu wesentlichen Bestandteilen der Traktoren als einheitlicher Sachen geworden sind. Ob eine einheitliche Sache entstanden ist, richtet sich nach den tatsächlichen Gegebenheiten und nach der Verkehrsanschauung. Hiernach ist ein Traktor samt Motor als eine Sache zu betrachten. Damit ist aber noch nicht gesagt, dass der Motor einen wesentlichen Bestandteil darstellt. Dafür ist nach § 93 entscheidend, ob die beiden Teile voneinander getrennt werden können, ohne dass sie zerstört oder in ihrem Wesen verändert werden. Hier können die Motoren wieder ausgebaut werden, ohne dass dadurch die Motoren oder der restliche Traktor zerstört werden. Beide Teile können auch ungeachtet der Trennung ihrer ursprünglichen Funktion entsprechend wiederverwendet werden; die Motoren insbesondere durch Einbau in andere Traktoren. Dass für die Trennung erheblicher Arbeitsaufwand erforderlich ist, spielt dabei keine Rolle, zumal der Aufwand jedenfalls nicht außer Verhältnis zum Wert des abgetrennten Teiles steht. Da § 93 auf die Zerstörung oder Wesensveränderung der Bestandteile, nicht der gesamten Sache abstellt, kommt es nicht darauf an, dass die Traktoren durch Ausbau der Motoren nicht mehr funktionsfähig sind. Da die Motoren somit durch den Einbau nicht zu wesentlichen Bestandteilen der Traktoren geworden sind, kam es nicht zu einer Veränderung der Eigentumslage nach § 947.

Denkbar wäre noch ein Eigentumserwerb der Mammut AG durch Verarbeitung, § 950. Dem steht aber entgegen, dass der Wert der Verarbeitung, also der dazu erforderlichen Leistung, erheblich geringer ist als der Wert der „Stoffe", hier der zusammengefügten Teile.

Somit blieb das Eigentum[14] an den Motoren auch nach deren Einbau bei der Dieselkraft GmbH.

---

[13] S. zum gesamten Fall BGHZ 18, 226 = NJW 1955, 1793. Der BGH beschränkte in dieser Entscheidung seine Ansicht auf Fahrzeuge, die (wie hier) noch im Eigentum des Herstellers standen. Nach BGH NJW 1973, 1454 gilt aber dasselbe z.B. für einen serienmäßig hergestellten Motor, der als Austauschmotor in ein Gebrauchtfahrzeug eingebaut wird.

[14] Auf die Auswirkungen des Insolvenzverfahrens ist nach der Fragestellung nicht einzugehen, daher nur als Hinweis: Im Insolvenzverfahren ergibt sich aus dem weiter bestehenden Eigentum ein Aussonderungsrecht der Dieselkraft GmbH, § 47 InsO, sofern nicht der Insolvenzverwalter die Erfüllung des Vertrages wählt (§ 103 Abs. 1, § 107 Abs. 2 InsO) und den restlichen Kaufpreis aus der Insolvenzmasse zahlt.

§ 28 Sachen, Bestandteile, Zubehör und Nutzungen

Kontrollfragen und Fälle zu § 28

1) Erläutern Sie die Begriffe „Sache" und „Gegenstand"!

2) Bedeuten die Begriffe vertretbare Sachen und Gattungsschuld (Gattungssachen) dasselbe?

3) Die Gemeinde Binsensee verpachtet einen in ihrem Eigentum stehenden Campingplatz für 25 Jahre an die Kurzglück GmbH. Im Pachtvertrag heißt es u.a.: „Die von der Pächterin während der Pachtzeit erstellten neuen baulichen Anlagen gehen in das Gemeindeeigentum über. Ersatzansprüche der Pächterin sind ausgeschlossen." Nachdem der vorhandene Verkaufskiosk abgebrannt war, ließ die Kurzglück GmbH ein finnisches Blockhaus auf einem Streifenfundament und mit einem 0,50 m hohen verblendeten Sockel errichten, wobei der Schornstein in massiver Bauweise außerhalb des Hauses hochgeführt wurde. Um eine beabsichtigte Kreditaufnahme abzusichern, bietet die Kurzglück GmbH der Bank Hartgeld an, ihr das Blockhaus zur Sicherheit zu übereignen. Kann man der Bank empfehlen, sich darauf einzulassen?

4)* Grün betreibt auf einem ihm gehörenden Grundstück eine große Gärtnerei. Er kauft einen Kleintransporter, um seine Kunden rasch beliefern zu können, und bezahlt nach Lieferung den vollen Kaufpreis von 22 000 €. Später veräußert Grün das Fahrzeug für 20 000 € an die Treuleih GmbH, vereinbart aber zugleich, es gegen eine monatliche Mietzahlung weiterhin nutzen zu dürfen. Für das Bankhaus Niebling, das dem Grün laufend Kredit gewährt, ist zur Sicherheit seit längerem eine Grundschuld im Grundbuch eingetragen. Erstreckt sich die Grundschuld auch auf den Kleintransporter?

Lösungen

1232 1) Der Begriff Gegenstand umfasst Sachen und Rechte, stellt also im Verhältnis zum Sachbegriff den Oberbegriff dar. „Sachen" i.S. des BGB sind dagegen nach § 90 nur körperliche (bewegliche und unbewegliche) Gegenstände.

1233 2) Vertretbare Sachen sind solche, die im Verkehr nach Zahl, Maß oder Gewicht bestimmt zu werden pflegen, § 91. Eine Gattungsschuld liegt vor, wenn nicht eine konkrete Sache, sondern eine nach allgemeinen Merkmalen umschriebene Sache zu leisten ist. Während es für den Begriff der vertretbaren Sache allein auf die Verkehrsauffassung ankommt, hängt das Vorliegen einer Gattungsschuld vom Inhalt des Schuldverhältnisses ab. Die Begriffe sind daher nicht identisch.

1234 3) Die Kurzglück GmbH kann das Blockhaus nur dann zur Sicherheit an die Bank Hartgeld übereignen (nach §§ 929, 930), wenn es sich dabei um eine bewegliche Sache im Eigentum der Kurzglück GmbH handelt. Wenn das Blockhaus dagegen wesentlicher Bestandteil des Grundstücks ist, so ist es keine bewegliche Sache und kann nach § 93 nicht Gegenstand besonderer Rechte sein. Vielmehr erstreckt sich dann das Eigentum der Gemeinde Binsensee an dem Grundstück gemäß § 946 auch auf das Blockhaus. Wesentlicher Bestandteil eines Grundstücks sind die damit fest verbundenen Sachen, insbesondere Gebäude. Eine hinreichend feste Verbindung liegt hier aufgrund des Fundaments (das bereits Teil des Gebäudes ist) und des Sockels vor. Denkbar wäre, dass es sich um einen Scheinbestandteil i.S. des § 95 Abs. 1 handelt. Da aber im Pachtvertrag vereinbart ist, dass das Eigentum auf die Gemeinde übergehen soll, fehlt es an dem für § 95 Abs. 1 erforderlichen Willen der Kurzglück GmbH, das Blockhaus nur zu einem vorübergehenden Zweck mit dem Grundstück zu verbinden. Somit liegt ein wesentlicher Bestandteil des Grundstücks vor[1]. Eine Sicherungsübereignung ist rechtlich ausgeschlossen, so dass die Bank Hartgeld gut daran tut, sich hierauf nicht einzulassen.

1235 4) Die Grundschuld erstreckt sich nach § 1120, der gemäß § 1192 Abs. 1 auch für die Grundschuld gilt, auf den Kleintransporter, wenn es sich dabei um Zubehör des Grundstücks handelt und das Fahrzeug in das Eigentum des Grün gelangt ist. Die Voraussetzungen der Zubehöreigenschaft sind aus § 97 Abs. 1 zu entnehmen. Der Kleintransporter dient dem wirtschaftlichen Zweck der Hauptsache, d.h. der Gärtnerei. Er steht zu dieser auch in einem entsprechenden räumlichen Verhältnis, da das Fahrzeug von den Fahrten jeweils zur Gärtnerei zurückkehrt. Eine vorübergehende Trennung von der Hauptsache, wie sie hier vorliegt, steht der Zubehöreigenschaft nicht entgegen, § 97 Abs. 2 Satz 2. Der Kleintransporter ist durch Übereignung nach § 929 Satz 1 auch in das Eigentum des Grün gelangt. Allerdings hat Grün später das Eigentum durch die Übereignung an die Treuleih GmbH, die nach §§ 929, 930 erfolgte, wieder verloren. Eine Enthaftung nach § 1121 Abs. 1 ist dadurch jedoch nicht eingetreten, da hierzu neben der Veräußerung auch die Entfernung vom Grundstück erforderlich wäre. Somit erstreckt sich die Grundschuld auf den Kleintransporter, obwohl dieser nunmehr im Eigentum der Treuleih GmbH steht. Wenn das Bankhaus Niebling aus der Grundschuld die Zwangsvollstreckung betreibt (dies kann durch Zwangsverwaltung oder Zwangsversteigerung geschehen), so wird davon auch der Kleintransporter erfasst.

---

[1] Vgl. BGHZ 104, 298 = NJW 1988, 2789.

§ 29 Berechnung von Fristen und Terminen

I. Geltungsbereich

Da Fristen der unterschiedlichsten Art im Rechtsleben eine erhebliche Rolle spielen, kommt dem Abschnitt „Fristen. Termine" (§§ 186 ff.) erhebliche praktische Bedeutung zu. Diese Vorschriften regeln allerdings nicht, in welchen Fällen eine Frist einzuhalten ist und welche Länge (in Tagen, Wochen, Monaten) sie hat, sondern lediglich, wie der **Ablauf** solcher Fristen im einzelnen zu **berechnen** ist.

Die §§ 186 ff. gelten sowohl für **gesetzliche** (d.h. unmittelbar aus dem Gesetz hervorgehende) Fristen als auch für **richterlich gesetzte** sowie **in Rechtsgeschäften enthaltene Fristen**. Hinsichtlich der zivilprozessualen Fristen verweist § 222 Abs. 1 ZPO ausdrücklich auf die Bestimmungen des BGB. Dessen Regeln über die Fristberechnung sind auch im Bereich des öffentlichen Rechts anwendbar[1], soweit dort keine abweichenden Bestimmungen gelten.

Es handelt sich bei den §§ 187 ff., wie § 186 ausdrücklich sagt, durchweg um **Auslegungsregeln**, d.h. wenn sich aus gesetzlichen Bestimmungen oder aus rechtsgeschäftlichen Vereinbarungen eine andere Berechnungsmethode ergibt, so hat diese den Vorrang.

II. Berechnung

1. Berechnung nach vollen Tagen

Die Fristen werden grundsätzlich **nach vollen Tagen** gerechnet, also nicht von der Uhrzeit des fristauslösenden Ereignisses bis zur entsprechenden Uhrzeit am Tag des Fristendes. Es gilt, wie man herkömmlicherweise formuliert[2], die **Zivilkomputation**, nicht die **Naturalkomputation**.

2. Fristbeginn

Der **Tag des Ereignisses**, das die Frist auslöst, wird nach § 187 Abs. 1 **nicht mitgezählt**. Läuft also z.B. eine Frist ab Zustellung eines Schriftstücks (etwa eines Urteils), so zählt der Tag, an dem die Zustellung erfolgte, nicht mit. Anders ist es nach § 187 Abs. 2 Satz 1, wenn der Beginn eines Tages selbst den fristauslösenden Umstand darstellt, etwa bei der Formulierung: Miete für 14 Tage ab 1. April. Mitgerechnet wird auch der Tag der Geburt bei der Berechnung des **Lebensalters**, § 187 Abs. 2 Satz 2. Wer also am 15. 9. 1984 geboren ist, wird mit Ende des 14. 9. 2002 volljährig.

3. Fristende

Bei einer **nach Tagen** bestimmten Frist muss man die Tage abzählen, § 188 Abs. 1. Eine vom 2.1. an gesetzte Frist von vier Tagen endet also mit dem 6.1.

---

[1] BGHZ 59, 396, 397 = NJW 1972, 2035.
[2] MünchKomm/Grothe § 187 Rdnr. 1.

1242 Eine **nach Wochen** oder **Monaten** bemessene Frist endet mit dem entsprechenden Tag der Woche oder des Monats, § 188 Abs. 2. So läuft beispielsweise eine Frist von einer Woche, die durch Zustellung am Dienstag, 3. Februar, ausgelöst wird (§ 187 Abs. 1), mit Ablauf des Dienstag, 10. Februar ab. Bei Monatsfristen spielt die unterschiedliche Länge der Kalendermonate keine Rolle. Daher endet eine am 13. Februar beginnende Monatsfrist mit dem 13. März, eine am 31. Januar beginnende Monatsfrist mit Ablauf des 28. Februar (bzw. im Schaltjahr des 29. Februar), § 188 Abs. 3.

1243 Fällt das Fristende für eine Leistung oder eine Willenserklärung auf einen **Samstag, Sonntag** oder staatlich anerkannten allgemeinen **Feiertag**, so wird die Frist verlängert, § 193. Der nächste Werktag tritt dann an die Stelle des Tages, an dem die Frist abgelaufen wäre. Dasselbe gilt nach § 222 Abs. 2 ZPO für prozessuale Fristen.

1244 Wenn also beispielsweise ein Urteil am 13. 6. 2002 zugestellt wurde, so begann die Berufungsfrist von einem Monat (§ 517 ZPO) am 14. 6. 2002, § 187 Abs. 1. Das Fristende wäre dann an sich der Ablauf des 13. 7. 2002, § 188 Abs. 2. Da aber der 13. 7. 2002 auf einen Samstag fiel, endete die Frist erst mit Ablauf des 15. 7. 2002.

1245 Diese **Hinausschiebung des Fristendes** gilt aber **nicht entsprechend bei der Beurteilung von Kündigungsfristen**, etwa im Arbeitsrecht. Nach § 622 Abs. 1 kann z. B. (wenn keine anderen Vorschriften eingreifen) ein Arbeitsverhältnis mit einer Frist von vier Wochen zum Fünfzehnten oder zum Ende eines Kalendermonats gekündigt werden. Wollte man hier bei einer Kündigung zum 31. 8. 2002, die also spätestens am Samstag, 3. 8. 2002 erfolgen muss, analog § 193 auch noch die Kündigung am Montag, 5. 8. 2002, ausreichen lassen, so würde sich ein Nachteil für den Kündigungsgegner ergeben: der Zeitraum vom Ausspruch der Kündigung bis zu deren Wirksamwerden würde dadurch verkürzt[3].

III. Weitere Auslegungsregeln

1246 Wie Fristbestimmungen von einem halben Jahr, einem Vierteljahr oder einem halben Monat auszulegen sind, legt § 189 Abs. 1 fest. Was unter Anfang, Mitte oder Ende des Monats zu verstehen ist, ergibt sich aus § 192.

IV. Wiedereinsetzung in den vorigen Stand (Hinweis)

1247 Nicht immer ist mit dem Fristablauf, so wie er sich aus den §§ 187 ff. ergibt, die versäumte Handlung endgültig ausgeschlossen: bei manchen **prozessualen Fristen**, vor allem bei Rechtsmittelfristen, ist noch nach deren Ablauf auf Antrag eine „Wiedereinsetzung in den vorigen Stand" möglich, wenn die **Frist ohne Verschulden versäumt** wurde, § 233 ZPO.

---

[3] BAGE 22, 304 = NJW 1970, 1470; BGHZ 59, 265 = NJW 1972, 2083.

§ 30 Hinweise zur schriftlichen Bearbeitung zivilrechtlicher Fälle

I. Vorbemerkung

Abstrakte Hinweise zur Methode der Falllösung sind nur von begrenztem Nutzen. Besser ist **„learning by doing"**, und in diesem Sinne wird der Leser, wenn er die in dieses Buch eingebauten Fälle durcharbeitet und als Wiederholungsmaterial verwendet, auch mit der Lösungsmethode zunehmend vertraut werden. Einige allgemeine Hinweise, die freilich die ausführlichen Anleitungswerke[1] nicht ersetzen können, sollen aber hier gegeben werden.

II. Schritte der Bearbeitung

Wer einen Fall zur Lösung vorgelegt bekommt, sei es in einer Übung oder auch im Examen, tut gut daran, in folgenden Schritten vorzugehen:

1. Zweimaliges Lesen der am Ende des Sachverhalts gestellten Frage

Das mag manchem Leser als unlogisch erscheinen – muss man sich nicht zuerst mit dem Sachverhalt vertraut machen? Es ist aber vorteilhaft, wenn man bei der Lektüre des Sachverhalts schon im Kopf hat, um **welche Fragen** es letztlich geht – davon wird die Art und Weise beeinflusst, in der man den Sachverhalt aufnimmt. Der Vorteil ist umso größer, wenn konkrete Fragen gestellt sind, etwa danach, ob A von B Herausgabe eines PKW verlangen kann. Wenn die Frage ganz allgemein gestellt ist (Wie ist die Rechtslage?), wird man bei der Aneignung des Sachverhalts immerhin beachten, dass man an Ansprüche eines jeden gegen jeden und mit jedem Inhalt zu denken hat.

2. Zweimaliges Lesen des Sachverhalts

Viele Fehler bei der Bearbeitung von Übungs- und Examensfällen rühren daher, dass der **Sachverhalt nicht richtig erfasst** wurde. Bevor man sich an die rechtliche Prüfung macht, sollte man daher den Sachverhalt mindestens zweimal sehr sorgfältig lesen und dabei auf alle Einzelheiten achten.

3. Anfertigung einer Skizze

In den meisten Fällen ist es empfehlenswert, parallel zur Lektüre des Sachverhalts eine **Skizze** anzufertigen, in der die einzelnen Vorgänge (Vertragsschluss, Übereignung, Zahlung, Abtretung usw.) anschaulich wiedergegeben werden und auch die zu

---

[1] Beispielsweise Diederichsen/Wagner, Die Anfängerübung im Bürgerlichen Recht, 3. Aufl. (1996); Diederichsen/Wagner, Die BGB-Klausur, 9. Aufl. (1998); Olzen/Wank, Zivilrechtliche Klausurenlehre mit Fallrepetitorium, 3. Aufl. (2001); Braun, Der Zivilrechtsfall (2000).

prüfenden Ansprüche gezeichnet werden. Besonders wichtig ist dies, wenn **mehrere Personen** beteiligt sind. Es kann auch nötig sein, für ein und denselben Fall mehrere Skizzen anzufertigen, wenn der Sachverhalt verschiedene Ereignisse umfasst, etwa zunächst eine Gesellschaftsgründung und danach einen Erbfall. Zusätzlich kann man eine zeitliche Tabelle der Ereignisse anlegen.

1253   Welcher **Symbole** man sich bei der Zeichnung bedient (z.B. A ⟶ B für einen Anspruch des A gegen B, A ⟷ B für einen Vertrag zwischen A und B), ist dabei zweitrangig; die meisten Studierenden legen sich wohl ihre eigene Zeichnungsmethode zurecht. Die Skizze ist nicht Bestandteil der „offiziellen", d.h. in Übung und Examen abzugebenden Lösung, sondern nur eine Vorarbeit des Bearbeiters.

4. Stichworte zur Lösung

1254   Von der gestellten Frage ausgehend, wird die Rechtslage zunächst in **Stichworten** skizziert. Dabei kann man in manchen Fällen schon von einer bestimmten **Gliederung** ausgehen, aber vielfach ergibt sich die Gliederung doch erst, wenn man weiß, welche Rechtsfragen überhaupt erwägenswert sind. Es ist also genau genommen so, dass das Erarbeiten der rechtlichen Gesichtspunkte und die Erstellung der Gliederung jedenfalls im ersten Schritt miteinander Hand in Hand gehen.

5. Erstellen einer (vorläufigen) Gliederung

1255   Sobald man aber in etwa überblickt, welche rechtlichen Fragen zu erörtern sind (im typischen Fall: welche Ansprüche und welche Anspruchsgrundlagen), sollte man eine **Gliederung** entwerfen und die weitere, genauere Prüfung an dieser Gliederung orientieren.

6. Niederschrift der Lösung

1256   Aufgrund des Gliederungsentwurfs und der Stichworte macht man sich schließlich an die **Niederschrift der ausformulierten Lösung**. Das muss dann aber bereits die für die Abgabe bestimmte Lösung sein; die in Übungen und im Examen zur Verfügung gestellte Zeit reicht nicht dazu aus, etwa zuerst die Lösung im Rohentwurf aufs Papier zu bringen und sie dann fein säuberlich abzuschreiben. Weil aber das (leserliche!) Schreiben seine Zeit kostet, muss man die verfügbaren Stunden auch bewusst einteilen. Im allgemeinen benötigt man mehr als die Hälfte der Bearbeitungszeit für das bloße Niederschreiben der Lösung. Da einem kaum etwas Unangenehmeres (bei einer Übungs- oder Examensklausur) passieren kann, als sein Wissen aus Zeitmangel nicht zu Papier bringen zu können, sollte man diese Regel von Anfang an beherzigen.

7. Sorgfältiges Durchlesen der Lösung

Wer die Bearbeitungszeit perfekt eingeteilt hat, sollte zum Schluss noch hinreichend Zeit haben, seine **Lösung nochmals sorgfältig durchzulesen.** Man kann dabei nicht nur Schreibversehen oder Formulierungsschwächen korrigieren, sondern wird nicht selten auch noch auf zusätzliche Erwägungen stoßen, die sich noch in die Lösung einfügen lassen. Wenn selbst dann noch Zeit übrig ist, empfiehlt es sich nicht, vorzeitig abzugeben und erleichtert den Raum zu verlassen; denn manchmal kommt einem erst zum Schluss noch ein wichtiger Gedanke, der den Wert der Lösung entscheidend zu steigern vermag. 1257

III. Bedeutung des Sachverhalts

Privatrechtliche Fälle werden im Rahmen des Studiums in aller Regel durch Schilderung eines Sachverhalts gestellt. Die darin angegebenen **Tatsachen** sind als feststehend zu betrachten. Über die Frage, ob diese Tatsachen auch beweisbar sind und wer etwa den Beweis zu erbringen hat, braucht man sich also bei privatrechtlichen Fällen (ohne prozessrechtliche Komponente) keine Gedanken zu machen. Die Angaben im Sachverhalt sind grundsätzlich als vollständig und abschließend anzusehen. Es ist mit anderen Worten **nicht zulässig, Vermutungen über das tatsächliche Geschehen anzustellen** und weitere Fakten, etwa unter Berufung auf allgemeine Üblichkeit oder auf die Lebenserfahrung, in den Sachverhalt hineinzuinterpretieren. Gelegentlich kommt es vor, dass man über bestimmte Tatsachen, auf die es nach dem erarbeiteten Lösungsweg ankommt, keine Angaben im Sachverhalt findet. Das muss man zunächst zum Anlass nehmen, die rechtlichen Erwägungen nochmals zu durchdenken; denn wahrscheinlich hat man jedenfalls nicht den Lösungsweg gefunden, der dem Verfasser der Aufgabe vorschwebte. Bleibt es aber auch danach dabei, dass man tatsächliche Angaben vermisst, so kommt man nicht um eine **Alternativ-Lösung** herum, also um eine Darlegung, welche Rechtsfolgen sich bei der einen, welche bei der anderen Tatsachenlage ergeben. 1258

Dies sind, genau betrachtet, keine durch die Logik vorgegebenen Regeln, sondern es ist eine stillschweigende Konvention, wie ein Übungs- oder Prüfungssachverhalt zu verstehen ist. Auch dabei braucht man eine gewisse Erfahrung. Tatsachen, die in aller Regel gegeben, also gewissermaßen selbstverständlich sind, werden im Sachverhalt nicht angegeben. Erst wenn sie ausnahmsweise fehlen, muss dies im Sachverhalt stehen. Das einfachste Beispiel bilden die **Voraussetzungen der Geschäftsfähigkeit:** Solange im Sachverhalt nichts anderes steht, hat man davon auszugehen, dass alle auftretenden Personen volljährig und nicht von geistigen Erkrankungen betroffen sind. 1259

IV. Ansprüche und Anspruchsgrundlagen

Die meisten privatrechtlichen Fälle zielen auf eine **Prüfung von Ansprüchen** ab, mögen diese auf Zahlung von Schadensersatz, auf Herausgabe einer Sache, auf Un- 1260 terlassung einer Patentverletzung oder auf anderes gerichtet sein. Dies gilt nicht nur, wenn ausdrücklich nach bestimmten Ansprüchen gefragt ist, sondern auch, wenn die abschließende Frage allgemein formuliert ist, etwa: Wie ist die Rechtslage? Man sagt oft, in diesem Fall seien alle nach dem Sachverhalt in Betracht kommenden Ansprüche zu prüfen. Das stimmt aber nur, wenn nicht zuvor bereits im Rahmen des Sachverhalts bestimmte Begehren wiedergegeben sind, also z.B. bereits geschildert ist, dass A von B Herausgabe eines Buches, B von A dagegen Zahlung des Kaufpreises verlangt. Wenn sich daran die Frage nach der Rechtslage anknüpft, ist gemeint, dass die konkret angegebenen Ansprüche zu prüfen sind.

1261 Wenn ein Anspruch zu prüfen ist, muss stets von der Anspruchsgrundlage ausgegangen werden. Die **Anspruchsgrundlage** ist nichts anderes als eine Rechtsnorm, aus der sich als Rechtsfolge ein Anspruch ergibt, also ein Recht, von einem anderen ein Tun oder Unterlassen zu verlangen, § 194. So ist § 433 Abs. 1 Satz 1 Anspruchsgrundlage für den Anspruch des Käufers gegen den Verkäufer einer Sache auf Übergabe der Sache und Verschaffung des Eigentums. (Ein genereller Hinweis: Alle gesetzlichen Bestimmungen sind **so genau wie möglich zu zitieren**, also nicht nur nach Paragraph, sondern, soweit vorhanden, auch nach Abs. und Satz, manchmal auch noch nach Halbsatz oder Alternative.) § 823 Abs. 1 ist eine Anspruchsgrundlage für den Anspruch eines körperlich Verletzten gegen den Verletzer auf Schadensersatz. Allerdings gehört die Anspruchsgrundlage nicht immer zum geschriebenen, d.h. ausdrücklich im Gesetz zu findenden Recht. Auch die bis zur Schuldrechtsreform 2001 im Gesetz nicht enthaltenen, aber allgemein anerkannten Regeln über die positive Vertragsverletzung und über die Haftung für Verschulden beim Vertragsschluss (culpa in contrahendo) stellten (wichtige) Anspruchsgrundlagen dar.

1262 Die Kunst bei der Falllösung besteht zunächst darin, **die in Betracht kommenden Anspruchsgrundlagen** zu finden. Es ist nicht der Sinn einer juristischen Fallerörterung, Anspruchsgrundlagen zu erörtern, die von vornherein nicht in Frage kommen. Eine logische Abgrenzung ist freilich nicht möglich. Man braucht rechtliche Kenntnisse und Erfahrung, um den Kreis der Anspruchsgrundlagen, die jedenfalls zu erwägen sind, richtig abzugrenzen. Die geschriebene Lösung darf sich nämlich auch nicht auf die Erörterung derjenigen Anspruchsgrundlagen beschränken, die man am Ende bejahen kann. Es wird mit anderen Worten auch erwartet, dass man darlegt, warum bestimmte Ansprüche nicht gegeben sind.

1263 Wenn man eine ernsthaft in Betracht kommende Anspruchsgrundlage gefunden hat, ist das weitere Vorgehen auf den ersten Blick einfach. Man muss nur herausarbeiten, von welchen **Tatbestandsvoraussetzungen** der Anspruch abhängt und bei jeder Voraussetzung prüfen, ob sie durch den gegebenen Sachverhalt erfüllt ist, also die vorgegebenen Tatsachen unter die Norm subsumieren (**Subsumtion**). Auf diese Weise rollt man den Sachverhalt gewissermaßen von hinten auf und zielt damit ganz genau auf die rechtlich relevanten Fragen. Untersucht man z.B. den Anspruch aus § 433 Abs. 1 Satz 1, so ist als Voraussetzung der Abschluss eines Kaufvertrages zu prüfen, während die Eigentumslage für die Entstehung dieses Anspruchs regelmäßig ohne jede Bedeutung ist.

Wenn die Prüfung privatrechtlicher Fälle doch oft mit großen Schwierigkeiten verbunden ist, so vor allem aus folgendem Grund: Schon die Entstehungsvoraussetzungen eines Anspruchs sind oft nicht oder jedenfalls nicht vollständig aus einer einzelnen Norm des Gesetzes herauszulesen. Man muss vielmehr, von der Anspruchsgrundlage ausgehend, **auf andere Rechtsnormen zurückgreifen**, um das Bestehen oder Nichtbestehen der Anspruchsvoraussetzungen klären zu können. Die Vorschriften des BGB sind mit anderen Worten eng miteinander verzahnt, und es bedarf juristischen Wissens, um diesen Zusammenhängen nachgehen zu können. So kann einen die Frage nach dem Abschluss eines Kaufvertrages zu den Vorschriften über die Sittenwidrigkeit von Rechtsgeschäften oder über die Geschäftsfähigkeit führen, wenn davon im konkreten Fall die Wirksamkeit des Vertrages abhängt. 1264

Darüber hinaus darf man sich oft auch nicht mit der Feststellung begnügen, ein Anspruch sei entstanden. Er kann später **weggefallen** sein, sei es durch Vertragsanfechtung, durch Erfüllung oder durch ein Erfüllungssurrogat wie etwa die Aufrechnung, oder seinen Inhalt verändert haben, etwa aufgrund von Leistungsstörungen. Auch kann dem Anspruch eine **Einrede** entgegenstehen, etwa aufgrund eingetretener Verjährung (§ 214 Abs. 1). 1265

V. Aufbau (Gliederung) und Überschriften

1. Wenn **Ansprüche zwischen verschiedenen Personen** zu prüfen sind, so sind diese im Aufbau strikt zu trennen. Die oberste Gliederungsebene stellt sich also etwa so dar: 1266

A. *Ansprüche A gegen B*
B. *Ansprüche B gegen A*
C. *Ansprüche A gegen C usw.*

2. Zwischen denselben Personen als Anspruchsgläubiger und Anspruchsschuldner kommen oft **verschiedene Anspruchsinhalte** in Betracht. Diese bilden die zweite Gliederungsebene. Das sieht z.B. so aus: 1267

A. *Ansprüche A gegen B*
I. *Auf Zahlung von 20 000 €*
II. *Auf Herausgabe eines Baukrans*
III. *Auf Räumung einer Wohnung usw.*

3. Schließlich können für einen nach Personen und Gegenstand umrissenen Anspruch **verschiedene Anspruchsgrundlagen** erwägenswert sein. Dadurch wird die dritte Gliederungsebene gebildet. Hier gilt als Grundregel für die Prüfungsreihenfolge: Ansprüche aus **Vertrag** sind **stets an erster Stelle** zu prüfen. Hierher gehören auch Ansprüche aus der Verletzung vertraglicher Pflichten. Danach kommen, da sie **vertragsähnlichen Charakter** haben, die Ansprüche aus Verschulden beim Vertragsschluss (culpa in contrahendo), aus § 179 (Haftung eines Vertreters ohne Vertretungsmacht) oder aus Geschäftsführung ohne Auftrag. Dingliche Ansprüche, z.B. den Herausgabeanspruch des Eigentümers gegen den Besitzer (§ 985), prüft man an 1268

nächster Stelle. Es folgen etwaige Ansprüche aus ungerechtfertigter Bereicherung und aus unerlaubter Handlung. Dass Ansprüche aller dieser Arten in Frage kommen (nur dann ist eine Prüfung gerechtfertigt), ist freilich selten. So kann sich etwa folgendes Bild ergeben:

A. Ansprüche A gegen B
I. Auf Zahlung von 10 000€
1. Aus Dienstvertrag, § 611 Abs. 1
2. Aus Auftrag, § 670
3. Aus Geschäftsführung ohne Auftrag, § 683 Satz 1 mit § 670
4. Aus ungerechtfertigter Bereicherung, § 812 Abs. 1 Satz 1 (Leistungskondiktion)

1269 4. Diese Gliederungsziffern und -buchstaben sind unbedingt auch als **Überschriften** in die geschriebene Lösung einzufügen. In aller Regel kommt dann eine Feingliederung mit weiteren Überschriften hinzu, die sich an den einzelnen zu prüfenden Anspruchsvoraussetzungen und den in Frage kommenden Erlöschensgründen orientieren. So mag es zum Anspruch aus Dienstvertrag so weitergehen:

1. Aus Dienstvertrag, § 611 Abs. 1
a) Abschluss des Vertrages
b) Anfechtung wegen arglistiger Täuschung
c) Einvernehmliche Aufhebung des Vertrages
usw.

1270 Man sollte **möglichst viele solche Gliederungspunkte** unterscheiden und sie jeweils durch **Überschriften** kenntlich machen. Dadurch zwingt man sich auch dazu, sich darüber klar zu werden, was man jeweils genau prüft. Man vermeidet dadurch, einfach drauflos zu schreiben und wichtige Punkte zu übergehen. Zusätzlich ergeben Überschriften den Vorteil, dass der spätere Leser (zumeist der Korrektor!) genau weiß, was jetzt eigentlich geprüft wird. Und nicht zuletzt erspart man sich durch Überschriften weitestgehend die stereotypen Einleitungssätze wie: Zwischen A und B könnte ein Dienstvertrag zustande gekommen sein. Man kann nach der Überschrift ohne Umschweife in die Sacherörterung einsteigen.

VI. Gutachtenstil und Sprache

1271 Die im Studium und in den studienabschließenden Prüfungen zu bearbeitenden Fälle sind in Form eines juristischen Gutachtens zu lösen. Darin sollen alle in Betracht kommenden rechtlichen Gesichtspunkte erörtert werden, insbesondere **alle erwägenswerten Anspruchsgrundlagen**, ebenso alle ernsthaft in Frage kommenden Gründe für ein Erlöschen des entstandenen Anspruchs. Das ist bei einem Urteil anders, da sich das Gericht z.B. mit der Bejahung einer einzigen Anspruchsgrundlage begnügen und darauf seine Entscheidung stützen kann. Auch dürfen im Gutachten grundsätzlich keine Fragen offen gelassen werden, etwa indem man dahingestellt sein lässt, ob ein Anfechtungsgrund vorhanden war und sich mit der Feststellung begnügt, dass die Anfechtung jedenfalls nicht rechtzeitig erklärt wurde. Ein Gericht kann dagegen durchaus so vorgehen, da es hier nur auf das Ergebnis ankommt. Warum das im Gutachten anders ist, wird verständlich, wenn man sich die praktische Funktion einer Erörterung in Form eines Gutachtens vor Augen hält. Dadurch soll regelmäßig eine Entscheidung oder auch ein anwaltlicher Schriftsatz vorbereitet werden. Deshalb kommt es auf eine möglichst umfassende Erörterung an, zumal man auch damit rechnen muss, dass der Empfänger des Gutachtens in einzelnen Punkten vielleicht nicht von der vorgetragenen Lösung überzeugt ist.

Der Unterschied in der Funktion eines Gutachtens und eines Urteils wirkt sich auch im **Argumentationsstil** aus. Beim Urteil steht das Ergebnis, die Verurteilung oder die Abweisung der Klage, vorne an, und es wird gewissermaßen nachträglich begründet (sog. **Urteilsstil**). Ein Gutachten dagegen geht von den Rechtsproblemen aus, erörtert diese, gegebenenfalls unter Abwägung verschiedener Lösungsmöglichkeiten, und kommt erst am Ende zu einem bestimmten Ergebnis. In diesem sog. **Gutachtenstil** sollen auch die Falllösungen abgefasst werden[2]. Freilich muss man dabei auch beachten, ob überhaupt eine nähere Erörterung erforderlich ist. Bei unproblematischen Fragen kann man auch in einer Falllösung apodiktisch formulieren. 1272

Der Wert einer juristischen Falllösung wird nicht in erster Linie davon bestimmt, ob man das „richtige" Ergebnis findet. Oft genug sind verschiedene Ergebnisse vertretbar. Entscheidend ist vielmehr die Vollständigkeit und die inhaltliche Qualität der Argumentation. Diese wird auch von der **sprachlichen Darstellung** beeinflusst. Dass dabei die Regeln der Grammatik einzuhalten sind, versteht sich von selbst. Vor allem aber sind Klarheit und Genauigkeit anzustreben. Schon deshalb verbieten sich allzu lange, in sich verschachtelte Satzgebilde. Im übrigen ist das Juristendeutsch notwendigerweise eine Fachsprache, bei der Präzision den Vorrang vor sprachlicher Eleganz genießt. Aber trotzdem lässt sich oft die typische Umständlichkeit juristischer Floskeln durch eine einfachere und verständlichere Formulierung vermeiden. 1273

---

[2] Bei den in diesem Buch enthaltenen Lösungen bin ich freilich im Interesse einer knappen Darstellung zuweilen vom Gutachtenstil abgewichen.

§ 31 Definitionen, die man sich einprägen sollte

Anspruch	das Recht, von einem anderen ein Tun oder Unterlassen zu verlangen
Bedingung	Nebenbestimmung eines Rechtsgeschäfts, durch die die Wirkungen des Rechtsgeschäfts von einem künftigen, ungewissen Ereignis abhängig gemacht werden
Einwilligung	vor der Vornahme eines Rechtsgeschäfts erteiltes Einverständnis
Erfüllungsinteresse	der Geschädigte ist so zu stellen, wie er stehen würde, wenn der Vertrag ordnungsgemäß erfüllt worden wäre
Genehmigung	nach der Vornahme eines Rechtsgeschäfts erteiltes Einverständnis
Geschäftsfähigkeit	die Fähigkeit, Rechtsgeschäfte wirksam vornehmen zu können
Leistung	eine bewusste und zweckgerichtete Vermehrung fremden Vermögens
Negatives Interesse	s. Vertrauensinteresse
Öffentliches Recht	Regelung der Rechtsverhältnisse, an denen ein Träger hoheitlicher Gewalt als solcher beteiligt ist
Positives Interesse	s. Erfüllungsinteresse
Privatrecht	Regelung der Rechtsverhältnisse zwischen Personen, die nicht als Träger hoheitlicher Gewalt beteiligt sind
Rechtsfähigkeit	die Fähigkeit, Träger von Rechten und Pflichten (Rechtssubjekt) zu sein
Rechtsgeschäft	ein Tatbestand, der mindestens eine Willenserklärung enthält und dessen Wirkungen sich nach dem Inhalt der Willenserklärungen bestimmen
Rechtsverhältnis	eine rechtlich geregelte Beziehung einer Person zu einer anderen Person oder zu einem Sachgut

Schaden	eine unfreiwillige Einbuße an Rechten oder Rechtsgütern
Schuldverhältnis	ein Rechtsverhältnis, aufgrund dessen der Gläubiger vom Schuldner eine Leistung fordern kann
Schutzgesetz	eine Rechtsnorm, die ein bestimmtes Verhalten gebietet oder verbietet, um dadurch zumindest auch Einzelpersonen in ihren Rechten und Rechtsgütern zu schützen
Stellvertretung	rechtsgeschäftliches Handeln in fremdem Namen
Verfügung	ein Rechtsgeschäft, durch das die Rechtslage an einem Gegenstand unmittelbar geändert wird, und zwar durch Übertragung, inhaltliche Änderung, Belastung oder Aufhebung eines Rechts
Vermögen	der Inbegriff der geldwerten Rechte, die einer Person zustehen
Vertrauensinteresse	der Geschädigte ist so zu stellen, wie er stehen würde, wenn er nicht auf die Gültigkeit einer Willenserklärung vertraut hätte
Willenserklärung	die Äußerung eines privaten Willens, der unmittelbar auf die Herbeiführung einer Rechtsfolge gerichtet ist
Zustimmung	vor oder nach der Vornahme eines Rechtsgeschäfts erklärtes Einverständnis

Paragraphenregister

Die Zahlen verweisen auf die Randnummern; die wichtigste Fundstelle ist fett gedruckt

BGB
§
1: 77, 333, 977, **983**
2: 350, 372
7: 1132ff.
8: 1135
9: 1139
11: 1138, 1140
12: 202, 1091, **1111ff.**, 1117, 1124
13: 106, **326ff.**, 480 a, 484, 485 a, 496
14: 106, 326, **329ff.**, 480 a, 496, 498, 1004
21: 79, 1011, **1023**, 1028, 1068
22: 1011f., 1068, 1081
25: 1016
26: 810, **1033ff.**
27: 1019, 1039
31: 1034, **1041ff.**, 1065f., 1075, 1087, 1099
32: 1032, 1058
38: 1054, 1071
39: 1054
40: **1019**, 1054, 1071
41: 1061
43: 1013, 1061
45: 1062
49: 1062
54: 1027, **1078**, 1081, **1082ff.**, 1095, 1096, 1098
56: **1018**, 1021, 1030
57: 1016
58: 1016, 1052
59: 1018ff.
61: 1022 Fn. 13, 1078
63: 1022 Fn. 13
64: 1023, 1036
65: 1023
66: 1023
67: 1036
68: **1035ff.**, 1040
70: 1035
73: 1018, 1030, 1061
77: 560
79: 1024
80: 118, 400, **1063f.**
81: 1064f.
83: 1064
84: 1064
85: 1065
86: 1065
89: 79, 1008, **1066f.**
90: 79, 153, 170, 221, 634, **1195f.**
90 a: 171, 982, 1185, **1198**
91: **1202**, 1233
92: 1205
93: 182, 193, 1210, **1214**, 1216, 1218, 1229, 1234
94: 191, **1216ff.**
95: **1219ff.**, 1234
97: 88, **1222ff.**, 1235
98: 88, **1224**
99: 1226f.
100: 1226
103: 79, 1195
104: 184, 323, 332, 337, **342ff.**, 348f., 388, 899
105: 231, 343, 345 Fn. 9, **346, 348f.**, 388, 424, 757, 792, 801, 899
105 a: 118, 339, 347 a
106: 232, 330 c, **350**, 372, 393, 792, 900
107: 351, **362f.**, 372, 379, 393, 396f., 826, 912, 949, 1029, 1073
108: 321, **366ff.**, 373, 378, 388, 393, 396f., 428, 742, 760, 871, 949, 1029
109: **366**, 378

Paragraphenregister

110: 347 a, **371f.**
111: 377ff.
112: **381**, 386
113: 364, **382ff.**, 393
116: **574ff.**, 579, 587
117: **578ff.**, 595ff., 599
118: 574, 579, 586, **587**, 590, 595
119: 228, 315, 463, 509, 537, 540, 591f., 598, 601, **606ff.**, **627ff.**, 653, 655, 659, 665, 670f., 675, 678, 699, 790, 800, 844, 847, 859, 866, 889
120: **643ff.**, 673
121: 90, 637, **650ff.**, 673, 704
122: 403, 540, 579, 587, 591, 593, 630, **659ff.**, 674, 699, 704, 709, 845, 883
123: 442, 601, 658, **676ff.**, 708f., 710, 759, 764, 844, 869, 878
124: **697f.**, 701, 704, 759, 764, 1145
125: 231, 349, **561**, 566, 568f., 571, 573, 599, 742, 748, 816
126: **551ff.**, 554 b f., 564, 570f., 576, 748, 780
126 a: 106, 550, **554ff.**, 564, 570, 1064
126 b: 106, 449, 550, **555f.**, 564, 570
127: 564
128: 556, 570
129: 559, 570
130: 338, 399, **404ff.**, 417, 421, 429, 432, 436ff., 454, 457, 468, 473, 480, 614
131: 332, 348, 423, **425ff.**, 826
132: 409
133: 349, 479, 571, **509ff.**, 543, 571
134: 301, 597, **710ff.**, 726 Fn. 34, 742, 762, 1060
135: 714f.
136: 713f.
137: 716
138: 89, 125, 272, 301, 536 Fn. 24, **717ff.**, 742, 830, 960, 1191
139: 378 Fn. 21, 501, 561, 719 Fn. 12, **739ff.**, 761, 763, 816
140: **750ff.**, 960
141: 754, **757f.**, 759 a
142: 203, 228, 231, 463, 540, 599, 615, 642, **654ff.**, 665, 673, 675, 699, 709, 742, 754, 759 a, 760, 764, 844f., 869
143: 228, 376, 599, **647ff.**, 673, 684, 696, 764, 844, 869
144: **754ff.**, 764
145: 458, 469, 473

146: 471f., 475
147: 421, 431, 471, 474
148: 431, 471
149: 431, 472, 475
150: 422, 472, 476, 478, 499
151: 458, 471, **480f.**, 484ff., 505, 507, 563
153: 477
154: 490f., 499, 508
155: 490, 493f., 499
156: 465, 589
157: 89, 330 b, **509ff.**, 529, 544
158: 174, 831, **947ff.**, 1229
159: 953
160: **963**, 965, 971
161: 964
162: **961f.**, 976
163: 966
164: 150, 320, **765ff.**, 856, 864, 867, 869, 885, 926
165: 358, **792**, 801, 884, 900
166: 140, 586, 644, 812, **859ff.**, 869f., 889
167: 376, 781, **812ff.**, 872
168: 827, **832**, **834ff.**, 854
170: 836, 839
171: 837, 839, 844, 846f.
172: 837, 839, 846f., 849
173: 838f., 849
174: 320 Fn. 12, 815, 876, 903
177: 471 Fn. 8, 645, 742, 757, 760, 778, 802, 806, 830 Fn. 20, 845, 859 Fn. 8, **871ff.**, 885, 895, 899f., 900, 902f., 906, 941
178: 873
179: 645, 778, 792, 824, **877ff.**, 887f., 891, 892ff., 900ff.
180: **875f.**, 903, 907, 930
181: 347, 396, 818, **904ff.**, 918ff.
182: 361f., 369, 872, 885
183: 361f., 428, 927
184: 361, 370, 428, 874, 930
185: 358, **924ff.**, 941ff., 970f.
186: 1236ff.
187: 342, 1240, 1242, 1244
188: 1241ff.
189: 1246
192: 1246
193: 1243, 1245
194: 20, 200, 226, 1141, 1143
195: 545, 701, 1142, 1146, 1168, 1170, 1170 d

449

196: 1148
197: 1149f., 1161
199: 545, 701, 880, 1152f., 1155f., 1168, 1170, 1170 d
200: 1148, 1154ff.
201: 1150, 1154, 1156
202: 1151, 1170 b
203: 1160
204: 1161, 1168, 1170 d
205: 1162
206: 1163
207: 1164
208: 1165
209: 1159, 1168
210: 1166
211: 1166
212: 1162, 1167, 1170 d
214: 1157f., 1168, 1170 a
215: 1158
216: 1158
217: 1156
218: 1147, 1158
226: **1171**, 1191
227: 207, 256, **1176ff.**, 1183, 1192
228: **1185f.**, 1193
229: **1188**, 1194
230: **1189**, 1194
231: 1190
241: 80, 134, 144, 147, 226, 289, 701, 858
241 a: 330, **480 a,** 484ff.
242: 89, 144, 324, 387, 534, 568f., 573, 587, 605, 616, 677, 723, 830, 961, 1169, 1170 c, 1172, 1174, 1191
243: 139, 1204
247: 136
249: 21, 185, 261, 701
252: 151, 262, 879
253: 118, 264, 1073, 1076, 1121, 1129
254: 145, 265, 489 Fn. 27
262: 878
263: 878
267: 970
269: 1130
270: 1130
271: 1168
275: 134, 138f., 140, 150f., 864
276: 135, 144, 147, 151, 169, 257, 334, 1044
278: 135, 144, 145 Fn. 10, **288ff.**, 770, 857, 1044, 1046, 1073

280: 134, 136f., 138f., 143, 144, 147f., 151f., 289, 291, 330 b, 701, 853, 858, 1073
281: 136f., 143, 321
282: 146
283: 138f., 151
285: 545
286: 134, 135ff., 319
288: 136
292: 242
293: 133 Fn. 6
305: 495ff., 950
305 c: 496, **500, 528**
306: 496, **501f.**, 746
307: 335 Fn. 1, 495f.
308: 408, 495
309: 125 b, 408, 495f., 565, 1151
310: 326, 330, 496, 498
311: 134, 147, 701, 858, 865, 868
311 a: 134, 140, 862, 864
311 b: **549**, 558, 562, 569, 573, 582, 584f., 759 a, 816ff., 851, 872
311 c: 1222
312: 330, 444, 453, 455
312 a: 448 Fn. 11
312 b: 330
312 d: 444, 448 Fn. 11, 449
312 e: 414, 449, 465 a
312 f: 125 a
313: 534, 602, 625
314: 835, 1085
320: 129, 878
323: 136f., 138, 143, 1158
326: 138f., 140
328: 684
331: 988, 998
333: 814 Fn. 3
346: 448 Fn. 11, 451
355: 330, 443, 447, 448 Fn. 11, 449f., 453, 457, 555 a
356: 443
357: 451, 457
358: 448
362: **132**, 150, 355
388: 376, 959, 966
397: 221
398: 221, 935, 965
399: 716 Fn. 2
413: 965
414: 685f.

Paragraphenregister

415: 356, 686f., 709 Fn. 3
421: 1084
425: 855
427: 1084
431: 1084
432: 80
433: 80, 119, 126, 141, 150, 466f., 505, 584, 641
434: 141, 538 Fn. 26, 545, 637, 639, 864, 1196
437: 20, 132, 142f., 538 Fn. 26, 545, 621
438: 142, 545, 637, 862, 1147, 1154
439: 124, 142, 545, 864
440: 143
441: 143
442: 637f., 859
444: 125, 545
446: 141, 638
449: 174, 951, 969, 1158, 1229
462: 20, 124, 143, 1174
474: 330
475: 125, 1151
480: 228
481: 330, 445
485: 445
488: 733
491: 330, 452
492: 553, 561, 818
494: 561, 568, 818
495: 445
498: 733
499: 330, 446
500: 330
501: 330, 446
503: 446
505: 330, 446, 452
506: 125 a, 733
515: 223
516: 227, 481, 595
518: 558, 562
535: 372
539: 1220
549: 349
550: 553, 561, 748f.
552: 1220
554: 555 a
556 b: 555 a
568: 349, 553, 554 c, 565, 571
569: 125 a

571: 125 a
572: 125 a
573: 125 a, 349, 747
573 c: 747
578: 553, 748
581: 1227
598: 155, 204
604: 1194
607: 1203
611: 853
612: 460, 508
622: 753, 1245
623: 553, 554 c, 576, 753
626: 653, 753, 1058
631: 397 Fn. 3
632: 460, 508
634 a: 1147
651: 1203
651 a: 106
651 g: 320 Fn. 12, 321
652: 776
657: 376, 400
658: 436 Fn. 1
662: 826
663: 481
664: 1039
665: 1039
670: 782, 1039
672: 833
673: 833
675: 295, 769, 826, 853
705: 981, 1003, 1078, 1096
706: 1206
708: 1090
709: 1078
714: 810, 1084
723: 656, 1058, 1078, 1089
727: 1078, 1089
728: 1089
741: 1007
747: 1007
758: 1143
765: 480, 563, 738, 923
766: 410, 549, 553f., 554 c, 561, 562f., 738, 819, 851
812: 80, **234ff.**, 248f., 330 c, 354, 368, 375, 438, 457, 480 a, 654, 665, 726, 731, 735, 764, 1031
813: 967, 1158
816: 931, 940, 945

451

817: 726 Fn. 35, 731f., 735
818: 241f., 248, 251
819: 242, 248
822: 250
823: 10, 80, 151 a, 169, 185, 201, 210 Fn. 4, 252, 254, **255ff.**, 273, 279, 280, 283, 294f., 485 b, 583, 698, 703, 989, 994, 1049ff., 1075f., 1100, 1111, 1116, 1117, 1127ff., 1176, 1182ff.
824: 1116
825: 266 Fn. 2
826: 89, 120, 151 a, 254, **269ff.**, 583, 698, 703, 1057, 1116, 1172
827: 334
828: 118, 387
831: 10, **280ff.**, 770, 1044, 1046, 1049, 1074
839: 10, 254, **275ff.**, 1066
839 a: 266 Fn. 2
840: 1077
842: 263
844: 985
847: 118, 264, 1067, 1074
853: 80, 698
854: 81, 152, 204, 768, 781, 794
855: 768f., 863
858: 206
859: 207, 209
861: 209
862: 210
868: **176,** 769, 781, 794, 804, 969
869: 176
873: 187, 303
875: 622
883: 716
891: 188
892: **189f.**, 657, 715, 859, 928, 1036
898: 1143
900: 1144
902: 1144
903: 81, 152, 156, 162
904: 1186, 1193
906: 162, 166
912: 214
924: 1143
925: 81, 187, 539, 558, 817, 958, 965 Fn. 7, 966, 993
926: 1222
929: 81, 132ff., 150, **172f.**, 175ff., 203, 219, 228, 240, 303, 354, 655, 665, 675,

769, 781f., 794, 951, 969, 1207, 1229, 1234
930: 150, 176, 969, 971, 1234
932: **177f.**, 189, 219, 358 Fn. 17, 657f., 675, 715, 802, 804, 859, 928, 939, 964, 969
935: **179f.**, 219, 804, 945
937: 1144
946: **192,** 1211, 1214, 1234
947: **182,** 374f., 1211, 1229
948: **183,** 374f.
950: **184,** 322, 330 c, 945, 1230
951: **185,** 192, 330 c, 375, 1211
952: 178
953: 1228
954: 1228
984: 322
985: 151 a, **163f.**, 219, 233, 330 c, 374, 480 a, 485, 485 b, 595, 655, 665, 675, 802, 1144, 1194
986: **163f.**, 219, 595, 675
987: 1227
988: 1227
989: 242
990: 863, 1227
1004: **165ff.**, 214, 1117, 1127f.
1006: 173, 188
1008: 1007
1018: 82
1067: 1206
1113: 82
1120: 1222, 1235
1121: 1235
1147: 356
1191: 82
1192: 1222, 1235
1204: 82
1303: 84, 340, 395
1304: 340
1311: 785, 958
1314: 601
1319: 991
1355: 84, 1102
1357: 811
1363: 84
1410: 820
1415: 1006
1564: 84, 601
1591: 84
1601: 84

452

1616: 84, 1103
1617: 1103ff.
1617 a: 1105
1618 a: 724
1626: 84, 903, 1107
1626 a: 806 Fn. 1, 1104, 1107
1629: 372, 386, 423, 806, 903, 994
1629 a: 386
1643: 381, 385f.
1649: 383
1664: 365
1666: 364, 390 Fn. 30
1741: 84
1773: 807
1793: 807f.
1821: 381
1822: 381, 385
1833: 365
1896: 84, 345, 388, 809
1902: 388, 809
1903: 388
1909: 396, 808
1911: 808
1912: 986
1913: 988
1915: 808
1922: 186, 194, 990
1923: 949, 985, 993
1924: 85
1937: 400
1939: 993
1940: 982
1942: 85
1945: 399, 560
1990: 386
1991: 386
2032: 85, 1006
2042: 1143
2048: 85, 993
2064: 85, 785
2066: 528
2078: 601, 603
2080: 599 Fn. 1
2084: 526, 528

2085: 745
2087: 85, 528
2100: 85
2101: 988
2147: 85
2178: 988
2192: 85
2197: 85
2229: 340, 394
2233: 340 Fn. 3, 394
2247: 340 Fn. 3, 394, 400, 551
2253: 436 Fn. 1
2274: 85, 785
2281: 601, 603
2303: 85
2332: 1149
2353: 85

EGBGB
Art.
55: 86
64: 87
65: 87
67: 87
69: 87
124: 87
229: 1142
230: 112
231: 112

GG
Art.
1: 5, 386, 1117
2: 5, 299, 386, 723, 725 Fn. 24, 762, 1117
3: 1102
5: 1122
6: 725 Fn. 24
9: 1010, 1022, 1060, 1092, 1097
14: 157ff.
31: 51, 86
34: 10, 254, **275ff.**, 1066
72: 86f.
74: 86f.
100: 387

Sachregister

Die Zahlen verweisen auf die Randnummern; die wichtigste Fundstelle ist fett gedruckt.

Abdingbarkeit 123 ff.
Abgabe der Willenserklärung 338, 400, 403 f.
ABGB 55
Abgrenzung von öffentlichem Recht und Privatrecht 9 ff.
Abhanden gekommene Sachen 179
Abhanden gekommene Willenserklärung 403
Ablaufhemmung 1166
Abschluss eines Vertrages 458 ff.
Abschlussfreiheit 119 f.
Abschlussvermittler 776
Absolute Rechte 199 ff., 255
Absolute Veräußerungsverbote 713
Abstrahierender Gesetzesstil 88
Abstraktion bei Vollmacht 826
Abstraktionsprinzip 228 ff., 243, 354, 655, 726, 740 a
Abtretung einer Forderung 221
Abwesenheitspflegschaft 808
Abzahlungsgesetz 95
Accidentalia negotii 492
Adelsbezeichnung 1101
AGBG 107, 117, **495**
Aggressivnotstand 1186
Aktenwissen 862 Fn. 12
Aktiengesellschaft 1002
Aktive Parteifähigkeit 1081, 1092 f.
Aktive Stellvertretung 765
Allgemeine Deutsche Wechselordnung 65
Allgemeine Geschäftsbedingungen 107, 117, 125 b, 408, **495 ff.**, 746, 950
Allgemeine Handlungsfreiheit 723
Allgemeiner Teil (Regelungsbereich) 77 ff.
Allgemeines Deutsches Handelsgesetzbuch 65
Allgemeines Persönlichkeitsrecht 1116 ff.
ALR 53
Amtsempfangsbedürftige Willenserklärung 399
Amtspflichtverletzung 275 ff.
Änderungen des BGB 106 ff.
Änderungskündigung 959
Anfechtbares Rechtsgeschäft 754 ff.
Anfechtung
– Begriff 599 f.
– einer Vollmacht 844 ff.
– eines Arbeitsvertrages 653, 656
– eines Gesellschaftsvertrages 656
– wegen arglistiger Täuschung 676 ff.
– wegen Drohung 691 ff.
– wegen Eigenschaftsirrtums 228, **627 ff.**
– wegen Irrtums 599 ff.
– wegen unrichtiger Übermittlung 643 ff.
Anfechtungserklärung **647 ff.**, 696
Anfechtungsfrist 650 ff., 697 f., 701
Anfechtungsgegner 647 ff.
Anfechtungsrecht 599
Anfechtungswirkung 654 ff., 699
Angebot zum Vertragsschluss 458 ff.
Angebotstheorie bei Schuldübernahme 687
Angriff 1177 ff.
Annahme
– des Vertragsangebots 472, **476 ff.**
– ohne Zugang der Erklärung 480 f., 484 ff., 505 f., 507
Annahmeverzug 133 Fn. 6
Anrufbeantworter 431
Anscheinsvollmacht 842 f., 854
Anspruch (Begriff) 20, 226
Anspruchskonkurrenz 254
Anstalten des öffentlichen Rechts 1008
Anti-Diskriminierungsgesetz 120 Fn. 1

Sachregister

Antrag zum Vertragsschluss 458ff.
Anwartschaftsrecht des Vorbehaltskäufers **965**, 971
Arbeitsrecht 19
Arbeitsverhältnis bei Minderjährigkeit 382ff.
Arbeitsvertrag (Anfechtung) 653, 656, 681
Arglist 677
Arglistige Täuschung 676ff.
Auffälliges Missverhältnis von Leistung und Gegenleistung 727ff.
Aufforderung
– zum Vertragsangebot **462ff.**, 506
– zur Erklärung über Genehmigung 369, 873
Aufklärungspflicht 679f.
Auflassung 187, 558, 958
Auflösende Bedingung 955f.
Auflösung eines Vereins 1061f.
Aufnahme in einen Verein 1057
Aufrechterhaltung fehlerhafter Rechtsgeschäfte 739ff.
Aufschiebende Bedingung 951ff.
– bei Übereignung 174, 951, 965
Auftrag und Vollmacht 833
Auftragsbestätigung 483
Ausbildungsverhältnis bei Minderjährigkeit 382
Ausfall der Bedingung 954
Ausfertigung 557
Auslegung **509ff.**, 604, 786
Auslobung 400
Ausschluss aus einem Verein 1058f.
Außengesellschaft 1003
Außenverhältnis 828
Außenvollmacht **812f.**, 845
Automat 505f.
Automatisierte Willenserklärung 317, 609, 617 a

Badisches Landrecht 60
Beamter 276
Bedingung 947ff.
Bedingungsfeindlichkeit 958f.
Bedingungsfreundlichkeit 957
Beerbung des Verfügenden durch den Berechtigten 933
Beförderungsvertrag bei fehlender Geschäftsfähigkeit 339
Befristete Rechtsgeschäfte 966f.

Beginn der Rechtsfähigkeit 983
Behördliches Veräußerungsverbot 714
Beiderseitiger Motivirrtum 625
Beratungsfunktion 549
Berechnung von Fristen 1236ff.
Bereicherung in sonstiger Weise 235f.
Bereicherungsanspruch 239ff.
Bereicherungsrecht 233ff.
Berufsausbildungsverhältnis bei Minderjährigkeit 382
Beschränkte Geschäftsfähigkeit 350ff.
– bei Stellvertretung **792**, 884, 900
Beschränkter Generalkonsens 363
Beseitigungsanspruch
– des Besitzers 210
– des Eigentümers 165f.
Besitz 152, 204ff.
Besitzdiener 769, 863
Besitzerwerb 173, 769
Besitzkehr 207
Besitzkonstitut 176
Besitzmittlungsverhältnis 176
Besitzschutz 204ff.
Besitzwehr 207
Bestandteile
– der Willenserklärung 308ff.
– einer Sache 1207ff.
Bestätigung **754ff.**, 764
Bestimmtheit des Antrags zum Vertragsschluss **459ff.**, 464
Betagte Forderung 967
Betreuung 388, 809
Betreuungsgesetz 388
Bewegliche Sachen 153, 156, 170, 1199
Beweisfunktion 549
Beweislast
– bei Bedingungen 952, 956
– für fehlende Geschäftsfähigkeit 337
Bewusstlosigkeit 348
Bierlieferungsvertrag 719
Bindung an den Antrag 468ff.
Bindungswille **462ff.**, 505
Bismarck 67
Blanketterklärung 612, 819
Blanko-Unterschrift 552
Bote 773ff.
Bruchteilsgemeinschaft 1007
Bundesrecht: 2, 86f.
Bürgerlich-liberale Grundhaltung des BGB 92

Sachregister

Bürgerliches Recht
– Begriff 17
– und Strafrecht 20ff.
– und Verfahrensrecht 23f.
Bürgschaft 549, 553, 563, 593, 723ff., 819
– auf erstes Anfordern 544
Bürgschaftserklärung 410, 549, 553, 563, 819

Code civil **54**, 60, 115, 243
Codex Iustiniani 38
Codex Maximilianeus Bavaricus Civilis 61
Computer
– und Schriftform 551
– und Willenserklärung 317f., 609, 617 a
Computerprogramm 609, 617 a, 1196
Corpus iuris civilis 35ff.
Culpa in contrahendo 133, **147f.**, 701ff., 857f., 865, 868

DDR 111ff.
Defensivnotstand 1185
Definitionen 1274
Delikt 169, **252ff.**
Deliktsfähigkeit 334, 387
Deutschenspiegel 44
Deutscher Bund 65
Deutscher Zollverein 64
Deutsches Recht 40ff.
Dienstverhältnis bei Minderjährigkeit 382ff.
Digesten 37
Digitale Willenserklärung 318, 554ff.
Diskriminierungsverbot 681
Dispositives Recht 123
Dissens 486ff.
Doctor utriusque iuris 49
Doppelwirkungen 658 Fn. 58
Dresdener Entwurf 66
Drohung 691ff.
Duldungsvollmacht **840f.**, 847

E I 69
E II 71
E-Commerce-Richtlinie 116, 465 a
EG-Richtlinien 3, 113f., 116, 120 Fn. 1, 326, 328f., 448, 456, 465 a, 480 a, 554
E-mail 318, 414
Ehefähigkeit **340**, 395
Eheliche Gütergemeinschaft 1006
Ehemündigkeit **340**, 395

Ehename 1102
Eheschließung 785
Ehevertrag 820
Ehrenschutz 1116, 1122f.
Eigenhaftung des Stellvertreters **857f.**, 865
Eigenhändigkeit 551
Eigenschaft 631ff.
Eigenschaftsirrtum 228, **627ff.**
Eigentum 152ff., 156ff.
Eigentumserwerb
– an beweglichen Sachen 170ff.
– an Grundstücken 187ff.
Eigentumsgarantie 157ff.
Eigentumsvermutung 173, 188
Eigentumsvorbehalt 174, 244, 720, 936, **951, 965,** 969ff.
Einbeziehung von AGB in den Vertrag 497ff.
Einheitliches Rechtsgeschäft **739f.**, 816
Einheitsprinzip beim Eigentumserwerb 243
Einigung bei Übereignung 172, 174
Einigungsvertrag 112
Ein-Mann-GmbH 913, 1069
Einrede der Verjährung 1157f.
Einschreibesendung 411
Einseitig verpflichtender Vertrag 128
Einseitig zwingendes Recht 125 a
Einseitiges Rechtsgeschäft
– Begriff 304
– bei Stellvertretung ohne Vertretungsmacht **875f.**, 903
– des Minderjährigen 376ff.
– und Insichgeschäft 907, 922
Einsichtsfähigkeit bei unerlaubter Handlung 387
Eintragung
– in das Grundbuch 188
– eines Vereins 1023
Einwilligung
– Begriff 361
– des Berechtigten 927
– des gesetzlichen Vertreters 362ff.
– Erklärung 362
Einwilligungsfähigkeit im Deliktsrecht 389
Einwilligungsvorbehalt bei Betreuung 388
Einzelvollmacht 823
Einziehungsermächtigung 935f.
Elektronische Form 554ff.
Elektronische Signatur 554 a f.

Sachregister

Elektronische Willenserklärungen 413ff., 554ff.
Eltern als gesetzliche Vertreter 363ff., 806
Empfängerhorizont 519f.
Empfangsbedürftige Willenserklärung 398, 401ff., 421ff.
Empfangsbote 407, 432ff., 646, **775**
Empfangszuständigkeit 355
Ende der Rechtsfähigkeit des Menschen 990
Enteignung 161
Entgangener Gewinn 262
Entgeltfortzahlungsgesetz 263
Entlastungsbeweis bei Haftung für Verrichtungsgehilfen 286f.
Entmündigung 388
Entstehung des BGB 58ff.
Erbengemeinschaft 1006
Erbfähigkeit 985, 1081
Erbfolge 186, 194
Erbrecht (Regelungsbereich) 85
Erbvertrag 722, 745, 785
Erfolgshonorar 726
Erfüllung **132**, 562
– bei Minderjährigkeit 355, 371
– durch Insichgeschäft 910
Erfüllungsgehilfe 135, 144f., **288ff.**
Erfüllungsschaden 660, **662**, 664, 674
Ergänzende Vertragsauslegung 508, **531ff.**, 536, 545
Ergänzungspfleger 396, 808, 870
Erkannter Vorbehalt 575
Erklärter Bindungswille 462ff.
Erklärter Wille 509ff.
Erklärung als Bestandteil der Willenserklärung 309ff.
Erklärungsbewusstsein 315, **589ff.**
Erklärungsbote 643, 775
Erklärungsempfänger 401ff., 421f., 423ff., 519f., 786
Erklärungsirrtum 606ff.
Erklärungswille 315
Erlass einer Forderung 221
Erlös bei Verfügung eines Nichtberechtigten 931, 945f.
Erlöschen der Vollmacht 831ff.
Error
– in negotio 620
– in objecto 619
– in persona 618

Ersatzgeschäft 750
Erster Entwurf zum BGB 68
Erwerbsaussichten 263
Erwerbsgeschäft bei Minderjährigkeit 381
Essentialia negotii 459, 492, 508
Europäische Aktiengesellschaft 113 Fn. 5
Europäische Gemeinschaften 3, 113ff.
Europäische Rechtsvereinheitlichung 115, 244
Europäische Richtlinien 3, 113f., 116
Europäische Union 3 Fn. 2
Europäische Verordnungen 3, 113
Europäische wirtschaftliche Interessenvereinigung 113 Fn. 5, 1005
Europäischer Gerichtshof 117, 448
Europäisches Gesetzbuch für das Privatrecht 115
Europäisches Privatrecht 115
Europäisches Recht 3, 113ff., 448
Exkulpation bei Haftung für Verrichtungsgehilfen 286f.

Fachsprache des BGB 90f.
Fahrlässigkeit 169, 257f.
Fallbearbeitung 1248ff.
Fälligkeit 135, 967
Falsa demonstratio **537ff.**, 572, 584 Fn. 7
Falschbezeichnung **537ff.**, 572, 584 Fn. 7
Falsus procurator 871
Familienangehörige als Bürgen **725**, 738
Familiengericht 364
Familienname 1102ff.
Familienrecht (Regelungsbereich) 83f.
Fehlen der Geschäftsgrundlage 534f.
Fehlen des Erklärungsbewusstseins 589ff.
Fehlerhafter Besitz 206
Fehleridentität 232, 655
Fernabsatzrichtlinie 480 a
Fernunterrichtsschutzgesetz 447
Fiktion 985
Fiktionstheorie 1001
Findelkinder 1106
Firma 1113
Form 369, 410, **546ff.**
– der Genehmigung 872
– der Vollmacht 815ff.
– und Auslegung 522
– und übereinstimmende Falschbezeichnung 539
Formarten 551ff.

457

Sachregister

Formelles Recht 24
Formfreiheit 546
Formmangel 231, **561 ff.**, **566 f.**, 568 f.
Formvereinbarungen 564 ff.
Frankenspiegel 44
Freie Entfaltung der Persönlichkeit 5, 386, 723
Frist
– zum Widerruf 449
– zur Anfechtung 650 ff., 697 f.
Fristen 1236 ff.
Fristsetzung zur Leistung 136, 143
Früchte 1226 ff.

Gattungsschuld 1204
Gattungsvollmacht 822
Gebäude 1216, 1234
Gebietskörperschaften 1008
Gebot bei Versteigerung 465
Geburt 983
Geburtsname 1102 ff.
Gefährdungshaftung 253
Gefahrübergang 141, 638
Gefälligkeitsverhältnis **307**, 330 b, 515
Gegenseitiger Vertrag 127 ff.
Gegenstand 634, 982
Gegenwartsbedingung 948
Geheimer Vorbehalt 574 ff.
Geistesgestörte 343
Geldersatz bei Verletzung des Persönlichkeitsrechts 1121
Gemeines Recht 50, 62
Genehmigung
– Begriff 361
– durch den Berechtigten 930 f.
– durch den gesetzlichen Vertreter 368 ff., 377 f.
– durch den Vertretenen **871 ff.**, 885
– Erklärung 369
– Wirkung 370
Generalisierender Gesetzesstil 88
Generalklauseln 89
Generalkonsens 363
Generalvollmacht 822
Genossenschaft 1002
Genussrechte 1052
Gerichtliches Veräußerungsverbot 714
Gerichtsvollzieher 409
Germanisches Recht 40 ff.
Gesamthandsgemeinschaft 1006

Gesamthandsgesellschaft 1004
Gesamtnichtigkeit **743 f.**, 763
Gesamtvertretung und Insichgeschäft 915
Gesamtvollmacht 823
Geschäft für den, den es angeht **788 f.**, 793 f.
Geschäftlicher Eigenschaftsirrtum 629
Geschäftsähnliche Handlung 319 ff.
Geschäftsfähigkeit 331 ff.
Geschäftsgrundlage **534 f.**, 602, 625
Geschäftsherr 280
Geschäftsunfähigkeit **341 ff.**
– bei Stellvertretung 792
Geschäftswille 316
Geschichtliche Entwicklung 32 ff.
Gesellschaft des Bürgerlichen Rechts 981, 1003
Gesellschaftsvertrag (Anfechtung) 656
Gesetzeskonkurrenz 254
Gesetzesstil des BGB 88 ff.
Gesetzlich verbotene Rechtsgeschäfte 710 ff.
Gesetzliche Auslegungsregeln 528
Gesetzliche Formarten 551 ff.
Gesetzliche Formvorschriften 549 ff.
Gesetzliche Vertretungsmacht 805 ff.
Gesetzlicher Vertreter 347, 360, 362 ff., 428, 805 ff.
Gesetzliches Verbot 710
Gestaltungsfreiheit 121 ff.
Gestaltungsrecht 203, 599
Gestattung von Insichgeschäften 908 f., 913
Gestohlene Sachen 179
Gewährleistung beim Kaufvertrag 141, 637
Gewerkschaften 1079, 1092
Gewerkschaftsbeitritt bei Minderjährigkeit 384
Gewillkürte Prozessstandschaft 937
Gierke 70, 1001
Gläubigerverzug 133 Fn. 6
Gleichordnung 7
Globalsicherheit 719 Fn. 13
Globalzession 720, 726
Glossatoren 45
GmbH 913, 1002, 1069
GmbH-Geschäftsführer und Insichgeschäft 913
Grenzüberschreitung 214
Grobe Fahrlässigkeit 177 f.
Grundbuch 188

Sachregister

Grundbuchfähigkeit 1079, 1097
Gründerhaftung 1027
Grundfreiheiten 113
Grundgeschäft 227
– bei Vollmacht 826ff.
Grundgesetz und bürgerliches Recht 4ff.
Grundrecht auf Eigentum 157ff.
Grundrechte 4
Grundrechte und Sittenwidrigkeit 723ff.
Grundstück 186ff., 817, 1200, 1216ff.
Gründung eines Vereins 1016ff.
Gründungsbeschluss 1016ff.
Gründungsmängel 1025
Gutgläubiger Erwerb
– bei Veräußerungsverbot 715
– von beweglichen Sachen **177ff.**, 802ff.
– von unbeweglichen Sachen 189f.

Haftung
– beim nichtrechtsfähigen Verein **1082ff.**, 1098f.
– des rechtsfähigen Vereins 1041ff.
– des Vertreters ohne Vertretungsmacht **877ff.**, 887ff.
– für Amtspflichtverletzungen 10, **275ff.**
– für Erfüllungsgehilfen 288ff.
– für Organisationsmängel 1047f., 1051
– für Vereinsorgane 1041ff., 1087
– für Verrichtungsgehilfen 280ff.
Haftungsbeschränkung des Minderjährigen 385ff.
Haftungsverband bei Grundpfandrechten 1222, 1235
Handeln in fremdem Namen 765ff., 786f.
Handeln unter fremdem Namen **777ff.**, 802f.
Handelsmakler 776
Handelsrecht 18
Handelsvertreter 776
Handlungsfähigkeit 334, 978
Handlungsfreiheit 723
Handlungsvollmacht 825
Handlungswille **313f.**, 691
Handzeichen 551
Hauptvollmacht 824, 892
Haustürgeschäft **444**, 448, 453, 455f.
Haustürwiderrufsgesetz 114, 117, 448
Hehlerei 710
Heilung eines Formmangels durch Erfüllung 562

Hemmung der Verjährung 1159ff.
Herausgabeanspruch des Eigentümers 163f.
Herrenreiter-Entscheidung 1121
Herrschaftsrechte 202
Historische Rechtsschule 56f.
Höchstpersönliches Geschäft 785
Hoheitliche Gewalt 8, 12ff., 29
Hoheitliches Handeln 8, 10, 12ff., 29, 276
Hypothetischer Parteiwille 531, 744

Idealverein 1011, 1013ff.
Ihering 197
Immaterialgüterrechte 202
Immaterieller Schaden 264, 1121
Indifferente Geschäfte 358
Inhaltsirrtum 610ff.
Innenverhältnis 828
Innenvollmacht **812f.**, 844f.
Insichgeschäft 904ff.
Institutionen 36
Interessengerechte Auslegung 525
Interessentheorie 11
Internet 318, 414f., 461, 465 a, 554
Internet-Auktion 461, 465 Fn. 2
Invitatio ad offerendum 119, **462ff.**, 504, 506
Irrtum
– in der Erklärungshandlung 606ff.
– über den Gegenstand des Geschäfts 619
– über den Inhalt der Erklärung 610ff.
– über die Person des Erklärungsgegners 618
– über die Rechtsfolge 621ff.
– über die Rechtsnatur des Geschäfts 620
– über Eigenschaften 228, **627ff.**
Irrtumsanfechtung 228, 591f., **599ff.**, 790
Iustinian 35

Juristische Personen 980f., **999ff.**
– des öffentlichen Rechts 1008, 1066f.

Kalkulationsirrtum 624ff.
Kanonisches Recht 49
Kapitalgesellschaften 1002
Kartellrecht 131
Kaufmännisches Bestätigungsschreiben 482
Kaufvertrag 126f.
Kausalgeschäft 227, 233
Kausalität
– der Täuschung 678

459

Sachregister

– des Irrtums 636
Kenntnis der Anfechtbarkeit **657f.**, 675
Kindesrechteverbesserungsgesetz 118
Klausel-Richtlinie 328f., 496 Fn. 29
Knebelungsvertrag 719
Kollektives Arbeitsrecht 19
Kollusion 830
Kommanditgesellschaft 981, 1003
Kommentatoren 46
Kommissionsgeschäft 772
Kondiktion 233
Konkludente Erklärung 310
Konkurrierende AGB 499
Konservative Vorstellungen im BGB 94
Kontrahierungszwang 120
Kontrollfunktion 549
Konversion 750ff.
Körper des Menschen 1197
Körperschaften des öffentlichen Rechts 1008
Kraftfahrzeugbrief 178
Kraftfahrzeugunfälle 118, 253, 387
Kreditverträge 445, 452
Kündigung (Arbeitsvertrag) 753
Kündigungsfrist 1245
Künstlername 552, 1114f.

Ladenvollmacht 825
Landesrecht 2, 86f.
Landrecht 44
Lebenspartnerschaftsgesetz 84, 340, 1102
Lebenspartnerschaftsname 1102
Lebensversicherung 684
Lediglich rechtlich vorteilhafte Geschäfte **351ff.**, 427, 912, 917
Legaldefinition 20, 88, 90
Lehensrecht 41
Lehrvertrag bei Minderjährigkeit 382
Leibesfrucht 985ff.
Leistung (Begriff) 237
Leistungskondiktion **235ff.**
Leistungsstörungen 133ff.
Lex Miquel-Lasker 67 Fn. 1
Lex Salica 40
Liquidation eines Vereins 1062
Lucida intervalla 343

Mahnung 135, 319f.
Makler 776

Mängelansprüche beim Kaufvertrag 141ff., 637ff., 700
Mangelidentität 232, 655
Materialien 75
Materielles Recht 24
Mehrdeutigkeit von Erklärungen 488f.
Mehrseitiges Rechtsgeschäft 304
Mehrstufige Vertretung 892ff.
Mehrvertretung 904
Meinungsfreiheit 1122f.
Menger 70
Methode der Fallbearbeitung 1248ff.
Mietvertrag 553, 561, 747ff.
Mietwucher 712
Minderjährige 342, 350ff.
Minderjährigenhaftungsbeschränkungsgesetz 386
Minderung 143
Missbrauch der Vollmacht **829f.**, 848, 852, 923
Miteigentum 1007
Miterbengemeinschaft 1006
Mitgliederversammlung 1032
Mitgliedschaft 1052ff.
Mittelbare Stellvertretung 771f.
Mittelbarer Besitz **176**, 217 Fn. 1
Mitwirkendes Verschulden 146, 265
Modifizierte Subjektstheorie 15
Monopolstellung 120, 719, 1057, 1059
Motive zum BGB 69
Motivirrtum **602f.**, 624ff., 627
Mugdan 75

Nachbarrecht 162
Nachträgliche Unmöglichkeit 138f.
Namensänderung 1109
Namensanmaßung 1112
Namensbestreitung 1112
Namensrecht 1101ff.
Namensunterschrift 551f.
Nasciturus 985ff.
Naturalkomputation 1239
Naturalrestitution 261
Natürliche Person 980
Naturrecht 52
Nebengesetze 107f.
Nebenzweckprivileg 1015
Negativer öffentlicher Glaube des Vereinsregisters 1036
Negatives Interesse **660ff.**, 882, 902

Sachregister

Nicht empfangsbedürftige Willenserklärung 400
Nicht ernstlich gemeinte Willenserklärung 587f., 595
Nicht existierende Person 881, 901
Nicht gezeugte Person 988
Nicht vertretbare Sachen 1202
Nichtiges Rechtsgeschäft 757f.
Nichtigkeit (Begriff) 599
– aufgrund Anfechtung 654ff.
– wegen Formmangels 561, 566f.
Nichtrechtsfähiger Verein 1078ff.
Nichtwirtschaftlicher Verein 1013ff.
Nondum conceptus 988
Normative Erklärungsbedeutung 520
Notarielle Beurkundung 556ff.
Notwehr 256, **1175ff.**
Notwehrexzess 1182
Novellen 39
Numerus clausus der dinglichen Rechte 122
Nutzungen 1226ff.

Oberschrift 552
Objektiver Erklärungswert **486ff.**, 520
Offene Handelsgesellschaft 981, 1003
Offener Dissens 491f., 508
Offenheit der Stellvertretung 767, 789
Öffentliche Beglaubigung 559f.
Öffentliche Versteigerung 180
Öffentliche Zustellung 409
Öffentlicher Glaube
– des Grundbuchs 189
– des Vereinsregisters 1036
Öffentliches Recht 7ff.
Offerte 458
– ad incertas personas 464
Option 470
Optionsvertrag 470
Ordentliche Gerichte 9, 29
Ordentlicher Rechtsweg 9, 29
Ordnungswidrigkeit 210 Fn. 4
Organe
– des Vereins 1032, 1041ff.
– einer juristischen Person 810
– einer Stiftung 1065
Organisationsmängel 1047f., 1051
Organschaftsrechte 1052
Organtheorie 1034, 1041, 1044
Österreichisches ABGB 55

Pandekten 37
Pandektenwissenschaft 56f.
Parteifähigkeit 979, 1081, 1092
Partielle Geschäftsfähigkeit 380ff.
Partielle Geschäftsunfähigkeit 344
Partikularrecht 50, 58
Partnerschaftsgesellschaft 1005
Passive Parteifähigkeit 1092
Passive Stellvertretung 765
Patentrecht 202
Perplexität 622 Fn. 15
Personengesellschaften 981, **1003ff.**
Persönlichkeitsrecht 202, 386, **1116ff.**, 1127ff.
Pfleger 808
Pflichtverletzung 134
Planck 68, 71
Politische Parteien 1079, 1083, 1093
Positive Vertragsverletzung 133ff.
Positives Interesse 660
Postglossatoren 46
Postmortale Vollmacht 594 Fn. 14, 833
Postmortaler Persönlichkeitsschutz 1119
Potestativbedingung 960
Praxisübernahme 721, 762f.
Preis (Irrtum) 633
Pressefreiheit 1122f.
Preußisches Allgemeines Landrecht 53
Primäres Gemeinschaftsrecht 3, 113
Privatautonomie 5, 119, **298ff.**, 723
Produkthaftungsgesetz 107, 253
Prokura 825
Prostitutionsgesetz 719
Protokolle zum BGB 71
Prozessfähigkeit 979
Prozessführungsermächtigung 937
Prozesshandlungen 416
Pseudonym 552, 1114f.
Putativnotwehr 1182

Qualifizierte elektronische Signatur 554 a
Querulantenwahn 344

Realakt **322f.**, 330 c, 768f.
Recht am eigenen Bild 1116
Recht der Städte 42f.
Recht zum Besitz 163
Rechtfertigungsgrund 256, 1176
Rechtlich indifferente Geschäfte 358
Rechtliche Betreuung 388, 809

Sachregister

Rechtlicher Vorteil **351 ff.**, 427, 912
Rechtsbedingung 949
Rechtsbindungswille 307, 330 b
Rechtsfähige Stiftung 1063 ff.
Rechtsfähiger Verein 1009 ff.
Rechtsfähigkeit 333, **977 ff.**
Rechtsfolgeirrtum 621 ff.
Rechtsfortbildung 109 f.
Rechtsgeschäft 298 ff.
Rechtsgeschäftliches Veräußerungsverbot 716
Rechtsmissbrauch 1172 ff.
Rechtsmitteleinlegung 416, 1247
Rechtspolitische Grundlagen des BGB 92 ff.
Rechtsquellen 2, 110
Rechtssammlungen 44
Rechtsscheinsvollmacht 836 ff.
Rechtssubjekte 980 f.
Rechtsverhältnis (Begriff) 198
Rechtswege 9
Rechtswidrigkeit 256, 1176
Reform des BGB 106 ff., 116 f., 118
Reichstagskommission 73
Reichstagsvorlage 72
Relative Geschäftsunfähigkeit 345
Relative Rechte **199 ff.**, 255
Relative Veräußerungsverbote 714 f.
Repräsentation bei Stellvertretung 767
Resolutivbedingung 955 f.
Revolvierende Globalsicherheit 719 Fn. 13
Rezeption des römischen Rechts 45 ff.
Richterrecht 110
Richtlinien der EG 3, 113 f., 116, 120 Fn. 1, 326, 328 f., 448, 456, 465 a, 480 a, 554
Richtlinienkonforme Auslegung 448, 480 a
Römisches Recht 32 ff.
Rubelfall 624 Fn. 18, 625

Sachbestandteile 1207 ff.
Sache 153, 170, **1196 ff.**
– i.S.v. § 119 Abs. 2 634
Sachenrecht (Regelungsbereich) 81 f.
Sachmangel 141 ff.
Sachmängelhaftung und Eigenschaftsirrtum 637 ff.
Sachsenspiegel 44
Sächsisches Bürgerliches Gesetzbuch 61
Sachwalterhaftung 858
Salvatorische Klausel 763
Satzung 1016, 1019, 1065, 1080

Savigny 56, 63, 1001
Schaden (Begriff) 259
Schadensersatz statt der Leistung 136, 138, 139, 140, 143, 146, 151, **662**
Schadensersatz wegen Nichterfüllung 660, **662**, 664, 674
Schatzfund 322
Scheinbestandteile **1219 ff.**, 1234
Scheingeschäft **578 ff.**, 596 f.
Schenkung
– an Geschäftsunfähige 347
– an Minderjährige 356 f., 396
Schenkungsversprechen 558
Scherzerklärung 587
Schikaneverbot 1171
Schlechterfüllung 141
Schmerzensgeld 264
Schmiergelder 719
Schranken des Eigentums 159 ff.
Schriftform **551 ff.**, 564, 571, 748
Schuldnerverzug 135 ff.
Schuldrecht (Regelungsbereich) 80
Schuldrechtsmodernisierungsgesetz 116 f., 133 ff., 1142
Schuldrechtsreform 17, 108, 116 f., 133 ff.
Schuldübernahme 685 ff., 709 Fn. 3
Schuldverhältnis (Begriff) 80, 132, 198, 225 f.
Schutzgesetz 266 ff.
Schwabenspiegel 44
Schwangerschaftsabbruch 987
– und Minderjährigkeit 390
Schwarzkauf 582, 584 ff.
Schwebende Unwirksamkeit
– bei beschränkter Geschäftsfähigkeit 366 ff.
– bei Insichgeschäft 906
– bei Stellvertretung ohne Vertretungsmacht 871
– bei Verfügung eines Nichtberechtigten 930
– bei Widerruflichkeit 450
Schwebende Wirksamkeit (bei Widerruflichkeit) 450, 457
Schwebezustand bei Bedingung 951, 961 ff.
Schweigen des Empfängers 481 ff.
Sekundäres Gemeinschaftsrecht 3, 113
Selbständiger Betrieb eines Erwerbsgeschäfts durch Minderjährigen 381
Selbsthilfe **1188 ff.**, 1194

Sachregister

Selbsthilferechte des Besitzers 207f.
Selbstkontrahieren 347, 396, 818, **904ff.**
Sicherungsabtretung 581
Sicherungsübereignung 176, 581, 955
Signaturgesetz 554 a
Sittenwidrige Bedingungen 960
Sittenwidrige Rechtsausübung 1172ff.
Sittenwidrige Rechtsgeschäfte 717ff.
Sittenwidrige Schädigung 269ff.
Sittenwidrigkeit 270ff., 717ff.
– bei Bürgschaft 723ff., 738
– bei Darlehen 731ff.
Sonderrechtstheorie 16
Sonstiges Recht 255
Soziale Reformen und BGB 95
Sozialtypisches Verhalten 324, 339
Spezialvollmacht 822
Sprache des BGB 90f.
Staatshaftung 10, 275ff., 1066
Stadtrechte 42f.
Stellvertretung 765ff.
Stiftung 1063ff.
– des öffentlichen Rechts 1008
Stiftungsgeschäft 400, 1064
Stillschweigende Erklärung 310
Stillschweigende Vollmachtserteilung 841
Störung der Geistestätigkeit 348
Störung der Geschäftsgrundlage 534f., 602, 625
Störungen der Vertragsparität 723
Strafrecht und bürgerliches Recht 20ff.
Straßenverkehrsgesetz 253, 264
Strohmann 329, 580, 596, 772
Stückschuld 1204
Subjektive Geschäftsgrundlage 625
Subjektive Rechte 195ff.
Subjektstheorie 11, 15
Subordinationstheorie 12, 15
Suspensivbedingung 951ff.
Synallagma 127 Fn.2

Taschengeldparagraph 371ff.
Tathandlung 322f., 330 c, 768f.
Täuschung 676ff.
– durch Dritte **682ff.**, 709
– durch Tun 679
– durch Unterlassen 679f.
Tauschvertrag 228
Teilnichtigkeit **739ff.**, 763
Teilzeit-Wohnrechtegesetz 117

Teilzeit-Wohnrechteverträge 445
Telefax 410, 413, 555, 563, 564
Telefonische Willenserklärung 421f.
Termine 1236ff.
Testament 400, 722, 745, 785
Testamentsauslegung 512f., 528
Testierfähigkeit 340
Textform 554, 555f.
Theorie des letzten Wortes 499
Thibaut 63
Tiere 171, 982, 998, **1198**
Tod 990
Todeserklärung 991
Trennungsprinzip 220ff.
Treu und Glauben
– bei Auslegung 509, 511, 524, 529
– und Formmangel 568f., 573
Treuhandgeschäft 581, 772
Treuwidrige Rechtsausübung 1172ff.
Trierer Weinversteigerung 589, 593
Trunkenheit 348f.
Typenfreiheit 121

Über- und Unterordnung 8, 12, 16, 29
Übereinstimmende Falschbezeichnung **537ff.**, 572, 584 Fn.7
Übergabe 173f.
Überraschende Klauseln in AGB 500
Übersicherung 719
Übliche Vergütung 460
Umdeutung 750ff.
Umgehungsgeschäft 580
Unbewegliche Sachen 153, 156, 170, 187ff., **1199f.**
Unerlaubte Handlungen 169, **252ff.**
Unfallwagen 680
Ungerechtfertigte Bereicherung 185, **233ff.**
Unmittelbare Stellvertretung 765ff.
Unterbevollmächtigung 824, 892ff.
– und Insichgeschäft 914
Unterbrechung der Verjährung 1159
Unterlassungsanspruch
– bei Verletzung des Namensrechts 1111
– bei Verletzung des Persönlichkeitsrechts 1117
– des Besitzers 210
– des Eigentümers 167f.
Unternehmensbezogenes Rechtsgeschäft 787
Unternehmer (Begriff) 329

463

Sachregister

Unterschrift 551
Untervollmacht 824
Unwesentliche Bestandteile 1210ff.
Unwiderrufliche Vollmacht 818, 835
Unwirksame AGB 501, 746
Unzulässige Fragen 681
Urheberrecht 202
Ursächlichkeit des Irrtums 613
Ursprüngliche Unmöglichkeit der Leistung 133f., 140

Verarbeitung **184**, 322f., 330 c, 945
Veräußerungsverbote 713ff.
Verbindung
– mit Grundstück 191ff.
– von beweglichen Sachen 182
Verbotene Eigenmacht 206
Verbotsgesetz 710
Verbrauchbare Sachen 1205f.
Verbraucher (Begriff) 325f., **327f.**
Verbraucherdarlehensvertrag 445, 452, 818
Verbraucherkreditgesetz 107, 114, 117, 441, 448
Verbraucherschutz 106f., 117, 325ff., 441ff., 496, 502
Verbraucherverträge 496, 502
Verbrauchsgüterkaufrichtlinie 116
Verdecktes Geschäft (bei Scheingeschäft) 582, 597
Verein 1009ff.
Vereinbarte Form 564ff.
Vereinsautonomie 1055ff.
Vereinsgesetz 1022 Fn. 13
Vereinsorgane 1032ff., 1087
Vereinsregister 1023ff., 1035ff.
Vereinsstrafen 1056
Vereitelung des Bedingungseintritts **961f.**, 976
Verfahrensrecht 23f.
Verfassung des Deutschen Reiches von 1871 67
Verfassung und bürgerliches Recht 4ff.
Verfassungsmäßiger Vertreter 1041f., 1067
Verfassungsrechtliche Garantie des Eigentums 157ff.
Verfügung 222
– eines Nichtberechtigten 924ff.
Verfügungsgeschäft 132, **220ff.**, 924
Verfügungstheorie bei Schuldübernahme 687

Vergreifen 607f.
Verhandlungsgehilfe 776
Verjährung 637, 701, **1141ff.**
Verkehrssitte bei Auslegung 509, 511, **523**, 544
Verkehrswesentlichkeit einer Eigenschaft 635
Verlängerter Eigentumsvorbehalt 720, 927
Verletzung eines Schutzgesetzes 266ff.
Vermengung 183
Vermischung 183
Vermögen 255
Vermutung für die Richtigkeit des Grundbuchs 188
Vernehmungstheorie 421
Vernunftrecht 52
Verordnungen der EG 3, 113
Verpflichtungsermächtigung 938
Verpflichtungsgeschäft 126, **223ff.**
Verpflichtungsmacht der Ehegatten und Lebenspartner 811
Verrichtungsgehilfe 280ff.
Verschollenheitsgesetz 991
Verschreiben 607, 665
Verschulden 135, 257
– beim Vertragsschluss 117, **147f.**, 857f., 865
Verschuldensfähigkeit 334, 387
Versicherungsvertragsgesetz 447
Verspätete Annahme 472
Versprechen 607
Versteckter Dissens 493f.
Versteigerung 465
Vertrag zugunsten Dritter auf den Todesfall 998
Vertragsbeitritt 573
Vertragsfreiheit 119ff., 300
Vertragsofferte 458
Vertragsparität 723
Vertragsschluss 458ff.
– und AGB 495ff.
Vertragstyp 121, 516
Vertragsübernahme 709
Vertragsverletzung (positive) 109, 117, 134, 139ff., 141, 144ff.
Vertrauensschaden **659ff.**, 666f., 674, 882
Vertretbare Sachen 1202f.
Vertretenmüssen 135, 138
Vertreter ohne Vertretungsmacht 871ff.
Vertretertheorie 1034

464

Vertretung eines Vereins 1033f.
Verwaltungsakt 8
Verwirkung 1169f.
Verzug
- des Gläubigers 133 Fn. 6
- des Schuldners 135ff.
Verzugsschaden 136
Verzugszinsen 136
Vis absoluta 691
Vis compulsiva 691
Volksrechte 40
Vollmacht 812ff.
Vollmachtsmissbrauch **829f.**, 848, 852, 923
Vollmachtsurkunde 815, 837, 839, 844, 846
Vorabentscheidungsverfahren 117, 448
Vorbehalte zugunsten des Landesrechts 87
Vorbehaltskauf 936, 951, 965, 969ff.
Vorgeburtliche Schädigung 989, 994
Vor-GmbH 1027
Vorlage an den Europäischen Gerichtshof 117, 448
Vormund 807
Vormundschaftsgericht 364, 381, 385f.
Vorname 1107f.
Vorrang
- der Auslegung vor Anfechtung 604
- der Leistungskondiktion 236
Vorsatz 273
Vorstand 810, 1019, **1032ff.**, **1041ff.**
- einer Stiftung 1065
Vorübergehende Störung der Geistestätigkeit 348
Vorverein 1026f.
Vorvertrag 470
Vulgarrecht 40

Wahlschuld 878
Warnfunktion 549
Wegfall der Bereicherung 241f., 248
Wegfall der Geschäftsgrundlage 109, 117, 534f.
Weisung an den Stellvertreter 860, 869
Wert (Irrtum) 633
Wertersatz bei Bereicherungsanspruch 241, 248, 251
Wesen des Rechts 1
Wesentlicher Bestandteil 182, 191ff., **1210ff.**, 1229
Widerrechtlichkeit bei Drohung 691

Widerruf
- bei Fernabsatzvertrag 444
- bei Haustürgeschäft 444
- bei Ratenlieferungsvertrag 446
- bei Teilzahlungsgeschäft 446
- bei Teilzeit-Wohnrechtevertrag 445
- bei Verbraucherdarlehensvertrag 445
- des Verbrauchers 443ff.
- nach dem Allgemeinen Teil 436ff.
- nach Fernunterrichtsschutzgesetz 447
- nach Versicherungsvertragsgesetz 447
Widerruf der Vollmacht 834f.
Wiedereinräumung des Besitzes 209
Wiedereinsetzung in den vorigen Stand 1247
Wille
- als Bestandteil der Willenserklärung 312ff.
- und Auslegung 509ff.
Willenserklärung
- Begriff und Bestandteile 306ff.
- unter Abwesenden 401ff.
- unter Anwesenden 401, 421f.
Willensmängel 312ff., 574ff., 599ff., 676ff.
- bei Stellvertretung **859ff.**, 866, 869
Willensvorbehalte 574ff.
Windscheid 68, 197, 1001
Wirklicher Wille 509ff.
Wirkung der Anfechtung 654ff., 699
Wirtschaftlicher Verein 1012
Wissensvertreter 861ff.
Wissenszusammenrechnung 862
Wohlwollende Auslegung 526f.
Wohnsitz 1130ff.
Wohnungseigentum 107, 396
Wortlaut der Erklärung 510, 518
Wucher 727f., 731f., 733
Wucherähnliches Geschäft 728ff.
Wucherisches Darlehen 731ff.

Zahlungsverzugsrichtlinie 116
Zeitpunkt bei Sittenwidrigkeit 722
Zivilgesetzbuch der DDR 111
Zivilkomputation 1239
Zivilmakler 776
Zivilprozessrecht 23
Zollverein 64
Zubehör **1222ff.**, 1235
Zugang **405ff.**, 436ff., 480

- bei beschränkter Geschäftsfähigkeit 425ff.
- bei Geschäftsunfähigkeit 423

Zugangsfiktion 408
Zugangsstörungen 411f.
Zugangsvereitelung 411, 433f.
Zuschlag 465
Zustandekommen eines Vertrages 458ff.
Zustellung durch Gerichtsvollzieher 409
Zustimmung (Begriff) 361
Zweiseitiges Rechtsgeschäft 130, 304
Zweiter Entwurf zum BGB 70
Zweites Gesetz zur Änderung schadensersatzrechtlicher Vorschriften 118, 264, 1121
Zwischenverfügungen bei Bedingungen 964
Zwölf Tafeln 33

JuristenZeitung

Die **JuristenZeitung** ist die Zeitschrift für den anspruchsvollen Juristen, der sich auch außerhalb seiner täglichen Arbeit oder seines Spezialgebietes auf wissenschaftlichem Niveau informieren möchte.
Die **JuristenZeitung** erscheint zweimal im Monat mit:

- Aufsätzen führender Autoren aus Wissenschaft und Praxis zu Themen aus allen Rechtsgebieten

- Rechtsprechungsberichten

- Entscheidungen, die die Rechtsentwicklung markieren

- Anmerkungen zur Analyse dieser Entscheidungen

- Tagungsberichten, Buchbesprechungen, Glückwünschen, Glossen und Kurzbeiträgen

- Höchstrichterlichen Entscheidungen in Leitsätzen und

- aktuellen Informationen zu
  – Gesetzgebung
  – juristischen Neuerscheinungen
  – Aufsätzen aus ca. 100 laufend ausgewerteten juristischen Fachzeitschriften

Testen Sie die **JZ** einen Monat (2 Ausgaben) unverbindlich und kostenlos!

Ausführliche Inhaltsverzeichnisse der neuesten Hefte:
http://www.mohr.de/jz.html (aktualisiert 2 x im Monat)

Peter Schlechtriem

Schuldrecht, Allgemeiner Teil und Schuldrecht, Besonderer Teil

In den überarbeiteten Neuauflagen dieser beiden Bände bringt Peter Schlechtriem seine beiden Lehrbücher auf den Stand des Schuldrechtsmodernisierungsgesetzes von 2002.

Aus Rezensionen:

»Es ist kein Geheimnis, daß die beiden Lehrbücher von Peter Schlechtriem zum Schuldrecht zu den besten und niveauvollsten ihrer Art gehören. (...) Der Verfasser ist ein anerkannter Experte auf dem Gebiet der internationalen Schuldrechtsvergleichung. Seine Studien zum Internationalen Einheitskaufrecht, an dessen Entstehung er als Kommissionsmitglied beteiligt war, waren bahnbrechend (...). Dies schlägt sich auch in diesem Band nieder, dessen Darlegungen weit über die allgemeinen Examensanforderungen hinausgehen, die aber damit auch den Blick schärfen für künftige Entwicklungen und Problemstellungen. (...) Das Werk von Schlechtriem ist ein sicherer Führer durch die Untiefen des allgemeinen Teiles des deutschen Schuldrechts und zu einer vertiefenden Lektüre nur zu geeignet. (...) Neuauflagen dieses Buches sind daher immer wieder treffliche Gelegenheiten seine eigenen Auffassungen zu bestimmten Kernfragen des Schuldrechts neu zu reflektieren.«
Ralf Hansen in *Jurawelt*, 2000

Schuldrecht, Allgemeiner Teil
5., neubearbeitete Auflage 2002. Ca. 400 Seiten. ISBN 3-16-147886-X Broschur

Schuldrecht, Besonderer Teil
6., neubearbeitete Auflage 2002. Ca. 500 Seiten. ISBN 3-16-147686-7 Broschur

Ebenfalls von Peter Schlechtriem:
Restitution und Bereicherungsausgleich in Europa. Band 1, 2000.
Restitution und Bereicherungsausgleich in Europa. Band 2, 2001.
Internationales UN-Kaufrecht, 1996
Einheitliches UN-Kaufrecht, 1981

Mohr Siebeck
Postfach 2040
D-72010 Tübingen

Fax 07071 / 51104
e-mail: info@mohr.de
www.mohr.de

Stein/Jonas
Kommentar zur Zivilprozeßordnung
22. Auflage bearbeitet von Christian Berger, Reinhard Bork, Wolfgang Brehm, Wolfgang Grunsky, Dieter Leipold, Wolfgang Münzberg, Herbert Roth, Peter Schlosser, Gerhard Wagner.

Band 7: §§ 704-827. Bearbeitet von Wolfgang Münzberg.
Band 9: §§ 916-1066. EG ZPO.
Bearbeitet von Wolfgang Grunsky und Peter Schlosser.

Mit diesen beiden Bänden startet die Neuauflage des »unverändert einzigartig[en]« Kommentars zur ZPO. Die auf 10 Bände angelegte 22. Auflage bringt den *Stein/Jonas* auf den neuesten Stand. Für das europäische Zivilprozeßrecht ist ein eigener Band vorgesehen. Pro Jahr sollen zwei Bände erscheinen, die bei Erscheinen jeweils auf dem neuesten Gesetzes-, Literatur- und Rechtsprechungsstand sind. Neben der Zivilrechtsreform 2002 wurde für Band 7 vor allem die zweite Zwangsvollstreckungsnovelle berücksichtigt und für Band 9 die Neuregelung des Schiedverfahrens.

Die Vorauflage im Spiegel der Kritik:

»... daß Autoren und Verlag mit der 21. Auflage des *Stein/Jonas* eine rühmenswerte Leistung gelungen ist, bestätigen nachdrücklich auch die neuen Teile. So läßt sich schon vor der endgültigen Vollendung des Werks die Feststellung rechtfertigen: die 21. Auflage hat den ältesten ZPO-Kommentar frisch belebt und verbessert, er wird dauern.«
Oskar Feiber in *Neue Juristische Wochenschrift* (1998), S. 365–366

Band 7: §§ 704-827. Bearbeitet von Wolfgang Münzberg.
2002. IV, 1187 Seiten. ISBN 3-16-147395-7 Leinen

Band 9: §§ 916-1066. EG ZPO
Bearbeitet von Wolfgang Grunsky und Peter Schlosser.
2002. IV, 851 Seiten.
ISBN 3-16-147765-0 Leinen

Mohr Siebeck
Postfach 2040
D-72010 Tübingen

Fax 07071 / 51104
e-mail: info@mohr.de
www.mohr.de